中华军事五千年

(上册)

古 越 著

团结出版社

图书在版编目（CIP）数据

中华军事五千年 / 古越著. -- 北京：团结出版社，2017.7（2022.8 重印）

ISBN 978-7-5126-4984-2

Ⅰ. ①中… Ⅱ. ①古… Ⅲ. ①军事史 - 中国 - 青少年读物 Ⅳ. ① E29-49

中国版本图书馆 CIP 数据核字 (2017) 第 041156 号

出　　版：	团结出版社
	（北京市东城区东皇城根南街 84 号　邮编：100006）
电　　话：	（010）65228880　65244790（出版社）
	（010）65238766　85113874　65133603（发行部）
	（010）65133603（邮购）
网　　址：	http://www.tjpress.com
E-mail：	zb65244790@vip.163.com
	tjcbsfxb@163.com（发行部邮购）
经　　销：	全国新华书店
印　　装：	三河市东方印刷有限公司
开　　本：	170mm×240mm　16 开
印　　张：	38.75
字　　数：	530 千字
版　　次：	2017 年 7 月　第 1 版
印　　次：	2022 年 8 月　第 3 次印刷
书　　号：	978-7-5126-4984-2
定　　价：	99.00 元（上下册）
	（版权所属，盗版必究）

题　解

　　中华文明五千年，蕴藏着无数撼动人心的军事故事，故事中蕴涵着前人生活的信息与资源，深藏着中华民族生生不息的奥秘与智慧。

　　自从产生人类文明以来，战争就成为一种普遍而频繁的社会现象。从一定意义上说，战争比和平成熟得早。文明中国经历了五千年的历史沧桑，国内诸民族在漫长的历史演进中形成了对中华民族团结和国家统一的认同，并作为世代相因的、至高无上的理想追求和道德情感，这是中华文明不朽的根基所在。

　　在中国军事史上，自原始社会末期到辛亥革命之间的历史长河里，所爆发的具有一定规模的战争和武力冲突达6000多次，在中华文明史上留下了辉煌的篇章。

　　信息时代的今天，人类生活正经历着从来没有过的爆炸性发展，和平与发展成为时代主旋律，拥有财富和人生幸福成为共同的追求。但历史的演进往往呈现螺旋式或波浪式演进现象，国际竞争日趋激烈，战争阴云时隐时现。21世纪对于我们每一个中国人来说，有着太多的梦想，也有着太多的未知，我们需要时常回头看看自己来时的路。

中华民族的伟大复兴，呼唤着破解难题的战略智慧，呼唤着对昨日的历史反思，我们今天是要选择富与贫，强与弱，荣与辱？

人们对美好生活的向往与追求，从历史叩问未来，我们的明天：是战争灾祸还是和平阳光，是光荣的胜利还是悲惨的败北，是幸福还是灾难？

处于激烈竞争中的每一个人，渴望着与昔日杰出统帅和战将的心灵对话，此去的一生如何面临成与败，甘与苦，名与禄，善与恶？

《中华军事五千年》是对古代中国军事曾经的无数历史细节的一次从头打量，它不仅展现了中华文明数千年的兴衰成败，而且汇集了中华文明在军事上积淀下来的战略智慧。

目　录

1. 英雄时代的英雄　　　1
2. 入主中原　　　5
3. 仁者无敌　　　10
4. 朝歌之泪　　　14
5. 车行天下　　　18
6. 退避三舍　　　24
7. 水上争雄　　　32
8. 吴越争锋　　　37
9. 围魏救赵　　　45
10. 减灶退兵　　　51
11. 火牛复国阵　　　55
12. 纸上也谈兵　　　59
13. 血奠白起　　　64
14. 兵扫天下　　　70
15. 西楚称霸　　　79
16. 暗度陈仓　　　86
17. 血映西楚　　　92
18. 治者无敌　　　101

19. 千古英雄　　　　109
20. 乱世英豪　　　　115
21. 铜马皇帝　　　　123
22. 骄兵必败　　　　130
23. 荀彧之计　　　　138
24. 独步千古　　　　143
25. 一面东风百万军　149
26. 行云布雨　　　　155
27. 火烧连营　　　　161
28. 软硬兼施　　　　168
29. 怀柔战略　　　　171
30. 智者千虑　　　　175
31. 邓艾之谋　　　　180
32. 中流击楫　　　　186
33. 胜者易疯狂　　　190
34. 以少胜多　　　　198
35. 师要过险　　　　202
36. 南国血泪　　　　208
37. 大唐之兴　　　　216
38. 四面埋伏　　　　223
39. 王者有道　　　　226
40. 大将之风　　　　231
41. 双雄出击　　　　236
42. 叩问潼关　　　　240

43. 兵不厌诈	244
44. 旌旗欲哭英雄血	248
45. 宦官也领兵	253
46. 公马母马计	256
47. 兵不血刃	262
48. 智仁无敌	267
49. 兴王易姓	274
50. 金陵春梦	279
51. 家国英雄	283
52. 回望西夏	290
53. 飞跃昆仑山	294
54. 长使谁人泪满襟	300
55. 东京遗梦	305
56. 殊死决战	311
57. 背水一战	315
58. 八千里路云和月	323
59. 书生出奇兵	330
60. 铁骑天子	338
61. 梦回欧罗巴	342
62. 风卷残云	347
63. 借刀杀人	352
64. 与城池共存亡	355
65. 围城十载	361
66. 分割战术	366

67. 飞越天堑	371
68. 潮起潮落	374
69. 山僧不识英雄主	379
70. 大智慧	384
71. 四海升明月	389
72. 鞠为茂草	394
73. 王者之师	401
74. 粉身碎骨浑不怕	405
75. 无敌鸳鸯阵	412
76. 烟花边草笑平生	417
77. "七大恨"	422
78. 清风乍起	425
79. 不惜我命	430
80. 冲冠一怒为红颜	436
81. 志在必胜	440
82. 护祐大清	447
83. 王者归来	453
84. 捍卫疆土	460
85. 和战之间	465
86. 数万官军无此绩	470
87. 猛虎出山	475
88. 借天行道	481
89. 突破重围	486
90. 旌旗映江南	490

91. 绝命之旅	494
92. 血染湘江	501
93. 火烧连营	505
94. 双龙出击	510
95. 攻其必救	514
96. 抄袭失败	519
97. 惊天大劫	525
98. 湖湘子弟满天山	531
99. 孤独英雄	538
100. 邪恶帝国的灭华阴谋	544
101. 畏敌如虎	550
102. 秋风锁铁关	555
103. 战守无策	558
104. 三百年来伤国步	566
105. 撒豆成兵	572
106. 津门硝烟	577
107. 破碎山河	584
108. 世纪绝响	589
109. 世纪曙光	597
主要参考书目	603
后　记	606

1. 英雄时代的英雄

——黄帝伐蚩尤

陕西省黄陵县北面风景秀丽的桥山上，有一座气派非凡的陵园——"黄帝陵"，那里供奉着中华民族共同的祖先——黄帝。而下面要讲的故事也就从这里铺展开来。

相传，大约在五千年以前的中国，被称为英雄时代，在我国黄河、长江流域一带，居住着许多氏族和部落。最活跃的有华夏、东夷、苗蛮三大部族集团。黄帝是传说中华夏集团最有名的一个部落的首领，姓公孙，相传他打了50多场仗，征服了四方。

传说，黄帝的先祖是有熊氏。有熊部落的首领少典与一位叫附宝的姑娘相爱结为夫妻。一天傍晚，两人来到一个叫姬水的地方，天渐渐黑了。突然一道闪电掠过天空，接着传来一声响雷。这时，附宝身上突然产生一种异样的感觉。不久，她发现自己怀孕了。喜讯传开，人们纷纷议论说，附宝是受了上天的灵感怀孕的，一定是有天神问世了。

附宝十月怀胎生下一个聪明、可爱的小男孩儿。当时，人们认为上帝是万物的主宰，金、木、水、火、土是万物之本，称作"五德"。有熊国崇尚土德，土为黄色，这孩子又是天神转世，所以就给他起名叫黄帝。又因为他出生在我国陕西姬水附近，也就是今天陕西麟游西偏北的杜林（都有熊，即现在的河南新郑），居住在轩辕之丘，于是就以姬为姓，以轩辕为号，后世也把黄帝称作轩辕氏。

黄帝长大以后，才智过人，再加上都认为他是天神下凡，所以就推举他做了有熊部落的首领。黄帝不负众望，没几年就带领有熊部落强盛起来。后来，他率领有熊部落向东发展，迁移到涿鹿（现河北省涿鹿、怀来一带）开辟新的天地，一面发展经济，一面增强武力，他用玉器做兵器，造舟车号矢，将强悍的熊罴等六氏族有战斗力的人员编成氏族武装，精心教练，很快就强大起来。传说中的黄帝时代，有许多发明创造，像造宫室、造车、造船、制作五彩衣裳，等等，这些当然不会是一个人发明的，但是后来的人都把它们记在黄帝账上了。还传说黄帝有个妻子名叫嫘祖，亲自参加劳动。本来，蚕只有野生的，人们还不知道蚕的用处。嫘祖教妇女养蚕、缫丝、织帛。打那时候起，就有了丝和帛。

跟黄帝同时代的另一个部落首领叫作炎帝，最早住在我国西北方姜水附近。在今陕西境内的渭水上游一带，今宝鸡尚有清姜河，以姜水成者，即姜氏族。后来迁移到陈，也就是现在的河南淮阳。据说，炎帝跟黄帝族是近亲。但是，炎帝部落和黄帝部落曾为争雄天下而发生了武装冲突，双方在阪泉（今河北涿鹿县东南）一带展开了一场大战，经过多次交手，炎帝族失败，渐渐衰落，而黄帝族更为强大，确立了领导地位，拉开了英雄时代的帷幕。

这时候，有一个九黎族的首领名叫蚩尤。九黎即九夷，也就是九个亲属部落联盟的首领，发祥地在今山东曲阜，属东夷集团。传说，蚩尤十分强悍，统领81个氏族，这个部落联盟经济富庶，实力强大。81个氏族有81个首领，他们都是蚩尤的兄弟，有着猛兽的身体，铜头铁额，吃的是沙石子，凶猛无比，他们还制造刀、戟、弩各种各样精良的兵器，常常带领部落掠夺别的部落，英勇善战，所向披靡，威震天下。

有一次，蚩尤率众部族侵占了炎帝的地方，炎帝率部起兵抵抗。炎帝不是蚩尤的对手，无法抵挡，被蚩尤杀得大败，居地全失，连一个角落也没留下。炎帝没法子，逃到涿鹿请求黄帝援救。

黄帝早就想除去蚩尤，就联合各部落，准备人马，在涿鹿一带和蚩尤展开一场大决战。黄帝鉴于蚩尤部众优势的兵力和尖锐的金属兵器，为摆脱劣势地位，决定暂时后撤引诱蚩尤北进，乘蚩尤部众不习北方水土气候、长途奔波疲惫之际，战而胜之。他把以野兽命名的6个氏族的军队编组，向蚩尤的部队发起攻击。蚩尤兵士虽然凶猛，但是遇到黄帝的军队，根本抵挡不住，纷纷败逃。

黄帝带领兵士乘胜追杀。这时，忽然天昏地黑，浓雾迷漫，狂风大作，雷电交加，使黄帝的兵士无法追赶。原来，蚩尤请专门掌管大风的风伯前来助战，让他放出狂风猛吹，阻击黄帝的军队。

黄帝也不甘示弱，请天女帮助，驱散了风雨。一霎那间，风止雨停，晴空万里，终于把蚩尤打败了。

也有一种传说，说是蚩尤使法术吐出浓雾，弥漫了三天三夜，使黄帝的兵士被围困在大雾中，迷失了方向，乱成一团，情况十分危急。这时，聪明的黄帝派人利用机械原理，制造了一辆可以用来指明方向的"指南车"。在一辆双轮木车上，站立着一位手臂前指的仙人，任凭车子东转西走，仙人的手指始终指向南方，带领兵士杀出了重围。

战争异常激烈。据说，黄帝与蚩尤九战九不胜。

黄帝在困境中得到玄又的帮助，制作了80面夔皮鼓。夔是东海中的神兽，其状如牛，苍身而无角，入水则必风雨，其光如日月，其声如雷。黄帝用其皮蒙鼓，用雷兽之骨作鼓槌，声闻五百里，以威天下，又让人训练了一批凶猛的野兽，准备跟蚩尤决一死战。

战斗开始了，黄帝擂起战鼓，雷鸣般的鼓声在战场上空轰响，黄帝军队士气大振，士兵们赶着野兽，高声呐喊着冲向敌人。蚩尤的军队被这震耳的"雷声"和雄壮的队伍吓呆了，一下子乱了阵脚，四处逃奔。

最后的决战选在冀州的平原旷野上。双方先由巫师作法，希望借助自然力征服对方。黄帝呼唤有翼的应龙畜水，以便淹没蚩尤军队。蚩尤又请来风伯、雨师相助。他们跳到半空中呼啸一声，顿时狂风暴雨大作，地面的水猛涨起来，波浪滔天。黄帝的兵士陷入洪水之中。

危急之中，黄帝只得请来会收云息雨的旱神——女魃前来助战。女魃身上有极大的热量，每到一处，便能使当地雨收云散，天气突然晴霁，蚩尤军队惊诧万分，顿时大乱。黄帝乘机指挥大军掩杀过去，取得了最后胜利。

这是一次重要的历史性胜利。其他的部落看到黄帝打败了蚩尤，都非常高兴，派人前来祝贺。黄帝受到了许多部落的拥戴，成为战神。

涿鹿大战后，黄帝进入东夷地区，在泰山上举行合鬼神活动，驾象车而交蛟友，蚩尤居前，风伯进扫，雨师洒道，虎狼在前，鬼神在后，腾蛇伏地，凤凰覆上。两大部族集团尽释前嫌，解仇结盟。黄帝建立了更大的部落联合体，开创了集审判权、祭祀权、军事指挥权于一体的先例。从此，黄帝成了中原地区的部落联盟首领，取代神农氏被尊为天子。传说，黄帝去世前铸造了铜鼎，用巨鼎镇住了中原的气脉，又用中原镇住了九州八方。

于是，中国古代的传说都十分推崇黄帝，后代的人都认为黄帝是华夏族的始祖，自己是黄帝的子孙。因为炎帝族和黄帝族原来是近亲，后来又融合在一起，所以我们也常常把自己称为炎黄子孙。而这场著名的涿鹿大战奠定了华夏文明的基础。这正是"中华国脉承龙脉，黄帝英魂壮民魂"。

2．入主中原

——商汤革夏的鸣条大战

夏王朝时期，黄河下游一带有个部落叫商。商族崛起在尧、舜、禹之时，其祖先为契，传说为有娀氏的女儿吞食玄鸟的卵而生。契在尧舜时期，跟禹一起治过洪水，是个有功的人。后来，商部落因为畜牧业发展很快，大约公元前16世纪，也就是夏朝末年，汤做了商首领的时候，商已成为非常强大的部落，并建立了商国，国力日盛，发展成为一支足以与夏王朝抗衡的力量，并迁都于亳（今河南商丘以北、山东曹县附近）。

商汤是一位智力、本领过人又十分仁慈的君主。有一次，商汤跟几个大臣到城外视察。走到一个小树林里，看到一个老人正在林中布设捕鸟的网。老人在四面布完网后，拜了几拜，嘴里喃喃祷告道："从空中落下来的，从四面八方飞过来的，但愿都能落入我的网里。"站在一旁的商汤看到这种情景，忙走上前去说："唉，老人家，这样不行啊！把天下的鸟都网尽，不是太残忍了吗？除了夏桀，谁肯这么干呢？"说完，他把老人布下的网从南、北、西三个方向收起，只留下朝东的一个方向。然后，学着老人的样子，也拜了几拜，祷告道："林中的鸟啊，你们自由地飞翔吧！可千万不要朝东，钻到我的网里。"

这个故事很快就流传开了。人们都说商汤好，对天上的飞鸟尚且这样仁慈，更何况对国民百姓呢！一时间，归顺汤的就有36个国家。这就是"网开一面"成语故事的由来。

这个时候，统治了四百多年的夏王朝的国王叫桀。此人是个有名的暴君，大兴土木，建造宫殿，过着荒淫奢侈的生活。他和奴隶主贵族残酷压迫百姓，对奴隶镇压更重。

商汤看到桀这样腐败，立志消灭夏朝，并制订了严密的军事计划。他表面上对桀臣服，暗地里不断扩大势力范围，把依附夏的众诸侯国争取过来，然后进军夏国。

当时，部落的贵族都是迷信鬼神的，把祭祀天地祖宗看作最要紧的事。商部落附近有一个部落叫葛，是夏的属国，那儿的首领葛伯不按时祭祀，不敬鬼神，非常放肆。汤听说后就派人去责问葛伯。葛伯回答说：因为没有牲口作祭品。汤就派人送了一批牛羊给葛伯作祭品。可是，葛伯把牛羊杀掉自己吃了，又不祭祀。汤又派人去责问，葛伯又说：没有供奉的谷物。

汤又派百姓帮助葛伯耕田，还派人给耕作的人送酒送饭。不料，在半路上，葛伯率众把那些酒饭都抢走了，还杀了一个不肯交出黍的童子。

葛伯的恶行，激起了公愤。汤抓住这件事，以替童子复仇、讨还血债为口实，出兵把葛国先消灭了。接着，汤又连续攻取了韦、顾、昆吾等夏王朝周围的几个属国，逐步削弱夏桀统治的重要支柱，改变了夏、商力量的对比。

随后，汤又举行景亳会盟，借上天的警示，争取诸侯。在靠近夏的地方不惜花费巨大人力、物力修筑郑州商城——郑亳，作为商的政治中心，靠近夏王朝的统治中心。

那时候，富户人家的女子出嫁可以带奴隶。商汤妻子带来的陪嫁奴隶中，有一个人叫伊尹。伊尹刚到汤家，做个厨司，服侍商汤。后来，商汤渐渐发现，伊尹跟普通的奴隶不一样，便和他交谈，才知道原来他是有心装扮作陪嫁奴隶来找汤的。伊尹原是一个弃儿，后来成为有莘氏媵臣，即陪嫁奴隶，他才智过人，懂得大事。他向汤谈了治国的许多道理，汤马上提拔伊尹做他的助手。

商汤和伊尹商量讨伐夏桀的事。伊尹说："现在桀还有力量，我们先不朝贡，试探一下，看他怎么样。"

商汤按计停止了对夏廷的进贡。夏桀果然大怒，命令九夷发兵攻商。商汤和伊尹一看各夷族还服从夏桀的指挥，赶快去向夏桀请罪，并恢复了进贡。

又过了一年，汤和伊尹又停止了对夏桀的进贡，夏桀又命九夷攻商。这时，九夷的首领再也忍受不了桀的压榨勒索，决心叛离夏朝，不再起兵。商汤和伊尹这才下决心派兵大举进攻夏桀控制下的盟友和夏桀王朝。

商汤革夏战斗中，号武王，载旆，有虔秉钺，如火烈烈，非常英武，不可抵挡。可是，自从夏启以来，同姓相传已经四百多年，要把夏王朝推翻，也不是一件简单的事，汤和伊尹反复商量，决定举行盟会，联合其他诸侯国，地点就在景亳。

这时，商汤计划中的十一征已经过半，很多原来臣服于夏桀的诸侯都倒向了商汤，成为汤的盟友。传说当时天灾不断，日月出现反常现象，忽然是寒冷的冬天，忽然又是炎热的夏天，五谷焦死。汤就借用气象异常，宣扬：这是上天的警示，用灾异表达对夏桀严厉的警告，而且在镳宫授天命给汤，说去诛杀夏桀吧，必使你获得大胜。

前来参加盟会的诸侯，都很痛恨夏桀，现在有汤带头灭夏，又是受上天旨意，都乐意听从汤的指挥，说："汤王发命吧，我们会全力支持。"

在出征伐夏桀之前，汤决定派一个人打入夏桀内部，探个虚实，并离间敌人。汤选定了伊尹。为了使夏桀不怀疑伊尹，汤公开谴责伊尹有罪，并下令捉拿。

伊尹在夏宫待了三年，秘密回来向汤报告说："夏桀残害豪杰，杀人民如草木，淫虐无度，不仅大修宫殿，还穷极奢侈，整天与妹嬉、琬、琰及宫女饮酒作乐，宫女三万，而不体恤百姓，民众不堪压榨，积怨很深，都说'上天不再保护，夏桀的命已经到了尽头'。"汤听了伊尹的报告，非常高兴，两人当即山盟海誓,携手必灭夏桀。

随后,伊尹二次赴夏,设法接近结交妹嬉。此时,妹嬉已经失宠,夏桀宠幸琬、琰。妹嬉告诉伊尹,夏桀曾做了一个梦,说:"西方有日,东方有日,两日相斗,西方日胜,东方日不胜"。伊尹当即派人报告了汤,由于夏桀曾自比于太阳,有"太阳灭亡我才灭亡"之说。汤认为这是发兵的绝好机会,尽管当时国内正遇上旱灾,还是下令征集兵员,攻打夏桀。

遂召集商军将士,由汤亲自向大家誓师。全身披挂的商王汤在几个武士的护卫下,登上祭台大声说道:"各位诸侯、将领们,并不是我愿意兴兵打仗,实在是因为夏桀罪恶累累,是上帝命令我们去消灭他,我不敢不听从天命啊!"

接着,商汤又宣布了赏罚的纪律。

商汤借上帝的旨意来动员将士,再加上将士恨不得夏桀早早灭亡,因此士气高涨。商汤讲完,就率领大军,浩浩荡荡地向夏国进军了。

为有取胜的绝对把握,商汤在选择进攻路线上也颇为思量。他没有直接攻打夏桀的统治中心,而是采取了战略迂回、长途奔袭的策略,攻打夏国西部的都城安邑。

当时夏桀居住在斟寻,也就是现在的河南巩县、偃师一带,汤选择郑亳作为伐桀的基地,郑亳在斟寻的东边。如果从东方西进直取斟寻,需经荥阳汜水西关(即虎牢关)进入伊洛平原,这里自古是兵家必争之地,这一带还在夏桀的直接控制下,作为扼守伊洛平原的通道,必设重兵把守。

所以,汤和伊尹商定先伐灭昆吾,占据今新郑,打开入夏门户,然后西去登封(相传即禹都阳城),沿登封县西北三十里轘辕山阪道十二曲直插巩县西南,这是古代一条极有战略意义的险道。

汤乘千辆战车,排列大雁阵型,走险道进行突袭。当时,夏桀还陶醉在"西方日胜、东方日不胜"的梦境中,有恃无恐而没做任何准备。商汤军队出其不意突然出现,首先在心理上给夏桀以致命的一击。

夏桀仓皇出奔，到晋西南；在安邑立足，重整旗鼓，陈兵鸣条（今山西运城安邑镇北），以拒商汤大军。

汤率军逼近夏国的都城安邑的郊遂，走到鸣条，与夏桀的部队突然相遇。汤于是摆开鸟散云合、变化无穷的鸟云之阵，大败夏桀，擒获了桀手下最有勇力的大将推哆和大戏。他们能足行千里，力大无比。但是在汤商军队的强大进攻面前，这些人也只能束手就擒。夏国的兵士有的被杀，有的投降，有的逃跑。

夏桀看到大势已去，吓得带着几个护从与妹嬉及众多宫女仓皇出逃，溜出战场，然后同舟浮海逃到南巢，最后死于山中，夏朝灭亡。汤遂将象征夏王朝政权的九鼎迁于商都。这就是我国历史上长久流传的"殷鉴不远，在夏后之世"的故事。

商汤灭夏之战，是"伐谋""伐交""伐兵""用间"各种手段全面应用并取巨大成功的一个最早战例，反映出我国古代人的战略智慧和高超艺术。通过这场战争，商汤建立了商朝，取代夏朝，这是我国历史上第二个奴隶制国家。夏之后的商朝，便成为叙述中国历史的起点。从夏代开始，"国之大事，在祀与戎"，战争作为阶级斗争的最高形式，在整个社会活动中占有显著的地位。这场在中原举行的鸣条大战，也意味着中原占据着重要的战略地位。自古"得中原者得天下"，中华五千年历史上，无数次的中原大战都像推土机，一次次将地面上的文明推倒，埋入地下，再重建新的辉煌。

3. 仁者无敌

——西伯灭商之谋

在今天的陕西扶风、岐山两县交界处有一片古遗址，叫周原遗址，史称"岐邑"。这里埋藏着一段周人灭商的故事。

商朝发展到盘庚时期，迁都殷，到纣王时，长期的对外用兵，严重削弱了国力，开始走向衰落。殷纣王非但不是昏庸无能之辈，反而是一个天赋聪颖、勇力过人、才思出众的人。他早年曾亲自带兵与东夷进行了一场长期的战争。他很有军事才能，百战百胜，最后平定了东夷，把商朝的文化传播到淮水和长江流域一带。

但是，纣王和夏桀一样，骄横暴虐，刚愎自用，挥霍无度，沉迷于酒色淫逸，和宠姬妲己过着穷奢极欲的生活，根本不管人民的死活。他没完没了地建造宫殿，在别都朝歌（今河南湛县）造了一个富丽堂皇的"鹿台"，把搜刮得来的金银珍宝都贮藏在里面；他又造了一个极大的仓库，把剥削来的粮食堆积进来。他把酒倒在池子里，把肉挂得像树林一样。他排斥忠良，妄杀贤士，重用奸臣。他还用各种残酷的刑罚来镇压人民。他发明了一种叫"炮烙"的刑罚，凡是背叛他的诸侯或反对他的百姓，就捉来放在烧红的铜柱上烤死。

这时候，在华夏西部渭河流域有一个部落一天天兴盛起来，这就是周。

周本是一个古老的部落。夏朝末年，这个部落在现在陕西、甘肃一带活动。后来，因为遭到戎、狄等游牧部落的侵扰，周部落进入岐山（今陕西岐山县东北）下的周原，定居下来，以"周"为族号，靠着肥沃的田野走向兴旺。

商朝武丁帝时期，周是商王朝的诸侯国，周王季历积极发动战争，拓土开疆，被商王视为潜在的对手，遭到杀身之祸。季历的儿子西伯姬昌（也就是后来的周文王）继位的时候，周部落已经很强大了。

文王即位之初，因报父仇心切，贸然伐商，结果大败。他进行了深刻反省，感到力量还不够强大，只有遵从先帝之法，治理国家才是上策。他对内广施仁政，积极倡导笃仁、敬老、慈少的社会风气，以修德、爱民来缓和国内阶级矛盾。文王对鳏寡孤独者的生活特别关心，有一次甚至下令用衣棺厚葬施工中偶然发现的死人骸骨，人们告诉周文王这是无主的，他坚持说，"有天下的人是天下之主，有一国的人是一国之王，寡人就是他的主啊"。从此，民间流传说："西伯对枯骨都这样有恩德，何况对人呢！"百姓拥护，文王威望提高，国内上下团结一心，共同为国家的富强而奋斗。

西伯治国的故事，被历代统治者视为典范。由于西伯治国有方，有大批谋士相辅，又有阵容强大的"六师"军队随时待命，周部落一天天强大起来。

商王朝有个大臣崇侯虎，经常在纣王面前说西伯的坏话，说西伯积善累德，诸侯都听他的，影响太大了，这样下去，对商朝不利。

纣王一听大怒，就下了一道命令，把西伯拿住，关了起来。周邦为了营救西伯，把许多美女、骏马和珍宝献给纣王，又送了许多礼物给纣王的亲信大臣。

醉生梦死的纣王见了这么多美女珍宝，高兴得眉开眼笑，说："光是一样就可以赎姬昌了"。于是，立刻叫人把西伯放了。见利忘义的纣王还将忠于他的崇侯虎出卖给西伯，说想杀西伯的人是崇侯虎。

西伯回到周后，献洛西之地，又请纣王除"炮烙之刑"。纣王也同意了，还赐给西伯弓矢斧钺，授予他征伐大权。

西伯树立起了为天下人请命的形象，在诸侯中的威望日益提高，许多诸侯国叛纣而归西伯,它所产生的政治威力胜过千军万马在战场上的厮杀所获得的胜利。

西伯见纣王昏庸残暴、丧失民心,就决定讨伐商朝。可是,西伯感到身边缺少一个有军事才能的人来辅佐他指挥作战。他暗中想办法物色这种人才。

一天,西伯坐车到渭水北岸去打猎。他看见一个老翁在河岸钓鱼。西伯叫人停下车,走到老人跟前,跟他聊起来。西伯这才知道他叫姜尚,吕氏,名望,字子牙,是一个博学多才、文武兼备的大能人。西伯非常高兴,说:"我祖父在世时曾经对我说过,将来会有个了不起的能人帮助我把周族兴盛起来。您正是这样的人。我的祖父盼望您已经很久了。"说罢,就请姜尚一起坐车回宫。姜尚理了理胡子,就跟着文王上了车。

因为姜尚是西伯的祖父所盼望的人,所以后人叫他太公望,又叫"吕尚",在民间传说中,叫他姜太公。姜尚暗示文王,曼曼绵绵的商王朝即将烟消云散,而默默无闻、淳厚浑朴的周国的光辉必定会普照四方。

西伯任命姜太公为统率军队的国师。太公望协助西伯一面提倡生产,一面训练兵马。周的势力越来越大。当时,在商朝统治下有1800多个诸侯国。有一次,西伯问太公道:"我要征伐暴君,您看应当先征伐哪一国?"

太公望说:"先去征伐密须。"

朝中有人反对他,说:"密须国君厉害得很,恐怕打不过他。"

太公望说:"我王遵从上帝的旨意,不能任凭跋扈专横的人恣意横行,不能让贪羡他人领土的人得逞,对这样的人要早作决断。密须国君正是这样的人,他对我大周邦很不友好,虐待老百姓,早已失去民心,他就是再厉害十倍,也用不着怕。"

正巧,密须正发兵侵略周的邻国阮和共。西伯认为时机已到,立即整军团出征,将密须军在半路上打了回去。西伯接着准备挥师进攻密须国都,还没开战,密须的老百姓就先发起暴动,绑着密须的国君归附了西伯。

一年后，西伯趁商纣王出兵攻打东夷的时候，发兵征服了位于商王朝西部的黎国。

西伯争夺天下共主的雄心和咄咄逼人的东进势头，震动了商王朝，引起一片恐慌。大贵族祖伊劝商纣王说："王啊！上天就要终止我们殷国的大命了，通晓天命的人用大龟占卜都得不到吉兆。王啊，你看怎么办吧！"

纣王听不进忠告，满不在乎地说："哎呀，我生来就是从上天那里接受天命的。"

又过了两年，西伯发兵征讨崇国（今陕西省沣水县），这是商朝西边最大的一个属国。西伯灭了崇国，就在那里筑起城墙，建立了都城，叫作丰邑。并把都城从渭北的周原，迁到渭南的沣河西，也就是现在的陕西长安县。

西伯总结与商王国直接对抗招致失败的教训，改变东进势头，在姜尚的辅佐下，巧妙地隐蔽灭商的战略企图，麻痹商纣王，采取内修文德，稳固后方，外交盟友，扩大影响的策略，外交上争取到许多诸侯国的支持，没过几年，周族逐渐占领了商朝统治的大部分地区，归附西伯的部落也越来越多了，扩地千里，势力壮大，声威大振。同时，打着拥护商王的旗号，逐步剪除商王国的羽翼，实行大包围的战略，军事上打掉了不少亲近商纣的方国，解除了商王中心区西部的天然屏障，使它成为周虎视商的前沿阵地，随时可以配合伐商大军作战，为武王灭商铺平了道路。

4. 朝歌之泪

——牧野大战

可是,西伯还没有来得及完成灭商大业,害了一场大病死了,由他的太子姬发继位,就是周武王。

周武王拜太公望为师,他的兄弟周公旦为辅,继续整顿内政,扩充兵力,准备讨伐商纣。第二年,周武王决定把军队开到黄河南岸的盟津(今河南孟津东北),举行一次检阅。出师的时候,周军浩浩荡荡,把西伯"木主"(木制的西伯牌位)放在中军战车上,武王自称太子发,表示是遵从西伯旨意伐商。

周武王和姜太公率领大军来到离朝歌只有三百里的盟津后,八百多个小国诸侯和它们的部队,已经列队等候多时,队伍整整齐齐,威风凛凛。武王面对滔滔的黄河,对周军将士和各部族的首领们说道:"我的祖先对上天是有功德的,因此,上天命令先王灭掉殷商,拯救万民。先王不幸早逝,归天前将重任托付于我。你们要全力协助,完成先祖的功业啊!"

武王号召文武百官要忠于职守,将来依据各自的表现进行赏罚记功。姜太公在军前发布命令,令掌管舟师的官员管理好舟楫和士兵,一定要按期抵达渡河地点。

大家都向武王提出,要他带领大家伐商。周武王下令渡河。顿时,千舟争渡,浪花飞溅。谁知,周军刚渡到对岸,武王又下令退了回来。不仅那些前来助战的部族首领们感到纳闷,就连周军武士们也摸不着头脑。

原来，这是有心计的武王在进行战略试探，是他导演的一场灭商的大演习。他看到，商国内部虽然腐败，但是商纣王还没有到众叛亲离的地步，必须继续扩充军队，准备粮草，耐心等待时机。

这时候，纣的暴政越来越厉害了。商朝的贵族王子比干和箕子、微子非常担心，苦苦地劝说他别这样胡闹下去。可是，昏庸的纣王不但不听，还大发脾气，一怒之下把比干杀了，还惨无人道地叫人剖开他的胸膛，把心掏出来，说要看看比干长的是什么心眼儿。箕子装作发病，总算免了一死，被罚做奴隶，囚禁起来。微子看到商朝已经没有希望，就离开别都朝歌出走了。就连太师疵、少师疆也带着乐器投奔周邦而去。

公元前1070年春天，武王得到探子的报告，说纣已经到了众叛亲离、民怨沸腾的地步，特别是商军主力远在东方同夷人作战，国都朝歌兵力有限，正是出兵伐纣的好机会。于是，武王决定发兵5万，兵车300乘，3000名勇士为先锋，并联合诸多部落，请精通兵法的姜太公做元帅，指挥大军渡过黄河东进。

出师之前，按照当时的惯例，要用龟甲蓍草进行占卜，结果得的是凶兆。偏巧又遇到刮大风，下大雨，众人都认为天意难违，不宜出兵。吕望力排众议，认为占卜用的枯骨朽草不会知道什么吉凶祸福，坚决劝说武王按原定计划出师伐纣。

武王听从姜太公的建议，决定出兵。

周军要进攻大邑商，非走崤函险道不可。这是当时从关中到伊洛地区的唯一通道。崤函位于今三门峡市，西起潼关，东至崦崟山，邃岸天高，空欲幽深，涧道之峡，车不方轨，河道水流湍急，是真正的天险。武王派兵牢牢控制住这条东出的天险，以保证大军能抵达伊洛，越过黄河袭击大邑商。

武王大军先是在洛邑举行了"六步七步""四伐五伐"的战阵演习和誓师仪式，尔后率部出发，10天后到达盟津，与各路诸侯大军会师。

联军同仇敌忾，勇往直前，以超出常规的行军速度，每天约行40里，各级武官和诸侯国首领,在第六天(2月5日)夜里到达商郊牧野。

牧野就在今河南湛县的西南,北距朝歌只有70里左右。各诸侯国君都急切地要求抓紧战机。黎明时分,武王率周军的各级武官和各国首领,在阵前举行誓师大会,誓词流传至今,名为《牧誓》。周武王站在高高的王车上,大声说道:

"尊敬的友邦国君、诸位官员和所有远征的将士们,举起你们的戈,拿起你们的盾,握好你们的矛,为讨伐暴君,我们现在就要誓师出发了!暴君纣王听信谗言,败坏朝纲,残害忠良,任用奸佞,荼毒百姓,离异父母兄弟,抛弃祖宗和家国。现在,我遵照上天的旨意,来讨伐商纣了。所有参战的将士们,你们要听从指挥,保持队形,步调一致,勇猛杀敌,但不要杀害那些前来投降的人,以便使这些人为我们效劳。勇敢的将士们,作战有功的,将会得到奖赏;如果有谁不努力作战,我就要把他杀掉!"誓师完毕,武王就挥动旗帜,驱动战车,向商军进攻。

这样的战前动员,使联军士气更加激昂。4000辆战车的甲士和步卒列阵牧野,严阵以待。

这时候,商纣王正和他的宠妃、一帮大臣,在鹿台上一边喝酒吃肉,一边观看歌舞。突然有亲兵来报告周武王率军攻打的消息,纣王非常震惊,临时拼凑了17万人马,由他亲自率领,到牧野迎战。他想,周姬发的兵力不过5万人,难道17万人还打不过5万人吗?他把奴隶部署在前阵,让自己的亲军殿后。

大战开始了,旌旗漫卷,战鼓阵阵,周武王的军队像一排排巨浪,压向商兵。武王立即命令姜太公率领少量勇猛士卒向纣军挑战,勇敢善战的姜太公像雄鹰扑鸡一样,打乱敌军阵脚,武王则亲率劲旅攻击商军主力。

这时,只见商军前排的兵士们突然调转矛头,朝后排冲去,纣王听说后大骂混蛋。

原来,那17万商军有一大半是临时武装起来的奴隶和从东夷抓来的俘虏。

他们平日受尽纣的压迫和虐待，早就对纣王恨透了，谁也不想再为纣王卖命，反而希望周军能迅速击败商军。在战场上，当周军勇猛进攻的时候，他们就掉转矛头，纷纷倒戈，冲击商奴隶主贵族的部队，为周军开路，配合周军一起攻打。商军前排倒戈，队伍顿时大乱，十几万人很快土崩瓦解。

周武王趁势率大军追击，一直追到朝歌，同时命令姜太公领兵扫荡残敌，彻底解除商军的武装。商纣王眼看大势已去，他不想让周兵得到他的鹿台和珍宝，命人把王宫里的珍宝全部搬到鹿台，用绫罗缠身，当天晚上，就躲进鹿台，躺在珍宝中放了一把火，把自己烧死了。延续约600年之久的商朝瞬间灰飞烟灭。

牧野一战，在我国早期历史上是一个重要里程碑。周武王以5万兵力打败商纣王的17万大军，最终使商朝分崩离析，武王建立了西周王朝，"小邦周"最终代替了"大国商"，成为天下共主。这一历史性的转变，被后来的人演绎成神话，明代道士由此演义出一部长篇小说《封神榜》。

武王灭商，却把功名放在父亲西伯头上，并追尊为文王，从此文治胜过武功，成为中国的政治传统。武王的弟弟姬旦灭商有功，西周的都城迁到离今天西安不远的镐京后，周原便被封给姬旦作领地，从此姬旦被人称作"周公"。周武士死后，王位一代一代相传。周室逐渐衰微，诸侯称雄，你争我夺，你杀他抢。及至周幽王登位，此人荒淫昏庸，更使民怨沸腾，诸侯离心，竟把命送在犬戎之手，断送了西周。后来周平王迁都东部洛邑，也就是现在的河南洛阳，历史上称为东周。

5. 车行天下

——齐桓公争霸之战

春秋初期，周王室渐渐衰落，周天子只不过是各国名义上的天下共主，一些比较强大的诸侯国用武力兼并小国，大国之间互相争夺领土，经常打仗。获胜的大国诸侯称作霸主。霸主在他的势力范围内发号施令，被征服的诸侯国要向霸主送礼进贡，按时朝拜霸主，霸主举行会议或调兵去打仗，也必须服从。这样一来，霸主实际上同天子已经没有多少区别了。

周初曾分封了几百个诸侯国，到春秋时期只剩下一百多个了，其中比较大的有十几个国家。这些大诸侯国的王，都想当霸主，你争我夺，打了上百年的仗，结果先后出现了五个霸主。这就是历史上所说的春秋五霸。

第一个称霸的就是齐国。齐国地处泰山以北，渤海湾以西，都城临淄（现山东淄博一带）。齐国是太公望的封国，本来就是一个东方大国，土地肥沃，民风豪爽，再加上有丰富的沿海资源，善于经商，农业、手工业、商业都很发达，国力强盛，国都临淄是当时很大的都市。

春秋时期，是一段大变革的岁月，也是一个充斥纷争的历史舞台，更是一个追求新生的时代。齐国国力强盛，吸引着各种各样有才学的人。当时养士之风最盛的，也是齐国。公元前686年，齐国爆发了一场内乱，国君齐襄公被杀。襄公有两个兄弟，一个叫公子纠，当时在鲁国；一个叫公子小白，当时在莒国。两个人身边都有一个师傅辅佐，公子纠的师傅叫管仲，公子小白的师傅叫鲍叔牙。两位公子听到齐襄公被杀的消息，都急着要回齐国争夺君位。

一场特殊的赛跑，在公子小白和公子纠兄弟二人之间展开。

齐国执政大臣国、高二氏与公子小白关系密切，决定从莒国迎回公子小白承继大统。鲁国国君鲁庄公为日后影响齐国政局，决定亲自率领三百辆兵车，护送纠回齐继位。这时，管仲对鲁庄公说："公子小白在莒国，离齐国很近。万一让他先进入齐国，事情就麻烦了。让我先带一支人马去截住他。"

不出管仲所料，小白正在莒国的护送下赶回齐国，路上遇到管仲的拦截。管仲拈弓搭箭，对准小白射去。只见小白大叫一声，口吐鲜血，倒在车里。旁边的人一窝蜂跑去救护，有人说："不好了，公子死了。"接着，许多人就大哭起来。

管仲以为小白必死无疑，就放心地护送纠向齐国赶路。哪里知道，他射中的不过是公子小白衣带的钩子，小白害怕管仲再射，急中生智，把舌头咬破，假装吐血而死。忙乱中大家也都被他瞒住了。直到管仲走远了，小白才睁开眼。

这是一个关键性的历史细节，彰显出小白的机智与聪慧，假如没有这场真戏假作，管仲决不会放过小白，那样齐国的历史很可能要重写。

六天后，当慢腾腾的公子纠走到都城临淄附近时，小白和鲍叔牙早已抄近路抢先赶到了临淄，小白登上了齐国国君的宝座，就是齐国有名的国君齐桓公。

齐桓公继位后，第一件事就是发兵攻打鲁国。鲁庄公因为公子纠没有当上齐国国君，对齐极为仇视，便亲自率大军强送公子纠返国，进入齐境乾时（今山东临淄西）地区。齐桓公即与鲍叔牙等商讨对策，决定迎战。双方各以兵车300乘投入战斗。齐军英勇冲杀，一举击破鲁左右军，继而包围鲁庄公所统率的中军。鲁庄公见势不妙，急忙把大旗改插在将领梁子车上，自己丢弃战车，改乘轻车狼狈逃回鲁国。

鲁庄公还没喘过气，齐国大军又打上门来了，强令鲁庄公杀死公子纠，把管仲送到齐国治罪。鲍叔牙让捎话给鲁庄公说："我们国君对管仲恨之入骨，非要亲手杀他才解恨。你们把他交给我吧。"鲁庄公没有办法，只好照办。管仲被关进囚车，送到齐国。

管仲进了齐国的地界，鲍叔牙早就等在那里。他一见管仲，如获至宝，马上让人将囚车打开，把管仲放了出来，一同回到临淄。鲍叔牙向齐桓公推荐管仲。齐桓公气愤地说："管仲拿箭射我，要我的命，我还能用他吗？"

鲍叔牙解释说："那时他是公子纠的师傅，他用箭射您，正是他对公子纠的忠心，论本领，他比我强得多，主公如果要干一番事业，富国强兵，建立霸业，管仲可是个用得着的人。"齐桓公也是个豁达大度的人，听了鲍叔牙的话，作为胜利者的他，不但不办管仲的罪，反而让他出任执掌齐国国政的宰相大位。

管仲帮着齐桓公整顿内政，发展经济，又大规模用海水煮盐，鼓励老百姓出海捕鱼。离海较远的诸侯国不得不依靠齐国供应食盐和海产品。别的东西可以不买，可是盐是非吃不可的，于是，齐国就越来越富强了。齐桓公雄心勃勃，一心想当诸侯的霸主，做了霸主就能够发号施令，别的诸侯就得向他进贡，听他的指挥。他对管仲说，"现在咱们兵精粮足，能否讨伐大国中的无道者，以确立齐国的霸主地位？"

管仲认为齐国的实力还不够强大，便劝齐桓公不要轻举妄动。

可是齐桓公不听劝告，即位的第二年，决定进攻鲁国。因为鲁国实力强大，又自恃是周公旦的封国，自视甚高，虽说上次败给了齐桓王，但仍不把齐国放在眼里，决心跟齐国拼一死战。齐国进攻鲁国，也激起鲁国人民的愤慨。有个鲁国人曹刿，听到齐国要进攻鲁国的消息，非常着急。他虽然不是什么肩负军国重任的大官，但是他认为，对关系到国家存亡的大事每个人都有责任来过问。于是他决定去见鲁庄公，跟他讨论有关这次战争的问题。

鲁庄公见曹刿懂得治国打仗的道理，就带着他一起去打仗，要他为自己出主意。两个人坐着一辆兵车，带领人马出发了。

鲁庄公根据齐强鲁弱的形势，暂时避开齐军锋芒，撤退到有利于反攻的长勺，预设战场，以逸待劳，摆开阵势准备迎击来犯的齐军。

齐军仗着人多，一开始就擂响了战鼓，发动进攻。鲁庄公也准备传令擂鼓攻击齐军，希望能够先发制人，一举破敌。曹刿见状连忙阻止，说："且慢，还不到时候呢！"

当齐军擂响第二通战鼓的时候，曹刿还叫鲁庄公按兵不动。鲁军将士看到齐军张牙舞爪的样子，气得摩拳擦掌，但是没有主帅的命令，只好憋着气等待。

齐军自乾时之战获胜后，骄傲自大，看不起鲁军。此时见鲁军没有出战，遂误以为对手畏怯惧战。急于求胜的齐军主帅见鲁军毫无动静，又下令打第三通战鼓，主动向鲁军发起猛烈进攻，耀武扬威地杀过来。但它接连三次出击，都在鲁军的严密防御之下遭到了挫败，没有达到先发制人的作战目的，反倒使自己的战斗力衰落，斗志沮丧。

曹刿见时机已到，果断地对鲁庄公说："现在可以下令反攻了。"

鲁庄公传令鲁军全线出击。鲁军阵地上响起了进军战鼓，兵士士气高涨，像潮水般涌向齐军。齐军兵士没想到这一着，招架不住鲁军的凌厉攻势，败下阵来。

鲁庄公看到齐军败退，忙不迭要下令追击，曹刿又拉住他说："别着急！等我看看敌人是真败还是假败。"说着，他跳下战车，低下头观察齐军战车留下的车辙；接着，又上车爬到车杆子上，望了望敌方撤退的队形，才说："请主公下令追击吧！"

鲁军兵士听到追击的命令，军心大振，个个奋勇当先，乘胜追击，猛追猛打，很快追上了齐军，经过一场厮杀，终于把齐军赶出鲁国，并俘获大量甲兵和辎重。

鲁军取得反攻的胜利，鲁庄公对曹刿镇静自若的指挥暗暗佩服，但是心里总还有个没打开的闷葫芦。回到宫里，他先向曹刿慰劳了几句，就问：

"头两回齐军击鼓，你为什么不让我反击？"

曹刿说："打仗全凭士气。对方擂第一通鼓的时候，士气最旺盛；第二次击鼓，士气就衰退了一些；到第三次击鼓冲锋，士气已经泄了。齐军三通鼓罢，士气完全丧尽，对方泄气的时候，我们的兵士却鼓足士气，哪有不打赢的道理？"

鲁庄公接着又问："为什么不立刻追击？"

曹刿说："齐军虽然败退，但它毕竟是一个实力雄厚的大国，兵力强大，说不定他们假装败退，在什么地方设下埋伏，我们不能不防着点儿。后来我看到他们的旗帜东倒西歪，车辙也乱七八糟，知道他们阵势全乱了，所以才请您放心追击。"

曹刿的这番话说得鲁庄公心悦诚服，连连点头称是。成语"一鼓作气"也就由此而来。

曹刿叙述的作战原则和长勺战例，成为我国后世"后发制人"战略思想的宝贵借鉴。一代伟人毛泽东曾对长勺之战给予高度评价，认为鲁国采取了"敌疲我打"的方针，打败了齐军，成为中国战争史上弱军战胜强军的著名战例。

长勺失利后，齐桓公并没有灰心，他认真总结这一战争的经验，明白不能单纯依赖战争来实现自己的称霸目标，而应该更多地运用政治、外交手段配合军事行动。他重新调整完善自己的争霸战略。他在管仲的辅佐下，进一步发展生产，增强实力，准备文武并举，伐谋、伐交、伐兵三管齐下，争当霸主。

有一天，齐桓公对管仲说："现在咱们兵强马壮，可以会合诸侯了吧？"

管仲说："如今南方的楚国，西方的秦国和晋国都比我们强，可它们都没有能够当上诸侯的首领，这是为什么呢？因为它们对周王室不够尊崇，不知道用天王的名义号召诸侯,停止混战。你要是用'尊王攘夷'相号召,您的声望就会越来越高。"

管仲说的尊王攘夷,就是尊重周朝王室,承认周天子共同领袖的地位;联合各诸侯国,共同抵御戎、蛮等部族对中原的侵袭。

于是,齐桓公就征得周王的同意,在齐国的北杏(现在山东东阿县北)举行诸侯盟会,共同确立刚即位的宋桓公为宋国国君。

到了会盟的日子,大家公推齐桓公为盟主,只有宋桓公没有表态,并且不辞而别。齐桓公大怒,准备发兵去攻打宋国,被管仲制止了。管仲说:"本来是请人家会盟,人家走了,我们派兵去追,没有这个道理。再说,宋国离我们远,鲁国近,不如先去讨伐鲁国。"

齐桓公一听,就说:"好啊,怎么打法呢?"管仲说:"我们如果先去攻打鲁国的附属国遂国,鲁国一定害怕,然后再派人去责问鲁国。大军压境,鲁国敢不赔礼道歉吗?!"

鲁庄公听说后真的吓坏了,急忙召集群臣商议。正在这个时候,齐桓公派人送信来,责备鲁庄公不去北杏会盟。鲁庄公马上回信说:"开大会的时候我正好生病,没有来得及参加,实在抱歉。如果您把军队撤回齐国境内,我马上就去会盟。"

齐桓公接到回信,非常高兴,立即撤了兵。不久,鲁庄公前来会盟。尔后,齐桓公先是歼灭谭、遂等多个小国,维护了华夏文明的进程。同时,还出兵威慑居于南方的楚国,挫败了楚国北上的锋芒。齐桓公在春秋时期最先称霸,他的霸业也最为显赫。他多次主持诸侯盟会,在诸侯列国中树立起崇高的威望,成为华夏诸侯的盟主。

齐国从齐桓公时期开始的强势,一直保持到了战国末期秦军兵临城下。公元前221年,秦始皇统一中国时,齐国是最后一个被灭掉的。

6．退避三舍

——城濮之战

公元前634年，正好周室大乱。周襄王有个异母兄弟叫太叔带，因为没有当上周王而一直心怀不满，便联合了一些大臣，向狄国借兵，夺了周襄王的王位，俘获周室卿士和大夫周公忌父、原伯、毛伯等人，并乘胜攻占了京城洛邑。周襄王带着几十个随从，仓皇出逃到郑国。他在那里发出命令，要求各国诸侯侍卫国主（即勤王），护送他回洛邑去。

列国的国君听说后，有派人去慰问周天子的，有送去食物的，可就是没有人愿意发兵打狄人。有人对周襄王说："现在诸侯当中，只有秦、晋两国有力量打退狄人，别的恐怕不中用。"

于是，襄王就打发使者去请晋文公护送他回朝。谋士狐偃对晋文公说："现在求诸侯，不如勤王。"他极力劝说晋文公响应周襄公的呼吁，迅速出兵勤王。

晋文公是个志向很大的人，他也想像齐桓公那样，做个中原的霸主。他即位后，任用贤才，整顿内政，发展生产，崇俭省用，把晋国治理得渐渐强盛起来。如今机会来到，晋文公马上发兵支援周襄王。为了独享其功，他辞了前来勤王的秦军，然后指挥晋军兵分两路，以左路从郑国把周襄王接到晋国；以右路往东打过去，把狄人打败。接着又帮助周襄王杀了太叔带等人，平息了周室的内乱。

晋文公"勤王"有再造王室之功，周襄王对此感激不尽，设盛宴慰劳晋文公，赐给他很高的荣誉，还把周王管辖内的阳樊等8个邑城赏赐给晋文公。

晋文公勤王两年后，即公元前632年冬，宋襄公的儿子宋成公来讨救兵，说楚国大将成得臣率领楚、陈、蔡、许等国兵马攻打宋国。宋国军力单薄，宋襄公又没有指挥才能，所以根本抵挡不住。

自从齐桓公、晋文公以后，齐、晋两国的霸业逐渐衰弱，另外有两国逐渐强盛起来了。一个是西方的秦国（管辖今陕西、甘肃一带）；一个就是南方的楚国。这两国都抱着"不杀千家，不成一家"的宗旨，图谋称霸于诸侯各国，专门打邻国，抢地盘，不是忙着并吞这一国，就是忙着并吞那一国，附近的许多小国都被它们灭掉了。这样一来，这两国的兵马越来越多，军粮越聚越足，地盘越占越大。

滚滚长江，波涛浩渺，出三峡之后，便穿过辽阔、肥沃的平原。楚国国都郢城，就建于长江之畔。楚国占有长江下游和汉水流域的广大地区，疆域很辽阔。这里在上古之时，是长满荆棘之地。楚国开国之初，立国于荆山一带。"荆"是一种野生植物，其别名又叫"楚"，所以他们便把自己的国家称作"楚"，管辖今日的湖北、湖南一带。黄河流域的各诸侯国一向瞧不起它，称它为"蛮子国"。这个"蛮子国"不断向北方扩张势力，同那里的各诸侯国经常发生冲突。

公元前639年，楚成王发动泓水之战，击败宋国，控制了整个中原，郑、许、蔡等国早已俯首称臣，曹、卫、宋、鲁等国也一个个相继投靠到楚国一边。可是，有不少国家只是被迫投向楚国，实际上对楚早已恨之入骨。比如，宋国见晋国实力一天天强大，威望越来越高，就主动与晋通好，叛楚附晋，打乱了楚成王的战略部署。

宋国在中原的战略地位之重要性，仅次于郑国，这对于一心想称霸中原的楚成王来说就成了一块心病，所以下令攻打宋国，压宋就范。楚联合郑、许、陈、蔡多国，在令尹子玉的率领下，向宋国腹心地区发动攻击，将宋都商丘团团围困。

晋国的大臣们对楚国早就恨之入骨,都劝晋文公说:"楚国老是欺负中原诸侯,主公要扶助有困难的国家,报答宋襄公当年的礼遇,解救宋国被围之难,威震诸侯,奠定霸业,这可是再好不过的时候了。"

晋文公也早就看出,要当上中原霸主,就得打败楚国。于是,他扩充军队,组成三军,浩浩荡荡去支持宋国。

但是,晋、宋之间隔着曹、卫两国,它们都是楚的盟国,晋国劳师远征,有侧背受敌的危险;况且楚军实力强大,气势正盛,跟它正面交锋,没有获胜的把握。就在晋文公拿不定主意的时候,大夫狐偃想出了一个好办法,他向晋文公建议说:"楚国先得到曹国,后新婚于卫国,如果先攻技术曹、卫两国,楚军必然前来营救,这样就迫使楚军北上,从而解宋国之围。"

晋文公认为这是一个好办法。于是,晋军先打下了归附楚国的两个小国——曹国和卫国,并且把两国的国君都俘虏了,在诸侯中引起很大震动。

晋军攻打曹、卫两国,本来是想引诱楚军北上,解救宋围,伺机歼击楚军。可是楚成王却不为所动,反而下令部队加紧对宋都商丘的围攻。

于是,宋成公又派人向晋国告急求援。这使得晋文公感到进退两难,召集大臣进行商议。他对属下说:"宋国告急,现在我们如果不赶紧出兵,既对不起当年过宋时宋襄公的礼遇,又势必失去宋这个同盟国,损害自己称霸中原的计划。可是,如果出兵驰援,那么原定诱使楚军在曹、卫之地决战的战略意图便会落空,况且齐、秦无意同楚交战,自己的兵力又十分有限,又是远离本土,要想与楚军交锋取胜把握不大。另外,这样做也违背了过去与楚王的誓约。"

当年,晋文公重耳流亡到楚国的时候,楚成王把他当作贵宾来接待。在一次宴会上,楚成王问重耳:"要是公子回到晋国做了国君,怎样报答我呢?"

晋文公回答说:"美女、宝玉和丝绸,您有的是。漂亮的雀翎,名贵的象牙和皮革，又是楚国的特产，流散到晋国去不过是您享用以后剩下的东西罢了。我用什么东西来报答您呢？"楚成王说："话虽然这样说，你还是得考虑一下怎样报答我。"晋文公普沉吟了很大一会儿，对楚成王说："要是托您的福，我能够回到晋国，当上国君，将来晋和楚万一发生战争，双方军队碰上了，我一定命令晋军退避三舍（古时候一舍为30里，三舍就是90里）。要是楚军还不肯罢兵，我只好左手拿着鞭子和弓，右肩背着箭袋，和您较量一番了。"

现在，晋、楚两国的军队果真碰上了，确实不好处置。新上任的元帅先轸仔细分析了形势，进言道："这有什么难的。主公，依臣之见，最好的办法是叫宋国表面上同晋国疏远，然后叫宋国送一些好处给齐、秦两国，请他们向楚国讨个人情，劝楚国撤围。请求楚军撤兵。我们再把曹、卫的一部分土地赠给宋国，以坚定宋国抗击楚军的决心。楚国同曹、卫是盟国，如今看到曹、卫的土地为宋占去，一定会拒绝齐、秦的调解。而齐、秦既然接受了宋的厚礼，便会抱怨楚国不听劝解，从而同我国站在一起，不能不出兵与楚作战。"

晋文公马上派人一一实施。

楚成王果然拒绝了齐、秦的调停，而齐、秦两国国君见楚成王不给自己面子，也大为恼怒，便出兵助晋。这样，晋文公在战前伐谋伐交斗争中高敌一等，取得关键性的胜利。

楚成王看到晋、齐、秦三个大国结成联盟，对自己明显不利，就主动把楚军撤退到楚境内的申地（今河南南阳），并立刻派人叫令尹子玉退兵。他派人警告子玉说："晋侯重耳在外奔波多年，现在都60多岁了，很有经验，非等闲人物，我们未必打得过，凡事要量力而行，适可而止，知难而退，不如尽早收兵吧。"

可是，子玉骄傲自大，以为宋国迟早可以拿下来，不肯半途而废。他派部将向楚成王禀报说："我虽然不敢说一定打胜仗，也要拼一个死活。

现在撤兵太可惜，请主公再准我打几天，战胜了宋国再班师回朝。"

楚成王听了很是不满，只派了少量兵力归子玉指挥。而子玉有了楚成王增派的援兵，更是有恃无恐，他派人通知晋军，作为"休战"条件，晋国必须撤出曹、卫，让曹、卫复国，并释放卫、曹两国国君。

这下又难住了晋文公。他和先轸分析说，如果我们答应了，就会使曹、卫、宋三国感恩于楚；晋国如果不答应，则宋围不解，曹、卫不复，则三国必怨晋而亲楚，不仅三国怨晋，连其他诸侯也指责晋无礼，积怨太多，又如何破楚定霸？

但是，晋文公没有被子玉吓倒，他棋高一筹，采纳了先轸提出的对策，暗地派人告诉曹、卫两国国君，答应恢复他们的君位，但是要他们先跟楚国断交。

曹、卫两国国君真的按晋文公的意思办了，下令扣留了子玉的使者宛春，以激怒子玉前来寻战。子玉眼见使者被扣，本想救这两个国家，不料它们倒先来跟楚国绝交。这一来，气得他双脚直跳，七窍生烟，嚷着说："这分明是重耳这个老贼逼他们做的。"他立即下令，解除对宋国的包围，催动全军气势汹汹地赶到晋军驻扎的地方去。

楚国一进军，晋文公立刻命令往后撤。晋军中有些将领想不通，质问道："我们的统帅是国君，对方带兵的是臣子，哪有国君让臣子的理儿？这是耻辱。而且楚军疲惫，无须后撤。"

狐偃解释说："打仗先要凭个理，理直气就壮。当初楚王曾经帮助过主公，主公在楚王面前答应过：要是两国交战，晋国情愿退避三舍。今天后撤，就是为了履行这个诺言啊。要是我们对楚国失了信，那么我们就理亏了。我们退了兵，如果他们还不罢休，步步进逼，那就是他们输了理，我们再跟他们交手还不迟。"

这实际上是晋文公把握主动、谋图胜敌的一着妙棋。他这一退，赢得了舆论同情，激发了将士力战破敌的情绪，在政治上占据很大主动，军事上造成了优势，便于同齐、秦等同盟国军队会合。

大家都认为狐偃说得有道理，就接受了。晋军一口气后撤了90里，到了城濮（现在山东鄄城西南），才停下来布置好了阵势。

楚国有些将军见晋军后撤，怕中了埋伏，主张停止进攻。可是子玉却不答应，他认为是晋军害怕了，便一步盯一步地追到城濮，跟晋军遥遥相对。

子玉自以为兵力强大，仍然非常狂妄，宣称今日必定消灭晋国，派人向晋文公下战书，措辞十分傲慢，要求约期会战。

晋文公检阅了军队，认为军容整齐，士气高涨，可以同楚军一战。于是当子玉派人来请战时，晋文公便派大将栾枝作了答复，大意说：我们国君只因为不敢忘记楚王的恩惠，所以才让我军撤退到这里。现在既然你这样好战，那就明天到战场上比个高低吧！

此时，楚军的兵力多达1500乘，晋军的兵力只有700乘。在中国古战场上，一辆车和四匹马组合成一个整体，叫乘。"千乘之国""百乘之国"，是由车和马组成战车的多少形容国力的强弱。这次，晋军在兵力上处于明显劣势。晋文公有一些顾虑，担心晋军没有获胜的把握，又顾虑与楚军决战有负楚成王过去的恩惠。狐偃、栾枝及时进言，打消了晋文公的顾虑，说："一定要打，打赢了，即可称霸中原；万一战败，晋国恃山河之险，也不怕敌人来犯。"

晋文公最终定下开战的决心。晋军将领栾枝向晋文公献计说，城濮附近为淤沙区，土质松疏，春季干旱季节风起，沙尘扑面，有利于作为蒙蔽敌人、掩盖自己虚实的沙幕。

于是，城濮地区战云弥漫，晋楚双方展开了一场战车大会战。

晋军在莘墟以北列阵，全军兵车、甲士及驷马全都披坚执锐，阵容严整。晋文公检阅军容壮威的晋军，兴奋地说："军阵整齐，军伍精壮，可以用来打仗。"

公元前632年4月4日清晨，楚军在元帅成得臣的指挥下，分左右两军首先向晋军展开进攻。晋军主帅先轸派三军中的下军,去攻楚军中由陈、蔡联军组成的右军。这是一个薄弱部分。晋下军佐将胥臣把驾车的马匹蒙上虎皮,出其不意地首先向楚军中战斗力最弱的右军——陈、蔡军猛攻。陈、蔡两军遭到这突然而奇异的迎头一击,顿时惊慌失措,一触即溃。楚右翼军就这样被歼灭了。

紧接着,晋军对楚左军诱其出击。先轸命晋军上军主将狐毛在车上竖起两面大旗,假充军主帅,迷惑对方。楚左军主将斗宜申看见晋军主帅旗,即指挥兵士冲杀过来。狐毛抵挡几下就带着部队向后败退,假装后面的晋军也在撤兵,显出十分慌乱的模样。

晋军下军主将栾枝在阵后用战车拖着伐下的树枝,战车后退时,车驰刮地,尘沙气扬,使楚军看不清晋方后面有无军队。

子玉一向骄傲自大,根本不把晋人放在眼里。他不知是计,不顾前后地直追上去。眼看就要追上,忽听一阵战鼓声,晋军主帅先轸率晋军的中军驾车乘马都蒙着虎皮杀出,猛冲过来,把成得臣的军队拦腰切断。原来假装败退的晋军也回过头来,前后夹击,把楚军杀得七零八落。

晋文公连忙下令,吩咐将士们只要把楚军赶跑就是了,不再追杀。子玉带了败兵残将回到半路上,自己觉得没法向楚成王交代,就自杀了。

晋军占领了楚国营地。把楚军遗弃下来的粮食吃了三天,才胜利回国。

晋国打败楚国的消息传到周都洛邑,周襄王和大臣都认为晋文公立了大功。周襄王亲自到践土(今河南原阳西南)慰劳晋军,并正式策命晋文公为"侯伯"——诸侯之长。晋文公趁此机会,在践土给天子造了一座新宫,还约了各国诸侯开个大会,订立盟约。这样,晋文公就当上了中原霸主,雄踞中原。

城濮之战,是春秋时期晋、楚两国为争夺中原霸权而进行的第一次战略决战。晋国一跃而为中原霸主,从此领导中原诸侯与楚国抗衡达一百年左右。这场战略决战，关乎战争的全局，维系战争双方之命运。为此，晋国对与楚决战进行了极为慎重的研究，权衡了双方的利弊条件，甚至对战败后晋国可能遭到的下场，也做了全面的估计，得出了可以靠"表里河山"之固，保全晋国的结论，这才定下与楚决战的决心。楚军统帅子玉，作为楚方诸国的战略最高决策人，缺乏应有的战略和策略头脑，他过低地估计晋军力量，过高地估计自己的力量，骄傲轻敌，战前没有对战争做充分准备，战时竟主观地说出"今日必无晋"的妄语，最终将楚军引向失败之路。

7．水上争雄

——柏举之战

公元前515年，吴国国王吴僚率军攻楚战败刚刚回国，吴国前国王的儿子公子光想趁机夺取王位。4月初的一天，公子光在客堂里摆好酒席，宴请吴王僚，预先埋伏好甲兵。吴王僚不知是计，便带着少数附从高高兴兴地来赴宴。酒过三巡，勇士专诸伪装成厨师，端着全炙鱼进来，等走近吴王僚时，突然掰鱼抽出事先预备的鱼肠剑，向吴王僚猛刺过去。吴王僚猝不及防，被利剑洞穿胸背，当场死亡。公子光见专诸行刺得手，立即出动伏兵，格杀了吴王僚的亲信和卫士，将他们全部歼灭。大功告成，公子光登上了吴国国君宝座，自立为王。他就是历史上有名的吴王阖闾。

吴王阖闾是一个韬略过人、雄心勃勃的政治强人。他即位后，封多谋善断的伍子胥为大夫，帮助他处理国家大事。吴王阖闾崇俭去奢，亲众爱民，淡泊明志，励精图治；兴修水利，奖励农桑，发展生产，增殖国力，渐渐使吴国强大起来。他建立了一支相当规模且实战经验丰富的军队，数量达20万人之多，兵种齐全，装备先进精良，有"吴之为兵，天下强敌"之誉。

为增强国防实力，阖闾下令将都城由今江苏无锡一带迁徙到今江苏苏州市，并派伍子胥主持兴筑都城事宜。筑有三重城垣的坚固都城，并在都城西北另筑一座坚固的小城，作为新都的屏障。除了这大小二城之外，阖闾还在其他战略要地修筑城堡以及各种防御设施，从而构成全国性的强大军事防御网络。他还派人大量制造各种进攻和防御的兵器。其中的铸剑质地精良，锋利无比，因而驰名天下。

阖闾多次向伍子胥、孙武请教破楚大计。伍子胥来自楚国，对楚国的情况了如指掌，建议吴王阖闾采取"疲楚误楚"的策略方针。他说：

"楚昭王年纪还小，无力控制政局。楚国当政者多而不上，乖张不和，政出多门，没有一个人能够承担楚国的忧患。如果将吴军编为三支部队轮番骚扰楚国，只要出动一支部队就能将楚军全部吸引出来。当楚军一出动，我军就退回；楚军若退回，我军再出动，必然会使楚军疲于奔命。这样不断地骚扰楚军，疲惫楚军，多方调动楚军，使敌人在判断和指挥上都发生失误，然后再出动三军主力攻打，必定能够聚歼楚军，大获全胜！"

阖闾认为这是一条妙计。这一着的关键，是分吴军为三支，轮番出击，骚扰楚军，麻痹敌手，创造战机，置敌于死地。

公元前506年，楚国大举征伐蔡国，蔡国小力弱，招架不住，急速派人向吴国求救。吴王阖闾和伍子胥、孙武都认为，楚国连年征战，极度疲惫，靠近吴国的东北部防御空虚，这是吴国伐楚的绝好机会。于是阖闾拜孙武为大将，伍子胥为副将，倾全国3万水陆大军，联合唐、蔡两个小国，亲自出征，向楚国进攻。

吴人善用水阵，越人长于行舟。战事的无常犹如水波的变幻，吴人和越人就在这片水域里飘来忽去。

吴军对楚作战，历来采取争取淮上，沿淮西进攻楚国北部地区的战略。这一次出征时，吴王阖闾在孙武、伍子胥建议下，采取以迂为直的策略，他们乘坐战船，溯淮水浩荡西进。主力经过豫章，直趋江汉地区与楚军会战。

在阖闾的指挥下，吴军沿淮水西进，以劲卒3500人为前锋，并得到唐、蔡两国军队的配合引导，神速地通过楚国北部的三个险要关隘，穿插挺进到汉水的东岸，占据了战略上的主动先机之利。

这个时候，楚昭王听说吴军大举来袭，大为惊恐，仓促应战，派兵昼夜兼程奔赴汉水西岸阻拦吴军。为了阻止吴军向楚国都城作更深远的进攻，楚昭王赶忙派遣令尹囊瓦、左司马沈尹戍、武城大夫黑、大夫史皇等人，统率楚军昼夜兼程奔赴汉水西岸进行防御，两军遂隔着汉水互相对峙。

令尹囊瓦是个贪婪无耻之徒。一次，蔡昭侯携带"佩玉"和"狐裘"来楚朝聘，囊瓦索要玉裘等贵重物品，遭到蔡的拒绝。囊瓦恼羞成怒，竟擅自把蔡侯软禁，不许归国。唐成公也到楚朝聘，带着两匹号称"肃霜"的马，囊瓦同样伸手索要，遭到拒绝后竟也将唐成公软禁，后来唐、蔡两国满足了囊瓦的要求，蔡昭侯、唐成公才得以归国。

楚军之中左司马沈尹戍是一位头脑冷静、深富韬略的优秀军事将领。他根据双方战略态势，并针对吴军的作战特点，向统帅囊瓦提出建议：由囊瓦统率楚军主力沿汉水西岸阻击吴军的进攻，从正面牵制吸引吴军。而由他本人北上方城（今河南方城县境），征集那里的楚军机动部队，迂回到吴军的侧后，毁坏吴军的舟楫，阻塞三关要隘，以切断吴军的归路。尔后再与囊瓦所率的主力实施前后夹击，一举消灭远道而来、立足尚不稳的吴军。这不失为一个以静制动、后发制人的高明作战方案。

囊瓦起初同意了沈尹戍的建议，可是待沈尹戍奔赴方城征集军队不久，囊瓦贪立战功，听从了武城大夫黑和史皇的挑拨怂恿，擅自改变了自己与沈尹戍所商定的正面相持、断敌归路、侧翼包抄、前后夹击的正确作战方针，采取冒险开进，速战速决的做法，不待沈尹戍完成迂回包抄行动，即统率楚军主力仓促渡过汉水，冒险与吴军进行决战。

吴王见楚军主动出击，正合己方速战速决的作战意图，不禁大喜过望，遂采取了后退疲敌、寻机决战的方针，主动由汉水东岸稍事后撤。

昏庸无能的囊瓦误以为吴军怯战，于是就步步进逼，尾随吴军而来。两军迅即在大别山东南麓展开激战。

楚军三战三败，作为楚军统帅的囊瓦，竟准备弃军而逃。史皇义正词严地劝阻说："国家太平时，你争着执政，现在作战不利，你想逃脱，这就等于犯了死罪。必须拼命死战，才可以解脱前罪。"

囊瓦只好停止逃跑，整顿部队，向柏举（在今湖北麻城县境，一说在今湖北汉川县北）附近布阵，准备战斗。

吴军统帅部见楚军已陷入完全被动的困境，就当机立断，决定同楚军进行战略决战。阖闾等人指挥吴军在柏举地区布列阵势，迎战楚军。

此时，楚将蔿射所率领的增援部队到达战场。但蔿射与囊瓦互相轻视，互不协作，各自立营扎寨。

阖闾之弟夫概看出楚军的不和情况，认为囊瓦素来不得人心、楚军上下无死战求胜之志，因此建议吴军立即主动发起攻击，认为只要吴军一进攻，楚军就必然会陷入混乱，很快崩溃，到时己方再以主力投入战斗，必能大获全胜。

然而，阖闾等人出于谨慎考虑，而否决了夫概的意见。夫概不愿放弃这一胜敌的良机，便凭着一腔血气，率领5000余众，奋勇进攻囊瓦的部队。楚军果然一触即溃，阵势大乱。阖闾等人见夫概部突袭成功，于是乘机将吴军主力投入战斗，扩大战果，大胜楚军。

囊瓦在吴军的沉重打击面前丧魂失魄，弃残军于不顾，仓皇逃奔郑国，大夫史皇为掩护主帅囊瓦，力战不支，捐躯沙场；楚将蔿射也为吴军所俘虏。至此，吴军取得了柏举会战的决定性胜利。

曾经不可一世的楚军全线崩溃，再也无力作有效的抵抗，楚国都郢城（今湖北江陵西北）便完全暴露在吴军的面前。阖闾挥师挺进，势如破竹，五战五胜，把楚国的军队打得一败涂地，尔后长驱直入，一气打到楚都郢。

柏举之战，是吴楚之间规模最大的一次战争，也是楚立国以来遭受的最惨重的失败、最大的耻辱。楚军损失惨重，郢城风声鹤唳，人心动荡。楚昭王临阵脱逃，带着胞妹和少数臣子像丧家之犬一样，出奔隋国。

吴王阖闾等人率吴军浩浩荡荡开进郢城。吴军最高统帅部就是在这种骄狂、傲慢的心态下，开始其对郢城的占领管制的。他们带领吴军在郢都内大肆烧杀抢掠，捣毁了楚国的宗庙，将宗庙中能搬走的财宝洗劫一空，还砸毁了搬不走的楚国重器"九龙之钟",一把火烧掉了楚国的粮库"高府"。阖闾为了满足私欲,也为了羞辱楚国君臣,竟下令"以班处宫"。他自己进入楚昭王的宫殿,尽情享乐。伍子胥、孙武等主将也分别入住大臣囊瓦、司马戌之府,尽占其财宝,奸淫其妻女。伍子胥还下令刨了楚平王的坟,把平王的尸首挖出来狠狠鞭打了一顿。

吴军的暴行激起了楚国民众的极大愤慨。楚国大夫申包胥逃到秦国,向秦哀公求救。他向秦哀公进言:"吴王的贪欲是不会满足的,在攻灭楚国后,一定会成为秦国的忧患,不如乘其还没有十分强大的时候,秦、楚联合,共破吴军。"可是,秦哀公左思右想也没有同意出兵。申包胥就在秦国宫门外赖着不走,日日夜夜痛哭,竟哭了七天七夜。秦哀公终于被感动了,说:"楚国国君虽然暴虐无道,但是有这样好的臣子,怎能眼看他们亡国!"

秦哀公派兵救楚国,击败了吴军,吴王阖闾不得不撤兵回国,煮熟的鸭子又飞了,留下了吴王的千古之恨。不过,经过这场决定性的战争,吴楚之间80年的战事得到基本平息,吴国从此不再把楚国视为主要对手,转而与越、齐、晋诸国进行交锋,争夺霸权,春秋历史由此而进入了吴越长期争战的新阶段。

8. 吴越争锋

——从夫椒到笠泽

吴王阖闾打败楚国，成了南方霸主。吴国跟附近的越国（都城在今浙江绍兴）素来不和。公元前496年，越国国王允常去世，勾践即位。吴王见越国遭遇国丧，就乘人之危，大兴吴师，攻打越国。吴越两国在槜李（今浙江嘉兴西南），打了一场大战。

吴王阖闾满以为可以打赢，趾高气扬地统率吴军开向吴越边境。勾践闻报亲领越军主力进行抵御。

战斗伊始，勾践先发制人，选拔奋勇死士，组成两支敢死队，率先向吴军发起冲击。然而吴军训练有素，顽强防御，挫败了越军敢死队的轮番攻击，而己方阵形则完整坚固如初。

第二天，吴军又气势汹汹地前来挑战，忽然，从越军队伍中走出好多没穿军装的人，他们个个披头散发，衣衫单薄，手里都拿着一把刀，走到吴军阵前，吓得吴军不敢前进。原来，勾践见初战失利，并不气馁，乃巧使计谋，驱使军中犯了军法的"罪人"排成三行，列于阵前。这些罪犯把刀、剑架在自己的脖子上，朝吴军军阵高呼："二君有治，臣奸旗鼓，我们是犯了军纪的人，不能逃脱刑罚，今天就死在两军阵前啦。"说罢，便大喊一声，自刎身亡。这可怕的现象使吴军将士震惊了，个个目瞪口呆，军心震动，阵脚大乱。就在这时，只听越军营中鼓声雷鸣，喊声震天，越王勾践乘机指挥军队猛烈出击。吴军毫无防备，全线崩溃，吴王阖闾受伤败走。

吴王阖闾没想到打了个败仗，自己又中箭受了重伤，再加上上了年纪，回到吴国就死了。儿子夫差即位。阖闾临死时，把儿子夫差叫到身边，叮嘱他说："不要忘记报越国的仇。"

夫差记住了父亲的遗嘱，叫人经常提醒他。每当他经过宫门，手下的人就扯开嗓子喊："夫差！你忘了越王杀你父亲的仇吗？"

夫差流着泪说："不，不敢忘。"他嘱咐伍子胥和另一个大臣伯嚭日夜操练兵马，准备攻打越国。

过了两年，吴国国库充实，军力增强，国势兴旺，吴王夫差决定亲自率领大军去攻打越国。

越国有两个很有谋略的大夫，一个叫文种，一个叫范蠡。范蠡对勾践说："吴国练兵快三年了。这回决心报仇，来势凶猛。咱们不如守住城，不要跟他们作战。"

勾践因檇李之战大胜而滋长了骄傲情绪，不听劝告，也想发大军去跟吴国拼个死活。吴王夫差闻报，当即调集精兵10万御敌。

于是，两国的军队在太湖之畔一个叫夫椒（今江苏吴县西南太湖之畔）的地方展开了一场大战。吴军排列成三个方阵，中军方阵将士都身着白衣，披素色铠甲，饰白羽，竖白色旌旗，"望之如荼"，夫差亲自秉执斧钺，立于方阵当中。左军方阵将士都身穿赤衣，披红色铠甲，饰朱羽，竖红色旌旗，"望之如火"。右军方阵将士都身穿玄衣，披黑色铠甲，饰乌羽，竖黑色旌旗，"望之如墨"。三军不停地擂鼓呐喊。

战斗进行得十分激烈。从白天一直厮杀到夜晚，直杀得天地变色，日月无光。吴军在夫差、伍子胥等人的指挥下，出奇兵，高举火把，猛攻越军两翼，并乘敌混乱之际夹击越军主力。越军见状十分惊恐，斗志全无，被吴军杀得丢盔弃甲，鬼哭狼嚎。勾践见势不妙，三十六计走为上策，遂收拾残兵败将，向南仓皇逃去。夫差和伍子胥带着吴军穷追不舍。

到了浙江（现在的钱塘江）边，夫差率大军追了上来。勾践无奈之下，收拾残剩兵力，摆开阵势，再次同吴军拼命。吴军刚刚打了胜仗，士气正旺，锐不可当。他们在夫差、伍子胥的指挥下，进退自如，攻势凌厉。

已成惊弓之鸟的越军哪里是吴军对手，既损兵，又折将，无可奈何，便朝老巢都城会稽山方向退去。勾践自知已无力抵挡吴军的进攻，便放弃平原地区，带了5000名残剩的甲士，退守会稽山上的一个小城中，企图依山凭险固守。吴王夫差指挥大军跟踪追击进逼会稽山下，将勾践和5000名残兵败将团团围困起来。

越军被围困在会稽山上，断水绝粮，处境日益恶劣。越国大片国土被吴军占领，国家处于灭亡的边缘。勾践后悔地对范蠡说："懊悔当初没听你的话，弄到这步田地。现在我们该怎么办呢？"

范蠡赶紧说："咱们赶快去赎罪求和吧！"他建议勾践派使者前往吴国求和，并表示愿意与越王一起作为人质，到吴国侍奉吴王，假装臣服，诱使吴国退军。

勾践于是派文种到吴王夫差的营地去求和。文种把越王求和的意思向吴王夫差诉说了一遍。说得夫差动了心，想答应求和。可是伍子胥坚决反对，不肯受降，执意要灭了越国。

文种回到越国，打听到吴国的伯嚭是个贪财好色的小人，就说服越王勾践把一批美女和珍宝，私下送给伯嚭，请伯嚭在夫差面前替越国说说情。

伯嚭果然贪财好色，很痛快地答应了。一天，他把文种引见给吴王。文种一见吴王，就跪下磕头，流着泪对吴王说："请大王千万饶了我们越王，他愿意把自己的财宝全都献给您。如果您不饶他，他只好横下心来，把财宝毁了，再来跟您决一死战。那对您也没好处啊！"伯嚭也在一旁帮腔道："对呀大王，勾践愿意做您的臣子，您就免他一死。吴国名利双收，多好啊！"

吴王被他们说动了，就答应了越国的求和，但要勾践亲自到吴国当奴仆。这时，伍子胥赶来劝阻，他说："勾践君臣都是有大志的人，您现在不杀了勾践灭了越国，将来后悔都来不及啊。"

夫差认为伍子胥的担心是多余的，就下令撤军回国。勾践这边，把国家大事托付给文种等大臣管理，自己带着夫人、范蠡和300名宦士一起到吴国当奴仆。

勾践到了吴国，夫差让他们夫妇住在阖闾的大坟旁边的一间石屋里，叫勾践为他喂马。范蠡跟着当奴仆。

夫差经常派人来监视他们，每次听到的汇报都是，他们穿的是破衣烂衫，吃的是糟糠野菜，勾践看马喂草，范蠡打草砍柴，勾践夫人洗衣做饭，个个安分守己，毫无怨言。夫差以为穷苦生活会把勾践等人的斗志磨灭，便不再提防他们。这样过了两年，夫差认为勾践真心归顺他，就放勾践回国了。

夫差在灭越水到渠成的关头，改变态度，放过世仇越国，纵虎归山，养痈遗患，乃是他亡国丧生的起点。

勾践回到国内，就准备报仇雪恨。他唯恐眼前的安逸消磨了志气，在吃饭的地方挂上一个苦胆，每逢吃饭的时候，就先尝一尝苦味，还自问："你忘了会稽的耻辱吗？"他还把席子撤去，用柴草当作褥子。这就是后来人们传诵的"卧薪尝胆"的故事。

勾践决心使越国富强起来，他亲自参加耕种，叫他的夫人织布，来鼓励生产。自己不吃肉，不穿好衣服，厚遇宾客，振贫吊死，与百姓同甘共苦。他叫文种管理国家大事，叫范蠡训练兵马，自己虚心听从别人的意见，救济贫苦的百姓。全国的百姓都被勾践所感动，巴不得多加一把劲，好叫这个受欺压的国家变成强国。等国家强大起来时，越王就经常和范蠡、文种两个大臣商议怎样对付吴国的事。文种向越王提出对吴国实施谋略。他说：高飞之鸟，死于美食；深泉之鱼，死于香饵。报复吴国，必须趁其所愿，投其所好，才能致敌死命。

越王问文种有什么好计谋。文种就出了个"九术"谋略。他说："主公，这对付吴国的计谋，共有九项。这第一项，是尊天事鬼、以求其福，第二项是重捐大量财币货物，贿赂吴国君臣。第三项是，选送良材、巧匠使其营殿，耗费其财物。第四项是，采用美人计迷其心，而乱其谋。第五项是，贵价籴粮，空其储蓄，疲劳其民。第六项是，买通喜好阿谀奉迎的大臣，打听其对我谋略。第七项是，挑起敢于"进谏"者与吴王的矛盾，使互相残杀。第八项是，君王国富而备利器。最后一项是，训练甲兵以承其弊。"越王一一记在心里。

吴王夫差因为当上了霸主，渐渐骄傲起来，一味贪图享乐。勾践不断给夫差送优厚的礼物，表示忠心臣服，以消除他对越国的戒备。文种听说吴王夫差也很好色，就劝说勾践向吴王进贡美女。越王勾践于是派人到各地专门物色最漂亮的女子。结果找到两个，一个名叫西施，一个名叫郑旦，她们都是绝代佳人。勾践叫范蠡亲自去吴国，把西施和郑旦献给夫差。夫差一下子就被西施和郑旦的美貌征服了，把她俩当作下凡的仙女，宠爱得不得了。

这一天，文种来到吴国，告诉吴国说越国正在闹饥荒，想向吴国借一万石粮，过了年就还。夫差看在西施和郑旦的面上，很痛快地答应了。

第二年，越国粮食大丰收，文种如数还给吴国一万石新粮。吴王夫差看到越国的粮食粒粒饱满，就吩咐把这些粮食都分给老百姓做种子。可是，等春天种子种下去，却一直没有发芽，想再撒自己的种子，已经误了农时。于是这一年吴国闹了大饥荒。老百姓都恨夫差，他们没有想到，这是文种的计策。他还给吴国的一万石粮，原来是经过蒸熟又晒干的粮食，哪里还会发芽呢！

勾践听到吴国闹饥荒，就想趁机发兵攻吴。文种说："主公，还早着呢。一来，吴国刚闹荒，国内并不空虚；二来，还有个伍子胥在，不好对付。"勾践放弃了攻吴的念头，继续命人操练兵马，扩大军队，增强军事实力。

为了进一步削弱吴国的力量，范蠡主动给吴王送去许多能工巧匠，诱使吴王大兴土木，大量消耗吴国的人力、物力。吴王急着北上争霸，范蠡就借给他一些人马和刀枪，怂恿他与齐、鲁等国交战。范蠡还派人到吴国散布谣言，挑拨吴王与伍子胥之间的关系。

公元前484年，吴王夫差要去攻打齐国。伍子胥急忙见夫差，劝他说：

"我听说勾践卧薪尝胆，跟百姓同甘共苦，看样子一定要想找吴国报仇。不除掉他，总是个后患。希望大王先去灭了越国。"

夫差根本不听伍子胥的话，照样带兵去攻打齐国，结果打了胜仗回来，吴子胥反倒挖苦说："打败了齐国，只是占点小便宜；越国来灭吴国，才是大祸患。"

此后，夫差越来越讨厌伍子胥。夫差率军攻齐时，伍子胥担心夫差正在把吴国引向灭顶之灾，便将自己的儿子托付给齐国的朋友，希望在走投无路时有一个投奔的去处。夫差听说后，大为愤怒，奸臣伯嚭乘机诬陷伍子胥，在背后不断说他的坏话。于是，夫差派人给伍子胥送去一口宝剑，逼他自杀。伍子胥临死的时候，悲愤地对使者说："把我的眼珠挖出来，放在吴国东门，让我看看勾践是怎样打进来的。"

夫差杀了伍子胥，任命伯嚭做了太宰。伍子胥一死，吴国再也没有敢向吴王提意见的人了，人们说，吴王夫差已变成一个暴君。

公元前482年，被称霸中原的美梦冲昏了头脑的夫差，决定大举北上攻齐。他约鲁哀公、晋定公等在黄池（今河南封丘县西南）会盟，把精兵都带走了，只留了一些老弱残兵守卫都城姑苏。

勾践听说后，决定立即出兵伐吴。他先是不动声色，等吴军抵达黄池后，立即发2000名善于水战的士兵，精兵4万人，贵族甲士6000人，迅速向吴军进攻，同时派部队切断吴军从黄池回国的归路。越王勾践本人，则率领大军直接攻进吴国国都姑苏城，俘虏了吴国太子友、将军弥庸和寿于姚等人，焚毁了姑苏台，夺走了专供夫差乘坐游玩的大船。

夫差听说都城陷落，太子被俘杀，十分震惊，为防止泄露消息、动摇军心，他亲手在帐幕中将赶来报信的7个人全部杀死，尔后率吴军主力匆匆南返。

可是，都城失陷、太子战死的消息已无法保密，军心因此涣散，将士皆无斗志，加上长期远征，往返奔波，导致人马困乏，夫差自知无力同越军展开夹战，只好派伯嚭带着大量宝物去向勾践求和。

勾践和范蠡明白，吴国虽说不能再战，可是吴军的基本力量还没有消灭，现在灭吴没有把握，于是决定暂时答应求和，于是班师回国。

公元前478年，吴国发生大旱，颗粒无收，饥民被迫到东海之滨要饭吃。越王勾践见机会到了，动员民众，亲自统率大军，迅速北上，直捣吴国腹心，在笠泽与吴军进行了决定两国命运的关键一战。

此战，越王的兵力在5万以上，吴王只有三四万人。越军斗志昂扬、士气饱满。当天黄昏，勾践派一个小分队沿笠泽水上行5里隐蔽待命；另一个小分队顺笠泽水，下行5里隐蔽待命。到夜半时分，勾践突然下令秘密潜伏的小分队同时击鼓呐喊，对吴军佯攻。夫差真的以为越军渡江打过来了，一时慌了手脚，仓促应战。

勾践见夫差中计，就立即下令越军中军主力人人衔枚，偃旗息鼓，由6000敢死队员为先锋，从中路正面潜行渡江，出其不意地向吴军中间薄弱部位发起进攻，兵锋直插吴中军大营。吴军猝不及防，仓促应战，顿时大乱。

吴军分兵迎战越军的两军，听说大本营被袭，回军援救，但越军左右两军立即渡江追击，将其击破。吴王夫差仓皇率军退到一个叫没溪的地方（今江苏苏州市南郊），重新整顿队伍，准备再战。哪里想到，越军紧接着逼到阵前，双方再战。与此同时，范蠡指挥舟师，绕过震泽（太湖）横山，从吴军背后杀来。

一场血战之后，吴军全线崩溃，上军将领胥门巢阵亡，夫差见势不好，只得收兵，向吴郊撤退，越军又很快追了上来，吴上军虽奋勇作战，仍不敌越军，下军将领王子姑曹战死，吴军主力几乎全军覆没。

笠泽之战后三年，即公元前475年，越王勾践再一次大举伐吴，一路连胜，杀得吴军大败，死者不可胜计。越军很快便进抵姑苏城下。鉴于夫差率残兵固守坚城姑苏，一时不能马上攻克，于是勾践就采取了长围的方法，指挥越军将姑苏城团团包围起来，断绝其粮道，企图困毙吴军，以最后夺取姑苏，灭亡吴国。夫差被逼得走投无路，说："我没有脸面见伍子胥了。"说着，就用衣服遮住自己的脸，自尽了。

赵王勾践以范蠡为谋主，经过"十年生聚，十年教训"，终于以一个弱国打败了强大的吴国。勾践灭了吴国，又带着大军渡过淮河，在徐州约会中原诸侯。这时，周天子也派使臣送祭肉给勾践。从这以后，越国的兵马横行在江淮一带，成为新的霸主，也是春秋时期的最后一个霸主。而范蠡挂冠归隐，泛舟五湖，成为一代巨商，世称"陶朱公"。

9. 围魏救赵

——邯郸之战

经过长期割据战争,诸侯各国盛衰格局发生了很大变化,许多弱小国家被消灭,到战国初期,只剩下齐、楚、燕、韩、赵、魏、秦7个大的诸侯国,史称"战国七雄"。这时,地处中原腹地的魏国,经过魏文侯变法图强,逐渐强盛起来。魏惠王时,为了控制韩、赵两国,维护魏国在中原的霸主地位,西守东攻,与齐国一争高下,把国都从安邑(今名)迁到东部的大梁(今名)。魏惠王求贤若渴,到处搜罗人才。有个魏国人叫庞涓前来求见,向魏惠王讲了一些富国强兵和用兵的道理。魏惠王听了很高兴,很信任他,拜其为大将兼军师。

庞涓真有点本领。他抓紧练了一阵子兵马,就拿附近的卫、宋、鲁、郑等几个小国下手,一连打了几场胜仗。后来齐国派兵侵犯边境,也被庞涓打了回去。魏惠王更加信任庞涓。庞涓虽心怀大志,但他求成心切,学习不够刻苦;为人心胸狭窄,嫉妒贤能,害怕别人比自己强。他知道,他的一个同学,齐国人孙膑,本领比他强。据说,孙膑是吴国大将孙武的后代。少年时期,生活孤苦,再加上连年战乱,促使他下决心学兵习武,做个像先祖孙武那样的军事家,干一番大事业。他在成年之后,就到深山里拜鬼谷子先生为师,刻苦学习兵书战策。鬼谷子长于兵学和纵横捭阖之术,是纵横家的始祖。孙膑专心致志地学习,虚心向鬼谷子求教。鬼谷子就把《孙子兵法》十三篇传授给孙膑,不到三天,孙膑就能背诵无误、对答如流,并讲出许多深刻而独到的见解。鬼谷子十分惊奇，高兴地赞叹说："这下，孙武子可后继有人了！"

魏惠王也听到孙膑的名声，有一次跟庞涓说起孙膑。庞涓派人把孙膑请来，跟他一起在魏国共事。庞涓和孙膑曾经在一起学习兵法，但才学远跟不上孙膑。他嫉妒孙膑，在魏惠王面前诬陷孙膑私通齐国，让魏惠王把孙膑办了罪，在他的脸上刺了字，还剜掉了他的两块膝盖骨，成了残疾人，意思是让他永无出头之日。

孙膑是个意志非凡的人，不但没有消沉，反倒更为发奋图强，以屈求伸，设法摆脱庞涓的监视，准备逃离虎口，用自己的知识和智慧报仇雪耻。一次，孙膑暗地里会见了到魏国来的齐国使臣，向他讲述了自己的不幸遭遇。使者发现孙膑具有惊人的才华，是齐国急需的难得人才，就偷偷地把他救了出来，带回齐国。

齐国大将田忌听说孙膑是个将才，就收留他做了自己的门客。有一次，田忌与齐威王赛马。孙膑教田忌用自己的下等马和齐威王的上等马赛，用自己的上等马和齐威王的中等马赛，用自己的中等马和齐威王的下等马赛，结果一负两胜，赢了齐威王一大笔钱。以往比赛，都是田忌输给齐威王，可是这次齐威王输给了田忌，这使齐威王感到很奇怪，就问他用的是什么招。田忌借机将孙膑推荐给齐威王。

齐威王也正在改革图强。他跟孙膑谈论兵法后，发现他果然是一个奇才，大为赏识，只恨没早点见面，于是拜他为军师。通过这次赛马谈兵，孙膑一鸣惊人，由一个刑余之人，一跃成为一个大诸侯国军队的统帅。从此，孙膑开始在战国七雄争立的角逐中崭露头角，大显身手。

魏国迁都大梁后，面临的最大竞争对手就是自己的东方邻居——齐国。齐国原是较大的诸侯国，据有今山东大部和河北的西南部，国力较强。公元前356年，齐威王继位后，齐国先后受到韩、赵、魏、鲁、卫等国的进攻。齐威王也想称霸中原，实行改革，任邹忌为相，重用田忌等人，势力更加强盛。同时齐国地处滨海，占有渔盐之利，因而国库充裕，兵势强盛，成为同魏国相抗衡的大国。史书上说，此时"齐最强于诸侯"。这就必然要与魏国发生冲突。这样的国力，这样的君主，如再加上孙膑这样非凡的军事家，魏惠王与庞涓哪里是对手。当时，鲁、宋、卫、韩等国迫于压力，都对魏国俯首称臣，只有赵国国君赵成侯不听魏国的招呼，还向卫国发动进攻，想迫使卫国听命于赵国。赵国，战国七雄之一，原建都晋阳，后迁都至邯郸（今河北邯郸西南）。

魏惠王听说赵国进攻卫国，十分恼怒，于公元前354年，派庞涓率8万大军，进攻赵国，围了赵国的国都邯郸。

赵王招架不住，派人向齐威王求救。宰相邹忌不主张求援，他说："魏军一直强于我军，多次击败我军的教训不可以忘记。我国元气未复，国力、军力均弱于魏国，匆忙迎战，恐有不测。"

大将田忌说："臣以为应当救，而且要早救，一旦赵国被魏国吞并，对我国不利。"

孙膑说："我认为应当救赵，回复赵国使者，可一口应承。魏军气焰嚣张，我救赵抑魏，自然是冒死担险，但是，战场上的不利因素通过运用智慧就可以转变为有利因素，化险为夷！"

齐威王问他有何妙计，孙膑说："魏国这几年一连打了不少胜仗，西面却受秦国的钳制，因此向东、向南及向北扩张心切，如果灭了赵国，下一个恐怕就灭我国。因此，这次一定要出兵救赵。先祖孙武有句名言：'制人而不制于人'。战场形势变化万千，只要我们抓住根本，以不变应万变，一定能打赢这一仗！"

齐威王就让孙膑为主帅领兵出征，孙膑说："我是一个受过酷刑的人，当大将军恐怕被敌国笑话。还是请大王另选别人吧，臣愿协助田忌大帅亲征。"齐威王改派田忌为元帅，孙膑为军师，率8万大军援救赵国。

田忌想率军直接攻打邯郸，孙膑为他制定了"围魏救赵"的计策："赵国不是庞涓的对手,我们赶不到邯郸,那地方早就叫魏军拿下来了。仅凭我们现在的力量猛打硬拼,是战不过魏军的。三晋早有强悍之军的美誉,何况他们的统帅庞涓并非是个无能之辈。现在魏国精锐的兵力都去攻赵国,国内大多是些老弱病残之兵,十分空虚。咱们不如传出话去,就说我们要攻魏国大梁。大梁是魏国的重要城镇,庞涓听到这个消息,一定会放弃邯郸,回来援救。我们在半道上等着,迎头痛击他一顿,准能把他打败。"

田忌一听,心中大喜,说:"这是个好主意,就按照这个计策实施。"

为达到围魏救赵的目的,孙膑建议田忌第一步先进攻平陵。他说:"平陵介于宋国和卫国之间,地处魏都大梁以东,是魏国东阳地区的军事重镇,人口多,兵力强,不易攻取。我军进攻平陵,必须经过魏国境内的市丘,魏军发现我军后,就会出兵截断我粮道。这样,我军进攻难以攻克的平陵,粮道又受到威胁,不但迷惑魏将庞涓,还会使他以为齐军指挥官无能。"

田忌一听,认为这个计策好,就派齐城和高唐两个都邑的大夫率军进攻平陵,并嘱咐他们一定不要攻下。孙膑要田忌向齐魏边境大规模调动部队,准备从侧背打击魏国。

这边,齐城、高唐两位大夫率领的齐军率军进攻平陵城,伤亡不小;那边,田忌和孙膑率齐军沿黄河东岸南下,绵延浩荡数十里,所经之地,尘土蔽日,战马嘶鸣。

庞涓果然中计,以为齐国不是对手,根本不知道齐军已经兵临城下,照样指挥部队全力攻打邯郸。经过苦战,魏军付出了很大代价,用了一年多的时间,才攻下邯郸。

这个时候,孙膑感到与魏军决战的时候到了,便请田忌派出轻车精兵,快速直逼魏都大梁城郊,摆开攻取魏都大梁的架势,引诱庞涓回救,并派主力在魏军返回时必经的桂陵(今河南长垣西北),埋伏下来。他还要求战旗要多,锣鼓要齐,阵势要整,让大梁的军民人人看到齐军是威武之师。

攻克邯郸的消息不到一天便由快马报来京都大梁。魏惠王和众位大臣及大梁城中的百姓个个喜笑颜开，人人欢欣鼓舞。魏惠王更是心花怒放，踌躇满志。

正当他高兴得忘乎所以时，突然探子来报，齐军在田忌和孙膑的率领下攻打大梁来了，已到城郊。魏惠王不信，心想齐军敢攻打大梁，该不是发疯了吧？他急忙命人备车前往城西去看。站在西城门上，他看到浩浩荡荡的齐军高举着"齐""田"及各种颜色、图案的旗帜，急驰而来，兵精车众，旗幡如云，鼓声震天，烟尘蔽日。魏惠王心惊胆战，一面命部将组织抵抗，一面命快马急驰邯郸报告大梁城的危情，传庞涓火速率师回救大梁。

在邯郸的庞涓听说齐国打到了国都大梁，草草接受赵军投降后，便下令丢掉辎重，退兵回国。刚退到桂陵，正碰上齐国兵马。

卫国境内的桂陵，地形复杂，连绵数十里的高陵和低谷相错，高陵和低谷均为西南—东北走向，高岗之下是一条如带的低洼谷地，如果齐军埋伏于高岗两侧，等魏军误入低谷，这桂陵山就是一条巨大的布袋，将把魏军全歼在其中。

孙膑在齐军进攻大梁路过此地时，早就看好这一带，部署齐军以逸待劳，隐蔽在桂陵山一带的深谷两侧，等待着诱敌。孙膑采用了八阵：三军各布成方阵，中央兵少，四周兵多；中军与上下军梯次配置，中军居前（后），上下军居后（前），每阵区分为先锋和后备，以 1/3 的分力担任初期作战，2/3 的兵力留作预备队。

庞涓发现齐军严阵以待，亲自观察齐军阵地的兵力部署，对齐军将领竟能部署如此严整井然的阵式，大为吃惊。但他毫无怯意，立即兵分三路向齐军进攻。

齐军虽是出国境作战，但一直养精蓄锐，就待今天杀敌这一刻的到来。因此，个个精神抖擞，人人踊跃向前，冲锋陷阵。而魏军长期攻赵，兵力消耗很大，再加上轻装回国，长期跋涉，士兵给养不足，一个个疲惫不堪，人人早已肝胆俱破,勉强应战,两下里一开仗,桂陵山谷魏军阵亡的尸体横竖躺满山野,庞涓大败。当他看到齐国战旗上写着斗大的"孙"字,不由得大吃一惊:"啊呀,这孙瘸子还活着,我上了他的当了!"说罢,带领残兵败将,拼命杀出重围,狼狈逃跑了。

齐国大军得胜而归,邯郸之围也解除了,使魏惠王费时一年多的灭赵之战功亏一篑。

10．减灶退兵

——孙膑计除庞涓

魏国虽说打了败仗，可是并没有伤着筋骨，仍然是个强国，军队还有几十万。一年以后，魏国联合韩国，在襄陵打败了齐、宋、卫三国军队，齐国不得不请楚国出面向魏国求和。

公元前341年春天，庞涓率赵、魏联军又攻打韩国。韩国抵挡不住强大的魏军，就派出使臣，到齐国去请求救兵。

齐威王召集群臣，商议要不要出兵援助韩国。相国邹忌认为魏、韩两国互相火并不管谁打胜了，实力都要受到损伤。进攻对齐国是有利的。因此，他主张拒绝韩国的请求，不出兵相救。

田忌主张赶快出兵救韩。他说："如果不及早出兵，万一韩国抵抗不了，就有向魏国投降的危险。那样对齐国是不利的。"

孙膑虽然也主张攻魏救韩，但不赞成立刻出兵。他说："魏自以为强大，连年来无论在东方或西方，都获得胜利，始终没有忘记对付齐国。齐不救韩，韩一旦灭亡，魏国必定再向东侵袭，威胁齐国，一个强大的魏国对齐是非常不利的，所以必须出兵救韩。现在韩、魏两国正在交锋，谁胜谁负还说不定。如果现在就出兵援救韩国，实际上等于让我们代韩国承担抵抗魏军的重担。这样，不但会使我们自己的实力受到损失，而且也不见得有把握打败魏军。"

接着，孙膑提出了自己的意见说："我认为，应当接受韩国的请求，答应派兵去援助他们，但是不必立刻出兵，韩国知道我们将要出兵相救，必定誓死抗击魏军。魏军受到韩军的坚强抵抗，实力一定会大大消耗。到那时候，我们再发兵拯救危亡之韩，攻击疲惫之魏军，岂不是轻而易举，稳打胜仗吗？"

齐威王听了孙膑的一番话，连连称赞说："好计！好计！"于是，他召见韩国的使臣，表示齐国决定出兵援助韩国，希望韩国在援军开到以前能够坚持下去。

韩国得知齐国将要出兵相助，军心非常振奋。韩军向魏军接连发动了五次猛烈的反攻，虽然没能打退魏军，但是也使魏军受到相当大的损失。

五战五败后，韩都郑告急，韩国再次求救。这个时候，齐威王已经死了。他的儿子齐宣王认为时机已经成熟，便决定出兵救韩，以田忌为主将，孙膑为军师。

田忌想直接向韩进军，孙膑说："不可。眼下韩国境内布满魏军，我军千里远征而去，马乏人疲，而敌人以逸待劳。仗还没开始打，局势就与我军不利。此仗不能这样打。我们还是采取救赵的策略——直捣魏都大梁，攻其必救，魏兵自然回师自救，然后再筹划消灭它。"于是，孙膑使出他的老法子，不去救韩，却直接去攻魏国，兵锋直指大梁。

庞涓得到国内的告急文书，只好退兵。等他赶回魏国的边境，齐国的兵马已经开进魏国了。魏国发兵10万，由太子申率领，抵抗齐军。这就解除了魏军对韩都郑的包围。

齐军忽闻庞涓率师回救大梁，便不敢再近大梁，只草草屯兵待动，似一副畏缩恐惧的架势，只在外黄西停留了不足一日，便起兵东撤，人喊马嘶，且队伍匆忙慌乱，10万大军未战先怯，踏上了撤回齐国的道路。

魏惠王听说齐军向东撤退，认为这是与齐军一决死战的好机会，于是派太子申、庞涓为大将，指挥10万大军，向东追击齐军，准备着一举追歼齐军主力，兼并莒（现在的山东莒县）以南的齐国土地。因为莒地是齐都临淄的南方门户，占领莒地，威胁临淄，便可在齐南境凿进一根楔子，从战略上牵制齐国的西向争霸行动。

庞涓得令后,立即指挥魏军沿着齐国军队走过的路线没日没夜地追上去。

田忌、孙膑率军进入魏国境内不久,便掉头向东,沿丹水(今陇海铁路一线),向齐国南境撤退。这一撤军路线,绕过了齐国的西部防线,而齐国南境又是它的防御薄弱之处,使庞涓放心大胆地追击齐军。

孙膑知道,庞涓和魏国兵向来悍勇而轻视齐兵,认为齐国的士兵胆小,针对这一特点,他想出了"退兵减灶"的妙计。

这时候,庞涓来到齐军驻扎的地方,察看一下齐军扎过营的地方,发现齐军的营盘占了很大的地方。他叫人数了数做饭的炉灶,足够10万人吃饭用的。庞涓吓得说不出话来,心想:"这么多的军队,怎么对付得了啊?"

第二天,庞涓带领大军赶到齐军第二回扎营的地方,数了数炉灶,只有能够供5万人用的了。

第三天,他们追到齐军第三回扎营的地方,仔细数了数炉灶,只剩下2万人用的了。庞涓这才放了心,笑着说:"我早知道齐军都是胆小鬼。10万大军到了魏国,才3天工夫,就逃散了一大半。"

太子申提醒庞涓说:"齐人多诈,必须注意。"

但庞涓仍自负地认为,消灭齐军、雪洗桂陵战败之辱,在此一战。追击途中,庞涓又得到齐军减灶的情报,更是放心大胆追击,而且放弃步兵,留下辎重,只率少量轻车锐卒,不分白天黑夜地追赶齐军。

一直追到马陵(今河北大名县东南),正是天快黑的时候。马陵是夹在两个高山之间的一片林木,形势险要,是个打伏击战的好地方。

晚上,庞涓果然率魏军来到马陵。这时正是十月下旬,晚上没有月亮,天色非常昏暗。庞涓恨不得一步赶上齐国的军队,就吩咐大军摸黑往前赶去。忽然,前面的兵士回来报告说:"前面的路给木头堵住啦,没法前进!"

庞涓走近一看,果然见道旁的树全被砍倒,只留下一棵最大的没砍,细细瞧去,那棵树的一面被刮去了树皮,露出一块树瓢来,上面影影绰绰还写着几个大字,因为天色昏暗,看不清楚。

庞涓叫兵士点起火把来,趁着火光一瞧。那树瓢上面写着"庞涓死于此树下"几个大字。庞涓中了孙膑的计策。原来,孙膑故意天天减少炉灶的数目,造成齐军不断减少的假象,以引诱庞涓追上来。

孙膑知道庞涓会按照他设计的"计策"行事,他还算准魏军到达马陵的时间为傍晚,因为十月天黑较早,马陵道狭,旁多阻隘,可以伏兵,于是,他挑选了一万名弓箭手,埋伏在道路的两旁,吩咐他们说:"只要看到火光,就一齐放箭。"他又下令把路旁的树木一齐砍倒,堵住道路,只留下道旁一棵大树削去一段树皮,在那发白的树身上写上几个大字。

庞涓不禁大吃一惊:"我又中了这瘸子的计啦!"他连忙吩咐部队撤退。可是已经晚了。庞涓话音未落,埋伏在两旁的齐兵,一看到火光,立刻万箭齐发,只听嗖嗖一片箭响,冲着火光射来,四周不知道有多少箭,像飞蝗似的冲魏军射来。

一时间,马陵道两旁杀声震天,魏军立时大乱,纷纷死在乱箭之下。

齐军从两边山头上像猛虎一样扑向魏军,直杀得魏兵哭爹叫娘,跪在地上求饶。孙膑说:"现在放你们回去,告诉你们魏王,快快来上表朝贡,不然我们挥师向西,魏国就完蛋啦!"庞涓自知败局已定,走投无路,长叹一声说,"想不到叫孙膑这小子成了名",拔出佩剑,结束了生命。齐军乘胜追击,大破魏军,把魏国的太子申也俘虏了。太子申被俘后,由于受侮而自杀。这是魏军从来没有过的惨败。魏国遭此重创,元气大伤,魏惠王不得不亲赴齐国谢罪。

齐国由此声威大振。从这以后,孙膑的名气也传遍了各诸侯国。"围魏救赵""减灶退兵"的故事从此流传后世,成为军事上调动敌军向我就范的一种常用的计谋。而孙膑一生坎坷,虽说他连真实名字也没有留下,但他忍辱不屈,发愤自强,终于成为历史上杰出的军事家,他写的《孙膑兵法》一直流传到现在。

11．火牛复国阵

——田单智斗乐毅

公元前284年，齐国国君齐湣王被杀死，莒城的齐国大夫王孙贾推齐王儿子法章为新王，就是齐襄王。乐毅趁机派兵进攻齐国重镇即墨。即墨的守城大夫领兵出城抵抗，在战斗中受重伤而死。

即墨城里没有守将，差点儿乱了起来。这时候，即墨城里有一个齐王的远房亲戚，叫田单，是带过兵的，懂军事，会打仗，大家就公推他做将军，带领大家守城。

田单是齐国宗室的后代，起初只是在齐国都临淄佐理市政，当时并没有多大名气。乐毅率军打到齐国腹地时，田单也逃到安平（今临淄东）。田单估计安平必将难保，便命令同族人把车辆两端长出车身的车轴全部锯掉，再用铁箍包住轴头。不久，燕军果然攻破安平，城中人潮水般向外逃离，许多车辆都因原来的车轴过长，车辆互相碰撞、车子损坏而被燕军俘虏，只有田单奇迹般地脱离危险，带领全族人安全逃到了即墨城。

这次，田单临危受命，率军固守即墨城，深感责任重大。他跟兵士们同甘共苦，还把本族人和自己的妻妾都编在队伍里，抵抗燕军，又将家中食物等散发给士卒。即墨人都很钦佩他，守城的士气旺盛起来。

乐毅把莒城和即墨围困了两年多，也没有攻下来。燕国有人妒忌乐毅，在燕昭王面前说，乐毅能在半年之内打下70多座城，为什么费了三年还攻不下这两座城呢？并不是他没有这个能耐，而是想收服齐国人的心，等齐国人归顺了他，他自己当齐王。

燕昭王非常信任乐毅。他说："乐毅的功劳大得没法说，就是他真的做了齐王，也是完全应该的。你们怎么能说他的坏话！"

燕昭王下令杀了告乐毅状的人，打发使者到临淄去见乐毅，封乐毅为齐王。乐毅十分感激燕昭王，但说什么也不肯接受封王的封号。

这样一来，乐毅的威信反而更高了。

为了减少伤亡，乐毅对莒城、即墨两城采取了围而不攻、攻心招降的策略。这样又过了三年，莒城、即墨两城仍然没有攻下。

可就在这战局最微妙的关键时刻，燕国国内形势突生变化，燕昭王去世了，与乐毅素有矛盾的太子继位，这就是燕惠王。

田单一听到这个消息，认为是个好机会，暗中派人到燕国去散布说，燕昭王已死，乐毅与燕惠王一向不和，害怕被杀才不敢回燕国，所以以伐齐为名，心里早就想拥兵为齐王了。为了讨先王（指燕昭王）的好，才没接受封号。如今新王继位，乐毅就要留在齐国做王了。要是燕国另派一个大将来，一定能攻下莒城和即墨。

燕惠王本来跟乐毅就有疙瘩，听了这个谣言，就决定派大将骑劫到齐国去代替乐毅，召乐毅回燕国。乐毅明白燕惠王用心不良，哪里还敢回燕，因为他本来是赵国人，就逃到赵国去了，这样就使得乐毅彻底平定齐地的夙愿未能实现。

骑劫当了大将，接管了乐毅的军队。燕军的将士都不服气，可大伙儿敢怒而不敢言，军心涣散。

骑劫下令围攻即墨，围了好几层。可是城里的田单，早已把决战的准备做好了。

隔了不几天，燕国兵将听到附近老百姓在议论。有的说："以前乐将军太好了，抓了俘虏还好好对待，城里人当然用不着怕。要是燕国人把俘虏的鼻子都削去，齐国人还敢打仗吗？"有的说："我祖宗的坟都在城外，要是燕国军队真的刨起坟来，可怎么办呢？"

这些议论传到骑劫耳朵里，骑劫就真的把齐国俘虏的鼻子都削去，又叫兵士把齐国城外的坟都刨了。

即墨城里的人听说燕国的军队这样虐待俘虏，全都气愤极了。他们还在城头上瞧见燕国的兵士刨他们的祖坟，无不号啕大哭，恨得咬牙切齿，纷纷向田单请求，要出城跟燕国人拼个死活。

田单下令，要城中百姓吃饭前一定在庭院中用食物祭祀祖先，这一下子引来无数飞鸟，在即墨城里上下乱飞。于是，田单散布说，将有神师来助我。他又找了一名士兵，拜为神师，对他非常恭敬。城外燕军深感惊异。

为了麻痹骑劫，田单让精锐部队隐蔽起来，只允许城中的老、弱、妇女登城，然后派使者与燕军约降。又打发几个人装作即墨的富翁，偷偷地给骑劫送去金银财宝，说："城里的粮食已经完了，不出几天就要投降。贵国大军进城的时候，请将军保全我们的家小。"

骑劫高兴地接受了财物，满口答应。

这样一来，燕军只等着即墨人投降，认为用不着再打仗了。

田单暗中却进行反攻的准备，他让人收集了1000多头牛，把它们打扮起来。牛身上披着一块被子，上面画着大红大绿、稀奇古怪的花样。牛角上捆着两把尖刀，尾巴上系着一捆浸透了油的装束。然后把牛隐藏在事先挖好的通向城外的十几个洞口里。

田单亲自操练兵器，并将家属编入行列，尽散食物，赏赐部属，令甲士隐伏，以老弱女子守城。为麻痹骑劫，田单亲自修书一封，表示准备约期向燕投降。燕军齐呼万岁，警戒松弛。田单又收集民间存金千镒，让当地的富豪写信给燕军将领，称即将来投降燕国，希望不要掠夺其族人家，燕将骑劫信以为真，欣然接受了请愿书。

田单这边，一切准备停当之后，在一天的午夜，田单下令以火牛充当先锋，向齐军发动"火牛阵"。将士们凿开十几处城墙，把牛队赶到城外，点燃牛尾上的芦苇。牛尾巴一烧着,1000多头牛被烧得牛性子发作起来,朝着燕军兵营方向猛冲过去。齐军的5000名"敢死队"拿着大刀长矛,紧跟着牛队,冲杀上去。

城里,无数的老百姓都一起来到城头,拿着铜壶、铜盆,狠命地敲打起来。

一时间,一阵阵震天动地的呐喊声夹杂着鼓声、铜器声,惊醒了燕国人的睡梦。大伙儿睡眼朦胧,只见火光炫耀,成百上千脑袋上长着刀的"怪兽",已经冲过来了。许多士兵吓得腿都软了,哪儿还想抵抗呢?

别说那1000多头牛角上捆的刀扎死了多少人,那5000名"敢死队"砍死了多少人,就是燕国军队自己乱窜狂奔,被踩死的也不计其数。

燕将骑劫乘上战车往前冲,想杀出一条活路,哪儿冲得出去,结果被齐兵围住,丢了性命。

齐军乘胜反攻。整个齐国都发动起来。那些被燕国占领地方的将士百姓,都纷纷起兵,杀了燕国的守将,迎接田单。田单的军队打到哪儿,哪儿的百姓群起响应。不到几个月工夫就收复了被燕国和秦、赵、韩、魏四国占领的70多座城。

田单领着大家打了胜仗,取得了复兴齐国、重振山河的辉煌胜利,将士和百姓们都欲推他为齐王。田单婉拒不受,把齐襄王从莒城迎回临淄,齐国才从几乎亡国的境地中恢复过来。田单因为使齐国"危而复安,亡而复存",被齐襄王封为安平君,并晋为上将军。

在这场战争中,田单为实现反燕复齐大计,不惜采取一切手段,行间施诈,利用火牛阵出奇制胜,一举击败燕军,并乘胜收复失地,终于以弱胜强,使齐国免遭亡国的厄运,其智慧谋略堪称典范。

12. 纸上也谈兵

——赵括长平之败

公元前262年，秦昭襄王派大将白起进攻韩国，占领了野王（今河南沁阳），截断了上党郡（治所在今山西长治）与韩都的联系，将韩国拦腰截为两段。

消息传到韩国，朝廷上下一片惊恐，韩王赶忙遣使入秦，以献上党郡向秦求和。可是，上党的韩军将领冯亭不愿意投降秦国，认为秦已占领了野王，通往京城的通道断绝，秦军加紧进攻，上党没有韩之援兵绝难保存。不如以上党归赵，赵受我地，秦必攻赵，赵被秦攻，必然亲韩，韩、赵为一，可以挡秦，于是打发使者带着地图把上党献给赵国。

韩国的上党郡，位于太行山以西，吕梁山以东，今山西省南部。上党地区是韩、赵、魏的交界地域，地势较高，居高临下，周围的形势一览无余。秦占据上党，就打通了进攻赵的道路，近可以威胁太行山东面的赵都邯郸，远可挥军北上控制吕梁山与太行山上的要塞，截断赵国与代郡、雁门郡、去中郡等北部地区的联系。所以，韩国的上党郡掌握在谁的手中，关系到赵国的生死存亡。

赵孝成王与诸位大臣商量后，决定派平原君赵胜前往接收上党。此时，韩、魏两国连续遭到秦国的打击，朝不保夕；楚、齐、燕诸国也屡受秦国的重创，自顾不暇。只有赵国自从赵武灵王实行"胡服骑射"的军事改革以来，军事实力大增，敢与秦国一比高下，不怕得罪秦国。赵国的平阳君赵豹反对受地，他认为，韩国将上党郡不献秦而献赵，是想嫁祸于赵国。他比喻说：秦国耕种土地是为了收获粮食，哪能容许别人坐享其成，秦军可以由渭河直达河洛，军队整装待发，随时可以出动，赵国根本无法与他们交战。目光短浅的赵孝成王根本不考虑后果，就接受平原君赵胜的建议，贪利受地，将上党郡并入自己国家的版图。

赵国这样轻而易举地得到韩国的上党，对秦国来说就是虎口夺食。果然激怒了秦王。过了两年，秦国又派20万大军径取上党，以一部兵力攻取韩国的缑氏、蔺等地，威胁韩都郑，以阻止韩国与赵国联合抗秦。

赵孝成王听到秦国派兵围攻上党的消息，原先得地的高兴劲儿早去了一半，连忙派大将廉颇率领20多万大军去救上党。可是，廉颇率军才走到长平（今山西高平县西北），就听说上党已被来势迅猛的秦军攻占了，上党的韩国百姓纷纷逃亡，秦兵势锐，即日就可进至关前。

久经战阵的主将廉颇见秦兵强大，锐气正盛，决定改取坚守不战的策略，叫兵士们修筑堡垒，依据长平附近地形之险要部署防御，坚壁不出，以逸待劳，跟远来的秦军对峙，准备进行长期抵抗。

秦军几次三番向赵军挑战，廉颇说什么也不跟他们交战。结果，秦兵一连围困了4个多月，也没能攻下来。可是，赵孝成王不懂廉颇的用心，反而认为廉颇不出战是因为胆小，多次派人责备他，叫他尽快发动进攻。

秦军这边也想不出让廉颇还手的法子，只好派人回报秦昭襄王说，"廉颇是个富有经验的老将，不轻易出来交战。我军老远到这儿，长期下去，就怕粮草接济不上，怎么好呢？"

秦昭襄王就向范雎问计。范雎说："要打败赵国，必须先叫赵王把廉颇调回去。"

秦昭襄王说："这怎么才能办得到呢？"

范雎就向秦王献出离间之计，他派人带着大批黄金和珠宝到邯郸，贿赂赵王的左右权臣，施用离间计。

接着，范雎又派出不少间谍冒充商人来到赵国，到处散布说，"秦国就是怕赵国让年轻力强的赵括带兵。廉颇上了年纪，害怕秦军，不敢和秦军打仗！"

廉颇是贵族出身，赵国名将，有"攻城野战之功"，30岁便当上了赵国最高军事长官大将军，位列上卿。他一生为赵国打了很多场胜仗。公元前283年，廉颇率赵、秦、燕等国联军进攻齐国，夺占齐城阳晋（今山东郓城县西），被赵王封为上卿。随后在同齐、魏的作战中，又连战皆捷，声名赫赫。现在，他看到赵国兵力比秦国弱，便采取避敌锐气、坚守不战的策略，阻挡住了秦军的进攻，却引起急于求成的赵孝成王不满。赵孝成王又中了秦国的离间计，不顾宰相蔺相如和赵括之母的谏阻，准备派赵括去代替廉颇为长平赵军主将。

赵括，是赵国名将赵奢的儿子，从小熟读兵书，谈起用兵的道理来头头是道，自以为天下无敌，连他父亲也不放在眼里，但是没有多少领兵打仗的实际经验。

赵王也是有病乱投医，急忙派人把赵括找来，问他能不能打退秦军。赵括自信地说："要是秦国派白起过来，我还得考虑对付一下。现在来的是王龁，他不过是廉颇的对手。要是换上我，打败他不在话下。"

赵孝成王信以为真，不假思索，当即就拜赵括为大将，去接替廉颇。

蔺相如劝赵王说："赵括只懂得读父亲的兵书，不会临阵应变，不能派他做大将。"可是，赵王听不进劝告。

赵括的母亲来到皇宫向赵王上了一道奏章，请求赵王别派她的儿子去。赵王问她什么理由。赵母说："他父亲临终的时候，再三嘱咐我说：'赵括这孩子，把用兵打仗看作儿戏似的，谈起兵法来，就眼空四海，目中无人。将来大王不用他还好，如果用他为大将的话，只怕赵军断送在他手里。'所以我请求大王千万别让他当大将。"

赵王听不进赵括母亲的劝告，说："我已经决定了，你就别管了吧。"

公元前260年，赵括领兵20万到了长平，请廉颇验过兵符。廉颇移交了军权，回邯郸去了，不久前往楚乡，最后老死在那里。

赵括受命之后，不是掌握敌情、认真谋划、体恤将士、共同甘苦，而是满不在乎、盛气凌人、目空一切，他的下属都不敢正眼看他，所受金银珍宝，不是分给将士和朋友，而是私藏待机购置田产。他为了大出风头，显示自己，要打些大仗给那些不服他的人看看："要生擒王龁与各国诸侯作个笑话！"

赵括为了显示自己的声望和自以为非凡的将才，立即更换将领，把廉颇规定的一套制度全部废除，准备执行赵王意图，向秦军发动进攻，企图一战而胜，夺回上党的失地。他下令说："秦国再来挑战，必须迎头打回去。敌人打败了，就得追下去，非杀得他们片甲不留不算完。"

秦王听到赵国主将已经换了赵括，心中非常高兴，认为打败赵国的机会到了，就秘密派骁勇善战的白起为上将军，任长平秦军主将。为了麻痹赵括，秦王改任王龁为副将，他还下令全军将士保守机密，谁也不许泄露白起担任主将的消息，以免引起赵军的注意。

白起被称为"常胜将军"。公元前294年，他为左庶长，统率秦军一举攻占韩国的新城（今河南伊川西南）。第二年，白起率军与韩、魏联军在伊阙（今河南洛阳南）进行决战，一仗就全歼韩、魏联军24万。经过这次战役，韩、魏军事实力一蹶不振，从此畏秦如虎，献地求和。公元前292年，他被任命为大良造，率军攻魏，所向披靡。在短短两年时间里，先后攻取大小城池60余座，再一次削弱了魏国的实力。三年后，白起又率秦军数万进攻楚国，克城数座，将楚国西部大片国土并入秦国版图。

这次白起再次出山，秦军将士深受鼓舞。白起到达长平后，对部队进行了巧妙部署。以主力部队修筑工事，阻止赵国大军继续前进；以一支小分队引诱赵军，等赵军主力出动后，就一步步把赵国主力引向秦军的伏击圈。在赵军主力经过的两侧，布下2.5万人的奇兵，准备包抄赵军的后路。

一切部置妥当后，白起命令前沿部队诱敌深入，布置好埋伏，故意打了几场败仗。

此时赵军，加上廉颇原有的20万，赵括手下已有了40多万大军，声势十分浩大。赵括轻敌思想更重，不禁手舞足蹈，使人至秦营下战书。

白起回复说："来日决战！"便下令退兵十里。

赵括高兴地说："秦军原来这样害怕我啊！"他根本想不到这是白起的诱敌之计。第二天，下令开始拼命追赶。

白起把赵军引到预先埋伏好的地区，派出精兵2.5万人，切断赵军的后路；另派5000名骑兵，直冲赵军大营，把40多万赵军切成两段。赵括这才知道白起的厉害，只好筑起营垒坚守，等待救兵。

秦国这边，秦昭襄王听说赵军已被围起来，就亲自来到河内（今河南黄河以北地区），赐给百姓爵位各一级，然后把当地15岁以上的男子全部征招入伍，开赴长平战场，把赵国救兵和运粮的道路全切断了。

赵括的军队，内无粮草，外无救兵，守了40多天，粮草都吃光了，甚至出现了将士们互相残杀为食的现象，兵士都叫苦连天，哪里还有心思作战？！赵括这下绝望了，在组织部队多次突围不成的情况下，自己带上少量精兵，准备冲出重围。秦军发现后，万箭齐发，把赵括射死了。赵军听到主将被杀，纷纷扔了武器向秦投降了。甲胄器械、军实辎重堆积如山，成为秦军的战利品。

40多万的赵军，就这样在纸上谈兵的主帅赵括手里全部覆没了。战后，白起除了下令放回240个少年外，其余俘虏的40万兵士全部活埋坑杀。秦军屠杀降兵的地方扬谷，流出的水变成丹色，后世就称之为丹水。这是古代战争史上的一场大悲剧，是战国时期一次最残酷的战争大屠杀，从此赵国一蹶不振。

长平之战，是春秋战争以来，规模最大的大决战，双方参战部队加起来将近百万。被誉为常胜将军的白起，运用诱兵之计，设伏全歼赵军40余万，从根本上削弱了秦国在关东六国中最为强劲的对手赵国，为秦统一六国扫除了巨大障碍。

13．血奠白起

——秦失邯郸

长平之战胜利后，白起一面平定了上党全境，巩固秦军对上党的控制；一面请秦王增调军队和粮草，准备乘胜一举灭亡赵国。

秦军灭赵的企图和行动，使赵、韩两国大为恐惧。于是两国合谋派苏代携重金去游说秦相范睢。苏代从范睢个人的利害得失来劝说范睢，并离间他与白起的关系，反复说长平之战白起立了大功，对范睢十分不利。范睢果然被说动了，劝秦国应允韩国割垣雍，赵国割六城，与之议和。秦王照办了，下令撤兵。白起由此与范睢将相不和。

秦国长平战胜赵国后，秦昭襄王不依不饶，非要赵孝成王亲自到秦国求和不可。赵孝成王没有办法，只好到秦国当人质，后来割了六座城给秦，才被放回国。

可是，赵孝成王回国内后，便不认账了，他想把那六座城池给齐国，好让齐国与赵国一起攻秦。

这下激怒了秦昭襄王，决心发兵进攻赵国的邯郸，并派人把白起召到宫中商议。

白起听说秦王要攻打赵国，急忙叩首阻止，说："上次长平之战，秦军大胜，赵军大败。赵国上下一片悲痛，大家齐心协力耕作生产，联络各国，准备雪耻报仇。虽然大王的兵比上一次多一倍，赵国人却以十倍的力量拼死抵抗。"

可是秦昭襄王根本听不进去，执意要进攻赵国。一开始，秦王准备让白起为大将军，白起正在生病，就命五大夫王陵领兵作战。

秦昭襄王没有想到，赵国真像白起说的那样，全国上下一心，拼死抵抗秦军的进攻。王陵根本不是赵军的对手，打了几个回合，接连失利，还损失了五名军校。

秦昭襄王焦急万分，听说白起的病好了，就派范雎劝说白起，再次要他领兵攻赵。

范雎一见面就责备白起不服从王命，然后向白起转达了秦昭襄王的质问："秦国攻赵，兵力比赵国多好几倍，要你担任统帅，目的就是为了灭赵国。你过去伐楚和伊阙之战，都是以少胜多，取胜如神，何况现在是以强击弱，以多击少。为什么你不领兵呢！"

白起回答说："当年破楚，是由于楚国政治不修，百姓离心，边备废弛，而我秦国的将士以军中为家，上下同心，士气高昂，所以能深入楚境，攻城略地，打了胜仗。至于伊阙之战，也是由于韩、魏各怀异心，互不协助，我才得以设疑兵钳制韩军，集中兵力，出其不意地攻击魏军，才各个击破。"

白起还分析了赵国内积极备战、抵抗秦军的实力和决心。

其实，范雎并不是真心诚意请白起出任统帅，他心中早已想好，这一次准备让他的心腹郑安平担任征赵大将。

范雎见到秦王，把白起的话说了一遍，并在秦王面前煽风点火，以激起他对白起的不满。秦昭襄王恨恨地说："难道没有白起，我就不能灭赵了吗？"当下，他改用王龁取代王陵为伐赵大将，又往前线增派了援军。

王龁率军攻打邯郸，损兵折将，毫无进展，双方军队在邯郸城下，相持达八九个月之久。赵王又乘机派出精锐部队袭击秦军的后路，使秦军多次遭到损失。白起听到这些消息后，说："不听老臣的计谋，现在结果如何？"秦昭襄王听后更加恼恨白起。

可是，前线连续传来坏消息，又无可用的大将，秦昭襄王无奈，只好亲自来到白起的府邸，第二次强令白起就任征赵大将。他对白起说："你虽然身患疾病，就是躺着也要去为我指挥军队。如果你战胜了赵国，那是我最高兴的事了，我将重重地奖赏你，如果你拒命不行，我会恨你的。"

白起看到秦王固执己见，又受到范雎等人的挑拨，已十分恼恨自己，不从命就有被杀的危险。但是从秦、赵两国的局势看，秦是无法取胜的。所以，他再次劝谏秦王说：

"愿大王听愚臣的意见，暂停攻打赵国，与民休息，等待时机。联合与我友好的国家，讨伐那些骄横无道的国家。以此号令诸侯，天下可定，何必一定先去征伐赵国呢？"

接着，白起又表示："臣听说英明的君主爱他的国家，忠义之臣爱他的名声。我宁可被杀，也不愿当败军之将，受那种耻辱，请大王明察。"

秦王听后，一句话也没说，气呼呼地离开了。不久，秦王下令剥夺了白起的爵位，贬为普通士兵。不久，秦昭襄王听信范雎的谗言，赐白起利剑，逼他自杀了。同时，任命郑安平为征讨赵国的大将。

赵国这边，守城军民同仇敌忾，誓死抗秦。平原君赵胜带头散发家财作为军费，并将自己的妻妾编入守城军民，与大家同生共死。

赵胜是赵惠文王的弟弟、赵孝成王的叔叔。与齐国的孟尝君一样，他也喜欢收养门客，靠着门客给他出谋划策，其名声很大。

一天，为了打败秦军，赵胜向赵王进言道："现在国都被围，形势危急，光靠我们赵国自己的力量恐怕难以保住国都，必须向楚、魏求救。魏国跟我们关系不错，而且我跟魏公子信陵君交情很深，我写封信过去，估计会派救兵来。只是楚国离我们较远，楚王又害怕秦国，不一定会答应出兵。可是楚国是大国，举足轻重，必须争取它的帮助，我打算到楚国去一趟，说服楚王出兵，您看如何？"

赵孝成王一听，高兴地说："我也正这样想呢，那就委屈叔公亲自跑一趟。"

于是，赵胜带领门客毛遂等人，前往楚国谈判合纵抗秦的事。他们来到楚都，平原君让毛遂等人在殿外等候，他自己进去先和楚王谈判。可谈来谈去，一直等到中午，楚王仍然不答应派兵援赵。在殿外等候的毛遂按捺不住，大步流星地冲进殿内，卫兵拦都拦不住。

楚王一见闯进来个外人，非常恼火，就喝问他是何人。平原君说："这是我的一个门客，名叫毛遂。"

楚王一听就更火了，斥责道："我跟你主人议事，你进来干什么？赶快给我退下去！"

只见毛遂手按长剑，走到楚王跟前，说："合纵抗秦是天下大事，大家都可以议论，大王凭什么不许我说话，还想赶我出去？告诉您，如果我想的话，随时都能见到您的血！"

楚王一听，吓得胆战心惊，连忙赔着笑脸请毛遂坐下。

毛遂对楚王说："楚国有五千多里土地，一百万兵士，原来是个称霸的大国。没有想到，秦国一兴起，楚国连连打败仗，甚至堂堂的国君也当了秦国的俘虏，死在秦国。这是楚国最大的耻辱。秦国的白起，不过是个没有什么了不起的小子，带了几万人，一战就把楚国的国都——郢都夺了去，逼得大王只好迁都。这种耻辱，就连我们赵国人也替你们害羞，想不到大王倒不想雪耻呢。老实说，今天我们主人跟大王来商量合纵抗秦，主要是为了楚国，也不是单为我们赵国啊。如果我们赵国被消灭了，你们楚国难道能逃脱被消灭的命运吗？"

毛遂直说得楚王羞愧难当，当场与赵胜歃血结盟，决定派兵救赵，解邯郸之围。

这时，在赵国的说服下，魏国也派大将晋鄙率兵救赵国。

秦昭襄王一听说楚、魏两国发兵，急忙跑到邯郸去督战。他派人对魏王说："邯郸早晚会被秦国打下来。谁敢去救赵国，等我灭了赵国，就攻打谁。"

魏王被吓唬住了，连忙派人去追晋鄙，叫他就地安营，先不要进兵。

赵孝成王听说魏国救兵停在半路上按兵不动，非常着急，急忙叫平原君赵胜给魏国公子信陵君魏无忌写信求救。平原君与信陵君是亲戚，平原君的夫人是信陵君的姐姐。

信陵君接到信，很同情赵国，几次三番地央求魏王让晋鄙进兵。魏王说什么也不答应。信陵君决定自己去赵国同秦兵作战。他的一个门客侯嬴听说后，对他说：“你们这样做，就像把一块肥肉扔到饿虎嘴边，不是白白送死吗？”

侯嬴给魏无忌出主意说，可以让魏王最宠爱的妃子如姬到大王的卧室盗出兵符，由信陵君带上兵符，去接管晋鄙的兵权，就能带兵跟秦国作战。因为信陵君曾为如姬找到了杀父仇人，帮助她报了杀父之仇，对她有恩。

信陵君就派人去跟如姬商量，如姬果然很爽快地答应下来，趁魏王熟睡的时候，把兵符盗了出来，派人送给了信陵君。

信陵君带上兵符，向侯嬴告别。侯嬴要信陵君带上他的朋友朱亥，朱亥是魏国数一数二的大力士，万一晋鄙接到兵符不肯交兵权，就让朱亥对付他。

信陵君带着朱亥和门客火速赶到邺城，见了晋鄙。他假传魏王的命令，要晋鄙交出兵权。晋鄙验过兵符，仍旧有点怀疑，说："这是军机大事，我还要再奏明大王，才能照办。"

晋鄙的话音刚落，站在信陵君身后的朱亥喝道："你不听大王的命令，想反叛吗？"没等晋鄙反应过来，朱亥就从袖子里拿出一个大铁锤，向晋鄙砸过去，结束了他的性命。

信陵君拿着兵符来到兵营，当即宣布一道命令："父子都在军中的，父亲可以回去；兄弟都在军中的，哥哥可以回去；独子没兄弟的，都回去照顾父母；其余的人都跟我一起救赵国。"

随即，信陵君就选了8万精兵，带着去救邯郸。他亲自指挥将士向秦国的兵营冲杀。

这就是历史上有名的"窃符救赵"的故事。

邯郸城里的平原君见魏国救兵来到,立即指挥赵国的军队杀了出来。这时,楚国的援兵也到了,三支队伍夹攻秦军。

秦军屯兵邯郸城下已达两年之久,消耗巨大,士气不振,在遭内外夹攻、腹背受敌的情况下,终于力不能支,像雪崩似的倒了下来。

秦国多少年来,没有打过这么一个大败仗。王龁带兵败退,刚赶到的郑安平的部队2万名秦兵被赵兵围困住,做了俘虏。

秦国在邯郸之战中的命运,与赵国在长平之战中的结局何其相似。长平之战,秦通过用间,使赵国换掉了久经沙场、经验丰富、多谋善断的廉颇,秦获得了长平之战的胜利。邯郸之战中,赵国又通过挑拨离间,使秦铲除了智谋过人的老将白起,挽救了赵国的危亡。历史常有这样的现象:一代叱咤风云的战将,每每驰骋于百万敌军之中,敌人无奈他何。然而却常常会被一两句流言蜚语或毁誉于一旦,或被逼而死,使铮铮忠骨含恨九泉之下。长平战后,廉颇老死楚乡,白起被赐剑自刎,再度重现了这种令后人扼腕的历史悲剧。

14．兵扫天下

——秦始皇吞并六国

秦国虽说在邯郸打了败仗，可是它仍是一个强国，兵力也没有损失多少。第二年又派兵伐韩、赵，打了胜仗。

公元前247年，秦昭襄王去世，年仅13岁的儿子嬴政继位为秦王。但当时的国政大权把持在相国吕不韦手里，号称秦王仲父，成为最有权势的人物，嬴政许多事情受到吕不韦的限制。随着秦王嬴政年纪渐渐大起来，对吕不韦的专权愈益不满。公元前238年，22岁的秦王嬴政举行了加冕典礼，这一年，宫里的嫪毐集团兴风作乱，牵连到吕不韦。秦王嬴政平叛后，觉得吕不韦不可信，就免了他相国的职，赶出宫去。后来又发现吕氏势力很大，就派人逼他自杀了。

秦王嬴政独揽大权之后，就开始实施他吞并6国、统一天下的雄伟战略。这时的秦国，经过六代上百年的苦心经营，已占据中国1/3的土地，拥有大片富庶地方，国富兵强，号称战车千乘，精兵百万，其强大的车、步、骑、舟诸兵种部队可以在平原、山地、江河进行大规模的作战，军事实力远胜于其他六国，完全掌握了战略主动权，成为"战国七雄"中最强大的一个国家。

秦国西有巴蜀、汉中之利，北有胡貉、代马之用，南有巫山、黔中之限，东有崤函之固，在地理位置上进可攻，退可守。秦占有地理上战略优势，成为其并灭6国最雄厚的物质基础。更重要的是，秦汇集了一大批将相英才，相国李斯既长于以法治国，也长于谋划战争；战将王翦具有丰富的战争指挥经验。更不要说秦王嬴政又是一位有远大志向的人物。当时的秦国，谋臣良将林立，运筹帷幄和统兵征战以及战略策略协调运用，均达到珠联璧合的地步，占尽了主观指导上的优势。

而东方6国，好不容易搞成的合纵格局已被破坏，各国处于苟安自保的状态。各国内部，君主皆庸，政治腐败，经济发展迟慢，军事力量不强，而且6国君王多是苟安一时之辈，缺乏统一中国的胸襟和气魄。

谋士李斯、尉缭给秦王嬴政出主意，乘6国混战之际，灭诸侯，成帝业，为天下一统。秦王嬴政采纳了尉缭破6国合纵的策略，毋爱财物，赂其豪臣，以乱其谋，从内部分化瓦解敌国。同时继承历代远交近攻政策，确定了先弱后强、由近及远、各个击破的战略方针。秦王嬴政接受李斯的建议，决定重点打击赵、楚，先赵后楚，各个击破。

秦王嬴政在发动攻赵之前，派间谍挑起了燕、赵两国之间的战争。尔后，秦王嬴政乘赵攻燕、国内空虚之际，于公元前236年发兵30万，分兵两路大举攻赵，连续拿下9座城池，拉开了统一战争的帷幕。

赵国军队奋力抵抗，双方连续打了多年，难分胜负。公元前233年，秦王嬴政又派兵深入赵国后方，包围了赵都邯郸。赵王在生死攸关之际，调回在北方防卫匈奴的名将李牧保卫京城。

李牧是赵国的名将，他的部队都是精锐骑兵，擅长野战机动。两军在肥下（今河北藁城西南）展开厮杀。在李牧率领下，赵军个个奋勇当先，大败秦军。第二年，秦王再派两支大军攻赵，李牧率军反击，再次大破秦军。

秦王嬴政采纳李斯等人的意见，决定"举赵火韩"，转攻韩国，准备首先消灭韩国。韩国是6国中最小的诸侯国，原来就是秦国首要攻击目标。此时，韩国为了避免战祸，主动把南阳地（今河南西南部）献给秦国。秦王嬴政就派出大将内史腾率军前去接受韩地，以便侦察地形，暗中做灭韩的准备。第二年，秦王嬴政借口韩国与魏、赵合纵攻秦，派内史腾率兵北上，突然攻打韩国。

韩王安长期奉行割地求和的投降政策，没有料到秦军会突然袭击，既没有准备，又没有实力，完全失去了抵抗能力。内史腾很快攻占韩国都城阳翟（今河南禹州市），俘虏韩王安，韩国灭亡。但韩国贵族的反抗并没有停止。韩王安被迁于岐山，公元前226年曾发动叛乱，不久被镇压下去，这才彻底解决了韩国的问题。

第二个被灭亡的就轮到了赵国。

秦国几次兴兵伐赵，都没有讨到便宜。公元前230年，赵国国内发生大旱，社会大乱，秦王嬴政就派大将王翦率领大军攻打赵国。又一次遭到李牧带兵顽强抵抗。双方互有胜负，相持一年之久。

秦王嬴政看到只要李牧在，秦国在军事上就无法取胜，此人是他破赵的心腹大患，便想法要除掉他。秦王派王翦使用反间计，用重金收买赵王迁的宠臣郭开。郭开是一个见利忘义的小人，他向赵王诬陷李牧、司马尚谋反，赵王信以为真，派人接替了李牧。

李牧预感到赵国危在旦夕，大敌当前，拒绝交出兵权，赵王就派人暗杀了李牧，同时杀掉司马尚，做了秦王嬴政想做而做不到的事情。

这是秦灭赵国过程中的关键一着。杀了李牧，等于清除了灭赵征途上的障碍，所谓战本于政胜。金钱的杀伤力原不在刀枪之下，反间计能达到战场上达不到的目的。

李牧一死，由于临阵易将，赵军士气受挫，失去了相持能力。秦军如入无人之境。3个月后，王翦向赵国发起总攻，很快攻占了邯郸，俘赵王迁，赵国亡。公子嘉逃往代郡，自封为王，继续抗秦，直至公元前222年兵败，使建国250多年的赵国终于被灭。灭赵以后，秦军兵临易水，威胁燕国。

在灭赵时，秦将王药已把太原、上党郡两地的秦军调集到中山，兵临燕境。这时，燕国已无力组织抵抗，君臣一个个惶惶不可终日，宫廷上下一片恐慌。

秦王嬴政早年曾随其父母生活在赵国，当时燕太子丹作为人质也住在赵国，两人相处得很好。秦王即位后，燕太子丹又质于秦，没料到秦王嬴政对他的态度很冷漠，太子丹因而十分气愤，私自逃回燕国。从此，秦、燕两国绝交，嬴政和太子丹之间由朋友变为仇敌，一直想复仇，但因国小势衰，力不敌秦，未能实现。如今面对秦国大军压境，燕王喜无计可施，听凭太子丹谋划。

太子丹也是回天乏力，就打算以进献燕国地图为名，派荆轲和秦舞阳前往秦国，借机谋刺秦王嬴政，以挽救燕国。临行前，太子丹及宾客送其至易水之上。荆轲慷慨悲歌，"风萧萧兮易水寒，壮士一去兮不复还"，表明为燕国牺牲义无反顾。

荆轲和秦舞阳带上燕国督元地区的地图和秦国流亡将军樊於期的人头，假装割地献图，出使秦国。

秦王在朝堂接见荆轲。荆轲上朝觐见，献图，图内藏有匕首；展图，荆轲抓起匕首刺向秦王。嬴政绕着朝堂上的大铜柱子躲闪，后在臣下的提醒下，才拔出佩剑，将荆轲砍倒。荆轲当场被秦国武士杀死。

秦王震怒，增兵向燕国大举进攻。秦军在易水（今河北易县境内）大败燕军。燕子丹带着兵马抵抗，哪里是秦军的对手，很快就被打得稀里哗啦。

公元前226年十月，王翦攻下燕都蓟（今北京市），燕王喜与太子丹逃往辽东郡（今辽宁辽阳市）。秦王嬴政又派兵追击，非把太子丹拿住不肯罢休。燕王喜被逼得没有办法，只好杀了太子丹。直至公元前222年，秦军攻打辽东，俘燕王喜，燕亡。

当秦国军队灭掉韩、赵，重创燕国以后，北方大部分地区已为秦有，只有地处中原的魏国，孤立无援。秦王嬴政又向尉缭讨主意。尉缭说："韩国已经被咱们兼并，赵国只剩下一座孤城，燕王已逃到辽东，他们都快完了。目前天冷，不如先去收服南方的魏国和楚国。"

秦王嬴政听从尉缭的计谋，于公元前225年派出老将王翦的儿子王贲率10万大军出关中，向东进攻魏国。

魏王派人向齐国求救，齐王建没有理他。魏国在秦军的打击下，奄奄一息。王贲率兵包围魏国都大梁（今河南开封市），掘开黄河堤，水淹大梁。3个月后城坏，魏王假请降，王贲把魏王和他的大臣都拿住，押往咸阳。

魏国被灭后，秦国把下一个目标指向楚国，但因楚国地域广阔，实力不弱，所以费了一番周折。

早在秦军攻取燕都时，秦王嬴政已把目光转向楚国。楚是南方大国。自楚庄王起，楚国逐渐登上强大和繁荣的顶峰，成为列国中的强者。等到楚怀王时，楚国已开始了衰落的进程。偏听偏信的怀王，毁了楚国与齐国的联盟，断送了遏制强秦的最后一股力量。公元前226年，楚国内部发生叛乱，楚将项燕将秦国叛将昌文君拥立为荆王，秦以镇压荆王为名，举兵攻楚。楚国当时虽败，但实力尚在。

秦王嬴政召集将领们商议攻楚的事。他先问年轻的将领李信："寡人准备攻楚，需要多少兵马。"

李信自恃年少壮勇，夸口说："有20万人马就够了。"

秦王又问老将王翦，王翦回答说："楚国是个大国，地广兵强，用20万人去打楚国是不够的。依臣的估计，非60万人不可。"

秦王嬴政很不高兴，说："王将军老了，怎么这样胆小？我看还是李将军说得对。"便派李信带兵20万往南方伐楚。李信年轻，在破燕作战中非常勇敢，秦王嬴政很赏识他。

到了第二年，李信带了20万人马南下攻楚，楚将项燕率军抵抗。起初，秦军进军顺利，在平舆（今河南汝南县东南）和寝（今河南沈丘县东南）击败楚军，进军到城父（今河南宝丰县东）。

项燕率军反击，在城父大败秦军，李信打了场大败仗，兵士死伤无数，将领也死了六七个，只好逃了回来。秦军遭此挫折，秦王嬴政大怒，革了李信的职。

秦王嬴政急忙带着随从亲自跑到王翦的家乡频阳。一见面，秦王就向王翦赔不是，请再辛苦一趟，说："上回是我错了，没听老将军的话。李信果然误事。这回非请将军出马不可。"

王翦说："我已经老了，请大王另派别人吧。"

秦王再三道歉，并亲手把大将军印放在老将王翦的手上。王翦说："大王一定要我带兵，还是非60万人不可。楚国地广人多，楚王号令一出，要发动100万人马也不难。我说我们要出兵60万，还怕不大够呢。再要少，那就不行了。"

秦王嬴政赔笑说："这回听将军的啦！"就给王翦60万人马，用自己的王车把王翦接回朝廷，拜他为大将。

公元前223年，秦王嬴政倾全国兵力60万，以王翦为统帅，蒙武为副将，浩浩荡荡向楚国进攻。出兵那天，秦王亲自到灞上给王翦摆酒送行。

在酒宴上，王翦向秦王请求多赐给一些良田、府第、池苑。秦王不解地问道："将军凯旋，难道还怕受穷吗？"

王翦说："我请求这些东西，是为我的子孙后代考虑啊。"

秦王嬴政听后大笑。后来王翦率军启行，在路上5次派人回来向秦王请求赏赐，一会儿要求多赐田宅，一会儿要求多赏园林。副将蒙武笑着对王翦说："老将军何必要求赏赐，打完了仗还怕不封侯吗？"

王翦悄悄地对蒙武说："不对，秦王嬴政爱猜疑，今天把全国的军队都交给我们了，他总是不放心。我再三再四向他请赐田宅池苑，让他知道我就为这点小事考虑，别无所图，使他安心，不再怀疑我会背叛他。"蒙武听后恍然大悟，一再点头称是。

这是秦灭六国中一个十分经典的故事，王翦的聪明不仅在于军事武功，更在于君臣关系的恰当处置。

听说秦国倾巢出动来进攻，楚国也出动全国兵力40万人抵抗，以项燕为统帅，景骐为副将。双方在陈（今河南淮阳县）相遇。楚军新胜，锐气正旺，秦军刚败，士气不高，远途而来，兵马劳顿。王翦老谋深算，工于料敌制胜。

他在占领陈至平舆一线后，便停止进攻，转攻为守，反客为主，命兵士修筑壁垒，养精蓄锐。任凭楚军怎样叫阵，王翦就是不让出战，每天让士兵好好休息，搞好伙食。

楚国大将项燕本来擅长于机动作战，但秦军采取守势，且兵力雄厚，无隙可乘，不得不多次挑战，王翦就是不去理睬。过了一段时间，项燕想："王翦原来是上这儿驻防的。"于是就不怎么把秦国的军队放在心上了。

一天，王翦发现士兵们在做石头过河的游戏，战士们的投石已超过规定的距离，认为可以打仗了。正好，这时项燕也感到无计可施，深恐师劳兵疲，为秦军所乘，遂引兵东归，准备另想办法。

王翦见战机到来，在项燕不防备的时候，指挥秦军发起突然攻势。楚军正在撤退移动，队形混乱而斗志不坚，被迫应战后无法抵抗优势秦军的进攻。王翦率60万人马犹如猛虎下山冲杀过去。楚国的将士好像在梦里被人家当头一棍子，晕头转向地抵抗了一阵，就各自逃命去了。楚国的兵马越打越少，地方越失越多。秦军一直打到寿春（今安徽寿县西），俘虏了楚王负刍。

项燕得知楚王被俘的消息，渡过长江，想继续抵抗。王翦造了不少战船，训练了水军，从水路和陆路同时追击，在蕲地杀死项燕，用乱箭射死了昌平君。尔后，秦军又向江南广大楚地及降服于楚的越地进攻。不久越君降秦，使秦国的统治范围达到东海之滨。至此，楚国覆灭。

王翦灭楚之后，回到咸阳。由他的儿子王贲接替做大将，再去收拾燕国。燕国本来已经十分虚弱，哪里抵挡得住秦军的进攻。公元前222年，王贲灭掉燕国，还攻占了赵国最后留下的代城。

五国相继被灭，剩下的只有东方一个孤零零的齐国。

齐的相国后胜，早已被秦国重金收买。齐王建昏庸，听信于相国。齐王建向来是不敢得罪秦国的。每回逢到诸侯向他求救，他总是拒绝。他满以为齐国离秦国远，只要死心塌地听秦国的话，就不用担心秦国的进攻。既不备战，更不援助其他5国抗秦。到了其他5国一一被秦国并吞掉，他这才着急起来，派兵去守西面的边界，可是已经晚了。

公元前222年，秦将王贲率军歼灭了辽东燕军，俘虏燕王喜，回师途中又在代北（今山西代县）俘获赵国余部代王嘉，然后由燕地乘虚直逼齐国。

又过了一年，王贲带了几十万秦兵像泰山压顶一样，从燕国南部直扑临淄。这时候，齐王建才觉得自己势孤力单，可是其他诸侯国已经完了，往哪儿去讨救兵呢？

齐王建慌忙在西线集结军队，准备抵抗。公元前221年，秦军吸取了灭楚轻敌失利的教训，避开西线齐军主力防守的正面，由燕南下，乘虚而入，从北面直插齐国都城临淄（今山东淄博市），令齐人猝不及防。

秦对齐的作战势如破竹，没有几天，就进了临淄。齐王建见没有退路，遂投降了。

秦国军队如决堤之水，势不可当。秦国不但在政治、经济上和军事上占了优势，更重要的是符合统一的历史趋势，所以在不到10年的时间，把6国一个一个灭掉了。而6国的诸侯只想保持自己的地位，彼此之间互相攻打，想拿别国的土地来补偿自己的损失，企图维持小规模割据的局面，从而给秦国以各个击破的机会。38岁的秦王嬴政以气吞山河之志，用10年征战，并灭6国，结束了中国自春秋以来长达500多年的分裂战乱局面，第一次完成了对中国的统一。紧接着，秦王嬴政着手创建了中国历史上第一个中央集权的封建大帝国，秦王嬴政成为中国历史上第一个封建皇帝，人们都叫他秦始皇，千古一帝。这个大帝国，对于中国封建社会政治制度具有划时代的意义，它开创了中国历史的新纪元，使中国古代社会大大地向前推进了一步。

统一中国后的秦始皇，把都城定在西安附近的咸阳。当时，秦始皇与6国交战，每灭一国，就在咸阳按那个国家的样式，盖起一座宫殿。秦始皇自称始皇帝，是想让自己的儿子、孙子以后接着称二世、三世、十世、百世,直至千世、万世。但秦始皇之后,只有个秦二世。倒是秦王朝灭亡后的2000多年来,中国各个朝代的帝王处处以秦始皇为样板:秦始皇确定最高统治者称号为皇帝,而皇帝都称自己为"朕",皇帝用的大印,专称"玺",皇帝下的命令,则叫"诏"。

15. 西楚称霸

——钜鹿之战

嬴政建立秦王朝后，对人民实施残酷的剥削和压迫，赋役繁重，刑政暴虐，大肆征调夫役。就在天下归一的盛赞之中，一个预言悄悄在民间传开——亡秦必楚。

那时候，全国人口不过2000万，前前后后被征招去筑长城、守岭南、修阿房宫、造大坟和劳役，合起来差不多二三百万人，耗费了不知多少人力财力，逼得百姓怨声载道，终于在秦二世元年（公元前209年），爆发了陈胜、吴广农民大起义。9月，楚人项梁、项羽和刘邦，举起故国的旌旗，相继在吴中（今江苏苏州）、沛县（今属江苏）聚众起义，被秦所灭亡的6国旧贵族也乘机起兵，出现了天下起兵一齐反秦的形势。

项羽是原楚将项燕之孙，楚国的旧贵族。楚被秦灭亡后，项羽随叔父项梁逃到吴中（江苏苏州），从小身高力大，豪气横溢，勇力超群。公元前209年9月，项梁、项羽叔侄俩响应陈胜、吴广起义，杀死会稽太守，举行起义，汇集江东子弟8000余人。

刘邦一家是寒微细民，以务农为业，连一个正经的名字都没有。刘邦年轻时不务正业，嗜酒好色，弄枪使棒，也胸无大志，直到40岁上下才做了一个小小的泗水亭长。他经常受到父亲的斥责，说他不好好干活。公元前209年，刘邦在萧何、曹参等人支持下，响应陈胜起义，称沛公，集聚了起义者3000多人，经常与项梁并肩作战。刘邦曾到秦京都咸阳看到秦始皇出宫时的盛大仪仗场面，无限感慨地说："大丈夫就应当这样啊！"表露出刘邦心怀大志的气魄。

陈胜、吴广的主力军失败后，部下召平渡江与项梁取得联系，用陈胜的名义拜项梁为楚王上柱国。项梁率领8000人渡江，和陈婴、英布等人率领的起义军会合，到下邳时队伍发展到7万人。不久，吕臣的义军和刘邦的队伍也前来会合。项梁等人为了号召群众，共立楚怀王的孙子、在民间放羊的熊心为楚王，并用楚怀王的名义使天下归心，被各支起义军奉为盟主。刘邦也率领他的部队去投归楚怀王，接受项梁的节制。

听说爆发了这样大规模的农民起义，秦二世惊慌失措，赶快派秦少府、大将章邯把在骊山做苦役的囚犯、奴隶放了出来，编成一支70万之众的大军，向起义军反扑。

章邯勇略兼备，富于作战经验，是一个凶悍无比的将领。他收编骊山刑徒役夫，后来又得到防御匈奴边境部队的加强，采用各个击破、连续作战的手段，镇压了陈胜、吴广起义军，紧接着击灭齐王田儋、魏王咎等武装势力，随后又调转兵锋，扑向项梁等率领的楚地起义军主力。

项梁在整顿了军队以后，接连打了几场胜仗，击败了秦朝大将章邯。项羽、刘邦带领另一支队伍，杀了秦将李由。

取得了这样大的胜利，项梁开始骄傲起来，认为秦军看起来强大，实际上没有什么了不起，便放松了警惕。

章邯摸清了项梁军心懈怠、疏于戒备的情况后，趁项梁不防备，利用夜暗，突然发动猛烈反扑，在定陶西北大败楚军。项梁在战斗中被杀。

项羽、刘邦听说项梁兵败战死后，心中惊恐，从陈留地区撤出，向东退守彭城（今江苏徐州）。起义军遭受一次重大的挫折。

章邯打败项梁，认为楚军大伤元气，也产生了骄傲轻敌情绪，就暂时撇开黄河以南这一头，带领秦军北上进攻新建立的赵国。赵国将寡兵微，根本不是秦军的对手，数战不利，赵王歇遂被迫放弃都城邯郸，逃到钜鹿

（今河北平乡西南）。

章邯率军乘胜逼进，他命令秦将王离率20万人将钜鹿团团围困，自己带领20万大军驻扎在钜鹿南面的棘原。章邯在城外布成了铁墙般的防线。他还在棘原和钜鹿之间修筑了一条粮道，给王离军运送粮草，企图长期围困钜鹿，困死赵军，并伺机拔城，彻底平定赵地。

这时赵将陈馀虽从恒山郡（今河北石家庄一带）征得数万援兵，进驻钜鹿北边，但因慑于秦军人多势众，不敢直接驰援钜鹿，对秦军采取避而不战的做法。赵钜鹿守军兵少粮缺，形势十分危急，赵王歇几次三番派人向楚怀王求救。

楚怀王接到赵的求援文书后，召集将领商议。大家认为，尽管楚军自定陶战败后元气大伤，但如果不及时救赵，章邯灭赵得手后就会移师南下攻楚，从而使得反秦武装有被各个击破的危险。同时，秦军主力胶着于河北地区，这就造成了关中空虚，给反秦武装提供了乘隙进关灭秦的机遇。

楚怀王正想派人往西进攻咸阳。项羽急于为叔父报仇，要求带兵进关。宋义等几个老臣暗地里对怀王说："项羽性子太暴躁，杀人太多；刘邦倒是个忠厚人，不如派他去。"正好，这时赵国来讨救兵。楚怀王就以宋义为上将，项羽为次将，范增为末将，统率楚军主力5万人北上救赵，以伺机歼灭秦军主力。同时，派遣刘邦率军乘虚经函谷关进入关中，伺机攻打咸阳，并约定先入关中为王。这样，两支军队互相配合、双管齐下，使秦军陷于两线作战、顾此失彼的被动局面，一举灭秦。

秦二世三年（公元前207年）10月，宋义率军北上救赵。大军到了安阳（今山东曹县东），听说秦军声势浩大，宋义心里有些害怕起来，便停止了下来，想等秦军和赵军打上一阵，让秦军消耗掉一部分兵力，再进攻过去，坐收渔利。

宋义按兵不动，在安阳一停就是46天。项羽耐不住性子，去跟宋义说："秦军包围了钜鹿，救兵如救火，现在赵王危险，形势这样紧急，咱们赶快渡河过去，跟赵军里外夹击，一定能够打败秦军。"

宋义胆小怕事，自私自利，他用甜言蜜语取得怀王的信任，骗取了兵权，但他根本就不想到城下和秦军拼命。他斜眼看了项羽一眼，慢吞吞地说："你哪里懂得兵法的妙用！我们的目标是消灭秦军，我的主意是先让秦赵拼个你死我活以后再说。"

宋义还挖苦项羽说："上阵跟敌人交锋，我比不上你；要说坐在帐篷里出个计策，你就比不上我了。"

宋义还下了一道命令："将士们打起仗来应该像虎狼那样凶猛，谁要是不服从指挥，一概按军法砍头！"项羽一看，就知道这道命令是针对自己的，所以气得要命。

宋义还天天置酒高会，寻欢作乐，并亲自赴无盐（今山东省东平县东南）大摆宴席，送其子出使齐国为相，以扩展个人势力。

这时候已经是11月的天气，北方天冷，又碰上大雨。楚营里军粮接济不上，兵士们受冻挨饿，苦不堪言，都抱怨起来。性格刚烈的项羽，更是忍无可忍，说："现在军营里没有粮食，但是上将军却按兵不动，自己喝酒作乐，这样不顾国家，不体谅兵士，哪里像个大将军的样子？"

第二天，项羽趁朝会的时候，再次要求立即出兵救赵。宋义大发脾气，喊道："我的军令已下，难道你要以头试令吗？"

项羽大吼一声："我要借头发令！"宋义本是个草包，顿时吓得软成一团，项羽趁机拔剑杀了宋义。他提了宋义的头，对将士说："宋义背叛大王（指楚怀王），我奉大王的命令，已经把他处死了。"

将士们大多是项梁的老部下，宋义在将士中本来没有什么威望。大伙见项羽把他杀了，都表示愿意听项羽指挥，拥戴他为假（代理）上将军。

项羽把处死宋义的事，派人报告了楚怀王。楚怀王虽然很不满，见事态已经如此，也只好封项羽为代理上将军，由他率军北上救赵。

这时，秦军仗恃兵多粮足，围攻钜鹿甚急。城中的赵军，矢尽粮绝，危在旦夕，赶紧派人四处求救。燕、齐两国援赵大军虽然早就赶到了，可是一看秦军势力强大，谁也不肯充当碰石头的鸡蛋，都缩头缩脑地远离秦军扎下营寨，不敢跟秦军交锋。

只有项羽敢挥师渡河与秦军决战。项羽杀了宋义以后，先派部将英布、蒲将军率领2万人做先锋，渡过漳水，切断秦军运粮的道路，把章邯和王离的军队分割开来，使王离军陷入缺粮的困境。然后，项羽命令主力渡河。他本人亲自率领楚军主力渡河跟进。

渡过了河，项羽命令将士每人只带3天的干粮，把军队里做饭的锅全砸了，把渡河的船只全凿沉了。将士们都感到不解，项羽说："没有锅，我们可以轻装前去，立即挽救危在旦夕的赵国！至于吃饭嘛，让我们到章邯军营中取锅做饭吧！咱们这次打仗，有进无退，3天之内，一定要把秦兵打退。"

"破釜沉舟"这个成语就是从这里来的。

项羽的决心和勇气，对将士起了很大的鼓舞作用。项羽立即率领楚军进至钜鹿城下，把王离的军队包围起来，将士们个个士气振奋，越打越勇，一个人抵得上10个秦兵，10个就可以抵上100个，直杀得山摇地动，血流成河。

章邯率部援救，也被楚军英勇击退。项羽指挥楚军连续作战，不给秦军以任何喘息的机会。经过9次激烈战斗，活捉了王离。其他的秦军将士有被杀的，也有逃走的，围攻钜鹿的秦军就这样瓦解了。

其他几路部队的士兵听到楚军震天动地的喊杀声，挤在壁垒上看。他们瞧见楚军横冲直撞杀进秦营的情景，吓得伸着舌头，屏住了气。等到项羽打垮了秦军，请他们到军营来相见的时候，他们都跪在地下爬着进去，连头也不敢抬起来。

这场惊天动地大鏖战的结果是，秦将王离被俘虏，秦军副将苏角身首异处，另一名副将涉间走投无路，被迫自焚而死。

楚军取得辉煌的胜利，大家颂扬项羽说："上将军的神威真了不起，自古到今没有第二个。我们情愿听从您的指挥。"

钜鹿之战，是秦末农民大起义走向最后胜利的关键性一战。它一举全歼了秦军战略上最强有力的机动力量，为刘邦乘虚入关，彻底埋葬秦王朝的统治创造了极为有利的条件，从根本上决定了整个秦末农民大起义的历史命运，影响极为深远。

项羽在钜鹿之战中所表现的杰出指挥才能和猛若狮虎、威如天神的英勇气概，使各路诸侯无不为之震慑和敬重。打这个时候起，项羽实际上成了受各路反秦军一致拥戴的首领，为诸侯上将军，统一指挥所有集结在赵地的军队。

随后，项羽率大军追击败退中的章邯余部。

章邯困兽犹斗，指挥20多万人驻守在棘原与项羽对峙。章邯派别将司马欣将一份奏章，送向秦国都咸阳，向朝廷告急求援。

这时候，秦二世和专权者赵高，不但没有抽调兵力援助章邯，反而声言要查办章邯，准备治他的罪。

章邯怕赵高害他，就秘密派人向项羽求和，但未获应允，只好准备退兵。项羽则乘章邯狐疑不定之际，及时派遣蒲将军率部日夜兼程渡三户津（古漳水渡口；在今河北磁县西南），切断秦军的退路，尔后项羽亲率主力与秦军激战于汙水（漳水支流），再次大破秦军。

章邯成为瓮中之鳖，只好率领20万秦军在洹水南岸的殷墟（今河南安阳西）向项羽投降。项羽担心秦兵入关后造反，就在行进到河南新安时，把秦兵全部坑杀了。这一大血案，使项羽大失人心，尤其是关中人民对他更是恨之入骨。

章邯投降的消息传到了咸阳，秦王朝内部也发生了混乱。

这个时候，汉王刘邦拜韩信为大将，萧何为丞相，整顿后方，训练人马，很快攻破了武关（今陕西丹凤县东南），离咸阳不远了。

秦二世听说后，吓得直打哆嗦，连忙派人叫赵高发兵去抵抗。赵高知道不能再混下去，就派心腹把秦二世给逼死了，立秦二世的侄儿子婴为秦王。子婴知道，赵高立他为王是不怀好意，就把赵高给杀了，然后派5万兵守住峣关抵挡刘邦的部队。

刘邦用谋士张良的计策，派兵在峣关的山头上插上无数的旗子，作为疑兵；另派将军周勃带领全部人马绕过峣关正面，从东南侧面打进去，杀死守将，消灭了这支秦军。

刘邦的部队进了峣关，到了灞上（今陕西西安市东）。秦王子婴带着大臣来投降。子婴脖子上套着表示请罪的带子，手里拿着秦皇的玉玺、兵符和节杖等象征着王权的东西，哈着腰等在路旁。

这时，刘邦手下的将军主张把子婴杀了，但是刘邦说："楚怀王派我攻咸阳，就因为相信我能待人宽厚；再说，人家已经投降了，再杀他也不好。"说完，他收了玉玺等物，把子婴交给将士看管起来。

项羽觉得关中的百姓对他持敌视的态度，关中虽然富饶，但他不愿久留关中，而却很思念故乡，所以决定离开关中，东归故乡。他对别人说："一个人富贵了，如果不回到家乡，就像夜里穿着绣花的衣服行走一样，谁也看不见，那还有什么意思呢？"于是，率部回到彭城，自封为"西楚霸王"。

项羽作为勇武无双的战将，在钜鹿之战中采取的破釜沉舟手段，激励士卒拼死一战，对战胜秦军起到一定作用。但是，秦军的失败，决定的因素是秦王朝政治上的腐败没落，丧尽天下人心。历史的演进，不会体恤个体的悲喜和沉浮。滚滚黄尘中，一切人事都在兴替聚散，流变演绎。公元前221年，是中国历史上的重要时刻。这一年，秦国吞并了其他6个诸侯国后，第一次完成了对中国的统一。可是仅仅过了15年，秦始皇建立起来的强大秦王朝就土崩瓦解了，代之以强大的汉朝。

16．暗度陈仓

——刘邦还定三秦

刘邦的军队进了咸阳，将士们纷纷争着去找皇宫的仓库，各人都拣值钱的金银财宝拿。刘邦在将士的陪同下，来到了豪华的阿房宫。他看见秦王的宫殿富丽堂皇，幔帐、摆设好看得叫人睁不开眼睛。还有许多美丽的宫女。他在宫里待了一阵儿，简直不想离开了。这时候，他的部将樊哙闯了进来，一看这阵势，忙劝道：

"沛公是要打天下，还是要当个富翁呀？这些奢侈华丽的东西，使秦朝亡了，您还要这些干什么？还是赶快回到军营里去吧！"

好色的刘邦不听，说："让我歇歇吧。"

不一会儿，张良也进来了，听到樊哙的话，劝刘邦说："俗话说，忠言逆耳利于行，良药苦口利于病。樊哙说得对呀，希望您听从他的劝告。"

刘邦是一向很信任张良的，听了他的话，马上吩咐将士封了仓库，带着将士仍旧回到灞上。接着，刘邦召集了咸阳附近各县的父老，对他们说："你们被秦朝残酷的法令害苦了。今天，我跟诸位父老约定三条法令：第一，杀人的偿命；第二，打伤人的办罪；第三，偷盗的办罪。除了这三条，其他秦国的法律、禁令，一律废除。父老百姓可以安居乐业，不必惊慌。"

百姓听到了刘邦的约法三章，高兴得了不得，争先恐后地拿着牛肉、羊肉、酒和粮食来慰劳刘邦的将士。刘邦一一谢绝了，说："粮仓里有的是粮食，不用再让你们费心了。"从这时候起，刘邦的军队在关中的百姓心中留下了很好的印象，人们都巴不得刘邦能留在关中做王。关中地区就成了汉王的地盘。

项羽听说刘邦先入关中，非常愤怒，率40万大军来到函谷关前，见关门口有兵守着，不让进关。守关的将士说："我们是奉沛公的命令，不论哪一路军队，都不准进关。"

这下项羽更是气得暴跳如雷，命令部下猛攻函谷关。刘邦兵力少，项羽派部将英布攻破关门，很快就打进了关，长驱西进。不久，项羽大军驻扎进新丰（今陕西临潼县）鸿门（今临潼县东项王营）。

这时，刘邦手下有个将官叫曹无伤，想投靠项羽，偷偷地派人到项羽那儿去密告，说："沛公进入咸阳，是想在关中做王。"

项羽听了，气得瞪眼直骂刘邦不守信用。项羽的谋士范增说："刘邦这次进咸阳，不贪图财货和美女，他的野心可不小呀。现在不除掉他，将来后患无穷。"

项羽下决心准备消灭刘邦的部队。

而刘邦这一边，只有10万人，实力不敌项羽。刘邦驻扎的灞上，离鸿门只有40里，处境十分危险。他听从张良的建议，亲自去鸿门拜会项羽。刘邦向项羽故意请罪，卑辞言好。项羽设宴招待刘邦。

宴会的场面很盛大、很热闹。随从项羽入关的赵、燕、齐、魏、韩等国诸侯以及高级将领都参加了。就在这样的宴会上，项羽的谋士范增想乘机杀掉刘邦，就找项庄（项羽从弟，勇士），以表演剑舞，伺机行刺。项羽的叔父项伯从前和张良关系好，这时见势不妙，也拔剑伴舞，掩护刘邦。刘邦一见形势不妙，过了一会儿便借口上厕所，从小道逃回到灞上。

这是中国历史上有名的"鸿门宴"的故事。范增颇有预言性地警告项羽：今天放走了刘邦，日后我们都要成为他的俘虏。

"鸿门宴"没有除掉刘邦，项羽便带兵进入咸阳，杀了秦王子婴，搜罗了无数奇珍异宝，掳掠着大批妇女据为己有，放火烧掉秦朝的宫殿，干了刘邦没有干的事，然后回兵东去。百姓们对项羽的这些做法大失所望。随后，项羽分封许多拥兵割据的六国旧贵族为王；项羽自称西楚霸王，地位最高，实际上要指挥其他诸侯王。他又封刘邦为汉王，让刘邦从富庶的关中地区迁到汉中和巴蜀。

可是，项羽分封诸侯，搞"任人唯亲"，这一措施不但不能收拾残局，反而加剧了分裂。不久，齐将田荣最先起兵反对项羽，自立为齐王。彭越在梁地有1万多士兵，未得分地，对项羽怨恨，田荣也联合彭越。另一将领陈余对张耳被封常山王不服，联合田荣赶走张耳，做代王。诸侯混战再次爆发。

被项羽逼处巴蜀汉中一隅的刘邦，对他的封地很不满意，但是自己兵力弱小，没法跟项羽较量。他拜萧何为丞相，曹参、樊哙、周勃等为将军，养精蓄锐，准备再和项羽争夺天下。

这个时候，军中不少兵士因为想家，经常开小差，急得刘邦连饭也吃不下。

有一天，忽然有人来报告，说丞相萧何也逃跑了。刘邦更急了，觉得他太不够朋友，只到第三天，萧何才回来。刘邦见了，又气又高兴，责问萧何："你怎么也要逃走呢？"

萧何说："我怎么会逃走呢？我是去追逃走的人呀。"

原来，萧何去追一个叫韩信的人。

韩信是淮阴人，自幼家中贫寒，不能为官，也不会经商，常常寄人篱下，难得温饱，曾受人胯下之辱。项梁率兵渡淮时，即跟随他的队伍。项梁死后，又跟项羽，做了个小军官。他深知兵法之道，有不平凡的政治和军事见解，几次向项羽献计策，项羽都没有采用。韩信是个很有政治抱负的人，他得不到项羽的重用，就想另投英主。听说刘邦受封为汉王，韩信就离开项羽，投奔了刘邦。

可是，汉王刘邦也只是让他当个管粮食的小官。后来，丞相萧何发现韩信很有才干，很器重他，并多次把他推荐给刘邦，可是汉王根本不听。韩信知道不能得到汉王的重用，趁着将士开小差的时候，就找个机会走了。

萧何听说韩信也走了，急得直跺脚，立即骑上马去追，追了两天，才把韩信找了回来。

刘邦听说萧何追的是韩信，又不了解韩信有什么本事，就埋怨萧何说："逃走的将军有几十个，没听说你追过谁；现在你说去追韩信，这不是骗人的话吗？"

萧何说："一般的将军有的是，可是像韩信那样的奇才，简直是举世无双。大王要是准备在汉中待一辈子，那用不用韩信也没有关系；要是准备打天下，当皇帝，就离不开韩信这样有智谋的人。大王到底怎么打算呢？"

这下击中了刘邦的要害，他做梦都想当皇帝，就是不知道该怎么办。在萧何的说服下，刘邦答应让韩信做了大将，并举行隆重的拜大将仪式。

等到拜大将的这一天，刘邦问韩信说："萧何多次向我推荐将军的才干，不知你有什么高见。"

韩信谢过刘邦，然后反问道："大王东征的对象是不是项羽呀？"

"是。"刘邦老实答道。

"你自己估量，你与项羽相比，谁的力量强？"韩信又问。

刘邦想了一下，又老实地说："不如项羽。"

韩信分析说："我也同意大王的看法。总的来说，项羽的力量比你强。但是，项羽也有很多弱点。第一，他虽然勇敢善战，是一个叱咤风云的人物，但不善于驾驭良将。第二，项羽对部下还比较关心和尊敬，对得病的人送吃送喝，但是此人性情残暴，为人小气，对有功的部下，应该封赏爵位的时候，又很悭吝，只知行小仁。第三，他违背了楚怀王最初'先入关中为王'的约定，大封亲信，已经引起大家的不满。第四，他为人残暴，所过之处烧杀抢掠，百姓们怨声载道，民心不服。如果你针对项羽的弱点，反其道而行之，重用天下的勇士，还有什么不能被你消灭的呢？！"

韩信接着分析了刘邦的强项，然后向刘邦建议道，沛公要做到三条：一是善于任用天下之武勇；二是以天下城邑封有功之臣；三是利用部队思乡东归的情绪，向东进攻，定会激励大家奋勇作战的意志。

刘邦问："韩将军以为，下一步应当怎么走？"

韩信答道："应当选择关中地区为战略发展方向，把握时机，迅速兵出汉中，还定三秦，然后以关中为基地，引兵东向，与项羽争夺天下。"

他分析说："三秦王章邯、董翳、司马欣率几十万秦子弟兵降楚，大部被杀亡，尤其在新安被坑杀20万，唯独章邯、董翳、司马欣三人不但未被杀，反而封王关中，关中百姓对这三人早已恨之入骨，秦人不会再拥护他们。而汉王您入武关，进关中，秋毫无犯，约法三章，深得百姓敬仰。关中父老无不以刘邦未封关中王而义愤，早已翘首而望汉军再入关中。所以，只要汉军举兵东进，三秦可'传檄而定'"。

刘邦听得入了神，后悔没有早日起用韩信，并完全采纳了韩信的建议。

秦岭山脉雄踞于渭水以南、汉水以北的整个地区，高度由西向东逐渐降低。秦岭和巴山间有汉中平原，东西长约80公里，南北宽约10公里，汉水流经其间。

由汉中进入关中主要有"褒斜线""傥骆道""子午道"三条进军路线，历代南北征战大都以褒斜线为主要路线，另外两道为次要通道。

当时，被项羽封为雍王的章邯部，是项羽的主力，集结于首邑废丘。刘邦入关中走哪条道呢？为了避开章邯，新任汉军统帅韩信经过深思熟虑，准备采取明修栈道，迂回故道，暗度陈仓（今陕西宝鸡县东），奇袭关中的战略，派出部分兵力，明修烧毁的栈道；主力经褒斜以西故道，暗中袭击陈仓，再由陈仓向东进攻。

刘邦为隐蔽自己东进关中的意图，交给谋士张良一项特殊任务。张良见了项羽说："汉王烧了栈道，决无东返之心。"

公元前206年5月，齐国的田荣轰走了项羽所封的齐王，自立为王，项羽亲自率兵平定田荣。刘邦趁机兵出关中，以10万兵力，一个月内占领整个关中。可是就在这时，汉王刘邦被胜利冲昏了头，趁项羽和齐国相持不下的时候，一直向东打过来，攻下了西楚霸主的都城彭城，项羽又不得不扔了齐国那一头，亲率精兵3万从齐地赶回，乘刘邦毫无戒备的时机，发起进攻。

项羽以闪电般的行动，从鲁经胡陵至萧，在鲁地作战的汉军樊哙部丝毫未能迟滞楚军的行动，一触而溃。项羽于拂晓前抵萧，立即向汉军发起攻击。汉军向东退至彭城，楚军跟踪追击，遂同汉军主力大战于彭城之下，从早晨战至中午，仅半天即大破汉军，将汉军压迫于谷水、泗水（在彭城东郊，二水相合处）之滨，汉军淹死掉在水里的不知道有多少，被俘虏的也不少。

汉军大败，刘邦只带10名骑兵往彭城西南的山区狼狈逃去，汉王的父亲太公和妻子吕后也被楚军俘虏。

楚军紧迫不舍，将汉军压迫于灵璧（今安徽濉溪西）以东睢水之边。楚军再次猛烈攻击，汉军又被歼10余万人，其中被逼入睢水而溺死者不计其数，但是，刘邦还定三秦，对其争夺天下，战胜项羽具有十分重要的战略意义。刘邦占据了三秦，拥有"形胜甲于天下"的关中地区，大大地加强了他的实力和声威，为其进兵中原，举行了奠基礼。

17．血映西楚

——垓下决战

汉王刘邦退到荥阳、成皋（都在今河南荥阳县）一带，收集散兵。这时候，萧何从关中调来一支人马，韩信也带着军队来见汉王，协助刘邦重整汉军，将楚军挡在了京（今河南荥阳南）、索（今河南荥阳）一线，使刘邦在败逃之中得到立足之地和喘息之机。

刘邦虽然在彭城惨败，损失严重，功败垂成，但他夺得了关中及关东部分极为重要的战略地区，人力、物力和领土都成倍地扩张，处于进可攻、退可守的有利地位，完全摆脱了在鸿门宴前后有可能随时被项羽消灭的危险境地。

这时，刘邦看到单靠自己的力量难以与楚军抗衡，便在张良的建议下，不惜割弃关东的大片土地，用高功厚赏扶植、拉拢几个实力强大的人物，联合起来，一起去击败项羽。

刘邦还采纳了张良等人的意见，制定了一套完整的作战方案：第一，刘邦亲自率领汉军主力，利用荥阳—成皋的优越地形，同项羽进行持久战；第二，派韩信等人领兵渡过黄河挨个儿消灭黄河以北的割据势力，向北边收服魏国、燕国和赵国，开辟北方战场，威胁楚军的右侧背；第三，派人劝说项羽的九江王英布投降，让他从南面进攻楚军的左侧背，以便割断项羽的左臂；第四，命令彭越在梁地（今河南省商丘市南北一带地区）进行骚扰战，来威胁楚军的后方。

刘邦的一系列筹划很快见效。短短3个多月的时间里，魏、赵、代、燕4国接连被韩信攻克和降服，使项羽的北翼基本崩溃；九江王英布已叛楚降汉，并发起了对楚军南翼的进攻，迫使项羽不得不派重兵去同英布作战。

楚军的主要谋士范增劝项羽把荥阳迅速攻下来。项羽看到刘邦的势力有增无减，十分不安，便在第二年春，调动楚军主力加紧进攻荥阳、成皋，并多次派兵切断汉军的粮道，使刘邦的部队在补给上发生很大的困难。

汉王十分着急。他的谋士陈平原来是从项羽那边投奔过来的，献了一条计策，离间项羽和范增的关系。刘邦给了陈平黄金4万两，对项羽领导集团实施大规模的离间、瓦解。

陈平买通项羽周围的人，经常散布范增、钟离昧等人的坏话，说诸将钟离昧等为项王将，立下赫赫战功，然而始终得不到封王，希望与汉军联合，共同消灭项羽而分割楚地。

项羽是个猜忌心很重的人，中了刘邦的反间计，真的派使者到汉军中去寻风摸底。刘邦亲自招待楚使，按陈平的设计，首先端来好饭好菜，让侍从一见楚使的面就故意惊讶地说："我以为是亚父范增派来的使者，原来是项羽派来的！"遂把好饭好菜收回，换成很差的饭菜招待楚使。楚使回来后报告了这一情况，项羽便更加怀疑范增与汉私通，不久便夺了他的权。范增本来对项羽拒绝进攻荥阳有看法，现在又遭到怀疑，十分气愤，对项羽说："天下的大事已定了，大王自己好好干吧。我年老体衰，该回老家了。"

就这样，项羽唯一的谋士范增，在"天下事大定"的关键时刻离开楚军，准备回彭城。可是，范增一路上又气又伤心，就害了病，没有回到彭城就死了。

范增一死，楚营里再没人替霸王项羽出主意了。汉军受的压力也减轻了。汉王用少数兵力在荥阳、成皋一带牵制项羽的兵力，让韩信继续攻取北、东，又叫将军彭越在楚军后方截断楚军的运粮道，使项羽的军队不得不来回作战。

5月间，项羽大军进逼荥阳，刘邦的汉军内乏继粮，外无援兵，情势越来越趋危急。刘邦采纳张良的缓兵之计，派出使臣向项羽求和，表示愿以荥阳为界，以西属汉，以东归楚。这一建议遭到项羽的断然拒绝。

刘邦无奈，只得采纳将军纪信的计策，由纪信假扮作刘邦，驱车簇拥出荥阳东门，诈言城中食尽，汉王出降，蒙骗项羽，同时由陈平派出2000名妇女，随纪信一起出城。项羽信以为真，把主要注意力都集中到迎接刘邦的投降上，楚军皆呼万岁，停止攻城，纷纷跑到城东来观看刘邦的投降和出城的妇女。

刘邦、张良等乘机率数十骑，从荥阳西门逃奔成皋。

项羽发现自己受骗上当后，怒不可遏，当即下令放火烧死纪信，亲自率兵追击刘邦，很快攻下了成皋。

刘邦仓皇逃回关中后，从当地征集到一批兵员，打算夺回成皋。谋士辕生认为这不是善策，建议刘邦派兵出武关（今陕西商南东南），调动楚军南下，减轻汉荥阳守军的压力；同时，让韩信加紧经营北方战场，迫使楚军分散兵力。

刘邦采纳了辕生的这一计策，率军经武关出宛（今河南南阳）、叶（今河南叶县）之间，与英布配合展开攻势。这时，韩信也率部由赵地南下，直抵黄河北岸，与刘邦及荥阳汉军互相策应。

汉军的行动果然调动项羽南下。这时刘邦却又转攻为守，避免同楚军进行决战，而让彭越加强对楚后方的袭击。彭越不孚众望，进展迅速，攻占了要地下邳（今江苏睢宁西北），直接给楚都彭城造成威胁。项羽首尾不能兼顾，被迫回师东击彭越，刘邦乘机收复了成皋。

六月，项羽击退彭越后，立即回师西进，对刘邦发动第二次攻势，攻占荥阳，再夺成皋。然后继续西进，抵达今河南巩县一带。

刘邦仓促北渡黄河，逃到小修武，在那里刘邦征调到韩信的大部分部队，以支撑危局，增强正面的防御。

刘邦深知项羽的厉害，便命汉军一部据守于巩（今河南巩县西南），一部屯驻小修武，深沟高垒，不与楚军交锋。同时派韩信组建新军东向击齐，继续开辟北方战场。又命刘贾率领2万人马深入楚地，协助彭越，扰乱楚军后方，截断楚军粮道。

彭越得到刘贾这支生力军的支援，很快攻占了睢阳（今河南商丘南）、外黄（今河南杞县东北）等17座城池。

韩信率剩下的队伍去打齐国，齐国没有任何防备，韩信很快就拿下了齐国都临淄，不久就占领了整个齐国。

韩信连续攻占齐国，就写信给刘邦，说他愿意做个代理齐王。正在荥阳与项羽苦战的刘邦，接到信后，当着使者的面大骂韩信。张良和陈平劝道，在我们正处于不利的局面下，你不如先答应下来，做个顺水人情，对他表示祝贺，让他好好守住齐地，不然的话，韩信可能会起疑心。刘邦听了，立即改口说，韩信南征北战，平定诸侯，功劳很大，他应当做个真正的齐王，何必还要代理齐王呢！

随后，刘邦派张良去齐国，代表他封韩信为齐王，并让他派兵攻打项羽。

项羽这边，也派武涉为使者去游说韩信，指责刘邦主动挑起楚汉战争，非常贪婪，而且不讲信义，是一个很靠不住的人，现在刘、项争夺天下，你处在举足轻重的地位，如果项羽失败了，刘邦接着就会收拾你，劝韩信与项羽讲和。韩信因已得到刘邦封王，一口回绝了。接着，韩信的谋士蒯彻也多次劝告韩信反叛刘邦，韩信念念不忘刘邦对他的厚遇，不忍心背叛刘邦。

彭越、韩信的军事行动，给项羽侧背造成严重的威胁，迫使项羽在九月间停止正面战场的攻势，再次回师攻打彭越，把手下将军曹咎留下来守住成皋，再三嘱咐他千万不要跟汉军交战。

汉王见项羽一走，就向曹咎挑战。一开始，曹咎说什么也不出来交战。汉王就叫兵士成天隔着汜水（流经荥阳西）朝着楚营辱骂。

一连骂了几天，曹咎实在沉不住气了，就决定渡过汜水，和汉军决一死战。

楚军兵多船少，只好分批渡河。汉军趁楚兵刚渡过一半的时候，把楚的前军打败，后军乱了阵，自相践踏，曹咎觉得没有脸再见项羽，在汜水边自杀了。

项羽在东边刚打了胜仗，一听成皋失守，大惊失色，急忙由睢阳带领主力返回，又赶到了西边对付汉王所在的广武（今河南荥阳县东北），楚汉两军又对峙起来。

日子一久，楚军的粮食接应不上，项羽没法子，就把汉王的父亲绑了起来，放在宰猪的案上搁着，派人大声吆喝："刘邦还不快投降，就把你父亲宰了。"

汉王知道项羽吓唬他，也大声回答说："我跟你曾经结为兄弟，我的父亲也就是你的父亲。你要是把父亲杀了煮成肉羹，请分给我一碗尝尝。"

项羽恨得咬牙切齿，真的想把太公杀了，又是项伯劝住了他。

项羽派使者跟汉王说："现在天下闹得乱纷纷的，无非是你我两个人相持不下，你敢不敢出来跟我比个上下高低。"

汉王讽刺他说："我可以跟你斗智，不跟你比力气。"

项羽又叫汉王出来，在阵前对话。汉王当面数落项羽的十大罪状，说他不讲信义，杀害义帝，屠杀百姓等等。项羽听得发火了，用戟向前一指，后面的弓箭手一齐放起箭来。汉王赶快回马，胸口已经中了一箭，受了重伤。为防部队惊慌，刘邦忍住疼痛，故意弓着腰摸摸脚，骂道："贼人射中了我的脚趾。"

左右把刘邦扶进了营帐。汉军听说汉王受伤，都着了慌。张良恐怕军心动摇，劝汉王勉强起来，到各军营巡视了一遍，大家才安定下来。刘邦也被送入成皋养伤。

项羽听说刘邦没有死，大失所望。接着，韩信在齐地大败楚军，楚军的运粮道又被彭越截断，粮草越来越少。在这种情况下，项羽主动派人向刘邦讲和。

刘邦趁项羽正在为难的时候，同意了项羽的请求，要求把太公、吕后放回来，并且建议楚汉双方以鸿沟（在荥阳东南）为界，鸿沟以东归楚，鸿沟以西归汉。象棋盘上的"楚河汉界"就是由此而来。

项羽认为这样划定"楚河汉界"还不错，就同意了，放了太公、吕后，接着把自己的人马带回彭城。

雄冠诸军，叱咤风云，拥有很大军事优势的项羽，以彭城会战大败刘邦的军威，当可破荥阳、下巩洛、直入函谷关，但由于政治上不得人心，战略指导上缺乏深谋远虑，以一时之勇代替必要的作战策划，最后只落得一个鸿沟媾和、战略撤退的结局。

这时，刘邦也打算向西撤退，但熟谙兵机战略的张良、陈平却一致认为不能放虎归山，建议乘项羽东撤之机，发起战略追击。他们劝刘邦说："现在汉王已经占有大半个天下，很多诸侯都拥护您。项羽兵疲粮尽，这正是灭楚的好机会。今天如果放走项羽，不去追击，这就等于是养着老虎害自己。"

公元前202年，刘邦追击项羽到阳夏，派人通知韩信，要他带兵按期去固陵会合，共歼项羽。可是刘邦的部队到了固陵后，却不见韩信率军来会合。刘邦只得挖壕巩垒据守，等待韩信、彭越、英布的援军。项羽见刘邦孤军深入，就回头反击，刘邦处境困难。他就问张良："为什么韩信、彭越的军队不按期来会合？"

张良说："眼看项羽就要被打败，但韩信等人的封地还没有确定，他们心里不踏实，所以不听从调遣。"

刘邦恍然大悟，马上把从陈（今河南淮阳）以东直到东海的地区划为韩信的封地，把睢阳以至谷城的地区划为彭越的封地。韩信、彭越得了封地，认为自己的功劳有着落了，就率兵去与刘邦的军队会合。不出两个月，刘邦组织了韩信、彭越、英布三路人马一齐会合，由韩信统领，追击项羽。楚、汉双方一场最后决战就开始了。

这一回，楚汉力量对比恰好颠倒了过来，刘邦已拥有四五十万兵马，项羽只剩下十万人。

公元前203年底，韩信布置十面埋伏，把项羽围困在垓下（今安徽灵璧县东南）。项羽的人马少，粮食也快完了。他想带领一支人马冲杀出去。但是，汉军的人马把楚军包围得重重叠叠。项羽打退一批，又来一批；杀出一层，还有一层；这边的汉兵里还没杀出去，那儿的汉兵又围了上来。

项羽有一位妃子虞姬，很受其宠爱，时常跟随在项羽身边。项羽还有一匹青白色的战马，名叫骓，是他最得力的战马。

在寒冬的一个夜晚，项羽被围在一个山头上，他宠爱的虞姬陪伴他喝酒。

到了深夜，只听得一阵阵大风吹得呼呼直响，风声里还夹着歌声。项羽仔细一听，歌声是由汉营里传出来的，唱的都是楚人的歌曲。

听到四面都是楚歌声，项羽不觉感到悲辛，他失神地说："这下完了！难道刘邦已经打下了西楚吗？怎么汉营里有这么多的楚国人呢。"

项羽也禁不住随口唱起一曲悲凉的歌来：

力拔山兮气盖世，时不利兮骓不逝。
骓不逝兮可奈何，虞兮虞兮奈若何？

霸王接连唱了几遍，虞姬也应和着一同唱着：

汉兵已略地，四方楚歌声。

　　　　　大王意气尽，贱妾何聊生？

　　唱罢，即自刎而死。项羽的泪水一行行地涌流，站在一旁的侍从也都伤心地低头落泪，气氛甚为悲壮。

　　虞姬已死，项羽在四面楚歌中知道军心涣散，大势已去，乘着天还没亮，骑上他心爱的乌骓马，带上剩下的800名骑兵，冲过汉营，拼命地往前突围。

　　项羽实际上是在弃军而逃。一个战略统帅，在全军处于被包围的困难境地，只顾自己突围而走，这支军队自然是不击自溃了。这使叱咤风云、英名盖世的项羽，落了一个很不光彩的名声。

　　天亮的时候，刘邦听说项羽跑了，立即派5000骑兵急迫。项羽狼狈逃窜，渡过淮河，只剩100多人。他们迷了路向一个农夫问路。农夫故意指点相反的方向，使他们陷入沼泽地带。

　　汉军追上，杀得项羽只剩下28个残兵。项羽乘汉军混乱之际，杀出一条血路，向南疾走，准备渡过长江。项羽骑马到达乌江，乌江亭长撑船靠岸，等待项王上船。亭长对项王说："江东地方虽然不大，但方圆也有千里，有民众数十万，足够建立霸业，请大王急速渡江。这一带只有我有船，汉军到后将无船渡江。"

　　见前面茫茫江水，后面滚滚追兵，英雄末路，项羽笑着对亭长说："上天要灭亡我，我不能渡江了。当初我带领江东8000子弟渡江西征，现在没有一人生还，纵然是江东父兄谅解我，继续拥立我为土，我有什么面目见这些父老？即令是他们不谴责我，我也羞愧难容。我知道你是忠良之人，我骑的这匹马只有5岁，所向无敌，一日可以行千里，我不忍心杀之，现在赠送给你。"遂拔剑自杀身亡。

　　项羽最后败在了同是楚人的刘邦手里。一代伟人、大军事家毛泽东曾这样评价项羽，他说：项羽有三个错误，鸿门宴不听范增的话，放跑了刘邦；

楚汉订立的鸿沟协定，他认真了；建都于徐州，那时叫彭城。

刘邦则以垓下决战，得到了最后的胜利，统一全国，建立了一个比秦朝更强大的汉朝。刘邦即皇帝位，也就是汉高祖，建都洛阳，后来迁都到长安（今陕西西安）。从那时候开始的210年间，汉朝的都城一直在长安。后人把这个时期称为"西汉"。秦始皇是秦国经过几百年的发展、六代人的努力才统一天下的。而刘邦以一个草莽之人，在几年之内就统一天下，不仅他做了皇帝，而且追随的一批乡下人，都成了三公九卿，彻底结束了上古几千年的世卿世禄制度。人们惊叹，广为议论。历史学家称刘邦为"大圣"，老百姓说他是"真龙天子"。

18. 治者无敌

——周亚夫平定七国之乱

公元前158年，西汉大将军周亚夫率军驻守细柳（今陕西咸阳市西南），以防御匈奴兵的进犯。

周亚夫是西汉开国功臣绛侯周勃的儿子。从小受家庭的熏陶，习读兵书，谙熟韬略，长大后，即效命于朝廷。公元前162年，任河内郡守的周亚夫被封为条侯，继承父亲的绛侯爵位。不久，匈奴大军来犯，周亚夫奉汉文帝之命，率军驻在细柳。

一天，汉文帝到周亚夫军营细柳视察劳军。前哨一见远远有一彪人马过来，立刻报告周亚夫。

不时，汉文帝的先遣队到了营门。只见将士们一个个头戴头盔，身披重甲，弓上弦，刀出鞘，完全是准备战斗的样子。守营的岗哨拦住了皇帝的先遣队。先遣队的导驾官高声喝令："天子陛下马上驾到！"

营门的都尉却朗声答道："周将军有令，军中只听将军的军令，将军没有下令，不能放你们进去。"

过了一会儿，文帝的御驾到了，守营的将士照样不让进。文帝听到后，十分震动，只好命令侍从拿出皇帝的符节，派人给周亚夫传话说："我要进营来慰劳将士。"

周亚夫这才传令打开军营门接驾。

文帝的车驾刚进营门，守营的军官又对随侍皇帝的车骑说："我们军中有规定：军营内不许车马奔驰。"文帝听了，更是震动。

守门军士随即告诫文帝的随从说：周将军有令，为保持安静，军营中不得策马驱驰。文帝的车驾只得放松缰绳，缓缓而行。

到中营，只见周亚夫戎装佩剑，披戴着全身盔甲，拿着兵器，威风凛凛地走出迎驾。他走到文帝面前，拱拱手作个揖，启禀道："臣盔甲在身，不宜下拜，请允许按照军礼晋见陛下。"

汉文帝听了，再为震动，也扶着车前的横木，欠了欠身子，向周亚夫表示答礼。接着，又派人向全军将士传达他的慰问。

在回长安的路上，汉文帝的侍人都愤愤不平，认为周亚夫对皇帝太无礼了。那些随驾的臣僚则很替周亚夫担惊受怕。可是，汉文帝却很开明，他不仅没有责怪周亚夫，反而对他赞不绝口："啊，这才是真将军。前面看到的灞上、棘门两支军队，简直像小孩子闹着玩，如果敌人来袭击，将领早当俘虏了。像周亚夫这样的军队，敌人怎敢来侵犯啊！"他认定周亚夫是个军事人才，就把他提升为负责京城治安的军事长官——中尉。

这就是历史上有名的"细柳治军"的故事，周亚夫被赞誉为"真将军"。

汉文帝从此视周亚夫为国家的擎天大柱，他临死的时候，把太子刘启叫到跟前，特地嘱咐说："国家一旦有危难之事，即可让周亚夫统率军队，稳定大局。"

公元前157年，汉文帝死，31岁的太子刘启即位，就是汉景帝。景帝按父亲的遗诏，拜周亚夫为车骑将军。

就在汉景帝即位的第三年，爆发了吴楚七国之乱。

刘邦建立西汉后，总结秦朝的教训，认为秦朝迅速灭亡的一个重要原因，是没有分封同姓子弟为王，使皇室陷于孤立，于是大封同姓子弟为王，并立下"非刘氏王者，天下共击之"的誓言，想以家族血缘关系来维持刘氏的一统天下。这些王国的封地，竟达39郡，占西汉整个疆土的大半，而皇帝直辖的地域才不过15郡。

为防止诸王形成尾大不掉之势，限制诸王的权力，汉高祖规定除诸封国内的经济由诸王支配外，王国的傅、相等官员均须由皇帝任命，法令由朝廷统一制定，军队由皇帝调遣，可是，汉高祖所封的诸王国，一个个国大民众，随着经济得到恢复和发展，财富越来越多，势力越来越大，都想占山为王。一些诸侯王便想不受朝廷的约束，带头的是吴王刘濞。

刘濞是汉高祖的哥哥刘仲的儿子，拥有50余城，仅次于拥有72城的齐王，是同姓诸侯中的第二大封国。刘濞的都城在广陵（今江苏扬州北），辖有豫章（今江西地区）、会稽（今苏南和浙江地区）等郡，封土广大，财力富足，他的封国靠海，有丰富的海洋资源，还有铜矿，自己煮盐采铜，跟朝廷皇帝一样富有。他利用这些优越的经济条件，不断扩张势力，蓄谋夺取朝廷大权。文帝时，吴王有一次入朝，侍皇太子博饮，因为不恭敬，被皇太子击杀，吴王于是怨恨在心，称病不朝，简直使吴国成为一个独立王国。

才智高奇、驭射技艺过人的景帝，对诸王专横不法早就十分痛恨。他年轻气盛，继位不久就与御史大夫晁错商议进一步削弱、打击诸侯国的对策。晁错说："吴王以前就想谋反，依照古来的法律，就当斩首，当时文帝仁慈，只让打了他几仗，但他现在仍不思改过自新。今天削弱他亦反，不削弱他亦是反。削弱他，则反得快，祸小；不削弱他，反得慢，祸大。"景帝就先削减了楚、赵及胶西三王的封地，引起诸侯王的强烈不满。过了几个月，景帝下诏削夺吴王的会稽、豫章二郡。

汉景帝的削藩，激起了众诸侯王的强烈不满和恐慌，吴王终于忍耐不住，打着惩办"奸臣"晁错，救护刘氏天下的幌子，煽动别的诸侯，一同起兵反叛，夺取帝位。公元前154年，吴王先将朝廷派到吴国的2000石以下官吏统统杀掉，然后聚集亲信，商议进兵之策。

刘濞既不懂军事又刚愎自用。大将军田禄伯请求率兵5万，循江淮而上，占领淮南和长沙，入武关直捣长安，吴王唯恐大权旁落，拒绝了这一建议。

这时，青年将领桓将军对吴王说："吴多步兵，步兵利险；汉多车骑，车骑利平地。"他建议挥军急速西进，沿途不要攻城略地，迅速抢占洛阳的军械库和敖仓的粮库，并凭借洛、荥山河之险，会合诸侯。这样，即使不能西取长安，也占据了夺取天下的有利地位。否则，如果行动迟缓，一旦让汉军抢先进占梁、楚一带，势必招致失败。可是，这一主张也遭拒绝。吴王动员了自己国内从14岁至62岁的人统统入伍参战，临时拼凑起20万兵马，加上从闽越、东越派来的援兵，共30多万人，打出反叛的旗帜，从广陵出发，北渡淮河，会合楚军，向朝廷统治的中心区域进发。

在吴王的鼓动下，胶西、胶东、楚等反汉诸侯国纷纷出兵响应。历史上称为"七国之乱"。汉景帝获悉七王叛乱后，决心以武力回应这场来自7个同姓王的军事挑衅。他赶快把御史大夫晁错召进宫。晁错坚决主张削藩，他让汉景帝御驾亲征，由他留驻京师长安居守。晁错还告诉景帝，他准备审讯原吴国丞相爰盎，以掌握吴王谋划叛乱的详细内幕。

爰盎曾接受过刘濞的贿赂，在景帝面前力保吴王，说他不会谋反。为此，晁错奏了他一本，被汉景帝贬为庶人。

不料，这时爰盎得到消息，来了个恶人先告状，入宫晋见景帝，说："吴、楚等国起兵，完全是由晁错鼓吹削夺诸侯封地引起的，只要答应七国的要求，杀了晁错，免了诸侯起兵的罪，恢复他们原来的封地，不动一兵一卒，就可以平息这场事件。"

汉景帝不问是非，听信了爰盎的花言巧语，下令在街市上杀了晁错，并宣布恢复诸王封地，企图以此平息战乱。景帝还立爰盎为太常，派往吴国，向吴王说明晁错已斩，请吴王退兵。吴王回答说，他已称东帝，拒绝退兵。

汉景帝斩杀晁错后，便在宫里焦急地等待吴、楚罢兵的消息。过了几天，汉军营里有个名叫邓公的官员，从前线回到长安，向景帝禀报了战事情况。

景帝忙问他："你从军营里来，知不知道晁错已经死了，吴楚停止进攻了没有？"

邓公说："吴王为了造反，已经准备了数十年。这次借朝廷削了他的地，发兵叛乱，以让朝廷诛杀晁错为名，其用意远不是杀晁错而已！"

景帝听了愕然，邓公接着说："晁错生怕诸侯强大难制，所以建议削地，以加强朝廷的力量，这本是有利于万世江山的良策。但刚刚实行，晁错便被诛杀，这样恐怕以后谁也不敢替朝廷出主意了。"

汉景帝这才醒悟，知道错杀了晁错，可是后悔已来不及了，决定发兵讨伐叛军。他想起父皇临终前嘱咐他的话，任命周亚夫为太尉（最高军事长官，位列三公），派他统率36位将军为主力，东攻吴楚，另派郦寄攻赵，栾布攻齐，并以窦婴屯于荥阳，监视齐赵叛军动向。

周亚夫对汉景帝奏道："楚国的军队很剽悍，跟他们正面作战很难取胜，应当断绝他们的粮道，才能制伏他们。"

汉景帝表示："周将军所言极是，就按你说的行动。"

周亚夫立即乘六乘率军从长安出发，准备前往荥阳，与诸将会师。刚走到灞上，有个叫赵涉的人拦住周亚夫的车骑，对他说："将军东击吴楚，如果战胜，国家就安定；如果不胜，天下就十分危险了。将军责任这样重大，能听听我的建议吗？"

周亚夫听了，赶忙下车说："愿听先生高见。"

赵涉说："吴王刘濞一向豪富，招兵买马想要造反已经很久了，长期以来搜罗一批亡命之徒为他卖命。现在，他听说将军率军东征即将东出函谷关，必定派遣他手下小股亡命之徒埋伏在崤山到渑池之间的狭隘险要的山路边，给你来个突然袭击，这是对你非常不利的。用兵贵在神速秘密，将军何不从这里向右进军，经蓝田，出武关，迂回而至洛阳，并派兵搜捕崤山、渑池之间的吴、楚间谍，这样也不过多一两天的路程，但一定能使吴王他们感到意外，没有防备。到后敲击战鼓，等到您突然出现在他们面前，他们一定会大吃一惊，以为将军您是从天而降。"

周亚夫听从赵涉的计策，绕道来到洛阳，神速占据了武库，然后，派人搜索崤渑之间的山路，果然发现了吴国的伏兵。周亚夫非常高兴，对部将说:"七国叛乱战起,我坐驿车到这里,没想到会这样安全。现在我控制了荥阳,荥阳以东就没有什么危险了。"

周亚夫到洛阳,找到了当地有名的大侠剧孟,格外高兴。他说:"我以为诸侯王已经把剧孟请去了呢,哪知剧孟到现在还没有动身。吴、楚几国举大事而不求剧孟,我料定他们是不能有所作为了。"

接着,周亚夫继续东进,与诸将军会兵荥阳,抢占荥阳要地,占据了洛阳的军械库和荥阳的敖仓,并派兵清除了崤渑间的吴楚伏兵,控制住关东最重要的战略要地,保障了潼关、洛阳间的交通补给线和后方的安全。尔后,周亚夫往东南进兵到淮阳。在淮阳,周亚夫见到了父亲的老部下邓都尉,就向他问计。

邓都尉说:"吴军现在锐气正盛,难以同他们直接交锋;楚军力量较小,不能持久。现在我为将军筹划,不如引兵到东北方坚守昌邑(今山东成武县东北),让梁国抵挡吴国的进攻。将军深沟高垒,派轻装部队堵截淮河和泗水的河口,截断吴军的粮道。这样,吴军同梁军对峙,吴军缺粮,军力就会衰竭。然后,我军以全力对付其疲弱之兵,就一定能够破吴了。"周亚夫听了,连连称好,依计把军队开到了昌邑,让梁王坚守梁地,阻止吴兵西进,同时派兵奇袭淮泗口(今江苏淮阴县西泗水入淮之口),截断吴军粮道。他自己屯住昌邑,下令部队深沟高垒,固守不出。

公元前154年正月,吴、楚联军向梁国发动进攻,消灭梁军数万人,然后乘胜西进,梁军退保睢阳(今河南商丘南),遭吴、楚联军围攻。梁王刘武多次派人向周亚夫求援。

周亚夫决定按兵不动,他分析:如果此时他入援梁国,数十万汉军与吴、楚叛军胶着于梁地,不仅会过早遭到削弱,而且仅靠敖仓的粮草无法长期解决军粮的接济问题,万一胶西等四王击破齐军,南下梁地,自己势必腹背受敌,处境将更是十分危险。

梁王又派人向汉景帝求救。景帝不明情况,诏命周亚夫救援梁王。周亚夫甘冒抗拒君命之罪，仍然按兵不动。

这时，吴、楚联军多次挑战，企图激怒周亚夫出兵决战，周亚夫还是按兵不动。期间，周亚夫营内曾在夜里引起惊乱而互相攻击，周亚夫竟静卧床上，不动声色，部队自然平静下来。最后，终于等到吴楚攻梁受到相当消耗后，才将主力推进至下邑（今安徽砀山）。

吴、楚联军久攻睢阳不下，屡屡受挫，西取荥、洛的企图难以实现，退路又受到威胁，才调转兵力进攻周亚夫的军队。

周亚夫仍坚壁不出，不肯与吴军作战。吴、楚联军来回奔走于汉军坚城之间，被拖得疲惫不堪。同时周亚夫断了吴军的粮道，吴军绝粮，士卒饥饿难忍，叛逃的人越来越多，士气低落，不得不撤兵西走。周亚夫见决战时机已到，下令与吴军进行决战。

这天，吴军连夜攻击周亚夫军的阵地，故意在东南角大声鼓噪，转移汉军注意力，以主力强攻西北角。周亚夫当即识破了吴军的声东击西之计，就在西北方埋下重兵，等待吴军来攻。果然，吴军从西北攻入，周亚夫的部队伏兵四起，奋力杀敌，杀得吴军无路可逃。又饥又饿、又疲又劳的吴军，慌忙撤退。周亚夫派出精兵乘机追击。吴、楚联军只顾后退，背对汉军，被杀得丢盔弃甲，狼狈而逃。

吴王刘濞见联军大败，丢下大部人马，只带了几千残兵败将，连夜逃走，渡过长江，奔丹徒、东越而去。吴楚联军的士兵有的投降周亚夫，有的投降梁王，很快就瓦解了。楚王见大势已去，自杀身亡。

周亚夫率汉军乘胜追击、悬赏千金捉拿刘濞，并派使人到东越，向东越王晓以利害。

东越见吴楚叛军大势已去，以慰劳吴国军将之名，将刘濞骗出军营杀死，割下他的头，送到周亚夫的营帐，然后传报到长安。

当吴、楚联军向梁进攻时，胶西、胶东、菑川、济南四王在胶西王的指挥下，举兵西进，围攻齐王临淄，经过3个月激战，被汉将栾布击败。

赵王刘遂联络匈奴，企图西入长安。当郦寄军进攻时，龟缩邯郸，凭城固守，汉军围攻7月不克。栾布在消灭四王之后，回师同郦寄合力进攻，引水灌城，城破后赵王自杀。

就这样，喧嚣一时的吴楚叛乱，在短短3个月内便被平定了，西汉王朝转危为安，维护了国家的统一。事后，汉景帝将各王国的丞相改为相，废除御史大夫等官吏，收回了王国官吏的任免权和行政诸权，不让各王国拥有军队，逐渐把王国的势力削弱到国郡一样，从组织上保证了西汉政权的长期统一和稳固发展。

19. 千古英雄

——霍去病大战匈奴

匈奴的左、右贤王,官阶只比单于低一级,公元前124年右贤王河南地之战全军覆没,对匈奴单于来说是个极大的耻辱和打击,第二年,匈奴伊稚斜单于又出动上万精锐骑兵,攻入代郡,杀害汉朝都尉,掠走大批吏民。

汉武帝得报,召集众大臣商议。匈奴兵如此三番五次来攻,原因是以前虽打了胜仗,可是并没有消灭他的主力,只有消灭了他的主力,才能制止他们的进攻。

于是,汉武帝发布命令,以卫青为统帅,率10万骑兵、六位将军,计:合骑侯公孙敖为中将军,太仆公孙贺为左将军,翕侯赵信为前将军,卫尉苏建为右将军,郎中令李广为后将军,左内史李沮为将弩将军,浩浩荡荡地开出定襄城,北进大漠数百里,寻找匈奴军主力进行决战。卫青有一个外甥,叫霍去病,只有18岁,非常勇敢,又会骑马射箭,被卫青任命为骠骑校尉,跟随出征。

霍去病是我国古代最年轻的名将之一,他精通骑射,敢于冒险,打仗既猛又快,出手特别狠,有"气吞万里如虎"之势,敢打硬仗、恶仗;反应快,行动快,见机而动,毫不犹豫;身先士卒,亲自担当大军的前导,充满勇往直前的英雄气概,是一员既勇且谋,能决胜千里之外的战将,所以很受舅舅卫青的器重。

匈奴听说汉军大批人马来攻,立即往后逃走。卫青派四路人马分头去追赶匈奴主力。卫青坐镇大营，等候消息。

四路人马追了200多里，没有找到匈奴主力，却俘虏了匈奴军近2万人。

到了晚上，大队人马都回来了。只有霍去病一直没有消息。

原来，霍去病带领着800名壮士，一直搜索几百里路，才找到匈奴兵的营帐。他们偷偷地绕道抄过去，瞅准一个最大的帐篷，突然冲了进去。霍去病眼疾手快，一刀杀死一个匈奴贵族。匈奴兵不知汉兵底细，顿时营地大乱。霍去病率部杀了2000多匈奴兵。

卫青正在营中等得着急，忽见霍去病提着一个人头回来，后面的兵士还押着两个俘虏。一审问才知道，这两个俘虏一个是单于的叔叔，一个是单于的相国，那个被霍去病杀了的，是单于爷爷一辈的王。

这一仗，卫青的部队虽然损失了前军和右军，但共斩杀匈奴军近2万人，大大削弱了匈奴的军力。

霍去病第一次参战就立下了大功，战斗结束后被封为冠军侯，开始崭露头角。

漠南会战，是西汉中期以来汉匈双方争夺最为激烈的一次大会战，使匈奴基本上失去了继续向西汉王朝发动大规模进攻的力量，标志着汉匈战略力量对比趋于平衡的临界点的到来，战争的主动权已基本转到西汉王朝，所以说是西汉王朝战略全局上的重大胜利。

漠南会战后，匈奴单于将主力远撤，在大漠以南的广大地区仅剩下左贤王和河西地带内的休屠王、浑邪王所统率的部队。匈奴占据河西地区，不仅对汉京师长安构成严重威胁，而且阻隔着汉朝与西域诸国的联系，妨碍汉统一西域地区。

所以，公元前121年阳春三月，汉武帝封20岁的霍去病为骠骑将军，率领一万骑兵，从陇西出发，进攻河西匈奴，为尔后大规模进攻作战略试探。

霍去病率部从陇西出塞，为避免被匈奴军和羌人所发现，在今兰州以西渡河，跨越乌鞘岭北坡的草地，一路转战，尔后跟匈奴接连打了6天，匈奴兵抵挡不住，向后败退。霍去病和他的骑兵越过了焉支山（今甘肃山丹县境），追击了1000多里地。那边还有不少匈奴的属国，像浑邪、休屠。汉兵到了那里，俘虏了浑邪王的王子和相国，把休屠祭天的金人（一种铜像）也拿来了，歼灭匈奴军8900余人。尔后在今兰州南的皋兰山下，打败匈奴折兰王和卢侯王的部队，斩杀二王，胜利回师。

霍去病取得了祁连山北方的第一次胜利。

初战告捷，汉武帝深受鼓舞，他乘河西匈奴惊魂未定之际，派霍去病跟合骑侯公孙敖带数万骑兵，再次进攻河西，以卫尉张骞、郎中令李广率万余骑出右北平，攻打左贤王。

霍去病率精骑一部深入2000多里，到达祁连山与合黎山之间的黑河（今弱水上游）流域，准备与公孙敖会合。可是，公孙敖部迷失了方向，没有及时赶到。

面对这种意外，英勇非凡的霍去病，毅然指挥部队孤军深入，从匈奴兵的侧背后发动突然攻击。

匈奴军很快就一败涂地，3万多人战死，两位王及相国、都尉等贵族将领2500人投降，上百位皇亲国戚、军政大员被俘。战后，在匈奴中流传着这样一首歌谣："失我祁连山，使我六畜不蕃息；失我焉支山，使我妇女无颜色。"

可见这次大战对匈奴贵族的打击多么沉重。

这年秋天，霍去病又奉命率部去接受匈奴浑邪王的投降。受降时，浑邪王的队伍中有人图谋变乱。霍去病察觉到这个情况后，当机立断，飞马奔入匈奴军中，亲自和浑邪王谈判，命令他把要逃走的匈奴兵全部斩杀，从而稳住了局势，使4万多降众顺利到达长安。此后，汉朝得以控制河西地区。河西之战结束后，汉武帝特嘉奖霍去病一千七百户邑。这一年，也是霍去病一生中最为辉煌的一年，他已成为万户之侯。

虽然匈奴军在漠南、河西遭受毁灭性打击，但匈奴伊稚斜单于仍然不断袭扰汉朝边境，引诱汉军越过大漠，准备在漠北歼灭。漠北，就是今蒙古境内的大沙漠以北。

雄图大略的汉武帝召集诸将商议说，伊稚斜以为汉兵不能穿越大漠，轻骑突击漠北，朕决定将计就计，出其不意，给匈奴军更大的打击。

经过充分准备之后，公元前119年，汉武帝派卫青、霍去病各带5万精兵，分两路合击匈奴，随军战马14万匹，步兵及运粮的民夫数十万人。卫青一路出代郡，寻找匈奴左贤王决战；霍去病率经过特选的"敢力战深入之士"5万骑兵，出定襄，寻找匈奴单于的主力军决战。

这是一次大规模骑兵集团远途奔袭作战。队伍出发后，很快就从俘虏口中了解到单于主力已经东移，汉武帝及时改变部署，将霍去病所部东调改为由代郡出塞，仍然寻歼单于主力；卫青所部改由定襄出发，北上进击左贤王。

卫青领兵出塞后，很快就从俘虏口中得知单于驻牧地，决定亲自率精兵去追击单于，并令老将李广与右将军赵食其部组织东路军，绕道与卫青会师。

李广听说后，很不乐意，当即跑到卫青的营帐，请求说："臣是前将军，大将军却令臣部走东路；臣从小就跟匈奴作战，到今天才得到与单于主力交战的机会，臣部愿为大将军的先头部队，能先跟单于拼一死战。"

可是，出发前汉武帝曾向卫青交代，说李广年纪大了，又运气不好，不要让他与单于正面交战，卫青就挑选了公孙敖。

公孙敖做骑郎时，曾经救助过卫青。公孙敖后来因功封侯，两年前又因罪失爵，这次是以校尉的身份随卫青出战。卫青为报恩德，便决定让公孙敖随自己一起与敌正面交战，说不定能侥幸立功，重新封王。

李广也知道卫青的用意，更不肯听他指挥。卫青也是主意已定，不肯收回成命，并且让自己幕府中的长史下了一道文书给李广的幕府，命令说："赶紧到右将军的军部去，照文书所说的办！"

李广气愤不过，又不能不服从命令，没有与卫青告别，就领军赶往右将军府，然后一起出东道进发。可是，由于军中没有向导，常常迷路，所以没能及时与卫青会师。

卫青从定襄郡出塞，穿过大沙漠，行军1000多里。匈奴的伊稚斜单于亲自率领精兵万骑，严阵对抗。双方展开了一场大会战。激战到傍晚的时候，沙漠上突然刮起一阵狂风，夹着砂砾，吹得天昏地暗。

卫青顶着狂风，冒着扑面的砂砾，命令骑兵分左右两翼夹攻。单于看到汉军兵马强壮，再战下去对自己不利，就在夜幕降临后，跨上一匹善于奔跑的精骑，率领几百壮骑向西北突围逃去。

卫青立即派轻骑追击，自率大军随后跟进。一直追了200多里，俘斩敌军19000多名。走到一个叫寘颜山下的赵信城，匈奴兵已经逃空，城里贮存了不少粮草。卫青让兵士们饱餐了一顿，把多余的积粮烧了，才胜利回师南下。

卫青回到漠南，才遇见李广和赵食其。李广、赵食其从东路前进后，由于没有向导，半道迷路而未能参战。卫青派人查问迷路的情况，曾经威震敌胆的李广因此战无功，十分窝火，对部下说："我从小与匈奴打仗，大小70余战，今天有幸跟大将军出击匈奴，大将军却强令我走迂回辽远的东路，我部又迷失道路，怎能说这不是天意呢？我今年已有60多岁了，总不能再受刀笔吏审讯的侮辱了。"说罢，这位老将军就拔剑自刎了。

一代名将李广就这样死于非命。李广平生与匈奴大小70余战，至死未得立功封侯，从而给后人留下了"时运不济""李广难封"的浩叹。但他那英勇无敌的英雄气概，在历史上却赢得了巨大声誉。

另一路，霍去病率军出代郡，向北进击。荒漠地带，沙海千里，水草奇缺，飞鸟难至，人烟断绝，就是匈奴的军队也视入漠为畏途。而大将霍去病率横越荒无人烟的大沙漠，长驱直入2000多里，与匈奴左贤王部遭遇。

霍去病率军对左贤王发动猛烈突袭，左贤王军大败，率亲信将领弃军而逃。霍去病挥军丢弃辎重，轻兵急驰，紧紧追赶。士卒们忍饥耐渴，视死如归，一直追到狼居胥山下，大破匈奴左贤王的兵马，俘获左贤王手下三个小王，以及将军、相国、当户、都尉等83人，杀死7万余人。

为了庆祝胜利，霍去病特地在狼居胥山主峰上建立高坛，祭祀天地，祭奠烈士，犒劳将士，然后班师凯旋。

此战是汉武帝向匈奴战略进攻的顶点，是匈奴伊稚斜单于与西汉毕其功于一役的战略大决战，是西汉时期规模最大、进军最远的一次追击，最终以汉军的全面胜利而告终。从此以后，匈奴撤退到大沙漠以北，沙漠南面就没有匈奴的王庭了，危害汉朝100多年的匈奴边患基本上得到解决，从而保障了古代亚洲大陆黄河流域先进农业经济文化区的发展，意义极为深远。大军凯旋后，为了表彰卫青和霍去病的赫赫战功，汉武帝设置了大司马一职，卫青与霍去病同时被授为大司马，其地位仅次于丞相，成为全国统率武装力量的最高官职。

汉武帝对霍去病的功绩尤其赞赏，特别下诏历数霍去病的功劳。为了慰劳霍去病，汉武帝为他盖了一座豪华宫殿。霍去病推辞了，并说出了"匈奴还没有消灭，哪儿顾得上安家呢"的千古名言。这句话成为历代名将治理国与家关系的座右铭。不幸的是，这位忠勇清廉的优秀将帅只活了24岁就病逝了。汉武帝下令为其举行隆重的葬礼，以属国之军穿戴黑衣铁甲，列队送葬，送葬队伍从长安一直排列到今陕西兴平县的茂陵墓地，长达百余里。"骠骑将军大司马冠军侯霍公去病墓"的巨大墓碑，至今仍然矗立在茂陵。

20. 乱世英豪

——昆阳大战

现在的河南南阳,东汉时叫作宛城,那是光武帝刘秀"龙兴"之地,也是刘秀和很多文臣武将的故乡,而昆阳则是刘秀"龙兴"之前建树武功的发端之地。

西汉末年,朝廷政治腐朽,经济凋敝,民不聊生,危机四起。汉平帝时的大司马王莽在洛阳趁机篡政,做了皇帝,打着复古改制的幌子,下令变法;贵族、豪强趁机投机倒把,贪污勒索,再加上一连串的天灾,更增加了人民的痛苦,纷纷背井离乡,流离失所。

公元17年,南方荆州地区发生特大旱灾,新市(今湖北京山东北)几个很有名望的人王匡、王凤,就趁闹饥荒的时候,组织当地的饥民起来发动起义,以绿林山为根据地,队伍不断壮大,很快发展到5万人。这就是历史上有名的绿林起义。

绿林军在棘阳等地接连打了几个胜仗,队伍发展到10万人。可是,几支队伍一直没有统一的指挥。公元23年,绿林军各路将士立破落贵族刘玄为皇帝,举行了盛大的登基大典。刘玄,字圣公,他的六世祖是长沙定王刘发。刘玄在绿林军只是一名普通的将领。

当了皇帝的刘玄随即发布诏令,宣布大赦天下,恢复大汉国号,年号"更始",所以刘玄又叫更始帝,起义军称为更始军。更始帝拜他的族父刘良为国三老,王匡为定国上公,王凤为成国上公,刘秀为太常偏将军。

从这时起，更始军又称汉军。

刘玄即位后，派王凤、王常、刘秀进攻昆阳（今河南叶县昆阳镇）。他们很快地打下昆阳，接着又打下了临近的郾城（今河南郾城县）和定陵（今河南郾城县西北），摆开兵锋直逼洛阳的架势。

这时，王莽在宫里考验方术，纵情淫乐，早先听说起义军立刘玄为皇帝，已经坐立不安，心惊肉跳，如今连失了几座城池，更是着急，立即调兵遣将，授大司空王邑以军政大权，令他急赴洛阳，与屯守在那里的大司徒王寻率领42万兵马，号称百万大军，攻打更始军。王莽还发布诏书，欺诈威吓起义军。为了制造声势，王莽不知从哪里物色了一个巨人，身高一丈，腰大十围，名叫巨霸。巨霸长得个子特别高，身子像牛那样粗大。他有一个本领，就是能够驯养一批老虎、豹、犀牛、大象。王莽派他为校尉，让他带了一批猛兽上阵助威，又征调数百名懂得六十三家兵法的人作军吏，为王寻、王邑出谋划策。

昆阳位于南阳盆地的东北外边，在今河南叶县北25里曲昆水北岸，距离宛城约210里，正处在黄淮平原与南阳盆地的交界地带，既是南下进攻宛城、襄樊盆地的桥头堡，又是北上用兵中原的咽喉要地，历来为兵家所争。它同宛城形成掎角之势。对攻打宛城的主力来说，占领昆阳，就等于在东北面树起了一座坚强的屏障，既可以牵制严尤在颍川的部队，又可以阻击洛阳的王莽军南下增援宛城；而且还能够造成矛头直指洛阳的进攻形势。总之，占领宛城，对汉军说来，不论进退、攻守，都是关系重大的一步。

所以，昆阳城虽小，但城防设施却十分坚固。当王寻、王邑的大军出颍川南下时，刘秀曾率数千军士在阳关聚进行阻击，终因兵力弱小，不得不撤到昆阳。

王寻、王邑的军队紧追不放，直奔昆阳，旌旗遍野，尘埃连天，狼烟滚滚。

这个时候，更始军的主力正在刘縯的指挥下攻打南阳宛城，驻守在昆阳的更始军不过八九千人，更始军要一个人抵抗40多个敌人，兵力处于绝对劣势。有的将领在昆阳城上望见王莽的军队兵马众多,担心对付不了,就提出放弃昆阳,各自逃命。

太常偏将军刘秀坚决反对。他认为放弃昆阳等于自取灭亡,最好的办法是坚守昆阳,待机破敌。他分析,此时攻打宛城的更始军已到关键时刻,如果昆阳的更始军不战而退,就会使莽军长驱直入,对正在攻打宛城的更始军形成前后夹击之势。

刘秀出身于南阳刘氏豪族地主集团,是刘邦的第九代孙子,政治资本雄厚。他自幼丧父,依靠叔父刘良过活,曾游学于长安太学,乐善好施,勤奋好学,后和哥哥刘縯一道参加了绿林农民起义军。他是一位大智大勇的将军,具有敏锐的政治才能和丰富的军事韬略。他认真分析了双方对阵的形势,认为能够打败王莽军,所以不主张逃跑。他对大家说:"现在我们兵马和粮草都缺少,而城外敌人兵力强大,如果我们能够集中力量抗击敌人,还是可能取得胜利的;如果大家散伙,势必都不能保全。况且攻打宛城的部队还没有得手,也无力援救我们。昆阳一失守,不出一天,汉军各部也马上被消灭,那就什么都完了。现在我们如果不同心协力,存亡与共,同立功业,反而贪生怕死,能只顾与妻子、财物厮守在一起吗?!"

众将领听了,大为光火,说:"你怎敢教训起我们来了?"王凤等人准备丢下刘秀一人南逃。正在这个时候,侦察来报告说,围攻南阳的王邑率大部队开到了昆阳城北,军阵数百里,浩浩荡荡,看不到头。声势之壮,为秦、汉以来没有过。

王凤等人这才放弃南逃的打算,勉强同意刘秀的意见,商量破敌之策。

御敌方案还没有决定,王邑已经率领新军先头部队逼近昆阳城北,后续部队也在源源不断地开来,一眼望不到头。不久,昆阳就被新军包围了起来,军情非常紧急。刘秀再一次对大家说:"一定要守住昆阳,因为这关系着义军的生死存亡。"

怎样对付这一凶恶强大的敌人呢?刘秀认为,王莽军兵力强大,死守在昆阳也不是个办法。商量的结果，决定由王凤、王常坚守昆阳，刘秀带一支人马突围出去，到定陵和郾城去搬救兵。

傍晚时分，王邑、王寻已有10万大军抵达昆阳城下，从北、东、西三面包围了昆阳城，只有南门还没有合围。

当天晚上，月黑风高。刘秀带着13个勇士，骑着快马，全身披挂，手持武器，趁黑夜从已经布满敌军的昆阳城南门，突然出击，冲破王莽军的层层包围，杀开了一条血路，向东南方向飞驰而去。

王莽军主帅王邑不懂打仗又刚愎自用、骄横狂妄，自以为凭着人多武器精，攻下昆阳不在话下。有人提醒他说，昆阳城小却十分坚固，易守难攻。纳言将军严尤根据以往作战的失利教训，认为不可以把兵力用于昆阳这个既坚固又无碍大局的小城，大军应当直奔宛城，击敌要害，宛城一破，昆阳自然拿下。王邑根本不听，仗着人多势众，傲气十足地说："我以前围攻翟义时，就因为没能活捉他，所以受到责难。现在，统率百万大军，碰到敌人城池，竟绕道而过，不能攻下，也太丢脸面了，这怎么能显示我的威风！"他还疯狂地叫喊："你看吧，我一定要血洗昆阳，让我的百万大军，踏着血迹前进，前歌后舞地庆祝胜利，那该多痛快呀！"

王邑用上全部兵力，把个小小的昆阳城，里三层外三层地围了起来，在城外排列上百座军营水泄不通。可是，王邑、王寻不做任何具体的作战部署，就下令攻城。十几万大军即将攻城时，战鼓敲得震天动地，声音一直传到几十里外，气势夺人。他们制造了几十座十多丈的楼车，监视守城的汉军，又派人挖掘地道，用楼车撞击城墙和城门。

由于城墙的基础深厚，城墙又很坚固，加上汉军将士拼死抵抗，王莽军的进攻连连遭到失败。王邑又改变战术，下令军士登上楼车，集中了所有的机弩，对着城中放箭和发射石块。箭和石块像雨点一样向城里射来，城里的人到井边打水，都得背着一块门板挡住箭石。王莽军又用楼车撞城，还挖掘地道想打进城里去。

这时，王凤等人又动摇了，被官军的气势汹汹所吓倒，竟要求投降；如果王莽军接受了王凤的投降，昆阳汉军也就会失败。王邑、王寻认为攻下昆阳小城已指日可待，不许他们投降，否则便不算建功立业，因而决心非要踏平昆阳不可。

王邑等人既不知彼，也不知己；既不懂兵法又不会用兵，一点不讲战略战术，只不过是依仗着优势兵力，想一下子压垮汉军，荡平昆阳，然后好大烧大杀、大抢大掠罢了。

昆阳城里的汉军清醒地看到，投降只有死路一条，坚守城池才有一线生机，所以作战更加英勇，抵抗更加顽强，防守更加严密，使王莽军的进攻遭受一次又一次失败，汉军的旗帜一直飘扬在昆阳城头。莽军的谋士严尤看到昆阳难以在短期内攻下，便又建议王邑说："兵法上讲，围城要虚留一面，我们应当让昆阳之敌逃跑一些，使他们传播失败的消息，以震撼宛城之敌。"但王邑等依仗自己兵多粮足，占据绝对优势地位，又一次拒绝了严尤的建议，继续加紧硬攻昆阳，使自己的几十万大军屯兵坚城之下。这时，刘秀到定陵后，准备把定陵和郾城的汉军人马全部拉到昆阳去。可是，有些将领贪图财物，不愿意离开这两座城，想就地分兵留守。刘秀劝他们说："咱们到昆阳去，把所有的人马集中起来，打败了敌人，珍宝财物要比现在多一万倍，我们的大事也可成功。如果我们死守在这里，敌人打来了，咱们打了败仗，连性命都保不住，还谈得上金银财物吗？"

许多将领们经不起刘秀软磨硬泡，被说服了。即便是这样，刘秀最后也只筹到万把人。他从新筹集的部队中挑选出步兵、骑兵1000多人，亲率一支先锋部队，赶到昆阳，在离王莽军四五里的地方摆开了阵势。

王寻、王邑一看汉军人数少，以为只是小股汉军的骚扰，就只派了几千人对付。刘秀趁敌军还没有站稳阵脚，率领部队迂回到城西，先发制人，突然渡过昆河水。为鼓舞士气，保证初战必胜，刘秀一马当先冲向敌阵，一连杀了几十个敌人。跟随的各路将领见了非常兴奋，纷纷议论说："刘将军平时看到小股敌人,都十分害怕,今天见到大敌,却勇猛无比,真是了不起。以后请你总在前面率领我们作战,我们协助刘将军共同破敌。"

刘秀又一次拍马上前,各路部队紧随其后。几路人马一齐赶杀过去,王寻、王邑被迫后退。汉兵乘胜猛击,越战越勇,一个人抵得上敌人100个,打得王莽军节节后退。

刘秀率兵连着打了几次胜仗,极大地鼓舞了汉军的斗志,杀减了王莽军的锐气。

就在刘秀回到昆阳之前三天,王匡率领的汉军主力已经把宛城攻破,可是消息还没有传到昆阳,刘秀也不知道。为了涣散王莽军的斗志、激发更始军的士气,刘秀心生一计,制造了一个宛城已被攻克的假情报,派人用箭射入昆阳城中;他还故意把另一封同样内容的信件丢到王莽军营,让王莽军拾去传播。这一重大消息一经传出,城内汉军受到极大的鼓舞,士气更加高涨,守城的信心更强了;城外王莽军苦战了一个月,没有一点进展,这回又听说宛城已经失守,一个个人心惶惶,士气更加消沉了。

接着,刘秀亲率3000人的敢死队,从城西冲击敌人的中坚。王邑、王寻根本看不起刘秀和汉军,他们只派万余人巡视阵地,命令各营严格管束自己的部队,没有命令,不准擅自出兵。

汉军由于接连取得胜利,胆气更壮。而王莽军士兵大都是临时胁迫来的农民,他们痛恨王莽都不愿意打仗,诸将又借口王邑已经下了"不许擅自行动"的命令,乐得按兵不动,因此汉军冲入王莽军阵内,竟没有遇到多少抵抗,无不以一挡百,如入无人之境。汉军越战越强,猛攻猛打,势不可挡。没费多少工夫,就把王寻、王邑的一万多王莽军杀得大败。

王莽军兵败如山倒的景象,昆阳城上的守军看得非常清楚。苦战一个月的疲劳,顿时一扫而光了。于是,在王凤、王常的率领下,汉军大开城门,奋勇冲杀出去。两下夹攻,喊杀的声音震天动地。在昆阳原野上,展开了一场狂风怒潮般的激战。汉兵越战越勇,大家看准王寻,围上去乱砍乱杀,结果了他的性命。

王莽军一听主将被杀，全都慌了神，乱奔乱逃，自相践踏，沿路100多里，遍布王莽军的尸首。

这时候，天空突然阴暗下来，接着，雷电轰鸣，狂风呼啸，大雨倾盆而下，屋瓦被大风刮走，河水暴涨。风声、雷声、雨声、水声和汉军的喊杀声汇成一片，简直要把丧魂落魄的王莽军淹没了。巨霸带来助威的猛兽，也吓得直打哆嗦，不但不往前冲，反而往后面乱窜。汉军一股劲儿往前追杀，王莽军好像决了口子的洪水一样直往滍水（今河南鲁山，现名沙河）河两岸逃奔，兵士掉进水里，淹死的就有一万多人，尸体堵塞了河川，几乎使河水都流不动了。

王莽的几十万大军，就这样死的死，伤的伤，逃的逃，完全土崩瓦解了，王邑侥幸没被杀死，可早已吓得魂飞魄散，慌忙骑着马，踩着王莽军的尸体，狼狈地逃回洛阳去了，42万大军几乎全军覆没，只剩下几千人。

汉军打扫战场时，发现战场上到处都是王莽军丢下的兵器、军车、粮草。一连搬了一个多月都没有搬完，最后放了把火，把剩下的全烧了。

昆阳大战是王莽政权与绿林起义军的生死决战，王莽军主力被消灭的消息，鼓舞了各地贫苦百姓，大家纷纷起来响应汉军。有不少人杀了当地的官员，自称将军，等待汉军的命令。更始帝乘胜派大将申屠建、李松率领汉军乘胜进攻长安。

王莽听说后，惊慌失措，听信谋士崔发的鬼话，率群臣百官到长安城南设坛祭天，祈求上苍保佑垂危的新朝。他还下令长安诸官与百姓每天早晚各在南效大哭一次，凡表现出极度悲戚并能诵读王莽告天策文者，一律授以郎官。几天之间，这样的郎官就已多达5000余人，上演了一出中国历史上极为罕见的荒诞闹剧。

可是，这出闹剧并没能阻止汉军进攻。王莽又把关在监狱里的囚犯都放出来，拼凑一支军队，抵抗汉军。但是这样的军队怎么肯替王莽打仗，还没有接战,就一哄而散了。不久,汉军攻进长安城,城里的居民纷纷响应,放火烧掉王莽占据的未央宫的大门,高声吆喝,要王莽出来投降。

王莽走投无路,带了千余名败将残兵,逃进了宫里的一座渐台。渐台四面是水,大火烧不到那里。王莽企图凭借一池污水来阻断义军的进攻。

汉军把渐台一层层围起来,一直围上几百层,等渐台上的兵士把箭都射完了,汉兵冲上台去,结果了王莽的性命。

就这样,万民痛恨入骨的王莽新朝只维持了15年,最后土崩瓦解。刘秀以他的大智大勇,指挥更始军以2万人战胜了42万之众的王莽军。这是一场决定更始政权和王莽新朝命运的历史大决战,是我国古代战争史上以少胜多、以弱胜强、以劣势战胜优势的典型战例。特别是王莽军的失败,给后人留下了许多值得深思的地方。历来,战略决战维系国家之命运、统治之存亡,战场统帅对决战的结局具有极为关键性的指导作用。王莽军统帅王邑、王寻堪称西汉以来战争史上少见的庸碌骄狂之徒,他们依仗40多万大军的强大优势,根本不把汉军放在眼里,对事关生死存亡的重大战略行动,既无战略全局的作战设想,又无具体的作战策划,任凭战争的自然发展,把想当然的马到成功的主观愿望当成胜利的事实,实在是巨大的笑话。

21. 铜马皇帝

——刘秀统一全国之战

昆阳大战以后，刘縯和刘秀名声越来越大，威望越来越高。更始帝刘玄在下人的怂恿下，借口刘縯违抗命令把他给杀了。刘秀一听到他哥哥被杀，自知势孤，凭自己的力量敌不过更始帝，就立刻赶到宛城（今河南南阳市），向更始帝赔不是。有人问起他昆阳大战的情形，他也一点不居功，说全是将士们的功劳。他也不敢给他哥哥戴孝，照常吃饭喝酒，有说有笑，一点也不流露出忧伤的心情。更始帝以为刘秀不记他的仇，反倒有点过意不去，便拜刘秀为破虏大将军，行大司马头衔，但是毕竟不敢重用。后来，长安攻下来了，王莽也给杀了。更始帝到了洛阳，才给刘秀少数兵马，让他到河北去招抚各郡县。

昆阳大战后，绿林军攻占长安，王莽政权灭亡，但天下并未统一，仍然割据纷争不已。各地的豪强大族割据一方。更始帝派刘秀到河北去，正好让刘秀得到一个扩展势力的机会。

气宇不凡的刘秀抵达黄河以北地区后，以复兴汉室为号召，延揽英豪，取悦民心，不断壮大自身的势力。他废除王莽时期的一些苛刻法令，释放一些囚犯，一面消灭了邯郸王郎等割据势力，一面先后镇压了铜马、高潮、重连、尤来、大枪、五幡等部农民起义军，并将农民军中的精壮收编，扩充自己的实力。整个河北差不多全给刘秀占领了。

刘秀在河北势力的壮大，惊醒了更始帝刘玄，他加封刘秀为萧王，同时命令刘秀速返长安，却暗中派驻军邯郸的尚书令谢躬乘机袭击刘秀，另派兵马控制幽州精兵。刘秀自感羽毛渐丰，决心脱离更始帝，另打旗帜，便派人告诉刘玄，说他不回长安了。接着，他派部将吴汉、耿弇掌握了幽州十郡突骑，下令吴汉、岑彭用计袭杀了谢躬，吞并了所部六军。尔后，击破并收编了铜马军30万众。

在打败河北的铜马起义军后，刘秀听说被收编的数十万队伍对他很不放心，当即一人单骑进入义军营中，向义军各部表示自己对他们毫无猜疑。义军发现他是一个能推心置腹说话的人，确实信得过，便纷纷向他誓死效忠。刘秀由此得了个"铜马皇帝"的绰号。

这样，刘秀就在河北站稳了脚跟。公元25年，刘秀认为时机成熟，在鄗城（今河北柏乡）自立为皇帝，年号建武，这就是汉光武帝，仍沿用汉的国号，后定都洛阳，史称东汉。刘秀从舂陵起兵，以一介书生和数千人的队伍，短短几年内便建立了东汉王朝。

刘秀称帝后，虽然基本控制了中原（今河南、河北大部和山西南部）要地，但是仍处于各种武装势力的包围之中。东有青州的张步，东海的董宪，睢阳的刘永，庐江的李宪；南有南郡的秦丰，夷陵的田戎；西有成都的公孙述，天水的隗嚣，河西的窦融，九原的卢芳；北有渔阳的彭宠。此外，还有赤眉等农民军活动于河水（黄河）南北。

刘秀根据形势，采取了"先关东，后陇蜀"，先集中力量消灭对中原威胁最大的关东武装势力，再挥师西向的战略决策，并针对割据势力众多而分散的特点，采取由近及远、各个击破的战略方针。

公元26年春，刘秀命大将盖延率军5万，进击直接威胁洛阳的刘永集团。盖延兵分两路，夹击进围刘永占据的睢阳（河南商丘南）。先是割了睢阳城外的小麦，告诉刘永将对他进行长困久围。围困4个月后，睢阳城内粮尽，盖延下令攻城，在夜间突然架梯登城，刘永惊恐逃奔谯县（今安徽亳县）。汉军乘胜追击，夺占沛、楚、临淮等三郡国（约今河南周口、商丘，江苏徐州，安徽阜阳、宿县地区）大部，并击破刘永部将苏茂等人所率的3万救兵。

第二年，刘永重新组织力量，卷土重来，再回睢阳。刘秀命大司马吴汉及盖延再击刘永。盖延故伎重演，派兵割尽城外庄稼，围城100多天，刘永粮尽突围。盖延领兵急迫，刘永被部将所杀，睢阳守军举城投降。一年后，汉军在垂惠（今安徽蒙城）全歼刘永余部，从而消灭了关东地区的最大割据势力，解除了对京师洛阳的最大威胁。

刘秀在以优势兵力进击刘永集团的同时，也派军队进攻淯阳（今河南南阳南）的邓奉和堵阳（今河南方城）的董䜣。

邓奉原是刘秀手下的一员勇将，后起兵叛汉，占据南阳。公元27年三月，东汉军岑彭部迫降董䜣，击杀邓奉。尔后汉军消灭南阳刘玄余部，进击秦丰。秦丰坚守黎丘（今湖北宜城西北），被困两年不得不投降。在这期间，占据夷陵的田戎曾率兵援救秦丰，但被岑彭击败，汉军攻占夷陵，使之成为日后西进的战略要地。

在基本平定了南方地区后，刘秀采取"北守东攻"的战略方针。在派遣耿弇、朱祐等率军入河北，向渔阳彭宠施加军事压力的同时，集中优势兵力进攻东方割据势力。

公元29年二月，彭宠在汉军进攻面前节节败退，结果引起内部分化，部将杀死彭宠，汉军遂占领渔阳，统一了燕蓟地区。

同年六月，刘秀亲征东海郡（今山东郯城）的董宪，在昌虑（今山东枣庄西）将他打败，董宪退守保郯（今山东郯城北）。汉军吴汉部跟踪追击，于八月拿下郯城，全歼董宪主力，董宪逃往朐（今江苏连云港南）。

十月，刘秀遣派将耿弇进击张步，攻占祝阿（今济南西）、钟城（今济南南），诱杀其大将费邑，夺取了济南郡（今山东济南）、临淄（今山东淄博东北）。

张步为挽回败局，出动全部人马，号称20万反攻临淄。耿弇以城为依托，诱敌开进，然后出奇兵迂回袭击居于居县（山东昌东西）的张步军，连战皆捷，张步走投无路，被迫降汉。不久吴汉破朐，杀死董宪。

与此同时，刘秀加紧派兵进攻庐江的李宪。早在公元28年秋，刘秀亲自从河南来到寿春（今安徽寿县），部署四郡兵力，合攻独据庐江一方、自立为天子的李宪，将李宪和他的部队围困在舒城（今安徽庐江西南），长达16个月。公元30年春，舒城李军粮草用尽，被汉军一举拿下，李宪被杀。

至此，在短短4年中，刘秀将关东地区各个割据势力全部铲除，为尔后击灭隗嚣、公孙述，夺占陇、蜀，赢得统一战争的最后胜利，奠定了坚实的基础。

刘秀在削平关东群雄之后，西图陇、蜀，统一全国就提到了议事日程。当时，窦融据有河西，隗嚣占据陇西，公孙述割据巴蜀。刘秀根据形势，制定了由近及远、稳住窦融、先陇后蜀、各个击破的战略方针，首先将兵锋指向割据蜀地的隗嚣。

公元30年五月，刘秀移驾长安，正式发动伐陇之役，派耿弇等7位大将分兵进攻陇坻（今陇山，陕西陇县西北）。

隗嚣居高临下，以逸待劳挫败汉军攻势，使刘秀遭受到发动统一战争以来第一次严重的失败。刘秀只好暂时转攻为守，命大司马吴汉赴长安集结兵力，以资策应。同时争取河西窦融出兵相助，使隗嚣腹背受敌，并让马援煽动隗嚣部属及羌族酋长附汉。

隗嚣见处境危急，遂向公孙述称臣，联蜀抗汉。第二年秋，隗嚣得到西蜀的援兵后，亲自率领3万大军进攻安定郡（今甘肃镇原东南），另派一部进攻汧县（今陕西陇县北），企图夺取关中，不料分别为汉军冯异、祭遵部所击败。

隗嚣冒险出击，造成后方的空虚，为刘秀乘虚蹈隙、直捣陇西提供了机遇。建武七年（公元31年）春，刘秀派遣来歙率2000人出敌不备，伐木开道，长途穿插，迂回奔袭，占领陇右军事战略要地略阳（今甘肃庄浪县西南），隗嚣大惊，即派数万重兵进击汉将来歙部，企图夺回略阳。来歙率将士顽强坚守，使隗嚣顿兵挫锐于坚城之下，有力地牵制了隗嚣的主力。

更为重要的是，在这场战役中，隗嚣军中10员大将率10万之众，投降了刘秀，使隗嚣元气大伤。刘秀把握战机，速派吴汉、岑彭、耿弇、盖延诸将分兵进击陇山，发动落门之战，占领高平第一城（今宁夏固原），自己则率关东大军亲征隗嚣。

耿弇率军进攻高平，苦战一年也没能拿下。于是，刘秀派将军寇恂到第一城招降守将高峻。

高峻派他的军师皇甫文出城相见。皇甫文不卑不亢，拒绝降服。寇恂大怒，下令立即将皇甫文斩首。高峻听到皇甫文被斩杀的消息，异常惶恐，当即开城投降了汉军。寇恂杀皇甫文，看似违背了"两国交兵不斩来使"的古训，但这却成了迫降高峻、转变战场形势的关键所在，实在是勇略过人的一招妙棋。

汉军所到之处，隗嚣的部队土崩瓦解，隗嚣本人败逃西城（今甘肃天水西南）。汉将吴汉、岑彭跟踪而至，兵围西城数月。隗嚣大将王元率西蜀援兵赶到，才救出隗嚣，一起逃到冀县（今甘肃天水西北），汉军也因粮尽撤兵。过后，隗嚣虽然重占了陇西大部，但实力已遭重创，失败已是不可避免了。

过了两年，隗嚣在忧愤交加中病死，部下立其次子隗纯为王。刘秀采纳来歙建议，再次发兵攻打陇西。这一次，他吸取西城之战的教训，先积极储集资粮，动用400多头驴子运粮，在接近前线的汧县储备了6万斛谷物。

来歙、冯异诸将领兵沿渭水西进，击破西蜀援军，进围落门。到了公元34年十月，终于攻破落门，迫降隗纯。历时四年的陇西之战宣告结束。

陇西平定后，公孙述割据的巴蜀便成为刘秀统一大业的最后一个障碍。巴蜀，四面险阻，北有巴山，东有三峡，自成天地，易守难攻。但刘秀再接再厉，决定调集6万大军对公孙述用兵。他针对公孙述东依三峡、北靠巴山、据险自守的军事部署，制定了水陆并进、南北夹击、钳攻成都的作战方略。派大将岑彭、大司马吴汉率荆州诸军由长江溯江西进；命大将来歙率陇西诸军出天水，指向河池（今甘肃徽县西北），相机南进。他坐镇长安，亲自指挥诸军作战。

公元35年春，岑彭军克夷陵，溯江而进，突入江关（今四川奉节）。蜀军田戎部退出三峡，入保江州（今四川重庆）。同年六月，北路来歙军击败王元诸部，占领河池、下辨（今甘肃成县），乘胜南进。公孙述派人暗杀了来歙。北路汉军改由马成指挥，继续策应南路主力的行动。

岑彭军进抵江州后，见江州城坚不宜强攻，遂留冯骏监视田戎，自率主力北上，攻占平曲（今合川西北）。汉军的进展，极大地震动了公孙述，他急调王元军南下增援，集结重兵于广汉（今四川射洪南）、资中（今四川资阳北）一带，保卫成都。又命侯丹率军2万屯守寅石（今四川江津境），阻击汉军，策应王元。这样，岑彭吸引了公孙述10多万大军布阵于成都以西，做面向东方之防御态势。

岑彭根据敌情变化，及时调整部署，分兵两路进击蜀军。一路由臧宫率领，进据平曲上游，攻打蜀军王元、延岑部；主力则由他本人率领，取道江州，溯江西上，攻占黄石，击败侯丹军。接着，日夜兼程，疾驰2000里，攻克武阳（今四川彭山东），并出精骑闪击蜀之腹地广都（今成都南），兵锋直逼成都。与此同时，偏师臧宫溯涪江而进，袭击蜀军，歼敌万余，迫使王元部投降，延岑败逃成都。

公孙述困兽犹斗，又派人杀死了岑彭，使汉军暂时退出武阳，但这并未能挽救其覆灭的命运。刘秀麾下，猛将如云，人才济济，岑彭遇害，由吴汉即接替他统领伐蜀诸军。

公元36年正月，吴汉进抵南安（今四川东山），在鱼腹津（今四川东山北）大败蜀军，继而绕过武阳，攻取广都。其他各路汉军进展也很顺利，冯骏军攻占江州，臧宫军连克涪县（今四川绵阳东）、绵竹（今四川德阳北）、繁（今四川新都西北）、郫（今四川郫县）等城。

吴汉取广都后急于求成，率 2 万将卒孤军深入，直抵成都城外几公里处立营。刘秀得到报告后大惊，痛斥吴汉不该既轻敌深入，又轻率分兵，急令吴汉速退广都。刘秀诏书还在半路上，公孙述果然调集 10 万大军，围攻吴汉军。吴汉与蜀军大战一天，败守营垒，形势十分不利。吴汉激励将士，使全军上下一心，人怀死志，又休兵秣马，紧闭营门三天三夜不出。到第三夜间，吴汉命人在营中遍插旗帜，不绝烟火，而他自己偷偷率部渡江，突然撤走，与部下刘尚会合于江南，第二天清晨合力大破蜀军。此后，吴汉与公孙述交兵于广都、成都间，汉军屡战屡胜。

十一月，吴汉又与臧宫会师于成都近郊。公孙述见大势尽去，便孤注一掷，贸然反击汉军，派延岑击臧宫，自率数万人攻吴汉。吴汉以一部迎战蜀军，待其疲惫困顿后，指挥精兵数万突然出击。蜀军顿时大乱，汉将高午乘势冲入蜀军阵内，将公孙述刺于马下。公孙述负重伤身亡。第二天一大早，势穷力竭的延岑举城投降。

至此，刘秀彻底平定巴蜀，取得了统一战争的最后胜利。

刘秀以高超的政治、军事谋略指挥调度，采取由近及远，先东后西，各个击破的战略方针，运用政治手段力求笼络、争取部分力量，分化、孤立主要对手，一个个地扫除割据势力，实现了中国历史上第三次大统一。刘秀完成统一大业后，采取"以柔道行之"的治国方针，致力于发展社会经济，安抚周边少数民族，使东汉一度兴盛，封建史家誉之为"光武中兴"，表明刘秀是具有非凡的军事、政治才能，不愧为中国封建时代杰出的政治家、军事家。

22．骄兵必败

——白马之战

董卓之乱以后，东汉王朝名存实亡，各地官僚、豪强趁机争夺地盘，形成了许多割据势力。势力比较大的，有兖豫的曹操、徐州的吕布、河北的袁绍、扬州的袁术、江东的孙策、荆州的刘表、幽州的公孙瓒、南阳的张绣等。他们相互混战，打得昏天黑地。

曹操势单力薄，无力与各路诸侯相争，便把矛头指向黄巾兵，壮大了自己的力量。不久，袁绍上表曹操为东郡太守，曹操有了地盘，又乘势夺取东郡隶属的兖州。随后，曹操又多次击溃黄巾兵，受降30余万，号为青州兵，百姓100多万，曹操声势大振。

190年，曹操率部攻打徐州的陶谦，吕布乘曹操根据地兵力空虚之际，夺了他的兖州，闹得他几乎无家可归。曹操回兵以后，兵指兖州，把吕布往死里打，不给他喘息和休整的时间，夺回兖州。而后，曹操又拿下豫州大部，并自领兖州牧，成为北方的大军阀，与冀州的袁绍、徐州的陶谦在中原鼎立而居。

公元195年，长安的豪强发生火并，外戚董承和一批大臣带着献帝逃出长安，回到洛阳。可是，这个时候的洛阳，早已被董卓烧光了，到处是碎砖破瓦，荆棘野草。汉献帝到了洛阳，只好住在一个官员的破旧住房里，没有粮食，没有食物。

这时，谋士毛玠向曹操献策说："当今天下已四分五裂，天子流离失所，人民背井离乡，饥饿逃亡，国家没有储备之粮，百姓没有安于耕作之心，天下绝难持久。军队靠道义才能取胜，治理地区要靠财富才能保住，你应该迎奉天子来号令割据的群雄，以从事耕种屯积军队所需的粮食物资。这样就可以取得称霸天下的霸业。"这一谋略，几乎成了曹操日后夺取天下的基本方略。

曹操听说后，把献帝接去，给他建了宫殿，让汉献帝正式上朝。曹操还建立了宗庙社稷，恢复礼仪制度，大权独揽，把持了天子卫队，架空了献帝，自封为大将军，以献帝的名义向各地州郡豪强发号施令。

从那时候起，许城成了东汉临时的都城，称为许都。曹操为了控制比自己势力大的袁绍，就用汉献帝的名义封袁绍为太尉。这下袁绍震怒了，觉得自己在曹操底下，太丢人了，就气冲冲地说："曹操要不是我，哪有今天。现在他倒用皇上的名义来号令起我来了。"当即上奏章把太尉给辞了。

曹操担心自己地位还不够巩固，不敢与袁绍闹翻，就主动把大将军的头衔让给袁绍，自己改称为车骑将军。

不料，这个时候，徐州牧刘备却离开了曹操。

刘备，字玄德，河北涿郡（今河北涿州）人，西汉景帝儿子中山靖王刘胜的后代，少年丧父，家道中落，跟他母亲一起靠贩鞋织席过日子。他不大爱读书，却喜欢拘马、音乐和华丽的衣服，喜怒不形于色，又爱结交豪杰，所以年轻人都争相归附他。自称是皇室宗亲的刘备，树起"中兴汉室"的大旗，网罗人才。

黄巾起义时，有两个壮士到涿郡上应募，一个叫关羽，一个叫张飞。张飞，字益德，河北涿郡人，勇猛无比。关羽，字云长，河东解县（今山西临猗西南）人，因杀了盐商吕熊，西出潼关，流落到河北涿州郡，结识了张飞。刘备见关羽、张飞两人武艺高强，又跟他志同道合，就以恩相结，与他俩睡则同床，食则同桌，就像亲兄弟一样。关、张人身依附观念很深，怀有对刘备的忠心，在大庭广众之下，整天侍立刘备身旁，随刘备周旋。

刘备起初投靠公孙瓒，任平原相；后又依附徐州牧陶谦。陶谦死后，刘备继任为徐州牧。曹操迎汉献帝的那年，袁术、吕布夹击刘备，刘备无路可逃，只好投奔曹操。

刘备投奔曹操后，两个人一起率部消灭了吕布。回到许都，曹操请汉献帝封刘备为左将军、豫州牧，并且非常尊重刘备。可是，曹操并不信任刘备，暗中一直防着他。打下徐州后，徐州及吕布余部都归了曹操，刘备没能领有徐州。这时，汉献帝感到曹操权力太大了，写密诏要外戚董承设法除掉他。董承秘密约了几个亲信商量怎样除掉曹操，刘备也在其中。

刘备也意识到曹操把他看作对手，将来不会轻易放过他，而且在曹操控制下，不能真正作豫州牧，更不要说称雄一方了，就想找机会逃走。凑巧袁绍派他儿子到青州去接袁术，要经过徐州。曹操认为刘备熟悉那一带的情况，就派他去截击袁术北上。

刘备巴不得早点儿离开，一接到命令，就与关羽、张飞带着人马飞快地离开了。赶到徐州，刘备借徐州刺史车胄出城相迎的机会，发起突然袭击，关羽一刀劈死车胄，张飞砍下车胄的头，招降了曹军。随后，刘备派关羽驻守下邳，执行太守的职权，自己驻守小沛。

刘备打败了袁术，夺取了徐州，估计曹操大敌当前，无力东顾，决定不回许都了。徐州本来是刘备做过州牧的地方，附近的郡县听说刘备回来了，纷纷响应他，背叛了曹操。刘备的兵力猛增到数万人。

曹操听说刘备背叛了他，气得要命。不久，有人向曹操告发刘备参与董承合谋反对曹操的事，曹操决计亲征刘备。部将们顾虑重重，向曹操进言道：与你争天下的是袁绍，袁绍将要来进攻，你却弃之不顾，如果袁绍偷袭我们的后方怎么办？曹操却说，玄德不可小看，今天你不打他，必成后患。袁绍虽有大志，但见事迟，一定按兵不动。曹操便在袁绍虎视眈眈之下，亲自带兵东征徐州，捉拿刘备。刘备没有任何防备，小沛很快失守，刘备放弃徐州逃往冀州，投奔袁绍。

关羽驻守的小邳也被曹军围得水泄不通，外无援兵，内无粮草。困守孤山的关羽万般无奈，为了保全刘备的家眷，他带领刘备的两位夫人，暂时归附了曹操。

曹操十分敬佩关羽的武艺和为人，他班师回到许都后，厚待关羽，三天一小宴，五天一大宴，还经常赠送金银礼物。可是关羽始终不为所动。曹操还把吕布的坐骑——追风赤兔马赠送给关羽。

一天，曹操派大将张辽探问关羽是否可以留下为曹操效力。关羽爽直地回答说："我知道曹公待我情意深厚，但是我和刘备有知遇之恩，誓同生死，我决不能背叛他。我不可在这里久留，但一定报答曹公的厚恩，然后再走。"

张辽如实向曹操说了，曹操叹息说："关羽真是个义士，如果能留下就太好了！"

这时，曹操得报袁绍的兵马正在向官渡开来。原来，当曹操东征刘备时，田丰建议袁绍出动全部人马偷袭许都，保证袁绍一战而胜。可是，袁绍认为曹操如果回军相救同自己交战，刘备会趁机抢先进入许都奉迎天子，对自己反而不利。他想坐山观虎斗，等曹、刘互相消耗后再行动。便以孩子有病为由，拒绝了田丰的建议。

田丰气得用手杖敲地，说："遇到千载难逢的机遇，却因为孩子的缘故而丧失掉了，实在是可惜，可惜！"

刘备逃到了邺城（冀州的治所，在今河北临漳西南），袁绍才感到曹操是个强人的对手，决心进攻许都。

袁绍身边有大批高明的谋士，像沮授、郭图、辛评、审配、逢纪、田丰等，但袁绍不会用。袁绍拥有20多万兵马，精兵10万。原来劝他攻打许都的田丰这时候却不赞成马上进攻。他说："现在许都已经不是空虚的了，怎么还能去袭击呢！曹操兵马虽然少，但是他善于用兵，变化多端，可不能小看他。我看还是作长期的打算。"

袁绍不听田丰的话，田丰一再犯颜劝谏，袁绍反认为他扰乱军心，把他下了大狱。随后，袁绍向各州郡发出文书，声讨曹操。

曹操不但本人有谋，更善于吸取别人的高见，他认为出谋划策也是功劳，叫作谋功。谁出了好主意，就给谁重赏，而且给赏的时候，谋功要超过战功。所以，荀彧、郭嘉、程昱、贾诩、董昭、刘晔、蒋济等谋士，都愿意随时随地给他出主意，献计策。

在袁强曹弱的情况下如何战胜袁绍，是曹操的一块心病。他召集荀彧、郭嘉两位谋士，商议打败袁绍的对策。

荀彧和郭嘉都认为，曹操要打败袁绍，关键在于有没有信心，两个人想着法为曹操打气。荀彧说，袁强曹弱，但强弱不是决定胜负唯一因素，关键是统帅的才干。有其才，虽弱必强，否则虽强易弱。汉高祖、项羽的存亡，就是例子。郭嘉认为，在才略上，曹操有十胜，袁绍有十败。为了使曹操增强信心，郭嘉又把这十胜十败一一做了比较。他说：

"袁绍迟疑顾虑，多谋少决，丧失时机；曹操能断大事，策得即行，应变灵活，在谋略上先胜了。袁绍治军宽缓，法令没有权威，虚张声势，不懂兵要；曹操赏罚必行，兵士效力，以少胜多，用兵如神，在军事上先胜了。袁绍沽名钓誉，士人中缺乏真才实学喜好吹嘘的，大多归了他；曹操诚心对人，不追求形式好看，自己谨慎俭朴，赏有功时毫不吝惜，天下忠诚正直、有远见、有真才实学的士人，都愿意效力，在德上先胜了。"

另外，郭嘉还补充说，曹操还有道胜、义胜、治胜、仁胜、明胜、文胜，实力虽弱些，在政治上、作战指导上，胜过袁绍。

曹操听了非常高兴，认为肯定能打胜这一仗。

公元200年，袁绍以沮授统领10万大军，从邺城出发进攻许昌。

这消息传到许都，曹操的部将都很恐慌。曹操为鼓舞士气，激励斗志，把将领和谋士们召集起来，向他们分析当时的形势说："袁绍这个人，野心很大而智谋短浅，表面凌厉而胆量很小，对人猜忌刻薄而缺乏威信，士兵众多而指挥不当，将领骄傲而政令不一，土地虽然广大，粮食虽然丰富，恰好是给咱们送来的礼物。"

将领们听了曹操这番话，胆子壮了，勇气和信心也增加了。

袁绍自率冀州精兵10万，战马万匹，进兵黄河北岸的黎阳（今河南浚县）。他先派大将颜良渡过黄河，进攻白马（今河南滑县），以掩护主力渡河。曹操的东郡太守刘延连失几员大将，兵士死伤惨重。

这时候，曹操听到白马被围，为求得初战胜利，准备亲自去救。谋士荀攸劝道："敌人兵多，我们人少，不能跟他硬拼。不如分一部分人马往西在延津（今河南延津西北）一带假装渡河，把袁军主力引到西边。我们就派一支轻骑兵到白马，打他个措手不及。"

曹操采纳了这一意见，决心来个声东击西，先到延津，假装渡河袭击袁绍侧后，调动袁军来援。

袁绍听说曹操要在延津渡河，果然派驻守黎阳的大军来堵截，赶在曹军渡河之前到达延津渡口，准备同曹军决战。这就削弱了白马对面黎阳的兵势。

曹操见袁绍中计，就亲自带领一支轻骑兵，兼程袭击白马，掩其不意。

包围白马的袁军大将颜良正一心想困死白马城内的曹方军民，他做梦也没想到曹军会在一夜之间赶到他的东面，同自己决战。而且当他发觉时，同曹军相距只有十多里，又没有防备，只好仓促迎战。

曹操派大将张辽、关羽为先锋出战。当两军鏖战时，关羽在千军万马中，望见颜良麾盖，便策马疾驰如飞，直插颜良的麾盖之下，连斩数将，挥刀劈杀颜良，砍下他的头。

袁军众将一见这阵势，没有人能抵挡得住，被曹军杀得大败。刘延也从城里杀出，同曹操的兵马两面夹击，一举击溃了颜良、郭图的队伍。

白马之围解除了。关羽的英名从此流传天下。周瑜称他是"熊虎之将"，程昱说他是"万人之敌"，陆逊称之为"当世雄杰"。曹操想用高官厚禄留住关羽，表奏朝廷，封他为汉寿亭侯。

袁绍听到自己的精兵在白马打了败仗，又痛失爱将，气得直跺脚，又听说曹操从白马退出，便亲自率领大军渡河追击，恨不得一口把曹军吞掉。沮授急忙劝阻袁绍说："将军，初战胜负引起的变化，不能不仔细考虑。现在，应该把主力留在延津南面，只派一部分兵力出击河南岸的官渡。如果攻打下了官渡，我们就有了立足之地，尔后大军再过河，也不算晚。否则，贸然渡河，万一有了意外，就可能全军覆灭！"

可是，袁绍心急火燎，根本听不进沮授的劝告，沮授叹道："上面志得意满，下面各贪其功，悠悠黄河，我大概回不来了。"于是借口有病，请求辞职。袁绍不允许，反而把他指挥的部队抽出一部分给郭固指挥。

袁军渡过黄河，抵达延津后，袁绍就急令大将文丑追击曹军。文丑因为和颜良是好朋友，为了立功和替颜良报仇，得令后就率领队伍快马追击。

这时候，曹操从白马向官渡撤退，听说袁军来追，就把600名骑兵埋伏在延津南坡，派哨兵爬上悬崖峭壁，瞭望来犯的袁军。

起初，哨兵报告说，来了五六百名骑兵。过了一会儿，又报告说，骑兵越来越多，步兵多得数不清。曹操说，不要报了，叫兵士解下马鞍，让马在山坡下溜达，把武器盔甲丢得满地都是。

众将误以为袁军骑兵多，不如撤回，保护营寨。荀彧急忙阻止说："这是诱饵，哪里能撤走？"曹操瞥了一眼荀彧，笑了笑。

文丑、刘备的骑兵五六千人先后赶到南坡，众将对曹操说，可以出击了。曹操却说不要着急，下令继续待机。

不久，袁军骑兵越来越多，一部分离开队伍，争抢曹军丢在地上的武器、辎重，阵势混乱。这时，只见曹操一声令下，600名伏兵全部上马，一齐冲杀出来。袁军还没明白哪儿来的神兵天将，来不及抵抗，被杀得七零八落。文丑也糊里糊涂地丢了脑袋。

袁绍打了败仗,怕田丰笑话,就把他杀了。

袁曹争锋,袁绍败了第一个回合,丢了两员大将,骑兵损失四分之一,大大挫伤了袁绍军的士气。袁绍本人,不听沮授等人的正确意见,认为只要率领河朔之众,击败曹操,有如反掌之易,昏昏然陶醉于自我想象的强大必胜的轻敌情绪之中。自古以来,所谓骄兵,不过是战略战术思想上轻视敌人的一种外在表现,而战略战术上轻视敌人,则必然难逃战败的结局,袁绍在白马之战的失败,再次验证了这一真理。

23．荀彧之计

——官渡大战

在今河南省中牟县东北5里靠近官渡水的地方，有一个小小的村庄，叫官渡桥村。这里就是公元1700年前，袁、曹官渡之战的古战场遗址。现在官渡桥村的附近，据传还留有当年曹操存放粮草的"草场"和袁绍屯兵的"袁绍岗"。

白马之战以后，袁绍知道关羽在为曹操效劳，就责问刘备。刘备赶快给关羽写信，约他来袁绍处见面。

曹操在当时是最强盛的割据势力。关羽在曹操那里，还得到自己生前最高的封爵——"汉寿亭侯"。可是，关羽本人虽然身在曹营，心里却一直盘算着回到刘备那里。如今接到刘备的信，他便禀明了两位嫂嫂，封存了曹操历次赏赐的金银珠宝，交还了汉寿亭侯的印绶，又写信给曹操辞行，然后率领车马上路，直奔袁绍军中去找刘备。这就是历史上所说的"挂印封金"的故事。

曹操听说关羽要走，就亲自带兵去阻拦，可是关羽已经走远了，部将们提出派兵追回关羽，曹操看到关羽去意已决，只好放他离去，叹口气说："彼此各为其主，就不要追了。""身在曹营心在汉"，说的就是这段故事。

袁绍这边，两场仗打下来，一连损失了两员大将，袁军将士个个垂头丧气。只有袁绍仍以为自己兵强马壮，不肯罢休，一定要追击曹操，渡河跟曹操的主力决战。沮授劝他说："我们人尽管多，可没像曹军那么勇猛；

曹军虽然勇猛，但是粮食没有我们多。所以，我们还是坚守在这里，等曹军粮草用完了，他们自然会退兵。"

许攸也探听许都空虚，向袁绍献计，劝他派出一小股人马，绕过官渡，偷袭许都。袁绍不以为然，冷淡地说："不行，我就是要通过围攻，打败曹操。"

袁绍亲率大军渡过黄河，进驻阳武，尔后又涉过濊荡渠，一直赶到官渡，才扎下营寨。

这时，曹操的人马也早已回到官渡，布置好阵势，坚守营垒。因为官渡离许昌不到200里，是控制南北交通的咽喉要冲，如果失掉官渡，许昌就失去了屏障。所以，曹操下令全力固守官渡。

袁绍看到曹军固守营垒，就下令在曹营外面堆起高高的土山，筑起高台，让兵士们在高台上居高临下，寻找机会向曹营射箭，箭如雨下。这一招还真灵，没有防备的曹军被射死射伤不少。

曹兵们只得用盾牌遮住身子，在军营里走动。曹操跟谋士们一商量，设计制造了一种可以抛发石块的发石车。这种车上安装着机钮，只要扳摇车上的机关，就可以把大石块远远抛出。发石车抛石时，声震如雷，起名"霹雳车"。兵士们扳动机钮，把十几斤重的石头发出去，打坍了袁军的高台，许多袁军兵士被打得头破血流，鬼哭狼嚎。

袁绍吃了亏，又想出一个办法。他叫兵士在深夜里偷偷地挖地道，打算从地道里钻到曹营去偷袭。但是他们的行动早被曹军发觉。曹操就吩咐兵士，在兵营前挖了一条又长又深的壕沟，蓄满水，只要袁绍的地道一挖到壕沟，水就灌入地道，切断地道的出口。袁绍的偷袭计划又失败了。

曹、袁两军就这样在官渡相持了一个多月，都已十分疲惫，粮草用得也差不多了。特别是曹军这边，日子久了粮食越来越少，兵士疲惫不堪，有些支持不住了。有的将领甚至与袁绍暗通消息。曹操就写信到许都告诉荀彧，准备退兵。

荀彧回信，劝曹操无论如何要坚持下去。他在信中写道："双方的交战到了关键一步，不但我军十分疲劳，袁军力量也即将用尽。在这一关头，谁先退却，谁就会陷入被动。现在袁绍全部人马集中在官渡，企图与您决一胜负。您以极弱对抗极强，如果不能制伏袁绍，一定被他所欺，这是天下局势发展的大关键。现在军粮虽少，没有楚、汉荥阳、成皋相持期间那样紧张。那时，刘邦、项羽谁也不肯先退，先退态势必屈。您用十分之一兵力，画地而守，扼住袁绍咽喉，使他无法前进，已经有半年之久，袁绍虚实暴露，兵势衰竭，局势必将发生变化，正是用奇计的时候，千万不可丧失。"

曹操听从荀彧的劝告，放弃退守许都的想法，咬紧牙关，绝不示弱。他一边动员官兵坚守官渡阵地，一边派骑兵四处侦探，寻找出奇制胜的机会。

不久，徐晃的部将打听到，袁绍的大将韩猛从冀州运来几千车军粮，支援袁绍驻兵，很快就要到达。曹操就派徐晃率骑兵突袭，韩猛毫无戒备，战败而逃，几千车粮食全部被烧光。

为确保运粮队的安全，袁绍加强了防范，派淳于琼等五员大将带领一万人马迎接军粮，并把大批军粮囤积在离袁绍大营以北40里的乌巢（今河南封丘）宿营。

沮授认为上次粮草遭到袭击，这次粮草更多，关系到全军安危，建议派人赴乌巢外围掩护。袁绍认为已经加强了兵力，没有放在心上。

这时袁绍的谋主许攸贪财，得不到满足，又有人从邺城送给袁绍一封信，说许攸家里的人在那里犯法，已被当地官员逮了起来。袁绍看了信，把许攸狠狠地责骂了一通。

许攸又气又恨，想起曹操是他的老朋友，就连夜逃出袁营，投奔曹操。

曹操在大营里刚脱下靴子想睡，听说许攸来投奔他，知道会带来不少情报，也来不及穿靴子，光着脚板跑出来欢迎许攸，拍手大笑道："好啊！子远（许攸字）你来了，我的大事就成了。"

许攸刚坐下就问曹操："袁绍来势很猛，您打算怎么对付他？现在你们的粮食还有多少？"

曹操心虚，支支吾吾地说："还可以支撑一年。"

许攸说："好像没有那么多吧！"

曹操只好改口说："对，只能支撑半年。"

许攸装作生气的样子说："您难道不想打败袁绍吗？为什么在老朋友面前还要说假话呢！"曹操只好如实交代："军营里的粮食，只能维持一个月，子远有什么妙计？"

许攸说："我知道您的情况很危急，特地来给您捎个信。现在袁绍有一万多车粮食、军械，全都放在乌巢。驻守乌巢的淳于琼是个骄傲自大、喜欢喝酒享乐、警惕性差的人，防备很松。您只要带一支轻骑兵偷袭，出其不意，把他的粮草全部烧光，不出三天，他就不战自败。您就会结束官渡的相持局面，大获全胜了！"

曹操相信许攸提供的情报，并果断采纳他的计策，要荀彧、曹洪守好官渡大营，以防袁军前来偷袭，自己和张辽、于禁、徐晃等，挑选5000精锐步骑兵，悄悄离开官渡，连夜向乌巢进发。

他们打着袁军的旗号，人嘴里衔着一枚钱，给马缚住口，每人带一束柴草，连夜抄小路行军。沿路遇到袁军的岗哨查问，张辽不等袁军哨兵靠近，就走近一步，压低了声音，装出神秘的样子，说："袁公听说曹操要来偷袭乌巢，就派我们赶来增援。"

袁军哨兵一见旗上的"袁"字，便不再怀疑，放他们过去了。

天亮之前，曹操的大军抵达乌巢。这时，夜夜饮酒作乐的淳于琼睡得正香，他和袁军还来不及穿衣，曹军就冲了进来。他们围住乌巢粮囤，放起一把把大火。霎时间，粮囤到处起火，滚滚浓烟，直冲云霄，把一万车粮草，烧得一干二净。大将淳于琼也被曹操大将乐进一刀结果了性命。曹操还下令割下1000多个袁兵的鼻子以及牛马唇舌，送到袁军大营，在袁军中引起极大恐慌和害怕。

正在官渡的袁军将士听说乌巢起火，都惊慌失措。慌乱中，袁绍派手下的两员大将张合、高览带兵袭击曹军官渡大营。

袁军进攻官渡，遭到曹军的坚决抵抗，背后又受到从乌巢回师官渡的曹军的猛烈夹击，两下里乘势猛攻，袁军四下逃散。袁绍和他的儿子袁谭，连盔甲也来不及穿戴，带着剩下的800多名骑兵向北逃走。其余的人都投降了，曹操就说他们是假降，全部坑杀。沮授不肯投降，也被杀了。

经过这场决战，袁绍的主力已经被消灭。又过了2年，袁绍病死。曹操又花了7年工夫，扫平了袁绍的残余势力，统一了北方。对于这场关键之战中的关键，7年后，曹操仍然念念不忘，表奏献帝说：荀彧不同意我退守许都的想法，陈说宜于坚守之利，赞许反攻的谋划，启发了我，改变我愚笨的想法，终于取得歼灭性的胜利。后世有治史者评论说，荀彧深明胜败的关键，谋略之高，世所罕见。

官渡决战，首次集中展现了一代枭雄曹操杰出的统帅才能，也是使曹操跻身于中国古代著名军事家和战略家的成名之役。而袁绍在官渡之战中，却留下了撕裂心肺之恨，不久便忧愤咯血而死，在战争史上为自己勾画了一副典型的呆头笨脑的败将形象。袁绍关键败在民心尽失。袁绍集团以地方豪强势力作为其统治基础，对百姓巧取豪夺，搜刮无度，对大官僚、大地主则从多方维护他们的利益。他任人唯亲，刚愎自用，善恶不分，失去了人们的拥戴，在作战指挥上，袁绍在整个决战过程中，处处被动应付，杂乱无章，机械呆板，只知一线平推，将全部兵力堆积于官渡正面，而不知以少数兵力于官渡正面佯攻，以大部分兵力迂回东、西两翼，直插许都侧背，陷自己的优势兵力于难以发挥作用的境地。

24. 独步千古

——成败《隆中对》

官渡大战后，袁绍带着残兵败将逃走了，原来投靠袁绍的刘备，只好带着张飞和关羽逃到荆州，投奔刘表。荆州是东汉13刺史部之一，辖境略相当今湖南、湖北，以及河南南阳地区、贵州、广西、广东的部分地区，是南北交通要道，成为各方矛盾焦点。刘表是山阳高平（今山东济宁南）人，西汉景帝之子鲁恭王的后裔，曾任大将军何进掾，不久单马赴荆州任刺史。他在荆州豪强大族支持下，运用权谋，迅速削平境内割据的宗族武装，不到一年时间就把混乱的荆州基本平定下来，继而广开州境，地方数千里，带甲十余万，实现"天下虽乱，荆州独全"的局面。

刘表虽然客客气气地接待了刘备，还拨给他一些兵马，但是刘表这个人既胸无大志，又无胆略，还害怕刘备将来势力发展，所以就叫他住在偏僻的新野（今河南新野县），看守这一阻止曹军南下的门户。

刘备是汉朝的宗室，从起事到现在已经20多年了，名声极大，素号"枭雄"，志在"匡复汉室"，所以就趁着这一机会扩充军队、网罗人才。许多有才的人认为他是一个明主，都来投靠他。

刘备到新野不久，就有一个名叫徐庶的人来投奔。此人机敏、忠诚，有些学问，刘备就请他担任军师。

有一天，徐庶和刘备议论起天下大事，就问他："您知道卧龙先生吗？"

刘备说："以前听别人说起过。"

徐庶说:"此人复姓诸葛,单名亮,字孔明,是琅琊阳都(今山东沂南南)人。从小死了父母,跟着叔父在荆州避难。在他17岁那年,叔父也死了,他就在襄阳城西20里的隆中山定居下来,平时除了种地以外,经常和一些朋友们攻读史书,切磋学问,谈论天下大事,而且他还将自己比作辅佐齐桓公成为霸主的管仲,和辅佐燕王打败齐国的名将乐毅。他是一个非常了不起的人物,就像卧在地上准备腾空而起的巨龙,所以被称作'卧龙先生'。像卧龙先生这样的天下奇才,不正是您所寻求的兼有将相才能,能辅佐您成就大业的人吗?主公应该亲自前往,请他出山。"

诸葛亮生于动乱的年代,他出生的第四年,就爆发了黄巾大起义。10岁时,关东诸侯起兵讨董卓,天下分裂,军阀割据,战乱不休,神州大地,没有一片安静的土地。这时,诸葛亮又失去了双亲,依随叔父诸葛玄生活。诸葛玄被军阀袁术委任为豫章(今南昌)太守,后来受到排挤,只好到荆州襄阳依附刘表。诸葛亮也跟随到了荆州。

诸葛亮兄弟三人,他排行第二,哥哥叫诸葛瑾,弟弟叫诸葛均。诸葛亮还有两个姐姐。诸葛玄南走时,诸葛瑾在家看守,公元200年也南渡东投了孙权,做了东吴大臣。叔父诸葛玄不久病死襄阳。诸葛亮家与刘表是世交、亲戚,并与刘表的儿子刘琦关系密切,但他看到刘表昏庸无能,不是救世之主,于是到距襄阳城西20里的隆中山(属南阳郡邓县)中,隐居待时。

公元207年,诸葛亮在隆中已隐居10年,他广交江南名士,胸怀匡天下之志。他密切注意时局的发展,所以对天下形势了如指掌。曹操统一北方后,流寓荆州的士人纷纷北返,诸葛亮的好友不少也都告辞。诸葛亮对他们说:"中国饶士大夫,邀游何必故乡邪!"这表明诸葛亮决不去依托曹操。

刘备听了,很想请诸葛亮出山,就对徐庶说:"既然您跟他这样熟悉,就请您辛苦一趟,把他请来吧?"

徐庶说:"这个人,只可去拜访他,不能让他受委屈自己前来,以表示您的诚意。"

刘备听到人们这样推崇诸葛亮,知道他深通时务,富有韬略,与刘表长子刘琦关系密切,正是他要寻找的人才,就决定屈尊降贵去请他出山。

这一天,天气晴朗,刘备带着关羽和张飞,前往隆中。这里山峦叠嶂,树木高大挺拔,风景秀丽,非常迷人。其中有一座山,蜿蜒曲折,就像一条静卧的苍龙,准备随时飞上天空。

刘备一行骑马来到卧龙岗下,求见诸葛亮。诸葛亮的书童告诉他们说,诸葛亮出去找朋友读书去了,不知什么时候才能回来,让他们不要等了。

刘备并没有灰心,以后,天天派人到隆中打听诸葛亮的动向。过了几天,听说诸葛亮回来了。时值冬天,正赶上下雪天,寒风卷着雪花漫天吹,刘备立即带上关羽和张飞前往。三个人好不容易赶到卧龙岗,又是那个小书童出来开门,告诉说:"诸葛先生正在堂上读书呢"。

刘备高高兴兴地进去拜见,只见坐着一个20多岁的英俊青年。刘备心想,卧龙先生这么年轻,遂上前恭敬地行了个鞠躬礼,说:"久仰先生大名,这次终于见到了您,非常荣幸。"

只见那青年站起来,还礼说:"将军,您是刘皇叔吧。您要找的是我二哥诸葛亮,我是他的弟弟诸葛均。我二哥和几个朋友昨天出去了。"

刘备二赴卧龙岗,又是失望地回去了。

到了第三次,跟刘备一起去的关羽、张飞都感到不耐烦了,但刘备却记住了徐庶等人的话,耐着性子去请。为了表示自己的恭敬,刘备在离草屋很远的地方,就下马步行。小书童告诉他,诸葛亮还在睡觉。刘备让关羽和张飞两人在门外等候,自己恭恭敬敬地站在草屋的台阶下等着。

过了好一会儿,小书童才出来对刘备说:"将军,我家先生醒来了,请您进屋说话。"

刘备仔细打量诸葛亮,二十七八岁,身高约八尺,长得眉清目秀,神采焕发。刘备上前施礼说:"久仰先生大名,今日承蒙接见,非常荣幸。"

诸葛亮十分客气地说："刘皇叔三顾茅屋，未能迎候，请您原谅。"

其实，诸葛亮前两次都是在考验刘备。当初，他听说刘备要来拜访，有意躲开。到了第三次，诸葛亮看到刘备确实有诚意，就接待了刘备。

刘备直截了当地说："如今汉室衰落，大权落在奸臣手里。我知道自己的智慧和谋略很差，起事20多年，也没有什么成就，却很想挽回这个局面，只是想不出好办法，所以特地来请先生指点。"

诸葛亮虽然身处隆中，但他却根据自己对天下大事的精心观察分析，形成了独特的见解和战略主张，确定了统一天下的大政方针。如今看到刘备这样虚心请教，也就推心置腹地跟刘备谈起自己的观点和主张。他说：

"自从董卓叛乱进入洛阳以来，天下豪杰并起，跨州连郡的数不胜数，声势很大，大有争夺天下之势。曹操和袁绍相比，名望低微，实力弱小，可他却打败了袁绍，这不仅是天时，也有人谋。如今，曹操已经战胜袁绍，拥有100万兵力，而且他又挟持天子发号施令。这就不能光凭武力和他争胜负了。孙权占据江东，已经三代。那里地势险要，百姓归附，还有一批有才能的人为他效力。只能与他联合，不能打他的主意。"

此时，除刘备以外还有六股势力：北方有曹操、韩遂、马超和公孙渊，南方有孙权、刘璋、张鲁。诸葛亮预料，曹操和孙权部将生存下来，其他势力都会被消灭。刘备也有条件生存下来，同曹、孙三分天下，前提是有好的战略。他说，从夺取天下出发，需要消灭曹操，但现在做不到。当务之急是使自己转弱为强，对曹操采取守势，能躲就躲，对江东实行联合，把攻曹图吴变为防曹联吴。

诸葛亮为刘备制定了复兴汉室、夺取全国的战略，而且必须分两步走。第一步先夺取曹操、孙权占领区之外的中间地带，依次占领荆州、益州。诸葛亮分析了荆州和益州（今四川、云南和陕西、甘肃、湖北、贵州交界一部）的形势，认为荆州是一个军事要地，地形险要。他说，荆州北据汉水、沔水，利益一直到达南海，东连吴郡、会稽郡，西通巴蜀，这是个用兵的好地方。可是刘表是守不住这块地方的。这大概是老天资助将军的，将军是否有这个意思呢？汉高祖靠益州成就了帝业。益州险要闭塞，肥沃的土地纵横千里，向来称为"天府之国"，可是，那里的主人刘璋也是个懦弱无能的人，大家都对他不满意。

有智慧和才能的人都渴望得到明君。将军是皇室后代，信义闻于四海，总揽英雄，思贤若渴。所以一定能够夺到荆、益二州。拥有荆、益以后，要从国防、民族、外交和政治诸方向，巩固荆、益，使自己转弱为强，具备同曹操抗衡的实力。

第二步，对曹操在战略上转守为攻。诸葛亮认为，在曹操遭到拥汉势力的反对下，形势可能出现重大变化。他说："将军是皇室的后代，天下闻名，如果您占领荆、益两州的地方，对外联合孙权，对内整顿内政，一旦天下有变，就可以从荆州、益州两路进军，攻击曹操。到那时，百姓能不用篮子提着食物，用壶装着酒来欢迎将军吗？能够这样，功业就可以成就，汉室也可以恢复了。"

刘备听着听着，茅塞顿开，不禁打心眼里钦佩眼前这个青年人，说："先生的话真是开了我的窍。我一定照您的意见干。现在就请您一起下山吧。"

诸葛亮被刘备深深感动了，高高兴兴地随刘备到新野去了。

从此以后，诸葛亮就用他全部的心血、智慧和才干辅佐刘备成就大业。后人把这件事称作"三顾茅庐"，诸葛亮的这番谈话称作"隆中对"。

在《隆中对》指引下，刘备仅用了7年时间，就从寄人篱下，一跃而跨有荆、益二州，同曹操、孙权三分天下。《隆中对》在未知条件下，对形势的预测、对战略方向和步骤的规划，如此具体和明确，事后得到如此显著的应验，达到了前无古人的水平。

不过，诸葛亮此后的成败，都源于《隆中对》。第二阶段进攻曹魏，兵分汉中与荆州，相隔一二千里，战役上不能配合。同时，"隆中对"战略计划，自公元207年提出，到公元257年姜维最后伐魏止，50年没有进行战略转变。毛泽东指出，蜀汉的教训，"其始误于隆中对，千里之遥而二分兵力；其终则关羽、刘备、诸葛三分兵力"。

25．一面东风百万军

——赤壁鏖兵

曹操平定北方后，控制了所有十三州的大部分地区，他罢三公官，置丞相、御史大夫，并自领丞相，独揽大权，一方面布置发展生产，壮大经济，一方面增强军事力量，苦练精兵，准备下一步统一全国，旌旗首指江南。偏居江东的东吴孙氏集团，在孙权的统领下，决计与蜀国刘备集团联合抗曹。公元208年八月间，定下抗曹大计后，孙权当即任命周瑜为大都督，叫他同刘备协力抵抗曹操。周瑜率3万水军，沿江西上。

曹操逼降荆州、击败刘备后，威震全国，实力也大增，他本人对形势非常乐观，认为是震慑东吴的大好机会，决心立即进攻东吴，迫使孙权杀刘备，充当刘琮第二。如果孙权抵抗，就将其消灭。

面对曹操大胜后，在荆州立足未稳就急于攻吴的打算，随军主要谋士程昱和贾诩都对曹操提出了劝谏。

程昱说："孙权新在位，还没有赢得海内敬畏。曹公无敌于天下，刚拿下荆州，威震大江两岸，孙权虽然有谋，也不能独当曹公呀。刘备有英名，关羽、张飞都是万人敌，孙权必定依资助刘备来防御我。危难解除，双方势将分离，刘备靠孙权的资助成功后，孙权又得不到机会杀刘备了。"

贾诩也建议曹操养威持重，后图东吴。

曹操不听，遂以20多万水、陆大军组成征吴军，准备从江陵出发，沿长江顺流，寻歼东吴水军。

这时，在樊口的刘备因诸葛亮使吴还没有回来，听说曹军南下，惶恐不安，每天派巡逻的吏卒探视江面，等候吴军的到来。

一天，一个巡逻的小吏，看到周瑜率领的船队向附近的江面驶来，赶紧报告刘备。刘备急忙派部将携带酒肉前去慰劳。周瑜说："我有重任在身，不得脱身，如果你家主公能屈尊相见，我就太高兴了。"

部将回去报告后，刘备对关羽、张飞说："周瑜想见我，我想联吴抗曹，不去见他，就失去结盟的诚意了。"

刘备立即乘着小船去见周瑜。刘备对周瑜说："现今联合抵抗曹贼，实在是个好计策。不知道周将军带来多少将士？"

周瑜说："有3万人。"

刘备说："可惜少了些。"

周瑜笑着回答说："这已经足够了，请豫州看着我攻破曹军吧。"

随后，周瑜统率水军船队，与刘备的2万军队会合，继续溯江前进，在赤壁（今湖北武昌县西赤矶山）和曹军前哨碰上了，这个前哨就是刚投降曹操的刘琮水军。

刘琮水军很久没有打过仗了，又不习水战，加上很多人水土不服，已经得了疫病。所以，双方一交锋，曹军就打了败仗，被迫撤退到长江北岸乌林，周瑜率领水军进驻南岸，和曹军隔江遥遥相对。

正如周瑜预料的那样，曹操军中疾病流行，又因多是北方人，不习水性，长江的风浪把他们颠簸得口吐黄水，苦不堪言。于是只好把战船用铁索拴在一起，船才平稳下来。

而东吴大营内，周瑜与黄盖部将等正在商讨攻曹大计。黄盖认真地观察了曹军的连锁船，对周瑜说："目前敌人力量雄厚，我们仅有3万水军，拖下去对我们不利，现在曹军把战船首尾连接起来，我看可以用火攻的办法，烧毁他们的战船，打败他们。"

周瑜认为黄盖的办法可行，就采纳此计，两人还商量好，让黄盖派人送了一封信给曹操,说自己已经看出东吴无力抵抗势力强大的曹军,只有胸怀狭隘、目光短浅的周瑜和鲁肃硬要拿鸡蛋碰石头,自取灭亡。而自己是实心实意地脱离东吴,归顺曹操,并事先约定投降的时间。

可是,周瑜担心冬天西北风多,怕火烧到东南方自己的战船上来。鲁肃知道诸葛亮通晓天文地理,就把他请来。诸葛亮同周瑜商定,冬至那天发起进攻,因为那天正好是东南风。

黄盖叫兵士偷偷地准备好几十艘蒙冲(一种用于快速突击的小船)、斗舰,每艘船上都装着枯枝,浇足了油脂,再用红色的布幕遮挡严实,插着旗帜。另外又准备一批轻快的小船,拴在大船船尾上,准备在大船起火时转移。

曹操接到黄盖冬至日率领粮船来降、船头有牙形青龙旗就是投降信号的消息,以为东吴将领真的害怕他,对黄盖的假投降一点也不怀疑,还一直盼望这一天。心想,到那一天,黄盖一来,我就大功告成了!

冬至那天,正是约定的日期。傍晚的时候,天气正好突然回暖,刮起了东南风。

当天晚上,江面上就有一列帆船,迅速向北方驶来。黄盖带领一批兵士分乘10条大船,驶在前面,后面跟随着一批船只。船队到了江心,扯满了风帆,像箭一样驶向江北。在离曹军水寨二里远的地方,黄盖回头看到南岸周瑜已做好准备,只等他这里点火,就率领队伍压过江来。刘备也在樊口准备同时进兵。

只见黄盖一声令下:"点燃火把!"给各船的将校发出信号,他们便让士兵齐声大叫:"投降来啦!"

曹军水寨的将士听说东吴的大将来投降,正纷纷挤到船头看热闹。没想到东吴船队离开北军约二里光景,前面10条大船突然同时起火。兵士们点火后,就跳到后面的快船,解开连接快船和战船的缆绳。

这时,风还是一个劲地猛刮,战船顺飞驶进,火借风势,风助火威。

熊熊烈火遂向岸上蔓延，10条火船，好比10条火龙一样，一直烧到了岸上的曹军水寨，烧到停在北岸的曹军船只。那里的船舰，都挤在一起，又躲不开，很快地都燃烧起来。烈火迅速蔓延到岸上的营寨，浓烟滚滚，赤焰腾空，一眨眼工夫，已经烧成一片冲天火海。水寨烧了不算，岸上的营寨也着了火，兵士们吓得魂不附体，纷纷逃跑，大批曹军兵士被烧死了；还有不少人被挤到江里，不会泅水，淹死了。

周瑜一看北岸起火，立即指挥联军的舰队乘势擂鼓前进。黄盖大船后的几十只小船，迅速逼近曹营，一面放火箭，一面寻机杀敌。他们把战鼓擂得震天响，冲入曹营。老将黄盖盯着曹操的帅船驶去，果然见曹操正向一条小船逃跑，他举刀高喊："曹操老贼！哪里逃！黄盖来了！"

曹操已经跳进了张辽前来营救的小船上，连头也不敢回。张辽拉弓搭箭，朝黄盖的船上射，正中黄盖的肩膀。老将黄盖"啊呀"一声，一头栽入冰冷的水中，幸亏被东吴老将韩当的船救起。曹操趁机逃走了。

北岸的曹军不知道后面有多少人马进攻，吓得弃船而逃，全部崩溃。

曹操慌不择路，命残兵败将向华容（今湖北潜江县西南）的小路上逃跑，走到云梦（今洪湖一带）的大沼泽地，全是水洼泥坑，骑兵没法通过。当时大雾漫天，迷失道路，好不容易转出云梦，又遇上狂风急雨，曹操赶忙命令老弱兵士找了一些稻草铺路。他带着骑兵好容易才通过，可是那些填铺稻草的兵士，却被人马踩死了不少。

刘备、周瑜分水陆两路紧紧追赶，一直追到南郡（治所在今湖北江陵），曹操的几十万大军已伤亡散失一大半。曹操只好派部将曹仁、徐晃、乐进分别留守江陵和襄阳，自己带兵返回邺城去了。

周瑜带领几万军队追击曹军，一直追到江陵。与曹仁隔江对峙。

这时，刘备跑来对周瑜说："曹仁守江陵城，城中粮多，不易攻取，我派张飞带1000人马随你进去，你分2000人马给我，同我一道从夏水截击曹仁的后路。曹仁听到消息，必然弃城而走。"

周瑜认为刘备的想法是对的，就分给他2000人马，并派甘宁带着数百人抢占了江陵上游的夷陵（今湖北宜昌）。

曹仁担心夷陵被周瑜抢去落入东吴后，会威胁到江陵的安全，就立即发兵把夷陵围了起来。周瑜采纳大将吕蒙的建议，迅速出兵救援甘宁，把曹仁的部队消灭了一大半。曹军在夜幕掩护下突围，半路上被满地的木头挡住了去路，只好下马步行，狼狈逃回江陵。周瑜马不停蹄地挥师渡江，屯兵北岸，全力攻打江陵曹军。

这个时候，刘备并没有按照他跟周瑜约好的带兵抄袭曹仁的后路，而是引兵南下，乘机夺取了东吴的长沙、武陵、零陵、桂阳4郡，反而减少了曹仁后方的压力，使他全力固守江陵。周瑜与曹仁在江陵僵持了一年多的时间，公元209年十二月，周瑜亲自跨马上阵，准备指挥部队出击。不料，一支流箭飞来，射中他的右肋，他只好回营治伤。周瑜受伤的消息传到对岸，曹仁便趁机挥师进逼消灭周瑜。在这紧急关头，周瑜咬紧牙关，忍住剧痛，提枪上马，巡视军营，激励将士，很快就布好战阵，准备反击曹军的进攻。

曹仁一见周瑜出阵指挥，心中暗暗吃惊，慌忙下令退兵。周瑜令将士出击，乘势攻占了江陵。曹仁只好撤军北返，找曹操去了。

赤壁大战，曹操遭到了应有的惩罚。他既不听谋臣劝谏，不顾抚安百姓的大计，冒险发动赤壁之战，葬送了统一天下的大好形势，动摇了统一南方的信心，再也无力南下。可以说，这是曹操所犯过失中最大的过失。他在到达江陵，向江夏进兵之前，不听谋士贾诩巩固荆州的建议，而是一味顺势东进，孤军深入。他放弃了先弱后强、各个击破的一贯作战思想，给了孙权和刘备联手的机会。赤壁大战的失败，留给英明一世的杰出军事家、战略家曹操遗恨千古。孙、刘联军，由于周瑜、诸葛亮等人能够正确分析形势，从曹操的优势中看到其致命的短处，从自己劣势中认清自己的长处，确定了联合作战、共同对敌的方针；在军事指导上，充分鼓舞了联军的勇气，看清了曹军的弱点,能够以己之长去攻击对方之短,以5万兵力,打败了曹操20万大军,赢得了这场战争的胜利,在我国古代战史上写下了千古传颂的光辉篇章。经过赤壁大战,中国结束了群雄混战的局面,进入三国分立的时代。

26. 行云布雨

——关云长水淹七军

赤壁大战后，曹操占据南阳和江夏北部，孙权据有南郡和江夏南部，刘备则夺取了长沙、武陵、零陵、桂阳4郡。

孙权想接着拿下益州（州治在今成都）和交州（州治在今广州），进一步扩大地盘。刘备这边却盯上了孙权占据的荆州，认为荆州原是刘表的地盘，他和刘表是本家，刘表死了，荆州应该由他接管。荆州地处曹、孙、刘三家的前沿地带，是战略要冲，对刘备来说，往北可进取曹操，东进可威胁孙权，这是刘备必争之地。他以诸葛亮为军师，督零陵、桂阳、长沙三郡，征调赋税，充实军粮，以赵云为桂阳太守。

孙权为维护孙、刘联盟，就把荆州的南郡借给了刘备，自己只留江夏、汉昌两郡，还把自己的妹妹嫁给刘备，以笼络刘备。

曹操听说孙权把南郡借给了刘备，非常震惊。他最担心的孙、刘两雄相互支持、使其难争天下的事情，终于发生了。他当时正在写字，惊得失手使笔掉在了地上。

可是，刘备仍然不满足。他感到，光借人家的地方总不是长久的办法，便想开辟新的地盘。诸葛亮和庞统出主意说，可以向益州发展。庞统认为，从三分天下出发，应该把割据重点从饱受战乱破坏的荆州转移到条件优越的益州。益州刘璋的谋士法正说服刘璋迎请刘备进入益州，并私下向刘备献策乘机夺取益州。他对刘备说："由于战争的破坏，荆州荒残破败，人才已尽，东有孙权，北有曹操，鼎足三分的计谋，难以得志。现在益州国富民强，人口百万，土地肥沃，财货珍宝无需求于境外，可权借它成就大业。"

刘备希望靠不断发展实力，争取巴蜀集团，然后再夺取益州，担心法正这个欺诈的策略会损害他的政治形象。他说："现在人们认为同我水火不相容的是曹操。曹操用急，我用宽；曹操用暴，我用仁；曹操用谲诈，我用忠厚；每事都同曹操相反，大事才可以成功。今天由于小事失信于天下，是我所不取的。"

庞统认为刘备过于迂腐，便劝他说："在权变时代，天下不是一种方法能够平定的。兼弱攻强，是五霸事业，用非正当手段夺取，用正当手段防守，用义来回报刘璋，事成之后，拿大的地方封他，在'信'方面有什么亏负的呢？今天不取益州，终归别人得益罢了。"

在法正、庞统的说服下，刘备准备进攻益州。这时，刘备得知曹操打算向汉中的张鲁（今陕西汉中市东）进兵。益州的刘璋便派人向刘备求援。刘备便留下诸葛亮、关羽守荆州，自己率一万步卒入蜀，以庞统随行，向成都进军。打到雒城（今四川广汉），受到守军的坚决抵抗，打了一年还没有攻下来，庞统战死。刘备写信给诸葛亮，让他带领张飞和赵云去增援，关羽留守荆州。

诸葛亮接信后，把镇守荆州的重担交给关羽，命他全权管辖荆州事务。临行时，诸葛亮对荆州的安危放心不下，问关羽："如果曹操和孙权同时来攻，你打算怎么办？"

关羽十分有把握地说："兵分两路抵抗。"

诸葛亮苦笑一声说："那样荆州就危险了，我请将军记住八个字：北拒曹操，东和孙权。那样荆州可保无忧，请将军务必牢记在心。"

诸葛亮这才率数万大军溯江北上。

这个时候，刘备攻破了雒城，接着进攻成都。诸葛亮也带兵赶到，守益州的刘璋只好投降。公元214年，刘备进了成都，自称益州牧，任命关羽总督荆州事务。

刘备占领了益州以后，东吴孙权派人向他讨还荆州的长沙、零陵、桂阳三郡。刘备不同意，率兵5万，亲自从蜀地赶到荆州，令关羽进入长沙北部的益阳。双方为了荆州几乎闹翻。各有几万大军对阵，剑拔弩张，随时可能爆发一场恶战。鲁肃为不使孙、刘两家联盟破裂，主动提出要与关羽会晤。

在益阳前线，双方军队相距只有100多步，中间搭起临时帐篷，作为谈判场所，并且规定双方主将只能带贴身侍从，携带短兵器参加谈判。

到了谈判那天，关羽只带了侍从周仓一人，身挎单刀赴会。鲁肃也完全按照规定会谈，并设酒宴招待关羽。他责问关羽："你家主公已占有益州，为什么仍不归还荆州三郡呢？"

关羽反驳说："乌林（赤壁）之战，左将军（刘备）亲临前线，废寝忘食，同心破敌，难道只能徒劳一场，连一块土地也得不到，足下这次来是想收回土地吗？"

周仓也在旁边帮腔道："天下的土地，有德的人就可占有，为什么一定要给你东吴呢！"

鲁肃说："不是这样，当初我在长坂同刘豫州见面，刘豫州兵力单薄，部队只剩下不到一支，智穷力竭，无计可施，想远走南方。我家主公可怜他无立足之地，不吝惜土地人民，使他有所庇荫，帮他渡过难关。可是，刘豫州为一己之私，不讲道德，不顾盟好，今天已得到益州，又想吞并荆州。这样的事，连凡夫俗子都不忍心去做，何况是领袖人物呢？有道是，贪而忘义，必遭祸患。"

关羽一时语塞，最后对鲁肃说："您的话，我一定告知左将军，再行商议。"

关羽回去向刘备报告了这次单刀赴会的经过。刘备听后，也没有想出好主意。恰在这个时候,得知曹操亲率大军要进攻汉中,害怕益州也跟着丢失。刘备和孙权双方都感到曹操是他们强大的敌手,于是就讲和了。把荆州分为两部分,以湘水为界,湘水以西南郡、零陵、武陵三郡归刘备,湘水以东长沙、江夏、桂阳三郡归东吴。

刘备为专心对付曹操,命诸葛亮坐镇成都,总理后方事务,他自己亲率大军向汉中进兵,攻击阳平关,命法正为随军谋士。

曹操听到刘备出兵,马上派汉中主将夏侯渊率部与刘备对抗。曹操也亲自到长安指挥汉中战事,双方相持了一年。

建安二十四年(公元219年)正月,刘备南渡汉水,在关东南定军山(今陕西勉县南)与夏侯渊对峙。刘备部将黄忠夜袭夏营,斩杀主将夏侯渊,曹军大败。曹操不得不命部退出汉中,把魏军撤退到长安。

刘备占领汉中后,益州的地位更加巩固了,同年五月,刘备在他手下一批文武官员的拥戴下,自立为汉中王。

按照诸葛亮在《隆中对》中设计的战略,是准备从两路进攻曹操的。这一次西面的汉中打了胜仗,就要乘这个势头,再从东面的荆州直接攻打中原。

镇守荆州的大将关羽,有勇也有谋,就是骄傲自大。刘备做了汉中王,封他为前将军,他还不大满意。后经人一解释,说汉中王怎样看重他,他才乐意地接受了。

这年七月,趁孙权进攻合肥的时候,曹操发兵攻打孙权占据的淮南。刘备令关羽利用这个机会,进攻襄阳和樊城。为防止东吴偷袭荆州,关羽在沿江地段每隔二三十里就建立一个烽火台,随时报警,以便回师救援。

守卫樊城的魏军大将曹仁,听说关羽挥军杀来,赶快向曹操求救。曹操立即派了左将军于禁、庞德两员大将率领七支人马,前去增援。曹仁让他们屯兵在樊城北面平地上,和城中互相呼应,使关羽无法攻城。

关羽大军很快渡过襄江,包围了樊城。曹仁和于禁两路夹击关羽,但遭到关羽的迎头痛击,于禁、庞德的部队损失惨重,狼狈逃回。曹仁也被打得大败,退回樊城,不敢出战。

此时正是秋季,樊城一带一连下了十几天的大雨。汉水猛涨,漫过大堤,平地的水高出地面有一丈多。关羽下令赶制大小船和木筏,并派人把水口处堵住。大雨越下越大,水越积越深,江水暴涨,关羽下令扒开堵口,洪水漫天遍地,汹涌而下。于禁的军营扎在平地上,四面八方大水冲来,把七军的军营全淹没了。于禁和他的将士不得不泅水找个高地避水。

关羽就抓住于禁的这个弱势,趁着大水,率领水军乘一批大小船只,向曹军进攻。他们先把主将于禁围住,叫他放下武器投降。于禁被逼到大水中的一个小土堆上,无路可退,只好投降了。

庞德带着另一批兵士退到河堤上。关羽的水军乘大船包围了庞德部,双方对射。

庞德披甲持弓,箭无虚发,蜀军被射死不少。双方从早上打到中午,从中午打到午后。庞德的箭用完了,就叫将士们一起拔出短刀来搏斗。他对身边的将士说:"我听说良将不会为了怕死而逃命,烈士不会为了活命而失节。今天就是我死的日子了。"

这时,大水越涨越高,庞德所在的堤上地面越来越小。关羽水军的大船进攻更加猛烈,曹军纷纷投降。庞德趁机带了三名将士,弯弓搭箭,从蜀军兵士中抢了一艘小船,企图退入曹仁军营。不料一个大浪袭来,把小船掀翻了。庞德掉到水里,关羽水军赶上去,把他活捉了。

将士们把庞德带回关羽大营。关羽爱惜庞德勇猛过人,好言好语劝他投降。庞德立而不跪,关羽劝道,"你兄长在汉中,我要用你为将,为什么不早早投降呢?"庞德破口骂道:"魏王手里有人马一百万,威震天下;你们的主人刘备,不过是个庸碌的人,怎能和魏王相敌。我宁可做国家的鬼,也不愿做你们的将军!"

关羽大怒,命令兵士把庞德杀了。

曹操听说后,流着泪说:"我了解于禁 30 年,想不到临危处难竟比不上庞德!"

关羽乘胜进攻樊城。樊城里里外外都是水,城墙都是土墙,多处已被洪水冲坏。

曹仁觉得守下去没希望,就跟一起守城的汝南太守满宠商量。满宠说:"山洪暴发,水来得飞快,退得也快。听说关羽已经派人在另一条道上向北进攻。关羽自己没有敢进兵,是怕我军截他的后路。从许都以南,百姓惶惶不安,现在我们退却,黄河以南恐怕就不再归朝廷所有了。请将军再坚持一下吧。"

曹仁认为满宠说得有理,就鼓励将士们坚持下去。满宠也把白马沉入水中,同将士们盟誓。

樊城和襄阳成了两座孤城。

消息传到许都,曹操非常惊恐,甚至开始商议要把都城许都迁到别处,避避关羽的势头。一时间,关羽的威名震动了整个华夏。

27．火烧连营

——书生陆逊之谋

麦城一战，东吴大将陆逊杀了关羽，占领了荆州剩下的武陵、建平、宜都三郡，孙权因陆逊立了大功，晋升他为右护军、镇西将军，驻屯西方重镇夷陵，以防备益州的刘备。

曹操认为孙权立了大功，封他为南昌侯，到了曹丕即位称帝以后，又封孙权为吴王。

孙权因怕刘备报复，上书曹操，称说天命，劝他当皇帝，自己甘心称臣。

曹操看了孙权的信，阴笑着说："孙权这小子，是想把我放在炉火上烤哩。如果天命在我，我就做个周文王吧！"他决定把代汉留给儿孙完成。

曹操没有称帝，他的儿子曹丕在他死后，于公元220年逼汉献帝让位，自称帝，建立魏朝，史称魏文帝。

消息传到蜀汉，大臣们认为既然汉献帝已经死去，刘备是汉家皇室后代，理应接替皇位。公元221年，刘备正式在成都武担以南即皇帝位，就是汉昭烈帝，以诸葛亮为丞相。因为他统治的地区在蜀（今四川、云南大部，贵州全部，陕西、甘肃一部分），历史上称为蜀汉或者蜀。战争使这群来自盆地之外的政治家和军事家，在这里创立了他们的帝国——三国之一的蜀汉王国。

刘备对东吴占领荆州、关羽被杀，一直怀恨在心。他和关羽情同手足，发誓要灭了东吴。他即位之后，第一件要紧的事就是准备进攻东吴，为关羽报仇雪耻。

这一提议遭到众大臣的强烈反对，他们认为不应该攻吴，而应该出兵关中。大将赵云说："国贼是曹操，篡夺皇位的是曹丕，不是孙权。如果能灭掉曹魏，东吴自然就会屈服。应当利用众人之心，早日谋取关中，占据黄河、渭水上游，讨伐凶逆，不应该把魏国放在一边，先同东吴交战。兵势一交，不能很快解开。"

其他大臣也不停地劝谏，但是正在气头上的刘备，什么也听不进去。广汉地区一个隐居的人叫秦安，也进谏说先攻击吴国，天时、地利都不合适。结果被刘备关进监牢。刘备执意征吴，他让诸葛亮留在成都辅佐太子刘禅，亲率10万大军去征伐东吴。

刘备积极进行东征的准备，令张飞率万余兵马到江州（今四川重庆嘉陵江北岸）会师。可是，张飞虐待兵士，暴戾无恩，还没有等刘备出兵，部将张达便杀了张飞投奔东吴。

刘备手下没有能独自领兵出征的战将，只好亲自挂帅。

孙权在夺得荆州之后，也不愿再加剧吴蜀之间的冲突，他见刘备这次出兵声势很大，自己只能投入5万人，开始也有些害怕，派人主动向刘备求和，但是遭到刘备的拒绝。

孙权只好应战，派在江陵大战中表现出色的镇西将军、39岁的陆逊为大都督，率领5万人马去抵挡。

陆逊出身江东大族，是孙策的女婿，足智多谋，文武双全，进攻山越，策划攻取荆州，屡立战功。但是毕竟还年轻，吴国的文武大臣，对陆逊就任大都督议论纷纷。有的说，陆逊声望不高，怎么能指挥打仗？有的说，陆逊才干不够，担当不起阵前统帅的重任。孙权知道陆逊为人忠厚，善于用兵，才能出众。他力排众议，坚持把统帅的重任交给陆逊。为了提高陆逊的威望，孙权当着文武百官的面对陆逊说："陆将军，朝廷里的事，由我主持；外面打仗的事，就由你负责了。"

公元221年7月，刘备亲率蜀汉军队10多万人，对吴国发动了大规模的战争。当时，两国的国界已西移到巫山附近，长江三峡成为两国之间的主要通道。

为了防范曹魏乘机袭击，刘备派镇北将军黄权驻扎在长江北岸，又派侍中马良到武陵活动，争取当地部族首领沙摩柯起兵协同蜀汉大军作战。

刘备坚持东征，就必须立即顺流而下，速战速决。可是，为等待荆州响应，刘备出兵后，到了第二年的正月，才从秭归（今湖北省西部）统军东下。

刘备出兵没几个月，就攻占了东吴的土地五六百里地。他接着又急于向东继续进军。一个叫黄权的随军官员劝他不要小看东吴人，应该由自己为先锋，在前面开路，刘备在后面镇守，准备接应。

可是，刘备相信很快就能攻下东吴，根本听不进劝告，他要黄权守住江北，防备魏兵；自己率主力沿着长江南岸，翻山越岭一直进军到了虎亭（今湖北宜都西北）。

东吴将领看到蜀军得寸进尺，纷纷要求出兵，和蜀军大战一场。可是大都督陆逊却一直按兵不动。

陆逊说："刘备带领大军东征，士气正盛，战斗力强。再说他们在上游，占据险要之地，我们不容易攻破他。要是跟他们硬拼，难以很快攻破，纵然能攻取一些地方，也不能获得全胜。如果万一失利，丢了人马，就要影响整个战争行动。我们暂且奖励兵士，鼓舞士气，从多方面考虑攻击破敌的策略，观察敌人的变化，待机而动。刘备兵多势众，如果这里是平原旷野，恐怕我们早就被驱逐了。好在刘备主力是沿山区进军，地形狭窄，兵力无法展开，整天行进在高山密林之间，实已筋疲力尽。因此，我们可以慢慢发现他们的空隙，找到他们的弱点再行攻击。"

陆逊还看到，刘备要走的三峡陆路崎岖，水路惊险，这种地形对东吴的作战和后勤供应非常不利，便下令退却，把三峡让给刘备。7个月内，陆逊接连退却五六百里，到达现在的鄂西北山地与江汉平原交界的夷陵，完全退出了高山峻岭地带，把兵力难以展开的数百里长的山地留给了蜀军，把崇山峻岭中的长江三峡中的这个包袱甩给了刘备背着。

刘备率蜀军很快就追到了夷陵，他根本不知道自己的处境有多危险。为了让陆逊出战，刘备派前部督张南率部分兵士围攻驻守夷道的孙桓。孙桓是孙权的侄儿，所以吴军诸将纷纷要求出兵救援。

但陆逊深知孙桓素得士众之心，夷道城坚粮足，胸有成竹地说："孙桓将军一向受到士兵爱戴，一定能够坚守城池，没有值得担忧的地方。等我施展计谋，打败了蜀兵，孙桓之围自然解除。"他坚决拒绝了分兵援助夷道的建议，避免了分散和过早地消耗兵力。

陆逊部将，有的还是孙策手下的老将，有的是孙氏的贵族，对孙权派年轻的书生陆逊当都督，本来已经不大服气。现在听到陆逊不同意他们出战，认为陆逊胆小怕打仗，更不满意，一个个愤愤不平。

陆逊为了维护指挥权威，以孙权的任命和军令，强压众将服从。他按剑说："刘备是天下知名人物，连曹操都怕他。现在侵入我境，是个强敌。诸位深受国恩，应当和睦相处，共同剪除敌人，报效国家。如果互不服从，就违背道理了。我虽然是一介书生，可是从主上那里领受任务，主上所以委屈诸位听我指挥，是认为我有点长处可以称道，能够忍辱负重，把事情办好。诸位各人负责各人的职事，岂能再加以推辞！军令有法，决不可以触犯。你们只准紧守关隘，不准出战，违抗命令的，一律按军法行事！"

刘备的蜀军从巫峡建平到夷陵，分据险要，依山路扎下了50多个大营，又用树木编成栅栏，把大营连成一片，前前后后长达700里地，夹江联络，东西合围。刘备以为这样好比布下天罗地网，只等东吴军队来攻，就能把他们消灭。

但是陆逊一直按兵不动。从1月到6月，双方相持了半年之久。为了确保坚壁不战方针的执行，取得孙权的支持，陆逊向孙权上疏，做说服工作。他写道："夷陵为要害之地，是我们东吴的重要关口。虽很容易攻取，但也极易丢失，一旦易手，不仅损失一郡之地，荆州也将难保。我们既然争夺此地，定要一举成功，一劳永逸。现在，他舍弃水军，单靠陆路，又在700里内，处处结营，分散兵力，因而形势即将发生变化。既然刘备违背常规，不守老巢，胆敢自行送死。我虽不才，凭仗您的威望，以顺讨逆，战败他不会用很长时间了。回顾刘备前后用兵，败多胜少，照此推论，不值得担忧。我起初担心刘备水陆并进，现在反而舍船就步，处处结营。我观察他的部署，一定没有别的变动。希望您高枕无忧，不必再为攻打刘备的事而忧虑了。"

刘备因为无法与吴军决战，十分着急，便施展了诱兵之计。他派将军吴班带了几千人从山上下来，在平地上扎营，向吴兵挑战。东吴的将军，见吴班兵少，又在平地立营，要求马上出击。陆逊又阻止他们说："我观察过地形。蜀兵在平地里扎营的兵士虽然少，可是周围山谷一定有伏兵，他们大声嚷嚷引我们打，我们可不能上他们的当。应按兵不动，观察他们的行动。"

刘备见东吴兵不肯交战，知道陆逊识破了他的计策，就把原来埋伏的8000名蜀军，陆续从山谷中撤了出来。东吴将士这才知道陆逊的厉害，陆逊告诉他们："我之所以不听你们的建议去打吴班，就是断定刘备一定有什么巧谋奇计。"

几天后，陆逊突然召集将士们，宣布了出兵破蜀的进攻计划。将士们听后，都不理解，说："要打刘备，应该在他们初来之时就该动手了。现在让他进来了五六百里地，相持了七八个月主要的关口要道都让他占了。我们打过去，肯定不会有好处。"

陆逊解释说："刘备是滑头贼，他的阅历丰富，经验很多。他军队开始集结时，考虑精细，用心专一，士气旺盛，我们是不能轻易取胜的。刚到这里的时候，水陆两军并进，军纪严肃，士气旺盛。我不和他交战，是为了避开他的锋芒。如今他让水军离舟上岸，连营结寨，不但兵力分散，而且他们在这儿待了这么多日子，一直占不到便宜，现在时值盛夏，天气酷热，蜀军疲劳不堪，计策再也生不出来。而我军让出三峡，后勤运输大为改善，养精蓄锐。我们要打胜仗，是时候了。"

将领们听了陆逊的这一番话，这才佩服他有远见。陆逊派了一小部分兵力先去攻击蜀军的一个营，刚刚靠近蜀营的木栅栏，蜀兵从左右两旁冲出来厮杀；接着，附近的几个连营里的兵士也出来增援。东吴兵抵挡不住，赶快后退，已经损失不少人马。

将军们抱怨陆逊，认为这是白白拿士兵送死罢了。陆逊却对大家说："这是我试探一下他们的虚实。现在我已经想好了破蜀营的办法了。"

陆逊找到的是火攻蜀军连营的战法。因为当时江南正是炎夏季节，气候闷热，而蜀军的营寨都是由木栅筑成，周围又全是树林、茅草，一旦起火，就会烧成一片。

当天夜里，陆逊命令将士每人各持一捆茅草和火种，火攻蜀寨，一旦火势形成，全军反攻，火烧连营。

到了三更，东吴的朱然、韩当等四员大将率领几万兵士，直奔江边，冲近蜀营，用茅草点起火把，在蜀营的木栅栏边放起火来。因为，风刮得很大，蜀军的营寨都是连在一起的，点着了一个营寨，附近的营寨也就一起延烧起来。一下子就攻破了刘备的40多个大营，一举成功。

陆逊下令全军猛攻，朱然首先攻破刘备的前锋部队，切断了蜀军的后路。吴蜀两军展开厮杀，蜀军很快不支，冯习、张南、沙摩柯等将领被阵斩，蜀军主力全部战败。刘备在蜀军将士保护下，总算冲出了火网，逃上马鞍山，重新部署兵力。

陆逊又命令各路吴军，围住马鞍山发起猛攻，双方大战一天一夜，几万名蜀军一下子全部溃散了，死伤1万多人，尸体漂流，塞满长江，数万人投降东吴军。

战斗一直持续到夜里，刘备才带着残兵败将，利用夜暗，突围逃走。他真是又惭愧又愤恨，悲伤地自语道："我竟然被陆逊挫败，受辱，这难道不是天意吗？！"

吴军紧紧在后面追赶。幸亏沿途的驿站，把丢下的辎重、盔甲堵塞在山口要道上，阻挡住了东吴的追兵。这时，赵云率兵到达白帝，马忠也率部来接应，刘备这才脱险，进入白帝城（在今四川奉节县白帝山上），改白帝为永安。

这就是妇孺皆知的火烧连营。这一场大战，蜀军几乎全军覆没，船只、器械和军用物资，全部被吴军缴获，刘备这个大人物败在了无名小辈陆逊的手下。历史上把这场战争称作"虎亭之战"，也叫"夷陵之战"。这一仗，蜀国元气大伤，国力衰落，进一步成为三国中实力最弱的诸侯国，结束了东西方的较量，三国正式进入鼎立阶段。

此战，孙权东吴面对蜀汉的优势之军，大胆实施战略退却，挥师急退600里，把难以展开兵力的峡谷山区让给了蜀军，使蜀军颠簸在崇山峻岭之中，从江北转至江南，疲惫不堪，处于极为不利的境地，以致在东吴一击之下，迅即兵败山倒，全军覆没。刘备在夷陵之战中留下的惨痛教训，深为后世兵家所重视。

刘、孙围绕荆州的争夺战到此基本结束。这一争执，动摇了孙、刘联盟，严重影响了三国时期中国战略格局的未来走向。

28. 软硬兼施

——诸葛亮平定四郡

夷陵之战失败后，刘备回到永安后一病不起，过了一年就死了。诸葛亮扶持刘备的儿子刘禅（小名阿斗）继了帝位，历史上称为蜀汉后主。

由于刘禅不谙政事，诸葛亮成为蜀汉政权实际上的决策者和执行者。诸葛亮兢兢业业治理国家，制定了威武自强的战略，一心想使蜀汉兴盛起来。就在这时，南中地区（今四川省大渡河以南和云南、贵州一带）几个郡起来反叛了蜀国。

蜀国的南中地区包括四郡，即越巂、益州、永昌北部和贵州西北部一带。这里除了住有汉族外，还聚居着许多少数民族，统称"西南彝"。

益州郡的豪强雍闿，听说刘备死了，就杀死了益州太守，发动叛变，投靠东吴，拉拢了南中地区一个少数民族首领孟获，叫他去联络西南一些部族，起来反抗蜀汉。

经过雍闿煽动，牂牁（在今贵州遵义一带）太守朱褒、越巂（今四川西昌县东南）部族夷王高定，也都响应雍闿，形成内外相连的声势，叛乱渐渐遍及南中整个地区，仅剩几个郡仍忠于蜀汉政权，形势十分严峻。

可是，当时蜀汉刚遭到虎亭大败和先主死亡，遭逢国丧，顾不上出兵。诸葛亮一面派人和东吴重新讲和结好，切断了雍闿与东吴的联系；同时奖励生产，兴修水利，积蓄粮食，训练兵马。过了两年，局面稳定了，做好了充分准备,诸葛亮决定发兵南征。

一切准备就绪,诸葛亮于公元225年3月,从容率领大军南征。诸葛亮的好友马良的弟弟、参军马谡送别时提醒他说:"南中的人依仗地形险要,离开都城又远的地势,早就不服管了。即使今天我们用大军把他们征服了,以后还是要反叛闹事的。我听说用兵的办法,攻心为上,攻城为下;心战为上,兵战为下。丞相这次南征,一定要叫南中人心服,才能够一劳永逸呢。"

谙熟兵法,擅长谋略的诸葛亮,深知用武力征服少数民族,常常是压而不服,大军一撤,叛乱再起,劳师无功。于是,便采取更为有效的攻心瓦解策略,以收长治久安之利。马谡的计策,正是诸葛亮所计划的,所以诸葛亮听了连连点头说:"谢谢你的帮助,我一定这样办。"

蜀军士气高昂,战事顺利展开。诸葛亮的西路大军顺岷江至安上(今四川屏山),很快西向进入越嶲地区。

这时高定已分别在旄牛(今四川汉源)、定筰(今四川盐源)、卑水(今四川昭觉附近)一带部署军队,修筑营垒,对抗蜀军。

为了寻歼叛军,诸葛亮在卑水停军等待时机。高定见蜀军已到,忙把自己的军队从各处调集汇合起来,拉开阵势,准备决战。

就在这时,高定的部下由于害怕诸葛亮的军威,便杀了雍闿,援军孟获也率军急忙退到泸水。诸葛亮利用对方发生内讧的时机,发动进攻,攻陷邛都城,俘获高定的妻儿,准备招降高定。

可是,高定死硬,率2000名残兵败将,杀人盟誓,决心死战。诸葛亮见攻心不成,便挥师再战,杀了高定,平定越嶲。

诸葛亮派南中长官李恢、门下督马忠两员大将分两路进攻。马忠进展顺利,不到半个月,就消灭了那里的叛军朱褒。

从中路进攻益州郡的李恢,在昆明遭到了当地反蜀势力阻拦,被围了起来。李恢与诸葛亮失去了联络,他急中生智,欺骗反蜀分子说:

"官军粮食都吃完了,正准备退军,我是本地人,打算留下来同你们合伙干。"

反蜀分子都信以为真,就放松了戒备。李恢趁机挥师出击,把反蜀军打得大败。

就这样,四个郡的叛乱很快平定了。

29．怀柔战略

——诸葛亮七擒孟获

平定四郡叛乱后，诸葛亮指挥大军继续南下，直指叛军的最后据点益州郡。

这年五月，蜀军冒着酷暑炎热，穿过人烟稀少的荒山野岭，渡过泸水（金沙江），进入南中腹地，逼近益州郡。

南中酋长孟获收集了雍闿的散兵，凭借险要地势，继续反抗蜀军。诸葛亮听说后，知道孟获不但打仗骁勇，而且在当地少数民族中很有声望和号召力。他想起临别时马谡的话，决心把孟获争取过来，就下了一道命令，只许活捉孟获，不准伤害他。诸葛亮企图用攻心战来促使孟获归顺。

当蜀军包围了益州郡时，孟获也在积极准备，守城应战。诸葛亮使出一计，当蜀军和孟获的部队交锋的时候，下令蜀军故意败退而走。孟获不知是计，仗着人多，不断地追了过去，不想在盘中地区中了蜀兵的埋伏。南兵被打得四处逃散，孟获被活捉了。

孟获被押到大营，诸葛亮立刻叫人给他松了绑，好生相劝，要他归降。可是孟获根本不服气，说："这次是我自己不小心，中了你的计，怎么能叫人心服？"

诸葛亮为了使他心服口服，便陪着他观看蜀军的营垒和阵容。走出军营，孟获本以为会看到一支精锐的部队，没想到全都是些老弱病残兵，刀枪都钝得一点光泽也没有了，旗帜破烂不堪，在旗杆上耷拉着。孟获原本还有些敬畏之心，看到这些，心中很不以为然。诸葛亮不知道孟获的这些想法，就问他："您看我们的人马怎么样？"

孟获傲慢地说："原先我不知道你们的虚实，所以上当战败了。今天承蒙您恩赐给我看了你们的阵势，我看也不过如此。假如能重新交战，一定可以打败你的部队！"

诸葛亮笑着说："既然这样，你就回去好好准备一下再打吧！"

孟获回去后，重整旗鼓，发誓一定要雪耻。不久，他挑选了一支精兵。一天晚上，带上这支队伍来劫营。队伍一直到蜀营跟前，也没有被发现，孟获暗暗高兴，心想这一次可要大获全胜了。只见他把刀一挥，兵士们举着火把，一窝蜂地冲了进去。

直到这时，孟获才发觉上当了。原来，蜀军营寨里一个人也没有，还没等他发令撤退，营寨四周已是火把连天，蜀兵铺天盖地般围了上来。

诸葛亮用计第二次活捉了孟获，天亮后，士兵们把他押到诸葛亮的营帐。诸葛亮见了，笑着说："孟将军，这次你又被我活捉了，心里应该服气了吧？"

谁知孟获还是不服，说："这根本不是打败仗，而是上你的当。如果真刀真枪地打一仗，我还被你逮住，我才心服呢！"

诸葛亮听后，没有说什么又让人放了他。

通过前两次交锋，孟获领教了诸葛亮的厉害，不敢再死冲硬拼地鲁莽行事。回去后，他赶紧造土城、修土垒，又退到泸水南岸，凭着河流作屏障。这样充分准备之后，孟获以为可以高枕无忧了。

没想到，诸葛亮却想出一个从两边包抄的妙计。起先，将士们看到泸水浪花翻滚，水流很急，又没有桥，要想渡河谈何容易。诸葛亮说："我们现在已进军到泸水了，只有再努一把力，渡过河去，平定叛乱才行。胜负在此一举，凡是勇猛进攻作战的，必有重赏。"

在诸葛亮的鼓励下，将士们又重新振作起来。

诸葛亮留下少数士兵在岸边，装作准备渡河的样子，把孟获的军队都吸引到岸边来作战。然后，他派出两支部队，分别从上游和下游水流缓慢的地方偷偷渡过河去，再像一把铁钳一样，从两边包围上来。

孟获的军队毫无准备，见到汉军就如见天兵天将，还没来得及作抵抗，早已乱成一团，又全都成了俘虏。

这回孟获还是不服，他说："这次失败，是因为没防后路，丞相倘若肯放我走，我一定召集各路人马和您大战一场。那时再被擒住，我就投降。"

诸葛亮就又把孟获放了回去。

像这样捉了又放，放了又捉，一共搞了七次。到了孟获第七次被捉的时候，诸葛亮还要再放。孟获终于服气，坚决不走了。他流着眼泪说："先生七擒七纵，真是天威在身，待我可说是仁至义尽了。我打心底里敬服。从今以后，不敢再反了。"

孟获回去以后，又说服其他部落全部投降，诸葛亮于是率大军进入滇池（今云南晋宁东），平定了整个南中地区，重新归蜀汉控制。

战后，诸葛亮为节约人力、物力，实现民族基本团结、法纪基本建立的目的，命孟获和各部落的首领照旧管理他们原来的地区。有人劝诸葛亮要慎重。

诸葛亮说："我们派官吏来，没有好处，只有不方便。因为要是留下外地人为官，就必须留下部队，留下大批部队，粮食接济不上，叫他们吃什么。这是第一件难办的。夷人刚刚战败，父叔、兄弟被打死，留外地人为官吏而没部队，一定会再发生祸患，这是第二件难办的事。夷人常有废杀官吏的行为，留外地官吏，终究不会取得他们的信任，这是第三件难办的事。我决心不留官吏、军队在这里，自然也就不必运粮来，只大概地为他们制定个纲纪，夷汉各族共同遵守，应该就会安定下来。"

大家听了诸葛亮这番话，都钦佩他想得周到。

诸葛亮镇抚南中的成功，解除了蜀汉的后顾之忧，并从中得到物力和人力的支持，使他可以专心对付曹魏。此战，对蜀汉政权是一次至关重要的战役，体现了诸葛亮远见卓识的战略思想和其政治家、军事家、战略家的博大胸怀。他着眼于同曹魏争夺天下，必须使自己据有稳固后方的长远战略利益，对反叛势力恩威并施、刚柔相济，即使对手心悦诚服，又一劳永逸地化敌为友。这一前无古人的作战运筹，成为流传千古的范例。

30. 智者千虑

——诸葛亮挥泪斩马谡

夺取天下是刘备在世时的最大愿望，而蜀国要夺取天下必须打败魏国。镇抚南中以后，诸葛亮就加紧发展经济，积蓄财富；展开外交攻势；训练人马，壮大实力，专心准备大举北伐攻魏。

公元226年冬天，魏文帝曹丕病死，他的儿子曹睿继位，称魏明帝。诸葛亮认为，曹魏政权的更迭，新君刚立，是北伐的有利机会，便于第二年冬天带领大军驻守汉中地区。这里接近魏、蜀的边界，可以随时找机会进攻魏国。

诸葛亮离开成都前往汉中时，给后主刘禅上了一道奏章，恳请他不要满足现状，妄自菲薄；要亲近贤臣，疏远小人；并且表示自己决心担负起复兴汉朝的责任："现在南方已定，兵甲已足，当奖率三军，北定中原"。这就是我国历史上著名的《出师表》。

魏明帝听说诸葛亮要来攻魏，就想来个先发制人，并向散骑常侍孙资问计。孙资劝他不要轻举妄动。他说，现在条件还不成熟，如果进攻南郑伐蜀，道路如此险阻，而且魏国已用15万大军去南方对付东吴，征讨蜀汉必然又要征集士卒，必然会引起天下骚动，增加财物消耗。现在最好据守险要，稳住战场形势，那样即使战士们在帐中睡觉，百姓也会平安无事。几年之后，我国强盛，吴、蜀两国会自取灭亡。

魏明帝觉得有道理，便打消了出兵的念头。

诸葛亮到汉中后，一面加紧战备，一面研究北伐对策。督前部、领丞相司马魏延建议出奇兵，先取长安。由他领兵5000，沿秦岭南麓，出子午谷向北，直达长安；诸葛亮从斜谷出军，到长安会师，尔后一举攻克咸阳以西。诸葛亮认为这样太过冒险，还是从坦道攻取陇右为好。

公元228年春，诸葛亮发动北伐之战，首要目标是夺取陇右。诸葛亮的部队军威严整，声势浩大。为迷惑魏大将军曹真的主力部队，诸葛亮采用声东击西的办法，放出风去说，要攻打郿城（今陕西眉县），派大将赵云、邓芝带领一支人马，进驻箕谷（今陕西褒城北），扬言要由斜谷进攻郿城。

诸葛亮趁魏军不防备，亲自率领大军，突然从西路扑向祁山（今甘肃礼县东）。守在祁山的魏军抵挡不住，纷纷败退。

蜀军乘胜追击，曹魏所属祁山北面天水、南安、安定三个郡的守将一个个背叛魏国，投降了蜀汉，魏天水将领姜维也投向了诸葛亮。诸葛亮很快就占领了整个陇右地区。

诸葛亮得手，震动关中。魏国朝野听说诸葛亮出军，戎阵整齐，号令明肃，顿时惊慌。只有魏明帝沉得住气，他采纳孙资的计策，积极防御，将诸葛亮的部队放到国境深处来打。他对文武百官们说，诸葛亮过去依托秦岭固守，现在前来进攻，对我来说，正符合兵书所说的调动敌人的方法；而且诸葛亮贪图我三郡，只知进而不知退，现在利用这一时机，肯定可以把他击败。他派南屯荆州左将军张郃，带领5万骑兵赶到祁山阻止蜀军东向，明帝则亲自到长安去督战。

张郃得令后，沿六盘山间的谷道急进，直趋已被蜀军占领的要地街亭（今甘肃庄浪东南）。诸葛亮率军到了祁山，决定派出一支人马去占领街亭作为据点。他深知守住街亭的重要性。这里是关陇通道的咽喉要地，如果被魏军夺去，就等于掐断了蜀军的粮道，不但不能安守已经得到的陇西、还得退回汉中，那就将前功尽弃。

诸葛亮决定由参军马谡为主将，裨将王平为副将，率部进占街亭。

马谡读过不少兵书，平时很喜欢谈论军事。诸葛亮找他商量起打仗的事来，他就谈个没完，也出过一些好主意。所以诸葛亮很信任他。但是刘备在世的时候，却看出马谡不大踏实，对他的夸夸其谈很不满意，生前特地叮嘱诸葛亮，不能派他干大事。

可是，诸葛亮因为喜欢马谡的善出计谋，没有把刘备的这番话放在心上。这一回，他决定派马谡为先锋，并嘱咐道："你们能守住街亭，只要切断关陇通道，把目前的优势保持一个月，陇西不攻自服；如果不能做到这一点，就会前功尽弃。"

马谡非常自信地说："丞相请放心吧！街亭地势险要，易守难攻，对付一个张郃不在话下。"

马谡以前当丞相参军，只能出出主意，而这次却是单独带兵作战，他的威风劲儿就甭提有多高了。他和王平带领人马到了街亭，张郃率领的魏军也正好从东面开过来。马谡粗粗看了一下地形，非常自信地对王平说："这一带地形险要，街亭南边有座山，正好在山上扎营，布置埋伏，等待消灭魏军。"

王平提醒他说："主将，丞相临走的时候嘱咐过，要坚守城池，稳扎营垒。在山上扎营太冒险。"

马谡自以为熟读兵书，根本不听王平的劝告，坚持要在山上扎营。他说："兵书上早有'居高临下，势如破竹'的说法，魏军来了，我们便从山上冲下来，杀得他们片甲不留。"他让高详驻守旧城，护卫水源，主力不据险守城，反而舍水上山，驻在街亭南山上。

王平没有办法，便请求马谡拨给他1000人马，让他在山下临近的地方另设营寨。

这时，张郃率领魏军赶到街亭后，看到马谡放弃山下现成的城池不守，却把人马驻扎在山上，暗暗高兴，直逼山下，构筑营垒，把马谡扎营的南山围了起来，并吩咐魏军切断了山上的水源。

马谡几次命令兵士冲下山去，但是张郃坚守住营垒，蜀军没法攻破，困守山上。

没几天，山上的蜀军就断了水，连饭都做不成，时间一长，自己先乱了起来。张郃看准时机，发起攻击。蜀军兵将各顾自己，纷纷逃散，马谡要禁也禁不了，最后，只好自己杀出重围，往西逃跑。

只有王平带领1000人马，稳守营盘。他得知马谡失败，就叫兵士拼命打鼓，装出进攻的样子，和魏军对峙。张郃害怕蜀军有埋伏，不敢再战。王平这才整理好队伍，不慌不忙地向后撤退，并收容了马谡手下的散兵。

魏军占领街亭，进入了陇右，战局发生逆转。

蜀军丢了街亭，失去了重要据点，丧失了战场优势和不少人马。诸葛亮失去了在陇右以强胜弱的战机，为避免遭受更大损失，他下令西县百姓千余家随军迁移。

诸葛亮回到汉中，详细查问街亭失守的情况。马谡也承认了他的过错。诸葛亮为严明军法，把马谡下了监狱，定了死罪。马谡自己知道免不了一死，在监狱里给诸葛亮写了封信，说："明公平日待我像儿子一样，我也把您当作父亲一样。这次犯了死罪，希望我死以后，明公能够像舜杀了鲧还用禹一样对待我的儿子，我死了也没牵挂了。"

诸葛亮杀了马谡，想起他和马谡平时的情谊，心里十分难过，流下了眼泪。以后，他真的把马谡的儿子照顾得很好。

马谡失守街亭，主要责任不在马谡，而在诸葛亮本人用人不当，他不用魏延等经验丰富的老将，而感情用事委任马谡，所谓智者千虑必有一失，而且是在非常关键的时候。对此，诸葛亮战后也有清醒的反思，他曾对部下说："这次出兵失败，固然是因为马谡违反军令。可是我用人不当，也应该负责。"于是，他上了一份奏章给刘禅，请求把自己的官职降三级。

刘禅就下诏把诸葛亮降级为右将军，仍旧办丞相的事。

诸葛亮首次攻魏，以优势兵力败北，要害的问题是用将不当，错用参军马谡。同时，马谡只有张郃的一半兵力，相差悬殊；蜀军深入魏境作战，人地生疏，难以就地取得支援，客观形势对蜀军甚为不利，使蜀军前军被歼，战略重地街亭易手，导致一着不慎，满盘皆输。胸有大度的诸葛亮，引咎自责，上书皇帝自贬三等，并忍痛挥泪斩马谡，表现了一代大政治家的高风亮节，成为后人敬仰的千古名相。

31．邓艾之谋

——灭蜀之战

魏国，自从明帝曹睿死后，齐王曹芳称帝，实际上是司马懿掌握朝中大权。司马懿死后，他的儿子司马师、司马昭相继执政。公元262年，司马昭害死了魏帝曹髦，认为内部已经稳定，魏国经过多年治理经济十分强盛，而蜀国自诸葛亮死后，国家失掉了顶梁柱，宦官当权，政治搞得一塌糊涂，便决心大举进攻蜀汉。司马昭任命钟会为镇西将军，都督关中，作伐蜀准备。同时扬言要先攻吴，以迷惑蜀国。

这时的蜀国，接替诸葛亮主政的大臣蒋琬、费祎都已不在了，蜀汉担任大将军的是姜维。

姜维有心继承诸葛亮的北伐事业，几乎每年都出兵攻打魏国，但是蜀汉的力量已经越来越弱，姜维不但不能够取得胜利，反而白白消耗了不少兵力和物力。他如今听说司马昭要来进攻蜀国，急忙把情况上报刘后主刘禅，建议派兵把守阳安关口（即阳平关，在今陕西宁强西北）和阴平（今甘肃文县西北）的桥头，做好防备。但昏庸的刘后主只宠信宦官黄皓。黄皓相信鬼巫之说，以为魏军不会进攻，刘禅也信以为真，把姜维的建议置之脑后，连群臣都不让知道。

公元263年，司马昭派将军邓艾、诸葛绪各带兵3万，钟会领兵十几万，分别从斜谷（今陕西眉县南）、骆谷、子午谷（在今陕西西安南）进军汉中。司马昭鉴于征蜀将领要远征西土，战胜后很容易拥猛将锐卒，割据一方，因此只任命二人为每个方向的主将，而不设全战主将，并派人进行监军，全战指挥由他自己遥控。

邓艾，棘阳（今河南南阳南）人，本是个屯田的农民，从小给人养牛。他是个结巴，自称名字艾时，总说艾艾。司马懿开玩笑问他，你说艾艾，到底是几艾？邓艾答得妙，说：《论语》中说凤兮凤兮，实际上只有一凤。所以后来形容口吃的成语，叫作"期期艾艾"，据说这个成语的后半截，就是从邓艾那里演化来的。因为口吃，邓艾没有资格当佐使，只发守稻田的丛草吏。后来做上计吏，见到当太尉的司马懿，向他建议并实施在两淮屯田，取得成功。邓艾就被提拔为将军，调到魏国的西线，防御蜀国。

蜀国后主刘禅见魏军真的来攻了，才仓促组织人马应战，遣右车骑将军廖化率一支人马前往增援姜维；派左车骑将军张翼和辅国大将军董厥率另一支人马，到阳安关防守汉中的外围据点。

九月，魏军三路大军开始发起进攻。在东南，钟会的主力部队三路齐进，而这时刘禅却不等援军到达，就令汉中各外围据点的蜀军撤退。魏军在没遇抵抗的情况下，迅速进入汉中，并随即进逼阳安关。蜀阳安关守将傅全坚守苦战，旋因部将蒋舒开城出降，傅全战斗而死。

魏军进占阳安关后，又长驱直入，进逼剑阁（今四川剑阁县西），威胁蜀都城成都（今四川成都）。与此同时，邓艾率领的西路魏军也展开攻势，使天水太守王颀、陇西太守牵弘、金城太守杨趋分别从东、西、北三面，进攻汉中的姜维。

姜维听得魏军进入汉中的消息，看到魏军声势浩大，知道抵挡不了，也担心阳安关有可能丢失，就把蜀兵集中到剑阁，守住关口要道。剑阁在今四川剑阁县西，有相连的小剑山和大剑山，山势特别险峻，到处是悬崖陡壁，道小谷深，易守难攻，但又是通往成都的通道。姜维利用这种有利于防守的地形，在此"列营守险"。

但是诸葛绪率领的中路魏军已从祁山进达阴平之桥头，切断了姜维的退路。姜维为调开桥头魏军，乃引军从孔函谷（今甘肃武都县西南）绕到诸葛绪后侧，攻击魏军。诸葛绪生怕自己的后路反被切断，忙命魏军后退30里。姜维趁机立即回头越过桥头。当诸葛绪觉察自己上当时，蜀军已远远离去，追赶不及了。姜维从桥头至阴平，续向南撤退，途中与正在北上的廖化、张翼、董厥等蜀国援军会合时，已获悉阳安关口丢失，遂退守剑阁。

不久，邓艾率军抵达阴平，他挑选精兵，准备与诸葛绪联合，避开剑阁，由江油（今四川江油北）直取成都。

诸葛绪一心想着攻击姜维，拒绝邓艾联军的建议，率军东去，与钟会军会合。钟会为扩大军权，密告诸葛绪畏懦不前，结果诸葛绪被征还治罪，其部归属钟会。

随后，钟会率军进向剑阁。钟会屡攻不下，不久魏军因粮食不继，军心动摇，遂有退军之意。

就这样，由于诸葛绪的失策中计，姜维顺利通过桥头，凭险守剑阁，阻挡了魏军的攻势，使之面临粮尽退军、前功尽弃的危境。

剑阁位于嘉陵江和龙斤山之间，有大小剑山相连，它处于丛山环绕、千仞壁立之中，有所谓"一夫当关，万夫莫开"之险。

在这功败垂成的关键时刻，邓艾提出了一个新方案。他看到蜀军主力守在剑阁，就准备率部偏师攻其不备，到剑阁西面的一条羊肠小道上，向南进军。

这是一步险棋。阴平至剑阁一线本来是人迹罕至的地方。这年十月，邓艾带领这支万余精兵，偷渡阴平（今甘肃文县西北）险道，行进在岷山中，翻越摩天岭，寻觅樵猎小径。部队逢山开路，遇河架桥，通过700里无人区，也没有被蜀军发现。

面对困难，邓艾身先士卒，遇到绝险处，以毡自裹，推转而下，将士皆攀木缘崖，鱼贯而进。最后，他们来到一条绝路上，山高谷深，没法前进。

这时候，邓艾的兵士随身带的粮草已经快完了，将士们都慌了神。

邓艾沉着机智，经过仔细勘察，选定了一个山口，用毡毯裹着身子，从悬崖峭壁上滚了下去，试探进攻的道路。兵士们看主将这样勇敢，大受鼓舞，也个个奋勇争先，攀着树木和山崖，蹬着刀砍斧削的陡壁，跟着前进，一个接一个慢慢地爬下了山，终于越过了这条绝路。几天之后，他们好像一队从天而降的神兵，突然出现在剑阁的后方江油。

驻守江油的蜀军没想到魏军会从背后杀出，没有任何防备，根本来不及组织抵抗，只好投降了。

江油失守后，后主刘禅派诸葛亮之子诸葛瞻阻击邓艾。诸葛瞻督诸军至涪城停驻。刚一打仗，蜀军前锋就被击败，诸葛瞻被迫退守绵竹（今四川绵竹）。

邓艾乘胜向绵竹进攻。他写信给诸葛瞻劝降，说："如果你肯投降，就推荐你为琅琊王。"

诸葛瞻大怒，当即下令斩了邓艾派来的使者。摆开阵势，要和邓艾拼个死活。

邓艾见诱降不成，就派他的儿子惠唐亭侯向邓忠、司马师纂向蜀汉军发动进攻。邓忠、师纂打了败仗，回来报告说，蜀军不可战胜！邓艾翻山越岭，千里奔袭，此时已是兵少粮缺，利在速战速决。邓艾听到邓、师二人的报告，勃然大怒，斥责他们说："是死是活在此一举，哪里有什么不可战胜之说！"要将二人推出去斩首。二人急忙率部返回战场，与蜀军决战，结果大破蜀军，蜀将诸葛瞻和他的儿子诸葛尚都战死了。

接着，邓艾率军直奔蜀汉都城成都。

蜀国的兵力多在剑阁，成都兵少，实际上无防守可言。成都的百姓想不到魏兵来得那么快，一听邓艾兵临城下，纷纷到山上树林里去避难。蜀汉朝廷更是乱成一团，不知所措。后主赶快召集大臣商量。有人主张后主逃向南中地区（今四川南部及云、贵部分地区），有人主张东投孙吴，但孙吴势力也日益衰弱，自身难保。光禄大夫谯周认为，现在魏国大军压境，不如趁早投降。

后主刘禅还想退向南方，在谯周的再三劝说下，待邓艾大军到达成都后，他就命令尚书郎李虎，带着户口簿和军队的花名册，连同粮草数目、金银财宝，全都献了出去。然后，他叫人用绳子把自己缚起来，带着象征蜀汉政权已经死亡的棺材，率领文武百官出城，亲自向邓艾投降了。

这样，由刘备、诸葛亮以及关羽、张飞、赵云等人流血流汗、苦心建立并经营了多年的蜀汉政权，就这样灭亡了。三国鼎立几十年，至此，蜀国灭亡，三角格局打破。

邓艾的一个奇策使整个魏军摆脱了困境。邓艾打进了成都，抢了灭蜀的头功，感到自己了不起，就骄傲起来，认为蜀地离魏都遥远，为了不耽误时机，坚持自行任命官职，安抚初附的蜀人。他还直接向司马昭上书："现在就可以准备战船，趁这次打胜仗的势头，沿江而下，一鼓作气灭掉吴国。"哪里知道，司马昭下了个命令给邓艾，说："凡事要先报告，军事行动不许自作主张。"邓艾看后气得要命。

正在剑阁与钟会对垒的蜀将姜维，得到邓艾袭击成都的消息，正想退兵去保卫成都，却接到后主的命令，要他向魏军投降。

蜀军将士接到这个命令，也是又气愤又伤心。有的兵士恨得拔出刀来，在大石头上乱砍。姜维倒是十分冷静。他跟将士们一合计，决定向钟会投降。钟会也赏识姜维是个好汉，把他当作自己人看待。两个人出门一块儿坐车，回到军营一起议事，要好得简直像一个人似的。

钟会没有想到，姜维利用他和邓艾之间的矛盾，劝钟会秘密写信给司马昭，告发邓艾谋反。司马昭本来猜忌心很重，接到钟会的报告，就用魏元帝的名义下了一道诏书，派人到成都把邓艾抓起来，用槛车押回洛阳。他怕邓艾抗拒，又命令钟会进军成都。钟会独揽大军，自以为功名盖世，不可复为人下，联合姜维，密谋叛魏独立，尔后攻取洛阳，以定天下。姜维则打算先促成魏军内乱，乘机恢复蜀国，同钟会结交，劝杀尽北来众将。不料消息泄露，魏军内发生兵变，先杀钟会和姜维，后杀邓艾。

蜀汉的灭亡，是三国鼎立局面解体的开始，它翻开了中国社会由分裂趋向统一的新的一页，是曹魏政权的一大历史功绩。作为这场战争的发起人，司马昭虽然由于刺杀魏帝，图谋篡夺曹魏天下的叛逆行为多为历代史家所不齿，但他在灭蜀战争中表现的超人勇谋智慧，却令人刮目相看。

32. 中流击楫

——祖逖北伐

东晋初年，匈奴人占领了中原。公元311年，新登位的刘聪派兵攻陷西晋京师洛阳，怀帝司马炽被俘，不久被杀死在平阳。洛阳城被烧掠一空，化为焦土，史称"永嘉之乱"。有许多人避难到南方来，祖逖也带了几百家乡亲来到淮河流域。

祖逖范阳（今河北涞水北）人，少年时代为人豪爽豁达，有胆有识，同情民间疾苦，立志济世匡时，先后被辟察孝廉、秀才，担任司州主簿，掌管文书簿籍。祖逖与同是司州主簿的刘琨是好朋友，两人都有报国之心，意气相投，常常共被同寝，睡到半夜，听到乡村的鸡叫，两人立即起床，相对起舞。这就是民间熟知的"闻鸡起舞"的故事。祖逖不久受西晋皇室诸王的器重，进入官府供事。

"永嘉之乱"后，祖逖率亲友数百家南下。迁徙途中，祖逖关心百姓，主动站出来做组织工作，把自己的车马让给老弱病残者，自己徒步走，还把粮食、衣服给大家共用。大家都十分敬重他，加上他富有胆识，处事公道，被推做首领，称为"行主"。

走到泗口（今江苏淮阴西南）后，祖逖手下已经聚集了一批背井离乡的北方壮士，都盼着祖逖带领他们早日收复中原。

于是，祖逖渡江来到建康，琅琊王司马睿任命他为徐州刺史，又征为军咨祭酒，迁居京口（今江苏镇江）。可是，祖逖不愿看着国破山河碎，自己苟且偷生，立志重返北方，收复失地，就向司马睿请求北伐。他说："晋室之乱，主要是由于诸王争权夺利，自相残杀，使胡人（匈奴）乘机攻进中原。现在中原的百姓遭到敌人的残酷迫害，人人都有奋起反抗之志。只要大王能发挥自己的影响，下令出兵，我等甘愿带头统兵，收复失地，那样一定会得到各地人民群起响应，国耻可雪。"

一直在江南经营的司马睿只想做偏安江南的"小皇帝"，正忙着建立东晋政权，无心北伐恢复中原，不过听祖逖说得有道理，也不好推辞，勉强答应了他的请求，下令北伐，派祖逖为奋威将军、豫州刺史，作为北伐军的统帅。但只拨给他1000人吃的粮食和3000匹布，叫他自己想办法招兵买马，制造兵器。

祖逖欣然领命，整饬人马，组成一支队伍，带着随同他一起来的几百家乡亲，于这年八月，横渡长江北上。船到江心的时候，祖逖面对滔滔江水，感慨万千，他敲击船桨，当众立下誓言："我祖逖如果不能扫平占领中原的敌人，决不再过这条大江。"他那激昂的声调和豪壮的气概，令壮士们无不感动，大家齐心协力，同仇敌忾，决心背水一战。

渡过长江后，祖逖一行先屯驻淮阴（今江苏淮阴西南），建冶铁炉场，打造兵器，同时招兵买马，很快募得2000多人马，然后继续北上。

公元317年，祖逖率部来到太丘。此时，不少豪强地主，趁中原大乱的机会，占据堡坞，互相争夺。祖逖在南中郎将王含部下的协助下，先是收复了谯郡（今安徽亳县），经过和谈和军事进攻，打败了当地的坞主张平、樊雅，收服上千人，然后说服其他地方的坞主停止内争，和他一起北伐，对不听号令、依附敌人的，就坚决打击。对在战乱中所获的男女老少百姓，全都放他们回去，所以他深得民心。祖逖攻占谯郡惊动了后赵主石勒，他立即派他的儿子、后赵大将石季龙（即石虎）率5万大军进围谯城。

祖逖再次派人向中南郎将王含求救，王含派参军桓宣前来支援。石季龙闻报，急忙收兵。桓宣也是一员有名的虎将，曾先后力战石勒，屡建战功，祖逖非常器重他，奏请朝廷留桓宣为谯国内史，协助自己。

这时，祖逖听说局势发生新的变化。公元317年，晋琅琊王司马睿在建康（今江苏南京）称帝，建立起东晋王朝。又过了两年，族人石勒正式建立政权，自称赵王，史称石勒政权为后赵。陈留地方的豪强地主陈川害怕祖逖，投靠了石勒。

陈川是蓬陂（今河南开封东南）坞主，祖逖攻击樊雅时，他曾派兵支援。此人本性贪残凶暴，到处派兵劫掠，无恶不作，祸害百姓。祖逖决定发兵进攻陈川。

祖逖的部队开始进攻陈川的蓬关时，石勒派他的儿子石季龙领兵5万渡过黄河，支援陈川。祖逖初战不利，便退回梁国（今河南商丘南）。

石勒又派部将桃豹占领蓬关，祖逖为了保存实力，率军退到淮南（今安徽寿县）。

第二年，祖逖卷土重来，派部将韩潜夺取陈川故城东台。石勒部将桃豹据故城西台，两军对垒。韩潜开东门出入，桃豹从南方放牧，两军经常互相攻战，难分胜负。

祖逖见硬攻难以奏效，苦思良策，决定以智破敌。

这时，两军相持40多天，军粮都吃完了，开始闹饥荒。祖逖就决定在军粮上做文章。

有一天，祖逖让兵士们用布袋装满了泥土，派1000多名士兵扛着，装作运粮的样子，运到了晋营台城。他让最后的几个兵士担着几袋米，走到半路上故意停下来休息。

桃豹看见这种阵势，真的以为晋兵运来那么多米，非常眼红，派出大批兵士趁晋兵休息的时候去抢米。晋兵也不反抗，丢下米袋就逃。赵营里早已断了粮，抢到一点米，也仅够勉强维持几天，再想想台城晋营里一堆堆装得满口袋的米粮，大家感到祖逖军粮食充足，兵强马壮，而自己却已缺粮多时，难以支撑，军心就动摇起来。

桃豹无计可施，只好派人向石勒求救。石勒很快派了1000头驴子运来粮食，支援桃豹。祖逖早就得到情报，事先在送粮队经过的道路上埋下伏兵，把后赵的粮食都截夺下来。桃豹再也支持不住，当天夜里就率部逃走了。

接着，祖逖指挥部队连续作战，四出截击石勒的部队。石季龙被打败，带着陈川回襄阳去了。石勒亲自出战，和桃豹等阻击祖逖，也被祖逖打退了。祖逖占领了雍丘（今河南杞县）。石勒不甘心失败，又派出上万精锐骑兵袭击祖逖的部队，又被祖逖指挥部队给打了回去。就这样，祖逖很快收复了黄河以南的全部领土，石勒的兵士也纷纷降服祖逖。祖逖的北伐，得到北方地区百姓的拥护和响应，他团结各种地方势力，共同对付少数民族政权的武装，常常出奇制胜，因而取得了很大的成效。

晋元帝司马睿得到捷报，也不得不再作些姿态，提升祖逖为镇西将军。随后，祖逖操练士兵，扩大兵马，积蓄力量，准备继续北伐，收复黄河以北的国土。哪里想到，晋元帝见祖逖在河南势力大振，对他很不放心，怕祖逖势力太大不好控制，就派戴若思任征西将军，统管司、兖、豫、并、幽、冀北方六州的军事，叫祖逖归他指挥。

祖逖历经千辛万苦收复失地，反而受到朝廷的牵制，又听说宫廷斗争激烈，心里又是忧虑又是气愤，很快就得病死了。不久，东晋内乱爆发，祖逖收复的黄河以南广大地区，又被后赵等军攻占。就这样，祖逖北伐的战果，因为东晋朝野内部争权夺利而化为乌有。

祖逖虽然未能完成恢复中原的夙愿，但他那中流击楫的英雄气概，追求和平的执着精神，一直被后人所传诵。

33．胜者易疯狂

——苻坚攻晋

公元357年，苻坚在北方的前秦国自立为王。苻坚是前秦丞相苻雄的儿子，他从少年时期就有宏图大志，并且博学多才。他当上前秦的皇帝后，任用了许多有才能的人，帮助他治理朝政，发展经济，加强军力，在一定程度上使前秦国出现了"兵强国富"的局面。

苻坚积极向外扩张势力，他先后灭掉前燕、代、前凉等割据政权，初步统一了北方黄河流域。这使苻坚本人的雄心越发增大，开始向南扩张，在公元373年攻占了东晋的梁、益两州，这样长江、汉水上游就纳入了前秦的版图。

接着，苻坚派他的儿子苻丕和慕容垂、姚苌等率十几万大军，分兵几路进攻东晋的襄阳。守襄阳的晋将朱序坚决抵抗。用了将近一年时间，前秦雄师占领了襄阳、彭城两座重镇。苻坚把朱序俘虏了，送到长安。苻坚认为朱序能为晋国坚守襄阳，肯定是个有气节的忠臣，就把他收在秦国做了官员。

苻坚接着又派十几万大军，从襄阳向东进攻淮南。东晋守将谢石、谢玄率领5万大军，水陆两路进攻，把前秦军队打得一败涂地，使前秦军士气受挫，晋军士气大振，前秦邵保、都颜等将领战死，另有两位战将逃回国内后，一个自杀，一个被罢免为普通百姓。

这时，前秦的疆域已十分辽阔，东起今朝鲜半岛的东海岸，西至今帕米尔高原，北起今贝加尔湖北端，南达今云南省之中部。

随着前秦的不断强大，顺利统一了北方，苻坚的傲气也越来越大，对自己的力量作了过高的估计，不肯就此罢休，怀着统一全国的雄心壮志，孜孜于大起军旅，攻打江南。

公元382年10月，苻坚认为攻晋的时机已经成熟，打算亲自挥师南下，一举攻灭东晋，统一四海。在兴师之前，苻坚将群臣召集到太极殿，商议发兵灭晋的事。他用威严的目光扫视了一下，信心十足地说：

"朕自继承帝业以来，已近30年，东征西战，四方大致已经平定，只有盘踞在东南的晋国，还不肯降服。现在，我们有97万精兵，良将千员。朕打算亲自带领去讨伐晋国。不知你们认为怎么样？"

大臣们各有想法，听了他的这一席话，便议论纷纷，一些惯于见风使舵、拍马屁的人极力附和，把苻坚的战功狠狠吹捧了一番。

秘书监朱肜奉迎说："陛下顺从天意亲征东晋，定会兵不血刃，夺取全胜。晋主不是奉玺请降于营门之外，也是逃亡而死于江海之中。令中原的士民回归故里，重建家园，陛下然后转车向东巡视，封禅于泰山，此乃千载难逢的良机。"

京兆尹慕容垂（鲜卑族）等人心怀复国的异志，也鼓励苻坚出兵，推波助澜。

但是多数大臣不同意出兵。尚书左仆射权翼激昂地说："晋国虽小，晋室虽弱，但是他们的国主还没犯什么大错和失误，谢安、桓冲这样的文武大臣都是江东的豪杰，上下齐心，团结一致。咱们要大举攻晋，恐怕不是时候。"

苻坚听了权翼的话，立即拉长了脸。这时，太子左卫率武将石越也奏道："臣以为，权翼之言很有道理。晋国不但君臣一心，而且据有长江天险，再加上百姓都为其所用，只怕我们不能够取胜。"

苻坚听了更加生气，大声说："长江天险有什么了不起，以前夫差、孙皓都以江湖作防御，也免不了灭亡。如今我们的军队那么多，大家把手里的马鞭子投到长江里，也可以使长江的水断流。他们还有什么天险作屏障？"

议论了半天也没有结果。苻坚见群臣反对他的攻晋决策，便结束朝议。随后，苻坚又与他的弟弟阳平公苻融相商。

苻融智勇双全，深得苻坚的信任。但这时他也不同意出兵。他默默地坐在桌子旁边，没有吭声；苻坚再一次逼问他，他才说："依我看来，目前攻晋有三大困难：首先，北方的许多人心里还向着晋国，目前出兵时机不利；其次，晋国内部还团结，没有任何可乘的机会；再有，我军连年征战，士兵十分疲劳，他们都有怨言。所以今天会上大家反对出兵，是有道理的，希望陛下采纳他们的意见。"

接着，苻融又进一步指出："目前，鲜卑人、羌人、羯人布满了京城附近，他们都和我国有深仇。如果陛下率军南征，只留下太子和一些老弱士兵看守京城，我真担心他们会起来叛乱，到那时候，后悔就来不及了。还望陛下三思而行！"

可是苻坚都听不进去，固执地认为，自己拥有雄兵百万，资财如山，依靠自己的勇武才智，乘累累战胜的声威，以强击弱，犹如秋风扫落叶一样，垂危的东晋政权会迅速消灭。

打那以后，前秦的众多大臣苦口婆心地劝阻苻坚不要南下攻晋。苻坚的爱妃张夫人和太子宏、幼子诜也都一再劝他不要轻举妄动。

但是苻坚对这些意见依然置若罔闻。有一次，京兆尹慕容垂进宫求见，苻坚想听听他的看法。慕容垂说："强国吃掉弱国，大国并吞小国，这是自然的道理。像陛下这样神明英武的君王，顺天而动，声威震海外；手下有雄师百万，满朝都是像韩信、白起一样的良将谋士，要灭掉小小晋国，不在话下。一个小小的江南，独违王命，不可再让它存在下去，否则会贻害子孙。陛下只要自己拿定主意就是，何必去征求那么多的意见呢！"

慕容垂的这番话，更坚定了苻坚攻晋的决心。

公元 383 年 7 月，苻坚下令，诏募平民每十人出兵一人，富豪人家 20 岁以下的从军子弟，凡强健勇敢的，都任命为禁卫军军官。并扬言说："我们胜利了，可以用俘虏来的司马昌明（即晋孝武帝）做尚书左仆射，谢安做吏部尚书，桓冲作诗中。看情况，得胜还师指日可待，可提前替他们在京师建好府邸，虚宅以待。"

苻坚由于如此轻敌，自然对军队的调集、战争的准备、战略策略的制定等方方面面的问题，十分轻率和粗略。对东晋的战争实力、抵抗意志、军队数量、作战素质等，更是一无所知。于是，这年八月毒日热照的暑天，苻坚亲率 90 万大军，号称"劲卒百万"，兵分三路，冒着烈日从长安城出发。

只见向南的大路上，烟尘滚滚，步兵、骑兵，再加上车辆、马匹、辎重，队伍浩浩荡荡，在东西长达几千公里的战线上，水陆并进，运船万艘，南下攻晋，兵士们高声呼叫着炫耀军力。夜晚，兵营里篝火燃起的时候，天上的星光都黯淡了。其声势之大，在历史上也罕见的。从东到西一万多里长的战线上，前秦水陆两路进军，向江南逼近。

前秦来攻的浩大声势，传到东晋国都建康，晋孝武帝和京城的文武官员一个个惊慌失措，不知如何对付。宰相谢安却非常镇静。

谢安，字安石，陈郡阳夏（今河南太康）人，他的祖上原先是北方的地主，以后全家迁到了江南。谢安文武双全，很有智谋，是一个了不起的政治家和军事家，也是东晋四大高门王、庾、桓、谢中谢氏代表人物。谢安年轻的时候，朝廷召他出来做官，他不肯，后来他在会稽（今浙江省上虞县西南）隐居起来。40 岁时，再入仕途，为司马，不久升吏部尚书、中护军等要职。东晋重臣桓温死后，谢安一步步升到中书监、录尚书事、领扬州刺史等职，此时为东晋宰相，执掌朝政。

这次前秦大军压境，谢安被孝武帝任命为战时最高统帅征讨大都督。

晋朝军民都不愿让江南陷落在前秦手里，大家都盼望谢安早拿主意。

谢安是一个经验丰富的良相，他听说苻坚率领百万大军来攻东晋，知道在大敌逼近的关键时刻，自己的一言一动，都会直接影响人心士气，所以故意装出若无其事的样子，外出游玩，谈笑风生。他的弟弟谢玄向他请示退兵之策，谢安只说"已经安排好了"，说完便不再理会谢玄。谢玄不敢再问，便命部将再请示，谢安不但不作回答，反而带着亲朋好友出去游玩，直到深夜才回来。

东晋荆州方向的统帅车骑将军桓冲，担心京师有失，派3000名精锐骑兵增援建康。谢安坚决不收，他告诉桓冲，朝中不缺部队，让他留着加强西方的防卫力量。桓冲知道朝中军力虚弱，非常忧虑。

大敌当前，谢安就是这样的沉着、冷静，从容不迫，并且充满胜利的信心。看到宰相这样，满朝文臣武将的心也都镇定下来了。

谢安当然不是真的去游山玩水，而是紧张筹划应敌之策，密令部队加紧备战迎敌。谢安首先下令把淮河以北的老百姓迁到淮南，实行坚壁清野，防止前秦掠夺东晋的壮汉劳力，同时用以补充自己的兵源。

谢安推派自己的弟弟谢石为征讨大都督，指挥全军。这时，谢玄创建训练的"北府兵"数量虽不到10万，但战斗力极强。淮南是东晋京师北面的屏障，所以谢安把谢玄统领的主力8万北府兵摆在淮南，以阻止前秦的前锋部队向淮南推进。派桓冲为江州（今湖北东部和江西西部）刺史，率10万水军，控制长江中游，阻扼秦军由襄阳南下。另外，派将军胡彬，率领5000名水军去增援寿阳（今安徽寿县）。他自己坐镇建康，摆开了与前秦大军决战的态势。

苻融率领的先锋部队，日夜行军，用了一个月赶到淮河北岸。苻坚依仗着兵力雄厚，不等后面的大部队到齐，就赶忙命苻融抢占寿阳。

十月十八日，苻融率领前秦军前锋，攻占淮水两岸的水陆交通枢纽寿阳，生擒晋平虏将军徐元喜等人。与此同时，秦前锋军慕容垂率军攻占了东晋占据的郧城（今湖北安陆县境）。

这时，东晋龙骧将军胡彬率领5000名水军沿着淮河向寿阳进发。走到半道上，胡彬得知寿阳已经被苻融攻破，只好退到硖石（今安徽凤台西南）扎营，等待谢石、谢玄的大军会合。

硖石是淮河中游的重要隘口，淮河穿越硖石山而过，两岸地势十分险峻，是阻止秦军沿淮水推进的交通要道。苻融占领寿阳以后，即攻击硖石，同时派部将梁成率5万人进攻军事要地洛涧（在今安徽淮南东），并在洛口（洛涧入淮处）设置了许多木栅，截断了胡彬水军的后路，也把谢玄带领的8万晋军阻挡在洛涧东岸。

胡彬的部队被围困起来，军粮一天天少下去，情况十分危急。为了迷惑敌人，胡彬命令士兵们拿着簸箕，天天在河岸上扬簸沙土，使远处秦军看见好像是在簸米，表示自己的军粮还很充足。同时，胡彬派出兵士送信向谢石求救说："现在敌人来势很猛，我军粮食快完了，恐怕没法跟大军会合了。"

可是，胡彬的信使偷越秦军阵地时，被秦兵截获。苻融看了胡彬的求救信，以为晋军兵力少，粮食不足，可以轻易打败，便立刻派快马到项城去告诉苻坚。

狂妄自大的苻坚正在为攻占项城沾沾自喜，一连得到秦军前锋的捷报，更是喜出望外，更加骄傲起来。他把主力留在项城，只率8000名轻骑兵，急匆匆赶到寿阳。苻坚没有想到，他的这步棋，打乱了自己的指挥中枢。

苻坚生怕晋军得知他亲自到寿阳，会吓得退守长江，增加灭晋的困难，就下令说："谁敢说出我到了寿阳的消息，割了他的舌头。"

苻坚到寿阳后，跟苻融一商量，一致认为晋军已经不堪一击，就准备派使者到谢玄那里去劝降，企图不战而胜。

那个被派出的使者不是别人，正是前几年在襄阳坚决抵抗秦军、后来被俘虏的晋将朱序。朱序被俘以后，虽然被苻坚收用，在秦国当了个尚书，但是心里一直向往着晋朝，日夜思念着家乡。如今他看到前秦与东晋作战，认为自己为东晋出力的机会到了，所以到晋营见了谢石、谢玄，像见了亲人一样高兴，不但没按照苻坚的嘱咐劝降，反而将秦军的详细情况一一向谢石报告。他说："这次苻坚发动了百万人马攻打晋国，秦军主力正在开进途中，如果百万人马都集中到一起，恐怕晋军难以战胜。现在趁他们人马还没到齐的时候，迅速发起进攻，集中力量打败他们的前锋，挫伤他们的锋锐，就可以击溃秦全军了。"

朱序还答应做晋军的内应，来个里应外合。

谢石考虑再三，认为寿阳的秦军兵力很强，没有把握打胜，还是坚守为好。儿子谢琰再三劝父亲谢石听朱序的话，尽快出兵。

谢石、谢玄经过一番商议，就派北府兵名将刘牢之率领 5000 名精兵，先对洛涧的秦军发起突然袭击，以便扫除西进障碍，并解硖石之围。

刘牢之接到命令，就在当天夜里，带领 5000 名北府兵，借着星光，向洛水出发。听说要向秦军发动攻击，北府兵人人摩拳擦掌，战斗情绪异常高昂。

晋军来到离洛水十里路的地方，刘牢之接到前哨的报告说：梁成的部队，在洛水对岸扎下了营寨，黑压压的一大片，但是一点动静也没有，好像已经进入梦乡了。刘牢之立即向部队下了急行军的命令。北府兵 5000 人马强渡洛涧，像猛虎下山一样，趁敌不备，勇猛地冲破了秦军的前沿阵地，呐喊着杀向敌人的大营。秦兵们正在酣睡，还没有来得及弄明咋回事，许多人就被晋军杀死了。

梁成从梦中惊醒，听到帐外的喊杀声，吓呆了。他慌慌张张地爬起来，披上铠甲，翻身上马，正想抵抗，只见刘牢之一马当先，手执长枪，直向梁成的营帐冲来，正好和梁成相遇。两人大战了十几个回合，梁成胆怯手软，渐渐招架不住，被刘牢之一枪刺于马下。

失去主将的秦军，哪里是北府兵的对手，勉强抵挡一阵，败了下来。秦军大乱，兵士争先恐后渡过淮河准备逃走，可是大部分掉进河里，被水淹死了，15000人被杀被俘，军械物资全被晋军缴获，前秦将领梁悌等人成为晋军俘虏。

洛涧之战，晋军以5000人打败了10倍于己的强敌，是一次关键性的胜利，为下一步打败秦军打下了基础。处于劣势的晋军士气大振，秦军却因此产生了畏惧心理。

34. 以少胜多

——淝水决战

安徽省寿县城北,有一座八公山。成语"八公山上,草木皆兵"指的就是这座山。这个成语故事,就是出自紧接着洛涧大战而进行的淝水决战。

洛涧大捷,大大鼓舞了晋军的士气。谢石、谢玄命令刘牢之继续援救硖石,亲自指挥大军,沿淮河水陆并进,直逼淝水(今淝河,在安徽寿县南)东岸,把人马驻扎在八公山边,部署列阵,军容整齐,将士精锐,斗志高昂,与淝水西岸驻扎寿阳的秦军隔岸对峙,大战一触即发。

苻坚派朱序到晋营劝降后,一直等待晋军投降的消息,突然听到洛涧失守,十分恼怒,沉不住气了。他在苻融陪伴下,来到寿阳城楼上察看对岸形势。苻坚一眼望去,只见对岸八公山上密密麻麻全是旌旗,晋军一座座营帐排列得整整齐齐,手持刀枪的晋兵来往巡逻,阵容严整威武。苻坚心中开始产生畏惧感,有点害怕了,他转过头对苻融说:"这确实是强劲的敌人啊!怎么能说他们弱,不堪一击呢?"再往远处看,又望见淝水东面八公山上的草和树木,隐隐约约不知道有多少晋兵。所以心里更是畏惧。其实,此时八公山上并没有什么晋兵,不过是苻坚心虚眼花,把八公山上的草木都看作晋兵了。这就是"草木皆兵"典故的由来。于是,苻坚命令秦兵严密防守。晋军没能渡过淝水,谢石、谢玄十分着急。如果拖延下去,只怕各路秦军到齐,对晋军不利。

谢石率军逼近淝水，秦军骠骑张蚝渡过淝水迎战，小败晋军。于是，谢玄、谢琰率精兵数万，严阵以待。张蚝也退过淝水，临淝水列阵。

由于苻坚求胜心切，过早地同晋军在淝水决战，前秦与东晋在淝水两岸对阵的兵力只有中路，最后与晋军进行决战的则只有中路的前锋部队，而且这支部队首次在洛涧失利，已被歼5万，优势和锐气大减。

秦军为引诱晋军渡河决战，就在阵中只打出小将旗帜，显示没有大将重兵在那里驻扎。可是，晋军坚壁不出。

谢玄决定利用苻坚的这一心理，用计调动敌军后退，寻找战机，发动突然袭击，一举击溃。这天，谢玄派人给苻坚送去一封信，说："您带了大军深入晋国的领土，而且在淝水边摆下阵势，按兵不动，这不是要速战速决，而是准备持久作战。如果你们能把阵地往后稍稍移动一点，腾出一块地方，使我军能够渡过淝水，让双方将士在战场上比一比输赢。您与我并肩观战，不是更好吗？"

前秦军诸将都认为这是晋军的诡计，主张前秦军队仍应阻遏淝水，东晋兵少，前秦兵多，这是万全之策，所以劝苻坚不可上当。苻坚心想，要是不答应后撤，不是承认我们害怕晋军吗？他自恃兵力众多，急于决战，就对将领们说："他们要我们让出一块阵地，我们就撤吧。等他们正在渡河的时候，我们派精锐骑兵猛扑上去，逼水冲杀，保管能把他们消灭。"

约定渡河的时刻到来了。苻坚坐着装饰着云母的华丽战车，由几员战将簇拥着出了寿阳城。苻融披上了铠甲，骑着马到了阵前。苻坚向对岸看了一下，就叫苻融传下将令，命令全军后退，以便腾出战场，让晋军渡过河来决战。

晋军也按照约定开始渡河。这时，苻融想乘晋军还没有列阵之际，向其发动攻击。可是苻坚却改变了主意，不让出击，说："晋人长于水战，我则善于陆战，应等他们全部上岸，背水而阵，便可一举全歼。"因而继续指挥秦军后退。

没料到，许多秦兵是被强迫征调来的老百姓，根本不愿打仗，秦将中也有不少人是暂降苻坚的少数民族首领，各怀心志，所以唯恐秦军不乱。将士们一听到后撤的命令，撒腿就跑，队伍一退而不可止。

谢玄率领8000名北府骑兵，趁势飞渡淝水，向秦军猛攻。朱序趁机在秦军阵后大叫起来："秦兵败了！秦兵败了！"后面的兵士看到前面的秦军往后奔跑，以为真的败了，也转过身跟着往回逃跑，四处乱奔，自相践踏而死的，不计其数。苻融见此情景，大吃一惊，气急败坏地挥舞着剑，想稳住阵脚，可是秦兵已经不听指挥，争先恐后，像潮水般地往后涌来。一群乱兵冲来，把苻融的战马冲倒了。苻融挣扎着想站起来，晋兵从后面赶上来，一阵乱刀把他砍死了。主将一死，秦兵更是像脱了缰绳的惊马一样，四处乱奔。

站在阵后的苻坚看到情况不妙，立即骑马拼命逃走。不料一支流箭飞来射中他的肩膀。苻坚顾不得疼痛，一口气逃到淮北才停下来。

前秦军全线崩溃，完全丧失了战斗力，一时兵败如山倒。谢玄等指挥晋军乘胜追击，一直追杀到寿春城西30里的达青冈才收兵。前秦兵没命地溃逃，被挤倒的、踩死的兵士，漫山遍野，堵塞大河。那些逃脱的兵士，一路上听到风声和空中的鹤鸣声，以为是晋兵追来，吓得不敢停下来，更没命地拔脚向北逃窜。成语"风声鹤唳"就是这样来的。

这一仗，秦军被歼灭得十有八九，苻坚本人也中箭负伤，仓皇逃至淮北。

经过这场大战，强大的前秦元气大伤。苻坚逃到洛阳，收拾残兵败将，只剩下十几万。但是慕容垂的兵力却丝毫没受到损失。鲜卑族的慕容垂和羌族的姚苌终于背叛了前秦，各自建立了新的国家——后燕和后秦，苻坚本人也被姚苌杀了。

淝水之战后，晋军乘胜反攻。谢玄率军攻克彭城等地，黄河以南诸城的前秦守军，望风而降，东晋收复了淝水战前丢失的全部地区，而且还乘机向北扩展地盘。

　　前秦发动的旨在击灭东晋的淝水大战，是中国古代战争史上规模空前的大战役。前秦王苻坚率 90 万大军，怀着统一全国的雄心壮志，欲一举灭亡东晋，却败在东晋谢安 8 万人的手下。前秦的主力大军损失大半，失败之惨，也为中国古代战争史上所罕见。随着在战场上的败北，前秦政权随之瓦解，并导致中国北方出现四分五裂、混战不休的战乱局面。

35．师要过险

——刘裕北伐

刘裕祖籍徐州彭城（今江苏省徐州市），出身于破落士族，据传是汉宗室的后代。因为贫穷，没能入学读书。长大后，种过田，打过渔，还做过小贩，后来从军，加入东晋谢玄组建训练的北府兵。由于勇敢善战，足智多谋，屡立战功，很快成为著名将领刘牢之手下的一名高级将领，升任建武将军、下邳太守等职。东晋元兴元年（公元402年），荆州刺史桓玄起兵叛乱，攻入京城建康，废晋帝自立，逼夺刘牢之兵权。刘牢之自杀身亡，刘裕联合北府兵何元忌、刘毅等将领举义，打败桓玄，拥戴晋安帝复位。刘裕为东晋新朝廷立下了汗马功劳，先是以侍中、都督中外诸军事，南徐、南兖二州刺史等职，镇守京口，遥控朝政。不久又入朝加扬州刺史、录尚书事，实际上掌握着朝廷的大权。

刘裕勇悍善战，胆略过人，是一个极为出色的军事家、军事统帅，但政治野心也不小，一直想取代东晋，可是政治资本又不够，就想通过北伐打仗来提高自己的威望。正好南燕主慕容超于公元409年二月，以抢夺东晋的乐伎为名，派骑兵攻略东晋宿豫（今属江苏）、济南（今山东济南）等地，抢走了众多财物和人口。

南燕是鲜卑族建立的一个政权，主要统治区在今山东地区，都城广固（今山东益都西北），与东晋接壤，拥有强大的骑兵，曾多次用精骑兵深入东晋腹地掠夺。南燕主慕容超暴虐无道，迷于游猎游乐，大失人心。

刘裕早就想灭掉南燕，所以就上表晋安帝北伐，欲灭南燕。

四月中旬，夏日正长，江水方涨。刘裕自建康出发，率水军溯淮河入泗水，连同步骑兵共10余万，经过琅琊，准备进攻广固。

从琅琊经莒到广固的路最近，可是必须翻越大岘山。这座山高70丈，周围20里，山上的穆陵关仅能通过一辆战车，十分险峻。因此，许多晋军将领都不主张冒险翻山，只有刘裕料定南燕不会在此设重兵，果断地挥军翻山越岭，果然没有受到燕军拦截。

刘裕大喜，说："我大军已过岘山险关，将士必有死战的信念；田里到处是庄稼，我已无断粮之忧，这一仗必胜无疑。"

刘裕大军翻过大岘山后，直抵广固南面屏障临朐。南燕朝廷立即派铁骑万余前来迎战，国主慕容超亲自督阵。

为对付南燕骑兵，刘裕立即对部队进行混合编组，将战车4000辆分为左右两翼，双车并行，缓缓而进，车上都张设布幔以防弓矢，步兵夹在战车之间，骑兵则在两翼及车后，为游军，负责掩护警戒，以战车抵御南燕骑兵的冲击，以步骑兵实施进攻，车、步、骑三者协同作战。

晋军进至距临朐数里的地方，刘裕命兖州刺史刘藩、并州刺史刘道怜等一起发起攻击，双方激战过午，未分胜负。

这时，由于南燕军倾巢出动，临朐守城兵力薄弱。刘裕采纳参军胡藩的计策，以奇兵偷袭临朐，一举攻克。慕容超非常震惊，奔往城南段晖军。

刘裕得知已克临朐，大军奋击，南燕军大败，段晖等10余名将领被杀，慕容超率残部逃回广固。刘裕挥师追击，直抵广固城下，一举攻克广固大城（外城）。

慕容超着急了，火速派人向后秦讨救兵。

当时，后秦是北方强国。后秦国主姚兴派使者到晋军大营去见刘裕，威胁说："燕国和我们秦国是友好邻国。我们已组织10万铁骑驻扎在洛阳。你们如果不退回去，我们就长驱而进。"

刘裕当即识破了后秦这种虚张声势的诡计，冷冷一笑说："你回去告诉姚兴。我本来打算灭掉燕国之后，休整三年再来消灭你们，夺取洛阳、关中地区。如果你们愿意现在来送死，那就赶快来吧！"

使者走了以后，刘穆之不解地问刘裕："您这样回答他，非但不能威吓敌人，相反会激怒了姚兴。如果秦兵真的来攻，我们怎么对付？"

刘裕泰然答道："俗话说兵贵神速，秦国如果真的要出兵救燕，就会封锁消息，秘密出兵，绝不会先派人来警告我们。这完全是姚兴虚张声势，吓唬我们。我大军已有多年没大举北征过，现在姚兴看到我们攻燕，一定会非常担心，他现在自身难保，哪有什么能力救人呢？"

正如刘裕所料，后秦因为正在同夏国交战，并且被比它小的夏国打败了，无力出大军救南燕。

刘裕督兵挖了3道长堑壕，并筑起高3丈的长围子，将燕军围了起来。这年7月，刘裕派人截获了外出求援的南燕尚书郎张纲，就让他制作攻城器械，又让他绕城大呼，说后秦派不出援兵，动摇广固守军的信心。

刘裕还采用招降政策，将南燕大将垣遵、垣苗兄弟等争取了过来。到了第二年2月，刘裕向被困6个月的广固城发动总攻，南燕尚书悦寿开城投降，慕容超突围被俘。

就这样，没费多少工夫，刘裕就把南燕消灭了。

过了几年，已升任东晋太尉的刘裕平定了南方的割据力量，趁后秦主姚兴死，内部混乱的机会，再一次北伐，攻打后秦。他让尚书左仆射刘穆之管理朝政，组织粮草，以供应作战的部队，自己率水陆大军8万，兵分五路，开始北上讨伐后秦。

刘裕亲率大军进驻彭城（今江苏徐州），统一调度诸军，以便相机行事。以大将王镇恶、檀道济带领步兵，从淮河一带出兵向洛阳方向进攻，自己亲自率领水军沿着黄河进军。

都督王仲德带领人马做先锋，沿黄河向西进，很快就到了滑台（今河南滑县东)。滑台是北魏的属地,北魏滑台守将尉建害怕刘裕大军,弃城而逃,晋军占领滑台。

这时,北方鲜卑族建立的北魏开始强大起来,它的势力已经发展到黄河北岸。北魏明元帝拓跋嗣派大将叔孙建、公孙表率兵渡河,质问晋军为什么侵夺滑台。王仲德立即派人说明尉建主动放弃,晋军才进入滑台的。刘裕也派人向拓跋嗣解释,晋军只想借道伐秦,对北魏无恶意。可是,北魏害怕刘裕的势力,不敢宣战,为了预防刘裕攻打自己,他们在黄河北岸设了许多防哨,严阵戒备。

这时,由王镇恶、檀道济两位将军带领的另一路大军,沿淮水、泗水北上,连克阳城、荥阳(今河南荥阳东北),进至成皋(今河南荥阳西北)。再沿黄河向西前进,一直打到洛阳。后秦洛阳守将姚洸急忙一面向长安求救,一面派赵玄率精兵千余人南守柏谷坞(今河南偃师东南),广武将军石元讳东戍巩城(今河南巩义西南),抵御晋军。王镇恶等从成皋等地,长驱直进,石元讳吓得赶紧逃回洛阳。赵玄与晋军在柏谷坞展开激战,兵败被杀。

晋军直抵洛阳。洛阳的守将姚洸看东晋势力强大,被迫打开城门投降。龙骧将军王镇恶进入洛阳后,俘虏了后秦的兵士4000多人,接着又把他们放了,让他们回家,秦国的人都很高兴。

这时,东晋朝廷下了诏书,任刘裕为宰相,封为宋公,并且授给他九锡之礼。九锡,在朝廷中只有一个可以授,一旦授了九锡,他的地位就只在皇帝之下了。这说明当时刘裕的地位已经很高。

秦王姚泓听说洛阳失守,急忙派太守姚绍同武卫将军姚鸾,带领5万兵马去援助潼关。王镇恶从洛阳进军很快攻陷了渑池,打到了潼关。姚绍的队伍与龙骧的队伍遭遇,秦军大败,5万人马损失了一大半。姚绍只身逃回定城(今陕西华阴县东)。

姚绍以为晋军孤军深入,兵少粮寡,就派姚鸾率军断晋军粮道。沈林子率精兵趁机袭击姚鸾的军营，杀姚鸾及其将士数千人。姚绍又派大将姚洸驻军黄河之上，切断晋军水路，又被沈林子击败，退回定城。

姚泓听说秦军又战败了，非常着急，就向魏国皇帝拓跋嗣求援，希望魏国能帮助他打败晋军。

这个时候，刘裕也派使者到北魏，想借北魏的水道向西进军。刘裕的部队是这次讨伐的主力，他带兵从彭城沿着淮河向北，又从淮河进入泗水，再进入黄河，而这一段黄河又属魏国管辖。

拓跋嗣不知道该怎么办，有的大臣建议让刘裕的部队过去，但是他们又担心刘裕会攻打自己，就派少司徒长孙嵩，带领10万人马驻守在黄河北岸，监视晋军的活动。

这时，王镇恶等军未等后续大军，便乘胜克取潼关，与秦军在潼关以西一线形成僵持局面。由于军粮很快就要吃光了，军心开始动摇。将军沈林子按剑怒斥说："现在许、洛已定，关右将半，事之成败，系于前锋。且大军尚在远方，敌军兵众气盛，想要撤军，也难以安全退走。我决心单独率部继续完成受领的使命。"

于是，王镇恶一面向刘裕大军求援，一面亲自到附近地区筹集军粮，老百姓争先恐后给晋军送粮草，晋军上下人心方安。

刘裕没有借到路，便自率大军沿着黄河西上。北岸魏军以数千骑兵也随晋军沿黄河西行。有时风猛水急，晋军的船只被水冲到北岸，就受到魏兵的攻击。东晋的士兵，有的掉到水里，被冲到岸上，魏军抓到后马上就杀掉。

刘裕非常气愤，就命水军上岸攻打魏军，魏兵立即退走。等晋军回到船上，魏兵又回到北岸骚扰，弄得晋军疲于奔命，根本无法打仗。

刘裕派了一名将军带了700名兵士、100辆战车强渡北岸，在离岸100多步的地方，摆开一个半圆形的阵势，两头紧紧靠着河岸，中间鼓出，每辆战车设置7名持杖士卒，当中的一辆兵车上竖了一根白羽毛。因为布阵形状像个月钩，所以名叫"却月阵"。

等布阵完毕，刘裕又命宁朔将军朱超石率2000名兵士，带着上百张弩弓，奔向兵车，每辆战车上加设20名士卒，在车辕上张设盾牌。

魏兵看看这个阵势，虽然不懂，可仗着自己人多，根本不怕，就抢先从四面发动了围攻。长孙嵩也率3万骑兵前来助战，一起猛攻北岸晋营。晋阵上百辆兵车千箭齐发，仍旧挡不住魏兵。

没料到，刘裕又在却月阵后面布置了1000多支长矛，截断为三四尺长短，装在弩上，矛头特别锋利。刘裕还挑选箭法好的射手以箭集束发射。

当魏兵正向晋军猛攻时，晋军兵士就用大铁锤敲动大弩，那长矛往魏军飞去，每支长矛就能洞穿三四个魏兵。魏兵一看这种阵势，吓得抱头乱窜，全线崩溃。晋军阵斩魏冀州刺史阿薄干。

朱超命部乘胜追击，大破魏兵。

打退魏军后，晋军沿黄河顺利西进。这时候，王镇恶和檀道济已经攻下洛阳，在潼关和刘裕的水军会师。接着，刘裕派王镇恶率军攻下长安，杀了后秦主姚泓君臣，灭了后秦。

这时，刘裕留在建康掌握朝政的尚书左仆射刘穆之突然病死，政权有旁落的危险，他就把自己12岁的儿子和王镇恶一起留在长安，自己带兵回建康去了。

公元420年，刘裕劝说刚即位的晋安帝让位，自己即位做了皇帝，改国号为宋。这就是宋武帝，为南朝第一个皇帝。

由于刘裕两次北伐所取得的胜利，东晋领土扩展到黄河以南广大地区，因而从刘裕代晋到刘宋元嘉之末，约40余年内，是东晋南朝统辖区域最大，也是国力最强盛的时期。

36. 南国血泪

——隋文帝灭陈

南北朝末期，中国境内有北周、突厥和南陈三个政权并存。北周武帝宇文邕是个有雄才大略的政治家和军事家，是一个有作为的皇帝。可是继承他帝位的周宣帝却是一个荒淫、昏庸的暴君。公元581年，周宣帝死后，他的岳父杨坚逼迫年仅9岁的周静帝让位，夺取了北周的大权，建立了隋朝。这就是隋文帝。

杨坚的父亲杨忠是北周建国封隋国公，任柱国大将军。杨坚16岁即任骠骑大将军，加开府，周武帝时，袭爵隋国公，历任上柱国、大司马、大后丞、大前疑等要职。周静帝7岁继位，杨坚作为其外祖父受命辅政，都督内外诸军事。不久，即假黄钺，为左大丞相，百官一概听其指挥。为笼络人心，巩固和发展自己的地位，杨坚一改周宣帝时的苛酷刑政，法令清简，极为节俭，很得朝野好感。又陆续削平各支反抗势力，大杀北周宗室诸王，终于在公元581年2月正式演出禅让把戏，逼使静帝宇文禅让出帝位。

隋朝范围包括长江以北，汉代长城以南，东至沿海、西达四川的广大地区。杨坚在北周和北齐的基础上，进一步加强君主集权，发展社会经济，使隋的政治、军事和经济力量日益壮大。

这时，我国北方地区的游牧民族突厥族，乘北齐与北周争战不休，争相与其和亲之机，不断向南扩展和袭扰。隋朝建立后，停止向突厥输送金帛，突厥王常常挥师南下袭扰，威胁隋王朝统治。

在南方的陈朝，传到第五位皇帝，却是一个荒唐得出奇的陈后主。这位陈后主名叫陈叔宝，是个根本不问政事的昏君，沉迷酒色，放纵淫荡，醉生梦死，朝政把持在宰相江总、尚书孔范等人手里，这些人专以诌媚营私、争权夺利、排斥忠良为乐事。陈后主处理朝政，从来不见百官，臣下的启奏，全都由宦官蔡临儿、李善度二人转奏。然后陈后主靠在软囊上，将张贵妃搂在膝上，共同裁决。发到外面的政令，有时李善度、蔡临儿也记不全，张贵妃就一一为他们书写。

陈后主统治下的陈朝，官吏们有的曲言谄佞、蔽人耳目，有的重赋厚敛、取悦后主，总之营求的都是个人私利。此时，陈朝的吏治腐败到了极点，国力虚弱，官吏腐败，人民负担沉重，怨声载道。

杨坚夺取政权后，就立下了南灭陈朝以统一全国的雄伟宏图。他听从谋士的计策，派大将韩擒虎、贺若弼等人不断对陈朝进行骚扰。由于气候关系，江南水田收获较北方提前。当南方收获庄稼时，北方却大集军马，集结人马，营幕蔽野，战旗尽扬，扬言要进攻陈朝。陈朝兵士赶快放下手中的农活，集中起来，准备御敌。当陈军集结起来时，隋军却又卸马解甲、偃旗息鼓了。如此骚扰反复了几次，弄得南朝既耽误了农时，又麻痹了斗志。南方的房屋，多为茅竹所建，储存粮草的仓库也是如此。竹料易燃，杨坚便常常派人偷偷过江，因风纵火。待南人重新修复后，再放火烧之。这样连续搞了几年，给陈朝财力造成很大损耗，当地守军也放松了警惕。

这样一连几年，南陈的农业生产受了很大影响，守军的士气也松懈下来。

贺若弼还采用麻痹敌军的战术。在军队换防时，贺若弼总是将声势搞得很大，将军队集中在广陵，大张旗鼓，多设营幕。陈军误以为隋军要渡江，急忙发兵防备，当他们剑拔弩张、严阵以待时，却发现是隋军换防，虚惊一场。久而久之，陈军对隋军大队人马换防的形式习惯了，也麻痹了。为了进一步麻痹陈军，贺若弼还常让兵士沿江射猎，弄得人喧马叫，陈军对此也渐渐习以为常，毫无戒备。

与此同时，隋文帝加紧进行军事上的准备。南陈以长江为天然屏障，陈军中的南方士卒又善水战，隋朝要想渡江灭陈，必须有一支强大的水师和大批战船。杨坚就派信州总管杨素在长江中游大造舰船。

杨素曾是北周周武帝时期的重臣，在杨坚即位中立下了汗马之劳。他到信州后，一面加紧训练水师，一面大力建造战船。除建造可容百人的"黄龙船"，还有名为"五牙"的大舰，起楼五层，高百余尺，可容纳士卒800人，船上布满旗帜，船的左右前后还安置6根巨大的拍竿，高50尺，可以用来拍打敌船，是战斗力很强又极为壮观的战舰。不到两年时间，杨素就建造了大量的舰船，仅"黄龙"就多达几千艘，一支强大的水师建立起来了。

杨坚令吴州总管贺若弼以战马同江南陈朝交换船只，把许多已经没有作战能力、准备淘汰的战马卖给陈朝，再买回船只，以准备渡江作战使用。为了防止陈朝君臣和将士产生疑心，贺若弼将买回来的好船停泊在扬子津，并把战船涂成黄色，远看就像枯草，同时还在扬子津堆满芦苇，隐蔽这些船只，装出缺少船只的假象。

一切准备停当之后，公元588年10月，隋文帝在首都长安的太庙中举行了隆重的出师大礼，命令他的儿子晋王杨广、秦王杨俊、清河公宰相杨素为行军元帅，贺若弼、韩擒虎为大将，率领51万大军，兵分八路，挥师大举渡江攻陈。

渡江正面东起沿海，西至巴蜀，横亘数千里，是我国历史上一次规模浩大的渡江作战。隋文帝亲自下了讨伐陈朝的诏书，宣布陈后主20条罪状，还把诏书抄写了30万张，派人带到江南各地去散发。陈朝的百姓本来就恨透了陈后主，看到了隋文帝的诏书，人心更加动摇起来。

为了达成渡江作战的突然性，杨坚在进军之前，扣留陈使，断绝往来，以保守军事机密。同时派出大批间谍潜入陈境，进行破坏、扰乱活动。

杨素率领的水军从永安出发，乘数千艘"黄龙"大船，浩浩荡荡沿着长江三峡"衔枚"东下。

杨俊率水陆军10余万进屯汉口，负责指挥上游隋军，并以一部兵力攻占南岸樊口（今湖北鄂城西北），以控制长江上游。

陈朝指挥长江上游诸军的周罗睺，起初未统一组织上游军队进行抵抗，听任各军自由行动。后来看到形势不利，又收缩兵力、防守江夏（今武昌），阻止杨俊军接应上游隋军。两军在此相持。

当杨素率水军到达流头滩（今湖北宜昌西）时，陈将戚昕以100多艘战船，数千士卒扼守狼尾滩（今宜昌西北）。

狼尾滩险峻地势，易守难攻，不少隋军将领感到束手无策。杨素召集众将，对他们说："这是关键一仗，胜负大计在此一举。如果白天下船攻击，陈军就会看到我们的虚实。况且狼尾滩水流迅急，舰船行驶难以控制，也不便于战斗，不如到晚上再发动袭击，打他个出其不意。"众人都同意夜袭的方案。

当天夜里，杨素亲率黄龙战舰，偃旗息鼓，数千艘战舰无声无息地顺江而下。同时，派步兵从南岸袭击戚昕的别营；又命荆州刺史、大将军刘仁恩率甲骑从北岸会合。天刚刚亮时，三路大军突然出现在陈军面前。戚昕来不及组织抵抗，大败而逃，其众多被俘虏。

狼尾滩大胜，杨素军与刘仁思军汇合，又缴获敌人大批战船，使得隋军声势更壮。他们继续沿江东下，舟舻被江，旌甲曜日。杨素坐在大船之上，容貌雄伟，威风凛凛，陈人望见都吓呆了，说："这是江神到来了。"

陈叔宝认为，长江自古以来就从西向东流着，像一道天然的屏障，挡住南北进攻的军队。长江水流又湍急，水面也宽。所以要想渡过长江，是很困难的。他根本不相信杨坚能飞渡长江，所以就满不在乎。

当长江下游陈军守将告急的警报接连不断地送到南朝都城建康时，却被共掌机密大权的中书舍人施文庆、沈客卿两人隐而不报，陈后主正跟宠妃、文子们吃酒行乐，醉得七颠八倒，根本就不知道有这回事。而且，在施、沈二人的左右下，陈朝上下不但不备战，而是上上下下都在筹备元旦之庆，并将沿江的一些将领召回建康，使陈朝下游江防十分空虚。

后来，警报越来越紧了。大臣们一再请求商议抵抗隋兵的事，施文庆、沈客卿等人见再也瞒不住，便将实情告诉了陈后主。

陈后主听后仍不相信隋军能打败陈军，说："我建康都城有霸王之气，是个福地，从前北齐的军队来攻过三次，北周也来了两次，都被我们打败了。这次隋兵来，还不是一样来送死，有什么可怕的。"

尚书孔范也附和说："长江天堑，自古以来就是隔离南北的界线，他隋军难道还能飞过来不成？没有什么可怕的，都是守江的官员想邀功领赏，故意造出个假情报来，把形势说得十分紧急。隋军要真能过江倒好了，我正嫌位卑官低，正好借此机会大败隋军，建立大功，陛下好提拔我做大尉。"一番话说得陈后主脸上喜笑颜开，心里踏踏实实，根本不把隋兵进攻当一回事。

公元589年正月初一，杨广的人马进至六合南边的桃叶山，乘建康周围的陈军正在欢度春节之机，指挥诸军分路渡江。

这时，贺若弼求胜心切，提前在正月初一白天渡江。渡江开始前，他以酒祭江，举行宣誓仪式。他在誓词中说："我承父遗志，远振国威，伐罪吊民，除凶翦暴。如果不能取胜，葬我于大江鱼腹之中，死而不恨。"随后，贺若弼率领8000名士卒，从扬子津的芦苇丛中驶出战船，浩浩荡荡进入长江，由广陵南渡长江。

这一天，大江上大雾四溢，乘着茫茫浓雾，贺若弼发兵渡江。陈军由于没有防备，所以隋军过江，陈军竟没有发觉。

紧接着，隋军的行军总管宇文述率兵3万，由桃叶山渡江夺占石头山（今江苏江宁县西北）；韩擒虎的人马从横江（今安徽和县东南）夜渡长江。

驻守采石的陈朝兵士，还像往年一样在欢度佳节，他们个个喝得酩酊大醉，仍处醉乡之中，根本没有觉察到隋军的渡江行动，完全不能组织抵抗，韩部轻而易举袭占采石。

这时，杨广又派遣行军总管杜彦率领大军渡过长江，在新林浦与韩擒虎会师。这样，就形成了韩擒虎、贺若弼南北夹击建康的战略态势。

到了火烧眉毛的时候，陈后主这才着急起来，召集公卿讨论战守。城里的陈军还有十几万人，但是陈后主和手下的宠臣江总、孔范等人都不懂军事。由于朝政腐败，文武大臣们都很无能，竟没有人敢带兵出战。陈后主急得直哭。这时，老将军萧摩诃站了出来，表示愿带领三军出战。陈叔宝非常高兴，许诺说："等你出征后，我派人让你的家眷进宫，我要加赏封号，赏给他们金银。"

第二天，陈后主下诏，准备"亲御六师"，委派萧摩诃等督军迎战，施文庆为大监军。陈朝将大军集结于都城，中派一部舟师于白下（今江苏南京城北），防御六合方面的隋军，另以一部兵力镇守南豫州（今安徽当涂），阻击位于采石的韩擒虎部的进攻。

陈军这边，陈后主竟将10万大军排成一字长蛇阵，绵亘20多里，不指定将帅，各军互不相属，进退攻守各不相知。

萧摩诃带兵出征后，他的妻子和儿子入宫受赏。陈叔宝一下看中了萧摩诃新近娶的年轻貌美的妻子，就把她留在了宫中。

萧摩诃离开建康，在白土岗布下了一字长蛇阵，正准备开战，守丁来报，说："夫人被皇帝留在宫中，多日不归。"萧摩诃气得昏倒在地。结果陈军乱成一团，不战自败。

隋军突破长江之后，迅速推进，分进合击，直趋陈都建康。贺若弼部一举攻下建康北面门户京口，尔后以一部进至曲阿（今江苏丹阳），牵制和阻击吴州的陈军，另以主力向建康前进。

韩擒虎部于初七占领姑孰（今安徽当涂）后，沿江直下，陈沿江守军或望风而逃，或相继投降，建康处于孤立无援的境地。

正月初七，贺若弼率精锐8000人进屯钟山（今南京紫金山）以南的白土岗，与陈军主力发生激战。

韩擒虎部与从南陵渡江的总管杜彦部2万人，在新林（今南京西南）会合，宇文述部3万进至白下，隋大军继续渡江跟进。

至此，隋军先头部队完成了对建康的包围态势。

建康地势虎踞龙盘，向称险要。此时，陈在建康附近的部队仍不下10万，陈叔宝弃险不守，把全部军队收缩在都城内外，又拒不采纳乘隋先头部队孤军深入立足未稳之机进行袭击的建议。

正月初十，韩擒虎率500精骑由新林浦进入石子岗（今南京雨花台），然后进攻建康城南的朱雀航（即建康城朱雀门南横跨淮水的桥梁），陈朝守将蔡征望风溃退，朱雀航不战而下。

陈朝大将任蛮奴于钟山被贺若弼击败后，退入建康城内，建议陈后主向长江中游出逃，并表示愿拼死护驾。可是，他离开宫城后，见陈朝大势已去，又率领数名骑兵走出南城，向韩擒虎投降，并引韩擒虎由朱雀门进攻建康城。

驻守朱雀门的陈朝将士还想抵抗，任蛮奴在马上高喊："老夫尚且投降,诸位还打什么呢？"守城将士见大将已投降，一哄而散，各自逃命去了。

同一天，贺若弼率领轻骑登山，望见陈军布防，便疾驰而下，命令全军列阵以待。两军交锋时，隋军士卒在烟雾中不辨虚实，不敢追击。陈军士卒还纷纷抢割隋军战死者的人头，到陈后主那儿求赏。

贺若弼看准陈军骄惰的弱点，领兵冲杀，陈军一触即溃，骑兵四散逃窜。贺若弼乘势追击，歼敌5000余人，一举击溃陈军主力。

正月二十日，陈叔宝在兵久不决、令人腹烦的情况下，决定孤注一掷，命令各军出战，在钟山南20里的正面上布成一字长蛇阵，由鲁广达率部在最南方的白土岗列阵，向北依次为任忠军、樊毅军、孔范军、萧摩诃军。

但陈军毫无准备，既未指定诸军统帅，又无背城一战的决心，各军行动互不协调，首尾进退不能相顾。贺若弼未待后续部队到达，即率先头部队出战鲁广达部，初战不利，只好放火纵烟，掩护撤退，尔后集中全力攻击萧摩诃部，陈军一举溃败，全军随之瓦解。

韩擒虎进军石子岗（今江苏南京雨花台），陈将任忠迎降，引韩部直入朱雀门，攻占了建康城。攻宫城后，韩擒虎见俘虏中没有陈后主，于是命令士卒仔细搜索。

隋军兵临城下，陈后主的末日就这样来临了。

原来陈后主在隋军入城时，见百官早已逃光，留在他身边的只有一两个人，实在走投无路，便与两个妃子藏到一口枯井中。

韩擒虎的兵士搜寻到井边，向井里呼喊，井下毫无反应，士兵们捡起石块准备向井里扔，才听到井里有人喊叫。他们用绳索从井里拉出了他们三人。

就这样，陈朝最后一个皇帝极不光彩地被俘虏了。他所下的枯井，叫做"胭脂井"。后来曾有人感叹：不知胭脂红里，多的是国家的血泪，还是帝王妃子的情爱？

当天夜里，贺若弼也从北门攻入建康，建康被隋军全部占领了。三天后，宰相高颎与晋王杨广相继来到建康，命令陈叔宝以手书招降上游陈军周罗睺、陈慧纪等部。隋朝大军相继渡过大江，陈朝所属郡县官吏望风而降。

隋文帝听说韩擒虎、贺若弼攻占建康，生擒陈后主，十分高兴，下诏对杨广说："九州分裂，迄今已数百年，他们以名臣之功，成太平之业，这是天下一大盛事，有什么事情能比这还重要呢！我听到他们攻占建康的捷报，内心是无比兴奋的。"

隋文帝还给韩擒虎、贺若弼二位大将下了诏书，表彰他们说："宣国威于万里，使东南之民尽出汤火，数百年之寇旬日廓清，这是二位之大功。二公之高名塞于宇宙，盛业光于天壤，就是古代的那些名将，也很少有人可与匹敌。班师凯入，诚知非远，相思之甚，寸阴若岁。"

隋文帝杨坚仅用4个月时间就消灭了荒淫腐朽的陈朝，中国自从公元316年西晋灭亡起270多年的长期分裂局面，重新获得了统一。有人评价说，隋文帝是可以与秦始皇、宋太祖、元世祖并称的杰出皇帝。

37．大唐之兴

——李渊父子晋阳起兵

隋朝末年，因为苦于繁重的徭役和无休止的兵役，民不聊生，纷纷起而反抗，农民起义烽火遍布全国。公元613年隋炀帝大业九年，右仆射杨素之子礼部侍郎杨玄感率先起兵反隋，揭开了统治集团公开分裂的序幕。

消息传到长安，隋炀帝任命唐国公李渊为河东宣尉大使，留守太原，赴山西镇压农民起义。李渊本来是隋王朝的贵族，靠继承祖上的爵位，当上了唐国公。此人文武兼备，老谋深算。

李渊升任太原留守以后，一些关东世族子弟为逃避征辽东兵役，纷纷来投靠他，河东地方官吏中一些人看到隋朝大势已去，也和隋朝统治者同床异梦，不断向李渊劝进起兵，建立新王朝。

李渊有四个儿子。二儿子李世民，此时年仅18岁，聪明英勇，有胆有识，喜欢结交有才能的英俊豪杰。这年八月，突厥始毕可汗把隋炀帝围困在雁门关，李世民应募参加了屯卫将军云定兴率领的勤王兵，为云定兴出谋献策，显示了善于出奇制胜的机智与才能。他看到隋朝的统治长不了，心里早有了自己的打算，经纶天下之心彰显。

隋晋阳县令刘文静十分欣赏李世民，李世民也把他看作知心朋友。刘文静因为和瓦岗农民起义军领袖李密是"姻属"关系，隋炀帝下令捉拿李密亲友，刘文静受到株连，被革职关进了大牢。李世民和刘文静平时志趣相投，便偷偷到牢里探望。两人谈起政事，商量平定天下，建立大业的事。

刘文静对李世民说:"现在隋炀帝坐困江都,李密逼近东都,到处都有人起事造反。这正是打天下的好时机。如有英明的君主出来召集和驾驭他们,妥加利用,取得天下易如反掌。太原的百姓为了逃避战乱,都进到城里。我做了几年县令,知道他们中的豪杰,一旦征集起来,可以得到10万人,我可以帮您收集10万人马,您父亲手下还有几万人。如果用这支力量起兵,乘虚进入关中,打进长安,号令天下,不出半年,可以取得天下。"

两人商定了招募兵士、鼓而入关、定鼎长定、以成王业的起兵计划。

李世民知道实现这个计划的关键是得到父亲李渊的支持和帮助。但是要说服他父亲,不是容易的事。为了能使李渊尽快接受和实施这个计划,刘文静又向李世民推荐了与李渊关系密切的晋阳宫副监裴寂。李世民当场拿出自己的数百万私房钱,让他的密友龙山县令高斌廉与裴寂赌博,一点一点输给他。就这样,裴寂结识了李世民,而且关系越来越密切。等两厢无猜时,李世民便把与刘文静商议的起兵计划告知裴寂,裴寂心领神会,当即答应转达李渊。

第二天,裴寂按惯例邀李渊到晋阳宫饮酒,当李渊喝得酩酊大醉后,裴寂便让陪酒的宫女"侍寝"。酒醒后,李渊非常害怕。这时,裴寂便把李世民的起兵计划转告李渊,并说这是二公子指示他,以宫人奉公,担心事发后遭诛杀,才想此计策。

李渊对起兵之事也早有谋划,当即表示赞同。

就在这时,太原北面的突厥可汗率军进攻马邑。李渊受命指挥部队抗击,打了败仗。消息传到江都,隋炀帝速派使者前往晋阳,准备逮捕李渊。

李渊正急得不知道该怎么办。李世民抓住这个机会,劝李渊起兵反隋,当面陈述了自己的起兵计划,说道:"现在隋炀帝荒淫无道,不行德政,百姓穷困,关中豪杰并起,晋阳城外已是四战之地,如果你只知道效忠隋朝,那么既有不能平定农民起义之忧,又有被隋炀帝治罪之惧,恐怕要祸及自身了。不如顺民心,兴义兵,就能够转祸为福,这是上天授予的良机。"

李渊感到起兵时机未到，就假装发怒，训斥一顿，叮嘱他以后不要说这样的话。

李渊作为隋朝的臣子，忠君思想严重，他既想起兵反隋，又想保持臣节。

第二天，李世民又向李渊进言道："父亲受朝廷的委派，到这里讨伐叛逆。可是造反的人越来越多，您能讨伐得了？再说，皇上猜忌心很重，就算您立了功，您的处境将更加危险。只有照昨天说的办，才是唯一的出路，这是万全之策。希望父亲大人不要顾虑。"

李渊犹豫了好一会儿，才勉强答应李世民。

在李世民的劝说下，李渊把刘文静从监牢里放了出来，并让他与长孙顺德、刘弘基等人帮助李世民招兵买马。李渊麾下很快聚集了3万兵众。

公元617年六月，李渊命刘文静伪造了一份隋炀帝诏书，假称要征发太原、西河（今山西汾阳县）、雁门（今山西代县北）等地20～50岁男子，集合到涿郡（今河北涿州市），东征高丽，搞得人心惶惶，更加剧了反抗隋朝的情绪，都跑到晋阳来当兵。

就在这时，太原的两个副留守王威和高君雅看到李渊招兵买马，举动反常，准备告发，杀害李渊。他们把这个想法告诉了晋阳乡长刘世龙，想争得刘的协助。但李渊对刘世龙有知遇之恩，刘世龙便把王、高的密谋向李渊告发。李渊借口他们勾结突厥，把他们抓起来，在晋阳宫杀死这二人，史称"晋阳事变"。

正在这时，突厥始毕可汗的数万兵马突然南侵晋阳。李渊听从刘文静的计策，派人备了一份厚礼，到突厥可汗那里讲和，并约他一起反隋。突厥可汗认为反隋对他们有好处，立即答应出兵相助，以求宝物。但不同意李渊提出的"欲迎隋主，共我和好"。

晋阳宫副监、李渊的心腹裴寂又出主意说，可以参照历史上伊尹放太甲、霍光废昌邑的故事，废除隋炀帝杨广，立代王杨侑为帝；改换隋炀帝时的旗帜，向突厥作出代隋的表示。这样做，既可以师出有名，又能够得到突厥和华夏兵民的支持和拥护。李渊认为此计可行,并得到了突厥的支持。

公元617年七月五日,李渊亲率3万大军,齐集军门,庄严誓师,随后浩浩荡荡从晋阳南下,正式起兵反隋。他宣称尊炀帝为太上皇,拥立镇守长安的代王杨侑为帝,传檄郡县,起兵晋阳。

晋阳是一座历史悠久的故城,最早为春秋时晋国修筑。北齐时又在汾水东岸增筑一城,在旧城内增置龙山县,东城仍名晋阳。隋文帝时又改龙山为晋阳,作为并州治所,太原为并州属县。晋阳为太行山以西至黄河间的腹心地带,北与蒙古草原接壤,南与秦、晋相连,历来就为中原王朝的北方重镇。隋炀帝为防卫突厥南侵,不仅以此为北都,修建了规模宏大的晋阳宫,而且还在此贮备了大量军饷物资。此外,晋阳地处中国北部,不但隋王朝鞭长莫及,而且距离中原地区的农民起义军也有千里之遥,不易受到敌对势力的直接打击。

晋阳是起兵绝好的地理选择。李渊自称大将军,命李建成和李世民分别做左、右领军大都督,刘文静做司马,又把兵士都称为"义士"。他们带领3万人马离开晋阳,沿汾水南下,向长安进军。一路上,李渊开仓赈济贫民,招募兵马,使起兵队伍迅速壮大。

西河郡隋将得知李渊起兵的消息,婴城拒守。李渊派李建成、李世民率兵攻打西河,并派太原令温大有参谋军事。

西河郡兵微将寡,郡丞高德儒闭门守城。李世民身先士卒,与士兵同甘共苦,军队秋毫无犯,士民非常高兴。李建成仅仅用了9天时间便攻下西河,杀死高德儒。

李渊命令开仓赈饥,招募士兵,把军队分为三军,李渊为大将军,李建成封陇西公、左领军大都督,统领左三军,李世民封敦煌公、右领军大都督,统领右三军,将军府、都督府各置官属,统一了强有力的军事机构,力量更加壮大。

李渊起兵南下的消息传到首都长安后,隋廷西京留守、长安代王杨侑派虎牙郎将宋老生、骁卫大将军屈突通抵御李渊。

唐军到了霍邑（今山西霍县），遭到隋朝将军宋老生的拦击。这时，正赶上阴雨连绵，唐军的军粮运输中断了，又有消息说，突厥兵正准备偷袭晋阳。是回救晋阳，还是继续西进，李渊一时举棋不定，问计于李世民和李建成兄弟。

李世民说："现在正是秋收季节，田野里有的是粮食，筹集军粮毫无困难。宋老生轻浮急躁，缺少谋略，没有什么可怕。我们用义兵的名义号召天下，理应奋不顾身，挺进关中，占据长安，号令天下。如果现在遇到小小敌寇，就立即班师退去，南下的兵士必将立即逃散。前进作战就成功，后退回去就离散。一旦徒众离散在前，敌人又乘危于后，我们灭亡的时候就到了，怎能不悲伤呢？"

李建成也反对退回太原，李渊这才改变主意，取消了撤兵的打算，同意与隋军在霍邑交战。八月初，连绵的阴雨终于过去，云开雾散，天气转晴。李渊军的粮草也从太原运到，李渊认为决战的时机到了，就率唐军一早沿着山边小路，急行军来到霍邑城边。李渊先派李建成率领几十名骑兵冲到城下，高声叫骂，引诱守军出战。

战斗开始之前，李渊、李建成在城东列阵，李世民在城南列阵。为引诱宋老生出城，李渊派两个儿子各领数十骑察看地形。又将所余骑兵分为十多队，由霍邑东南向西南移动。所到之处，李渊都要指划一番，摆出一副安营攻城的架势。

宋老生有勇无谋，轻躁易怒，被李世民称为"轻躁武夫"。此时，他一看唐军人少，也不多想，就亲自带了3万人马出城迎战，准备一举消灭李渊父子。

李渊、李世民接敌后，稍战即退，引诱宋老生走出一里多路。李世民带兵居高临下，从南面山头冲杀下来，从背后夹击隋军，把宋老生的人马冲得七零八落。双方激战中，李渊派军士在阵前大喊："宋老生已被斩杀！"

隋军将士闻讯，阵脚大乱，纷纷向后逃跑。

李渊与李世民合击，隋军腹背受敌，宋老生急忙回头想逃回城去。

这时天已经黑了，李渊命令继续攻城。当时没有攻城的器械，将士们徒手攀登，攻入城内，很快解决了战斗，攻克霍邑。宋老生走投无路，被唐军杀了。

霍邑之战虽小，却是李渊父子起兵后的第一场重要战役，为进军关中打开了通道。随后，唐军乘破竹之势，继续向西进军，在关中农民军的配合下，渡过黄河。留在长安的李渊的女儿平阳公主也招募了一万多人马，号称"娘子军"，响应唐军进关。

九月，李渊率兵围攻河东（今山西永济县），隋将屈突通固守，久攻不克。关中地区的豪杰每天来归附的有上千人，要求李渊西进。裴寂等将领认为，应不惜任何代价攻下河东，然后再进入关中。

李世民不同意裴寂的主张，他认为应直奔长安。他对李渊说："兵贵神速，应乘士气旺盛之机，率领归顺的将士，大张旗鼓西进入关中，长安的隋军必定会震骇恐惧，等不到他们施展智谋和勇力，就会像秋风扫落叶那样，长安唾手可得。如果久攻河东，顿兵坚城，就会使长安的隋军得到喘息和防备的机会。而我们却白费时间，一旦将士离心，宏图大业就会化为泡影。况且关中蜂起的将领还没有归属，不可不早早招抚。屈突通只不过是一个自囚的奴虏罢了，不值得为他分散兵力。"

李渊认为这两种意见都有一定道理。如果不消灭屈突通而直接入关，那么前面有长安隋军，后面有屈突通援兵，唐军会腹背受敌；如果劳师疲兵围攻河东，关中隋军就有充分时间组织有效抵抗，会失去战机。

李渊权衡两种意见，各取其长，决定分兵两路，留诸将围攻河东，牵制屈突通，自己率领李建成、李世民大军攻取长安，使隋廷智不及谋，勇不及断。

李渊率军迅速渡过黄河，派李建成扼守潼关，阻挡关东隋军；李世民自渭北进入三辅，关中各支武装纷纷投降李渊，稳定了关中局势。

十一月，李渊会合李建成、李世民、刘弘基部20多万大军，逼近长安城下。隋之长安陷入重重包围之中，隋朝将老主幼，难有作为，守在长安的隋军，要想抵抗也没用了。李渊下令军中，不许侵犯隋朝七庙和代王宗室，违令者灭其三族，遂命诸军攻城，军头雷永吉率先登上城头，京城长安被攻克。

自太原起兵，李渊父子仅用4个月时间，就攻克隋国都长安，建立大业。

李渊攻下长安以后，为了争取民心，宣布约法十二条，把隋王朝的若干法令一概废除，并且暂时让隋炀帝的孙子杨侑做个挂名的皇帝。

李渊在长安迎立代王杨侑为傀儡皇帝，自任使持节、大都督内外诸军事、尚书令、大丞相，加封唐王。

第二年夏天，作恶多端的隋炀帝在江都被宇文化及杀死，统治中国38年的隋王朝灭亡。李渊遂废掉杨侑，即位称帝，改国号为唐。这就是唐高祖。从此，开启了中国封建社会发展的鼎盛时期。

38．四面埋伏

——李世民围攻洛阳

隋炀帝死后，洛阳还控制在东都留守杨侗（炀帝的孙子）和大臣王世充手里。王世充立杨侗为皇帝，继续打着隋朝的旗号，对抗起义军。

洛阳周围，本是李密指挥的瓦岗起义军活动的地区。可是由于李密骄傲自满，跟将领们之间互相猜忌，在跟北上的宇文化的部队打了一仗后，力量渐渐削弱。王世充看准李密的弱点，发起一次袭击，打垮了李密大军。李密带着残兵败将逃到长安投靠唐朝。

不久，王世充打败了李密的瓦岗起义军，发动政变，杀了隋皇泰主杨侗，在洛阳自立为帝，建国号郑。

这时，李渊和李世民指挥唐军削平了西北的几个豪强割据势力，稳定了后方，遂不失时机地兵出潼关，逐鹿中原，首指东都洛阳。

公元620年七月初，唐高祖派李世民统率10万大军进攻东都。

王世充一得到唐朝要发兵出关的消息，立即部署应战准备。从历属各州选拔骁勇集中到洛阳，设置四镇将军，招募士卒分别防守洛阳四城。

七月底，唐将罗士信率先包围了洛阳西面的军事重镇慈涧。王世充慌忙率3万步骑赶来援救。李世民率轻骑兵赶到阵地上察看虚实，不料与王世充率领的大军遭遇。李世民部将很快陷入了郑军的重重包围之中。李世民拉弓劲射，郑兵一个个应弦而倒。李世民终于杀出一条血路，突围而出。

李世民回营，满面尘土，士卒们都不敢认，要把他拒之门外，他脱下头盔表明身份，才得进入军营。

受到这一小的挫折后，王世充匆忙撤兵，并将慈涧的守军也全部调归洛阳。李世民遂指挥唐军分路向洛阳逼近。

王世充陈兵在洛阳西北的青城宫，隔水与唐军主力对峙。不久，王世充显州总管田瓒率所部25州投降唐廷，洛阳因与郑将王弘烈镇守的襄阳间的交通完全被切断，陷入唐军的四面包围之中。

九月的一天，李世民带了500名骑兵，登上北邙山魏宣武帝景陵察看敌情。不料，被王世充发现，发动一万多步骑兵，突然围上来，将李世民围在中间。王世充的大将单雄信执槊冲到李世民身边，用长矛直刺过来。在李世民后面的唐将尉迟敬德飞马赶上，驰入围中，大喝一声，把单雄信刺下马来，王世充军吓得向后退却。敬德趁机护卫李世民突出包围。

接着，李世民和敬德两个人又带着骑兵转过身杀回敌阵，左突右冲，如入无人之境。李世民拉弓劲射，吓得郑兵不敢阻挡。

这时，唐将屈突通率大军源源不绝地赶来，把郑军打得一败涂地，被歼上千人，冠军大将军陈智略被擒，王世充只身逃回。从这年秋天一直到第二年春天，李世民指挥唐军把东都越围越紧，日夜不停地攻城。正月下旬，李世民挑选了1000多名精锐骑兵，一律穿黑色铠甲，分为左、右两队，分别由骁将秦叔宝、程知节、尉迟敬德和翟长孙率领。每次作战，李世民都率此精锐，冲锋在前，所向披靡。

二月十三日，李世民指挥唐军主力从北邙山南下，向王世充在青城宫布置的军阵逼近。王世充不等壁垒修筑完毕，就率领2万骑兵从禁苑方诸门北进，凭借坚固垣堑，临谷水抗拒唐军。方诸门东位置高仰险要，易守难攻。唐军将士都非常害怕和畏惧。

李世民经过对敌阵进行详细观察后，对左右诸将说："敌人的形势已经十分危急，倾巢出动，侥幸一战，今天打败他们，以后再也不敢出来了！"

当即，李世民下令屈突通率步兵5000人，渡过谷水，向王世充发动攻击，并下令："两军交战时，就开始放烟。"当烟火大作时，李世民带领大军南下，身先士卒，与屈突通协同战。李世民想知道王世充军阵厚薄，遂率领十骑冲入敌阵，直出阵后，所向披靡，杀伤大批王世充的士卒。

可是，李世民在混战中与诸将失去联系，被长堤所阻，只有将军丘行恭单骑跟随。王世充的数名骑将蜂拥而上，李世民因坐骑被流箭射死而困在核心。在这危急时刻，丘行恭拨转马头，向驰近李世民的敌骑将张弓疾射，箭无虚发，追兵稍退，但自己的坐骑也带箭负伤。丘行恭跳下马背，拔掉箭，让李世民乘坐，自己手执大刀，跳跃大呼，连斩数人，杀开一条血路，终于引李世民冲出敌阵，与大军会合。后来，李世民继帝位后，曾下诏："刻石为马以象行恭拔箭的形状，立于昭陵阙前。"这就是著名的昭陵六骏之一——飒露紫，现藏美国费城大学博物馆。

王世充在城里严密防守，不断用"大炮""八弓弩箭"袭击城外唐军。唐军围打了10多天，将士感到疲劳，产生了厌战情绪，有人建议李世民先撤回长安休整后再打。

李世民坚决不同意撤。他说："唐军兵威所指，四周各州都已经投降，东都洛阳成了一座风雨飘摇中的孤城，迟早可以攻下，如果今天回师，势必前功尽弃，以后再取则更困难。"接着就向将士发出命令说："不攻下东都，决不退兵。有谁敢说班师一律斩！"李世民下令唐军在洛阳城四周挖掘壕沟，修筑堡垒，断绝交通。

在洛阳久攻不下，将士疲惫思归的情况下，李世民力排众议，看到我疲而敌更疲的局面，坚持既定的战略目标，不为所动，表现出他作为主帅的坚强决心和冷静英明的判断力。

在唐军长困久围下，洛阳城守军粮水断绝，树皮草根都被吃光了，满街都是饿死的人的尸体，原有的3万多户居民，只剩下300户。王世充走投无路，只好派人偷偷出城，前往河北向窦建德求救。

39．王者有道

——李世民死守虎牢关

窦建德领导的起义军是河北地区一支强大的力量。王世充自称郑帝以后，窦建德也自称皇帝，国号叫夏，攻占了唐国不少地盘。可是，窦建德与王世充曾因争地盘结下恩怨，听说王世充被围，起初不想出兵相救。这时，中书舍人刘彬向他进言道，唐强郑弱，如果郑被打败，自己也难以独立。窦建德这才意识到王世充一旦被消灭，唐军的下一个进攻目标就会轮到自己国家，"唇亡齿寒"，不能隔岸观火，坐视不救，遂决定先联合王世充打败唐军，然后再相机消灭王世充，进而夺取天下。

公元621年春，窦建德带领30万人马，水陆并进，援救东都；同时派使者给李世民送去一封信，要李世民解除对王世充的包围，退回关中。

窦军连下管州（今河南郑州）、荥阳、阳翟（今河南禹州市）等地，很快进抵虎牢以东的东原一带（即东广武，河南荥阳东北广武山）。

李世民在洛阳坚城未下、夏军骤至的形势面前，于青城宫召集前线会议，商讨破敌之策。会上，不少将领都被夏军的强大兵力吓得害怕了，主张离开东都，暂先退兵以避敌锋。宋州（今河南商丘南）刺史郭孝恪等人却反对退兵，认为王世充虽据守洛阳，将士精锐，但眼下粮草困乏。在唐军包围下，已陷入战守两难的境地。现在夏军远来赴援，力量强大不可忽视。但如果因此退却，让窦建德跟王世充两军会合，用河北的粮食接济东都，那么唐军胜利就没有希望了，李唐统一天下的时日就会遥遥无期。所以，一定要把南下的窦建德大军堵住。因此，主张在分兵围困洛阳孤城的同时，派主力扼守虎牢，阻止窦军的西进，先消灭窦建德军，届时洛阳城就能不攻自下。

李世民接受了这个意见，并说："王世充连吃败仗，兵摧食尽，上下离心，不烦力攻，可以轻易克取。窦建德刚刚打败孟海公，将士骄惰，我军据守虎牢，就像控制了他的咽喉。他要是冒险进攻，我军打败他很容易。他要是犹豫不战，不出一月，世充必定不攻自溃。那时，我军获得破城的胜利，气势倍增，必会一举两克。如不迅速东进，敌人攻破虎牢，最近归附的诸多州县，就会得而复失。那时，两贼并力，其势必强。"

李世民把李元吉留在东都继续围攻王世充，自己带 3500 名精兵北上，扼守虎牢关。

虎牢为黄河两岸战略要地和军事重镇，唐军掌握这一要地，等于拦腰截断了窦建德和王世充的联系。

李世民抵达虎牢关的第二天，就率 500 名精骑东出 20 里，侦察窦建德军的情况。他派遣李勣、秦叔宝、程知节等骁骑将领率兵埋伏道旁，自己与尉迟敬德等四人，骑马向窦建德军营前进。

当进到离窦军军营 3 里处时，遇上夏军巡逻的骑兵，他们以为是唐军。李世民大声喊道："我就是秦王。"随引弓射杀一将，夏军兵士大为震惊，急忙派出五六千骑兵追赶。李世民的随从都惊惧失色。李世民说："你们只管放心前行，我和敬德来殿后。"于是按马慢行，每当追兵靠近，即张弓驰射，每射必中，这样逐渐撤退，将追兵透入伏击区，李勣、秦叔宝、程知节等立即发起袭击，击败窦军追兵，斩杀 300 多人，胜利而归。

这次小胜挫抑了夏军的锋芒，也掌握了夏军的虚实。

窦建德的夏军到了虎牢关，被唐兵拦住，发起几次进攻都没成功。李世民又派轻骑兵抄小路，切断了夏军的粮道，俘虏了大将张青特，使得窦军的处境更为不利。

李世民又对窦建德发起政治攻心，写信劝他投降："赵、魏之地，很久前就是我们的，被你侵占了。只因你礼待淮安王李神通，又送回同安公主，所以互相解去怨仇。世充曾与你修好，却反复无常，如今他亡在旦夕，用花言巧语来引诱你，你竟然以三军之众，受制于人，千金之资，浪费在外，实在不是上策。如今，只是与你的先头部队相遇，他们不堪一击。你和王世充还未能见面，能不惭愧？希望你择善而从，停止进军，如不听劝告，恐怕后悔莫及。"

窦建德哪里肯轻易缴枪，一口回绝了。此时，国子祭酒凌敬劝窦建德改变作战计划，率主力渡黄河，攻取怀州、河阳，再翻越太行山，入上党，攻占汾阳、太原，下蒲津（今山西永济西）。并说这样做有三个好处：一是入无人之境，取胜可以万全；二是拓地收众，增强实力；三是震骇关中，迫使唐军回师援救，以解洛阳之围。

窦建德的妻子也赞同这一建议，主张从滏口（今河北武安南）翻过太行山，攻占山北各州县，再联络突厥抄掠关中，迫使唐军回救。

窦建德认为有道理，准备采纳，但苦于王世充频频遣使告急，部将又多受王世充使者的贿赂，主张直接救洛，终于搁置了凌敬的合理建议，而与唐军胶着于虎牢一线，越来越被动。

不久，李世民得到情报，说窦军企图乘唐军饲料用尽，到河北岸牧马的机会，袭击虎牢。李世民将计就计，遂率兵一部过河，南临广武，在观察了窦军情况后，故意在河渚留下千余匹战马，以诱窦建德军出战。

窦建德自认为兵力强大，不怕攻不下虎牢关，拒绝了部下和妻子的劝阻，第二天，命令全军出动，北依大河，南连鹊山，绵延20多里，鼓行西进，在汜水东岸摆出一副进攻的架势。

李世民率数骑登上高地观察了夏军的阵势，对众将说，窦建德兴起山东，没有遇到过强大的敌手。现在冒险喧嚣，是无纪律；逼城布阵，是骄傲轻敌的表现。我军只要按兵不动，等待敌军兵士饥饿疲劳的时候，一举出击，一定能打败他们。

于是，他一面严阵以待，使窦军无隙可乘；一面派人召回留在河（黄河）北的诱兵，准备出击。

窦建德轻视唐军，只派了300名骑兵渡过汜水向唐军挑战。李世民派部将王君廓率200名长矛兵出战。两军往来冲击交锋数次，未分胜负，各自退回本阵。战斗呈胶着状态。

第二天，夏军兵士摆开阵势，准备交锋。但是，从早上到中午，一直没有见唐军出来交战，兵士们又疲劳，又饥饿，有的坐在地上，有的到河滩上舀水喝，士卒间又争着喝水，秩序一片混乱。

李世民见时机已到，就命令将士渡过汜水，直冲窦建德大营。

窦建德正和他的将帅在大营里聚会，听到唐军骑兵突然冲来，赶忙指挥骑兵应战。双方展开激战，阵地上尘土飞扬，箭如雨落。李世民派骑兵接阵冲击，所向披靡。淮阳王李道玄挺身陷阵，直出敌后，又突阵而归，往来两次，飞箭集身，状若猬毛，而勇气不衰，张弓劲射，敌人士卒应弦而倒。其余将士，也奋勇向前，喊声大作，尘埃蔽天。

激战中，李世民率史大奈、程知节、秦叔宝、宇文歆等将直穿敌后，趁夏军不防，带领一支队伍猛插到夏军阵后，举起了唐军的大旗。夏军将士回头一看，以为唐军已经占领大营，没有心思再战，争先恐后地逃散。窦建德在混战中受了伤，被唐军俘虏了。

解围虎牢后，李世民再回兵洛阳城下，继续围攻王世充部。王世充还想突围，将士们说："我们本想依靠夏王，如今夏王已败，我们就是突围出去，也没有用。"王世充眼看大势已去，绝望之中向唐军献城投降。

虎牢之战，唐军消灭窦建德主力部队10万人，接着又迫降了洛阳王世充的残余守军，夺取了中原的主要地区，取得"一举两克"的重大胜利，创造了我国古代"围城打援"的著名战例。这也是李唐统一全国的最关键一战。窦建德被送到长安，不久就被杀害。他的部将刘黑闼率领河北夏军，继续和唐军作战。唐军又花了3年时间，才将河北地区稳定下来。

公元623年，唐统一中国的战争基本结束。

在削平群雄的统一战争中，李世民不仅是主要决策者，而且作为主将挂帅出征，东征西讨，经过7年的努力，统一了中国。唐高祖武德九年（公元626年）六月，李世民发动"玄武门之变"，勇杀他的亲哥哥太子李建成，迫使唐高祖退位为太上皇。八月，李世民继帝位，是为唐太宗，第二年改元贞观。一些历史学家认为，李世民的赫赫功勋，可比肩秦始皇、汉武帝，是"千古可称"的英明君主。

40. 大将之风

——李靖夜袭阴山

唐太宗继位初期,虽然中原战事已结束,但西部边境上仍然很不安定。特别是雄踞漠北的东突厥,由于获得了从内地逃到漠北的大量人口,很快强盛起来,成为唐朝的主要威胁。

早在太原起兵以后,唐高祖李渊为专心对付隋朝,对东突厥只好采取妥协和好的政策,送去大批金、帛,以维持和好关系。可是,东突厥族首领颉利可汗是一位极富野心而又贪得无厌的人,趁唐朝国力虚弱和忙于国内统一战争,无暇北顾之机,不断侵扰唐朝边境,几乎每年都要在夏秋草肥马壮的季节率兵南下入唐,抄掠大批女子、财货,给北方居民带来很大苦难,也让唐廷不得安宁。

公元626年六、七月间,颉利可汗趁唐太宗李世民新继皇帝位,率领10多万人马,沿灵州、原州南下,经过泾州、武功,进入关中,一直打到渭水便桥北岸,其前锋已经到离唐都长安70里的地方。颉利以为唐太宗刚继位,不敢抵抗,他先派出使者进长安城见唐太宗,扬言突厥兵100万,马上开到。

经历过风风雨雨的一代英主唐太宗,根本不怕颉利的威胁,下令把使者扣押起来。但是,他感到唐廷还没有足够的实力与颉利决战,先布置长安的唐军摆开阵势。接着,把长安城中可为"胜兵"的数万居民武装起来,大张旗鼓,开赴便桥,他自己率领房玄龄等6名将领,骑马到渭水便桥南岸,要颉利出来对话。

颉利听说使者被扣，感到吃惊；又看到太宗亲自上阵，身后尘土飞扬，唐军旌旗招展，军容整齐，以为唐军有备，害怕起来，带着自己的部将在渭水对岸下马拜见唐太宗。

唐太宗责问颉利说："我们两家早已订立盟约，几年来也没有少给你们金、帛，为什么要背信弃义，带兵进犯？"

颉利理屈辞穷，无话可说，一个劲地说愿意讲和。于是，双方就在便桥订立盟约，唐太宗送给颉利大批金、帛。颉利可汗这才放弃攻打长安的打算，下令退兵而去。

唐太宗对这件事非常不痛快，认为这是"渭水之耻"。从这以后，他励精图治，强军习武，每天召集几百名将士在殿前练习箭法，很快就训练出一批精锐军队。

第二年冬天，北方下了一场大雪。大漠以北发生饥荒；东突厥连续遭受自然灾害，赤地千里，人畜死亡无数，民不聊生。同时，东突厥内部贵族之间互相争权夺利，矛盾急剧激化，特别是颉利可汗与突利小可汗之间的矛盾更是尖锐；颉利可汗加紧对其他部族的压迫，又引起各部族的反抗。颉利派他的堂侄突利去镇压，不料被打败。突利逃回去后，被颉利痛打一通，关了起来。李世民趁机派人说服突利脱离突厥，归服了唐朝。

公元629年八月，监视突厥动静的代州都督张公瑾向唐太宗奏表，称东突厥颉利昏庸无道，杀害忠良，众叛亲离，被他统治的同罗、仆骨、回纥、薛延陀等部族纷纷聚众起义，突利被逼南下归降，拓设、欲谷等突厥将领多次被起义部族打败，漠北连年遭受灾害，粮草缺乏；内部矛盾也越来越尖锐；隋末逃奔漠北的华夏族人也多纷纷起来造反，如果大军北征，自然有内应，必能成功。他建议唐太宗立即向东突厥汗国发起进攻。

唐太宗认为用兵时机已到，遂任命李靖、李勣等5名大将率领10多万大军，分路出击突厥。任命兵部尚书李靖为行军总管，代州都督张公瑾为副总管。

李靖是唐朝初年杰出的将领、有名的军事家，通书史，精兵法。他的舅父就是隋朝名将韩擒虎。韩擒虎经常和他谈论兵法，每每赞不绝口，曾夸奖说："可以与谈论孙、吴兵法的。除了李靖还有谁呢！"青少年时期的李靖，姿貌魁伟，有文武才略和远大的抱负。他在隋朝末年归附李渊，并作为唐将在唐朝统一战争中，立下了赫赫战功。

公元630年正月，李靖作为唐军统帅率领3000名精锐骑兵，从马邑出发。连夜进军，突然逼近突厥营地。并派间谍混进突厥内部活动，说服颉利的一个心腹将领投降。

唐军兵临城下，毫无防备的颉利早已没有了以往的骄横，吓得惊恐不已，误以为唐朝大军必定是倾国而来，否则不敢孤军深入，就慌忙率众越过青山，逃向碛口。

李靖不战而下定襄后，继续派间谍潜入突厥内部，行离间计，使颉利可汗的亲信康苏密带领一部分东突厥部落降唐。

与此同时，李勣率部北出云中，在白道（在今内蒙古呼和浩特西北）与突厥军展开大战，大破其众。颉利率残部退保阴山（今大青山）。

这是唐朝建国以来对东厥战争中取得的第一次重大胜利。

李靖得胜回朝，唐太宗十分高兴，特地在宫里召见李靖，称赞说："从前汉朝李陵带兵五千，结果不幸被匈奴所俘虏，他还留名青史；现在你以3000名轻骑深入敌人后方，攻克定襄，威震北方，这是自古以来少有的盛事，足以雪往年渭水便桥结盟之耻啊！"

颉利逃到阴山以北，自知危在旦夕，派使者执失思力到长安谢罪求和，表示愿意举国内附，还说要亲自朝见唐太宗。唐太宗派唐俭出使突厥，表示安抚；又命令李靖带兵前去察看颉利动静。

李靖领兵到白道和李勣会师，一起商量对付颉利的办法。李靖说："颉利虽然打了败仗，但是手下人马不少。一旦让他逃入漠北，以后我们再要追他，就很困难了。现在，朝廷的使者已经到达颉利可汗那里，颉利可汗必定认为朝廷不会再出兵进攻，而不加防备。如果现在我们挑选1万精兵，带20天粮，前往偷袭，就可以轻而易举地把颉利活捉住。"李勣赞成这个意见，决定趁唐俭与颉利谈判的时候，发动突然袭击。他们将商定的意见告诉行军副总管张公瑾，张公瑾犹豫不决，说："皇上的诏书已经同意接受颉利可汗投降，朝廷的使者也已经去他那里，我们怎好再发兵进击呢？"

李靖说："这就是韩信所以破齐的计策啊！"

当天夜里，李靖便领兵先行，李勣的部队继后，两支军队向阴山进发。

颉利可汗虽说表面上归降唐廷，实质上心怀诡计，想等草青马肥季节到来，逃到漠北，以准备东山再起。他见唐俭来到，心中大喜，以为唐太宗中了他的计谋，防备也自然松懈下来。

当天晚上，李靖和李勣率领大军到了阴山，在离颉利牙帐10里地的时候，派将军苏定方率200骑为前锋，冒着夜间大雾，悄悄逼近颉利可汗的营帐。

当唐军到达距离牙帐7里的地方，颉利才得知唐军骑兵来到，赶快派人去找唐俭。可是，这时唐俭已经找机会脱身回到唐营。颉利一看大事不好，慌忙骑上他的千里马逃走了。

李靖指挥唐军追杀，突厥兵没有了主帅，乱成一团。唐军歼灭突厥兵10多万，还俘获男女10万余人，牲畜数万头。

颉利带领1万多人准备越过大沙漠，向北逃去。可是，在唐军的追击下，颉利东奔西逃。李勣率兵抢先赶到碛口，挡住了颉利可汗的逃路，突厥部众纷纷投降。颉利可汗眼看翻越大沙漠的通道被堵死，被迫向西逃，投奔驻守灵州附近的沙钵罗设苏尼失处，准备由此南下，穿过河西走廊，进入吐谷浑地区。屯驻灵州的大同道行军总管李道宗听说后，一面派人指使苏尼失执送颉利，一面发兵北进。

颉利慌忙连夜逃跑，最后带着几个亲兵躲在荒山里。苏尼失害怕李道宗兴师问罪，派人搜获到颉利，交给唐军，后来押送长安。

至此，号称控弦百万、横暴一时的东突厥汗国被唐朝征服了。

东突厥灭亡的消息传到长安，唐太宗非常高兴，因为这不仅消灭了唐朝北部的一个劲敌，除去了唐朝北方的一个最大的边患，而且洗掉了唐高祖在太原起兵时向东突厥称臣的耻辱。唐太宗和太上皇李渊特地在皇宫的凌烟阁举行庆祝酒宴，大行封赏，封李靖为代国公，李勣为光禄大夫行并州大都督府长史。这次胜利，树立了大唐帝国的赫赫威名，在较长一段时间内，北方民族不敢轻易犯边，出现了四夷来朝的局面，为中国历史上最辉煌的大唐盛世的出现奠定了重要基础。这一年，回纥等各族首领一起来到长安，朝见唐太宗，拥护唐太宗为他们的共同首领，尊称他是"天可汗"。

41．双雄出击

——李光弼、郭子仪收复常山

唐朝在中国历史上，是一个强大的王朝，文治武功，雄风猎猎。但是，到了唐玄宗时，却爆发了影响中国历史进程的"安史之乱"。

公元755年（天宝十五年）11月，平卢兼范阳节度使安禄山野心膨胀，以"讨伐奸相杨国忠"为名发动叛乱，于756年攻占东都洛阳，直抵京城长安东边门户——潼关，并准备西进夺取长安。

当安禄山叛军向长安进军的时候，河北平原（今山东德州市）太守颜真卿、常山（今河北正定县）太守颜杲卿兄弟，联合出兵20万阻击叛军。

颜杲卿本来是安禄山的部下，因看不惯他的做派，反叛了安禄山。安禄山攻下洛阳后，颜杲卿决心起兵，他的堂弟平原太守颜真卿也招募了1万多人马，派人跟颜杲卿联络，要他攻占井陉关，截断安禄山的后路。

安禄山亲自率兵进攻潼关，大军走到新安，听说河北各都响应颜杲卿，后方动摇，便改变主意，另派大将史思明、蔡希德攻打常山，以2万部队包围全城。

颜杲卿由于起兵只有几天，防御工事都没修好，兵力少，又没有援军，根本敌不过两路叛军。史思明叛军从四周围困常山城，颜杲卿带领常山军民昼夜拒战，拼死抵抗了4天，粮尽箭绝，常山城终于陷落，颜杲卿及一家30余人被害。安禄山杀人如麻，下令屠城，上万军民惨死在叛军的屠刀之下。常山之战虽遭失败，却牵制了叛军攻打潼关的兵力，减轻了关中的压力。颜杲卿被杀后一个月，唐河东节度使李光弼出兵收复常山。

李光弼，契丹人，父亲李楷洛在唐玄宗初年任朔方节度副使，封蓟国公。李光弼从小受到良好的教育，善骑射，少年即随父亲过着戎马生活，公元749年任河西节度副使，不久任为单于大都护府副大都护，成为边疆大吏。李光弼治军打仗以号令严明而著称，将士畏服，敌人胆寒，部队有很强的战斗力。苏轼有诗说："中有李临淮，号令肝胆裂。"这里的李临淮就是李光弼。他守太原时，侍防史崔众仗势不服军令，李光弼下令将他斩首。正巧朝廷使者带着提升崔众为御史中丞的诏书赶来。李光弼说："我现在要杀的是侍御史；如果您宣读诏书，我就杀御史中丞！"使者没敢宣读诏书，李光弼将崔众斩首示众。三军为之震动，军纪大大增强。

这次，他被任命为河东节度使，听说常山失守，立即组织人马援救。他率领步兵骑兵1万多人、太原弓箭手3000人，出兵井陉关，打退叛军，收复常山。

接着，朔方节度使郭子仪也带领精兵到常山和李光弼会合。

郭子仪是一员老将，青年时体高貌秀，以武举高等入伍，长期过着戎马生活。公元745年，58岁的郭子仪任天德军（今内蒙古五原）使，兼九原太守、朔方节度右兵马使。安禄山叛乱的那年十一月，郭子仪被任命为卫尉卿、灵武郡太守、朔方节度使。

李光弼与郭子仪起初都在朔方镇当将军，因两人都才华非凡，彼此很不服气，有时候同在一张桌子上吃饭也不说一句话，好像有什么深仇大恨。

安禄山叛乱不久，唐玄宗提升郭子仪当了朔方节度使，成了李光弼的顶头上司。李光弼害怕郭子仪报复自己，曾想去别的地方任职。后来，史思明在河北攻城略地的时候，朝廷要郭子仪挑选一位能干的大将平定河北，郭子仪想也没想，当即举荐李光弼。李光弼却认为，这是郭子仪在借刀杀人，可朝廷的皓命只能服从，何况平叛逆贼本来就是自己的责任和心愿，所以毫不犹豫地接受了任命。

临走的时候，李光弼硬着头皮来到郭子仪府上，对郭讲："我死固然甘心，只请求能保住我的妻子儿女！"

郭子仪上前抱住李光弼，流着泪对他说："现在国家大乱，叛贼猖獗，需要我们同心讨伐。平定河北，非将军您这样能干的人才行！哪里还计较什么私愤呢？"

李光弼听了非常感动，两人扶手相对一拜。郭子仪当下拨给李光弼1万人马，送他出征。

李光弼率军到达常山时，当地军民已杀散叛军，活捉守将安思义，开城门迎接李光弼。

史思明听说常山失守，便率2万骑兵进抵常山城下挑战。李光弼派兵出城迎战，打退史军。当地百姓又来报告，说叛军的5000名步兵正由饶阳增援，在常山东的逢壁休息。李光弼立即挑选2000名精兵前往偷袭。他偃旗息鼓，沿呼陀水西行赶到逢壁，乘敌兵正在吃饭之际，突然发动袭击，几乎全歼敌兵，吓得史思明慌忙逃到常山东的九门县。

此后，李光弼、郭子仪多次与史思明交手，将其击败，损失惨重。安禄山又派3万步骑增援，史思明重新收拾兵马，进攻唐军恒阳。李光弼、郭子仪命部深沟高垒，严阵以待，白天耀兵扬威，夜里偷袭敌营，使叛军无法休息。等把叛军打疲了，李、郭率军出城，在恒阳境内的嘉山与史思明展开激战，歼敌4万余人。史思明在作战中坠马摔伤，拄着半截枪步行，到晚上才返回大营，率残军逃归博陵。李光弼率军穷追不舍，进围博陵。唐军声势大振。

之后，安禄山的大同兵马使薛忠义反攻静边军，郭子仪派左兵马使李光弼等迎击，大破薛忠义军，一战杀了安军7000多兵马，并包围了云中（治所今山西大同）。郭子仪又派部将公孙琼2000骑进击马邑，很快攻下该城。与此同时，河北十几个郡重新回到唐军手中。

河北大捷，郭子仪、李光弼这一步棋，打通了朔方与太原的联系，截断了叛军的后路，使安禄山南下太原、夹攻关中的计划成为泡影，叛军军心动摇。安禄山大为恐慌，打算放弃洛阳，逃回范阳去。

42. 叩问潼关

——哥舒翰兵败之谜

安禄山起兵叛乱后,唐玄宗命封常清率军镇守东都洛阳,高仙芝戍守陕州(今河南三门峡)。不久,安禄山攻占洛阳,并挥军西进。高仙芝与封常清被迫率兵退守潼关,并据险坚守,遏制了安军的攻势,稳住了关中军民惶恐的情绪。

高仙芝率军东征时,朝廷监军边令城曾向他提出多项建议,高仙芝没有听,边令城记恨在心。高仙芝退守潼关后,边令城入朝向唐玄宗报告了高仙芝、封常清打了败仗,退守潼关的情况,并添油加醋地说:"常清用安贼势力大而动摇军心,而仙芝丢弃陕地数百里,还盗用朝廷赐给军士粮草。"

唐玄宗听后也不问青红皂白,当即命边令城赶往军中斩杀高仙芝和封常清。12月8日,边令城奉命斩杀高、封二人。兵士们闻听,都簇拥着上前求情,大呼喊冤,声音震天响。

封常清死前上遗表给唐玄宗说:"臣死以后,望陛下不轻此贼,不要忘了臣说的话。"

高仙芝也哭喊着对边令城说:"我遇敌而退,死也应该。可是现在上戴天,下履地,说我盗减粮草则是诬陷啊!"

边令城一概不听,下令开斩。

大敌当前,唐玄宗轻易杀了两员战将,动摇了军心,给平定"安史之乱"

造成严重的不利影响。求胜心切的唐玄宗误听权相杨国忠的话,任命在长安病休的河西、陇右节度使哥舒翰为兵马副元帅,领兵 8 万,加上诸道援兵及高仙芝旧部,号称 20 万,扼守潼关,反攻叛军。

哥舒翰患有严重的风湿病,唐玄宗强迫他带病出征,他连处理日常的军务都难以支撑,只得让行军司马田良丘代理,田良丘又不敢专断,致使军令不一,部伍不整。

潼关是京城长安的门户,形势险要,道路狭窄。哥舒翰认为,叛军远道而来,后继不足,利在速战。而且安禄山习于用兵,不会尤备,表面上兵力薄弱,实际上是使出的诱兵之计,如果现在出击,正中其计,主张唐军凭险扼要,利在坚守,遂采用以逸待劳战术阻击叛军,等待决战时机成熟。郭子仪、李光弼也从河北前线给唐玄宗上奏章,请求引兵北上,攻打安禄山的老巢范阳,要潼关守军千万不要出关。他们认为,此时安禄山军困洛阳附近数郡,军心已经开始动摇。只要哥舒翰固守潼关不出,安军就无机可乘,过不了几天,范阳安军内部必定发生变故,安军人心涣散,出现崩溃的苗头。到那个时候,唐军乘势四面围攻,很快就能平定安禄山叛军。

但是,宰相杨国忠却极力反对。有人对杨国忠出主意说,哥舒翰在朝中有很高的声望,现在重兵都在他手里,一旦哥舒翰打胜回朝,恐怕你的宰相位子就难保了。杨国忠知道他这个宰相不得人心,听了这番话更加害怕,就在唐玄宗面前瞎说潼关外的叛军没有防备,哥舒翰守在潼关按兵不动,将失去消灭叛军的时机。他奏请唐玄宗命哥舒翰迅速进兵,收复陕、洛。

唐玄宗求胜心切,听信了杨国忠的话,再三催促哥舒翰出战,哥舒翰不得已,只好率领大军出关,与叛军决战。哥舒翰虽拥有近 20 万军队,但都是临时招募来的,没有什么战斗力。6 月 7 日,大军走到灵宝西南的西原,遭遇安军崔乾祐的队伍。灵宝南面靠山,北临黄河,中间是约 70 里的狭长小路。

第二天，哥舒翰登上小船到黄河上观察安军阵势，看见敌军人少，便下令各路大军出击。以王思礼率精兵5万为前锋，庞忠率兵10万继进，哥舒翰领兵3万在黄河北岸高地击鼓助攻。

两军交战展开激烈厮杀。这时，安军卷旗就逃，唐军随后追击。走到狭隘的半路上，突然遭到安军伏击。哥舒翰这才发觉上了安军的当。原来，安禄山在狭长隘路两旁埋伏了数万精兵，以上万人的兵力在正面散乱布阵，引诱唐军进入隘路聚而歼灭。

几万安军精兵同时向哥舒翰的部队突然发起攻击，从山顶上往下投掷檑木、滚石。由于人多路窄，部队难以展开，唐军互相拥挤，混乱不堪，伤亡惨重。

哥舒翰企图用毡车驾马打出一条通道。安军就用几十辆草车堵塞，放火焚烧。刚过中午，东风正急，烟焰弥漫，唐兵看不清目标，以为敌军用烟雾作掩护进攻，便乱放弩箭，直到日落箭尽，发现烟火中并没有敌人，才知道中计了。

这时，崔乾祐派精骑从南面迂回到唐军侧后冲击，唐军首尾不能相顾。自相践踏，溃散乱走，有的弃甲窜逃山谷，有的自相拥挤掉到河里淹死。安军乘胜追击，唐军后续部队见前锋大败，纷纷溃逃，黄河北岸的唐军见势不利，也溃散逃走，大部分坠掉潼关外的堑壕里。不一会儿堑壕被填满，后面的人从上面踏过去，只有8000人逃回入关。唐军大败，哥舒翰力战被俘，投降了安禄山。

郭子仪、李光弼听说长安失守，不得不放弃河北，李光弼退守太原，郭子仪率5万兵马回到灵武。原来已收复的河北郡县又重新落入叛军之手。

灵宝之战，是唐军由主动变为被动的一个转折点，是唐玄宗战略指导上的一个重大失误。唐军虽然迅速稳定了战局，但由于安禄山经营多年，兵强马壮，在短时间内仍处于优势。郭子仪、李光弼、哥舒翰正是看到这一点，力主凭险固守潼关，以迟滞和疲惫安军，逐步创造战略反攻的条件。

李隆基作为一个曾经开创了开元盛世、颇具才略的政治家和军事家,不会看不到这一点。但是,正当他陶醉于四海升平、万方来朝的文治武功之中,他一度十分宠幸的边将安禄山竟然背叛了他,这不能不严重地刺伤他的自尊心,因而就显得恼羞成怒、气急败坏。再加上身边的佞臣、宦官的谗言,这就蒙蔽了他的眼睛,使他不可能冷静、清醒地作出战略判断和决策,在条件不具备的时候,唐玄宗的急功近利、急于求成,过早地强令哥舒翰率军出潼关决战,导致灵宝一战20万大军溃败,潼关不守,长安失陷,严重影响了唐军的士气,唐王朝几乎灭亡。

43．兵不厌诈

——李光弼死保太原

潼关既破，长安已无险可守，京城顿时惊恐慌乱，文武百官纷纷打点衣物，外出逃难。作为大唐之主的玄宗也是又怕又急，连忙召集大臣们商议对策。杨国忠提出"逃向四川"，玄宗没有别的主意，仓皇逃往四川。

玄宗一行人走了三天，这天傍晚时分，来到一个叫马嵬坡的地方。这儿的驿站官员和百姓也都逃得无影无踪。唐玄宗等住进驿馆，随行官兵们在外露宿。将士们走了一天，又饿又累，一个个口吐怨言，就连将军陈玄礼也骂杨国忠这个罪魁祸首。

这时，正有几名吐蕃使者，去长安办事，路过这里遇到杨国忠，就在驿馆外谈话。有个军士趁机喊道："杨国忠勾结吐蕃，想谋反啦！"

士兵们齐声喊起来，有人向杨国忠射了一箭。杨国忠见势不妙，急忙逃跑。几个士兵追了过去，当场把杨国忠砍死了，用枪尖挑着他的脑袋走了出来。有的又去杀杨国忠的儿子，把韩国夫人、秦国夫人也杀了。

御史大夫魏方进听见喧闹声，从驿馆走出来制止，也被乱刀砍下头。接着，官兵们逼着唐玄宗，让高力士把杨玉环用丝带勒死在马嵬驿中，这位绝代美人终于受到历史的惩罚，年仅38岁。正所谓："天旋地转回龙驭，到此踌躇不能去；马嵬坡下泥土中，不见玉颜空死处。"

唐玄宗整顿队伍，继续向西南逃难。太子李亨领着随从兵卒，往西北逃到宁夏灵武，主持军事。宁夏地处黄河河套上游，水草丰盛，历来是控制西北的边防重镇，又是南下关中，西出晋冀的战略要地。

七月，李亨在西北诸将的拥戴下，继位称帝，是为唐肃宗，改年号为至德，尊唐玄宗为太上皇。肃宗李亨试图以灵武为基地，整军经武，准备收复两京，中兴唐朝。

这时，安禄山兵进长安，纵兵劫掠，搜捕百官、宫女、宦官押赴洛阳。然而，李亨听从房琯的意见，命他率兵收复两京。房琯于是兵分三路，向长安进发。房琯志大才疏，迂腐地效用古代车战之法，用2000辆牛车，两翼由步兵和骑兵掩护，与叛军安守忠在咸阳附近厮杀，敌军乘风纵火，拉车的老牛吓得四处乱窜，唐军死伤4万余人，部将杨希文、刘贵哲投降叛军，房琯只带数千人逃归灵武。

为挽救危险局势，肃宗召在颖阳的李泌兼程赶赴灵武。李泌是北魏八柱国之一李弼的后代，小时候住在长安，非常有才气，当时的宰相张九龄称赞他是个"神童"。肃宗为太子时，与李泌是布衣之交，非常器重他。这次肃宗诏李泌出山，正是要他在平定叛乱上助自己一臂之力，任命他为侍谋军国、元帅府行军长史，事无大小都向他请教。

这个时候，武都尚书、灵州长史郭子仪也已经到了灵武。户部尚书、北都（即太原）留守李光弼退回太原城。朝廷要指挥全国的战事，军务十分繁忙。唐肃宗命令把四面八方送来的文书，一律送给李泌先看，有特别紧要的，才送给肃宗。

唐肃宗一心想回长安，就问李泌："叛军安禄山如此强大，我们该怎么办才好呢？"

李泌为肃宗谋划大计，劝他不要希望速胜。他说："安禄山发动叛乱，真心帮他出力的是少数，其余都是被迫参加的。照我的估计，不出两年，就可以把他们消灭。"

他说："陛下不能希望很快就能取得胜利，王者之师，必须考虑万全之策，力图久安，以便没有后患。现在皇上可以下诏令李光弼守太原，出井陉；郭子仪取冯翊，入河东，以牵制安军中的史思明、张忠志、安守忠、田乾真这三地四将。击其首尾，使敌军长途奔波，消耗其兵力；然后命建宁王率军经塞外攻范阳以北，李光弼自太原出井陉，攻范阳之南，夺其巢穴；最后以大军四面攻击，合围两京，彻底扫平叛军。按这个计划执行，唐军就能够以逸待劳，一步一步地夺取胜利。"

肃宗听了连连称好，依此计而行，下诏命李光弼为户部尚书，北都留守，屯兵太原；郭子仪领兵东渡黄河，攻克河东郡，张巡为河南节度副使，指挥江淮方面的作战。

第二年正月，史思明在基本占领河北地区后，分兵四路由东、南、北三攻太原，10万大军突然间包围了太原城，他认为李光弼士卒不多，太原指日可取，打算在攻占太原后由北道径取灵武。

李光弼原来所率领的精兵已调往灵武，跟随他从灵武到太原的只有河北士卒5000千人，再加上太原的驻守士卒，不过万余人。因此，听说史思明率各路大军合攻太原，李光弼的部将都惶恐不安。主张修城门自固。李光弼认为，太原城周长40里，还未见到敌人，就劳民伤财大修城墙，将使自己陷入困境。他决定在城外挖壕沟，这既可节省民力、物力，又可以达到加强防御的目的。

李光弼亲自率领士卒、百姓在城外挖掘壕沟，并将挖出的土运入城内，做了几十万个土坯。等到史思明的大军攻打太原时，他命令将士用土坯修筑营垒；营垒被敌人打坏，则用土坯随时补修。

史思明攻城受阻，打了一个月也没有取胜，就从外地运来攻城器械，不料被李光弼侦知，派人在半路上截击，尽杀护送器械的安军3000人，烧其攻具。

史思明又用声东击西的战法，挑选精锐士卒为游兵，进攻城南，再转攻城西，自己亲率士卒攻城北，尔后转攻城东，试图寻找唐军防守的漏洞。可是，李光弼治军严整，令行禁止，士卒警戒巡逻，没有丝毫的懈怠，使史思明无隙可击。

李光弼在敌我众寡悬殊的形势下，不是单单防御固守，而是守中有攻。他挑选三个做过矿工的士卒，指挥将士从城中挖掘一条通往城外的地道。史思明派士卒在城外辱骂李光弼，唐军从地道里捉住他的脚，把他拖入城内，然后拉到城墙上处死。史军士卒因而惶恐不安，走路时都得低头看地。

还有一次，史思明的士卒以云梯攻城，还没有到达城下，就因地道塌陷而撤退。李光弼为阻止史思明强行攻城，还在城上安装石炮（抛石器），发射巨石轰击叛军，一炮射出的石块可以打死二十几个人。有一次，叛军攻城，就被石炮击毙十分之二三。叛军多次发动猛烈进攻，都被唐军击退了。但他们自恃人多势众，继续围攻唐军。李光弼乘机暗中派人把地道挖到史思明的大营，地道顶上留下很薄的土层，用木头支撑作为陷坑。

为打破史思明的围困，李光弼派人到史思明的大营诈降，并约定了出城投降的日期。到了约定的日期，李光弼派部将率数千士卒出城，伪装投降，史思明将士深信不疑，准备受降。此时，唐军撤去地道中的撑木，叛军大营突然塌陷，死了1000多人，将士惊恐异常，乱成一团。唐军擂响战鼓，奋勇冲杀，俘斩叛军10000余人。

就在太原之战激烈进行时，安庆绪在洛阳杀死他父亲安禄山，自立为帝，令史思明等部回守范阳，仅留蔡希德率众继续围攻太原。史思明看到一时无法攻破太原，只好率军北归。不久，李光弼率敢死队出击，大破蔡希德军，歼敌7万余人，缴获军资器械、粮草不可胜数，蔡希德率残兵仓皇逃窜。

太原保卫战是一次以弱胜强、以主动出击为主要手段的成功范例，取得了具有战略意义的胜利，对稳定战局起到了重要作用。

44．旌旗欲哭英雄血

——张巡死守睢阳城

南宋民族英雄文天祥用鲜血吟成的《正气歌》中有一句"为张睢阳齿，为颜常山舌"，诗中的张睢阳，讲的就是在唐代"安史之乱"中为抗击叛军不屈而死的张巡。

张巡是邓州南阳（今属河南）人，少时就有高远之志。虽为文人书生，却通晓兵法，富于谋略。他用兵虚虚实实，变幻莫测，尤其善于"无中生有"，出奇制胜。"安史之乱"时，张巡做了谯郡真源县令。

"安生之乱"爆发后，谯郡太守杨万石投降叛军，并胁迫张巡西出迎降。张巡严辞拒绝，率属吏哭祭于太宗皇帝祠，然后即宣布兴兵讨贼，并很快组织起1000多人的队伍，到雍丘（今河南杞县）守城御敌。

叛军进潼关之前的3月，安禄山派唐朝的降将令狐潮等人率4万大军进攻雍丘。令狐潮本来是雍丘县令，安禄山占领洛阳的时候，令狐潮就已经投降。

面对令狐潮军的进攻，张巡率领雍丘将士3000人，坚守60多天，将士们穿戴着盔甲吃饭，包扎好伤口再战，打退了叛军300多次进攻，杀伤大批叛军，使令狐潮不得不退兵。

到了七月，令狐潮又集合了4万人马来攻城。这时候，长安失守、唐玄宗逃离京城的消息已传到雍丘。令狐潮十分高兴，派人送信给张巡，再次劝张巡投降。

张巡手下有六员大将，原来都是很有声望的人，现在听说长安失守，都动摇了。他们一起找张巡说:"现在双方力量相差太大,再说,皇上是死是活也不知道,还不如投降吧。"

张巡一听,非常气愤。可是表面上还装作没有事的样子,答应第二天跟大家一起商量。第二天,他把全县的将士召集到厅堂,宣布那几位名将领犯了背叛国家、动摇军心的罪,当场把他们斩了。这下震动了军心,将士们纷纷表示坚决抵抗到底。

叛军不停地围攻雍丘城,张巡组织兵士在城头射乱箭把叛军逼回去。可是,几次战斗后,城里的箭用完了。张巡为此非常焦虑,苦思冥想,想出了一个绝妙的主意。

一天深夜,雍丘城头上一片漆黑,隐隐约约有成百上千个穿着黑衣服的兵士,沿着绳索爬下墙来。安军的兵士发现后,立刻报告主将令狐潮。令狐潮不假思索,认定是张巡派兵偷袭,就命令兵士放箭,箭如雨注,全都射在兵士身上。等天亮后,叛军一看,才知道上了张巡的当,原来城墙上挂的全是草人。张巡用此计"借"得了叛军的几十万支箭。

那边雍丘城头,张巡的兵士们高高兴兴地拉起草人。那千把个草人上,密密麻麻插满了箭。兵士们粗粗一点,竟有数十万支。这样一来,城里的箭就不用愁啦!

第二天晚上,还是像前一天夜里一样,张巡又让兵士们放草人。令狐潮的兵士见了,以为张巡又来骗他们的箭了,谁也不去理它。

张巡一看,当天夜里就选派了500名勇士,像草人一样放下墙去。令狐潮的兵士根本想不到这次来的是真人,就放松了警惕。这500名勇士乘叛军不防备,向令狐潮大营发起突然袭击。令狐潮没有任何思想准备,想组织抵抗已经来不及了,几万叛军顿时乱作一团,夺路而逃。

后来,张巡令将士们出城与叛军对阵厮杀,一下子活捉了令狐潮14位将领。令狐潮气得没办法,就派兵骚扰张巡的运粮车。

就这样,张巡以1000多人的兵力,找准机会主动出击,打得叛军几万军队不知所措。

到了年底，安禄山的河南节度使李庭望派杨朝宗率2万大军攻宁陵，想切断张巡的后路。这样，雍丘已守不住了，张巡就转守宁陵。杨朝宗的大军也追踪而来，张巡就联合睢阳（今河南商丘）太守许远抵抗杨朝宗。经过一天一夜激烈厮杀，张巡、许远大破安军，斩首万余级，流尸尚汴水而下。在宁夏的唐肃宗听说后大喜，为表彰张巡的显赫战功，任命他为河南节度副使。

过了一年，睢阳太守许远派人向张巡送来告急文书，说叛军大将尹子奇率13万大军将来进攻睢阳。

张巡接到告急文书，赶紧带兵3000人到睢阳去。许远知道张巡善于用兵，智勇双全，就请张巡指挥守城，由他来负责调军粮、修战具等后勤工作。

叛将尹子奇带了13万大军围攻睢阳城，张巡、许远的兵力合起来才6000多人，双方兵力相差很大。张巡带兵坚守，和叛军激战16天，有时一天击退安军20多次冲锋。期间，一共活捉安军60多名将领，歼灭敌军2万多人。尹子奇由于屡攻不下，只好退兵而去。

过了两个月，尹子奇再次纠集大军围困睢阳城。张巡激励将士，动员全军倾巢出战，安军见张部只有千把人，不以为然。张巡亲率将士们直冲敌阵，安军没有思想准备，被杀得大部逃溃。为了战胜叛军，张巡又使出疲敌之计。

一天夜里，张巡叫兵士敲起战鼓，整队出城，做出准备出击的样子。叛军们听到鼓声，也赶快整队齐伍，准备交战。等到天色发白的时候，鼓声突然停止，兵士们也休息了。尹子奇派人登上飞楼观察，见城里没有一点动静，就放心大胆地让兵士们解甲休息。叛军兵士紧张了一夜，一倒在地上就睡着了。

尹子奇不肯罢休，回去养好了伤，又于七月六日，率数万大军卷土重来，像箍铁桶一样把睢阳围住。

此时的睢阳城，由于外无救援，内无存粮，将士饥疲，兵员锐减，只剩下 1600 多人，又断了粮食，唐军兵士每天只分到一合米，拿树皮、茶叶、纸张充饥，但是张巡和将士们仍坚持战斗。

为了一举打垮城里的唐军，尹子奇在城下堆积柴草做成蹬道，张巡率军出城大战，并派人放火烧了蹬道。这场大火 20 多天才灭。为了打退敌人的进攻，张巡采取了随机应变的战术，有时烧云梯，有时毁钩车，有时铄木驴，使安军不敢轻易攻城。

叛军无计可施，就在城外挖了三道壕堑，树起木栅，把睢阳紧紧围住。张巡也在城内掘壕作防备。

由于城中粮尽，守城的部队只剩下 600 多人，情况越来越危急。张巡没法，派南霁云率 30 名骑兵冲出重重包围，到驻守临淮（今江苏盱眙西北）的贺兰进明（贺兰是复姓）去借兵。大将贺兰进明因为害怕叛军，不愿出兵救睢阳。他见南霁云是名勇将，想把南霁云留下来为自己所用。

南霁云只好到宁陵，好不容易借来了 3000 名兵士，返回到睢阳。刚走到了睢阳城边，被叛军发现，围了起来。南霁云毫不畏惧，指挥所部与尹子奇的部队展开了一场血战。

张巡正在城内等候南霁云的消息，一听到城外厮杀声，知道南将军回来，就打开城门，率部击退敌人，把南霁云和剩下的 1000 人接到城里。

张巡看到借兵没有希望，但感到睢阳是江淮的屏障，为了保卫这条江淮财赋输入关中的通道，阻止叛军兵锋伸向江南，决心誓死守卫睢阳城。城里粮食断了，就煮树皮吃；树皮吃完，就杀战马；战马杀光了，只好捉麻雀、老鼠充饥。最后，城头上的兵士饿得连拉弓射箭的力气都没有了。

将士、百姓被张巡誓死战斗的精神所感动，明明知道守下去没有希望，也没有一个叛逃的。到了最后，全城只留下 400 人。

尹子奇知道城中粮尽援绝，便加紧攻城，公元 757 年十月，睢阳城终于陷落。张巡、许远、雷万春、南霁云等 36 名将领全部被俘。叛将把他们一个个绑了起来,逼他们投降。尹子奇问张巡:"听说您督战的时候,大声喊杀,动辄嘴角崩裂,血流满面,甚至把牙齿都嚼碎了,为什么到这个地步呢?"

张巡回答说:"我恨不得气吞逆贼罢了!"

尹子奇大怒,用刀挑开他的嘴,只见牙齿果然只剩三四颗了。"张睢阳齿",即由此而来。

叛军知道张巡他们都不肯屈服,终于把他们杀害了。

在此之前,唐宰相兼河南节度使张镐得到睢阳危急的消息,赶快发兵,昼夜兼程增援睢阳,并命浙东、浙西、淮南等地的节度使以及谯郡太守闾丘晓一起出兵救援。闾丘晓距离睢阳最近,可是他居然不遵命出兵,等张镐率部赶到睢阳时,睢阳城已经陷落了3天。张镐一怒之下,杀了闾丘晓。张镐到睢阳城下,指挥部队打退了尹子奇叛军,收复睢阳城。又过了7天,郭子仪也带领唐军收复洛阳。

由于张巡他们的坚守,睢阳以南的江淮地区才没遭到叛军的破坏,有力地保证了江淮财赋输入关中的通道,谱写了平叛战争最艰苦时期悲壮而光辉的一章。张巡舍生取义,杀身成仁,浩然正气,光贯日月,如天之长,如地之久,其英名永垂青史。

45. 宦官也领兵

——邺城大战

公元756年，安庆绪杀了父亲安禄山自己称帝。唐廷如果立即发兵消灭这支叛军，本来是个好机会，但是，唐肃宗急于回长安，不听谋士李泌的计划，把郭子仪的人马从河东调回，强攻长安，结果打了一场败仗。后来，郭子仪借了回纥的精兵，集中了15万人马，才把长安攻了下来。接着，又收复了洛阳，叛乱头目安庆绪逃到河北，在范阳的史思明也被迫投降。

唐王朝收复两京以后，肃宗被胜利冲昏头脑，以为平叛作战很快就会结束，急于大封功臣，没有组织有力的战略攻击。

逃到邺城（今河南安阳）的安庆绪，乘机召集残兵败将，重整旗鼓，占领60座城。他令黄河以南叛军全部集中到邺城会合，加上河北各郡招募的新兵，笼络了6万多乌合之众，继续顽抗。这时候，史思明听说唐肃宗与李光弼想设计加害自己，便再次反唐。

唐肃宗决定派大军进剿安庆绪。这一次进军，唐军一共集中了9个节度使带领的60万兵力。这9路人军归谁统率呢？论地位和威望，应该是郭子仪和李光弼，但是猜忌心很重的唐肃宗，担心郭、李两人权力太大，故意不设主帅，却派了一个根本不懂打仗的宦官鱼朝恩作观军容使（监视出征将帅的军事长官），9个节度使都得听他指挥，他实际上成了这次出征的最高统帅。

公元757年十月，郭子仪、李光弼等唐廷各节度使发兵进逼邺城，打得安庆绪损兵折将，屡战屡败，不得不以退位为条件，向范阳的史思明求救。

史思明与安庆绪有矛盾，他自认为兵强马壮，粮食充足，一直与安庆绪分庭抗礼。如今安庆绪危在旦夕，俗话说唇亡齿寒，他心里明白，一旦安庆绪被消灭，自己就会陷入孤军奋战的境地，思前想后还是决定率大军南下救邺城，十一月从范阳带兵救援安庆绪。史部三路大军攻下魏州，杀了3万唐军，并自称大圣燕王，便按兵不动了。

李光弼看出，史思明按兵不动意在麻痹朝廷的军队，然后乘朝廷军队松懈戒备，以精兵进行袭击。他提出，以本部人马和朔方军主动发起攻击，迫使史思明出战。而史思明因为被朔方军击败过，必然不敢轻举妄动，这样不仅暂时可以牵制史思明，而且时间一久，邺城必然疲困不堪而被攻破。邺城一破，魏州的史思明更加孤立，也就容易被消灭。

李光弼来到鱼朝恩的帐前，把自己的想法一五一十地讲给鱼监军听。鱼朝恩既无能又忌贤，他明知李光弼的办法正确可行，却一再表示反对。

果然不出李光弼所料，到了阳春三月，史思明看到围城的唐军兵粮不足，士气低落，便指挥5万精兵，突然进逼邺城下。

60万唐军，在安阳河北准备跟叛军决战。唐军远远望见来了一队人马，误以为是游骑，都没在意，等到史军发起猛攻时，唐军才匆忙率军迎战。

就在这时，忽然刮起一阵狂风，吹得沙尘弥漫，天昏地暗，双方丢盔弃甲而逃。特别是唐廷的九路大军互不统属，没有主帅，指挥不统一，就都像受惊的马群一样逃散了。郭子仪的上万匹战马，只剩下3000匹，10万件兵器全部丢光。

唐军打了败仗，鱼朝恩应负全责，可是他却把失败的责任一古脑儿推给郭子仪。唐肃宗听信鱼朝恩的话，把郭子仪朔方节度使的职务撤了，让李光弼接替郭子仪的职务，任朔方节度使、天下兵马副元帅。

这时候，叛军又发生内讧。史思明在邺城杀了安庆绪，然后进入邺城。不久，史思明让他的一个儿子留守邺城，自己返回范阳，当他的大燕皇帝，同时整顿人马，准备向洛阳进攻。

李光弼得到新的任命后，便率领500名亲兵从太原赶赴洛阳，到达朔方军大营时已经是晚上。

此时，郭子仪已经离开洛阳入朝。朔方军将领对朝廷更换朔方节度使的做法极为不满，他们一面为郭子仪打抱不平，一面又担心李光弼治军太严，对部将约束过紧。再加上李光弼又是在夜间到大营，大家心里都有一种无名之火，特别是驻守河阳的左厢兵马使张用济尤其激愤，说："朔方军不是叛军，为什么李光弼乘夜而入，这不分明是对朔方军的不信任吗？"

李光弼召集诸将到洛阳，张用济没走，并准备率精锐士卒突然进攻洛阳，驱逐李光弼，然后请求朝廷让郭子仪继任朔方节度使。他的这一想法遭到朔方军将领仆固怀恩等人的反对。他们担心，这样做会引起朝廷对郭子仪的怀疑，会坑害郭子仪。张用济无可奈何，单骑来到东都。李光弼以张用济没按时到达，以违犯军令罪将他处死。朔方军的将领一下子震动了，纷纷表示服从李光弼的指挥、调遣。

46. 公马母马计

——李光弼大战史思明

邺城大战后,史思明的气焰极为嚣张,于九月率大军南下,渡过黄河,攻占了汴州(今河南开封),准备西攻郑州。

这时,担任代朔方节度使、天下兵马副元帅的李光弼,已率部驻守洛阳,准备迎击史思明。各部将听到史思明的兵势勇猛,有点害怕,有人就提出撤到陕州、潼关,据险挫敌锋芒。

李光弼在营帐召集诸将商讨战守之策。他问东都留守韦陟:"叛军乘胜而来,我军利在坚守,不利速战,这样,洛阳就必须放弃,你认为怎样?"

韦陟建议留守陕州,退守潼关,据险以挫敌锐气。

李光弼说:"敌我实力大致相当,贵进忌退。洛阳是四战之地,防守力量不足。西退潼关,无故放弃五百里之地,叛军的气焰就会更加嚣张。不如移军河阳,北连泽、潞二州,形势对我有利时就可进取,不利时就可以退守。这样表里相应,迫使叛军不敢西侵,这就是猿臂之势。"

兵马判官韦损质问道:"洛阳为帝宅,奈何不守?"

李光弼回答说:"如果退守洛阳,那么氾水、崿岭、龙门三处都应派驻重兵,你作为兵马判官,能守得住吗?"

韦损答不上来。李光弼于是下令把军民全部撤出洛阳,带兵退至黄河北岸的河阳,保卫洛阳的外围。李光弼亲自指挥先头部队运输辎重。史思明前锋尾随而来,但不敢逼近交锋。

李光弼手持火炬，率领全军安全地渡过黄河，到达河阳。此时，李光弼只有2万士卒，粮草只够10天用的，但是由于他部署有方，令行禁止，人心安定。

史思明进入洛阳，见是一座空城，非常气恼。他又担心李光弼派兵抄他的后路，只好带兵出城，在河阳南面的白马寺构筑阵地，组建大营，和李光弼的部队隔河对峙。

史思明先让手下一名猛将刘龙仙去叫阵。刘龙仙仗着自己勇敢，根本不把唐军放在眼里。他身骑烈马，把右脚放在马颈上，谩骂李光弼。

李光弼是个久经沙场的老将。他知道自己的兵力不如叛军，不好力战，只能智取。他问众部将："哪个去收拾这个狂徒？"

有一名大将请求上阵。李光弼说："这用不着大将去。"

有人建议说："偏将白孝德可以去。"

李光弼问白孝德需要多少兵，白孝德说："我一个人前去就行了。"

李光弼说："你的勇气很可嘉，不过还是带些兵士去得好。"

白孝德挟着两支矛，骑马涉水渡河冲了过去。刘龙仙见一唐将单人匹马，也催马上前。白孝德摆手示意。刘龙仙以为不像是来打仗的，就在河边停了下来。这时，只见白孝德突然大吼一声，持矛跃马猛冲上去。这时候，50名唐军骑兵也冲杀过来，一时间鼓角齐鸣，喊声震天。刘龙仙一看形势不妙，掉转马头就向回跑。白孝德哪里会放过他，追上去一矛把他刺下马来，再一刀把他的脑袋砍了下来，挂在刀鞍上，过河回了唐营。叛军见了，人人吓得胆战心惊，不敢再交战。

为了引诱李光弼过河抢马，以便伏击取胜，史思明故意把从河北带来的1000多匹战马，每天放在河边沙水河中洗浴吃草，循环往复，借以显示马匹之多，吓唬唐军。

李光弼侦察到这些马都是公马，就将计就计，命令部下把自己军中的母马全部集中起来，又把小马驹拴在马厩留在城内，等史思明士卒将马牵到黄河岸边的沙洲，就把母马放出来赶到黄河北岸，和敌人的战马混在一起。母马想起留在城里的小马驹，嘶叫着奔了回来，史思明部队的公马听到母马嘶叫，也跟着到唐军阵地来了。李光弼不费吹灰之力得了叛军无数匹好马良驹。

史思明听说一下子丢了上千匹战马，气得要命，立刻派部下集中几百艘战船，从水路进攻。前面用一条火船开路，后面紧跟着战舰，企图用火攻烧毁唐军的河阳浮桥。

李光弼探听到这个消息，就命人在黄河北岸安装了几百根粗大的长竹竿。长竿一头固定在大木桩上，另一头绑在铁叉上，等史思明的火船一到，几百名兵士站在浮桥上，用竹竿顶住火船。火船没法前进，被烧得樯倒舷裂，一下子就沉没了。

李光弼还下令在浮桥上发射石头炮，攻击叛军的战船。史思明的水军招架不住，损失好几艘战船，兵士也死伤不少，不敢恋战，败逃而去。

不久，史思明又派兵到河清，企图切断唐军粮道。李光弼听说后，亲自率军出河阳，在野水渡安营扎寨。

到了晚上，李光弼返回河阳，只留部将雍希颢率1000名士卒据守营栅，嘱咐说："贼将高庭晖、李日越、喻文景，都是万人敌的猛将，史思明必派其中一人前来劫营，我暂时离开，你在此等候。如果贼兵到来，不要和他们交战。如果贼将投降，就把他领来见我。"

众将一听，觉得他语无伦次，都暗觉好笑。

史思明听说李光弼领兵到野水渡，果然派遣李日越前来劫营。叮嘱他说："李光弼长于据城坚守，现在他出城野战，一定能够抓住他。你带铁骑连夜赶去，替我把他捉来，捉不到就别回来见我。"

第二天一大早，李日越率500名骑兵来到野水渡，隔着壕沟看见雍希颢的兵士正在营寨中休息，没有任何异常，感到奇怪，大声问道："李光弼在吗？"

兵士回答："昨天夜里回河阳城去了。"

李日越又问："这里有多少军队？"

兵士回答说："一千人。"

李日越又问："将领是谁？"

兵士回答说："雍希颢。"

李日越考虑好一会儿，才对部下说："如今李光弼已走，攻下营寨，只能俘获雍希颢，回去一定会被杀，还不如投降的好。"

于是，李日越率部投降唐军。雍希颢领着李日越去见李光弼，李光弼厚加款待，收为心腹。不久，史思明另一猛将高庭晖也投降了李光弼。众将都佩服李光弼料事如神。

史思明几次进攻河阳，都没有得逞，便决定集中全部兵力强攻，他派叛将周挚进攻河阳的北城，自己领了一支精兵攻打南城。

李光弼派郑陈节度使李抱玉守河阳南城，亲自率军屯驻中潬（今河阳西南黄河中的小岛）策应，击败史思明大将周挚的进攻后，进入河阳北城。不久，周挚收拾残兵又渡河进攻北城。李光弼登上北城墙，观察敌阵后，充满信心地对部将们说："不用担心，叛军人数虽然多，但是队伍不整，没有什么可怕的。不过中午，必定能击败他们！"

将士们虽然打得勇猛，但是叛军退了一阵，又来了后续部队。太阳已经到了头顶上，双方还不分胜败。

李光弼又召集部将商量，说："你们观察敌军的阵势，哪个方向的战斗力最强？"

部将们回答说："西北角和东南角。"

李光弼点点头，马上拨出500名骑兵，由两位将领率领，分路攻打西北角和东南角。

李光弼把其余的将士集中起来，宣布军令，说："你们要看我的令旗行动：我缓慢地挥旗，你们可以选择有利的地方各自行动；如果三次急速挥旗着地，就是总攻的信号，万众齐进，杀向敌阵，拼死而战，不准临阵退却。有谁稍微后退，立斩！"

说到这里，只见他拿了一把短刀插在靴子里，严肃地对部将们说："打仗本来是拼死活的事儿。我是国家的大臣，决不死在敌人手里。万一出战不利，诸君前头死在敌手，我就在这儿自杀，决不会让你们单独牺牲。"

诸将听了主帅一番话，都率军勇猛出城，杀向敌营。

李光弼在城墙上督战，当看到爱将郝廷玉军滞留不前，不禁大吃一惊，心想：郝廷玉退回来，胜利就没有希望啦！立即传令："取郝廷玉的首级来！"

郝廷玉见传令的兵士要杀他，大声叫嚷起来："我的马中了箭，并不是畏敌怯战、临阵退却。"

传令的兵士报告李光弼，李光弼立刻命令给郝廷玉换上战马，重新上阵指挥作战。

李光弼看到唐军士气旺盛，就命令旗手急挥令旗触地三下，各路将领率部不顾生死，一齐杀向敌营，战鼓雷鸣，喊杀声震天动地。叛军受到猛烈的攻击，抵挡不住，很快败下阵去，损失2000多人，两员大将被唐军活捉。

正在进攻南城的史思明得知周挚已经全军崩溃，不敢再战，连忙下令撤回洛阳。

第二年春，李光弼留兵守河阳，自率大军去攻怀州，大败史部援军，歼其3000精锐。紧接着，又破叛军安太清部于怀州城下。为防备史思明偷袭，李光弼率部返回河阳。史思明果然出兵袭击河阳，李光弼乘其在河阳西渡河之机，突然发起袭击，歼敌5000余人。史思明接连失败，不得不退回洛阳。

史思明回到洛阳后，就引诱李光弼渡黄河攻洛阳，与其优势兵力决战。李光弼看穿了史思明的心思，不为所动。就在这时，求胜心切的唐肃宗听信鱼朝恩的话，命令李光弼反攻洛阳，李光弼认为敌人兵力还很强，不能轻率攻城。唐肃宗接二连三派了宦官逼他进攻。李光弼迫不得已，与朔方节度使仆固怀恩冒险进攻洛阳。由于仆固怀恩骄傲轻敌，在平原布阵，很快陷入史军的包围之中，打了败仗，损失数千人，河阳、怀州相继失守。

幸亏在这时，叛军史思明内部发生内讧，史思明被他儿子史朝义杀死，叛军内部四分五裂，力量大减。两年后，史朝义兵败自杀。

从安禄山发动叛乱，一直到史朝义失败，中原地区打了8年的内战，对唐的经济造成了极大打击，田园荒芜，人口锐减，使北方尤其是黄河流域广大地区的社会经济遭到严重破坏，李隆基是一个颇有雄才大略的政治家和军事家，曾经开创了开元盛世。但是到后期，政治日渐腐化，宠信奸臣，醉生梦死，正当他陶醉于四海升平、万方来朝的文治武功之中，他一度十分宠幸的边将安禄山竟然背叛了他，终于姑息养奸，酿成大祸，使自己经过文治武功好不容易建立起来的开元盛世毁于一旦，李氏江山几致倾覆。唐王朝虽使出吃奶的力量，经过历时8年之久的战争，终于平息了这次叛乱，但从此也元气大伤，皇皇大唐的盛世之光一去不复返了。

47. 兵不血刃

——郭子仪单骑退回纥

能征善战、功盖一代的郭子仪，被免职回长安后，在京闲居起来。这个时候，西北党项人入侵长安要地，国家危难，唐肃宗排除奸臣鱼朝恩的干扰，任命郭子仪为邢宁、廊坊两镇节度使，但仍然把他留在京师，只不过借其威名罢了。

过了一年，太原、绛州两地驻军发生骚乱，朝廷深以为患。这一地区的驻军都是原属郭子仪统帅的朔方兵，唐肃宗担心另派其他的后起将领驾驭不了，才不得不起用郭子仪为朔方、河中等节度使，前往镇抚河东。

郭子仪年已六十有六，毅然伏身上马，率印出征。到了绛州，他果断地擒杀了四十几名首谋作乱的将士，使河东地区局势马上稳定下来。

没有想到，就在这时，唐肃宗已死，唐代宗继位，他宠用宦官程元振。程元振十分嫉妒郭子仪功高任重，屡进谗言陷害郭子仪。郭子仪再次被解除了兵权。

"安史之乱"刚刚被平定，居于青藏高原的吐蕃趁机扩张势力，多次大举入侵唐朝边境，先后侵占了河西、陇右、奉天、武功等地，很快打到长安附近。大唐朝廷大为震动。唐代宗这才想起郭子仪，下诏任命他为关内副元帅，出镇咸阳，抵御吐蕃军。

年过花甲的郭子仪感到自己又有了为国立功的机会，心里特别高兴。可是，由于多年被废在家，部曲离散。现在出兵咸阳，只招募到20多名骑兵，而吐蕃侵唐的兵力有骑兵20万，弥漫数十里，并已渡过渭水，进逼长安。郭子仪派人入奏，请求增派援军，遭到宦官程元振的阻挠，无法上达皇帝。

这时，吐蕃军越过长安与咸阳之间的渭水桥，离长安只有一步之遥，唐代宗仓皇不知所措，东逃陕州，官吏们也一个个像老鼠一样逃出京城，皇家禁军也都逃散了。长安被吐蕃轻而易举地占领，洗劫府库街市，焚烧房屋，整个长安城经历一场浩劫。

郭子仪听到消息，立即从咸阳回返，率3000名骑兵南下，前往商州（今陕西商县），收集逃散的禁军，有4000人归队，军势始盛。

唐代宗到达陕州后，担心吐蕃东出潼关，命令郭子仪急赴行军。郭子仪没有从命，而是给唐代宗奏了一表，要求兵出蓝田（今陕西蓝田境）。他解释说："臣不收复京城无脸见陛下，我计划兵出蓝田，那样吐蕃必定不敢东向。"唐代宗诏准了这一计划。

郭子仪派左羽林大将军孙全绪为前锋，兵出蓝田赶往商州，命张知节率军跟继接应。为迷惑吐蕃，孙全绪率军到达韩公堆后，白天击鼓张旗，夜里烧燃无数火把。又派人进入长安，暗中联络忠义百姓，夜晚在朱雀大街猛敲大鼓，使吐蕃军惊惶不安。郭子仪命将士组织当地百姓散布说："郭元帅自商州率领大军前来，队伍多得无法计数！"吐蕃军吓得惶恐不安，很快撤出长安城。

郭子仪轻而易举收复了长安。

唐代宗听说长安失而复得，非常高兴，任命郭子仪为西京留守。于是，郭子仪自商州进入长安。不久，唐代宗自陕州返回长安，当面慰劳郭子仪说："早不用卿，所以才出现这种情况。"代宗遂任郭子仪为河东副元帅、河中节度使，前往镇抚河东。

这个时候，郭子仪于下大将仆固怀恩，多次立有大功，特别是在郭子仪收复两京的战役中，为唐朝立下赫赫战功。郭子仪被夺兵权后，仆固怀恩出任朔方节度使。由于唐朝廷对立下赫赫战功、手中握有重兵的朔方将领怀有戒心，功高位重的仆固怀恩遭到奸臣的陷害。"安史之乱"平定后，仆固怀恩率朔方兵数万屯汾州，准备发动叛乱。

为了镇抚仆固怀恩，唐代宗任命郭子仪兼关内、河东副元帅及河中等节度使，出镇河中，随后又任命他为朔方节度大使。

仆固怀恩的将士听说郭子仪领兵前来，内部发生分化，互相攻杀，许多人归服郭子仪。仆固怀恩没有办法，他的母亲长叹说："当初我说朝廷待你不错，让你别造反。现在众心既变，必将延祸于我，如何是好？"并提刀怒斥仆固怀恩说："我为国家杀了这奸贼，取其心以谢三军！"

仆固怀恩急忙率亲信出逃，渡河北走。郭子仪及时赶到汾州，收服仆固怀恩部，从而避免了一场大规模的叛乱。

仆固怀恩逃到灵州，收集逃散士卒，军势复振。公元765年，仆固怀恩带引回纥、吐蕃几十万大军，分兵三路扑向长安城。

没想到，仆固怀恩到了半途上得急病死了。回纥和吐蕃大军继续进攻，唐军抵抗不住，联军一直打到长安北边的泾阳（今陕西泾阳），长安受到威胁。

外族入侵，京师震动，唐代宗和朝廷上下恐慌不已。宦官鱼朝恩劝代宗再一次逃出长安，由于众多大臣反对，才没有逃走。众大臣一致认为，要打退回纥、吐蕃，只有依靠郭子仪了。这时候，郭子仪正在泾阳驻守，急奏朝廷："敌军都是骑兵，其来如飞，不可轻视。请派诸道节度使各出兵扼守要冲。"

唐代宗采纳了他的建议，可是诸道节度使都按兵不动。郭子仪手下没有多少兵力。他吩咐将士构筑防御工事，不许跟吐蕃交战。

郭子仪发现，入侵的回纥和吐蕃虽说是联军，可是他们之间也有矛盾。他们本来是仆固怀恩引进来的，仆固怀恩一死，谁也不服谁，各自为战。郭子仪决定采取分化瓦解的办法。因为以前和回纥的将领一起打过安史叛军，有些旧关系，郭子仪就想先把回纥将领拉拢过来。

一天晚上，郭子仪派部将李光瓒悄悄来到了回纥的大营，求见回纥都督药葛罗，对他说："郭令公派我来问你，回纥本来和唐朝友好，为什么要听坏人的话，来进攻我们呢？"

药葛罗奇怪地说："仆固怀恩说，唐朝天可汗已放弃四海，令公也谢世，中国无主，所以我们就跟他来了。这么说，郭令公还活着？你可不要骗我。"

听说药葛罗上了仆固怀恩的当，李光瓒就把郭子仪的情况一五一十地作了介绍。

药葛罗和部将领还是有些不相信，就提出要郭子仪亲自来见个面。

郭子仪听了李光瓒的汇报，决定亲自走一趟，劝说回纥退兵。

部将们都觉得这是个好办法，可是又认为让元帅亲自到敌营去太冒险，就提出派500名精锐的骑兵一起去。

郭子仪坚决不同意，认为带了这样多兵去，反而会坏事。只要几个人陪着一起去就可以了。他的儿子郭晞也劝他说，"您是国家元帅，怎能到虎口去冒险呢！？"郭子仪说："现在敌人兵多，我们兵少，要真的打起来，不但我们父子两人生命难保，国家也要遭难。我这回去，如果和他们谈判成功，那就是国家的幸运；即使我有什么三长两短，还有你们在嘛！"

于是，郭子仪免胄解甲，带着数十个随从兵士，骑马出了城，直奔回纥营帐。随从的兵士一面走，一面叫喊："郭令公来了！郭令公来了！"

药葛罗在营帐里听说郭子仪真的来了，大吃一惊，急忙骑上战马迎了上去。同时命令兵士摆开阵势，准备迎战。

郭子仪带着随从兵士到了阵前，为了表示诚意，摘下头盔，卸掉铁甲，把枪扔在地上，拉紧马缰，缓缓向回纥军营靠近。

药葛罗和将领们望着来人，高兴地大叫起来："啊，真是令公他老人家！"接着，翻身下马，围住郭子仪下拜行礼。

郭子仪走上去，扶起药葛罗，握住他的手，和气地说，"你们回纥人曾经为唐朝立过大功，唐朝待你们也不错，为什么要帮助仆固怀恩闹叛乱呢？我今天到这儿来，就为了劝你们悬崖勒马。我现是只身到这儿，准备被你们杀掉，但是我的将士不会放过你们的。"

药葛罗感到很内疚，急忙道歉说："令公别这样说。我们因为受了仆固怀恩的骗，以为皇帝和令公都已经不在了，中原没有主人，才跟着他上这儿来。如今知道令公还在，哪里敢跟您打仗呢？"

误会解除了，郭子仪与回纥首领药葛罗饮酒言欢，并赠给他许多罗锦，双方重结盟约，约定共同夹击吐蕃军。这就是"泾阳之盟"。

郭子仪单骑访回纥军营的消息传到吐蕃营里，吐蕃的将领们害怕唐军和回纥联合起来袭击他们，就连夜撤军逃走了。郭子仪派军与回纥军急骑追击，在灵台西原赤山岭大破吐蕃军，斩杀万余，并夺回被吐蕃掠走的仕女4000多人。

此后，吐蕃虽然年年秋季入犯，却再也不敢进入关中的纵深地区骚扰了。

48. 智仁无敌

——李愬夜袭蔡州

"安史之乱"后，唐王朝的一些藩镇、节度使仍然自以为实力强大，藐视朝廷，独霸一方。他们既有土地，又有甲兵，一步一步发展成了独立或半独立的封建地方政权。其中，为害最大的藩镇是淮西节度使吴少阳父子。

吴氏父子割据30多年，控制着今天河南省的东部地区，实力雄厚。公元814年（唐宪宗元和九年）闰八月，淮西节度使吴少阳病逝。他的儿子吴元济隐瞒其父死亡的消息，直接掌管军务，引兵作乱，四处烧杀抢掠，甚至跑到东都洛阳附近耀武扬威，成为唐廷的心腹大患。

淮西一镇只有蔡（今河南汝南）、申（今河南信阳）、光（今河南潢川）区区三州之地，周围都是唐朝州县，势孤力单。但是，淮西镇地处中原腹心，扼江淮至长安的漕运道，战略地位非常重要。一向有志于削藩的唐宪宗决心对淮西用兵，讨伐吴元济。

但是，唐宪宗派去的统帅，不是腐朽的官僚，就是自己另有企图。结果，花了整整三年工夫，费了大量财力，都失败了。朝廷文武百官都感到不能再打下去，大臣裴度却认为淮西好比身上长的毒疮，不可不除。唐宪宗就封裴度做宰相，要他继续征讨淮西。

到公元817年六月，吴元济见部下多降唐，兵势不振，上表唐宪宗请罪，声称愿束身归朝。宪宗派中使赐诏，允许免其死罪。但吴被其左右及大将董重质所挟制,无法归朝。淮西已到了穷途末路、指日可下的地步。

七月,唐宪宗任命主战最力的裴度兼领彰义军节度使、淮西宣慰招讨使,赴前线督战。

就在这时,为了平定淮西,太子詹事李愬向朝廷请缨出战。李愬是唐朝名将李晟的儿子,工于谋略,善于骑射,史书称他为"沉勇长算"。唐宪宗认为他才可大用,可当此大任,就任命他为唐州(今河南唐河)、随州、邓州的节度使,负责指挥西路唐军,进剿吴元济的老巢蔡州(今河南汝南)。

唐州的将士打了几年仗,都不愿再打,听到李愬一来,有点担心。而李愬一到唐州,就采取了一些示弱蓄势、藏愚守拙的策略,向官员宣布说:"皇上知道我李愬是个柔弱忍辱的人,所以才让我来当统帅,安顿地方秩序。至于打吴元济,不干我的事。"他亲自慰问伤病兵士,故意听任军阵不肃,部伍不齐。

这些消息很快就传到吴元济的耳朵里。吴元济打了几场胜仗,本来就有点骄傲,得知李愬不懂得打仗,名位卑微,行事又如此不堪,便掉以轻心,更不把防备放在心上了。后来当北线吃紧时,吴元济把淮西军的主力都调到了北线,结果西面出现了兵力空虚。

相反,李愬不断增强西线军事力量,他上表奏请朝廷,调来昭义、河中、恕坊士卒步骑2000人。同时,李愬不动声色,暗中修缮军械,积极进行周密的作战准备。

为争取淮西民心,孤立、瓦解吴元济,李愬还利用淮西连年用兵,农业生产荒废,仓廪空虚,民多无食,纷纷逃往唐军控制区的机会,设县安置淮西百姓5000余户,为其择县令,责成其妥善抚养,并派兵予以保护。

以后,李愬从来不提打淮西的事。唐州城里有许多生病和受伤的兵士,李愬一家家上门慰问,一点官架子也没有。将士们都很感激他、敬佩他。

为动摇、瓦解淮西军的士气,争取淮西将士为己所用,李愬还采取了优待俘虏、大胆重用降将的政策。

有一次，李愬的兵士在边界巡逻，碰到一小股淮西兵士，双方打了一阵，唐军把淮西兵打跑了，还活捉了吴元济的部将丁士良，押到李愬跟前。

丁士良是吴元济手下的一名骁将，经常带人侵犯唐州一带，唐军中很多人都吃过他的亏，所以既怕他又恨他。这一回活捉了他，众将一致请求李愬把他杀了，给死亡的唐军兵士报仇。李愬感到丁士良可以为己所用，便吩咐兵士松了他的绑，以礼相待，和气地问他为什么要跟着吴元济闹叛乱。丁士良本来是淮西兵士，是被吴元济俘虏过去的，见李愬这样宽待自己，就投降了。

李愬靠丁士良的帮助，打下了淮西的文城栅和兴桥栅等数个城镇，擒获了文城栅谋士陈光洽，招降了文城守将吴秀琳，并带回3000名守军。吴元济非常害怕。

李愬为了扫平淮西叛镇，日夜操劳，精心谋划，每得淮西降卒，一定亲自了解敌方情况，因此对淮西军情变化、地理形势等了如指掌。降将吴秀琳向他建议说，要想夺取蔡州，没有李祐相助不行。

李祐是吴元济部下一员勇将，极有胆略。当时率兵驻守兴桥栅，多次击败唐军，唐军吃了他不少苦头。于是，李愬在吴秀琳的帮助下，设计活捉了李祐。

部将们听说活捉了李祐，都请求杀掉他，以平众愤。李愬知道这两个人都是有勇有谋的人，就推心置腹地信任他们，跟两人秘密讨论攻蔡州的计划。李愬手下的将领为此很不高兴，就怀疑说李祐是敌人派来做内应的，有的甚至说，捉到的敌人探子也供认李祐是间谍。

李愬担心众将把这件事上奏皇帝，皇帝如果下诏处死李祐，自己将不好解救，便想出一计，他宣布说："既然大家认为李祐不可靠，我就把他送到长安去，请皇上发落吧。"

于是，李愬吩咐兵士将李祐押送到长安，同时秘密奏请唐宪宗，说他已经跟李祐一起定好攻取蔡州的计划，如果杀了李祐，攻蔡州的计划就吹了。

唐宪宗得到李愬的密奏，就下诏释放了李祐，并且叫他仍旧回到唐州协助李愬。李祐回到唐州，李愬见了他，非常高兴，握着他的手说："你能安全回来，真是国家有福了。"李愬有精锐牙军3000人，号六院兵马，他便命李祐担任六院兵马使，统率这支部队，并让他佩刀巡警，自由出入军帐。李祐得知李愬千方百计保护自己、很信任自己，感动得哭了，绞尽脑汁为其袭击蔡州出谋划策。

李愬还招募敢死之士3000人，号称"突将"，早晚亲加操练，以便作为袭击蔡州的突击队。由于连降大雨，到处是积水，只好延期，等待时机。

七月，讨蔡诸军虽有捷报不断传来，但离最终胜利还相差很远。唐宪宗为此十分焦虑。裴度向宪宗表示愿意前往前线督战。行前，他对宪宗说："主忧臣辱，义在必死。贼灭，则朝天有日；贼在，则归阙无期。"宪宗闻听感动得流泪不止。

八月，宰相裴度亲自到淮西督战，到达郾城。原来，各路唐军作战，都有宦官监阵，将领们没有指挥权。打胜仗是宦官的功劳，打败仗却轮到将领们挨整。裴度到了淮西，发现了这个情形，立刻奏请皇上，把宦官监阵的权撤销了。将领们听到这个消息，都很兴奋。

裴度到达前线后，唐军主力、北路李光颜协同诸军向淮西正面发动猛烈进攻，使守卫蔡州的吴军士卒只剩下一些老弱不堪一战者。

李愬乘机率兵突然进攻吴房，攻下其外城。众将劝李愬乘胜进攻子城，李愬为了袭取蔡州，不愿贪图一城而引起吴元济的注意，遂引兵退回。

李祐向李愬献计说："蔡州吴元济的精兵都在洄曲和四面边境上据守，守蔡州的全是一些老弱残兵。我们乘虚派兵直抵蔡州，等他们的将领听到消息，吴元济已被我们擒拿住了。"

李愬派人把这个计划告诉裴度。裴度连连称好，批准了这个计划。

十月十五日夜，冷风如刀，大雪飞扬，天黑如墨。李愬利用风雪交加，敌军放松警戒，利于奇袭的天气，命史愬留镇文城，命李祐、李忠义率训练有素的敢死队3000人为前锋，自己与监军将3000人为中军，命李进城率3000人殿后。

这次行动十分秘密，除了李愬、李祐几个人，谁也不知道到哪里去。有人偷偷问李愬，李愬说："只管朝东前进！"赶了60里地，唐军抵达张柴村。守在那儿的淮西兵毫无防备，被全部消灭。

李愬命令部队稍事休息和补给，只留500人守城栅，防备朗山方向之敌，另以500人切断通往洄曲和其他方向的桥梁。主力部队连夜继续进发。将领们又请示往哪里去，李愬这才宣布说："到蔡州去，捉拿吴元济！"

李愬知道，这种天气正是敌人最麻痹之时，也是唐军偷袭最易成功之机。将领中有一些吃过吴元济的败仗，一听到这个命令，大惊失色。监军的宦官更是胆小，痛哭流涕，骂道："果然中了李祐的奸计了。"

但军令如山，众将只得率部向东南方向急进。

这时，天黑如墨，风越刮越紧，鹅毛般的大雪越下越密，战旗被狂风撕裂，人马冻死者相望于道。从张柴村通往蔡州的路，是唐军从来没有走过的小道，大家暗暗叫苦，人人都以为此行必死。但是，李愬平日治军威严，将士们都怕他，谁也不敢违抗军令，只好抱定一死的态度继续前进。

半夜时分，风雪更加猛烈，兵士们踩着厚厚的积雪又赶了70里，才抵达蔡州城郊。正好城边有一个养鹅鸭的池塘，李愬命兵士们击打鹅鸭，鹅鸭的叫声掩盖了人马走路发出的响声。

自从吴少诚抗拒朝命，唐军已有30多年没有到蔡州城下，加上风雪夜，所以蔡州人毫无戒备，没有发现唐军的行动。四更时，李愬军到达蔡州城下，守城的士卒仍没发觉。

李祐、李忠义命兵士在城墙上掘城为坎，将士们爬上城墙。守城的淮西兵正在蒙头呼呼大睡，唐军把他们全杀了，只留着打更的，让他们打更，以免惊动敌人。

李祐等既已得手，便打开城门，让大军进城。

唐军一直到了内城，城里的淮西军一点也没有发觉。

天色渐亮的时候，风雪也停了。李愬率领唐军占领了吴元济的外院。这时，有个淮西兵士发现了唐军，急忙向吴元济报告说："不好了，官军来了。"

吴元济还在里屋睡大觉，听到有人来报，根本不相信，懒洋洋躺在床上，笑着说："什么官军，还不是那些唐军俘虏在闹事，等天亮了看我统统杀了他们。"

接着，又有兵士冲进来报告说："不好了，城门已经被官军打开了。"

吴元济仍不以为然，说："这一定是洄曲那边派来找我们讨寒衣的吧！"说着，他爬起来穿上衣服，当他走出卧室，步入庭院时，听到唐军的号令之声十分威严雄壮，这才感到大事不妙，赶紧带上几个亲兵爬上牙城抵抗。并让人火速通知驻洄曲的董重质回援。

此时，吴元济的大将董重质率1万精兵镇守洄曲。董重质的家在蔡州。李愬入城后，一面派人进攻牙城，一面派人慰抚董重质的家属，派董重质的儿子到洄曲劝降。董重质一看大势已去，又看到唐军厚待其家人，就一个人骑着马，赶到蔡州向李愬投降，其军队被李愬收编，吴元济丧失了洄曲守军回援的希望。

李愬命令将士继续攻打吴元济。第二天，吴元济内院被攻破，唐军活捉吴元济。

十一月一日，押送吴元济的槛车到达长安，大明宫兴安门前人海如潮，宪宗在群臣簇拥下驾临兴安门城楼上受俘，百姓欢声雷动。年仅35岁的吴元济被押至楼前示众，随后宪宗下令将他斩首示众。

李愬攻下蔡州后，下令不妄杀一人。当宰相裴度到来时，他在其马前恭候。裴度想谦让逊谢，李愬坚持说："蔡州人很长时期不知上下之间的礼仪了,请以此教示他们。"裴度这才以宰相身份接受李愬拜谒,广场之上,万头攒动,观瞻者深受教育。裴度、李愬平定淮西、活捉吴元济的消息传到河北,使河北藩镇大为震动,纷纷表示服从朝廷。

唐宪宗削平藩镇的战争历时12年,李愬雪夜袭蔡州是其中精彩的一幕。他成功运用出其不意、攻其不备的策略,使助攻方向起到了带决定性的关键作用,遂成为我国古代军事史上的著名战例之一。

49．兴王易姓

——赵匡胤陈桥兵变

一代伟人毛泽东在著名的诗词《沁园春·雪》中曾称道过的风流人物有秦皇、汉武、唐宗、宋祖，其中的宋祖指的就是宋太祖赵匡胤。他既是一位杰出的政治家，又是一位著名的军事家。而他的崛起，则是从发动兵变开始的。

唐朝之后的五代，是我国历史上比较混乱的时期，出现了许多朝代，很多人自称皇帝，割据一方。各国一直打个没完，到头来受苦的还是黎民百姓。

到公元950年，郭威建立了后周，实施一系列改革，发展经济，百姓安居乐业，国家开始强大起来。可惜，郭威只做了3年皇帝就病死了。他的养子柴荣继位，这就是历史上有名的周世宗。柴荣继承郭威的事业，一面发展经济，壮大国家，一面领兵出征作战，先后统一了关中地区、淮河流域，又北向同契丹作战，连续攻下数座城池。

可是，就在柴荣北伐作战逐渐成就大业的时候，公元959年即周显德六年，年仅39岁的柴荣突然发病而死，宰相范质受命扶助柴荣幼子柴宗训继位，就是周恭帝。

周恭帝只有7岁，年纪太小，由宰相范质、王溥辅政。这样，后周的大权为禁军统帅赵匡胤所掌握。

赵匡胤出生在洛阳一个官宦世家。父亲赵弘殷，少骁勇，善骑射，曾在后唐、后晋、后汉、后周四周任武将，为后周铁骑第一军指挥使，转右厢指挥使，领岳州防御使。

赵匡胤生得容貌雄伟，自幼喜爱习武，善于骑射。21岁那年离家，两三年间到过今陕西、甘肃以及湖北的许多地方，四处漂泊流浪的生活使他饱尝了下层社会的艰辛。几年以后，赵匡胤投奔到后汉枢密使郭威部下当亲兵。

赵匡胤不仅武艺超群，而且十分好学，懂得治国平天下的道理。无论在马背上，还是燕居，他总是手捧一册书，从不间断学习。

公元951年，赵匡胤帮助郭威代后汉建（后）周，立下大功，被提升为后周禁军东西班行首，从此跻身于禁军军官的行列。两年后，赵匡胤被任为开封府（今河南开封）马直军使，成为后周皇子柴荣的心腹部将。

赵匡胤跟随周世宗南征北战，立下不少战功，深得周世宗的信任，被晋升做了禁军统帅，官名叫殿前都点检，用现在的话说，就是保卫皇帝的军队总司令，大家称他为"赵点检"。

禁军是后周一支最精锐的部队，赵匡胤还掌握着地方上的许多军队。掌握了军队，赵匡胤也就掌握了后周的实权。所以世宗一死，军权落在赵匡胤手里。

赵匡胤看到柴宗训这个皇帝年纪还小，就想取而代之，自己当皇帝。不久，京城里人心浮动，谣言纷纷，说赵匡胤快要夺取皇位啦。五代时期，武将夺取皇位的例子多得很，所以，人们有这种猜测也是不足为奇的。

公元960年正月初一，开封城内一片热闹景象。宫廷内正大摆筵席，举行朝见大礼，文武百官向皇帝朝贺新年。忽然，接到边境送来的紧急战报，说北汉国主和辽朝联合南下，派出10万军队攻打后周边境，情况危急。

大臣们慌作一团，执政大臣范质、王溥等人不假思索、不辨真假，匆忙派遣赵匡胤统率诸军北上抵抗。

其实，并没有什么辽兵南侵，而是赵匡胤秘密派人谎报军情，以便找机会发动事变。

赵匡胤领旨走出殿堂，立即征调京城和各地的兵马，校兵场上点兵、训兵两日。第二天，殿前副都点检、镇宁军节度使慕容延钊率领前军出发。前军出城的时候，开封城内就出现了"赵点检为天子"的谣传，引起了全城轰动。

过了两天，赵匡胤也带了大军从汴京出发。跟随他的有他的弟弟赵匡义（后改名赵光义）和亲信谋士赵普，他们都是文韬武略的奇才。

当天晚上，大军来到离京城开封40里的陈桥驿（今河南封丘东南陈桥镇），赵匡胤命令将士就地扎营休息。

就在这里，一场"兴王易姓"的兵变戏上演了。

赵匡胤曾经亲自参加过郭威的兵变，具有篡位的"经验"。为了掩人耳目，这天晚上，他并没有直接出面去煽动将兵，而是吃酒装醉睡觉去了，把"黄袍加身"的事情，交给赵普和赵匡义这两人去办理。

到了营地，兵士们倒头就睡着了，禁军的几个主要将领却聚集在一起，悄悄商量着什么事，煞有介事地说："现在皇上年纪那么小，不能亲自临朝主政，我们拼死拼活去打仗，将来有谁知道我们的功劳，倒不如现在就拥护赵点检当皇帝吧！"

大伙听了，都赞成这个意见，就推一名官员把这个意见先告诉赵匡义和赵普。

将士的兵变情绪很快就被煽动起来，那个官员到赵匡义那里，还没有把话说完，将领们已经闯了进来，亮出明晃晃的刀，嚷着说："我们已经商量定了，非请点检即位不可。"

赵匡义和赵普听了，暗暗高兴，叮嘱大家一定要安定军心，不要造成混乱，同时派人速回京城，告诉留守京城的大将、赵匡胤的心腹石守信、王审琦。

消息很快传遍了军营。将士们全起来了，大家闹哄哄地聚集到赵匡胤住的驿馆，一直等到天亮。

赵匡胤前一天晚上喝了点酒，这时正假装醉酒刚刚醒来。只听得外面一片嘈杂的人声，接着，就有人打开房门，高声地叫嚷道："诸将无主，请点检做皇帝！"

原来，赵匡胤的弟弟赵匡义和赵普见时机成熟，便授意几位兵士来到赵匡胤的住处。赵匡胤赶快起床，还没来得及说话，几个人把早已准备好的一件象征皇帝登基时穿的黄色龙袍七手八脚地披在赵匡胤身上。大伙跪倒在地上磕了几个头，山呼"万岁"，声音几里外都能听到，遂拥立他为皇帝。接着，把赵匡胤扶上马，请他一起回京城。

赵匡胤骑在马上，装出一副被迫无奈的样子，开口说："你们自贪富贵，既然立我做天子，必须听从我的命令，不然我就不做你们的主人！"

将士们齐声回答说："自然听陛下命令。"

为了确保兵变成功，赵匡胤向诸将"约法三章"，当众宣布：到了京城以后，要保护好周朝太后和幼主，不许侵犯朝廷大臣，不准抢掠国家仓库。执行命令的将来有重赏，否则就要严办。也就是说，他将实行以文治国和安定民心的政策。

诸将士都应声"诺"！

赵匡胤本来就是禁军统帅，再加上有将领们拥护，谁敢不听号令！一切安排妥当之后，身着黄袍的赵匡胤骑马回军开封。将士们排好队伍开往京城，一路上军容整齐，秋毫无犯。

守备都城的主要禁军将领石守信、王审琦等人都是赵匡胤过去的"结社兄弟"，听说兵变成功后，便打开城门接应。赵匡胤没费多大劲儿就拿下了京城。

这时，未退早朝的宰执大臣们，忽然听说发生兵变，都感到束手无策。只有侍卫亲军马步军副都指挥使韩通从宫殿中惊慌而出，准备率兵抵抗，但被忠于赵匡胤的军队连同其家人一并杀死。

将领们把后周大臣范质、王溥找来。赵匡胤见了他们，装出为难的样子说:"我受世宗厚恩。现在我被六军将士逼成这个样子,你们说怎么办?"

范质、王溥在刀光剑影的威逼下不知所措。这时,只见一个将领站出来声色俱厉地喊道:"我们没有主人。今天大家一定要请点检当天子!"

直到这个时候,范质、王溥等人才知道当初不辨军情真假,就仓促遣将是上了大当,只得率百官听命,赶快下拜。翰林学士陶谷拿出一篇事先准备好的禅代诏书,宣布周恭帝退位。

赵匡胤理直气壮地做了皇帝,在龙亭大殿登基。因为他当初任归德节度使的地方是宋州,所以改国号为宋,定都东京(今河南开封),历史上称为北宋。赵匡胤则成了宋朝的开国皇帝,是为宋太祖。经过50多年混战的五代时期,从此宣告结束。

赵匡胤精心策划的这一场戏,在中国历史舞台上被称为"陈桥兵变"或"黄袍加身"。

赵匡胤非常担心手下人以自己为榜样,重演"黄袍加身"的旧戏,于是,每次上朝,他都要身披铠甲,跨马登殿。

50. 金陵春梦

——赵匡胤灭南唐

赵匡胤和他的弟弟赵光义经过再三商议，决定先消灭南方各个割据势力，后消灭北汉，即先消南平、后蜀两国，再击北汉。但赵匡胤灭后蜀、南汉后，并没有继续按照"先南后北""先易后难"的既定方针办，而是对实力雄厚的北汉发动了一次大的进攻，结果碰了钉子，才回头来按原计划行事，进攻南唐。

南唐立国于金陵（今江苏南京），是"十国"中最大的一个割据政权，那里土地肥沃，没有经过战争的破坏，所以经济繁荣，国力富裕。但是，南唐国主昏庸无能，国力渐弱。最后的一个国主李煜，历史上称南唐后主，是一个著名的词人，对诗词、音乐、书画十分精通，就是不懂处理国事，更不要说用兵打仗了。

赵匡胤建立北宋后，李煜每年派人向北宋进贡大量金银财宝，以便保住他的地位。后来，赵匡胤接连消灭了三个小国，李煜更是着起慌来，一面赶紧派他的弟弟李从善去开封给宋太祖送去一封信，表示愿意取消南唐国号，自己改称"江南国主"；一面暗地里募兵备战，准备坚壁疲惫宋军，以图生存。宋军攻占南汉后，占有了长江中游和下游江北地区以及珠江下游地区，从战略上形成了对南唐的三面包围。赵匡胤志在灭南唐，认为天下一家，卧榻之侧，岂容他人鼾睡，绝不允许南唐存在下去。

鉴于南唐是江南实力最强的政权，赵匡胤十分慎重，进行了一系列战前准备。他用离间计使李煜杀了南唐的重要将领林仁肇；以重修天下图经为名，派人索取了南唐十九州形势图；进行大举用兵的物资运输准备。为适应南方水战，赵匡胤督造战船，训练水军，并在荆湖制造巨舰战船数千艘，以备渡江时架设浮桥。

一切准备就绪后，宋太祖便派人出使南唐劝降，要李煜入朝，李煜装病坚决不去。宋太祖勃然大怒，派大将曹彬、潘美带领10万大军，战船数千艘，于公元974年十月，从荆南带领水军沿长江顺流东下，兵分五路出击南唐，分进合击，直指金陵。

李煜自以为有长江天险，宋军就是插上翅膀也过不来，因此他继续在宫中喝酒玩乐。南岸唐军也以为宋军是例行巡江，未加阻击，使宋军顺利通过南唐屯兵10万的要地湖口（今江西湖口）。十月二十四日，曹彬率宋军突然渡过长江，水陆并进，直趋池州，进驻采石矶。另一路，潘美率领宋军步兵主力到了江北，被辽阔的江面挡住了道路。有人献计说，如果用竹筏和大船搭成浮桥，步兵就可以全部顺利过江。潘美认为是个好计，马上派人赶造浮桥。消息传到金陵，李煜与南唐群臣根本不相信什么搭浮桥，照样喝酒行乐。

三天后，宋军搭好浮桥，在石牌口（今安徽安庆西）把巨舰、大船连接起来，按照采石矶一带江面的宽度，成功架起一座浮桥。这在中国古代战争史上是一个创举。有了这座浮桥，潘美的步兵像在陆地上行军一样，顺利跨过长江，势如破竹。南唐的守将战败的战败，投降的投降。

曹彬、潘美率军继续东下，夺占采石矶。宋军将预制浮桥移至采石矶。10万宋军迅速跨过长江，连克金陵外围据点，并在秦淮河击败南唐水陆军10余万，形成对金陵的包围态势。

金陵北据大江，南连重岭，龙盘虎踞，形胜险要。唐军坚壁固守，疲惫宋军。可是，这个时候，李煜还正在宫里跟一批和尚、道士诵经讲道，宋军已到城外，他还蒙在鼓里呢！直到半年之后，李煜有一次到城头巡视，发现城外到处飘扬着宋军旗帜，这才大吃一惊，回宫以后，急忙派大臣徐铉到东京劝说宋太祖罢兵言和。

徐铉到了开封，对宋太祖说："我主李煜已经对宋称臣，就像儿子侍奉父亲，没有犯错误，为什么你还要打我们呢？"

宋太祖一听，满脸的不高兴，讥讽说："李煜并没有什么罪。但是现在天下一家，朕的床边，怎么能让别人睡着打呼噜呢！"

见求和不成，李煜连忙调遣驻守上江的朱令赟支援金陵。朱令赟率水步军号称15万，缚大水筏，乘载可容千人的大战舰顺江东下，企图焚断采石矶宋军浮桥。时值冬初，长江水浅，舰筏过大，不能并进，舰队进展十分缓慢，到了十二月才来到皖口（今安徽安庆西南），遭到宋军两路夹攻。

朱令赟下令放火烧宋军，哪知正碰到起北风，反烧了自己。宋乘势猛攻，全歼南唐援军，朱令赟投火自焚。

这个时候，金陵已被围9个多月。曹彬三次派人进城劝李煜趁早投降，免得城里百姓的生命和财产遭到破坏。李煜不甘心，还想拖下去，曹彬就下令攻城。

就在即将攻城前夕，曹彬忽然称病不起，不理军政事务，诸将都来问候。曹彬说："我的病并非药石可治，只需诸位保证决不滥杀无辜、抢掠民财，这病自然就会好了。"诸将为之感动，当场发誓决不侵害百姓。曹彬的这一爱民政策起到了一定的攻心作用。十一月二十七日，宋军发起总攻，金陵城破，李煜被迫投降，南唐灭亡。

李煜被押到东京，宋太祖对他还比较优待。可是李后主自己感到做俘虏很不是滋味，每天流着眼泪过日子。他本来就是写词的能手，在这段时间里，写了一些感情忧伤的词，"问君能有几多愁，恰似一江春水向东流"就是他这段时间词作中的名句。

至此，赵匡胤完成了对南方的统一。赵匡胤在位16年，他用全力统一了全国，结束了五代以来军阀的动乱与分裂，彻底解决了自唐末以来藩镇乱政的混乱局面，重建统一中央集权国家，这是他一生最大的功绩，也是他对于中国历史的一大贡献。

51. 家国英雄

——"杨家将"抗辽

杨家将的故事在民间流传很广,它讲述的是北宋名将杨业及其儿孙们抗击北方辽朝和西夏统治者侵扰中原的事迹。其中杨业、杨延昭、杨文广都有一定的历史事实作依据,但是大量的故事情节,却是劳动人民按照自己的理想和愿望塑造出来的。

杨业,原名重贵,麟州新秦(今陕西神木)人。他的父亲杨信曾任后汉麟州刺史。杨业青少年为后汉河东节度使刘崇的部属。后周广顺元年(公元951年)刘崇在太原割据,建立北汉政权,提拔杨业为建雄军(今山西代县)节度使,并赐名刘继业,让他长期镇守北方重镇代州捍御辽兵。在抵御辽朝侵扰的斗争中,杨业屡立战功,每战必捷,当时被人称作"杨无敌"。公元979年,宋太宗赵光义率大军亲征北汉,兵围太原,杨业随北汉主刘继元出城降宋。宋太宗早闻杨业大名,见杨业归降,大喜过望,十分器重他,任命他为左领军卫大将军、郑州防御使,并恢复其姓名为杨业,仍带兵镇守代州。杨业自归附宋朝以后,一直带兵驰骋在河东的抗辽战场上,成了北宋的著名将领。

宋太宗灭北汉后,准备乘胜攻打辽朝,收复北方失地。

北方契丹族建立的辽朝,为了扩张土地,掠夺人口和财物,凭借其强盛的军事力量,经常派兵南下侵扰中原,并从后唐叛将石敬瑭手中割取了地处今河北和山西北部的燕云十六州。这一带,原是中原王朝的统治区,不仅封建化程度较高,而且田园丰饶,人口稠密,有一定的经济潜力,能提供人力、物力、资源。辽国便以此作为攻宋的出发阵地。

宋军拿下太原后,宋太宗即着手部署进攻辽的事宜。公元979年五月,宋太宗发兵数十万,从太原分路东进,翻越太行山,攻入辽境。

宋军攻势凌厉,辽朝北方几个州的守将纷纷投降。宋太宗赵光义率军快速推进,一直打到幽州(今北京市)。后来,辽朝派大将耶律休哥救援。双方在高粱河(今北京西直门外之河)展开激战,宋兵大败。宋太宗身中数箭,乘了一辆驴车逃出战场。

这是宋辽之间的第一次幽州之战。

辽军打败宋军,便不断袭击宋朝边境。宋太宗就派杨业为代州刺史,扼守雁门关。

公元980年初春,辽景宗发兵10万攻打雁门关。雁门关是宋朝北边的门户,具有重要战略意义。此时,杨业手下只有几千人马,兵力悬殊,无法与辽军硬拼。

杨业决定出奇制胜。他把主力留在代州,自己带领几百名骑兵,悄悄地抄小路绕道至雁门关峡谷北口,从辽兵的背后杀出,与潘美出其不意,前后夹击辽军,杀伤大批辽兵,杀死辽朝多位大将,并缴获了很多铠甲革马,杨业因此被提升为云州观察使。

雁门关大捷以后,杨业威震辽国。从此辽军都畏惧杨业,每同宋军作战,只要一看到"杨"字旗号,就吓得不敢交锋。但杨业却遭到其他宋将的妒忌,有的甚至上书诽谤他,幸好太宗不信那些不实之词。

过了几年,辽景宗耶律贤死去,只有12岁的耶律隆绪继位辽圣宗,由他的母亲萧太后执掌军政大权。这时,宋边将贺令图向宋太宗上奏章,错误地认为辽主年幼,母后专权,宠臣用事,国人怨疾,正好趁这个机会收复燕云十六州失地,报仇雪耻。

其实,这时的辽统治集团君臣协和,政治贤明,并不存在什么可乘之机。

但赵光义却相信了贺令图等人的话，不顾参知政事李至等人的反对，不看粮草、军械缺乏、北伐准备不足、开战胜算不多的实际情况，也不和宰相商量，于公元986年，决定再次北伐辽朝，派出曹彬、田重进、潘美率领三路大军北伐，并以忠武军节度使潘美为云、应、朔等州行营都部署，命杨业为副帅，率领西路军出雁门关。

起初，宋西路军潘美、杨业的一路人马进展迅速，连克云、应、朔、寰四州。但由于曹彬、米信率领的东路军主动进攻幽州失利，宋太宗即命西路军撤退，并把云、应、朔、寰四州吏民迁往宋境内。

潘美、杨业接到命令，就领兵掩护四个州的百姓撤退到朔州南面的狼牙村。在兵力对比悬殊的情况下，潘美令杨业出击。

这个时候，辽军已经占领寰州，兵势很盛，杨业提出不宜同辽兵争锋，而应领兵由代州沿大石路攻打应州，以威胁占领寰州的辽军侧后；辽军侧后受到攻击，必然掉转头来营救。这样，云、朔诸州之民就可沿朔州东南方面的石碣谷脱身向南转移。届时，再以精骑埋伏在退路的要道，以强弩千人伏于谷口，掩护撤退的宋军将士和被迁的四州吏民安全回到宋朝境内。这是一个"围魏救赵"的高明之策，但不懂军事的监军王侁坚决反对杨业的意见，主张沿着雁门大路，大张旗鼓地行军到马邑，说什么"我们带领数万精兵，怎么能这样胆小！"杨业反驳说："现在敌强我弱，冒风险这样势必大败。"

王侁竟嘲笑杨业道："杨将军不是号称无敌吗？今天遇敌畏缩不战，是不是另有什么打算？"

杨业作为一个从北汉归降宋朝的将官，最忌讳别人诽谤他对宋朝怀有二心，这一句话把杨业激怒了，他气愤地说："我杨业不是怕死，现在的形势对我军不利，按你们的主张去做，不是白白让士兵们送命？既然你们说我怕死，我就为你们打头阵，先死在你们之前好了。"说完就带兵向朔州进发。

临行前，杨业老泪纵横，哭着对前来送行的潘美说："我这一去肯定会失败，我原是北汉的降将，按理早该被处死了。皇上没有杀我，反而让我带兵，授予兵权。现在，我并非纵敌不打，而是想寻找战机，争取立尺寸之功以报国恩，今天诸位指责我有意避敌，我杨业一定先死于敌人手中。"

随后，他指着前面的陈家峪（今山西朔县南）对潘美说："希望你们在这个谷口两侧，埋伏好步兵和弓弩手，分左右两翼准备救援，等我杨业转战到这里，你们就用步兵两面夹击相救，也许有转败为胜的希望。不然，将会全军覆没。"

潘美答应了杨业的请求，在陈家谷布下了阵，以备救援。

辽军统帅耶律斜轸听说杨业领兵前来，命先锋萧达揽在路上埋下伏兵。第二天早上，杨业与耶律斜轸在朔州东遭遇，耶律斜轸假装战败，且战且退，将杨业引入萧达揽的伏击圈。

杨业虽然英勇，但是辽兵像潮水一样涌上来。杨业拼杀了一阵，抵挡不住，只好边打边退，把辽军引向陈家谷。到了陈家谷，已是太阳下山的时候，夕阳下，残阳如血。杨业带兵退到谷口，只见两边静悄悄，连宋军的影儿都没有。潘美带领的主力到哪儿去了呢？

原来，杨业走后，潘美和王侁把人马带到陈家谷。等了快一天了，王侁见杨业没有回来，以为辽兵败了，怕杨业独占功劳，就领兵离开谷口，潘美作为主帅对这种行为不仅没有阻拦，自己也跟着离开了。当潘美和王侁率军离开陈家谷口10公里远的时候，就听到杨业兵败的消息，他们非但不前去援救，反而率兵逃跑。

杨业见没王侁接应，气得直跺脚，拍着胸口大哭，不得已带着部下转身跟追上来的辽兵展开搏斗，兵士们个个奋勇抵抗。但是，辽军越来越多，宋军越战越少，到了后来，杨业身边只有100多个兵士。杨业至此仰天长叹："此遭必死矣！"将士们抱头痛哭。

杨业含着泪，高声向兵士们喊着，要他们撤退。他说："你们都有父母妻小，不要跟我一起死在这里，赶快突围出去，也好让朝廷得知我们的情况。"

众将士感动得都流下热泪，但没有一个愿意离开杨业的。

这时契丹兵越围越多，最后部下将官和士兵全部壮烈殉难，杨业的儿子杨延玉和部将王贵也牺牲了。只剩下身负十数处重伤的杨业，浑身是血，仍在坚持奋力杀敌，杀伤了几百个敌人。这时一支箭飞来，正射中杨业的坐骑，马倒在地上，受了重伤不能行动，把他摔了下来。辽兵乘机围了上来，把他俘虏了。

杨业被俘后，辽将多次劝他投降。他悲愤地说："我杨业本来想消灭敌人，报答国家。没想到被奸臣陷害，逼着我去送死，落得全军覆没，还有什么脸活在世上呢？"这位威震敌胆的沙场老将，为表白自己的一片赤胆忠心，绝食三天而死，最终以身殉国。

此战后，北宋王朝对辽战争完全陷入被动应付局面，直至其灭亡，再也无力收复燕云之地。杨业之死，使北宋朝野震动。当时许多人听了杨业受陷害以及同部下一起英勇不屈壮烈牺牲的可歌可泣的事迹后，都为之流下热泪。为了褒奖杨业为国捐躯的英雄行为，宋太宗追赠杨业为太尉、大同节度使。他的儿子延郎（后改名延昭）、延浦、延训、延环、延贵、延彬亦因此得到升迁。潘美受到削夺三任的处分，王侁则被除名编管。

杨业的7个儿子中，六子杨延昭最负盛名，他继承了父亲的事业，驰骋在宋朝抗辽的战场上，也是一代名将，历史上称为"杨六郎"。

杨延昭在青少年时，就深得杨业的喜爱，夸奖说"这个儿子像我"，每次出征，都把他带在身边，经受战斗锻炼。

公元980年杨业发动第一次攻打幽州之战，进攻朔州时，杨延昭担当先锋，英勇杀敌，被流矢射穿了胳臂，鲜血直流。他不顾剧痛，仍然坚持冲杀，直至击溃辽骑，大获全胜。由于他英勇顽强，他的名声在雁北战场上广泛传颂。之后，杨延昭在景州（今河北景县）、保州（今河北雄安新区）等地抵御辽军侵扰。

公元999年九月初，辽朝20万大军南下，再一次向宋朝发动大规模军事进攻，辽圣宗和萧太后亲自挂帅出征。宋军节节失利，宋镇、定、高阳相继失守。这时，处于抗辽最前线的杨延昭，派副手同巡检杨嗣屯保州，魏能屯梁门，自己亲赴处于最前沿的遂城（今河北徐水区东）。

萧太后及辽圣宗耶律隆亲率20万大军很快越过易水，攻占遂城西北的宋军前沿据点狼山，然后集中全部兵力进攻遂城。

遂城城小无备，城中守军不满3000人，辽军势众，攻打甚急，遂城危在旦夕，军民非常恐慌。杨延昭等人飞书告急，请求朝廷增兵救援。河北大将傅潜怯懦无能，不敢出兵援救，遂城很快被辽军所困。杨延昭把全城丁壮都调集到城上，披甲执械，日夜护守。

杨延昭虽指挥部队将辽军一次又一次打退，可是，由于萧太后亲临城下，自执桴鼓督战，箭飞如雨，宋军连战数日仍未能将辽军击退。

这时，天气突变，气温骤然下降到零摄氏度以下。杨延昭急中生智，乘着夜色，发动全城军民汲水浇灌城墙，水从城上浇下去，沿着城墙流到城下。由于城小，没有怎么费劲整个城墙就都浇遍了。到了天明，一座小小的遂城，一夜之间变成了晶莹明澈的冰城，城墙变得又坚固又光滑。这样一来，辽兵不要说想爬上城来，就是走近城边，也都个个滑倒。萧太后见攻城不下，只好下令部队绕过遂城，向南去攻泰州。

杨延昭乘势领兵开城出击，辽兵仓皇溃逃，把许多兵甲器仗都丢下了。杨延昭获得全胜，这就是历史上有名的"遂城之战"。

这次战斗结束后，杨延昭等即威震边庭，人们称杨延昭守卫的遂城为"铁遂城"。宋真宗特意召他询对边策，并称赞他"治兵护塞有父风"。

公元1000年冬，辽军再次发兵，派出一支轻骑突袭遂城。杨延昭与杨嗣共守保州，在遂城西北的羊山埋下伏兵，等辽军攻城时，即以少数骑兵把辽军引诱到羊山脚下,伏兵四起,尽歼辽军。

杨延昭以此功升任莫州团练使,这就是有名的"羊山之伏"。当地居民为纪念这一胜利,改羊山为杨山,或曰"藏兵山"。

澶渊之盟订立后,杨延昭以为国耻,拒绝听从朝廷"勿伤北朝人骑"之命,与张凝、石普等痛歼辽军游骑不止。等到辽军北退,他又不顾朝廷"勿追契丹"之命,独率所部万骑,进抵辽朝边界,破古城(今山西广灵西南)。不久,杨延昭升任莫州防御使,并出知保州,后又任高阳关路副都部署,主持河北一线的边防。

杨延昭也像他父亲杨业那样智勇善战,能与士卒同甘苦,遇敌必身先士卒而又不居功,深受士卒爱戴,他前后守卫边境20多年,威名也为契丹人所畏,被契丹人称之为"杨六郎"。他死后,河朔之人多望棺而泣,就连敌方契丹人也举哀致敬。

杨延昭之子杨文广也是一名武将,在北宋中期曾在陕西对西夏作战,还曾随狄青征讨广源州蛮侬智高,屡立战功,后来杨文广还出任过定州守将,为抗辽斗争献策。

杨家将的故事流传至今,杨家将的忠勇流芳百代。

52. 回望西夏

——狄青大战元昊

公元1039年，党项族在我国西北部建立了西夏政权，西平王元昊为西夏首领，定都在今宁夏银川市东南，在他的统领下，西夏逐步强盛起来。

元昊登基不久，就上表宋朝要求承认。宋仁宗听说原来的西平王闹独立要当皇帝，龙颜震怒道："你元昊不好好做西平王，还想做皇帝，这不是目中无人，瞧不起朕吗？"他急忙召集群臣商议此事。大家认为这是元昊反宋的信号。于是，仁宗下诏削去元昊西平王的爵位，断绝了贸易往来，还在边境关卡上张榜悬赏捉拿元昊。

这下激怒了元昊，决定发兵攻宋。

宋廷在西北驻防兵士有三四十万，但是这些兵士分散在24个州的几百座堡垒，而且各州人马都直接由朝廷指挥，互不配合。再加上宋军好久没有打仗，兵士缺乏训练。西夏的骑兵却是集中指挥，机动灵活，所以宋军常常打败仗。

公元1041年二月，元昊亲率西夏军进犯渭州。指挥陕西战事的宋将韩琦集中所有兵马，先选了18000名勇士，由大将任福指挥，直奔得胜寨（今宁夏西吉东）至牧隆城（今西吉兴隆西北），迎击西夏军。

任福骄傲轻敌，带了几千名骑兵赶了一阵，遇到了一支西夏兵。西夏兵看到宋军，就按照元昊事先的嘱咐，丢下战马、骆驼、武器逃走了。任福一见哈哈大笑，以为元昊的部队也不过如此，立即派人前去侦察，听说前面的敌兵不多，就下令紧紧追赶。到了六盘山下的好水川，没有发现西夏兵。只看见路边有许多银泥盒子，密封得十分完好。宋兵走上前去，拿起银泥盒子听了一下，里面还发出一种跳动声音。兵士报告任福，任福吩咐兵士把盒子打开。只见接连飞出上百只带哨的鸽子，在宋军的头顶上盘旋乱飞。

原来，那小股西夏兵败退是假的。元昊听说任福比较轻狂，就带了10万精兵，在六盘山下布置好埋伏，只等鸽子飞起，四面一齐杀出，最后宋军全军覆没，任福父子及另一名将领桑怿战死。

元昊击败宋军先锋部队后，集中兵力进攻由朱观率领的主力。双方激战数小时，宋军两位主将战死，将校兵士被杀1万余人，只有朱观率残兵1000多人逃回兵营。宋军遭到夏宋战争以来最惨重的失败。接着，元昊又乘胜进攻保安。保安的宋军多次被西夏兵打败，兵士们一听说打仗，都有点害怕。守将卢宗懃正在发愁。狄青主动请求让他担任先锋，抗击西夏军。卢守懃知道后非常高兴，就拨给狄青一支人马，跟前来进犯的西夏军交战。

狄青，汾州西河（今山西汾阳人），家世务农，他从小喜欢习武，善骑射，后来投身行伍，作了宋朝的宫廷卫兵。元昊指挥西夏军队进攻宋朝后，狄青被派到延州（今陕西延安）担任指使。当时，宋军因为屡战屡败，将士们都被打怕了。而狄青与众不同，每次上阵，先换一身打扮，披散着头发，头戴一个铜面具，只露出两只炯炯有神的眼睛。他手持一支长枪，带头冲进敌阵，勇猛劈杀，所向披靡。西夏兵称他为"天使"。

西夏兵士自攻宋以来，还没有遇到过这样厉害的对手。他们看到狄青这副打扮，已经胆寒了。狄青率宋军猛冲猛打，使西夏军阵脚大乱，败逃而去。狄青带领宋军冲杀过去，歼灭许多西夏兵。

狄青用兵，勇敢而审慎，多算而毅行，严格而宽厚。这次，狄青率军与西夏兵展开大战。作战中，狄青负了重伤，但听说敌军又来了，就一跃而起，骑马再次驰向战场。他的部下深受感染和激励,也都奋勇争先,终于击退来犯之敌。

狄青在延州率军抗击西夏军4年,参加大小战斗25次,受过8次箭伤,从没有打过一次败仗。西夏兵士一听到狄青的名字,就吓得不敢跟他交锋。

狄青治军,特别注重正部位、明赏罚,与士卒同饥寒、共劳苦,兵士们都乐于听他的指挥。由于作战勇猛顽强,带兵艺术高明,狄青受到当时主持陕西对西夏作战的主帅的赞赏。有一次,经略判官尹洙召见狄青,同他谈论兵事。狄青讲起带兵打仗头头是道,深受尹洙的喜爱。尹洙便把他推荐给经略使韩琦和范仲淹。范仲淹一见大喜,说:"啊呀,这可是一块良将的材料啊!"便格外厚爱他,特地送给他一部《左氏春秋》,劝他认真读书,说:"当将领的如果不知道古今,不过是匹夫之勇罢了"。

狄青很受感动,从此在战争间歇苦读兵书,终于成为一个既能勇猛地冲锋陷阵,又精通兵法的将领,从延州指使提升到秦州(今甘肃天水市)刺史、经略招讨副使等职,成为宋廷一个方面军的副帅。

不久,西夏兵再次大举来犯,狄青率领的部队人数少,力量悬殊。而狄青并没有被吓退,他冷静地分析了双方的战场形势,认为只有出奇兵方可制胜。于是,他下令全军将士丢掉所有弓弩,一律身带短兵器,又密令改变原来钲鼓的信号,规定听到钲鼓一鸣就停止前进,再鸣就严阵以待,然后又假装退却,钲鼓一停,就立即大声呼喊着杀向敌军。

当两军接触时,西夏兵见到宋军不是像以往那样闻钲而前,而是闻钲则止则退,便以为是狄青和宋军害怕了,都放声大笑,一点也没有戒备。不料,钲鼓之声停止后,宋军突然杀声震天,奋勇向前杀来。西夏兵一时慌了手脚,阵形顿时大乱,西夏兵自相践踏,死伤不知道多少。狄青以奇兵取得了以少胜多的辉煌战果。

捷报传到朝廷,宋仁宗十分高兴,把卢守勤提升了官职,狄青提升四级。

宋仁宗认为狄青屡立战功，准备把狄青召回京城，亲自接见。不久，碰到西夏兵又进犯渭州（今甘肃平凉），仁宗便让狄青绘制图形上奏，深受宋仁宗的喜爱。因为掌握了兵法要领，狄青领兵作战也更加巧妙，仁宗就调狄青去抵抗，不得不取消了召见的打算，叫人给狄青画了肖像，送到前线去。由于战功卓著，没几年狄青就升到了马军副都指挥使、枢密副使的高位。

53. 飞跃昆仑山

——狄青巧计破关

古代，在今天的广西以及广西、云南与越南交界的地区，居住着壮族的祖先，北宋时被称作西原蛮或广源蛮。宋仁宗时期，广源州蛮人侬智高建立南天国，为摆脱交趾（今越南北部）的暴政，想依附宋朝，不料却遭到宋朝的拒绝。侬智高恼羞成怒，发兵向宋朝两广地区大举进军。公元1052年四月，侬智高率兵5000攻破右江上游重横山寨，正式扯起反宋的大旗。

这个时候，宋朝广南州县一带长期武备失修，官府腐败，在侬智高的进犯面前，州郡官员都望风而逃。侬智高不仅很快攻陷邕州（今广西南宁市），然后沿邕江东下，一路势如破竹，接连攻陷宋朝邕江沿岸的9个州，并且一度包围了宋朝最重要的海外贸易港——广州，引起宋廷极大震动。

由于侬智高的蛮兵所到之处，纵火杀掠，使广南百姓遭受极大的灾难，遭到各地人民的强烈反对，所以围攻广州近两个月却一直没有拿下，只好撤兵而回。

侬智高叛宋的消息传到京城，仁宗惶惶不安，先后派遣杨畋、孙沔、余靖等大臣前往广南指挥讨伐。这些人都是文官，根本不懂作战，都没能制止侬智高的凌厉攻势。

侬智高因为连败宋兵，气焰更加嚣张，竟然要宋朝册封他为邕桂节度使，承认他割据广南。宋仁宗一时不知如何是好，一度准备答应侬智高的无理要求。有的大臣则主张联合交趾，借交趾的兵力消灭侬智高。

就在这个时候,狄青毅然挺身而出,进宫晋见皇上,主动请缨,希望重新披甲带兵出征。他对宋仁宗说:"臣出身行伍,非战伐无以报国。臣愿意带领数百名蕃落骑兵,再加上一些禁兵,去岭南取贼的首级来都城送给陛下。"

正在苦恼的宋仁宗,听了狄青的奏表格外高兴,立即下诏任狄青为宣徽南院使,宣抚荆湖南北路、经制广南盗贼事,全面负责征讨事宜。

狄青出师前,宋仁宗亲自在垂拱殿摆下酒宴,为他壮行。席间,宰相庞籍向宋仁宗禀奏,说:"以往惯例,我朝以往不专任武将掌兵、以文官牵制武将,臣建议打破这一贯例,不再给狄将军配备副手,授予他统一指挥岭南宋军讨伐侬智高的全权,并令岭南诸军将领都受狄青统辖节制。"宋仁宗一一答应下来。

狄青深受感动,对打击侬智高的用兵方略及用人任将等大事,都作了周密的筹划。他认为,以往宋军所以屡败,原因在于军制不立、赏罚不明。这次出征前,他针对宋军中纪律松弛的状况,进行了整军备战,立军制,明赏罚,齐军威,振士气。

狄青针对侬智高的军队使用票牌(用藤制作的盾牌)为掩护,作战时宋军难以破敌制胜的情况,认为票牌兵就是步兵,用骑兵冲击即可取胜,从而制定了使用骑兵的战术。

以前,宋朝每次命帅出征作战,总是有一些人,什么本领也没有,更不愿意在战场上流血牺牲,只想趁机捞取功名,利用各种关系请托主帅要求参战,以便混个一官半职。这些人成事不足,败事有余。孙沔受命讨伐侬智高时,就带了一批这样的无赖之徒,所以难打胜仗。

狄青受命后,也有人通过朝中权贵,说服狄青,想跟随他去岭南。狄青总结了孙沔失败的教训,直接召见请托的人,劝他说:"你想跟随我狄青出师,这是我求之不得的事,为什么还要去请人说情呢?不过,侬智高不是一般小寇,圣上派我狄青出马,可见局面已经很危急了!跟随我在军中的人，如果能杀贼有功，朝廷有厚赏，我狄青不敢不替他们请赏。如果从军到岭南又不能杀敌，军中无戏言，军法如山，狄青不敢徇私。请你三思，如果真的想去，我就奏禀圣上，准许您参军。不光是你一个人，你的亲戚及所交往的朋友，都希望你把我的这些话带给他们。如果真愿意跟我出征，在我是求之不得的。"

狄青的这一席话，使得那人吓得面如土色。其他那些也想混进军中捞取功名的人，也不敢请托了。

将士们从这一点看到狄青跟以往将领不同的地方，树立了必胜的信念。于是，狄青在出师之前，就已在宋军中树立了声威。

一切准备就绪之后，狄青率领一万余人的队伍离开封南下。以往征侬智高的将领，都只顾让士兵快速行军，不关心士兵的疾苦，不注意纪律，宿营时不注意警卫，一遇侬智高军队，又立即命令疲惫的士兵迎战，所以屡战屡败。狄青汲取了这些教训，队伍从开封出发后，每天行程不超过一驿站，每到一州治所，一定下令休息一天，使士卒保持旺盛的精力。

狄青总结以往各军失败的教训，认为屡遭失败的重要原因在于没有制度，赏罚不明，要取得胜利，必须立军制，明赏罚。

当部队到达潭州（今湖南长沙）后，狄青就严申行伍纪律，使部队无论行军还是住宿，行列整齐，粮食辎重及守备器材的运送都有条不紊。有个军人抢了过路人一把菜，狄青立即下令将其斩首示众。由于纪律严明，全军行动整肃，没有一个人敢出声喧哗，以至于一万多人的队伍在行军时竟没有人敢出声。

当狄青率军到达广南时，上次负责讨伐事宜的余靖已经奏请朝廷批准，准备约交趾兵入境进攻侬智高。狄青听说后，感到这样做不妥。他一面毫不犹豫地命令余靖停止派使臣向交趾借兵；一面向宋仁宗申奏说："向外借兵来消灭国内的敌寇，不是本朝的制度。"他还说，交趾借兵的许诺不可信，蛮夷贪得忘义，请求宋仁宗取消向交趾借兵的计划。

以往广南宋军屡败屡走，习以为常，视军法如儿戏，狄青决心从严肃军纪入手，整顿部队，以提高战斗力。

公元1053年正月初，狄青率部抵达宾州（今广西宾阳）。广西宋将钤辖陈曙一心想抢头功，趁狄青未到，擅自率8000名步兵出击，结果在昆仑关大败，部将袁用等人都狼狈逃遁。狄青非常震怒，认为这次造成兵败的恶果，是因为目无主帅，不听号令，便召集诸将，当场把陈曙、袁用等30个大小将官按军法论罪，斩首示众。

全军为之震动。那些平时玩忽职守、视军法如儿戏的将官再也不敢怠慢。从此以后，宋军中以往那种纪律涣散、将领议事时各执己见，争吵不休、各行其是的情况，再也见不到了，军中人人摩拳擦掌，人人都有了拼死取胜的决心。

狄青抵达宾州后，并没有急于向侬智高盘踞的邕州（今南宁市）发动进攻。他知道，邕州经过历代经营，城池坚固，守备完善，城东北20多里处是归仁铺，再约100里是昆仑关，那里地形险要，居高临下，易守难攻，是邕州的天然屏障，如果侬智高派重兵把守，宋军的进军就有很大困难。

昆仑关是宋军进攻邕州的必经之地，距宾州约90里，狄青劳师远征，利在速决，必须先夺取昆仑关。他决定出其不意拿下这一战略要地。为此，他制定了一个奇兵巧夺昆仑关的计策。为欺骗麻痹侬智高，正月十五元宵节这天，狄青以粮运不继为借口，下令全军休整十天，筹备粮食，摆出一副不急于进攻的姿态。

侬智高本来就不把宋朝官军放在眼里，听了探子的报告，认为宋军粮草接济不上，不会很快向邕州进攻，就更加放松了戒备，有人向他建议立即派重兵守卫昆仑关，他也没有接受，元宵节夜里居然还在邕州张灯吃酒作乐。

狄青得知这一情况，决定突袭昆仑关。元宵节当天晚上，狄青率全军迅速向昆仑关挺进，他亲自率领前军，让孙沔率次军，余靖率末军殿后，在当天晚上就全军抵达昆仑关下。这天夜里，风雨大作，伸手不见五指，狄青穿上普通士卒的衣服，亲率先锋部队冒雨进发，神不知鬼不觉，直奔昆仑关，经过大半夜急行军抵达关下，趁敌军毫无戒备，轻松夺取了昆仑关。

第二天清晨，宋军营中整好队列旗鼓，各将领在帐前等待号令。他们哪里知道，此时狄青已率军越过昆仑关天险，下令后面诸将迅速率队跟上，直扑侬智高的巢穴邕州。

早在南下时，有人献计说，侬智高之所以屡战屡胜，一个重要原因是善于利用险要的山地地形，如果将他引到平地上来，即可杀他个片甲不留。狄青采纳了这一计策。

侬智高的精锐部队名叫"标牌军"，屡败宋军。为了对付"标牌军"，狄青做了充分的准备。他让每个兵士持长刀或利斧，相互配合以制敌。同时，根据侬智高军的阵势，决定采取正兵接敌、奇兵决胜、避其锋锐、后发制人的作战方略。

这时，侬智高听说宋军已向邕州扑来，一时乱了阵脚，慌忙下令倾巢出动迎战宋军。正月十八日，两军在邕州附近的归仁铺遭遇。

狄青按照出师前制定的方略，让步兵打头阵，而把带来的2000名陕西蕃落骑兵藏在阵后，并严令不服从命令者一律处斩。侬智高则以骁勇的军士持长枪居前打头阵，把羸弱的人放在后面。

当两军接战时，侬智高军队疯狂向宋军反扑，战斗十分激烈。宋军右路前锋将官孙节战死，但士卒们却个个英勇，顽强作战，没有一人退却。

这时狄青登上高丘，手执五色旗，指挥骑兵分左、右两翼，迂回到侬智高的背后，把侬智高的蛮兵切成三段，然后给予痛击。侬智高蛮兵腹背受敌，阵势大乱，被杀得大败，作鸟兽散。傍晚，狄青大军收复了邕州。

兵勇们打扫战场时，发现了一具穿着金龙衣的尸体，许多人都认为是侬智高的，主张呈报朝廷。狄青却说："怎么知道不是诈谋呢？宁可失去杀死侬智高之功,也不能贪功而欺骗朝廷啊!"

狄青的判断是对的。原来那正是侬智高小把戏,他见大势已去,就下令放火烧城,然后找个人穿上他的锦衣,派人杀死丢弃在战场上,而他自己丢弃邕州,逃往大理(在今云南省地区),后来被大理国杀死,首级被大理国送到宋朝京城开封。

奇兵飞越昆仑关,一举扑灭侬智高的侵扰,这是狄青军事生涯中最精彩的阶段。从广南班师回朝以后,宋仁宗不顾一些大臣的反对,提升他为枢密使,当上执政大臣,成了朝廷中掌握军政大权的最高长官。

54．长使谁人泪满襟

——宗泽抗金三呼"过河"

公元1127年春北宋被灭后，留在相州的康王赵构一路逃跑，到了南京应天府（今河南商丘）。赵构是宋钦宗的弟弟，金兵攻打开封时，在相州组织兵马大元帅府，自任兵马大元帅。在父皇与皇兄被金人抓走之后一个月，也就是公元1127年五月，赵构在南京应天府即位，重建赵宋王朝，这就是宋高宗。这个偏安的宋王朝，后来在杭州建立国都，改称临安，历史上称作南宋。从此，南宋小朝廷一直继续奉行妥协求和的基本国策，在那里过着苟且偷安的日子，把中原的百姓置之脑后。

金人得此消息后，自然要追杀这个胆敢重建赵宋王朝的赵构。而赵构迫于金军威胁的严重形势，在舆论的压力下，不得不把有众望的李纲召回朝廷，并让他担任宰相。

金人战鼓急催，李纲建议高宗起用宗泽。他说："要收复东京，非用宗泽不可。"宋高宗了解宗泽的勇敢和才能，听了李纲的推荐，就决定任命宗泽为东京留守，要他收拾残局，部署抗金。

宗泽接到朝廷任命，立即出发，7天后就赶到了抗金前哨东京汴梁，率军独当大敌。

这时候的开封城，经过两次浩劫后，一派混乱的景象，楼橹尽废，兵民杂居，盗贼横行，人心皇皇，社会秩序非常混乱。

宗泽在军民心中有很大的威望。他一到开封，先下了一道命令："凡是抢劫居民财物的，一律按军法严办。"命令下了，城里仍旧发生了几起抢劫案件。宗泽杀了几个抢劫犯，秩序就渐渐安定了下来。他还下令稳定市场物价，疏浚河道，恢复交通。经过努力，在一个多月的时间里，宗泽就把开封这个经过金兵洗劫、残破不堪的城市，整顿成为抗金前线的坚强堡垒。

在社会秩序初步安定之后，宗泽又着力修建京城防御设施。在京城四壁，各置统领守御使臣，随处设置教场，日夜加紧训练义兵。根据城外地理形势，建立坚固壁垒24所，随其大小，驻兵数万。宗泽尤为重视黄河防线，沿河防务分给各县守卫，并在河的南岸设置障碍物，以阻止敌骑突入。沿河走向，依次设立营寨，互相连接，密集得像鱼鳞一样，称做"连珠寨"，相互支援策应。

宗泽认为，宋军与金兵作战失利的一个重要原因，就是宋军步卒经不住金军骑兵冲突，往往是一冲即溃。他在总结前人经验的基础上，制造了1000多辆"决胜车"，每辆战车共用55人。每10辆车编为一队。行则为阵，止则为营，专门对付敌人骑兵的进攻。

这样，经过整编训练，宗泽的队伍已发展到10多万人，开封城的外围防御巩固了，城里人心安定，存粮充足，物价稳定，恢复了局面。

但是，就在宗泽准备北上恢复中原的时候，高宗和黄潜善、汪伯彦却嫌南京不安全，准备继续南逃，实施所谓的"弃淮守江"战略。李纲因反对南逃，被宋高宗撤了职。

宗泽十分焦急，亲自渡过黄河，约河北各路义军将领共同抗击金兵。河北、河东各地义军听到宗泽的威名，自愿接受他的指挥。

河东有一个义军首领叫王善，拥有70万人马。宗泽得知这个消息，只身骑马去见王善。他流着泪对王善说："国家危难的时候，如果有像您这样的几个英雄，同心协力抗战，金人还敢侵犯我们吗？今天你立功报国的时机到了，千万不可失掉啊！"

王善被宗泽的爱国忠诚所感动，流着热泪说："王某愿听宗公指挥。"

杨进、王再兴、李贵、王大郎等其他义军，也都有几万到几十万人马。宗泽也派人去联络，他们纷纷表示愿意归服，共同抗金。

宗泽几次上奏章，请高宗回到开封，主持抗金大计。可是，在黄潜善等人的操纵下，宋高宗根本不理会宗泽，反而带着小朝廷逃到扬州去了。

金太宗看到宋廷南迁，中原人心浮动，就乘机于十一月，兵分三路，向山东、河南和陕西大举进攻。

大将兀术负责进攻开封。兀术是金朝有名的军事家。他生于军，长于军，严酷的战争生活和白山黑水幽燕之地固有的阳刚之气，陶冶了他那粗犷刚猛的性格。他从小练就了一身好武艺，娴于战阵，猿臂善射，胆勇过人，冲锋陷阵时，白铠、甲马，每当杀得难分难解之际，他往往摘掉头盔，叱咤跃马，直贯敌阵，剽悍异常。

宗泽坐镇开封，调兵遣将，多次打退金军的进攻。宗泽听说兀术来攻，事先派部将分别驻守洛阳和郑州。兀术带兵接近开封的时候，宗泽派出几千精兵，绕到兀术后方，截断其退路，然后又和伏兵前后夹击，把兀术军打得狼狈逃走。

公元1128年春，金军多次渡过黄河，骚扰濒河州县，以及滑州以南的沿河诸寨，作试探性的进攻。

当金军渡河时，东京留守司的一些官吏主张拆去黄河上的浮桥，阻止敌人来犯。宗泽则派统制刘衍开赴滑州，刘达开赴郑州，各领兵2万，战车200辆，打出去牵制敌人。并告诫诸将不得轻举妄动，要保护桥梁，以待金兵过河来犯，相机消灭之。

金兵见宗泽戒备森严，乘夜切断河梁，以阻止追兵仓皇逃跑。

金军不甘心失败，不久，又从郑州进犯，前军抵达白沙镇，离京城只有40里左右。宗泽镇定自若，一方面安定京城士庶人心，另一方面派遣精锐力量支援刘衍。正月十五元宵节之夜，宋军在板桥大败金兵，乘胜收复了延津、河阳等县，一直追到滑州。刘衍又分兵夜袭滑州西30里处的金兵营寨，缴获其全部辎重粮草。

几天后，金兵再次杀到白沙镇，距离开封已经很近了，城里一时人心惶惶，部下也来向宗泽询问防守计划的。当时宗泽正在和客人下围棋，得报后，笑说："何必惊慌，刘衍等在外面，自能抗敌。"

宗泽当即选拔了数千名精锐骑兵，叫他们绕到金兵后方埋伏起来，等待金兵和刘衍交战的时候，伏兵一起杀出，前后夹攻，金兵果然大败。

这场保卫京城开封的战斗，以宋军大获全胜而告结束。

2月，金兀术率领金兵攻占郑州，宗泽派部将郭振民、李景良带兵袭击兀术的大营，打了败仗。郭振民投降金军，李景良吓得逃走了。

宗泽派兵捉拿到李景良，下令将其斩首。

宗翰攻不下开封，就派郭振民到开封劝宗泽投降。宗泽异常气愤，痛骂郭振民，把他和随同他来劝降的金军使者一起斩首，表示了抗金的坚定决心，大大激励和鼓舞了宋军士气。宗翰的诱降诡计失败后，仍不死心，又于二月初十，出兵攻打开封北面的门户——滑州。宗泽派部将张捴带领5000名精兵去保卫滑州。

这时，开到滑州城下的金兵有好几万人，宋、金两国兵力悬殊。但是，张捴却毫不畏惧，他激励将士说："我们如果贪生怕死，还有什么脸面去见宗公！"在张捴的激励下，宋军无不以一当十，金兵措手不及，受到很大损失。最后，宋军终因寡不敌众，宗泽派出的援军还没有到达，张捴已战死在疆场上了。

宋军大队人马开到后，在滑州北门与金兵开展激战，将金兵打退回河对岸去。宋将王宣等立即出兵追击，金兵大败。其他两路金军遭到各地军民的沉重打击，纷纷渡河退走了。

随后，宗泽依靠河北义军，聚兵积粮，认为完全有力量收复中原。有一次，一个金军军官，被宗泽的部下捉住，经过审讯，才知道他叫王策，是契丹人投降金军的。宗泽令人松绑，叫他坐在凳子上，对他说："契丹和宋朝原是兄弟之邦，现在金国贵族灭了契丹，又掳去了我国徽、钦二帝，按理说我们应当联合起来，洗雪国耻！"

王策听了宗泽的话，很受感动，就把金国的虚实情况全部说了出来。宗泽召集部将领，商议大举渡河的计划，同时接连写了二十几道奏章，恳请高宗回开封，以号召中原，收复失地，迎还二帝，实现中兴大业。如果丢弃开封这个"祖宗二百年积累的基业"，那么，宋王朝就再也没有恢复原来面目的可能了。

可是，宋高宗身边一帮主张投降的大臣不但不支持宗泽的抗战主张，反而把宗泽看作是野心家，说宗泽领导下的义军是"盗贼"。

当时，宗泽已经是70岁的老人了，眼看北伐的机会一次一次地错过，不禁十分痛心。他满怀对宋朝的忠心，日夜盼望朝廷批准他的渡河作战计划和高宗回銮的请求。但左等右等，杳无音讯，只好深深地叹息道："我的心愿恐怕难以实现了。"日子久了，竟忧愤成疾，背上发毒疮病倒了。他对前来探望的将领说："我因为国仇不能报，心里忧愤，才得了这个病。只要你们努力杀敌，我死了也没有遗憾了。"

将领们听了，都感动得流下热泪。部将们要离开的时候，宗泽知道自己快不行了，叹息不断地念着唐代爱国诗人杜甫的名句"出师未捷身先死，长使英雄泪满襟"来表明自己的未竟之志。第二天，他的病势越发沉重了，临死之前，他对自己的家事一句不问，而是用足力气，连呼："过河！过河！过河！"才合上眼睛。

开封城内军民听到宗泽去世的消息，奔走相悼，太学生撰文祭奠，工商为之罢市。

中华军事五千年

(下册)

古越 著

团结出版社

55．东京遗梦

——兀术饮恨黄天荡

战争中，一味地退却往往招致更猛烈的进攻。金军南下攻伐的阴云，一直笼罩着宋高宗赵构和他的宋廷。赵构虽然重建了赵宋王朝，却对金人怕得要命，面对金兵南下追击，放弃中原，一路往南逃跑，先是到扬州，后又逃到杭州，升为临安府。再后来，他又把江宁改成建康府（今南京），自己也来到建康府。他偷偷派使者前往金国，说他愿意把皇帝的尊号去掉，让世间只有一个金国皇帝，他自己做金国的臣子，只请求金国不要再进攻他了。

高宗越是举手投降，金朝越是拼命进攻。公元1129年秋，金军分三路攻宋，中路由大将兀术指挥。兀术指挥中路先是在和州大败宋军，准备在采石渡江，因遇到太平州守将郭伟的抵抗，便调头转攻马家渡，突破宋将陈淬、刘经、戚方等部的防线，横渡长江，于十一月底全军集结于建康城下。只见铁骑如云，旌旗遍野。南宋建康知府陈邦光、江淮宣抚使杜充等相继投降。听说宋高宗由建康逃往临安，兀术挥师追击，连下广德军、安吉等地，顺利通过天险独松岭，尔后相继占领临安、越州（今绍兴）和明州（今宁波市）。

高宗只得率官僚乘20只大船，由定海（今浙江镇海）入海，顺海路逃到温州。

兀术见高宗入了大海，因为北方骑兵不善水战，无法下海去追袭宋高宗，而在浙水沿岸，又被当地乡兵击败，尤其是大江南北的民军纷纷兴起，使金兵到处受到威胁。兀术还想到，长江沿岸还留着宋军的大批人马，因此，他不敢在东南作长久逗留，便在临安杭州等地大肆烧杀了一番，于公元1130年三月，带了10万金兵北撤，大队人马到了镇江附近。

兀术没有想到，一场灭顶之灾正在降临他和他率领的金军头上。

兀术原想从镇江渡江，沿运河北上。不料，宋军大将韩世忠此时正扼守江口，挡住了金兵的去路。

韩世忠，陕西延安人，出生在一个贫苦家庭。他长得身材魁梧，很有大将风度，年轻时就勇猛过人。宋高宗在商丘做皇帝时，韩世忠任光州（今河南潢川）观察使。当时，将官苗傅、刘正彦以"为民除害"为名，发动兵变，韩世忠受命平息了叛乱，然后来到宫中见宋高宗。高宗步行来到宫门，握着韩世忠的手说："中军统制吴湛是苗、刘的大帮凶，现在留在我的身边，你能先把他杀掉吗？"韩世忠二话没说，立即去见吴湛，借跟他握手谈话的机会，一下子就把他的中指捏断了。然后把他与苗、刘的谋主王世修一同斩首示众。

韩世忠同样也是有名的抗金将领，他对金兵的侵略暴行十分气愤。早在公元1129年九月，兀术分兵两路渡江，连破建康等重镇，眼看就要打到临安了。高宗又准备逃跑，韩世忠对高宗说："国家已经失去了河北、山东等处地方，如果再把江、淮一带放弃，不知还有什么地方可以保守？"

怯弱庸懦的高宗一心想要逃命，对韩世忠的话根本听不进去，最后还是带领一群投降大臣逃到海上去了。在临行前，宋高宗任命韩世忠为浙西制置使，要他防守镇江。

如今听说兀术带兵北撤，韩世忠决心趁机狠狠打击兀术。他连夜把8000名兵勇、100多艘战船开到镇江，在焦山寺和其他险要地方驻扎下来，截断金军归路。

韩世忠派前军守卫在青龙镇，中军驻守在江湾，后军驻扎在海口，准备伏击金军。其实，这是韩世忠使的一个计策，他要让金军不走青龙镇、江湾，而去镇江，以便把兀术的金军全部消灭在镇江。

兀术果然上当了，他选择从镇江到建康，然后渡过长江回北方去。可是他哪里知道，韩世忠和他的夫人梁红玉正率领大军在镇江等着他们呢！

3月，兀术带领金兵来到镇江附近，这才发现长江口已被宋军封锁住，四周都是宋军。兀术到了江边，打听到韩世忠不放他们过江，就派个使者到宋营下战书，要求跟宋军决战。韩世忠答应了他们，还跟兀术约定了决战的日期。

一场大战不可避免地发生了。

这时，金兵有10万人，但是韩世忠手下宋军总共才8000人，双方兵力相差很大。韩世忠明白，要打赢这场仗只有依靠士气，他跟妻子梁红玉商量。梁红玉是名很有见识、又懂武艺的女将，她支持丈夫的作战计划，并且要求一起参加战斗。

韩世忠召集部将商议战策，说："这一带地势，要数金山（在镇江西北）上的龙王庙最险要。估计金人一定会到那儿去观察我军的虚实，我们应当给敌人一个厉害看看。"

于是，韩世忠派出一名部将带领100名兵士，前往龙王庙的岸边和庙内设下埋伏。同时约定，听到鼓声，岸边伏兵首先杀入，庙内兵士随后出击，两面夹攻，捉拿金兵。

不出韩世忠所料，过了一天，果然有5个金兵骑马闯进龙王庙前，察看宋军动静。埋伏在庙里的宋军等金兵一靠近，就擂响战鼓，冲杀出来。金兵一见中了埋伏，拨转马头就逃。宋兵追赶上去，抓住了两名金兵。另外三名没命地逃奔，其中一个身穿红袍、系着玉带的将领，惊慌中吓得从马身上跌了下来，又急忙跳上马背，飞也似的逃跑了。宋军随后追赶，差一点把他活捉过来。后来审问俘虏，才知道那个穿红袍的就是金军主帅兀术。兀术回到军营以后,就派人到宋营下战表,约定日期在江中进行会战。宋、金两军在江上会战多次。每次会战,韩世忠总是站在一艘艨艟大舰上,亲自指挥作战。

到了决战的时刻,双方在江边摆开阵势,展开了一场血战。韩世忠披挂上阵,他的夫人梁红玉身穿铠甲,亲自在江心的一艘战船上擂鼓助威。将士们见主帅夫人上阵助战,士气更是高涨,纷纷冲杀过去,军声大震。宋军水师乘风破浪,往来如飞。金兵虽然人多马多,但是,军纪涣散,长途行军,十分疲劳,哪里敌得过韩世忠手下精兵,被杀伤无数,就连兀术的女婿龙虎大王也成了宋军的俘虏。

兀术见强攻不成,便采用软化的策略,派人到宋营,表示情愿把从江南抢来的财物全送还给宋军,只求让他们渡江。韩世忠没有答应。兀术又提出把他带来的一匹马献给韩世忠,买条生路,也被韩世忠拒绝了。

金兵过不了江,兀术无计可施,只好率军逆水西上。韩世忠也指挥宋军沿北岸溯流行进,拦截金军。宋军船大,前后排开,比金军船队长出好几里。两军且战且行,橹桨之声昼夜不停。宋军不时出动小船攻击金军,使金军船队脱身不得,最后金军被逼进建康东北 70 里处的黄天荡(金江苏南京市东北)。

没想到,黄天荡是一条死港,只有进去的路,没有出去的路。兀术不了解情况,原想可以从这里靠岸逃走。等他进去以后,才发觉这是一条死路,又被韩世忠的军队封锁住了。兀术欲进不能,欲退不得,不禁叫苦连天。

经过和部下反复商量,兀术想通过悬赏求计或许能侥幸逃出荡外。果然有一个无耻的汉奸前来献计说,在黄天荡北面十多里的地方,原来有一条老鹳河故道,可以直达建康秦淮河,只因年久淤塞,无人知晓。如果能够派人把它挖通,引水入内,那就有出路了。

兀术听后非常高兴,立即下令金兵连夜开挖河道。由于金兵个个都想逃命，挖了一个通宵，就开凿了一条50里长的大渠，把黄天荡和秦淮河连了起来。

兀术赶忙指挥金兵沿水道向建康逃命，不料半路上走到牛头山，又遇到宋将岳飞军队的堵击，损失了不少兵马。岳家军乘胜收复了建康城。兀术只好率军游荡在建康一带的水面上。

这时，韩世忠也率部赶来，在建康一带水面上，再次截住金军。为彻底消灭金兵，韩世忠传令工匠，连夜打制铁索，并在它的一头装上大钩，分别授给壮士，一遇到敌舰，便用铁钩搭住，把船拖着往水底沉。

这时，兀术又使出悬赏求计的办法，他下命令挂出悬赏牌，寻求破宋军海船之策。在建康开米铺的福建人王某，贪财忘义，跑来献计，教金军在船中载土，上铺设木板，凿船板装棹桨，并准备大量的火箭，来射宋军帆篷。金军船只经过改装之后，作战能力大大增强了。

四月二十五这一天，天气晴朗，江面上风平浪静。金兵乘宋军大船因帆篷不能利用，偷偷登上小船，分批渡江。韩世忠想用大船赶上去拦击，但是因为没有风，大船行驶慢，赶不上小船。正在着急的时候，金兵的火箭纷纷射来，射中了宋船的风帆。风帆起了火，整个船只都燃烧起来，船上的宋军秩序大乱，纷纷落水，宋兵被烧死、淹死的很多。韩世忠只好放弃船只，召集残兵乘小船退回镇江，兀术趁机退回江北。从此，金军不再敢贸然南攻。

黄天荡之战，是宋金战争的一个转折点。韩世忠出手不凡，拦截金军的归路，使北撤金军险遭灭顶之灾。此后，金军再也不敢轻易渡江，南宋朝廷得以立足江南。

金宋之战，金兵充分利用骑兵快速机动的优势，多路突击，重点进攻，势如破竹，一举灭亡北宋后，迅速攻入南宋腹地。但因国力不足，战线漫长，始终保持着远程出击，掳掠而归的旧习，不注重控制和巩固已攻取的战略要地。所以金朝虽多次南侵，却未能灭亡南宋。南宋朝廷留给后人的教训也是极为深刻的。当时,南宋的实力并不比金军差,经济富裕,兵源充足,特别是水师占有很大的优势。可是,大敌当前,南宋朝廷采取消极防御的战略方针。求和为先,求和不成,才仓促备战,又是以文制武,所以不免江防不固,举措失误,使金军有隙可乘,逾淮渡东,长驱直入。等到金军北撤的时候,南宋军没有及时组织战略反攻,只有韩世忠部拦截金军,致使深入险地的金军得以撤回江北。

56. 殊死决战

——和尚原吴玠破金

金军退兵之后，高宗这才敢返回临安，南宋王朝也搬到了临安，与金国以淮河和秦岭为界，形成南北对峙的局面。

这是中原王朝第一次将都城定在南方的杭州，时称临安，有临时安顿之意，表示是临时的，以后还要收复北方中原失地，定都北方。

而金将兀术北撤途中，仔细盘算此次南下的战绩，觉得虽然把宋高宗赶到了海上，但黄天荡一仗，损失上万人马，自己也险些做了韩世忠的俘虏，接下来的建康之战，又败在年轻骁将岳飞的手中，实在是无地自容。他反思此战教训，觉得应该先避开兵马强悍、强将如云的东南地区，先集中攻陕西一线，准备从秦陇攻入四川，控制长江上游，然后顺江东下，形成一个大迂回的战略包围圈，置南宋于死地。

金皇帝认为兀术的分析有道理，就于当年九月派兀术入陕，准备打开通向四川的道路。

川陕是南宋的战略要地。建炎三年，南宋朝廷授命张浚担任川陕宣抚处置使，他的手下有刘锡、吴玠、刘绮统领的秦川五路兵马，共约30万人，以抵御金军在川陕的战略进攻。

九月，两军在富平地区展开大战。张浚派出18万大军，由于指挥不力、将领临阵脱逃，竟然败在金军完颜宗弼2万人手下，全线溃退，被迫撤退到兴州（今陕西略阳）、和尚原（今陕西宝鸡西南）、大散关（今陕西大散关）及阶州（今甘肃武都）、成州（今甘肃成县）等地，重兵设防，以阻金军。

金军长驱直入，一口气向前推进了一二百里。

金军在陕西初定之后，企图沿秦岭进入"天府之国"四川。但是，金军在和尚原遭到了吴玠指挥的宋军的顽强阻击。

和尚原是从渭水流域越秦岭进入汉中地区的重要关口之一，属川陕之首要门户，位于宝鸡西南40里，地势险要。和尚原对仙人关来说，犹如通往四川的第一道关隘，它与仙人关共分蜀之险要，势必固守。和尚原最为要冲，自原以南，则入川路散；失此原，也就失去蜀地。金军为了打通进入汉中的门户，决定进攻和尚原。和尚原之战就这样拉开了帷幕。

这时，吴玠奉张浚之命，收集几千散兵，担任保卫和尚原的任务。吴玠早已看出，金军入陕是为了入川，无论如何要守住通往四川的道路，将金军阻挡在四川之外。

绍兴元年（公元1131年）五月，金军分两路向和尚原推进：金军将帅没立率部出凤翔，南下至和尚原；乌鲁折合从阶州、成州出大散关，屯兵北上，进攻和尚原，两路夹击宋军。

五月中旬，乌鲁折合率部先期抵达和尚原，立即列阵北山向宋军挑战。

和尚原一带尽是山谷，路多窄隘，怪石壁立。吴玠面对比自己多数倍的敌人，只有依靠富平之战后所收集的数千残兵败将，而且和尚原远离内地，供给没有保障，兵力弱小，士气低落，甚至有人要想劫持吴玠北走投降金兀术。

在此危急关头，吴玠深明大义，召集诸将勉以忠义，以诚感泣诸将，使上下一心，积粟善兵，列栅死守，树立战胜敌人的信心。他们在和尚原备足了军粮和弓箭，修好堡垒，派兵扼守关卡要害，等待金军来攻。吴玠自率主力对付乌鲁折合，并命杨政率一部前往箭笙关阻拦没立，使其不能如期到达和尚原与乌鲁折合会师，以便自己全力对付乌鲁折合部。

战斗开始以后，吴玠对敌采用疲劳战术。首先，他命令诸将列成阵势，在营垒巩固之后，利用有利地形，轮番向先到达的乌鲁折合率领的金军攻击，交替休息。

金军骑兵在狭谷石多的山地上作战，机动灵活的战术不能使用，骑兵全都失去了威力，欲战不能，欲退无路，只得下马步战。

宋军在吴玠的统领下，与金军展开了殊死决战，打了四个回合，大败金军。金兵败退到黄牛岭一带，等待另一路没立部金军的到来。

没立所率另一路金军，在箭笙关方向遇到了吴玠部将杨政的顽强抵抗，不能前来和尚原会师。到达黄牛岭的乌鲁折合等不到没立，正巧遇上大风雨，金军士气不振，无力发起进攻，只得狼狈逃窜。

金军初战和尚原失败，使金朝统治者大为恼怒，绍兴元年十月，金朝决定再次攻和尚原。这时，长期经营陕西的娄室已病死，元帅兀术亲自出马，领兵号称10余万，自宝鸡出发，架设浮桥，跨过渭水，与吴玠所部宋军夹涧对峙，准备与宋军决战。

兀术吸取上次金军失利的教训，结连珠营，垒石为城，以保障补给线畅通。这一办法果然奏效，金军顺利到达和尚原。

转战陕西多年的吴玠也早有准备，挑选善使硬弓的数千名射手，轮番向敌人射箭，连发不绝，繁如雨注。没有防备的金军抵挡不住宋军射箭的威力，一下子损失了好几千人，吓得退了回去。

兀术想让宋军来追，以便看看他们究竟有多少兵力。吴玠当即识破了兀术的诱兵诡计，只派一支骑兵绕到敌后，断绝了金军的粮道，而把精锐主力埋伏在金兵必经的神垒设伏。兀术听说粮道被切断，大批军粮被抢，顾不得考虑，就匆匆忙忙下令退兵。金兵生怕饿死在陕西，一听撤退，立即作鸟兽散，不敢恋战，金军迅速撤退。

当天晚上，撤退的金军行至神垒，吴玠一声号令，带头冲击出来。从后面向金军发起猛烈攻击，一时间，宋军伏兵大起。金兵腹背受敌，队伍立刻崩溃。此时，天色已晚，逃散的金兵因路途不熟，狂奔乱窜，许多人死在宋军的乱箭之下。宋军乘势猛攻，金军大败，死伤无数。兀术也身中两箭,鲜血直流,顾不上包扎,使劲拍打那匹日行千里的战马,丢下残兵败将,踏着金兵的尸体逃往燕山。宋军杀死及俘虏金军将士数以万计,缴获器甲数以万计,取得了辉煌的胜利。

和尚原一战,在宋金战争史上具有重要意义。此战沉重打击了不可一世的金军,是其灭辽破宋以来遭到的第一次大惨败,使兀术的包抄南方、迂回东南的战略计划刚开了个头就告吹了。宋军以少胜多,重创金军主力,鼓舞了宋军的士气,扭转了富平战败的局势。吴玠立下了汗马功劳,他总是身先士卒,团结将士,共固抗金。吴玠因屡立战功,升任镇西节度使。

57. 背水一战

——刘锜顺昌抗金

金军的精锐部队接连受挫，形势对南宋抗金十分有利。南宋有岳飞、韩世忠等一批名将，再加上各地百姓组织的义军的配合，要打退金兵本来是有可能的。可是，赵构担心南宋军队一旦大获全胜，解救出被金朝俘虏的北宋太上皇与皇帝，他的皇位就会受到威胁，所以高宗赵构热衷于与金朝议和，一心一意与奸臣秦桧合谋，不断派使臣向金委屈求和。而金国统治者为达到不战而使南宋屈服的目的，也想让金军休整一下。

公元1139年，金朝派使臣到临安"议和"，要赵构跪拜着接受金帝的"诏谕"。宋高宗竟然签订了一个和约，同意向金朝称臣，每年向金进贡银25万两，绢25万匹，还要向金国割地，而金朝将河南、陕西地区归还宋朝。

金国皇帝熙宗和兀术并不满足于宋廷对他们俯首称臣，金熙宗派人杀了主和的太师完颜宗磐等人，任命兀术为元帅，独揽军事大权，在不到一年的时间内做好了战争准备。

公元1140年5月，当南宋君臣庆贺和约成立、大肆封官晋爵之时，金熙宗和兀术便撕毁和约，出动全国精锐部队，分四路大举攻宋，战线东起淮河，西达陕西。兀术自任都元帅，亲自率领金军主力10余万人进攻开封。长安和洛阳相继被金军攻陷。

可是，陶醉在议和之中的宋高宗，毫无戒备，对河南、陕西既不驻军，又不设防。而当地的官员大都是原先的伪齐官吏，这时纷纷降金，所以金军进攻初期气势汹汹，不到一个月，金朝根据和议还给南宋的城池又全被金军夺去。尔后，金军分两路出击，以一部从陕西入川，主力则企图经顺昌（今安徽阜阳）渡过淮河南下，南宋王朝面临覆灭的危险。高宗这才不得不下诏书，要各路宋军抵抗。

顺昌是东京副留守兼节制军马刘锜管辖的地盘。

刘锜是北宋末年泸川军节度使刘仲武第九子，长得仪表堂堂，英俊潇洒，声如洪钟，善于骑马射箭。高宗即位后，刘锜先是担任陇右都护，后为宣抚司统制。金人攻破和尚原，南宋朝廷派兵分守陕、蜀之地。正在这个时候，有个使者从四川回京复命，听说刘锜的威名，便报告高宗。高宗召刘锜还朝，并将自己用的兵器赐给他，派他为江东路副总管。不久，刘锜又被提升为果州团练使、龙神卫四厢都指挥使，主管侍卫马军司，成为"八字军"的主帅。

"八字军"的前身，就是曾经在太行山奋勇抗金的"八字军"。这支军队在太行山抗金时，脸上都刺了"赤心报国、誓杀金贼"八个字，人人可以效死，个个英雄强悍，威震敌胆。在金宋议和金朝割让河南之后，刘锜刚刚被任命为东京副留守兼节制军马，率军前往东京驻防，刚由水路抵顺昌（今安徽阜阳）时，就传来了金军攻陷东京开封的消息。不久又传来消息说，攻陷东京的金军继续向南侵扰，距东京不远的陈州（今河南淮阳）也被攻占。离陈州仅300里的顺昌，成了宋金两军对峙的前沿阵地。

接二连三的急报，使顺昌居民个个惊恐。刘锜的部下也有不少人害怕金军，劝他赶快乘船顺流向江南撤退。

刘锜却异常镇静，慷慨激昂地对军政官员说："我本是到东京赴任的。今东京虽失，所幸全军到达此地，有城可以坚守，为什么反要丢弃呢？我已下定决心坚守，谁敢再说要撤离，就立即斩首。"他号召大家同心协力，以死报国家。

顺昌北濒颍水，南有淮河，东接濠州（今安徽凤阳）、寿州（今安徽寿县），西接蔡州、陈州，是屏障淮河的要口，通汴梁的交通要道。刘锜一到顺昌，就和顺昌知府陈规一起商议守城大计。然后召集各位将领开会进行动员。他下令把船凿沉，催促后继部队辎重火速入城，准备迎击金军。

不几天，金军数千游骑渡过颍河，兵临顺昌城下。

在当前大敌压境的时候，刘锜沉着果断，亲自视察城内外的防御工事和地形，加高加厚城墙，构筑防御工事，号召军民同心协力，保卫顺昌城。为了增强顺昌的防御能力，刘锜命人在城外接近壕沟的地方，修建了一道小隔城，称为羊马垣。筑起厚6尺、高5尺的城墙，在这道隔城城墙上留下许多门洞。

为激励士兵和百姓誓死保卫顺昌城，刘锜将自己全家老少搬到一座破庙里，在门口堆满干柴，嘱咐守卫的士兵说："你们听着，万一城被金军攻破，你们就放火烧死我的家属，不要让她们受敌人污辱。"

刘锜这种与顺昌城共存亡的精神鼓舞着全军将士，男人准备战斗，妇女帮助磨刀剑，大家互相激励说："平时人家欺侮我们八字军，今天应当为国杀敌立功。"

当天，刘军伏兵活捉了金军银牌千户阿赫杀阿鲁等人。刘锜从俘虏口供中了解到，金军一部金兵在距城30里的白沙涡一带安营扎寨，便想乘机偷袭。顺昌被围的第4天晚上，突然雷雨大作。刘锜趁金军不防备，派骁将阎充选拔500名壮士组成敢死队，乘黑夜突入敌营，利用雷雨来临前的闪电之光，夜袭金营，专杀留着辫发的金兵，迫使金兵后退15里。

刘锜接着又派出1000名勇士，趁金兵退却时的混乱潜入金营，雷电光一闪，宋兵便一跃而起，奋勇进杀；电光过后，宋军全都潜伏不动声息。

金军不知宋军底细，全营大乱。宋军则按战前约定的暗号，时分时聚。金军惶恐之中，自相残杀，等到天明，金军已无力还击，金兵的尸体布满附近的田野。

金兵遭到严重损失,只好一面暂时撤围顺昌,一面急速向驻在开封的金军元帅兀术求援。在开封的兀术得知金军进攻顺昌失败的消息后,急忙率兵10多万昼夜兼程,宋军这边,初战取胜后,就有人提出乘兀术大军还没到,应该撤离顺昌,保存实力。而刘锜认为,兀术援兵将至,如果南撤,不仅前功尽弃,而且一旦被敌追及,必遭覆灭。更为严重的是,金军将长驱直入,侵扰两淮,震动江南,后果不堪设想,必须死战到底。他充满悲情地说:

"朝廷养兵十五年,正准备危急的时候来用,况且今天已挫败敌军锋芒,我军士气正高,虽然兵力多寡悬殊,但今天只得进,不能退。现在敌军营阵离顺昌只有三十里,又有兀术来援,我军一动,一旦被敌人追到,老少先乱,必然狼狈溃散,无异前功尽弃,如果敌军乘势入侵两淮,震惊江浙,那时平生报国之志,就会变成误国之罪。不如背城一战,从死中求生。"

众将听了,群情激奋,大家表示同意刘锜的这一方案,虽然处于劣势,但愿奋力一战,保住顺昌。

刘锜则下令将在顺昌城东门、北门外停泊的船只全部凿沉,下定决心背水一战。

兀术很快赶到顺昌,与韩常、龙虎大王等合兵,扎寨于顺昌城外的颍水北岸,连营20多里,人马遍野,还有无数骆驼牛马,并从陈州调来战具,从蔡河调来粮食兵器。顺昌处于金军的铁壁合围之中。

兀术气焰十分嚣张,根本不把刘锜等人放在眼里,他训斥诸将作战的过失,众将都说:"今天南宋用兵可不是过去那样,您亲自到城下看看就知道了。"兀术到了城下,看到顺昌城垣简陋,竟狂妄地说:"小小顺昌城,可用靴尖踢倒。"并且折箭为誓。兀术率领的都是精锐部队,攻城略地,凶悍无比。其中,专攻城池的士兵号称"铁浮屠",士兵都穿甲戴盔。作战方法是,每3人分为一个战斗单位,在左右两翼以铁骑相配合,号称"拐子马"。

"铁俘图"的意思就是铁塔兵，是兀术的特种骑兵。这些士兵个个身材高大，力气大，武艺强，箭法精，配备最精良的武器，头戴着铁盔，身穿两层铁甲，枪刺不透，刀砍不进，就像铁塔一般，连马都披上厚重的铠甲，以三骑为一队，作为正面冲锋队。后面紧跟着拒马子，士兵每前进一步，就将拒马子往前移一步，以示一往无前，决不后退。

"拐子马"，就是打仗的时候，配合"铁浮图"从两面包抄的骑兵，他们也都英勇善战。

"铁俘图"和"拐子马"都是由女真人组成的。打起仗来，和围墙铁幕一般，很难对付，可以说是"常胜军"，宋金交战以来，凡难攻之城，兀术都派上这支队伍，可以说是屡战屡胜。

为了对付金军，刘锜秘密下令让卒士在颍河上流放毒，金兵喝了颍河的水，许多人都生了病。他一方面加紧备战，一方面进一步麻痹兀术，派曹成等二人为间谍，让他们随一小队骑兵在大路上走，碰到金兵就假装惊恐落马让金兵俘虏。在被押去见金兵主帅时就说："刘锜是个太平边帅的公子哥，平日喜欢寻欢作乐，这次要去东京任职，是因为他认为朝廷同金朝讲和，贪图享乐而来的。"

兀术听后信以为真，得意忘形，认为刘锜不是将才，可以踏平顺昌城了，决定不带原先准备用来攻城的攻城车、炮具，只是率领轻兵直扑顺昌城下。

同时，兀术还缚了曹成等二人，押送到顺昌城下，在他们身上捆着给刘锜的文书，想对刘锜施加压力，并在守城宋军中制造混乱，瓦解宋军的斗志。

刘锜用绳索把曹成等二人接上城来，对兀术的文书看都不看，就当众烧毁，再次表明不受任何威胁利诱、坚决抗战的决心。他知道兀术已经中了计，滋长了轻敌情绪，就派部将耿训去向兀术下战书。

兀术见刘锜居然敢下战书，不禁勃然大怒道："刘锜怎敢同我打仗？

以我的兵力破城，用靴尖就能把城踢倒！"

耿训又激兀术说："太尉不但请太子会战，而且认为太子一定不敢过河，准备献五座浮桥，等太子过河再会战。"

兀术一听刘锜这样小看自己，更是大为光火，立即答应第二天同刘锜会战，并下令第二天一早就进攻，等攻下顺昌后再在顺昌府衙门会合吃早饭。兀术还宣布：攻破顺昌后允许金兵尽情杀掠，把顺昌城中成年男子全部杀死，抢掠女子、玉帛归个人享用。

当天夜里，顺昌城西北连接15里的金兵营中，像往常一样鼓声震动山谷，数十万金兵在营中终夜不得休息。兀术的帐前甲兵环列，烛光通明，将士都轮流骑在马背上不敢睡觉，整个金营一片紧张血战气氛。

刘锜这边却以逸待劳，命令全军将士好生休息。金军派人悄悄到城下偷听动静，发现整个城中竟十分寂静，连鸡犬的叫声都没有。

六月九日凌晨，刘锜果然在颖河上架好了5座浮桥，引诱金兵过河会战。同时，他下令悄悄在颖河上游及战场周围的草丛中撒放毒药，严令宋军即使渴死，也不许饮颖河水，如有犯者灭族。

兀术以为兵力上自己占绝对优势，有恃无恐，根本想不到刘锜会设下什么圈套。天刚亮，兀术率10万金兵踏着刘锜为他们准备好的浮桥渡过颖河，沿城墙排列成阵，从东门到南门，从南门到西门，把四门连成一片，并呐喊不停，企图在精神上吓倒顺昌城内的军民。

兀术身披白色战袍，骑战马来往指挥，他统率的3000亲卫军，也都身披两重铁甲。兀术投入了最强悍的部队"拐子马"，人马都以铁甲护身，远远望去，屹若山壁，坚如铁塔。当时，宋军诸将都认为金军中韩常部较弱，应该先打击该部。而刘锜说："即使把韩军打败了，兀术的精锐部队仍不可阻挡。最好的办法，应该首先打兀术，兀术一垮，整个金军将无能为力了。"

刘锜又使出一计，他在早晨天气凉爽时却按兵不动，清晨过后，天气逐渐炎热，金军远道而来，早晨又都没有吃饭，经逐渐升高的烈日暴晒，人马又饥又渴。人去喝颍河的水，马吃水草，都会中毒生病，人马更加疲乏，只好休兵立营，到那时再攻。

快到中午时分，刘锜看到金兵已经精力耗尽，战斗力大大降低，就立即派数百人打开西门出战，迷惑金兵。过了一会儿，又以数千精兵打开南门，直扑兀术营垒，打败金兵中装备最好的3000名牙兵。金军以铁骑拐子马，从左右两翼企图包围宋军，宋军将士奋勇作战。

刘锜研究了强敌的阵势，令军士手拿长马大斧，冲入敌阵，专砍金人铁骑的马腿，铁骑被砍倒后，与敌展开肉搏。

会战开始前，一些被逼给金军当兵的北方汉人，偷偷地送信给宋军，说他们都不想帮女真人打仗，让宋兵专杀由一色女真组成的两翼"拐子马"。为对付这些"拐子马"，刘锜让出战将士每人带一把大刀和一个装满豆子的竹筒。当"拐子马"出现时，就乱抛竹筒，把竹筒里的豆子撒满了战场。

"拐子马"骑兵的马到这时已经饿了，一见满地的豆子，都低头吃地上的豆子，遍地竹筒也限制了马的行动。宋兵趁机用大刀专砍马腿。马一倒，金军的骑兵也就束手就擒了。

激烈的会战从早晨一直打到将近日落，金兵中一向无敌的"拐子马"遭到了惨败，遍地都是死马和死去战马的骑兵尸首。

到了六月十日，风云突变，大雨倾盆，顺昌城周围低洼的地方积水一尺多深。天气对金军十分不利，金军又屡攻不下，兵士死亡病疾又多，死了上万人，兀术不得不改变方案，准备长期围困顺昌，于是移营城西，掘壕列阵，与宋军相峙。

为了打垮金军，刘锜派100多名骑兵，或乘雨大作，或乘大雨停歇，不间断地袭扰金军，重创金军于城外。

第二天，金军中又擂响战鼓。刘锜不动声色，下令密切注视金军动向，并抚恤阵亡的宋军将士家属,再励士气。

金军久攻不下,士气低落。兀术在顺昌城下无法立足,只得用竹筏架起浮桥,渡过颍河,率军撤退回开封。刘锜又令乘胜追击,歼灭金兵一万多人。

就这样,历时半月的顺昌之战,宋军取得了最后胜利,大灭了金军的嚣张气焰,挡住了金军自两淮南侵的锋芒。这一战,是金军南侵以来遭到的最重大的惨败之一,沉重打击了金军主力部队,震撼了金国统治者,金朝一度曾作了放弃燕京以南地区的准备,以避宋朝兵锋。刘锜从一个普通将官,成长为威震敌胆的抗金名将。

58．八千里路云和月

——岳飞抗金

岳飞，字鹏举，河南相州汤阴（今河南汤阴）人。他是南宋抗金的名将，我国古代著名的军事家，伟大的民族英雄。岳飞出生那年，黄河决口，家乡发大水，家里生活很困苦。岳飞从小刻苦读书，尤其爱读兵法。他力气大，十几岁时就能拉动300斤的大弓。后来，他听说同乡老人周同武艺高强，就拜周同为师，学得一手好箭法，能左右开弓，百发百中，十几岁就武艺高强。

北宋末年，辽人南侵，少年岳飞忧国忧民，痛恨胡人，常思报国，19岁投军，在东京当了小队长，不久参加了宋金联兵灭辽攻打燕京的战役。后因奔父丧，退伍还乡守孝。

辽国灭亡、金兵入关后，北宋去一狼而进一虎，金人因其新兴而比辽人更加凶恶，乘灭辽之势，大举进犯北宋。金人铁骑，很快扫荡中原。岳飞目睹北宋王朝山河破碎，决定再次从军。临行前，母亲在岳飞的背上刺了"精忠报国"四个大字，这成为岳飞一生奋斗的座右铭。有一次，岳飞带了100多名骑兵练兵，突然来了大股金兵，大家都吓呆了，岳飞却十分镇静地说："我兵虽少，敌兵虽多，但他们不知道我们的兵力多少。只要我们趁敌人没准备的时候勇猛杀过去，定能取胜。"说罢，他一马当先冲向敌阵，迎头刺死一员金将。金军大惊，兵士们受到岳飞的鼓舞，乘势冲杀，把金军杀得七零八落，缴获战马数百匹。

岳飞的勇敢很快就出了名，深得东京留守宗泽的器重，他称赞岳飞说：像你这样智勇双全的人，即使古代名将也不过如此。但是光靠冲锋陷阵，毕竟不是常胜的办法。他送给岳飞一份古代阵图，让他拿去认真学习演练。

岳飞道过谢，又说：按照阵图作战，这是兵法的常规。至于灵活运用，随机应变，还得靠当将领的善于用心。

宗泽连连点头。

岳飞立志抗金。他曾上奏章给高宗，恳请他亲率宋军北伐，激励士气，恢复中原。昏庸无能的宋高宗不但不听，反而骂岳飞小小将官"越职上书"是多管闲事，革了他的军职，关了起来。

岳飞抗金痴心不改，他投奔河北招讨使张所，张所待以国士，命岳飞从王彦渡河与金人交战。宋军至新乡，金兵众盛，王彦不敢出战，岳飞独引所部与金兵血战，亲自闯入敌阵，夺取敌人的指挥大旗，士卒奋勇争先，一举收复新乡。第二天再大战，岳飞受伤十多处，士卒全部战死。

岳飞治军特别严，严格训练，严肃军纪。平时按实战和临战进行训练，要求战士们把平时的训练看成打仗一样。部队休整的时候，他也带将士穿着铁甲爬坡，跳壕。

在岳家军里，军纪特别严，对违犯军纪的部下士卒绝不放过。一次，有个兵士擅自用百姓一束麻来缚柴草，被岳飞发现，立刻按军法严办。岳家军中有一条"冻死不拆屋，饿死不掳掠"的纪律，岳家军行军经过村子，夜里都露宿在路旁。老百姓请他们进屋，没有人肯进去。

岳飞对待兵士既严格，又爱护。他常常亲自为生病的兵士调药；部将出征，他让妻子慰问他们的家属，抚育战争中阵亡将士的子女；上级赏给他的财物，全都分配给将士。所以士兵们都很愿意跟随他打仗，很多人都积极参加岳飞的部队。岳飞作战时，身先士卒，与兵士们同甘共苦，冲锋在前，自己担任"旗头"，成千上万兵士动止进退，唯"旗头"上瞻，勇往直前。

就这样，岳家军越来越壮大，成为抗击金军的重要力量。

建炎四年（1130年），金兀术大举渡江攻宋，势如破竹，宋军望风而逃，岳飞进兵常州，与兀术四战皆捷，金兵败走。岳飞紧追不舍，再创敌于镇江东，又大捷于清水亭，金兵横尸五里。兀术逃往建康，岳飞在牛头山设伏大败兀术。兀术奔淮西，岳飞收复建康，保全了南宋江南半壁江山。这时，27岁的岳飞已拥有4万人的"岳家军"，成为威震四方的抗金名将。金兵见到岳家军，没有一个不害怕的。

收复建康后，岳飞转战江西、湖南、两广和福建等地，平灭了李成、张用和曹成等"军贼游寇"，稳固了南宋政权。宋高宗为了表彰岳飞的战功，特绣制"精忠报国"四个大字锦旗以示嘉奖，又升任岳飞为江西制置使。

宗泽死后，岳飞归东京留守杜充指挥。杜充是一个刚愎自用、滥杀无辜的无能之辈。金兵大举进攻，杜充放弃临安逃到建康；金兵攻打建康，杜充向金军投降。杜充手下的将士都散了伙，只有岳飞的队伍仍旧坚持战斗。这回趁兀术北撤的时候，他跟韩世忠配合，把兀术打得大败。

金兵北撤以后，在中原地区扶持刘豫作了傀儡皇帝，国号大齐，经常派兵骚扰南宋地界。岳飞率领将士多次打退金齐联军，建立战功，32岁时晋升到节度使，跟当时的名将韩世忠、刘光世、张俊齐名了。

赵构、秦桧怕得罪金朝，常常压制抗金将领。有一次，岳飞在前线打了大胜仗，赵构急令他停止追击。岳飞悲愤满腔，"仰天长啸"，写了一首充满爱国激情、传诵千古的词《满江红》，感叹他"三十功名尘与土，八千里路云和月"，决心"驾长车，踏破贺兰山阙"，"从头收拾旧山河"。

岳飞一心恢复中原，他对自己要求十分严格。高宗曾经为他造了一所住宅，岳飞推辞了，他说："敌人还没消灭，哪里顾得上家呢？"有人问他说，天下什么时候能够太平？岳飞回答说："文官不贪财，武将不怕死。天下才有太平的希望。"

公元 1139 年金军毁约攻宋的时候，岳飞正驻防鄂州，听说宋军南下，岳飞做了周密的反击准备。他制定了以襄阳为基地，联结河朔，进捣中原，恢复故疆的作战方针。他派部将王贵、牛皋、杨再兴等分路出兵，分布经略，展开猛烈的攻势；同时派人到河北跟义军首领梁兴联络，要他率领义军在河东、河北包抄敌人后方，相机收复失地，以便南北呼应。岳飞带领宋军守卫在河南的郾城指挥，准备与金兀术的主力决一胜负。

此时，韩世忠率部从淮阳，张俊率部从庐州、寿州间，向北合击。张俊在福州建造海船千艘，准备由海道北攻山东。

高宗一向畏敌如虎，在宋军即将反攻的有利形势面前，竟然做出"兵不可轻动，宜班师"的荒唐决定，严令各路军队停止北进。为此，特派司农少卿李若虚赶到德安府（今湖北安陆）岳飞军营中，阻止岳飞军北伐中原。

岳飞的部队都已北进，他没接受李氏带来的诏命，仍按原计划行事。李若虚鉴于当时的形势，同意岳飞的主张，并主动承担"矫诏之罪"。

此时，宋军的东路部队已奉旨撤退，金军集中大部兵力全力对付岳家军。

岳飞所部进军顺利，在一个多月里，连战皆捷，收复了洛阳至陈、蔡间的许多战略要地，形成东西并进、夹击汴京金军主力的态势。岳飞为了诱惑金军南下决战，遂集结主力于颍昌地区，自率轻骑驻守郾城（今河南郾城）。

金军兀术顺昌失败后，自己与龙虎大王突合速退回开封，命韩常守颍昌府、翟将军守淮宁府、三路都统阿鲁补守应天府，企图负隅顽抗。中原是宋、金必争之地，谁控制中原，谁就可以从中央突破对方的战线，造成分割对方的有利战略态势。因此，兀术在东京听到岳飞挺进中原，十分恐慌，连忙召集部将商量对策。他们认为岳家军孤军深入，有机可乘，不待岳家军集结部署完毕，抢先发动了进攻。

七月初八，兀术指挥主力部队以及增派的盖天大王赛里（宗贤）等率领的军队共计 10 万大军，倾巢出动，直扑郾城，准备抄袭岳家军的大本营，与岳飞见个高低。

岳飞沉着应战，他先派儿子岳云领着由精锐骑兵组成的侍卫亲军打先锋，他叮嘱岳云："这次出战，只能打胜仗；如果不能打胜，我首先要把你斩首！"

岳云带头冲上阵去，和敌人作战，勇敢异常。岳军每人持马扎刀、提刀和大斧三样东西，入阵之后即与敌人手拽厮劈，上砍敌人、下砍马足。岳云、杨再兴等相继率兵冲入敌阵，杀伤甚多。部队随着岳云奋勇拼杀，仅数十回合，就杀得金兵丢下了遍野的尸首，获马数万匹。兀术败了一阵，就调用他的"铁浮图"进攻。岳飞认为，"铁浮图"和"拐子马"虽然厉害，但也有弱点，"铁浮图"的马腿安不上铁甲，只要马腿被砍断，骑在马身上的士兵就要跌下。他看准了拐子马的弱点，命令将士把战斧绑在长竿上，打仗时不用骑马，都要步战，等敌人冲来，手持马扎刀、长斧，弯着身子，专砍马脚。岳飞提枪跃马，亲临战场。他在敌阵中左右开弓，往来冲杀，将士们见了勇气倍增。

岳飞机智地指挥将士上砍敌兵，下砍马腿，马被砍倒，金兵从马上掉下来，再砍他的脑袋，人马大乱。他又吩咐另外一些士兵每人带上一把钩镰枪。这些钩镰枪有个钩子和一个弯镰，打仗时，先用钩子把敌人的铁盔钩下来，再用弯镰割掉他的脑袋。

战斗从午后持续到黄昏，金军有的被宋军杀死，有的被马踩成烂泥，死尸布满原野。金军终于支持不住，向郾城和颍昌之间的临颍（今河南临颍）方向撤去。

此战金军兀术的精锐亲兵和"拐子马"遭到沉重打击，兀术本人也惊恐万分，号啕大哭，说："我自海上起兵，全靠铁浮图和拐子马打胜仗，现在可全完了！"但兀术根本不认输，几天后，又亲自率领 12 万大军进攻宋军的临颍。岳飞部将杨再兴等率领 300 骑兵为前哨，当抵达临颍南的小商桥时,突然与兀术大军相遇。兀术指挥兵力包抄围掩。

尽管众寡悬殊,但杨再兴毫无惧色,率骑兵与敌英勇作战。杨再兴单骑闯入敌阵,打算活捉兀术,结果没有找到,自己一个人杀了几百个金兵,身上负了十几处伤,还坚持杀敌,最后中箭牺牲,300名骑兵也全部战死。金军也遭到沉重打击,光被杀死的就有2000多人。

不久,张宪率援军赶到临颍,打退了金军。

但兀术仍不死心,增兵郾城以北的五里店,准备再战。岳飞当即率领军马出城,并派背鬼军将官王刚带领50骑,前往侦察敌情。王刚突入敌阵,斩敌裨将。

诸将见王刚军接战,主张稍退避锋。岳飞认为此时正是进军良机,遂亲率骑兵出击,诸将继后,左右驰射,挡住了金军骑兵,打乱了敌人步兵,又败兀术军。经过3天激烈战斗,岳飞率军取得了郾城之战的胜利。

兀术在郾城遭受失败,又转攻颍昌。岳飞早料有准备,就派岳云带兵救援颍昌。宋军虽有五个军戍守颍昌,但都不是全军。守将王贵命少量兵力守城,自己和姚政、岳云等串中军、游奕军、亲卫军出城迎敌。

22岁的岳云率领800名亲卫军骑士首先驰击金军。岳云手执双锤,在敌阵中往来冲杀,虽然身受重伤,血染战袍,仍然浴血奋战,金兵竟没人能抵挡。步兵也展开严整的队列继进,**掩护骑军**,与敌军拐子马搏战。双方激战几十个回合,依然不分胜负。

这时老将王贵有些气馁,岳云制止了他的动摇。岳云前后十多次突入敌阵,身受百余处创伤;很多步兵、马军也杀得人为血人、马为血马,仍无一人退却。到了正午,守城的董先和胡清率军出城增援,战局很快扭转过来,金军大败,金军统军上将、兀术的女婿夏金吾被岳家军阵斩,金军全线溃败。

颍昌大捷,岳家军杀敌将几十名,敌死伤俘虏5000多人,俘虏2000多人,缴获马匹3000余。岳飞率军乘胜追击金军,于距开封仅20多公里的朱仙镇击溃金军，至此，岳飞反攻中原的战争取得重大胜利。不久，张宪部将也在临颖东北打败金军。

这时候，由梁兴率领的太行山义军和黄河两岸的各路义军，也纷纷响应。他们打起岳家军的旗帜，到处打击金军，截断金军的运粮线。金兵看了吓得心惊胆战。

岳家军节节胜利，一直打到距离东京只有45里的朱仙镇。河北的义军听到后，都欢欣鼓舞，渡过黄河来同岳家军会合。老百姓用牛车拉着粮食慰劳岳家军，有的还顶着香盆来欢迎，个个兴奋得直流眼泪。

岳飞眼看这个胜利的形势，也止不住心里的兴奋。他鼓励部下说："大家努力杀敌吧！等我们直捣黄龙府的时候，再跟各路弟兄痛痛快快喝酒庆祝胜利吧！"

此战，岳家军与金军主力激战数十次，以神勇无敌的雄姿，彻底歼灭金军精锐，"铁浮图"和"拐子马"不可战胜的神话被彻底粉碎了，使金军在岳家军面前士气沮丧，发出"撼山易，撼岳家军难"的慨叹。

郾城、颖昌大捷后，岳飞本可以继续北进，实现长驱中原、收复河朔的愿望，但高宗和秦桧容不得这些，唯恐有碍对金议和，他们把岳家军的胜利作为向金人乞和的资本，一日连发12道金牌，急催岳飞班师。

事先，秦桧密令韩世忠、张俊、杨沂中等诸军撤退，置岳飞于孤军深入的危险境地。岳飞不得已班师，仰天长叹："十年之功，毁于一旦！"

59. 书生出奇兵

——虞允文巧退金兵

绍兴和议后，宋金双方有20多年没有发生战事。占有南方的宋朝皇帝高宗和投降派大臣，偏安于临安，建了豪华的宫殿府第，过着纸醉金迷的生活，把收复中原的大业忘得一干二净。可是，金朝统治者没有放弃灭宋的念头。在这段时间里，金朝统治集团内部发生内讧。公元1148年，金兀术死去，贵族完颜亮当右丞相。一年后，完颜亮发动宫廷政变，杀死皇帝熙宗，自立为帝，史称海陵王。

这海陵王惨无人道，但做梦都想着灭宋，尽享江南繁华。他就曾命张浩等大修燕京宫殿，第二年从上京迁都燕京，命名中都大兴府。接着，海陵王又经营汴京（开封），准备逐步南迁，直逼南宋。完颜亮迁都，一方面是为了加强对河东、河北及中原地区的统治，另一方面是为了便利对南宋的军事进攻。

为了给发兵攻宋制造舆论，海陵王编造了一个上帝托梦命他伐宋的故事。一天上朝，他说自己做了一个梦，梦见两个金甲士带他上天，接受了一道"天策上将令征某国"的宣赦。他说，这难道不是说天帝命令我讨伐江南宋朝。一些爱拍马屁的大臣都说这是个好兆头，向他祝贺。海陵王还借作诗以表达出兵南国的强烈愿望。诗曰："万里车书一混同，江南岂有别疆封？提兵百万西湖侧，立马吴山第一峰。"字里行间，透着鲸吞江南的野心。

海陵王发兵攻宋的风声传到临安，许多大臣建议宋高宗严军备、募新军、通邻国，早做应战的准备，宋高宗和左丞相汤思退等人充耳不闻，反而斥责是造谣生事。

公元1159年底，金国出榜禁止百姓传说即将起兵南侵，这一消息也很快传到了南宋，金朝贺宋正旦使施宜生也向宋廷透露了金兵不日南侵的讯息。宋高宗终于害怕起来，立赵瑗为皇子，以便在抗金形势不利时自己退位逃避抗金的责任；又于公元1160年春，派同知枢密院事叶义问出使金朝，探侦虚实。叶义问证实金军即将南侵的消息后，右相陈康伯、兵部尚书杨椿立即布置两淮守备。

公元1161年五月，海陵王派遣使者到临安，在朝堂上当面辱骂高宗，正式挑衅，要求派大臣去开封商议割让淮汉流域土地给金，并以大江为界。接着于七月迁都汴京。

一切准备妥当之后，海陵王于公元1161年九月，发动全国60万兵力，组成32支大军，分四路大举南侵，直奔宋朝杀来，势在一举灭亡南宋。出兵之前，海陵王大宴群臣，狂妄宣称："从前，梁王（指兀术）进攻宋朝，费了多少时间，没取得胜利。我这次出征，多则一百天，少则十天半月，一定能扫平南方。"

南宋群臣听到消息，议论纷纷，主和派又主张逃跑，陈康伯坚决反对，说："敌国败盟，天人共愤。今日之事，有进无退。"一些太学生也积极请战。高宗只好下旨备战，分四路迎敌。

在金军强大攻势面前，宋军不战而溃。一个月左右，金兵推进到长江北岸的和州（今安徽和县）。其中淮西一路，地形平坦，是金兵进攻的主要路线，由海陵王亲自统率主力。为迷惑宋军，海陵王从开封南下，派他的妹夫、左监军徒单贞领兵2万，直指东南的淮阴（今属江苏），在清河口张大声势，吸引南宋两淮的兵力。大军随后迅速逼近淮河北岸的涡口（今安徽怀远南）。

宋、金两军隔河相对，南宋形势严峻。负责淮西防务的王权，是个爱财重色、贪生怕死的家伙，听到金兵南下，吓得丧魂落魄，和姬妾们抱在一起哭哭啼啼，并让人把细软家私装入官船，以便逃走。刘锜多次催促他进驻寿春抗击金兵，他却一再拖延，先是逗留建康，在刘锜再三督催之下，才与妻妾们挥泪告别，进驻长江北岸的和州。到了和州，又不想前进。又是在刘锜再三命令之下，才每隔3天派一支队伍到距淮河前线较远的庐州探听一番，根本不敢去淮河与金军对阵。

由于宋军没有及时在淮西设防，使得金军长驱直入。这样，海陵王很快就率金兵渡过淮河。王权这边，还没见到金兵的人影儿，就早已吓得逃奔，一直逃过长江，到采石才停下来。不久金军也追踪而至。

临安的文武官员听到消息了，纷纷把家属送走。宋高宗这才害怕起来，下旨撤了王权的官职，另派李显忠代替，十月中旬，又派宰相叶义问去江淮视察军马。这时金军已占领真州（今江苏六合），接着扬州失守，刘锜退守瓜州，后又退回镇江。

这时，在金国内部，海陵王发动侵宋战争，遭到金统治区各族人民的强烈反对。金宗室完颜雍乘机夺权，是为金世宗，黄河以北地区很快归附新皇帝金世宗。海陵王得知这一消息更加疯狂南侵。此时，他领兵驻扎在和州鸡笼山，准备从采石（今安徽当涂北）渡江。

叶义问到了建康，派李显忠接替王权。叶义问也是个胆小鬼，不敢上前线，另派虞允文以中书舍人参谋军事的身份，到芜湖去催促李显忠赶快到采石接任，并代表南宋政府犒劳驻守采石的将士。

虞允文，隆州仁寿（今四川仁寿县）人，从小就很聪明，42岁考中进士，当上了四川地方民政官。由于奸臣秦桧当国，虞允文的才能没有得到充分发挥。秦桧死后，虞允文经人举荐，在礼部当了一名主管起草诏令的中书舍人。虞允文对国家前途很关心。在完颜亮大举进攻的前一年，他曾经上书给皇帝，指出金国一定会破坏盟约，发动进攻，请求政府早作准备。

这次，他奉朝廷之命到采石犒师，走到离采石10多里的地方，就听到鼓声阵阵，问道旁行人，说是金军今日渡江，随行人都劝虞允文回去，不要代人受过。虞允文不听，说："我是朝廷命官，如果退回建康，听任金军渡江，国家就很危险了。国家要保不住，我还能逃到哪里去呢？今天的事情是有进无退！捐躯报国正是我平生的志向！"

虞允文带领人马来到采石，望见长江北岸排满了金兵，好像就要渡江似的，而宋军因为没有了主将，人心惶惶，秩序混乱。虞允文到了江边，只见宋军兵士三三两两垂头丧气躺卧在路旁，马鞍和盔甲丢了一地，正准备逃跑。

虞允文问他们说："金人都快要渡江了，你们怎么还闲待在这里？"

兵勇们见是一个文官，怒气冲冲地说："将军们都跑了，我们还打什么仗？"

一个将领解释说："我们原来都是骑兵，王将军让我们丢掉战马逃过长江，现在没有了马，我们不会步战。"

虞允文看到队伍这样涣散，十分吃惊，觉得等李显忠已经来不及了，就立刻召集将士们商议。虞允文顾不得自己文官的身份，对大家说："我是奉朝廷的命令到这里来犒军的，你们只要为国家立功，我一定报告朝廷，论功行赏。"

将士们见虞允文出来做主，纷纷表示，只要有人带领他们打金军，不要赏赐也可以，他们发誓要勇敢杀敌，为国立功。

虞允文虽说是一介书生，从来没有指挥过打仗，但是爱国的责任心使他鼓起勇气。他亲自骑马来到江边察看敌情。只见北岸金军将台高筑，营寨连着营寨，一眼望不到边际，回来检查一下宋军的部队，却只有王权残部18000多人，几百匹战马，与金兵相比兵力悬殊，士气低落，主将未到，这样的仗能不能打？虞允文没有被吓倒，他召集将士，激励他们说："万一敌兵过江，我们就是后退也没有生路，现在长江天险还控制在我们手里，我们何不死中求活！况且国家养兵三十年，我们难道就不能一战报国吗？！"

将士们听了，都说："谁不愿意杀敌立功？只恨没有人主持！"

虞允文当即宣布说："朝廷已将王权撤职，另派李显忠前来负责军务。"李显忠是南宋的一员勇将，他的名字将士们都很熟悉，士气一下子被激发起来了。虞允文接着对将士们说："现在军情紧急，在李将军来到以前，我愿意暂时负责军务，和大家一起杀敌报国，朝廷是不会亏待大家的。"

他立刻命令步兵、骑兵都整好队伍，排好阵势，又把停在江面的宋军船只分为五队，一队在江中，两队停泊在东西两侧岸边，另外两队隐蔽在港汊里作后备队。

宋军刚刚布置完毕，金兵就开始渡江了。完颜亮挥动着小红旗，亲自指挥几百艘金军大船从杨林河口出发，迎着江风，满载着金兵向南岸驶来。

宋军都藏在山后。起初，由于被南岸的高地遮住，金兵在船上看不见宋军，等到将近南岸，才发现高地后面宋军队伍严整，列阵相待，当涂人民观战助威者十数里不绝，方才大惊。要想后退，由于风力很大，已经来不及了。不一会儿，驶在前面的70多只战船抵达南岸，部分金军登上岸来；金军其余的船队，也陆续经过江心驶了过来。

虞允文看到敌军登陆上岸，便对部将时俊说："你的胆量天下闻名，现在还立在阵后做什么？"

时俊见虞允文亲临战地，顾不得回答，就挥舞着双刀，高声喊叫着，带头冲向敌阵。兵士们士气高涨，跟着拼命冲杀。

金兵进军以来，从没有遭到过抵抗，一下子碰到这样厉害的对手，登陆的金军很快就垮了下来。

江面上的宋军战船，也向金军的大船冲去。宋水军多是踏车海鳅船（一种用车轮踏水的大型战船），大而灵活，而金军船只底平面积小，极不稳便，宋船乘势冲击，就像尖利的钢刀一样，插进金军的船队，把金军的战船拦腰截断，纷纷下沉，一半金兵落在水里被淹死，一半还在顽抗。

太阳下山了,江面上的战斗还在继续。这时候,正好有一队从光州逃回来的宋兵到了采石。虞允文命令他们整好队伍,发给战旗和军鼓,从山后面摇动旗帜,敲着鼓绕到江边来。江上的金兵听到南岸鼓声震天,看到山后无数旗帜在晃动,以为是宋军大批援兵到来,纷纷逃命。

金军遭到意料不到的惨败,气得完颜亮暴跳如雷,一肚子怒气全发泄在兵士身上,把逃回去的兵士全都拷打死了。

虞允文分析,完颜亮虽然遭受重创,但不会甘心失败,明天必将卷土重来。当天夜里,他就下令把战船分为两队,一队开到上游,一队留在渡口,封锁住金军的出入。到第二天,虞允文又派新盛率水军主动进攻长江北岸的杨林渡口的金兵。

果然,天蒙蒙亮的时候,完颜亮就派金军渡江,虞允文指挥两队战船夹击。金兵尝过虞允文的厉害,没心思反抗。300只大船被困在江心和渡口,宋军用"神臂弩"射击敌船。神臂弩是一种用扳机发射、威力强大的弓。发射的时候,先把弦张在扳机上,瞄准目标,然后扣动扳机,弦发箭出,射得又远又准。宋军扳动神臂弩,又使用霹雳炮轰击,箭如飞蝗,弹如星雨,金军船上的士兵有的应弦而倒,有的上岸逃命,又被射死在江岸的烂泥中。

停泊在杨林河口上游的宋军,乘势放火,焚烧了金军残余的300多艘战船,又大败金军。

这一仗,金军在淮西的主力全被歼灭了。这就是历史上有名的采石大捷。

金军虽然遭到惨败,可是贪残凶暴的海陵王并不死心。他看到军事进攻没有成功,就又使出离间的手段。他写了一封信派人送到宋营,信上劝王权向金投降,答应给王权以高官厚禄。这时候,宋军新任主将李显忠已经来到采石。虞允文识破了海陵王的离间计,就用李显忠的名义写了一封回信来揭露敌人的阴谋。信中大意说:现在我国统兵的将领已换了我李显忠,难道你还不知道我的大名吗？如果你要从瓜州（在扬州境内，位置在运河流入长江的汇合口）渡江，我一定在那里等你，决一死战，你用不着虚声恫吓。虞允文派了两名金军俘虏把信带到江北。海陵王见信大怒，当即下令把军队开到瓜洲渡口，妄想从这里渡江，夺取京口。

这时，主将李显忠才带兵姗姗来迟，他听到虞允文指挥宋军取得胜利的情况，十分钦佩。

虞允文对李显忠分析说，金兵在采石失败之后，一定会到扬州去渡江。对岸镇江那边没准备，情况很危险。他请李显忠驻守采石，自己前去助战。

李显忠当即拨给虞允文16000名步兵和一部分水军，由虞允文率领前往镇江。

虞允文到镇江后，首先拜见了老将刘锜，征求他关于防务的意见。

刘锜躺在病床上，握着虞允文的手，感动地说："想不到朝廷养兵30年，大功反而出在你这样一个书生之手，真叫我们这些武将羞愧死了。"

虞允文看到镇江江岸的船舰太少，就下令把马船都改成战船，他怕踏车海鳅船战时发生临时故障，就命令士兵在江中试踏。这批车船，兵士驾驶着，在江边的金山周围巡逻，来回像飞一样。北岸的金兵见了十分惊讶，赶快报告海陵王。海陵王一听大怒，说："这不过是纸船罢了，有什么大惊小怪的！"并把来报告的人打了一顿板子。

这时候，金兵打了几次败仗，都害怕作战。有些将士暗地里商量逃走。海陵王发现后，下了一道死令："军士逃亡的，杀死领队；部领逃亡的，杀死主帅！"并且宣布第二天全军渡江，畏缩不前的当场处死。金军兵士对海陵王的残酷统治再也忍受不住，还没等海陵王发出渡江命令，当天夜里就冲进他的大营，把他杀死。随后用都督府的名义，派人送信到对岸，表示愿意退兵议和。

虞允文老练持重，唯恐其中有诈，为了证实这个消息，还亲自到江北去调查了一番。就这样，人数少、实力比较弱的宋军，打败了比自己强大得多的宋军，在我国古代战争史上写下了光辉的一页。

海陵王一死，金兵就撤退了。这时，完颜雍在金国自立为皇帝，是为金世宗。采石大战后，金世宗为了稳定内部，派人到南宋议和，宋金战争又暂时停了下来。

采石大战，是金军由胜至败的转折点，不仅粉碎了金朝想一举灭掉南宋的企图，而且保全了江南人民不致遭受金军蹂躏，挽救了南宋政权。文官出身的虞允文，在危急时刻，敢于担当重任，把国家的安危看成是自己的责任，临危不惧，智勇兼备，组织、指挥军民抵抗金军的进攻，终于以少胜多，打败强敌，从而转败为胜，使南宋再度转危为安，在历史上写下了光辉的一页。采石之战的胜利说明，和平不是能乞求的，国家的安危不能寄托于一纸和约，必须用战斗来保卫。

60. 铁骑天子

——成吉思汗统一蒙古

在13世纪初的中国政治舞台上，西夏、金、南宋以及其他民族政权，已日趋衰落，社会危机深重。在北方，却兴起了生机勃勃的草原游牧民族——蒙古族。

蒙古族是我国北方的一个古老民族，长期过着游牧生活。到12世纪时，在长城以北、贝加尔湖以南、东到大兴安岭、西至阿尔泰山的广大地区，形成了许多蒙古部落，分别受中原唐王朝以及北方强盛的辽、金政权管辖。12世纪末和13世纪初，蒙古各部落面临着迫切的统一问题。

蒙古乞颜部的铁木真，本来是蒙古族孛儿只斤部酋长也速该的儿子。他出生时，正赶上其父指挥部落击败了塔塔儿部，并俘获了塔塔儿首领铁木真。为纪念这次胜利，就给他起名叫铁木真。

铁木真的幼年时代，金朝处于风云变幻的战乱时期，金王朝残酷统治蒙古族人民，各部落之间为了掠夺更多的财富，经常发生战争，蒙古族人民过着贫苦、艰难的生活。铁木真的祖先俺巴孩就是被金朝皇帝杀害的。

铁木真9岁那年，父亲也速该带铁木真到弘吉剌部给他定亲。他把铁木真留在朋友家里独自回家，途中感到饥饿，正好看见有一批塔塔儿部人在草原上举行宴会。他就按照当地风俗，参加塔塔儿人的宴会。

塔塔儿部和蒙古部一直为敌。也速该因为饥饿忘记了这些，塔塔儿部有人认出了也速该，偷偷地在他吃的食物里放了毒药，也速该回到家里就死了。

也速该一死，蒙古部没有了首领，就各自解散了。原来归附也速该的泰赤乌部也离他们而去，还抢走了不少的奴隶和牲畜。铁木真一下变得孤苦伶仃，没人管没人问。

泰赤乌部的首领怕铁木真长大起来向他们报仇，就带领人马捉拿铁木真，想把他杀了。铁木真事先得到消息，躲进了森林里。

幼小的铁木真独自一人躲藏在深山老林，忍饥挨饿，九天九夜没吃没喝，到了第十天，实在忍不住饥饿，又走出了森林。可是，他刚出森林，就被泰赤乌部的人给抓住了，戴上木枷，到各营帐游行示众。

这一天，泰赤乌部的人都去斡难河边参加草原宴会了，只留下一个年轻人看管铁木真。铁木真见机会来了，就趁着看守不注意，举起木枷把他砸昏，逃出了魔掌。

为了躲避仇人的追杀，铁木真和他的母亲、弟妹又躲进深山里，靠捉土拨鼠、野鼠度日，日子过得更艰苦了。为了重建家业，铁木真在母亲的指点下，首先求得了克烈部首领王罕的庇护，王罕曾与也速该结为兄弟，并得到过他的帮助。铁木真在危难、困苦之际，独自前往土兀剌河黑森（今蒙古国乌兰巴托南）去求见王罕，献上贵重礼品，尊王罕为父。王罕接受了铁木真的请求，并表示帮助他聚集离散的部众百姓。

在王罕的帮助下，铁木真逐渐把本部落失散的亲属和百姓聚集拢来。不久，铁木真的妻子被蔑儿乞部掳走，铁木真请王罕召集友好部族发兵相助，一起袭击了篾儿乞部人的营盘，夺回了妻子，还获得了大批俘虏。为此，铁木真声名大震，父亲时代的部属和奴隶也纷纷归附，力量渐渐壮大起来。

随后，铁木真与乞颜氏部落的首领札木合建立了结义兄弟关系。

铁木真力量强大起来后，于公元1189年脱离札木合，带走了札木合属下原归也速该的部众，一些乞颜氏贵族也率部众前来归附。乞颜氏贵族聚会，共推 27 岁的铁木真为汗，建立了乞颜氏贵族新联盟。

札木合和泰赤乌氏贵族看着铁木真的势力一天天发展壮大起来，就着急了，札木合联合泰赤乌部、兀鲁兀等 13 部族，一共 3 万人马，攻打铁木真。

铁木真也不肯示弱，以 3 万人马分 13 翼迎，抵抗札木合的进攻。双方在斡难河边的草原上展开了一场大战，这就是蒙古史上有名的"十三翼之战"。由于铁木真的联盟刚刚建立起来，力量单薄，结果铁木真的部队抵挡不住札木合军的进攻，败退了。铁木真的第 13 翼被札木合部歼灭，掌管该翼的首领被杀。

札木合虽然取得了胜利，但是他把抓住的战俘成批杀害了。这件事引起了札合部和泰赤乌部众的强烈不满，纷纷脱离札木合投奔铁木真，铁木真虽然打败了仗，实力反而更壮大了。

铁木真力量壮大后，开始寻机打击仇人塔塔儿部，为父亲报仇。不久，塔塔儿部首领蔑古真得罪了金朝，金朝派丞相完颜襄约铁木真配合进攻塔塔儿部。铁木真认为机会来了，就和王罕相约袭击塔塔儿部的营寨，把塔塔儿部打得全军覆没，俘获了大批人口和牲畜、辎重。随后，铁木真通过多次征战，打败蔑儿乞、乃蛮、泰赤乌、合答斤、札木合等部，很快统一了蒙古东部。可是在西边还有许多部落，其中离得最近的是强大的克烈部。

看到铁木真一天天强大起来，克烈部王罕脱斡里勒感到自己的部族受到威胁。铁木真为他的长子术赤向王罕的孙女求婚，被王罕拒绝。公元 1203 年春，王罕在手下的怂恿下，假装同意铁木真的婚约，想骗他来赴宴，乘机把他杀死，不料计谋败露，双方公开反目。

在与王罕决战前，他先将奥鲁转移到金界壕之内，然后整军至哈兰真沙陀，与王罕的队伍对阵。由于铁木真兵力弱小，虽然士卒拼死战斗，铁木真的部队还是被冲溃，铁木真只带着 19 人仓皇逃走。他们走到班朱河（沼泽的意思）地方停驻下来。这里没有人烟，没有粮食，他们只得喝浑水止渴，射野马为食。

这一时期，是铁木真一生最艰苦的日子。当他完成统一大业后，把"同饮班朱河泥水"的人，全都封为功臣。这是后话。

回到营地，铁木真积极进行战备，军事力量很快就恢复了。当年秋天，铁木真听说王罕正在折折运都山设帐欢宴，便立即暗暗派兵包围了王罕的驻地，突然发起攻击。经过三天三夜激战，铁木真的部队占领了王罕的金帐。王罕逃到鄂尔浑河附近，被乃蛮部守将杀死。

克烈部王罕的败亡，引起了各部贵族的恐慌。自恃强大的乃蛮太阳罕，决心充当各部贵族的领袖，共同对付铁木真。公元1204年夏天，铁木真率部亲征乃蛮部。在一次激战中，铁木真亲手杀死了乃蛮首领太阳罕。从此，铁木真的英名威震蒙古草原，其他部落再也不敢同他争锋了。铁木真就这样完成了统一全蒙古的大业，将草原上落后、分裂的蒙古族融为一体。

公元1206年，蒙古各部落首领在斡难河（今鄂嫩河）边，举行了一次盛大的集会，各部首领公推铁木真做全蒙古的大汗（就是大帝的意思），这就是举世闻名的成吉思汗。成吉思汗，意为海洋、天，或坚强；汗即可汗，类似皇帝、帝王，是为元太祖。成吉思汗即位以后，建立了军事和政治制度，使用了蒙古文字，使蒙古成了一个强大的汗国。精锐强悍的蒙古铁骑，在具有雄才大略又用兵如神的军事天才成吉思汗的统率下，开始成为威胁其他民族政权生存的可怕力量。成吉思汗统率这支力量，征战40年，灭国40年，其中包括：攻打漠北，统一蒙古；三征贺兰，灭亡西夏，鏖战中原，三败金朝，西征花剌子模，威慑欧亚诸国，被毛泽东誉为"一代天骄"。

61．梦回欧罗巴

——蒙古大军西征

蒙古国建立后，以成吉思汗为首的蒙古贵族不断发动对外战争。公元1217年，成吉思汗把南下灭金的任务交给木华黎，亲自率兵直指西方。

当时，蒙古蔑儿乞部落首领脱脱的儿子火都和乃蛮部落太阳汗的儿子屈出律，败逃楚河流域，仍在西方活动。火都结集蔑儿乞残部，图谋东山再起。

到了秋天，成吉思汗命令速不台率军征伐火都。速不台翻越崇山峻岭，到达楚河，与蔑儿乞残部作战，杀死火都，消灭了蔑儿乞的残余势力。

屈出律与花剌子模国国王勾结，篡夺了西辽政权，推翻了契丹人统治，在新疆喀什噶尔、和田至锡尔河右岸地区建立了势力范围，还计划向东扩张，征服整个中国，建立所谓世界帝国。

花剌子模国国王摩诃末为探听蒙古虚实，派使团到蒙古。使团回国后，却谎报军情，说蒙古的兵力根本不能与花剌子模国相比。摩诃末信以为真，不把蒙古军放在眼里，纵容部下向蒙古人挑衅。公元1218年，成吉思汗派了400多名商人和使者，用骆驼满载着金银、皮毛准备到西方去经商。途经花剌子模的讹答剌城时，遭到守将亦纳勒赤黑部的袭击，400多人全部惨遭杀害。

成吉思汗闻听震怒异常，立即派使臣巴合味前去交涉。摩诃末以为成吉思汗软弱可欺，不仅没有严惩凶手，还派人杀死了巴合味。成吉思汗又惊又怒，一口气跑到山上，脱下帽子，解下腰带，跪在地上，不吃一粒米，不喝一口水，一直祈祷了三天三夜，发誓要为死者报仇。成吉思汗先是派大将哲别率兵2万攻打屈出律。

此时，屈出律正与阿力麻里的不扎儿汗相攻，听到蒙军来攻便向西逃跑，哲别击溃西辽军队，攻占了西辽都城八剌沙衮。屈出律逃往喀什噶尔，当地居民纷纷起来杀死监视他们的西辽士兵，屈出律继续西逃，被蒙古军队追及。哲别把屈出律枭首示众，喀什噶尔、沙车、和田等城相继降蒙，西辽灭亡。

随后，成吉思汗调整部署，准备专心攻打花剌子模国。在出兵之前，成吉思汗又派了三名使者去见摩诃末，要他交出讹答剌城，否则就要准备迎战。

摩诃末认为这是成吉思汗在向他挑战，他仗着自己有40万大军，又有精良武器和大量财富，根本不听使者的劝告，反而下令杀死了成吉思汗的正使，把两名副使剃去胡子，以示羞辱。成吉思汗大怒，于太祖十四年（公元1219年）春，调集人马，自率大军西进，大儿子术赤、二儿子察合台、三儿子窝阔台、小儿子拖雷从行，和大将速不台、哲别，会集畏兀儿、哈剌鲁、阿力麻里等部兵马攻打花剌子模国，开始了西征。

成吉思汗率部先在也儿的石河度夏，入秋后进抵花剌子模边城讹答剌，对花剌子模国发动全面进攻。

蒙古军队兵分四路，在额尔齐思河流域分进合击：察合台与窝阔台率兵围攻讹答剌城，术赤进攻毡的城，阿剌黑那颜南下取别纳客忒、忽毡，成吉思汗和拖雷统率大军直逼其都城布哈拉。

公元1220年春，成吉思汗指挥蒙古军队攻占不花剌（今乌兹别克斯坦布哈拉）。蒙古大军闯进花剌子模国人的圣地大礼拜寺，用装古兰经的书柜做马槽，在庭院里喂马，又强令那些德高望重的回教长者、学者、医生们，统统来给蒙古军队喂马、干杂活。随后，成吉思汗把居民全部赶出城外，让蒙古军队在城里大肆抢掠，最后放了一把火，把不花剌城烧了个精光。

接着，成吉思汗又进攻花剌子模新都撒马尔罕，摩诃末以10万大军守城，并加固城墙。成吉思汗发现城池不好攻，就派军占领周围城镇，对撒马尔罕形成大包围圈。然后，他想出了个妙计，把以前的俘虏都集中起来，每十人一队，每队一面战旗，把他们化装成蒙古军队。花剌子模国士兵从城上一看，到处都是蒙古兵，果然吓得不敢出战。一些勇敢的居民主动出城作战，结果全都被杀死，城里人不得安宁，士气更加低落。

不久，3万康里兵带着家眷、武器投降了成吉思汗。整个城里的居民也很快全部归降。成吉思汗下令将城里的金银财宝抢劫一空，杀死了3万康里青年人和大部分城里居民，然后把剩下的工匠等艺人赐给他的儿子、妻子和将领们。

与此同时，讹答剌与毡的城也相继被攻陷。窝阔台拿下讹答剌城后，为了报复杀商人之仇，把全城人都杀了。

接着，成吉思汗命术赤、察合台与窝阔台一起围攻乌尔根奇，命大将哲别和速不台越过阿姆河追击西逃的花剌子模国国王摩诃末，打败俄罗斯和钦察突厥，绕道里海北岸回军。摩诃末后来在里海一个小岛上病死，其子札阑丁在呼罗珊组织抵抗。

公元1221年，成吉思汗渡过阿姆河，占领塔里寒城，派拖雷进攻呼罗珊，相继攻陷尔沙不儿、也里城，回师塔里寒城与成吉思汗会师。察合台与窝阔台攻陷乌尔根奇后，也到塔里寒城会师。成吉思汗亲统诸路大军，追击札阑丁，在印度河击败其余众，札阑丁只身逃跑，花剌子模国灭亡。

消灭了花剌子国，成吉思汗统率蒙古大军越过高加索进入顿河流域，出兵欧洲。公元1223年在迦勒迦河决战，大败突厥与斡罗思联军，斡罗思诸王公几乎全部被杀。此后，蒙古军队沿原西征路线班师回朝。至公元1225年春，才返抵土兀剌河老营。成吉思汗把西征所扩之土，分封给自己的三个儿子，并分别建立了新汗国。两年后，66岁的成吉思汗病死在西夏境内的萨里川。

太宗六年（公元1234年），太宗窝阔台召开诸王大臣会议，决定继承成吉思汗的事业，发动第二次西征，派兵攻打波斯（今伊朗）和钦察、不里阿耳等部。术赤之子拔都、察合台之子拜答儿、窝阔台之子贵由、拖雷之子蒙哥以及诸王、那颜、公主驸马的长子等均率军西行，由拔都总领诸军。第二年，诸军会师西征，进攻位于伏尔加河中游的不里阿尔，大将速不台为西征军先锋，很快征服了不里阿尔。

太宗八年（公元1236年）冬开始，蒙哥率军进攻钦察部，斩杀其大将八赤蛮，里海以北地区被蒙古军队占领。

与此同时，拔都率军大举进攻斡罗思，很快攻占了梁赞、莫斯科和弗拉基米尔等14城，随即进军昔迪河畔，歼灭弗拉基米尔大公军队，大公攸利第二战死。

蒙古军继续袭掠斯摩棱斯克等地，攻占了南俄罗斯最大的公国基辅，征服了整个斡罗思。然后，蒙古军队又借口追寻忽滩，先后进攻孛烈儿（今波兰）、马扎尔（今匈牙利）等欧洲要地，震动了整个欧洲。

公元1241年4月，蒙古大军攻占克拉科夫、里格尼察等城，大掠摩拉维亚等地。拔都亲统三路大军，大败马札儿军，其国王逃走，蒙古军队攻掠亚得里亚海东岸及南欧各地。这年年底，窝阔台病死，拔都得报后率军从巴尔干撤回伏尔加河流域。拔都率本部以撒莱为都城，在伏尔加河畔建立了钦察汗国。

公元1253年，蒙哥以拖雷之子旭烈兀为统帅，率军第三次远征，进军西亚。10月，旭烈兀率兵攻入伊朗西部，进抵两河流域，目标首先指向了木剌夷国（今伊朗境内）。旭烈兀率军携带大批石弩和火器，途经阿力麻里、撒马尔罕，到波斯碣石城，告谕西亚诸王协同消灭木剌夷。

公元1256年，旭烈兀统率蒙古大军渡过阿姆河，6月到达木剌夷境内。蒙古先锋将领怯的不花攻占木剌夷多处堡寨，给予了沉重打击。木剌夷首领鲁克那丁在蒙古大军压境的形势下，派遣他的弟弟沙歆沙向旭烈兀求和，旭烈兀要求鲁克那丁亲自来投降，但鲁克那丁迟疑不决。11月，旭烈兀命令蒙古军队发起猛攻，鲁克那丁被迫投降。蒙古军队占领其都城阿剌模式堡（今里海南）。不久，鲁克那丁被蒙古军队杀死，他的族人也都被处死，木剌夷被完全平定。

公元1257年3月，驻守阿塞拜疆的拜住来到军中，旭烈兀偕同拜住等继续西征，直指黑衣大食首都巴格达。当时阿巴斯王朝哈里发谟思塔辛执政，既直接统治黑衣大食，又管辖整个伊斯兰教世界，是两河流域的强国。

这年冬，旭烈兀、拜住等率军三路围攻巴格达。第二年年初，三军合围，向巴格达发动总攻，蒙古军队用炮石攻打巴格达城，城门被炮火击毁。2月，谟思塔辛哈里发率众投降，旭烈兀攻陷巴格达，蒙古军队在城中大掠7天，谟思塔辛被处死，阿巴斯王朝灭亡。

旭烈兀率军继续西进，兵进叙利亚，直抵大马士革，势力深入到西南亚。由于蒙古军队被埃及军队打败，旭烈兀才被迫停止了西进，留居帖必力思，建立了伊利汗国。

从公元1217年至公元1258年的近半个世纪中，成吉思汗和他的继承者以剽悍的武力征服了欧亚地区，以蒙古为中心，建立起由钦察汗国、察合台汗国、窝阔台汗国、伊利汗国组成的世界历史上前所未有的横跨欧亚大陆的庞大帝国，重开了"丝绸之路"，推进了东西方以及阿拉伯各国之间的经济、文化交流，"一代天骄"成吉思汗的巨大贡献令世人瞩目。

62．风卷残云

——蒙古军攻金

蒙古与金朝，结怨仇甚久。蒙古汗国也和北方其他民族一样，受女真贵族建立的金朝统治，金朝统治者对蒙古部族经常勒索各种贡物，激起了蒙古民众的不满和反抗。成吉思汗的先祖俺巴孩曾被金国以反叛罪钉在"木驴"上处死。成吉思汗即位后，金朝还把蒙古当作它的附属国，要成吉思汗进贡。成吉思汗立志要改变这种屈辱的地位。

公元1208年，金章宗死后，太子完颜永齐即位，是为卫绍王。此人本是庸碌之辈，以前曾奉命接受蒙古的贡物，当时成吉思汗就看不起他。卫绍王即位后，派人到蒙古下诏书，要成吉思汗下拜接受。成吉思汗听说新皇帝是颜永齐，轻蔑地吐了一口唾沫，说："我听说中原主人是天上人做的，像这种庸碌无能的人也配做皇帝！我凭什么要拜他？"说罢就上马走了，把金朝的使者晾在了那里。

卫绍王听说后龙颜震怒，准备等成吉思汗入贡时伺机擒杀。成吉思汗得知这一消息后，便与金朝断绝了关系，并准备攻金。他用军民合一的千户制组织百姓，扩充怯薛军（护卫军），组成一支强大的、善于野战和远程奔袭的蒙古军。成吉思汗还派人进入金国领土，刺探情报。

成吉思汗六年（公元1211年）2月，成吉思汗从绿连河发兵10万，聚众誓师，决心大举攻金。他登上高山对天祈祷，说："金朝皇帝杀害我的祖先俺巴孩，请允许我报这个仇吧！"接着，他就选了3000名精锐骑兵，以哲别为先锋，自克鲁伦河南下，逼近长城。

金卫绍王自以为泱泱大国，根本不把新兴的蒙古族放在眼里，而将其主要兵力置于金宋边境，对蒙古征金未做积极的准备。

当得知蒙古骑兵杀来，金军守将独吉思忠仓皇撤兵，成吉思汗大军进军顺利，长驱进入，先后占领乌沙堡、乌月营、抚州（今河北张北）等地。

金朝任命完颜承裕主持军国，进行抵抗。可是金军士气低落，行动迟缓。成吉思汗把蒙古军队分作两翼，以少击众，大败金兵，追至宣平县（今河北怀来县）。承裕怯敌不敢出战，趁夜南逃到野狐岭，指挥40万金兵据守险要。

成吉思汗率军追袭，金军损失惨重，死者蔽野塞川，又准备南退宣德城（今河北宣化）。在浍河堡遭遇蒙古军队，两军激战三天，成吉思汗派3000名骁勇的蒙古骑兵直插金军阵中，随后发起总攻，消灭了这支金军主力，承裕败逃宣德城。

成吉思汗跟他四个儿子分成几路，在河北广大平原上横冲直撞，所向无敌。10月，蒙古军兵越过紫荆关、居庸关，前锋哲别军直逼中都（今北京市）。

12月，在凛冽的寒风中，蒙古军攻打金中都。金朝守将完颜天骥趁蒙古军兵力尚未集结，在城内设下埋伏，诱蒙古骑兵进城，杀死蒙古兵无数，蒙军被迫撤退。

金军的失败震撼了金国朝野，平庸无能的金主卫绍王束手无策，对逃回中都的金军首领不敢治罪，反仍委以重任，使朝廷上下皆怨。

不久，金朝内部发生混战，金主完颜永济被杀，新即位的金宣宗不得不向成吉思汗求和，献出大批金帛，还把公主嫁给成吉思汗。成吉思汗这才撤兵回去。

第二年秋，成吉思汗又从阴山南下，攻击金朝西京府（今山西大同市）。金廷派西京按察使抹捻尽忠为左副元帅兼西京留守，进驻西京，率军坚守。

成吉思汗的大军一时无法攻下。后来，成吉思汗在作战中身中流矢，蒙古军撤回阴山。

成吉思汗八年（公元1213年），成吉思汗卷土重来，从宣德、德兴南进攻金。成吉思汗看到，金居庸关有重兵把守，且依恃天险，设置障碍，蒙古军不能直攻，便采取大迂回包围战法，指挥蒙古军队从一条山间小路迂回到紫荆关（今河北易县西南），大败金军，遂克涿、易二州，击败金尚书左丞完颜纲率领的10万大军和术虎离琪统领的30万人马，使金兵精锐全部溃散，损失极其惨重，金军胆怯，献居庸关北口，通向中都的大门遂被打开，使金朝上下陷入混乱。

尔后，成吉思汗乘胜亲率大军进攻金中都以南地区，相继攻下河北、河东广大地区，直抵黄河北岸，经东京攻占山东诸地，直到海滨，对中都形成包围之势，迫使金廷派使议和。

成吉思汗攻金，并不是为了消灭金朝，主要是掠夺财物和奴隶，所以很痛快地接受金朝议和请求，携带掠夺来的人口和财富而归。

金宣宗在蒙军首战胜利后，吓昏了头脑，束手无策，为了躲避蒙古军队的侵扰，于公元1214年5月迁都南京（今河南开封市）。宣宗的这一举动，实为失策之举，不仅失去了河北，而且失去了辽东根本之地。

成吉思汗得知这一消息后，立即派兵南下。用22头牛拖着一顶直径约10米的大帐幕，拔营起程。成吉思汗时代，汗王的帐幕为王帐，最大的王帐可容纳2000人。征战中，在王帐里商定军机大事，举行大朝会和推举大汗，一旦需要，立即启程。

在蒙古大军的威吓和利诱下，金中都守将抹捻尽忠逃之夭夭，蒙古军队进占中都。与此同时，蒙古军木华黎部攻打辽西和辽东地区，攻占金东京（今辽宁辽阳市）和北京（今内蒙古宁城县西），金朝实力被进一步削弱。

成吉思汗十二年（公元1217年）八月，成吉思汗率军西征，封木华黎为太师、国王,指挥攻打金朝的战争。

木华黎改变了过去蒙古军以抄掠为主、秋来春去的作战方式,采取以中都为中心,逐步南推,稳固占领中原地区后再南下的战略,把注意力先集中在河北、山东和河东地区。

公元1218年9月,木华黎率兵数万攻克河东重镇太原,杀死金军元帅左监军乌古论德升,尔后继续南下,连克汾州(今山西汾阳县)、绛州(今山西新绛县)、潞州(今山西长治市),向平阳(今山西临汾市)进军。蒙古大军兵临城下,包围平阳。金兵只有6000人守城,援兵不到,被蒙军战败,平阳失陷。

太原、平阳等河东重镇相继失陷,使金朝统治集团所在地河南失去了藩篱,加速了金朝的灭亡。

同时,木华黎还以诱胁手段,降服与重用大批金朝的汉族文臣武将,帮助蒙古军占领并管理各州府,壮大了蒙古军力量,不战而取大片土地。

3年后,木华黎兵锋指向陕西。11月进攻延安,金延安知府完颜合达出兵拒战,误中蒙古军队埋伏,损失惨重,完颜合达退入城中,固守城池。

紧接着,木华黎于第二年八月转攻被金朝收复的太原府,太原再次失守。

接着,蒙金双方围绕河中府(今山西永济县)展开拉锯争夺战。十月,蒙古军围攻河中府,金朝河中府判官侯小叔率众坚守,蒙将石天应久攻不下,撤围离去。随后,石天应乘侯小叔出城和金朝枢密院都监完颜讹论议事之机,出兵攻占了河中府。

第二年春,侯小叔趁河中城内空虚,合集10万金兵反攻,杀死石天应,蒙古军溃散,金朝收复河中府。

时隔不久,蒙古军队的10万骑兵再次包围河中府,侯小叔战死,河中府终于被攻破。

无辜的河中府，惨遭战火的蹂躏，许多地方成为焦土。

与此同时，木华黎亲自带兵10万攻打凤翔府（今陕西凤翔县），准备先打下凤翔，再取京兆（今陕西西安市）。金朝左监军赤盏合喜坚守府城，完颜仲元出城力战，给蒙古军以沉重打击。

木华黎攻势受挫，哀叹自己命数将尽，只好撤兵。成吉思汗西征以后，木华黎牢记成吉思汗的嘱咐与期望，奋力拼杀，以报国家，最后病死在征金战争中。

63. 借刀杀人

——窝阔台灭金

公元 1227 年 7 月，成吉思汗在军中病死。公元 1129 年 8 月，蒙古在克鲁伦河举行库里尔台大会，成吉思汗第三子窝阔台继承了汗位。

窝阔台继位后，大举侵金，蒙金战争进入实质性阶段。公元 1229 年冬到公元 1231 年夏，蒙金展开庆阳之战、卫州之战、潼关凤翔之战，双方互有胜负。公元 1231 年 5 月，窝阔台召集众将商议灭金战略，计划兵分三路合围汴京（今河南开封市），中路窝阔台率兵攻陷河中府，左路斡陈那颜进兵济南，右路拖雷出凤翔，攻破宝鸡，直指汴京。

成吉思汗临终前，曾给窝阔台留下了灭金遗嘱："金精兵在潼关，南据连山，北限大河，难以很快攻破。如果我们向宋朝借路，宋朝和金朝冤仇很深，一定会答应我们。到那时，我用兵唐（今河南唐河县）、邓（今河南邓县），直捣大梁。金一着急，一定从潼关调兵增援。可是以数万之众，千里赴援，人马疲惫，就是到了也不能战，我们就一定能破金。"

这是一个联宋灭金，实施战略大迂回，避实击虚，调动疲惫敌人，进而在野战中歼敌的正确战略方针。窝阔台按照成吉思汗的遗嘱，向南宋借路，准备通过邓州南下。南宋并未同意蒙古军借道攻金，但也挡不住蒙古军入境，任由蒙古军通过。当时的情形是："突骑一夜过散关，汉江便着皮船渡，襄阳有兵隔岸看，邓州无人浑不顾。"

金军在邓州调集 20 万之众，依山布军，遏制蒙古军北上。拖雷军下令不与金军正面交锋，只派少数轻骑骚扰金军，大军分散行进，直扑汴京开封。

金军完颜合达等恐京城丢失，急忙从邓州率军北上，沿路遭到散处各地的蒙古军队袭击，既得不到休息，也得不到给养，极度疲劳，被困在钧州（今河南禹州市）三峰山地区。这时，突降大雪，气候寒冷，战地多是麻田，往往耕过四五次，人马都陷在泥淖里，兵士们身披甲胄僵立雪地中，3天没有吃东西。

拖雷率渡河南下的中军上万余骑，从四面包围金军，乘金军疲惫，故意让开通往钧州的路，设下埋伏。金军慌不择路，仓皇出逃，蒙古军伏兵夹击，大败金军，金将杨沃衍、樊泽、张惠战死，移剌蒲阿被蒙军捉获。完颜合达率残部败逃到钧州城，又被蒙古军队攻破，合达战死。钧州三峰山之战，金朝军队主力损失殆尽，主要将领大多战死，元气大伤。

公元1232年正月，拖雷军与窝阔台军会合，蒙古军完成了战略迂回，打到了金国的都城开封，幸亏城很坚固，金国军民又奋力抵抗，才没被攻破。

蒙古军同意与金廷和谈。可是，有个金国人暗杀了蒙古军派来的和谈使者。蒙古将领气坏了，再次派兵攻打开封城。金哀宗只好逃出开封城，命令元帅崔立守卫开封城。不料，崔立在这个时候发动了叛乱，把持开封的大权，派人到处抢抓民间美女供自己享用。不久，蒙古大军攻到城下，崔立就缴械投降了。

金哀宗统治集团在蒙古军队的威胁下，不敢坚持抵抗，汴京、中京（今河南洛阳市）相继陷落。

这时，金哀宗逃到了蔡州，守将完颜仲德是个很有才能的人，他请求扶助金哀宗重振金国。可是，金哀宗已经没有以前的雄心壮志了，不理睬完颜仲德的建议。

这时，一直受到金兵侵略的南宋朝廷，看到金国不断失败，就想趁机报复。正好蒙古窝阔台派使者到南宋，提议联合灭金。

宋、金世仇，金灭北宋后，多次派兵进攻南京，迫使南宋订立屈辱和约。

就在蒙古军进攻金朝，攻略金广大土地之时，金朝也没有放松对南宋的征战，南宋政府对金朝早有报复之心，所以当蒙古军假道于宋，进逼汴京的时候，南宋朝廷认为复仇的机会已到，便很痛快地答应了，派人与蒙古人结成联盟，要从南北夹攻金国，蒙古答应，灭金后将黄河以南的土地归还南宋。

金哀宗听到这个消息后，急忙派人去向南宋朝廷求和。他在信中说："蒙古人已经灭掉了几个国家，现在正在攻打我们金国。我们金国一灭亡，下一个就要轮到你们南宋了。咱们还是议和结盟吧，这对金、宋两国都有好处。"可是，南宋朝廷只顾眼前利益，一心想着收复失去的中原土地，不肯议和，并派兵协助蒙古军进攻蔡州。

蔡州地处淮河支流汝水上，与南宋接壤，城小粮少，无险可依。蒙古、南宋大军兵临蔡州城下，金哀宗叫天天不应，叫地地不灵，整天哭得满面泪水。到了公元1234年正月，蔡州已被围困了3个多月，城里的粮食全吃光了，外无救兵，内无粮草，眼看被困于城的金朝君臣就要支撑不住了。一天，金哀宗到城上巡视了一番，连声叹气。到了晚上，他召集百官，把总帅完颜承麟叫到身边，准备把皇位传给他。承麟不肯接受。哀宗说："我是逃脱不了，你身体矫健灵活，也许能冲出去。我把皇位传给你，如果你真冲出去了，那金国就不会灭亡了。"承麟这才应承下来。此时，城南已竖起宋军旗帜，蒙、宋联军攻入城中。第二天，正当承麟举行即位仪式的时候，蒙宋联军攻进了蔡州城。哀宗听说后就上吊自杀了。承麟对大臣们说："死去的君主做了10年皇帝，却不能成就一番事业，终于死在一片兵灾中，难道不是很值得悲哀吗？咱们应给他一个哀的谥号！"

这时候，宋军和蒙古军又攻进了内城，做皇帝还不到一天的承麟，死在了联军的乱刀之下。宋、蒙军队占领了蔡州，长达23年之久的蒙金战争宣告结束。金朝到章宗时，官僚政治腐败，水、旱、蝗、地震、饥荒等自然灾害不断，对外战争不断，军事力量日益衰落，可以说气数已尽，面对蒙古骑兵的强大攻势，难以招架，很快便走向了灭亡。

64. 与城池共存亡

——王坚死守钓鱼城

公元1251年,拖雷的长子蒙哥登上蒙古大汗的宝座。此人曾与拔都等率兵远征过欧、亚许多国家,以骁勇善战著称。蒙哥登基后,便积极策划灭宋战争。

公元1258年,蒙哥汗决定发动大规模的灭宋战争,命忽必烈率军攻鄂州(今武昌),东道蒙古宗王塔察儿等攻两淮,分散宋的兵力;又命兀良合台自云南出兵,经广西北上;蒙哥则自率蒙军主力攻四川。

蒙哥汗决定以四川作为战略主攻方向,便于发挥蒙古骑兵长于陆地野战而短于水战的特长,以主力夺取四川,然后顺江东下,与诸路会师,直捣宋都临安(今杭州)。

这年年秋,蒙哥汗率军分三路入蜀,加上在蜀中的蒙军及从各地征调来的部队,蒙军总数超过4万之众。

蒙哥汗率蒙军主力进入四川后,相继占据剑门苦竹隘、长宁山城、蓬州运山城、阆州大获城、广安大良城等,唯独合州钓鱼城巍然屹立,成为阻击蒙古军的坚强堡垒。

钓鱼城坐落在今四川省合川县城东5公里的钓鱼山上,峭壁悬崖,陡然阻绝。其西南山稍低,于此筑城。钓鱼山处在三江围绕的半岛上,渠江自山东北流来,在山北渠口坝与北来的嘉陵江汇合。汇合后的嘉陵江从钓鱼山西北往南流,沿山麓到合川城与涪江汇合。之后,嘉陵江又从钓鱼山的南麓流过。

在此之前，南宋朝廷委任余玠率部构筑钓鱼城防御体系。

这个余玠，年轻时曾经在全国久负盛名的白鹿洞书院读书，后来因为与一个卖茶老翁发生冲突、失手伤了人命，就逃离家乡，投奔到当时任淮东制置使的南宋名将赵葵将军的门下。余玠从军的那一年，正好是蒙古灭金并决定将攻击矛头转向南宋的公元1234年。

余玠在抵抗蒙军进攻的一次次战斗中，不断立下战功，受到宋理宗的多次表彰，官职步步晋升。到公元1240年，余玠已经成为淮东战场上一位重要的军事长官。公元1241年，余玠再度立下战功，升任淮东制置副使。至此，余玠从当年的一介书生，一跃而成为地位仅次于赵葵酌执掌淮东战区兵权的副统帅。

不久，宋理宗决定由余玠以兵部侍郎的身份，任四川安抚制置使兼知重庆府，负责四川防务，以扭转四川的颓势，巩固上流。他要求余玠不要管敌人如何，只管全力以赴治理四川，而且要从长远出发，不要只顾眼前利益。

余玠在四川主政10年（公元1243—1253年），采取了一系列政治、经济和军事措施，对许多方面进行了治理整顿和改革，其中最重要的是依靠四川军民的智慧和力量，创建了山城防御体系。即在四川的主要江河沿岸及交通要道上，选择险峻的山隘筑城结寨，星罗棋布，互为声援，构成一完整的战略防御体系。特别是根据四川多山的地势条件，以及蒙古骑兵利于平原作战、不利于山地作战的特点，修筑钓鱼城、大获城、青居城、云顶城等10余座城池。钓鱼城即是这一山城防御体系的核心和最为坚固的堡垒。

钓鱼城有座钓鱼山，钓鱼山位于涪江、嘉陵江、渠江三江交汇之处，地理位置十分重要。涪江在其南，嘉陵江流经其北，渠江在其东，正面控扼三江展开的扇形地区，背依华蓥山脉，既可以阻止南下的蒙古军长驱直入，以蔽重庆，也可以联结渠江，组成一道封锁开达、夔峡之路的防线。

钓鱼山地势险绝，南、北、西三面环水，突兀耸立，相对高度约300米，与邻近山丘互不相连。这里有山水之险，也有交通之便。水路，沿三江可通南充，可抵重庆。陆路，有官道与重庆相接。钓鱼城周围约20公里，有许多河滩地、台地、坝地。在山间层台之间，有峭壁悬崖，钓鱼城就修筑其上。城分内城、外城，外城筑在悬崖峭壁上，城墙用石条垒成，城墙高达5米左右。城的周围山麓有许多可耕田地，城内也有大片田地和丰富的水源。这一切，使钓鱼城具备了长期坚守的必要地理条件，以及倚仗天险、易守难攻的特点。

余玠死后，王坚出任兴任都统兼知合州，主持兴元军政事务。王坚展布筹策，简辑兵民，在余玠修建的钓鱼城基础上，又进一步完善城筑，加强了城池防御，仍为合州州治。四川边地之民多避兵乱至此，钓鱼城成为兵精、粮丰、水足的坚固堡垒。

蒙哥汗的战术是，先招降后攻打。这也是蒙古征服南宋所采取的一贯手法。他派遣南宋降人晋国宝到合州钓鱼城，招降宋朝合州守将王坚。王坚不但拒绝投降，而且派人追杀了晋国宝，立誓坚决保卫钓鱼城，人在城在。

蒙哥汗听后雷霆震怒，亲自到钓鱼城下督战。这时，蒙军进攻钓鱼城的兵力达到4万人，加上蒙古东道军史天泽等投降蒙古的汉将所率的汉军，实际兵力有六七万之多，远远超过钓鱼城内的宋军人数。

公元1259年2月初，蒙古大军向钓鱼城发起攻击。2月7日，蒙军先攻一字城墙。一字城墙又叫横城墙，其作用在于阻碍城外敌军运动，同时城内守军又可通过外城墙运动至一字城墙拒敌，与外城墙形成夹角交叉攻击点。钓鱼城的城南、城北各筑有一道一字城墙，直抵江边。两天后，蒙军转向猛攻镇西门，史天泽率部也到达钓鱼城参战，遭到南宋军的顽强抵抗。蒙古军攻不下一字城墙，又攻钓鱼城城门。钓鱼城共有8个城门：护国门、青华门、镇西门、东新门、出奇门、奇胜门、小东门、始关门。三月，蒙军攻东新门、奇胜门及镇西门小堡，仍不能得逞。从4月3日起，大雷雨持续了20天。雨停后，蒙军于4月22日重点进攻护国门。24日夜，蒙军登上外城，与守城宋军展开激战，宋军死伤严重，但蒙军的攻势终被宋军打退了。

5月，蒙军屡攻钓鱼城不克。

钓鱼城经受了严峻的考验。王坚率领全城军民，充分利用地势险要的有利条件，采取以逸待劳、坚壁困守的战术，同时，常常趁黑夜之时出城突袭蒙军，使攻城蒙军日夜无法安宁，疲惫不堪。

蒙哥汗自进入四川以来，沿途所经各山城寨堡，均因南宋守将投降而轻易得手，还没有碰到过一场真正的硬仗。所以，一路乘胜前进的蒙古军到了钓鱼城后，打算一鼓作气地拔掉钓鱼城堡。没想到，钓鱼城地势险峻，大炮打不到，云梯接不到，蒙古军精良的攻城工具无法发挥作用。蒙军屡攻钓鱼城都不能得胜。

钓鱼城守军在主将王坚及副将张珏的指挥下，击退了蒙军一次又一次的进攻。远在临安的宋理宗也大为兴奋，特地下诏表彰王坚。

蒙古军千户董文蔚奉蒙哥汗之命，率所部邓州汉兵攻城，董文蔚激励将士，挟云梯，冒飞石，履崎岖，直抵其城与宋军苦战，但因所部伤亡惨重，被迫退军。

接着，董文蔚的侄子董士元请代叔父攻城，率所部锐卒登城，与宋军力战良久，终因后援不继，亦被迫撤还。

蒙哥汗召集军中将领讨论对策。术速忽里分析说："川蜀之地，我们现在已经夺取了三分之二，只剩下东南角几十州而已。我们大军都集中在钓鱼城，一时攻城不下，不如留几万精锐人马，守在城下，只围不攻，并不时骚扰他们，牵制他们的增援部队。我们大部队则设法扫平周围其他地方，把东南角给摆平了。等到钓鱼城成为一座孤城，他们就只有投降和弃城逃走两条路可走了。"

这是一个很有见地的战略建议。但是，骄横自负的众将领反而认为术速忽里的主张未免迂腐，坚决要求强攻坚城，在他们看来，攻城就要速战速决。于是，蒙哥汗没有采纳术速忽里的建议，决意继续硬攻钓鱼城。然而，面对钓鱼坚城，素以机动灵活、凶猛剽悍著称的蒙古骑兵却不能发挥其优势。

6月，蒙古骁将汪德臣（原为金臣属）率兵乘夜攻上外城马军寨，王坚率兵拒战。天将亮时，下起雨来，蒙军攻城云梯又被折断，被迫撤退。

蒙古军进攻钓鱼城几个月了，却可望而不可得。一天，蒙哥汗命令汪德臣率部队进攻位于钓鱼城外城的马军寨。这个汪德臣，是早年举家投降蒙古的南宋汉人。钓鱼城守将王坚特别痛恨这种叛降者，他率领城内军民拼死抵抗。

双方相持到第二天早晨。汪德臣急于求成，好向蒙哥汗报功，竟然单枪匹马来到城下招王坚投降。他大声呼喊："王坚，你早日投降吧，我保你全城军民不死！"

哪知话音刚落，城上击出炮石，汪德臣被飞石击中。正值天降大雨，王坚率众趁机出城追击，汪德臣负伤败退，不久死于缙云山寺庙中。蒙古军士气受挫。

蒙哥汗听说后，扼腕叹息，就像失去了自己的左右手。汪德臣之死，给蒙哥汗精神上很大打击，锐气大受挫伤，钓鱼城久攻不下，使蒙哥汗不胜其忿。

这时，南宋朝廷对四川采取了大规模的救援行动，调离了督师不力的四川制置使蒲择之，任命吕文德为四川制置副使兼知重庆府，率军支援四川。

吕文德率舟师万艘，溯江而上。蒙古军早派兵在涪州蔺市和重庆附近的铜罗峡布置了两道水上防线，堵截从下游而来的南宋援军。经过数次激烈争夺，吕文德终于冲破蒙古军的层层封锁，进入重庆。接着，又率领千余艘大型战船，沿嘉陵江北上，增援钓鱼城。但吕文德援军遭到蒙古军的阻截，在长达一个月的时间里，吕文德的大军都没能突破蒙古军的防线。

一个月后，吕文德率军继续向钓鱼城挺进，蒙军阻截不力，蒙哥汗派史天泽统军迎战。宋、蒙两军在黑石峡交战，宋军溃败，蒙军顺流追击，三战三捷，一直追到重庆，缴获宋军许多战船。吕文德无法前进，被迫退回重庆。

尽管如此，被围攻达数月之久的钓鱼城依然物资充裕，守军斗志昂扬。

蒙军久攻不下这小小的弹丸之地的钓鱼城，觉得真是不可思议。蒙哥汗很想了解城内的情形究竟怎样，水源是否快要枯竭了？便命蒙军将士在钓鱼城的西门外筑台建楼，在楼上接上长长的桅杆，打算让士兵爬上去窥探城中的虚实。

守城宋军见此情形，知道蒙军的用意，就用石炮袭击蒙军搭建的楼台。蒙哥汗气愤不过，亲临战地指挥，不料身中飞石。

王坚的得力副将张珏，还特意命令部下，到城内池中去捞两尾重达30斤的活蹦乱跳的鲜鱼，又做了一百多张香喷喷的蒸面饼，抛给城外的蒙古军，还附上一封书信调侃说："你们北来的官兵可以把鲜鱼给烹了，就着面饼大吃一顿。再攻10年，你们也得不到钓鱼城。"

相比之下，城外蒙古军的境况就很糟了。蒙军从2月开始攻城，到如今已是酷暑季节，又闷热又潮湿。来自北方严寒干燥之地的蒙古兵，最受不了暑热与潮湿，再加上水土不服，结果，中暑、疟疾、霍乱等疾病流行，情况相当严重。蒙哥汗也患上了病，不久，下令自钓鱼城撤退，走到金剑山温汤峡（今重庆北温泉），蒙哥汗逝世。

王坚指挥的钓鱼城保卫战，是中国古代军事史上著名的山城要塞防御战，对于巩固南宋西南防线有着重要的战略意义，而且起到了改变历史发展进程的重要作用。蒙哥汗以数万精兵，围攻长达5个多月之久，却无力攻克这座山城，最后在钓鱼城下败亡，导致蒙古灭宋战争的全面瓦解。

65. 围城十载

——忽必烈围困襄樊

蒙哥汗死后，忽必烈于公元1260年即位，建国号大元。忽必烈是成吉思汗的孙子，他的童年正是蒙古民族发展壮大、蒙古铁骑纵横驰骋的时代。他的父亲拖雷，是一位智勇兼备的战将，母亲也是一位才智过人的杰出女性，蒙哥汗是他的哥哥。在先辈们的影响下，忽必烈从小抱负非凡，即位后便致力于国家的统一，他不再以北方草原作为蒙古帝国的政治中心，而是立国中原，表明继承中原王者的正统地位，决心消灭南宋，一统华夏。

还在蒙哥汗时代，为了消灭南宋，忽必烈建议绕道吐藩，先灭掉据今云南和四川西南地区的大理政权，迂回包围南宋。这一建议被蒙哥汗采纳。公元1252年9月，忽必烈亲率10万大军，途经今吉林的白城子、陕西定边、六盘山、临洮等地，到达今四川的松藩附近。然后兵分三路。忽必烈自率中路军主力排除万难，长驱直入，跨过岷山、大雪山，行经2000多里的山谷，飞渡金沙江，如神兵天降，攻入大理城，一举灭亡大理国，从而完成了对南宋的战略大包围，并为最后灭亡南宋奠定了基础。

忽必烈即位时，南宋的首都在临安，全国共有70万军队，北方以淮河、汉水为第一防线，长江为第二防线，共有三大防区：两淮、荆襄（京湖）、川蜀。这三大防区都须凭借长江加以贯穿。淮、汉地区河流纵横，长江中下游为南宋水军布防重点。

忽必烈矫正蒙哥汗的迂回战略，采取中路突破，两翼牵制，然后沿江而下，直逼临安的战略方针。其中一个重要步骤，是对位居南北战略要冲、被宋人视为天下咽喉的襄、樊发动主要攻势，并在两淮及四川采取牵制性的进攻。

襄樊，是襄阳和樊城的合称，地处南阳盆地南端。襄阳在汉水南边，南宋守将是吕文焕；樊城在汉水北边，由范天顺把守，襄阳和樊城隔水相对，是鄂、豫、陕交通要冲，北瞰汴洛，南扼长江中游，咽喉要地，地势十分险要，自古以来为兵家必争之地，也是南宋抵抗蒙古军队的边陲重镇。为保襄樊城，南宋经营了近三十年，粮草充足，兵多将广，城墙也十分坚固，易守难攻。

这时，南宋四川守将刘整投降了蒙古。刘整是南宋名将，有勇有谋，打了不少胜仗。他的功劳很让吕文焕、俞兴两位大将眼红。当时，南宋宰相贾似道是个大奸臣，他把持朝政，只顾吃喝玩乐，根本不把抗蒙的事放在心上。他一天兵也没带过，却以枢密使任京湖、四川宣抚大使，全面负责长江中上游的防务。他还打击朝中主张抗击蒙古侵略的大臣，害死了抗击蒙古军的名将向士璧、曹世雄。刘整眼看着自己的性命也将不保，就带着部下投降了忽必烈。

公元1267年，刘整向忽必烈献策说，攻宋方略，宜先从襄阳开始。他认为，南宋无襄则无淮，无淮则江南唾手可得，襄阳是南宋的门户，先攻襄阳，打开大门，然后顺着汉水进入长江，往下直捣南宋京城临安。

忽必烈采纳了刘整的计策，派大军开始包围襄阳城。

早在几年前，忽必烈就根据刘整的建议，派人用玉带贿赂南宋荆湖制置使吕文德，请求在襄樊城外置榷场。吕文德是个很贪婪的人，见到财物就很痛快地答应了。蒙古使者以防止盗贼、保护货物为名，要求在襄樊外围筑造土墙，目光短浅的吕文德竟然也同意了。于是，元人在襄樊东南的鹿门山修筑土墙，内建堡垒，建立了包围襄樊的第一个据点。

公元1268年，忽必烈派阿术为主帅，刘整为副帅，挥师进攻襄樊。阿术在襄樊东南鹿门堡和东北白河城修筑了10座小城，在河中钉上木桩，拉上铁链，切断了援襄宋军的路，想把南宋军困在城里。

为了寻求制服南宋的战术优势，这支从草原上来的骑兵大军，试着建立水军。

公元1267年秋，阿术率军攻打襄阳，俘人略地而归。宋军乘蒙古回军之际，在襄阳以西的安阳滩派水军扼其归路，然后派骑兵直冲其阵，蒙古军队大乱，都元帅阿术坠马，险些被宋军活捉。蒙将怀都挑选善识水性的士卒泅水夺得宋军战舰，其余将领奋勇拼杀，才将宋军击退，转败为胜。

安阳滩之战，蒙古军队虽然打败了宋军，但却暴露出水军不占优势的弱点。刘整与阿术谋议，认为蒙古精兵突骑，所向披靡，只有水战不如宋军罢了。发挥他们的特长，造战舰，习水军，则万事大吉！

忽必烈当即命刘整造战船，习水军，以图进取襄阳。刘整遂造船5000艘，日夜操练水军，遇到雨天不能出外操练，他们就在室内演习。又得到四川行省所造战舰500艘，建立起了一支颇具规模的水军，从而弥补了水战上的劣势。

这一年，忽必烈又派史天泽和驸马忽剌也来攻打襄樊。史天泽在襄樊西部的万山包百丈山筑长围，又在南面的岘山、虎头山筑城，连接诸堡，完全切断了襄樊与西北、东南的联系，襄樊成为一座孤城。

南宋政府为挽救危局，进行了反包围战和援襄之战。

为加强对部队的指挥，公元1267年冬，南宋任命吕文焕为襄阳知府，兼京西安抚副使。吕文焕为打破蒙军鹿门、白河之围，于第二年11月，命襄阳守军进攻蒙军，但被蒙古军队打败，宋军伤亡惨重。

公元1269年3月，宋将张世杰率军与包围樊城的蒙军作战，又被阿术打败。7月，宋将夏贵率军救援襄阳，遭到蒙古军与汉军的联合伏击，兵败虎尾洲，损失2000余人，战舰50艘。蒙古军围攻樊城，在附近的鹿门筑城驻军。京湖都统张世杰，奉命率兵抵抗蒙古围樊城之军，但未能奏效。宋朝派去的殿前副都指挥使范文虎，率水军支援夏贵，也为阿术所败，范文虎驾轻舟逃跑了。

就在这一年,宋朝京湖战区的最高军事长官吕文德病逝,其弟吕文焕继为襄阳守将。不久,宋朝任命两淮制帅李庭芝为京湖制置使,领兵增援樊城。

李庭芝是南宋抗金抗蒙名将孟洪的部下,属于主战派。他的增援,给襄樊战局增添了一线希望。如果南宋各路将领齐心合力,协同作战,那么抵挡住蒙古兵,扭转战局和政局,是大有希望的。

但就在这个时候,正值夏贵、范文虎相继大败之时。听说李庭芝到来,宋朝派去增援樊城的吕文德的女婿范文虎,根本不肯听李庭芝的指挥,他写信给宰相贾似道说:"我率几万兵马入襄阳,一战可平,但愿不要让我听命于他,这样事成后就归功于宰相您了。"

贾似道就示意范文虎牵制李庭芝。范文虎成天在营中陪着妻妾嬉戏取乐,根本不打算出兵。李庭芝多次约他进兵,他都说:"我还没有奉到皇上圣旨呢!"结果,造成各路援军四分五裂,给敌方以可乘之机。

公元1270年春,吕文焕出兵襄阳,攻打万山堡,蒙军诱敌深入,乘宋军士气衰退,蒙军反击,宋军大败。9月,范文虎率水军增援襄阳,蒙军水陆两军迎战,大败宋军,范文虎逃归。第二年,范文虎再次援襄,蒙将阿术率诸将迎击,宋军战败,损失战舰100余艘。

这一时期,宋蒙两军虽然在襄樊外围进行了长达3年的争夺战,但因蒙军包围之势已经形成,不但南宋援襄部队未能成功,而且襄樊城中宋军反包围的战斗也不可能胜利,宋军只好困守襄阳。

一天,张弘范向蒙军老将史天泽建议:"如今我们夺取襄阳,重点放在包围,而不急于攻城,是打算慢慢地困死襄阳。但是,现在眼见得夏贵趁江水涨时送衣粮入城支援,我军却袖手旁观,没有人阻挡他们。这样下去,难道我们还等得到襄阳困死自毙的日子吗?如果在万山筑城,以断其西,在灌子滩立栅栏,以绝其东,那才是使襄阳陷入穷途末路的办法。"

史天泽一听,觉得有道理,就在万山筑城,并让张弘范派1000人驻守万山。从此襄、樊道绝，粮援不继。蒙古军又调动在四川、陕西的军队，牵制宋军，使南宋无法再向襄、樊增援。在此基础上，蒙古军再以强有力的水兵进入襄、樊之间，将宋军分割成两阵，分片包围，各个击破。

张弘范是什么人呢？他的父亲张柔，为人慷慨，善骑射，有豪侠之美名。张柔为蒙古汗国所重用，战功显赫，金朝的军队和宋朝的军队都怕他三分。张柔一直活到元世祖忽必烈时期，以79岁高龄去世。这个张柔有11个儿子，其中第八子和第九子最为出名。第八子名叫张弘略，字仲杰。他有谋略，通经史，善骑射，从小就跟着父亲打仗守镇，后随蒙哥汗出兵川蜀。第九子就是张弘范。张弘范，字仲畴，能文能武。他与父亲张柔和哥哥张弘略一样，智勇双全，行事正直，20岁就协助哥哥张弘略处理政事，胆略过人。忽必烈即位后，日益重用张弘范。

此刻，张弘范的部队在万山筑城驻守。有一天，他手下的将士在东门巡逻，看到宋军就在近前，便说："我们人少，他们人多，我们还是别与他们相遇，入城自守吧。"

张弘范却说："我们驻守在这里又没有别的事情，为什么看到敌军来了不战斗呢？谁再敢说退守城里，就杀了谁。"说罢立即披甲上马，派偏将李庭为前锋，其他将领跟在后面，张弘范本人亲自率200骑兵为长阵，一鼓作气击溃了宋军。

公元1271年春天，宋殿前副指挥使范文虎督促粮运，支援襄阳，昼夜不绝。蒙古军决心不让襄阳有外援，袭击范文虎军，以断其粮道。夏天，范文虎率步兵及淮舟师共10万兵力，增援襄阳，进军到鹿门附近。蒙军阿术率诸将迎击，将宋军打败。

襄樊一线的战况越来越紧张了。忽必烈已经建立了元朝，他命阿术统领元军，刘整、阿里海牙统领叛宋的汉军。

公元1272年3月，阿术、刘整、阿里海牙率蒙汉军队进攻樊城，攻破城郭，增筑重围，进一步缩小了包围圈，宋军只好退至内城坚守。

66．分割战术

——宋军兵败襄樊

到公元 1272 年夏天，襄阳已被围 5 年了，宋朝的援兵总是被强大的元军截住，到不了襄阳。襄阳守将吕文焕率领孤军竭力防守，好在襄阳城中还有一些积粟，所缺乏的是食盐、柴薪、布帛之类的生活必需品。

南宋京湖制置大使李庭芝决定率兵救襄阳。由于范文虎不听李庭芝的指挥，李庭芝只好借助于民兵的力量，招募襄阳府（今湖北襄樊市）、郢州（今湖北钟祥县）等地民兵 3000 余人，派民兵中智勇双全、威信很高的好汉张顺、张贵二人为都统，趁汉水上涨之时，驰援襄阳，并要范文虎的侄子范天顺一同前往。

二张率轻舟百艘，士卒 3000 及大批物资出发。临行前，张顺激励敢死队员们说："这次救援襄阳的行动，任务十分艰巨，每个人都要有必死的决心和斗志，你们当中的有些人如果并非出于自愿，那就赶快离去，不要影响这次救援大事。"

3000 水军群情振奋，斗志昂扬，人人都做好了充分的思想准备，表示坚决完成任务。敢死队的船上装上了范文虎等人送来的军需物品，各船都备有火枪、火炮、巨斧、劲管等武器。

夜幕降临后，民兵的船只向襄阳进发了。张贵领先，张顺殿后，乘风破浪，点上红灯作标志，冲进元军的封锁线。敢死队来势凶猛，元兵人数虽众，却都只能避其锋芒。勇士们斩断了元军设置的各种障碍物，在水上转战了

100多里，终于在天亮的时候到达襄阳城下。

这是自襄阳城被围困5年来，第一次有援军到来。襄阳城中顿时人心振奋。援兵进入城后，张贵清点敢死队人数，却发现唯独不见了张顺。过了几天，水面上浮出一具尸体，身披甲胄，手执弓箭，不是别人，正是张顺。原来，张顺在率领敢死队冲入襄阳城的激战中，身先士卒，英勇牺牲了。他的身上一共中了四枪六箭，脸上仍是怒气冲冲的样子，好像还活着一样。

张贵率敢死队进入襄阳城后，吕文焕便要留张贵共同守卫襄阳，但张贵仗着自己胆大骁勇，决意出去，与夏贵的水军接应。吕文焕见挽留不住，就派了两名壮士秘密潜出襄阳，向夏贵通报，约夏贵派5000名援兵赶往龙尾洲，以助夹击。

到了约定的时刻，张贵辞别吕文焕东下。张贵率军突破元军第一道包围线，又遇到阿术、刘整指挥的元军水军。张贵率3000名民兵与元军数万人大战。经一路拼死抵抗，张贵率军渐渐逼近夏贵应允的5000名援兵所驻的龙尾洲了。

张贵望见前面战船密布、旗帜纷披，以为是援兵前来相会，高兴地飞跑过去，举流星火示之。

等张贵率军跑到近前时，不料遭到元军突然袭击。原来，夏贵的5000名援兵早在两天前因风雨阻遏而退屯30里。而元军得到张贵手下一名逃兵的告密，驻兵龙尾洲，以逸待劳。张贵的民兵毫无防备。张贵率部顽强战斗，但难挽狂澜，部下死得死、伤得伤，他自己身负几十处伤，力不能支，被元军抓获，送到阿术面前。阿术佩服张贵的英勇奋战精神，想要招降张贵，但张贵宁死不屈，最后被杀。

元军令投降的张贵部下4人抬着张贵的尸体，来到襄阳城下，说："你们认识都统张贵吗？看看，这就是张贵。"

守襄阳城的将士们见状都痛哭不已。一次援救襄阳的行动流产了。襄阳城内弥漫着一片沮丧的气氛。吕文焕愤怒之下，杀了那4个抬张贵尸体的降兵，将张贵埋葬在张顺的墓旁，建立双庙，以纪念这两位在极其恶劣的条件下舍身营救襄阳的英雄。二张援襄的传奇式行动，气壮山河，留名青史，体现了南宋爱国军民保卫领土、抗敌御侮的智慧和勇气，为后人所传颂。

这是公元1272年秋天的事情。襄阳从此以后再也没有得到过任何外援。它剩下的唯一援助，来自与它隔汉水相望的樊城。

元军为尽快攻下襄樊，公元1272年秋采取了分割围攻战术。元将阿里海牙认为，襄阳之有樊城，犹齿之有唇也。宜先攻樊城，樊城下则襄阳可不攻而得。为切断襄阳的援助，元军对樊城发起总攻。

樊城守将牛富力战元军，又几次用箭将书信射到襄阳城中，鼓励吕文焕坚守城池，唇齿相依。

蒙古军队由于一直未能攻下襄樊，认识到必须采用新式武器攻城方能奏效。忽必烈于是派使者到西方各国征招炮匠，果然招到了能工巧匠亦思马因，制作出回回炮，一种射程很远的巨石炮。忽必烈命令将回回炮送到襄樊前线。

这时，张弘范筑一字城墙逼近襄阳，破樊城外郭。公元1273年年初，张弘范指挥元军攻樊城时，被流矢射中肘部。他包裹好创口后，去见元军主帅网术，建议说："襄阳在汉水之南，樊城在汉水之北，唇齿相依。我们从陆上攻樊城，襄阳就从水上出动舟师来救，所以我们无法得手。现在如果截其江道，断其援兵，我们进行水陆夹攻，必然攻得破樊城。樊城一旦攻破，则襄阳孤掌难鸣，势难长久，可以轻易拿下。"

阿里海牙也建议说："襄阳和樊城就像牛的两只角一样，它们互相支援，所以老也攻不下来。不如先攻樊城，攻下之后再进攻襄阳，一个一个地消灭。"

阿术将这一意见报告元世祖忽必烈："襄阳久围，应该先攻樊城，断其声援。"

忽必烈也觉得是个办法，就当即命令阿术先攻打樊城。

元军先用回回炮从东北、西南方向轰击樊城,然后水陆夹攻。忽必烈又派遣回回炮匠至前线,造炮攻城。回回炮重达150斤,机发,声震天地,入地七尺,一炮就可以打塌一个堡垒。襄阳、樊城隔汉水而相望,吕文焕在两城之间的汉水之上造了浮桥,以通援兵,两城多年来相互支援,配合很好。阿术知道,要想打胜仗,就得截断浮桥。于是,他派元兵前去以锯断木,以斧断锁,焚毁了襄樊间的浮桥,截断汉水,使襄阳援兵到不了樊城。襄阳、樊城都变成了孤城。

随后,元军兵分12路,对樊城发起猛攻。刘整率战舰抵达樊城下面,用回回炮打开樊城西南角,进入城内。

南宋守将牛富率领几百名敢死队员与元军展开巷战,打死元兵不计其数。战斗打得非常激烈。牛富的敢死队员渴了饮血水,转战而进,直到道路被燃烧着的民房阻绝。这时候,牛富已是身负重伤,毅然头撞柱子赴火就义。他说:"将军为国家宁死不屈,我又怎么可以苟且偷生。"他手下的一名部将见牛富赴火而死,也跟随牛富而去。

樊城终于落到元军手中。元军进城后,将剩下的樊城军民全部屠杀。之后,元军开始主攻襄阳。

襄阳被围5年,到樊城失守,已是唇亡齿寒,临近最后关头,一点外援都没有了,处境极为艰难。城内军民拆了房屋当柴烧,用纸来缝衣服穿。吕文焕每次巡城,都南望临安方向,大哭一顿,然后写告急书给朝廷。但南宋朝廷却对援助襄阳之事一筹莫展。

刘整曾于公元1272年围攻襄阳时,亲临城下向吕文焕喊话,被埋伏的弯兵射伤。他因此对吕文焕与襄阳城耿耿于怀,几次建议强攻襄阳,置襄阳与吕文焕于死地,但元世祖忽必烈和大将阿里海牙、阿术等人都不同意,他们要力争招降吕文焕。这也是元军对襄阳长期围而不攻的原因。元朝一次次派人对吕文焕进行劝降,都被吕文焕拒绝。

元军在攻克樊城一个月后,决定对襄阳发动最后的进攻。元军将进攻樊城时使用过的回回炮运到襄阳城下，建造大炮的亦思马因亲自察看地势，将炮架在襄阳城的东南角。

元军在对吕文焕多次劝降不成之后，终于打响了进攻襄阳的战斗。

但是，即使在最后进攻襄阳的战斗开始以后，襄阳已危在旦夕之时，元朝方面主张招降的意见仍然占据上风。元将阿里海牙亲自率领数骑，到襄阳南门对吕文焕劝降，说："您以孤军守城已经多年，也算对得起南宋朝廷了。我朝主上深深敬佩您的忠心。不过您现在的情况是飞鸟路绝，孤立无援。如果您愿归降我朝，一定可得高官厚禄。退一步说，您就是不为自己着想，也应该为襄阳城内数万军民的生命想想。一旦城池被用武力强行攻破，必然遭到屠城的下场。"

阿里海牙苦口婆心地一连劝降四次，吕文焕犹豫不决。随同阿里海牙劝降的元朝襄阳行省郎中张庭珍也劝吕文焕说："我军所攻没有不取胜的，必然拿下襄阳。您现在是城孤路绝，得不到任何援兵，何必一定白白死守来求一个空名呢？"

在元军强大武力进攻和心理战的双重攻势下，吕文焕手下的一些将领陆续表示愿意投降元朝。吕文焕日益孤立，在长期得不到援助，樊城失陷，元军猛烈进攻，眼看死战到底也保不住襄阳城的情况下，终于丧失了斗志，打开襄阳城门，投降了元朝。

可是，随张贵一起进入襄阳的将军范天顺拒绝投降。范天顺眼见大势已去，仰天长叹道："生为宋臣，死为宋鬼。"然后在他坚守的阵地上，上吊自尽，为襄阳保卫战谱写了最后悲壮的一曲。

宋元襄樊之战，历时5年之久，是元军城邑攻坚战的一次重大胜利。它不仅打破了南宋的战略防御，而且使之丧失了苟安江南的战略屏障，元宋双方30多年对峙的僵局被打破，战争胜负的天平开始向元军倾斜。

67．飞越天堑

——伯颜渡江之战

元军攻克襄樊，在南宋的防线上打开了一个缺口，为实施灭宋之战扫清了道路。

公元1274年正月新年刚过，忽必烈接受前线将领的建议，决心发大军灭南宋。他下令从中原签军10余万人，命荆湖行省左丞相伯颜指挥水、步、骑20万大军，沿长江顺流东下，分兵三路，实施灭宋之战。忽必烈攻宋的战略只有八个字："沿江而下，直捣临安"，非常简单，也非常管用。他要伯颜避开南宋重兵据守的坚城要塞，配合作战的各军在对宋军实施分割包围后，围而不打，牵制宋军兵力，待战略目标达到后，再逐个消灭。

伯颜，蒙古八领部人，英勇善战，才兼将相，具有高超的指挥才干，将20万就像将一人；治军赏罚信，纪律彰，大将禀命，仰之如神明。

这年7月，伯颜等南征将领在上都向忽必烈辞行南下。9月，南征大军在襄阳会合，分三道南下，伯颜居中路，率主力沿汉水南进，尔后沿长江东下。长江两岸南宋诸城纷纷投降。

在这种危急形势下，南宋权臣贾似道迫于内外压力，不得不亲自督师出征，调集大军在芜湖一带屯驻，前军7万由孙虎臣指挥，在丁家洲沿江岸布防，夏贵以战舰横亘江中，水陆互相响应。

伯颜指挥元军骑兵，沿长江两岸向前推进，同时架石炮轰击，炮声响震百里之外，元军的水军也突入南宋战船之中，往来冲击。宋军望风披靡，一触即溃，纷纷逃跑。

孙虎臣逃到鲁港，问贾似道、夏贵怎么办。贾似道已无计可施，夏贵则说，诸军已吓破了胆，不能再战。贾似道下令解散诸军，自己和孙虎臣乘船逃往扬州，宋军大败。阿术等率元军追杀一百多里，俘获了大批战舰、士兵和物资。

至此，南宋水陆主力丧失几尽。祸国害民的贾似道被贬往循州安置，途中被押解人员杀死。伯颜大军马不停蹄，紧接着攻击建康，宋建康留守赵溍弃城而逃，都统司都统制徐王荣等开城请降，元军兵不血刃，占领建康。伯颜随后分兵路扫清建康周围的重要城镇，随即攻陷镇江，控制了江东地区，建立起稳固的南进基地，进逼南宋都城临安。

为防止两淮宋军南下救援，忽必烈命阿术率军渡江，进围扬州。阿术在扬州东南的瓜洲修造楼橹，缮治战具，又在扬州城外围树栅，修筑坚固的堡垒长围，截断了宋军增援部队。同时派水师堵截江面，控制了长江天险，断绝了宋军渡江南援救临安的通道。

南宋朝廷立国，是以长江为防线，两淮为藩篱，重兵都驻防扬州，作为临安的重要屏障。元军占领建康，进围扬州，攻占两淮，南宋都城临安成了一座孤城。元军在建康休整后，兵精粮足，战斗力更加强盛，随时准备攻取临安。

在元军大兵压境下，南宋朝廷是战是和举棋不定。虽然朝廷屡次诏令各地宋军入卫临安，可是因为元军全面进攻，荆湖、川陕战场上的宋军自顾不暇，两淮宋军被元军阻隔无法渡江赴援，只有郢州（今湖北钟祥县）张世杰、江西文天祥等和两浙、福建部分厢禁兵到达临安守卫。但是，这些小打小闹的增援对于整个战争局面根本起不了作用。

元军包围扬州后，准备用高官厚禄引诱淮东制置史、扬州守将李庭芝投降。阿术派汉奸李虎拿着招降榜文来见李庭芝。李庭芝当场杀死李虎，并烧掉了招降榜。

李庭芝派部将张俊出战，张俊却拿了降将孟子缙的信来，劝李庭芝投降。李庭芝又当场焚烧了书信，把张俊等人一起砍头示众。为鼓舞士气，李庭芝经常拿出金帛来赏赐有功将士，并且杀牛备酒犒劳战士。

公元1275年5月，宋廷命主战派张世杰率军出击元军外围防线，没能打通。6月，李庭芝命姜才等打通援救扬州的通道，与元军在扬子桥激战，宋军死伤万余人，姜才只带数骑逃回扬州。

为确保临安，宋廷组织焦山之战。张世杰约殿前都指挥使张彦率兵出镇江，以图控制长江南岸，扬州李庭芝出兵瓜洲，从江北配合，自己率水师陈兵镇江以东的焦山（江苏镇江市附近）江面，准备三路俱进，与元军决战。张世杰将上万艘战船集结在焦山东，每10条船用铁锁联成1舫，下令不得随意起锚，以示决一死战。但扬州宋军没有按时赶到，镇江张彦拒不发兵，使张世杰孤军深入，处境十分危险。

元军阿术、阿塔海、张弘范等登上长江南岸石公山，居高临下观宋阵，发现可以用火焚烧宋船。于是，阿术命万户刘深沿长江北岸绕至宋军背后，董文炳、刘国杰从焦山左右两边进击，万户忽剌直冲宋军大阵。两军短兵相接，声振大地，横尸遍地，江水为之不流。阿术下令乘风放火箭，宋船纷纷起火，阵势顿时大乱，宋师全军覆没，损失战舰700余艘。

焦山之败，宋朝军队损失殆尽，朝廷或主议和，或主南逃，分崩离析，一筹莫展，南宋灭亡已是早晚的事。

68．潮起潮落

——崖山决战

公元1279年春，南宋与元朝的最后一役——崖山决战终于打响了。

正月十三日，元军到达崖山，与宋军对垒。二月初六两军决战，交锋海上。崖山决战中，以张世杰、陆秀夫为首的宋朝官兵表现出悲壮的英雄气概。

崖山，位于今天的广东省新会市以南的近海一个大岛的南端，为珠江入海口之一。西与汤瓶山夹银州湖，对峙如门，故称为崖门。门阔里许，形成天然港口，行船可以避风藏舟。此山北扼海港，南控大海，而且是不规则的半日潮浸袭之地，既可乘潮而战，又可顺潮而退，形势十分险要，易守难攻。

赵㬎、赵昺二王逃难到福州后，在右丞相文天祥、制置副使张世杰、礼部侍郎陆秀夫的拥立下，赵昺为帝，改元景炎，是为瑞宗，建立起福州逃亡政权。但是，元军并没有放松对福州逃亡政权的追剿，最后张世杰拥卫赵昺等移驻崖山，准备在大海中求安全。

到公元1275年，由张弘范率领的蒙古大军，已经对张世杰驻屯崖山之军，形成南北夹击之势。张世杰的舰队有1000多艘船，多半是大号海船，官民将士共20多万人，一些将领久经战阵，颇具实力。宋军连年逃亡于海上，到此已经没有退路，全军以必死的悲壮决心，迎接大规模的会战，士气很高。

张世杰把1000多条船排成一字阵，阵中的船用绳索联结起来，四周还加筑了楼房战栅，望去就像城墙一般。听说元军来攻，包括7岁的小皇帝在内，全部人员都离崖上船，准备全力以赴参加这场决定存亡的大战。张世杰的战略思想，显而易见是防御性的。强大的舰队联结成一字阵，阵势固然坚固，却是用来防御的，不可能进攻。

元军方面，张弘范有大小500艘船，其中有200艘船走错了航线，很晚才到达崖山。所以一开始的兵力对比，元军暂时是处于劣势的。加上北方士兵不习惯水战，初次航海，晕船呕吐的不计其数，战斗力大打折扣。而且，元军船上的水手，大多是从浙江、福建强制征发来的汉人，如果宋军进攻得胜，他们就可能站到宋军一边。

这些情况，被囚禁在元军船中的文天祥看得明明白白，备受精神折磨。他希望张世杰能够乘敌人兵力尚未集合的机会，主动进攻，像当年东晋战前秦的淝水之战一样，获得大胜，说不定能够扭转局势。

元军初到崖山时，发动过一次火攻。张弘范采用三国时期诸葛亮火烧赤壁的办法，将轻舟满载茅草，浇上油，乘着风势，点上火，向宋军漂去。张世杰密集的舰队，已经联结成一字阵，如果一艘船着火，就会立即蔓延，将崖山烧成"赤壁"。

但是，张弘范的计划没能成功。张世杰早已吸取了当年前曹操赤壁惨败的教训，他下令在战舰外表涂上厚厚的一层泥，使战舰不容易烧着。船上又预备了极长的木杆，一见小火船逼近，就用木杆顶开，不让小火船靠近。

结果，那些小火船漂到宋军舰队前，都近身不得，停在一边，白白地烧掉了。张世杰成功地击退了元军的火攻。

不过，宋军始终没有发动大举进攻，张世杰的战略是死守崖山，只是派小船出击过几次，没有进攻，也无力进攻。随后，元军兵力进一步集中起来了。到正月二十二日，元帅李恒从广州领大队船舰前来。张弘范终于获得了足够的攻击力量，元军占了优势。崖山之战的结局临近了。

二月初六早晨，天色昏暗，风雨交加，元军开始进攻。早潮退时，水流向南泻去，元帅李恒领着舰队，从北面顺流进攻，与宋军展开了激烈的战斗。海上交锋，长短兵刀不能使用，主要依靠炮箭的力量。南宋时，利用简单机械和火药的武器，已经有了一定程度的发展。巨大的弓所放出的箭，其威力不见得比矛小多少。

有一种叫作炮的发石机，已经可以用火药来增强发射力量。此外，还有用粗大竹管做成的喷射火焰的火枪，以及可抛掷的爆炸性武器。

张弘范在南面，按兵不动，等到中午潮涨的时候，却在自己的座舰中奏起乐来，诱宋军懈怠，令船只用湿毡、布幕遮掩，将士隐蔽在盾后，驶向宋阵西南角。宋军听了，只当是元朝大帅宴会，放松了警惕，没有做任何准备，等发现情况有诈，才向来船放箭。张弘范等宋军箭用完了，便命战舰乘着潮涨，与敌船接阵。他知道宋军的西南角阵势最坚，便亲自指挥来突破西南角。

张弘范的座舰四面都有布障，兵士用盾牌掩护，伏在布障下面。宋军见敌船逼近，便乱箭射去。布障和桅杆上都插满了箭，却不曾伤得一个人。

张弘范估计对方船上的箭射得差不多了，就命令撤去布障，发动进攻。这时，元舰的后部靠着宋舰，元军在箭石掩护之下跳上宋舰，与宋军短兵相接，展开了激烈的战斗。

元军通过这样的方法，一连夺得几艘战船，突破了宋军阵脚。水面上，双方战船打成一团。

整个下午，就在白热化的战斗中过去了。等到天色近晚，风，越刮越狂；雨，越下越大。海上一片昏暗。

战斗进入尾声了。宋军战船上的旗帜纷纷倒下，一字阵瓦解了。

张世杰见战局已经无法挽回，连忙派出手下人驾小船到皇帝的船上去，请小皇帝转移到自己的座舰上，准备突围。

护卫在小皇帝身边的陆秀夫却认为，突围成功的可能性不大。更重要的是，当时在乱军之中，难辨来者真伪，万一有人投降了元朝，假称是张世杰的手下，前来接小皇帝，那么小皇帝岂不是要落到元军手中去了吗？

想到这里，陆秀夫打定主意，拒绝了来者的请求，毅然对小皇帝说："国家命运已经到了这个地步，陛下应当以身殉国。德祐皇帝被俘，已经严重辱国，陛下不能再辱国了。"

于是，陆秀夫先令自己的全家人自尽，然后背起小皇帝，毫不犹豫地纵身一跳，投海而死。小皇帝的母亲也一起投海自尽。

张世杰等不到回音，就与部将利用天色昏暗的时机，领着一小部分战舰，突围出去了。突围之后，他立即召集旧部，准备日后再图复兴，不料遇到狂风，战船都被风浪打坏。将士劝他登岸，他自知没有突围的希望了，极度沮丧，又满腔悲愤，死活不肯上岸，最后溺死在海中。宋廷的残存抵抗力量完全覆没。

崖山战役结束了。炮石弯箭不再满天飞舞，战鼓声与喊杀声也都停止了。

在崖山战斗中，宋朝官吏将士跳海殉国的不计其数。一连7天，跳海的、战死的人的尸体陆续浮起，总数竟达10万余具。

元兵驾着小船，在海上捞取财物。有一个士兵发现一具身穿黄衣的童尸，身上佩有玉玺。那士兵取了玉玺，作为贵重物献给张弘范。

张弘范看后，断定那童尸必是宋朝小皇帝的尸体，急忙命人去捞取。黄衣童尸却已不知去向了，就像一度繁荣昌盛的大宋朝，消失得无影无踪一样。

崖山决战后，张弘范认为大功告成，再也没有力量能够反抗元朝了。他志得意满，命人在崖山北石壁上刻下12个大字："镇国上将军张弘范灭宋于此"。他以为这一丰功伟绩可以传之不朽。

没有想到，不过一个世纪的时间，汉人建立的明朝取代了元朝，这12个大字就被明朝御史徐眉削掉，另刻下"宋丞相陆秀夫死于此"九个字。

宋军崖山决战的失败，标志着南宋流亡政府的最后崩溃，中国古代史上又一次王朝更迭战争的最终结束，也标志着历时320年的宋朝最后灭亡，又应了古人总结的一条经验：腐败的官僚政治必然导致军事上的失败。

蒙古人终于打过长江，消灭南宋，成为中国历史上第一个克服江淮天堑而统治全中国的游牧民族所建的王朝。忽必烈定都北京，就是今天的北京。元朝的统一，结束了唐后期以来军阀割据，辽、宋、金、西夏等民族政权长期并立的分裂局面，结束了自唐以来500多年断断续续的民族纷争和血战的历史，建立了中国历史上第一个由少数民族统治的全国性封建帝国，这是历史的进步，在中国历史上具有非常重大的意义。

而完成中国统一大业的元世祖忽必烈，是我国历史上一位有名的少数民族政治家和军事家。他在统一战争中实行的远程奔袭、迂回包围以及中央突破、水陆并进、穷追不舍等战略、战法，在中国战争史上写下了浓重而精彩的一笔。他消灭南宋政权后，建立了北抵北极海，西至中亚，西南达喜马拉雅山，南到南洋群岛，东临大海的庞大帝国。如果说中国目前的疆域幅员辽阔，民族众多，那么与忽必烈的殚精开拓和不断进取是分不开的，推动了中华民族的历史进程。

69. 山僧不识英雄主

——朱元璋智夺应天城

元朝末年，朝政废弛，社会动乱，农民起义如火如荼。公元1351年，黄淮地区刘福通领导的红巾军高举义旗，各地群起响应。朱元璋也成了一名起义军。

朱元璋小名叫作重八，父亲叫朱五四，贫苦佃农。原籍江苏沛县，后来迁居泗州，再迁濠州（今安徽凤阳）钟离县太平乡孤庄村。朱家颠沛流离，因为生计所迫，不得不到处讨生。朱元璋父母多子女，朱元璋最小，连正式名字都没有，直到加入郭子兴义军后，才取名元璋，字国瑞。"生于沛学于泗长于濠凤郡昔钟天子气，始为僧继为王终为帝龙兴今仰圣人容"，存于安徽省凤阳县龙兴寺的这副对联，生动地概括了朱元璋非凡的一生。

朱元璋17岁那年（公元1344年），家乡发生特大旱灾，接着又是蝗灾和瘟疫，父母和大哥相继死去，朱元璋成了孤儿，家里除了几间破草房，再也没有什么财产了，只能靠吃树皮和草根过日子。朱元璋生性好强，从小志气非凡。他迫于生活，出家为僧，但不愿当小和尚，而是云游四方，接触当时秘密结社的白莲教，知道了天下大势，当了兵，成了郭子兴起义军部的一个红巾军士兵。

朱元璋不但英勇善战，而且办事机智多谋，所以深受郭子兴的赏识。参军只两个月，郭子兴就把他提拔成自己的亲兵，并把义女嫁给他。第二年，朱元璋又被提升为镇抚，开始施展才华。

公元 1352 年，郭子兴起义军占据濠州。郭子兴目光短浅，不图进取，想就地称王。朱元璋劝他打消了这个念头，并领兵攻取了濒临长江西岸的和州（今安徽和县）。

第二年，朱元璋回到家乡招兵买马，很快就招募到 700 多人。这些人和后来投奔来的邓愈、常遇春、胡大海等，其中不少人成了朱元璋手下最得力的大将，为明王朝的建立立下了汗马功劳。随后，朱元璋又吸收定远一批地主武装，队伍扩大到两三万人。不久，起义军首领韩山童的儿子韩林儿受拥戴在亳州称帝，号小明王。郭子兴死后，韩林儿任命郭子兴的儿子郭天叙为都元帅，部将张天祐为右副元帅，朱元璋被提升为左副元帅，成了这支起义军实际的统帅。

朱元璋率军驻长江西岸的和州，饮马长江，枕戈待旦。他广泛网罗人才，整顿军队，势力日渐壮大。他采纳刘基等人的建议，制订战略计划，准备先夺取金陵（时称集庆，今江苏南京），以此为基地，平定江南，最后攻灭元朝，夺取北方，统一全国。

7 月，在朱元璋统领下，徐达和常遇春率领先锋部队，乘风扬帆，攻占元军防御空虚的采石和太平。紧接着，起义军集中力量攻打集庆，郭天叙、张天祐战死，朱元璋当上了都元帅，正式统领整个起义部队。

集庆是元军给金陵起的名字。朱元璋起兵时，曾向定远冯国用兄弟请教打天下的道理，冯氏兄弟说："金陵是历代帝王的都城，地理位置很重要。谁先攻下这个地方，然后再派大将四面征伐，收取民心，谁就能取得天下。"朱元璋受这些启示，率部向集庆发动了多次进攻。公元 1356 年 3 月，他亲自指挥攻城，起义军几十万水陆部队，浩浩荡荡，旌旗招展，很快便拿下集庆城，控制了有 50 万军民的集庆，并改名应天，表示他的起义是按照上天的旨意发动起来的，即"上应天命"。

攻占集庆，朱元璋取得了一个战略基地，实现了第一步战略计划。

随后，朱元璋一方面继续开疆拓土；另一方面采纳谋士朱升"高筑墙、广积粮、缓称王"的9字方针,以金陵"龙盘虎踞"的军事形势为依托,集中精力进行根据地建设,积蓄力量,然后待机而动,统一江南,进一步夺取天下。

此后数年,由于刘福通领导的红巾军在北方牵制了大量元朝兵力,朱元璋得以先后攻占苏南、皖南和浙江的部分地区,并开始与张士诚、陈友谅等起义军的势力相接触。陈友谅的势力在他的西面、张士诚的势力在他的东面,实力都比较雄厚,足智多谋的朱元璋感到如果将自己夺取天下的企图过早暴露出来,势必促使陈、张联合;如果这两股势力联合起来,朱元璋就有被他们吞掉的危险。

经过充分准备,朱元璋开始实施第二步战略计划,他根据陈、张的力量情况,做出先打陈友谅、后攻张士诚的战略决策。

陈友谅原是徐寿辉起义军的部将,后来谋杀了徐寿辉,自己做了皇帝,改国号为汉。他过着十分奢侈、腐朽的生活,皇宫中的一切器物都很讲究,还把成群的美女弄到宫里当妃子,为他跳舞、唱曲子,根本就不像个农民起义的首领。

正当朱元璋准备攻打陈友谅的时候,陈友谅也在积极筹划消灭朱元璋部。

陈友谅占据江西、湖南和湖北一带,控制了安庆、九江、武昌三个战略重镇,建立了一个强大的割据政权,占地广阔,力量强大,仅水军就比朱元璋部多10倍,所以看不上朱元璋,总想吃掉他。公元1360年闰五月,陈友谅纠集10万舟师,100艘巨型战舰,自采石沿江东下,一心想吞并朱元璋占领的地盘。这些战船,有"混江龙""塞断江""撞倒山""江海鳌"等,每艘都有好几丈高,分上中下三层,里面有梯子相通,外面涂上红漆,十分雄伟壮观。

陈友谅率军越过朱军占据的池州(今安徽贵池),攻占太平,夺取采石,进攻应天府,并派人和张士诚联系,企图上下夹击,一举吞灭朱元璋。

朱元璋召集部将、谋士，商量对策。有的说，朱部跟汉军的力量相差太大，主张举城投降；有的主张退据钟山（今南京）死守；也有人主张决一死战。只有新来的谋士刘基站在一边，一声不吭。

等大家散去后，朱元璋把刘基留下来，问他有什么主意。

刘基说："敌人远道来侵犯，我们正可以以逸待劳，伺隙将其击败。您如果多用财物赏赐将士，再用一点伏兵，抓住汉军的弱点痛击，要打败陈友谅就大有希望。"

朱元璋认为刘基分析得有道理，便决定在应天挫敌。

朱元璋分析了当时的形势和自己的处境，认为张士诚专意保守现有地区，不足为虑；而陈友谅正在扩张势力，又轻骄喜功。如先攻张士诚，陈友谅必全力来救，将陷入两面作战的不利境地。因此，决定集中主力先打陈友谅，而对张士诚则采取守势，控制江阴、常州、宜兴、长兴、吉安等战略要点，阻止张军向西发展，并拉拢方国珍，借以牵制张士诚，稳定侧后，减少东顾之忧。

在商量如何打败陈友谅时，有的建议朱元璋亲自率部进攻太平。朱元璋认为，太平原是我新建之城，壕堑深固，难以攻取。便决定在应天设伏，引诱陈友谅速来就战。

朱元璋的部将康茂才，原是元军降将，与陈友谅是老相识。朱元璋就把康茂才找来，要他引陈友谅上钩，让他写封信给陈友谅，假装投降，答应做内应；再给陈友谅一点儿假情报，要陈友谅兵分三路攻打应天，以便分散其兵力。

康茂才回去，按照朱元璋的吩咐写了信，连夜派人赶到采石，求见陈友谅，表示愿为内应，并约定在江东（木）桥（今南京江东门附近）会合，以呼"老康"为暗号。陈友谅见了信，果然没有怀疑，答应照信上说得办。

朱元璋听说后连声叫好，当夜派人把江东的木桥拆掉，改成一座石桥。

朱元璋利用应天城池坚固、地形复杂的有利条件，防止张士诚趁机袭击、陷入两面受敌的困境，又针对陈友谅求战心切、骄傲轻敌的心理，采取诱敌深入、设伏聚歼的方针，诱使陈军巨舰由大江深入较狭窄的新河，舍舟登岸，以扬己之长，迫使陈军舍长用短。

朱元璋从陈友谅的逃兵那里得到情报，弄清楚他们进攻的路线，就让大将常遇春、冯胜率3万部队埋伏在石灰山侧，命徐达等率兵列阵于南门外。朱元璋又亲自统率大军守在卢龙山（今南京狮子山），布置兵士准备好红黄两面旗帜，规定了信号：举起红旗就是通知敌人已经到来，举起黄旗就是命令伏兵出击。

性格急躁、轻敌的陈友谅不待张士诚答复，于五月初十率全体水师自采石进抵大胜港，直奔江东桥。哪儿想到，到了约定的地点竟没见木桥，只有石桥。陈友谅的部将们都起了疑心。陈友谅想，不管是石桥还是木桥，只要找到康茂才就好。他到石桥旁边，一连喊了几声"老康"，也没人答应。陈友谅这才意识到上了当，慌忙下令船队撤退，派万人登陆立栅。

朱元璋在卢龙得知陈军已进入伏击圈，立刻下令举起黄旗，发进攻信号。霎时间，战鼓齐鸣。之后又举黄旗，趁陈军立营未稳之际，岸上伏兵一起杀出，水港里的水军也加入战斗。

此时正是退潮的时候，陈军巨舰搁浅。陈友谅的部队受到突然袭击，几万大军一下子乱了套，被杀死的和落水淹死的不计其数，2万士兵、100多艘战船被朱军俘获。陈友谅在部将掩护下，抢了一条小船，败退江州。

带领一支精兵埋伏在南门外的徐达，等陈友谅来到江边的渡口龙湾，即冲杀出来，会同诸路伏兵，内外夹击，一举击溃陈友谅，歼灭了大批敌军，生俘7000余人。

应天之战，是朱元璋与陈友谅主力角逐的第一仗，朱军的存亡系于此战的胜负，朱元璋的获胜，争得了地盘，也壮大了力量，为下一步打败陈友谅奠定了基础。此战堪称朱元璋创建大明帝国的起点。

70．大智慧

——朱元璋大战陈友谅

应天一仗打得陈友谅大伤元气，朱元璋的声势大增。陈友谅初战失利，但实力仍然十分强大，哪肯甘心，收拾军马，又建造了大批战船，以利再战。

公元1363年2月，张士诚派兵围攻小明王韩林儿的最后据点安丰。小明王向朱元璋告急求援。安丰是应天的屏障，救安丰即是保应天，朱元璋于3月率大军渡江救援安丰。

陈友谅听说后，心中不由得大喜，心想机会来了！他决定乘朱军主力救援安丰，江南空虚之机，以号称60万的水陆大军，于4月11日围攻洪都，占领吉安、临江、无为州。

洪都地处赣北平原、赣江下游，山赣江向北经鄱阳湖与长江相连，军事地位甚为重要。陈军驾乘数百艘大型战舰进攻洪都。等到了洪都江边时，才发现巨舰不能接近城垣，只得登陆上岸，临时准备用各种攻城器械从四面八方向洪都城发起猛攻。守城朱军在都督朱文正的率领下，浴血奋战，死守洪都，坚持月余。

此时，朱军主力正由徐达率领围攻庐州（今安徽合肥）。在应天的朱元璋得知陈军伤亡极大，粮食缺乏、江水日涸、不利巨舰机动的消息后，一面命洪都守军再坚守一个月，疲惫陈军，争取时间；一面命徐达撤庐州之围，回师应天，准备解救洪都。

七月，朱元璋亲自带领20万水军，往救洪都，并部署兵力，准备把陈友谅围困于鄱阳湖。陈军围攻洪都将近3个月，劳师疲惫，士气沮丧，陈友谅听说朱元璋亲率大军到鄱阳湖后，便下令撤围洪都，入鄱阳湖迎战朱元璋。

鄱阳湖是我国最大的淡水湖，位于江西北部。湖面南端阔大，有康郎山矗立其中；北部狭窄多弯曲，南康府东之鼍子口，位于湖身收缩处，为鄱阳湖入长江之咽喉要道；北端湖口，有大孤山翼障于口门，形势险要，湖的南端呈不规则葫芦形状。湖内洲渚星布，水深不一，涨水时，除近岸、近洲外均可行船；落水时，湖水甚浅，大船难于行动。

为了把陈友谅的主力围困在鄱阳湖，朱元璋命人封锁鄱阳湖出口，堵住敌人，决定跟陈友谅在湖里决战。

7月16日，朱元璋进抵湖口。首先派兵守住泾江口（今安徽宿松南），另派一军屯于南湖嘴（今江西湖口西北），切断陈友谅归路；又派兵扼守武阳渡（今江西南昌东），以防陈军逃跑；朱元璋则亲率水师由松门（今江西都昌南）进入鄱阳湖，形成关门打狗之势。

一场规模空前、激烈异常的生死大决战，就在鄱阳湖面展开。

鄱阳湖水战是朱、陈双方主力决战性的战役，是双方攻守应天、争夺洪都的继续。战役伊始，双方最高统帅就率领本部精锐亲临战场，因此，这既是双方军事实力的较量，又是双方统帅斗智决勇、争强搏胜的一场决战。

此时，对阵双方军事力量悬殊。陈友谅拥有60万水陆大军，大批战船，又高又大，巨型战舰联结布阵，一字排开，竟有十几里长，望之如山，气势夺人。朱元璋只有水军20万，而且全是一些小船，论实力比陈友谅差远了。朱元璋明白，要想取胜，不能靠强攻，只能巧取智取。

朱元璋观察陈军舰阵虚实，发现陈友谅的大战船都用铁链连在一起，不利于进退，就决定用小火船进攻那些笨重的大战船，就像三国时孙刘联军火烧曹营一样。7月21日，朱元璋下令将舰船分为20队，每队都配备大小火炮、火铳、火箭、火蒺藜、大小火枪、神机箭和弓弩，下令各队接近敌舰时,先发火器,次用弓弩,靠近敌舰时再用短兵器进行格斗。

朱军大将徐达身先士卒,指挥舰队勇猛冲击,一举击败陈军前锋部队,杀了1500人,缴获一艘巨舰,军威大振。这时,陈友谅的军队拼死抵抗,徐达的战船突然着火焚烧起来,他奋不顾身地率部扑灭了熊熊大火,继续坚持战斗。后来,朱元璋派船救援,徐达顽强冲杀,终于击退敌军,摆脱险境。

俞通海乘风发炮放火,焚毁陈军大战船20多艘,陈军被杀和淹死者甚众,给陈友谅一个下马威。但朱军伤亡也不少,尤其是朱元璋座舰搁浅被围,险遭不测。当时,陈友谅部下勇将张定边率领几艘战船,围攻朱元璋乘坐的帅船,朱元璋处境十分危险。正在危急关头,常遇春驾船冲开一条血路,飞也似地赶来,张弓搭箭,正中张定边的胳膊,张定边负伤逃跑,朱元璋得以转危为安。但常遇春的战船也在湖中搁了浅,动弹不得。恰好,这时陈友谅水军中一艘破船顺水漂来,把常遇春的战船从搁浅处撞开,常遇春才得以脱险。

这时,双方的战斗呈胶着状态,从早晨至日暮,双方鸣金收兵,战斗告一段落,双方互有伤亡,不分胜负。

22日,朱元璋亲自率领水师出战。但陈军舰巨大,朱军舰小不能仰攻,接连受挫。

这时,部将郭兴向朱元璋晋言道:"您也全看到了,不是咱们的士兵胆小怕死,实在是双方的兵力相差太远,咱们的小船敌不过陈友谅的大船,靠打硬仗不行,看来非用火攻不可。"朱元璋采纳了郭兴的建议,决定改用火攻破敌。他下令用7条小船,装载着火药,每条船尾带着一条轻快的小船。这天傍晚,正好刮起了东北风,朱元璋大喜,派了一支敢死队驾驶这7条装满火药柴薪的小船,迫近敌舰,顺风放火,风急火烈,迅速蔓延,直冲陈友谅大船。陈友谅的大战船因为有铁链连着,动弹不得,风急火烈,浓烟滚滚,一下子就把陈军大船全部延烧起来,烈焰飞腾,把湖水照得通红。转瞬之间烧毁陈军数百艘巨舰,陈军死伤过半,陈友谅的两个兄弟及大将陈普略均被烧死。朱元璋挥军乘势发起猛攻，又毙敌2000余人。陈友谅手下的士兵不是被烧死，就是被俘虏。

23日，双方再次交锋，陈友谅瞅准朱元璋旗舰展开猛攻。朱元璋刚刚移往他舰，原舰便被陈军击碎。第二天，俞通海等人率领6舰突入陈军舰队，勇敢驰骋，势如游龙，如入无人之境。朱军士气大振，发起猛烈攻击。最后，陈军败退，遗弃的旗鼓器仗，浮蔽湖面。陈友谅只得收拢残部，转为防御，不敢再战。

此时，朱元璋虽获大胜，但他本人身历险境，几遭不测，并损折数十位战将，士兵伤亡数万人，付出了重大代价。当天晚上，朱元璋乘胜进扼左蠡（今江西都昌西北）。陈友谅亦退保诸矶（今江西星子南）。

陈军屡战屡败，形势渐越不利。陈友谅的两员大将左金吾、右金吾见大势已去，投降了朱元璋，陈军内部军心动摇，力量更加削弱。

朱元璋见陈友谅众叛亲离，感到最后歼敌时机已到，便一面部署歼灭陈军；一面写信劝降，信中多有讥激之词。陈友谅又气又恼，下令扣留使者，把抓到的俘虏全部杀掉以泄愤。而朱元璋却反其道而行之，将俘虏全部送还，并悼死医伤，瓦解陈军士气，从而大获人心。陈军内部分崩离析，士气更加低落。

朱元璋判断陈军可能突围退入长江，便移军湖口，在长江南北两岸设置木栅，置大舟火筏于江中，又派兵夺取蕲州、兴国，控制长江上游要地，准备截击逃归武昌的陈友谅败军。

这时，陈友谅的部队经过1个月苦战，战死和投降者甚多，军粮奇缺，饥疲已极，特别是归路被朱军截断，已是无计可施，便带着残兵败将向鄱阳湖口方向突围。

当陈友谅率突围舰船驶至湖口时，突然遭到常遇春、廖永忠所率水师及江中火筏猛攻，只得慌乱奔逃；走到泾江口时，又遭朱军伏兵截击。混战中，朱军一阵乱箭，把陈友谅射死了，5万陈军投降。

鄱阳湖一战，陈友谅的 60 万大军全军覆没，一批大臣、将领都投降了朱元璋。此战的胜利，奠定了朱元璋平定江南的基础，并为以后的北伐和攻灭元朝，统一全国创造了极为有利的条件。

纵观此战，朱元璋采取先陈后张、各个击破的战略是高明的。陈友谅对朱元璋的威胁最大，如果不先对陈用兵，而先对张士诚用兵，陈友谅会趁机从西面进攻，不但不能灭掉张士诚，还有被陈友谅灭掉的危险。朱元璋采取稳住张士诚，诱陈友谅速至的计谋，既破坏了陈、张联合，又达到迅速消灭陈友谅的目的。后人称赞说，鄱阳湖决战是战争史上的绝妙之举。

71. 四海升明月

——徐达北伐

朱元璋消灭了南方最大的割据势力陈友谅以后，自称吴王。这个时候，他认为夺取天下的条件已经具备，留着小明王是个阻碍，公元1366年，用船把小明王接到应天，趁在瓜步（今江苏六合东南）过江的时候，派人暗暗凿沉了船，活活淹死了小明王。接着，朱元璋又消灭了张士诚部，地盘扩大到全国经济最发达的江浙地区，实力进一步壮大。

这个时候，元朝的统治基础在各支起义军的打击下走向瓦解。朱元璋决定抓住有利时机，出兵北伐，夺取中原，推翻元朝的统治。

派谁统率大军北伐呢？这时，徐达与常遇春两位得力大将才勇都差不多，都是朱元璋最器重的战将。朱元璋思前想后，反复比较。常遇春勇猛过人，敢于深入敌境，而徐达则善于用计，谋略过人，以谋取胜；常遇春攻下城邑，总不免出现滥加诛杀的现象，而徐达所到之处，则从不骚扰百姓，俘获敌军也以恩义感化，使他们反过来为自己效力，百姓们也乐于跟随他，就连敌军也愿意向他投诚。

徐达是朱元璋的同乡，世代种田，比朱元璋小4岁，小时候曾和朱元璋一起放牛，后来朱元璋回家乡招兵买马时，徐达参加红巾军郭子兴的队伍，被朱元璋收做助手。徐达身材魁梧，刚毅勇武，深得朱元璋的器重和喜爱。朱元璋对他有知遇之恩，他则对朱元璋有救命之恩。一次，郭子兴与另一起义首领孙德崖发生冲突，郭子兴拘捕了孙德崖，孙德崖的部下捉住了朱元璋。郭子兴提出以孙德崖交换朱元璋，可是双方谁也不肯先放人，怕对方不守信用。这时，徐达挺身而出，冒着被杀的危险，主动到孙德崖的军中去当人质，换回朱元璋。等朱元璋回到城里，郭子兴再放回孙德崖，孙德崖回到营地，才把徐达放了回去。为此，朱元璋非常感激徐达，从此更加信任和器重他。此后，徐达先是协助朱元璋打败了实力最强的陈友谅，建立了西吴政权；接着，又独当一面，统率常遇春、冯胜等将领，打败了张士诚，灭亡了东吴政权，统一了江南，屡立奇功。

朱元璋思前想后，决定派徐达为北伐军的大将军，常遇春为副将军。这天，他把参加北伐的将领召集到大殿，宣布了决定："军队打仗，是为了平息祸乱，所以任命将帅必须选择得当的人。现在你们诸位，不是不能打仗，但是办事稳重、纪律严明、具备统率才能的，谁也比不上徐达将军。你们一定要听从徐将军的指挥和调遣。"

他还叮嘱说："这次北伐，如果碰上强敌，常遇春要率领前锋，和参将冯胜分左、右两翼，各自统率精锐，奋勇冲击。薛显、傅友德、冠全军可带领一军，独当一面。徐达作为大将军，应当专主中军，策励群帅，运筹决胜，不可轻举妄动。"

紧接着一连几天，朱元璋与徐达、常遇春一起，研究商量攻打元军的战法谋略。徐达、常遇春曾建议立即以大军直捣元朝的大都。朱元璋认为不可。常遇春说："现在南方已经平定，兵力有余，直捣大都（今北京），以我百战之师，攻打疲惫不堪的元兵，必胜无疑。都城既克，乘胜长驱，其余城镇都可不战而下。"

朱元璋认为常遇春的方案恃勇轻敌，批评他说："元军还有数十万众，不能轻敌。元朝建都百年，防御必然坚固。如果按照你的主张，悬师深入，一时不能攻拔大都，屯兵于坚城之下，粮饷不济，到时元朝的援兵四面围困，我军就会进不能战，退无所据，处境就非常不利了。"

出征前，朱元璋再次召集各位将军，下达作战命令："这次北伐，先取山东，撤除大都（今北京）的屏障；再回师河南，剪除它的羽翼；夺取潼关，占据它的户槛。天下形势为我掌握，然后进兵大都，元都势孤援绝，可不战而克。拿下大都，再挥师西进，山西、陕西和甘肃，便可席卷而下。"

这是朱元璋确定的北伐迂回战略，显示出他高人一等的聪明才智。朱元璋特别叮嘱常遇春说："能当百万之众、奋勇争先、冲锋陷阵、所向披靡的，谁也比不上将军。我不怕你不能奋勇作战，就担心你轻敌。从前在武昌，我曾看见有几名敌骑出来挑战，你就轻易出阵应战。说实在的，陈友谅的部将如张定边，何足挂齿，他尚且在城里坐镇指挥。你身为大将，却和小将去争强逞能，实在有负所望，今后应该引以为戒！"

常遇春赶忙回应说，一定按朱元璋说的去做。

公元1367年，徐达和常遇春统率25万大军，领命从淮安出发，进入山东，先攻克沂州（今山东临沂）。接着，徐达令韩政分兵扼守黄河，以断元军的山东援兵，又命张兴祖攻取济宁，掩护主力的翼侧，而他自己则率大军攻拔济水之南的天险益都，元军守将普颜不花拒降而死。徐达乘胜连续攻克潍、胶等多个州县。12月，元将朵儿只以济南城降，徐达分兵攻取登州（今山东蓬莱）、莱州（今山东掖县）。不到一年的工夫，山东诸地全部成为朱元璋的天下。

就在徐、常二将率军在山东取得节节胜利的时候，朱元璋于至正二十八年（公元1368年）正月，在北伐的捷报声中登上皇帝位，建立明朝，改元洪武，以应天为京师，任命徐达为右丞相。明王朝的建立，激励着明军加速北伐战争的步伐。2月，徐达和常遇春按计划率北伐军沿黄河西进，转攻河南，并迅速攻占了永城、归德、许州（今河南许昌），汴梁（今河南开封）守将左君弼献城归降。接着，徐达从虎牢关又挥师进至塔儿湾（今河南偃师境内），元将脱因帖木儿领兵5万，在洛水北岸一字排开布防，企图阻挡明军。

常遇春拿着弓箭，单骑冲入敌阵，20名元军敌骑向常遇春刺杀过来，常遇春一箭射倒冲在前头的一个敌骑，然后高声呼喊着往前冲杀。徐达指挥将士乘势杀上前去。

这时，忽然刮起南风，尘土铺天盖地，呼声动地，元军阵势大乱，一个个丢下手中的兵器奔命而逃。明军追了50多里路，俘获元兵不知道多少人。元兵惨败西逃，徐达大军进占洛阳北门，洛阳守将脱因帖木儿逃往陕州，梁王阿鲁温开门迎降。

徐达占领洛阳后，率军乘胜西进，相继攻占陕州（今河南陕县）、潼关，元将李思齐、张良弼弃城逃命。

这样，明朝北伐军顺利完成攻占山东、河南和潼关的战略任务，撤除了元大都的屏障，剪掉了大都的羽翼，控制了关中元军出援大都必经的门户，从而对元大都形成三面包围之势。

山东既下，朱元璋按既定部署，移师转攻河南而不轻进大都，因为河南此时还有元军能战之兵作为大都的羽翼。朱元璋又调兵遣将，两路进军，使明军在不到两个月的时间里席卷河南，把元军驱入关中，切断了大都的羽翼。

朱元璋得知明军捷报频传，非常高兴，赶到汴梁，慰问徐达、常遇春这些有功战将，并同他们商量下一步攻取大都之计。

徐达说："我军平定齐鲁、下洛阳以来，扩廓帖木儿（王保保）视巡太原，观望不救。如今潼关又为我攻占，张良弼、李思齐狼狈西奔，元都的声援已被断绝。我军乘势直捣这座孤城，可不战而克。"

朱元璋听了连声夸奖："此计甚好，此计甚好！"并叮嘱他说："北方土地平旷，利于蒙古骑兵作战，对此不能没有防备。你应挑选副将带领精兵为先锋，在前开路，将军督率大军殿后，用山东的粮食作为军饷进攻河北，夺取临清，北上直捣元都。大都外援不及，内自惊溃，就可不战而下。"

徐达提出："我军北攻，元顺帝可能北逃塞外，将留下后患，必须发军追击。"

朱元璋忙制止说："将军此计差矣，如遇这种情况，大可不必穷追不舍，只要在顺帝出塞后，固守疆圉，防止其侵扰便可。"

于是，徐达、常遇春率军继续北上，与各路将领会师东昌（今山东聊城），攻占临清。闰七月，徐达到了临清，命傅友德修筑公路，以便步兵、骑兵开进；命顾时疏浚运河，便于水军行动，尔后北攻德州、长芦、直沽（今天津）。据守直沽的元丞相也速听说徐达的大军开到了，慌忙率妻家老小从海上逃走，大都完全暴露在明军面前，元廷震动。

徐达挥师沿运河西进，在河西务大败元军，再进兵通州（今北京通州区），乘大雾用伏兵击败元朝守军，歼敌数千人，进逼元大都。

元大都，为辽金以来的故都，地处雄要，北倚山险，南压区夏，居庸、古北、松亭诸关，东西千里，险峻相连，近在都畿，据守尤易。公元1143年改称大都城。

元顺帝听到通州失陷，知道大都已无法守住，哀叹说："今日岂可重蹈宋徽宗、宋钦帝的覆辙，做明朝的俘虏，看来只有北撤一条路走了。"闰七月二十七日，顺帝慌忙带上后妃太子，从西北之健德门出城，经居庸关逃往上都开平（今内蒙古多伦西北）。

徐达的大军于八月初二到达大都东面齐化门外，顺利进入大都，受到市民的热烈欢迎。留守大都的元朝宗室淮王和左、右丞相等元朝遗老遗少死不投降，徐达下令一律处死，并查封了元朝的仓库、图籍、宝物和故宫殿门，派兵看守。捷报传到南京，朱元璋拍案叫好，下令把大都改为北平府。

在这场攻取元大都之战中，朱元璋制定并实施了先扫外围、后捣腹心、攻占元大都、灭亡元朝的正确战略方针，把他的高人一等的聪明才智表现得淋漓尽致。在这一战略方针指导下，明军先攻取山东，荡除元大都南面的屏障。随后转锋西向，平定河南，翦除其羽翼。再占领潼关，切断其一切外援，最后对元大都实施战略大包围，一举拿下，取得了灭元战争的决定性胜利。

72. 鞠为茂草

——靖难之役

由农民起义领袖登上皇位的朱元璋，为确保朱明王朝千秋万代地统治下去，一方面加强君主专制统治，把军政大权牢牢地掌握在皇帝一人手中；另一方面分封诸王，想方设法加强皇室自身的力量。他把自己的26个儿子和1个重孙封为亲王，分驻全国各战略要地，想通过他们来屏藩王室，受封诸王在自己的封地建立王府，设置官属，地位相当高，公侯大臣进见亲王都得伏而拜谒，无敢钧礼。每一个藩王食粮万石，并有军事指挥权，在王府设亲王护卫指挥使司，辖三军护卫，护卫甲士少者3000人，多者近2万人。边塞诸王因有防御蒙古贵族侵扰的重任，所以护卫甲士更多。他们在过塞负责筑城屯田，训练将兵，巡视要害，督造军器。晋王、燕王多次出塞征战，打败元朝残余势力的军队，尤被重视，军中大将皆受其节制，甚至特下诏二王军中小事自断，大事才向朝廷报告。尤其是燕王朱棣，由于功绩卓著，朱元璋令其"节制沿边士马"，地位独尊。

藩王势力的膨胀，势必构成对中央政权的威胁。在朱元璋大封诸王的时候，有个叫叶伯巨的人曾说过，藩王势力过重，数代之后尾大不掉，到那时再削夺诸藩，恐怕会酿成汉代"七国之叛"、西晋"八王之乱"的悲剧，他提醒朱元璋："节其都邑之制，减其卫兵，限其疆土"。朱元璋不但听不进劝告，反而把叶氏抓进监牢，囚死狱中。可是，势态的发展，远远超出了叶伯巨的预料，诸王佣兵专制，雄踞一方，甚至有"问鼎"之心，中央政权与藩王之间的矛盾，未及数世而在朱元璋死后就立即强烈地爆发了。

洪武二十五年（公元1392年）太子朱标病死，朱元璋立太子的嫡子朱允炆为皇太孙。又过了六年，朱元璋去世，朱允炆即帝位，是为建文帝。朱允炆在做皇太孙时，就对诸藩王不满，曾与他的伴读黄子澄商量削藩的对策。他即帝位后，先削了周王、湘王、代王等几个实力较弱的亲王的爵位，然后又准备向实力最大的北平燕王朱棣开刀，并令诸亲王不得节制文武将吏。

朱棣是朱元璋的第四个儿子，从小聪明伶俐，才思敏捷，有胆有识，十分勇敢善战，最受朱元璋的喜爱，只因不是长子，所以没有成为太子。在各亲王中，朱棣拥兵10万，革车6000。拥兵最多，势力最大。朱元璋死后，朱棣已位极诸王之上，仅居建文帝之下，根本不把朱允炆放在眼里。当时谣传他有谋夺皇位的野心。

公元1339年（建文元年）二月，建文帝向全国发布命令，要诸王不得节制文武吏士，目的是借以撤销朱棣对北平文武官吏的布政与指挥权。同时，建文帝秘诏将臣监视朱棣，并趁机进行逮捕。还采取多种措施，随时擒拿、加害燕王朱棣。

朱棣得到这一消息，机断处置，立即令亲信张玉、朱能率仅有的800名壮士守卫王府，并用计诱杀了前来执行监视逮捕任务的谢贵等人，乘夜攻夺北平9门，控制了全城，并起兵反抗朝廷。

朱元璋当国时，恐权臣篡权，规定藩王有移文中央索取奸臣和举兵清君侧的权利，他在《皇明祖训》中说："朝无正臣，内有奸逆，必举兵诛讨，以清君侧。"朱棣以此为理由，上疏建文帝，指责朝廷任用奸臣和削夺五王之过，声称齐泰、黄子澄为奸臣，须加诛讨，并称自己的举动为"靖难"，就是平定祸乱的意思。因此，历史上把这场朱明皇室内部的争夺战称为"靖难之役"。

朱棣久经沙场，智勇双全，他指挥部队，采用突然袭击的方式，以迅雷不及掩耳之势，起兵不久，就攻取了北平以北的居庸关、怀来、密云和以东的蓟州、遵化、永平（今河北卢龙）等州县，奔袭通州（今北京通州区），扫平了北平的外围，除东侧之患，拔北背之刺，打乱了朝廷的削燕部署，排除了后顾之忧，稳住了阵脚，巩固了北平，便于从容迎战朝廷的北上之师。

朝廷的军队初战失利，消息传到南京，原以为削燕可以指日成功的建文帝大惊。此时，朝廷这边，经过朱元璋大肆杀戮功臣宿将之后，已无将可用，在齐泰、黄子澄的建议下，建文帝只好起用年近古稀的幸存老将耿炳文为大将军，率军30万伐燕王。大军出发前，迂腐愚蠢的建文帝，为免背杀叔之名，竟然戒约官兵，不得伤害燕王。

耿炳文果然中计，将兵力都调到北岸。朱棣率部进攻北岸的真定，大败耿军数万人。

建文元年8月12日，耿炳文率30万大军北上，期望师行必胜，直捣北平，捉拿燕王归京。队伍走到河北滹沱河地区，杨松部轻出冒进，离北平最近，而且立足未稳，燕王在中秋节晚上乘南军不备，突破雄县，尽克南军的先头部队杨松部9000余人，缴获战马8000余匹。继而又于滹沱河北岸，大败南军的主力潘忠部。

尔后，朱棣设计，放走了耿炳文的小将张保，让他回去报告，就说是战败被擒，乘燕王看守疏忽逃出来的，并告诉耿炳文，燕军将攻真定，以便使耿炳文将滹沱河南岸的兵力调到北岸，而后一举全歼。

前后只有半个月，燕王善于运用兵贵神速，出其不意，攻其不备，用间使谍，知己知彼，惑敌误敌，诱敌深入等兵法谋略，重创耿军，取得了反击朝廷北伐军的重大胜利。

不久，建文帝召回耿炳文，任命曹国公李景隆为大将军指挥三军。李景隆本是纨绔子弟，素不知兵，寡谋而骄，色厉而馁，更没有打过仗。9月，李景隆走到德州，收集耿炳文的溃散兵将，并调各路军马，共计50万，进抵河涧驻扎。

朱棣听说李景隆挂帅，不由得哈哈大笑，说："兵法有五败，李氏全犯了。这就是政令不修，上下离心；兵将不适北平霜雪气候，粮草不足；不计险易，深入趋利；求胜心切，刚愎自用，但智信不足，仁勇俱无；所部全是乌合之众，而且不团结。李景隆本是个素不知兵的小辈，让这样的人指挥打仗，我朱棣必胜无疑，他李景隆必败无疑。"

至于制敌的计策，朱棣对众将官说："由我亲自镇守北平，李景隆不敢轻易来攻。现在辽东军正进攻永平（今河北卢龙县），我先带兵去救援，他一定前来攻城，那时候我再回师北平，来个内外夹击，李景隆必定大败。"

朱棣留下姚广孝协助世子朱高炽留守北平，自己亲率大军去援救永平。为了使李景隆放心进攻北平，朱棣还撤去了卢沟桥的守兵。临行前，他对朱高炽说："如果李景隆来攻，只许坚守，不能出战。"

李景隆听说朱棣率军赴援永平，就率师直趋北平城下。经过卢沟桥时见无守兵，更是喜不自禁，对属下说："不守此桥，我看朱棣是无能为力了。"遂下令在卢沟桥筑垒九门，兵分三路，围攻北平。

朱高炽在北平城内严密布防，拼死守卫。李景隆则号令不严，指挥失当，几次攻城，全被击退。南军都督瞿能曾率千余精骑，杀入张掖门，但后援不至，只好停止进攻。又因李景隆贪功，要瞿能等待大部队一起进攻，错过了时机。燕军则因此得到喘息，连夜往城墙上泼水，天冷结冰，等到第二天，南军也无法攀城进攻了。李部久攻不克，屯兵于北平城下。

朱棣解救永平之后，率师直趋大宁（今内蒙古宁城西）。大宁是宁王朱权的封藩，所属朵颜诸卫，多为蒙古骑兵，骁勇善战。朱棣攻破大宁后，挟持宁王回北平，合并了宁王的部属及朵颜三卫的军队，壮大了军事实力。朱棣带着这些精兵强将，于11月初回师至北平郊外孤山（今河北三河西偏北），进逼李景隆军营。

此时，李部列阵于白河西岸郑坝村。朱棣听说后，准备出兵攻击。当天正下大雪，白河封冻，燕军即于第二天早晨踏冰渡河进攻。这时，河东的都督陈晖得知燕军渡河,便下令从后追击,不料刚渡河,就被燕军打败。朱棣遂指挥部队进击郑坝村的李景隆主力。

正值寒冬,李景隆的兵士冻死很多,士气低落,阵势混乱,大家都不想打仗。燕军乘势猛攻,迅破七营,俘获斩杀数万。李景隆乘夜逃往德州。士兵听说主帅已逃,也都丢下武器和粮草,天不亮就逃光了。北平之围遂解。

由于黄子澄隐瞒了事情的真相,建文帝不知李景隆兵败逃到德州,仍然加封其为太子师。

公元1400年4月,天气转暖,李景隆会同郭英、吴杰等,集合兵将60万众,号称百万,准备攻燕军。4月18日,都督平安率精兵万人为前锋。进抵白沟河(今河北雄安新区北)。

朱棣认为,李景隆志大无谋,喜专而违众,所指挥的部队是临时组合,人多易乱,击前则后不知,击左则右不相应,将帅不专,政令不一,必败无疑,便命令张玉、朱能、陈亨、丘福等率军10余万,迎战于白沟河。

双方旌旗相望,战斗打得十分激烈。当朱棣的燕军渡河时,在河两侧埋伏的李景隆部上万兵士突然向燕军发起进攻,燕军奋起应战,李景隆下令用一窝蜂多发火箭射击燕军。打了一天,不分胜负。

第二天,双方又挥军激战。鏖战中,朱棣几次被围,李景隆的部将因为有皇帝不杀之诏,都不敢动手,最后朱棣被儿子朱高煦救走。打到中午,突然刮起大风,朱棣指挥部队乘风势火攻李景隆各部,力挫南军主将,南军兵败如山倒。

李景隆再次退走德州,在燕军跟踪追至下又逃到济南。朱棣率燕军尾追不舍,于济南打败李景隆率领的立足未稳的10余万众。朱棣围攻济南3月未下,遂回撤北平。

李景隆一败再败,建文帝撤免了他的大将军职务,由盛庸替代。

9月,盛庸率兵北伐。10月,至沧州,被燕军打得大败。12月,燕军进至山东临清、馆陶、大名、汶上、济宁一带。盛庸率南军于东昌(今山东聊城），严阵以待。燕军屡胜轻敌，被南军大败，朱棣亲信将领张玉死于战阵，朱棣自己也被包围，借朱能援军的接应才得以突围。东昌战役是双方交战以来，南军取得的第一次大胜利。兵败后，朱棣总结说：东昌之役，接战即退，前功尽弃，今后不能轻敌，不能退却，要奋不顾身，不惧生死，打败敌手。

到了第二年2月，朱棣再次率军出击，先后于滹沱河、夹河、真定等地打败南军。接着，又攻下了顺德、广平、大名等地。

燕军夺得的城池虽多，但往往得而复失，不能巩固。正当朱棣为此而苦恼之际，南京宫廷里不满建文帝的太监送来了南京城空虚宜直取的情报。朱棣据此决定举兵南下，直指京城。公元1402年正月，燕军进入山东，绕过守卫严密的济南，破东阿、汶上、邹县，直至沛县、徐州。4月，燕军进抵宿州，与跟踪袭击的南军大战于齐眉山（今安徽灵壁县境），燕军大败。

双方相持于淝河。

在这决战的关键时刻，建文帝受一些臣僚建议的影响，把徐辉祖所率领的军队调回南京，削弱了前线的军事力量，南军粮运又为燕军所阻截，燕军抓住时机，大败南军于灵壁，仅南军将领即被俘获几百人。从此，燕军士气大振，南军益弱。朱棣率军渡过淮水，攻下扬州、高邮、通州（今江苏南通）、泰州等要地，准备强渡长江。

东师饮马长江，南京城里一片混乱。建文帝闻讯大惊，慌忙派遣庆城郡主渡江前往朱棣军营，表面上以割地为条件，进行协商，实际上，是行缓兵之计，以长江为天险，图谋再举。朱棣当即识破此计，拒绝议和。

六月初三，朱棣率燕军誓师渡江。一时间，金鼓齐鸣，杀声震天。朱棣的大军一到金川门，守卫金川门的李景隆和谷王朱穗开门迎降。

燕王进入京城，文武百官纷纷跪迎道旁。几天后，朱棣在群臣的拥戴下，登上了皇帝宝座，改年号永乐元年，改北平为北京。他就是历史上很有作为的明成祖，人们又叫他永乐皇帝。

战争虽然结束了，但与此相关的历史却在发展。

朱棣进京后，宫中起火，建文帝下落不明。有的说建文帝于宫中自焚而死，有的说他由地道出亡，落发为僧，云游天下；有的说他入居宫中，寿年而终。建文帝的真正下落成为明史上的一大悬案。

建文帝失踪，千古之谜。4年之内，一位藩王居然打败了一个拥有几十万大军的皇帝，只能说明这位皇帝的懦弱与无能。作为朱元璋的接班人，建文帝本人缺乏一位军事战略家的基本素质。他优柔寡断，在提防藩王问题上，措施不力；当朱棣起兵反叛时，又没有形成一以贯之的作战指导方针。他既不能亲临战阵，指挥军队作战，又不善于用人，前后三易主帅，都未能挽回败局。当上皇帝的朱棣，大肆杀戮曾为建文帝出谋划策及不肯迎附的文臣武将。齐泰、黄子澄、景清等被整族整族地杀掉："命赤其族，籍其乡，转相扳染，谓之瓜蔓抄，村里为墟"。有"读书种子"之谓的方孝孺，因不肯为朱棣撰写即位诏书，九族全诛。这还没完，又将其朋友门生作为一族全部杀掉，十族共诛873人。这次清洗极为残酷，共有数万人惨死于朱棣的屠刀之下。同时，历时4年的"靖难之役"，给明初刚刚有所恢复的社会经济造成较大的破坏，而直接遭到战争践踏的地区，破坏更为严重，史书上称"淮河以北鞠为茂草"。

73．王者之师

——朱棣远征漠北

永乐年间，明成祖朱棣5次率兵亲征，打击居于漠北的蒙古贵族对内地的侵扰和破坏，这就是有名的明成祖远征漠北之战。

元末明初，残留的蒙古贵族势力经历了几十年的演变和分裂。元顺帝逃往漠北后，公元1370年死于应昌（今内蒙古多伦东北）。皇太子爱猷识理达腊继位，逃往和林（今蒙古人民共和国哈尔和林），史称"北元"。永乐初年，蒙古贵族内部互相残杀，遂分裂为鞑靼、瓦剌和兀良哈三部。鞑靼部居住在今贝加尔湖以南和蒙古人民共和国的大部分地区；瓦剌部居住在今蒙古人民共和国西部和准噶尔盆地一带；兀良哈部聚居在今老哈河（在内蒙古）印辽河流域一带。三部之间经常互相残杀，并不时侵扰明朝边疆。

朱元璋时代对蒙古贵族始终采取努力通好、积极防御的政策。明成祖继承了太祖对待蒙古贵族的政策。他一方面与之修好，封蒙古部落酋长为王，赐予金银、布帛、粮食等物品，争取相安无事。另一方面，如果蒙古贵族无理侵扰，就给予坚决打击。三部中以鞑靼部最为强盛，本雅失里因此而骄，对明朝抱不友好态度。永乐七年（公元1409年），明成祖派遣郭骥出使鞑靼，结果郭骥被杀，朱棣忍无可忍，决心征讨鞑靼。

这年7月，朱棣命淇国公丘福为征虏大将军，王聪、火真副之，率精骑10万出征鞑靼。临行前，朱棣担心丘福会因以兵力强盛而轻敌，特地告诫他："不要失掉机会，不要轻易犯敌，不要受制于敌，一仗打不胜，准备好了接着再打。"

8月，丘福率军出塞，前锋抵达胪朐河（今克鲁伦河）南岸，歼灭了鞑靼的游兵，乘胜过河，俘鞑靼高官一位。可是，丘福不顾诸将劝阻，相信了俘虏的话，并让他当向导，结果，孤军深入，中了本雅失里的埋伏，5位将军全部战死，全军覆灭。

明军失败的消息传至朝廷，朱棣十分震怒，决计亲征漠北。

永乐八年（公元1410年）二月，朱棣率50万大军亲征，并调用武刚车3万辆，运粮20万石，随军队行动。沿途每10天行程存一批粮，以备回返时食用。大军三月出塞，经凌霄峰（今河北张北东北）、阔滦海（今内蒙古呼伦湖）进至胪朐河（今克鲁伦河）流域，朱棣更名为"饮马河"。

本雅失里听说明军大举进攻，尽弃辎重挚畜，逃得无影无踪。朱棣挥师追击，双方展开大战。朱棣登山布阵，挥军奋击。本雅失里大败，只率七骑西逃瓦剌部。太师阿鲁台则东逃。

朱棣打败本雅失里后，挥师攻击阿鲁台，双方在飞云壑和静虏镇（今哈拉哈河南岸）展开大战。朱棣亲率精骑直冲敌阵，阿鲁台坠马，仓皇北逃。朱棣率领上千精骑乘胜追击，明军用神机枪炮猛射，声震数十里，一箭射穿二人，斩杀无数。这时，正值盛夏，明军食粮已尽，朱棣便下令停止进攻，胜利还师。

鞑靼部经过这次打击，降服了明朝，明朝也给予优厚的赏赐，其部臣阿鲁台接受明朝给的"和宁王"的封号。

鞑靼败后，瓦剌部逐渐强盛起来。瓦剌首领仗恃势强，出兵袭杀了本雅失里，并一再声称要进攻鞑靼捉拿阿鲁台。阿鲁台多次请求明成祖出兵攻打瓦剌，为本雅失里报仇。阿鲁台还率余部奔至明长城附近。与此同时，瓦剌部不断要挟明朝厚赏，妄想占领明朝的宁夏、甘肃地区，屯兵边境，向漠南进逼。朱棣为满足鞑靼部的请求，也为了明朝边境的安宁，决定亲率30万大军征讨瓦剌部。

永乐十二年（公元1414年）三月，明成祖的御驾由京师出发，并让皇太孙从行。四月，师至兴和（今河北张北），举行大规模阅兵式。六月初，前锋在三峡口（今内蒙古多伦西北），击败瓦剌部游兵。朱棣乘势向西北方向进攻。行至忽兰忽失温（今蒙古人民共和国乌兰巴托），遭瓦剌军的依山阻抗。朱棣便以精骑引诱瓦剌军离开山势出战，另外部署神机炮及时炮击，自己率铁骑冲入敌阵，杀敌无数。瓦剌军遂大败。朱棣顺势追击，并分兵多路夹击瓦剌军的反扑，亲率一路精骑再次冲入敌阵，瓦剌军败遁。瓦剌部受此重创，此后多年不敢犯边，并在第二年开始向明朝贡马谢罪。

鞑靼部的阿鲁台在明朝帮他打败瓦剌后，经过数年的恢复，势力日渐强盛起来，便改变了对明朝的依附政策，重新反叛，轻侮或拘留明朝使节，并时常出没塞下，骚扰劫掠。朱棣为此写信劝止阿鲁台，但阿鲁台不予理会，依旧我行我素。永乐十九年（公元1421年）十月，阿鲁台竟大举围攻明朝北部边防重镇兴和，击杀明都指挥王焕。

为打击鞑靼的侵扰活动，朱棣决意第三次亲征。永乐二十年（公元1422年）二月，朱棣令调用驴34万匹，车177500多辆，挽车夫23万多人，共运载粮食37万石，随大军出征。御驾出北京，主力仍沿故路北上。走到宣府（今河北宣化）东南之鸡鸣山时，阿鲁台听说朱棣亲征，乘夜从兴和逃跑，避而不战。诸将请求追击。朱棣命暂缓。

五月，师过偏岭（今河北沽源南），朱棣告谕兵将："兵行犹水，水因地而顺流，兵因敌而作势，水无常行，兵无常势，能因敌变化取胜者，得势者也。"为鼓舞士气，朱棣亲作平虏曲，供将士传唱。七月，师至煞胡原，俘获阿鲁台部属，从而得知阿鲁台丢马弃甲从阔滦海北遁。朱棣担心重蹈丘福深入被歼的覆辙，下令停止追击。

回师途中，朱棣认为兀良哈部为阿鲁台之羽翼，遂选派步骑2万，五路并进，攻打兀良哈部。明军走到屈裂儿河（今内蒙古洪儿河上游支流），兀良哈部得知明军来攻，仓皇西逃。朱棣指挥军队夹击围歼，大败兀良哈部，胜利班师回京。

阿鲁台以为明朝放松了警惕，不会出征，便于第二年春率众袭扰明朝边境。朱棣听说阿鲁台又来侵犯，决定再次亲征，九月上旬，师至沙城（今河北张北北）。阿鲁台部将阿失帖木儿率部众降附。明军继续北上。不久，鞑靼王子也先土干率部众来降。朱棣立即封其为忠勇王，赐名金忠，余者皆有赏。十一月班师回京。

永乐二十二年（公元1424年）正月，鞑靼阿鲁台出兵扰袭大同等地，朱棣决定第五次亲征。忠勇王金忠自降明后，屡请出兵攻击阿鲁台，愿做前锋效力。朱棣批准了他的请求。四月，师出北京北上，进军途中，命王金忠所部捕获阿鲁台部属，得知阿鲁台远遁，分兵搜抄，未见踪影。朱棣遂令班师，七月，回至榆木川（今内蒙古林西北），不日病死回返途中。

朱棣作为封建皇帝，一国至尊，能够躬亲行阵，为消除边患，先后5次亲征，这在历史上实属少见。朱棣亲征漠北，沉重地打击和削弱了蒙古贵族反明势力，迫使他们在一定时期内服从明廷中央政府的管辖，不敢轻易犯边，对稳定北边的军事、政治形势有着积极的意义。但是，长期的征战消耗了大量人力、物力，加重了人民的负担。

74. 粉身碎骨浑不怕

——于谦保卫北京

于谦，杭州府钱塘县人，自幼聪明伶俐，勤奋好学，多机智，善应变。在永乐十九年（公元1421年）京城会试时考中第一名，因殿试策论时，指斥时弊，得罪了皇帝，被降为第三甲第92名进士。于谦最崇敬的人，是南宋抗元英雄文天祥。于谦曾任河南、山西巡抚20年，是一位精明干练、廉洁爱民的有名清官。因为刚正不阿，得罪了王振，王振就指使同党诬告于谦，把他打进监牢，还判了死刑。河南、山西等地官员和百姓听说于谦被诬陷，联名向明英宗请愿，要求释放于谦。王振看到众怒难犯，又抓不住于谦什么把柄，只好释放了于谦，恢复了他的原职。公元1448年，于谦被调入北京，担任兵部左侍郎。

公元1450年农历八月十六日，发生了"土木堡之变"，明英宗率领的50万大军在山西大同附近的土木堡，被蒙古族瓦剌军消灭，英宗及皇室人员做了俘虏。

明朝50万大军在土木堡全线崩溃的消息，第二天深夜三更传到北京。原来，是英宗让和他一起被俘的锦衣卫校尉袁彬写了一封信，连夜被送进了皇宫里。信中说，英宗被俘，希望用金钱把他赎回来。太后和皇后看了信，急得哭哭啼啼，秘密从宫里内库捡出大量金银珍宝、绫罗绸缎，装了8匹马的背驮，偷偷给瓦剌军送去，想把英宗赎回来。

十七日一大早，上朝的大臣们听说皇上被俘，全军覆没，举朝震恐，一片恐慌，只是在殿廷上号啕大哭。接着，从土木堡逃出来的伤兵，陆续出现在北京城里。京城里人心惶惶，一些富户士绅纷纷携带家珍向南逃亡。

在这种非常紧急的情况下，为了安定人心，皇太后下诏，立英宗年仅两岁的长子朱见深为太子，由成王朱祁钰监国，代理皇帝的职权，总理国政。并且召集大臣，商量怎么对付瓦剌。大臣们七嘴八舌，谁也想不出一个好的办法来。翰林院侍讲徐珵主张迁都南逃，扯着嗓门喊："瓦剌兵强，怎么也抵挡不住，用我们这些老弱残兵跟他们对阵，就像鸡蛋往石头上撞一样。臣这几天夜里观察天象，荧惑星曾入侵南斗，这说明天命已去，京城将遭大难，只有逃到南方去，暂时躲避一下，才能保证国家的安全。"

这时，于谦站出来声色俱厉地呵斥徐珵说："京师是天下的根本，一动根本就不可收拾了，宋朝的南渡就是一大教训！现在应当立刻调来四面八方的兵马，支援首都，誓死守卫京师。谁再说南迁的话，就是动摇军心，应该砍头。"

徐珵听了，吓得灰溜溜地站到了一边，低着头再也不敢说话了。

在京城面临危急时刻，于谦坚决主战。皇太后、朱祁钰和诸位大臣都赞成他的意见，朝野上下，决心守卫北京，太后决定叫于谦负责指挥军民守城，指望着他能独撑危局。

于谦毅然担负起守城的重任。他一面加紧调兵遣将，将两京、河南的备操军，山东、南京沿海的备倭军，江北及北京诸府的运粮军，全部调进北京，加强京城和附近关口的防御兵力。八月，于谦升任兵部尚书。

有一天，监国的成王朱祁钰在午门主持朝会，处理朝政时，大臣们纷纷要求宣布王振罪状。右都御史陈鉴哭奏说："王振的罪恶，造成国家现在的危机，使皇帝成了瓦剌的俘虏，应当把王振的全家都杀了，没收他们的财产，这样才能平民愤，安定人心。"

朱祁钰知道王振党羽势力非常大，犹豫了半天没有作声。这时，王振的党羽锦衣卫指挥马顺,见大臣们不肯退朝,趁朱祁钰态度不明朗,就上前大骂群臣,并吆喝着想把大臣们赶出午门。这下激怒了众大臣。有个大臣冲上去揪住马顺的头发,大骂道:"你过去仗着王振作威作恶,现在你还敢这么放肆?"大伙见状,一哄而上,揪住马顺乱打,一阵拳打脚踢,就把马顺揍死了。接着又逮捕了王振的侄子、锦衣卫指挥王山。朝班大乱。

朱祁钰吓得六神无主,想退朝还宫。只见于谦上前扶住并劝说他当众宣布,马顺等当死,百官无罪。朝会秩序恢复。

铲除了王振余党,于谦全力加强北京的防御。首先调来离北京较近的南北两京、河南备操军士、山东及南直隶沿海备倭军士、江北及北京诸府运粮军士,紧急集中北京,以应守卫之急。尔后又从全国各地调集精兵强将,加强北京的防守,在很短的时间内,就组织起22万人的守卫大军。

瓦剌首领也先俘虏了明英宗,并没把他杀死,却挟持着当人质,不断骚扰边境,并以送英宗回来为名,进攻北京。

"国不可一日无君"。九月初一,于谦联合百官向孙太后请求,立明英宗唯一的弟弟、22岁的朱祁钰为皇帝,遥尊被俘的英宗为太上皇。朱祁钰即位后的年号为"景泰",史称景泰帝,这就是明代宗(又叫景帝)。景泰帝命于谦总督京师军务,防范瓦剌军进攻北京。

于谦临危受命,仅用一个多月的时间,就将北京城的防务部署妥当。他起用了杨洪、郭登、石亨、范广、罗亨信、罗通、朱谦等大批能征善战的武将,分头防守要地,动员民众将储存在大运河终端通州的大批粮食抢运进城。整编了京城残留军队和外地援军共22万,分营列阵于9门之外,并传下严令:临阵后退者,不分将领士兵,一律斩首。他激励将士,要奋发忠勇,誓保京城。一时士气大振,城坚粮足。部署停当之后,于谦披挂甲胄,亲自到首当其冲的德胜门外大营坐镇,并传令关闭九门,全城戒严,决心与强敌背城一战,不准任何人进城逃避。

景帝登位,使瓦剌借英宗要挟明廷的阴谋破产。公元1449年10月,也就是土木堡之变后仅仅3个月，瓦剌经过充分准备之后，挟持英宗，扬言送英宗回京，兵分两路大举进攻京师。北路军以一部分兵力攻居庸关、白羊口；南路军3万人由也先亲自率领，挟持英宗自集宁经大同、阳和（今阳高），挥师南下，直逼紫荆关。

明廷得知瓦剌已向京师逼攻，立即戒严京城。十月初五，景帝诏诸王遣兵入卫。初八，景帝命于谦提督各营兵马，将士皆受其节制。刘安、王通被赦出狱，协守京师。

紫荆关是通往北京的咽喉要道。也先欲犯京师，必先取紫荆关。初九，也先抵紫荆关亲自督战。投降瓦剌军的明朝宦官喜宁熟知紫荆关关防部署，引导瓦剌军偷越山岭，腹背夹攻关城，守将韩青、孙祥战死，紫荆关被攻破。瓦剌军便由紫荆关和白羊口两路进逼北京。

瓦剌军很快打到北京城下，在德胜门外和西直门外扎下营寨。于谦立刻召集将领商量对策。大将石亨说道："明军兵力弱，北京城比较坚固，我们可以把军队撤进城里，把各道城门紧紧关闭，死守城池，日子一久，也先瓦剌攻不下来，就自然会退兵。"

于谦听了这番话，摇了摇头，说："瓦剌现在这样嚣张。如果我们闭门不出，表明我们害怕他们，向他们示弱，更会助长他们的气焰。我们只有进行坚决反击，给他们一个迎头痛击，才能打掉敌人的威风。"接着，他分派将领带兵出城，22万大军在京城9门外摆开阵势。

那时北京只有9座城门，每座城门之前均建有箭楼，因此共有18座城楼。由于明朝灭元开国之际，并未能将蒙古势力一网打尽，更未能占据蒙古草原，因此，北方的蒙古势力一直是威胁明朝安全的挥之不去的阴影。定都北京的永乐皇帝，尚属雄才大略之君，他一生曾5次北征蒙古。正因德胜门位于大军出发北征的必经之道，所以才被命以谐音"得胜"的吉利之名。

于谦在城外把各路人马布置好后，亲率一支人马驻守在防守重点德胜门外，叫城里的守将把城门全部关起来，表示有进无退的决心。并且下了一道军令:"凡是将领上阵,不顾队伍带头后退的,就斩将领;士卒不听将领指挥,临阵脱逃的,由后队将士督斩。"于谦身披甲胄,率先士卒,激励三军。

将士们被于谦的勇敢坚定精神感动了,士气振奋,斗志昂扬,下决心跟瓦剌军拼死战斗,保卫北京城。各地的明军接到朝廷的命令,也陆续赶来支援。城外的明军增加到22万人。

十月十一日,瓦剌军抵北京城下,也先率主力列阵西直门外,而把英宗置于德胜门外空房内,企图迫使明军献城。

这天,瓦剌把英宗拥到德胜门外的土城上,要明朝派大臣迎驾,以试探明廷的态度。景泰帝临时升通政司参议王复做礼部侍郎、中书舍人赵荣做鸿胪寺卿,派他们二人出城见英宗。

瓦剌为了夸耀自己的威力,从心理上压倒明军,大摆兵仗,杀气腾腾,并说这两人的官太小,不与他们谈判,要明朝派于谦等来,并索要大量金帛。

景泰帝害怕瓦剌的军势,想派大臣去与瓦剌和谈。他们派人去问于谦的意见,于谦果断回答说:"现在我只知道抗击瓦剌,和谈的事不愿听到。"大家见没有商量的余地,也就没有人敢再提和谈的问题了。

于谦暂隐主力,千军万马偃旗息鼓,严阵以待,只派出小队骑兵,出营挑战,诈诱敌人。当天晚上,高礼、毛福寿在彰义门北迎击瓦剌军,杀敌数百人,军威大振,迫使瓦剌军不敢贸然进攻。

也先采纳喜宁的建议,借议和诱于谦等人前往迎驾,乘机擒获,明军将尢首而溃。于谦一方面派王复、赵荣去瓦剌军营进见英宗,另一方面针对朝廷有些人想议和的心理,提出现在只管备战,其他一概不问。也先议和的阴谋没有得逞。

十三日,也先集中主力进攻德胜门。于谦早料到瓦剌军会从这里进攻,就派石亨预先埋伏在德胜门外道路两旁的空房中,只派少量精骑迎战瓦剌军。

接战后，佯装败退，瓦剌军以万余骑追来。待瓦剌军进入明军伏击圈时，只见德胜门外关厢大道两侧民房中伏兵尽出。一连串号炮冲天炸响，万箭齐发，火铳齐放，直把战场炸成一条血胡同。瓦剌军大败，也先的弟弟、有"铁元帅"之称的孛罗和平章卯那孩都中炮身亡。瓦剌军又转攻西直门，明守将都督孙镗率师迎接。战斗打得十分激烈，明军斩敌前锋数人，迫其北退，孙镗又率军追击。瓦剌军合围孙镗，孙镗尽力拼杀，一度退到城边。幸高礼、毛福寿和石亨率兵前来增援，瓦剌军三面受敌，被迫退去。城外的百姓也配合明军，跳上屋顶墙头，用砖瓦投掷敌人。

于谦根据战斗中暴露出来的问题，重新作了部署，加强了西直门和彰义门之间的兵力，命毛福寿于京师西南各要口设置伏兵，以待策应。将领之间要加强联系，互相应援。瓦剌军在德胜门和西直门受挫后，又在彰义门发动进攻。于谦命武兴、王敬、王勇率军迎战瓦剌军。明军神铳、弓矢、短兵前后相继，挫败了敌军的前锋。但明军自己也乱了方阵，瓦剌军趁机反击，明军败退，武兴中流矢死了。

瓦剌军追到土城，土城一带的居民掷砖投石，阻遏了瓦剌军的进攻。明援军赶到，瓦剌军仓皇逃走。也先原以为明军不堪一击，京师旦夕可陷。但经过5天的激战，明军屡获胜利，士气旺盛。瓦剌军屡败，士气低落。

而进攻居庸关的5万瓦剌军，因天大寒，明守将罗通汲水灌城，墙壁结冰，瓦剌军无法进攻。经过7天的战斗，瓦剌军的进攻均被击退。罗通三次出关追击，斩敌无数，上万骑兵转瞬间灰飞烟灭。

也先遭到严重损失，又怕退路被明军截断，不敢再战，遂令北退，带着明英宗和残兵撤退。于谦等明英宗去远了，就用火炮轰击，又杀伤瓦剌兵上万余人。于谦命明军乘胜追击，在霸州（今河北霸县）、固安等地大败瓦剌军。北京四周的民众，因不堪瓦剌军的骚扰，也组织起来进行袭击。明军夺回了瓦剌军沿途掳获的许多百姓和财物。

北京城保卫战，取得了辉煌的胜利。于谦立了大功，受到了北京军民的爱戴。明代宗论功行赏。听说于谦家的房屋简陋，只能遮蔽风雨，明代宗就下旨给他造一座府第。于谦推辞了。他说："现在边境还有敌人的营垒，这是我们做大臣的耻辱，正是国难当头的时候，还有什么脸面得到国家的赏赐呢？"

于谦指挥的德胜门外的这场殊死恶战，保住了大明江山，保住了国都北京，保住了城中百万生灵，却没能保住于谦自己的仕途官位、身家性命。8年之后，这场恶战的最终受益者、昏庸而又残暴的明英宗朱祁镇，在奸臣徐有贞的怂恿下，在"夺门之变"重登皇位之后，迫不及待地杀害了功在社稷、文韬武略的于谦。明廷在抄于谦的家时，发现除了一些书籍之外，没有什么值钱的东西。

于谦被害的消息传出后，不论男女老幼，无不为之落泪，人们传诵着于谦自己写的一首咏志诗——《吟石灰》：

> 千锤万凿出深山，烈火焚烧若等闲。
> 粉身碎骨浑不怕，要留清白在人间！

75. 无敌鸳鸯阵

——戚继光台州战倭寇

元末明初的时候，我国东邻日本正处在南北朝分裂时期，封建诸侯割据，互相攻伐。在战争中失败了的封建地主，就组织武士、海匪、无业浪人与不法商人勾结成大规模武装集团，乘船到中国沿海地区进行武装走私和抢掠骚扰，杀人越货，历史上把这种海盗叫作"倭寇"。明世宗的时候，对外贸易相当发达，沿海一带海商大贾、浙闽大姓为牟取暴利，不顾朝廷的海禁命令，和"番舶夷商"相互贩卖货物，形成海上武装走私集团，有的甚至亡命海外，勾结日本倭寇，在沿海一带劫掠。而明世宗昏庸腐朽，权相严嵩奸贪狠毒，庇护、纵容通倭官吏，打击、陷害抗倭将领。海防松弛，倭寇到处抢掠财物，杀害百姓，闹得沿海不得安宁，祸害越来越严重。

公元1553年，在汉奸汪直、徐海勾结下，倭寇集结了几百艘海船，在浙江、江苏沿海登陆，分成许多小股。沿海的官吏和兵士不敢抵抗，见了倭寇就逃。倭寇侵略越来越严重。清剿倭寇，廓清海疆，保护东南沿海的经济发展和人民的生命安全，成为明代中期头等政治大事。

内阁首辅、权臣严嵩的同党赵文华想出一个主意，要解决倭寇侵犯，只有向东海祷告，求海神爷保佑。明世宗居然信了赵文华的鬼话，叫他到浙江去祷告海神。

不过，明世宗也觉得光靠祷告不行，派南京兵部尚书张经廷总督调山东水陆兵6000人赴扬州。后来派了个熟悉沿海防务的老将俞大猷，去指挥军队抵抗。张经指挥部队与倭寇战于王江泾，歼敌2000余人。可是，浙江总督张经遭赵文华陷害被杀，俞大猷也被牵连坐了牢。朝廷把驻防山东的将领戚继光调到浙江，才扭转了这个局面。

戚继光，山东蓬莱人，生于山东济宁县南的鲁桥镇，祖辈都是明代将领。戚继光从小喜欢做军事游戏，17岁时世袭了登州指挥佥事，开始了他的军事生涯。

公元1548年，明王朝为抵御蒙古贰靼鞑靼部南袭，把蓟州列为边镇，由山东、河南抽调官兵戍防。那时的蓟州，是指山海关到居庸关一线。戚继光每年春季，都要率本部人马到这一带驻防。连续5年，戚继光每年奔走于登州和蓟州之间。随后，戚继光被提升为主管山东防倭军务的都指挥佥事，防线包括从江苏、山东交界处一直到山东半岛的北端。公元1555年秋天，戚继光来到浙江，任浙江都司佥书。第二年，又晋升为参将，镇守宁波、绍兴、台州三府，不久又改守台州、金华、严州三府。

戚继光精通兵法，他认为打仗要取得胜利，一定要军队精良，纪律性强，宁可要几千精兵，也不要几万乌合之众。他刚到浙江的时候，先检阅军队，发现那些军队军容虽说整齐，但根本不能打仗，便以当地农民和矿工为主，训练出一支能打仗的部队。

戚继光向新战士解释，建立这支队伍，是为了保卫家乡的安全。他说："兵是用来杀贼的，贼是要杀老百姓的，百姓们当然希望你们勇敢杀贼。如果你们既能杀贼又守军法，不扰害百姓，百姓怎能不奉承你们呢？"

戚继光懂得兵士不经过严格训练，是不能上阵的。经过几个月的严密组织和艰苦训练，他建立起一支以义乌农民和矿夫为主的4000名新军，亲自教兵士使用各种长短武器。他根据南方沼泽地区的地理特点，创造了"鸳鸯阵"的战术。一个"鸳鸯阵"由几个人组成，最前面的是队长，队长身后有两行士兵，每行5人，最后一个是伙夫。队长身后每个士兵都拿藤牌，遮挡箭支、刀砍，掩护其他战友。他们俩后边是"狼筅"兵器，狼筅是戚继光发明的新兵器，实际是在大毛竹上插上尖刀，由于把儿长可以横扫挥舞，威力巨大。再后面，分别是每行各两个长枪兵和一个短刀兵，协助作战。这样一个小队，可以独立作战，又可以几百个小鸳鸯阵组成一个大阵，还可以变换阵法为"二方阵""三方阵"，真不愧是秘密武器。

经过戚继光的严格训练，这支新军的战斗力特别强，英勇善战，屡立战功，扬名四海。

戚继光还非常重视武器装备的改进。他认为，御敌必须器械精良，改善军队装备，以增强战斗能力。他除了改进长短相结合的冷兵器外，把重点放在火器上。他根据东南沿海地形特点和倭寇的作战方式，组织人员创制了虎蹲炮、"三飞箭"、连子铳、喷筒和火桶等各种新型武器，取得了克敌制胜的主动权。

公元1561年（嘉靖四十年）4月22日，倭寇得知戚继光率主力赶赴宁海，台州空虚，遂分兵三路分别进攻台州桃渚、新河、沂头。

进入台州地区的倭寇，大肆抢掠新河城外各地。城内精壮士兵大多出征，留守者人心惶惶。这时，戚继光夫人挺身而出，发动妇女守城，迫使倭寇不敢贸然逼近。这时的台州城，守军不多，城墙不固，情况非常危急。

在宁海的戚继光听说后，急令胡守仁、楼楠二部驰援新河。倭寇也很快逼近新河城下。这时，援军赶到，双方展开激战。入夜，戚军打败倭寇，残倭从铁岭方向逃走。戚家军乘胜追击，将残倭打得落花流水，保住了新河。

戚继光击败宁海倭寇后，听说进犯桃渚之敌焚舟南窜，改攻精进寺。他听到这个消息，十分激动，认为敌人是想乘虚侵犯台州城，终于有机会和倭寇决战了。他立即下令水师出巡海上，自己率主力赶到台州。只见他翻身上马，手持令旗坚定地向前一挥，说道："全军启程，向台州急行前军，违令者斩。"

军令如山，这支部队昼夜行进，于4月27日中午先敌到达府城外。倭寇已走到距离府城2里路的花街，围城的倭寇头目还洋洋得意地认为，这次避开了戚继光，台州唾手可得呢！

到了中午，一支几千人的阵列整齐的队伍在战鼓声中抵进花街。突然，一杆绣着斗大"戚"字的大旗，在队伍中醒目地树起，随即一个声音响彻全军："布好鸳鸯阵，向敌人进攻"。倭寇们被从天而降的戚家军吓呆了，等他们稍清醒时，"鸳鸯阵"已经攻到了大营。由于敌军的惊慌，也由于平时戚家军训练有素，倭寇被包围在大阵中，插翅难飞。

戚家军先是用火器进攻敌阵，接着以大队人马进击。戚继光亲临火线激励士卒，当场宣布："如能杀倭寇头目的，给予重赏"。

"咚咚"的战鼓声更使戚家军力量倍增。每一个鸳鸯阵进退自如，队长在前指挥开路，藤牌兵掩护全队，狼筅兵横冲直撞，锐不可当；长枪兵与短马兵配合默契，直打得倭寇"哇哇"怪叫，四处逃窜。

倭寇诡计多端，将抢劫来的金银故意散落地上，想引戚军前去拣拾，然后杀个回马枪。戚家军纪律严明，任何人都不抢掠银两，使倭寇枉费了心机。

倭寇在战败后，突然改变阵容，以左哨敌戚家军右哨，以右哨敌戚家军左哨。戚家军当即识破了倭寇的诡计，也旗鼓突变，伏兵配合正兵一齐杀出，敌军措手不及，大败。同时，戚家军兵行迅速，出击时火兵刚开始做饭，全胜收兵之后，饭才刚刚做熟。

五月初一，泊于、健跳海面的倭寇，进至台州府城东北的大田镇，妄图劫掠府城。戚继光率剩下1500余人在大田岭设伏，与倭寇对峙。

倭寇听说戚家军早有准备，便沿间道逃至大田镇，20里的长蛇队，冒雨由山路成单行向仙居前进，准备进攻处州（今浙江丽水）。大田至仙居必经上峰山，山南是一狭长谷地，便于伏击敌人。戚继光预料倭寇一定会取道上峰岭，便派一支部队在上峰上设伏，然后派一支小部队尾随倭寇。为避免暴露目标，戚继光令士兵每人手拿一束松枝，遮蔽身体。

倭寇头目首先登上上峰岭，见四面尽是苍松，不见有兵，便下令过岭。

等到倭寇队伍过去一半，炮声一响，戚家军放下松枝，列一头两翼一尾阵，奋勇进击，拼命冲杀，铳声、喊杀声震撼山谷。倭寇措手不及，恐慌万状，死伤不计其数。

有一部分倭寇见势不妙，逃上一座小山顽抗。敌人掌握了制高点，戚继光认为如果拼命攻，也能消灭敌人，但损失要大些。于是，他把一面白旗竖在山下，命令部下向山上的敌人喊话，说明凡是被胁从的中国百姓，只要空手投奔旗下，即可免杀，全部放回家乡。话音一落，投奔到白旗下的就达数百人。剩下的倭寇见势不妙，又逃往上界岭。戚家军一鼓作气，冲了上去，倭寇抵挡不住，狼狈逃命，摔死摔伤大半。剩下的少数倭寇逃到山下白水洋朱家大院，被戚军和百姓们围起来全消灭了。

这次战斗，戚家军以少胜多，共斩杀300余人，夺回被掳民众1000余。戚家军凯旋台州府城。

随后，戚家军又取得了藤岭战斗的胜利，消灭了窜犯宁海以北团前、团后占据长沙的倭寇。从此以后，倭寇在哪里骚扰，戚家军就打到哪里。交锋了九次，戚家军次次都取得胜利。最后，倭寇在陆地上待不住了，被迫逃到海船上，戚继光又下令用大炮轰击。倭寇的船起了火，大批倭兵被烧死或掉海里淹死，留在岸上的也只得乖乖投降。

台州战役之后，戚继光以军功晋升为都指挥使。倭寇见到浙江防守严密，不敢再犯。

76. 烟花边草笑平生

——戚继光福建降倭寇

浙江倭患平息后，倭寇纷纷南下骚扰福建，一路从温州往南，占据了宁德；另一路从广东往北，盘踞在牛田，两路敌人互相声援，声势很大，福建成为倭患活动中心。福州的明军害怕倭寇，守将不敢派兵进攻，只好向朝廷告急，朝廷派戚继光前往福建剿倭。

公元1562年7月戚继光到福建后，面对倭寇的不断骚扰，也是颇费心思，倭寇来了就打，一打他就走，总是击不中要害，这样下去总不是办法。他想，打蛇要打七寸，要解除倭寇之患，也必须消灭其在宁德的巢穴，只有这样才能永保东南沿海平安无事。

戚继光带了新军赶到宁德，先下了一道命令，不论男女老少，不管是做什么的，只要有倭寇的消息，就要向他报告，报信的人一律奖赏。这样，他很快就打听到，倭寇的巢穴在宁德城十里外的横屿岛。这是福建宁德县城东北海中的一个小岛，四面是水，东、北、南三面距陆地较远，只有西面距陆地较近，但涨潮时一片汪洋，退潮淤泥一片，难以通行，地形险要。

岛上倭寇有数千人，扎了大营，盘踞数年，四出劫掠，使宁海县城变为废墟，当地明军也不敢去攻打他们。

横屿岛对面有一个张湾，戚继光认为拿下张湾，横屿岛就成了孤岛。他让人散布消息说，明军要进攻张湾，许多胁从的倭寇都纷纷来投诚，几天之内就有1000多人投降戚继光。

戚继光在攻下张湾后，就准备挥师进击横屿岛。他亲自调查了横屿岛的地形，深深感到的确不好打，召集将领、谋士商讨对策。可是商量半天也没有好办法。

这一夜，戚继光躺在床上苦思冥想，一个想法在脑中逐渐地形成。他知道那条水道既不宽，又不深，退潮时就是一片淤泥与陆地相连，倭寇经常在退潮时攻上岸，在涨潮时退回岛上。可不可以利用退潮时攻入横屿岛呢？想到这儿，戚继光感到有了眉目，索性披上衣服在桌前坐下来，随手写着什么。用什么方法可以迅速通过淤泥攻上岛呢？而且一定要保证迅速消灭敌人，保证在涨潮时不被切断退路。戚继光灵机一动，有了主意。

八月初八这天晚上潮落的时候，戚继光传令部队，立即出发，他将戚家军分为两路，一路从侧面进攻，争取在岛中放起大火扰乱敌人，另一路由他亲自率领，从正面进攻。他让兵士每人随带一捆干草，队伍摆成"鸳鸯阵"。戚继光亲自击鼓，每进百步，止鼓休息，复鼓再进，士兵在战鼓声中踏草前进，随进随用草填泥。到了横屿岛对岸，把干草扔在泥滩上，居然铺出了一条路来。后续部队也涉过泥滩。倭寇以为明军定为淤泥所阻，可是，只有戚家军踏着干草铺成的路，只用了几个小时，就神不知鬼不觉地插到倭寇大营。

倭寇虽说有准备，但还是对戚家军的骁勇善战估计不足。他们以为戚军只能在水涨时用水师来攻，没有想到戚继光却用陆师。一见戚家军抢渡滩涂，他们连忙摆开阵势，企图顽抗。

戚家军一登陆，戚继光就命令士卒兵分三路向倭寇发起攻击。他亲自为战士助威，戚家军个个奋勇当先，有进无退，顿时双方展开激战，山上山下喊杀声、兵器相撞声、战鼓声响成一片。另一路戚家军也悄悄上了横屿岛，放起大火，从倭寇背后杀来。倭寇更没有想到戚家军会有这一招，受到两面夹攻，阵势很快大乱。经过一场恶战，盘踞在岛上的2000多倭寇全部被歼灭，戚家军取得了入闽抗倭的第一次胜利。

戚家军攻下横屿，立刻又进兵福清。福清的倭寇营垒星罗棋布，连营

30余里，其中牛田倭寇最多。牛田离福清县城30里，离海边很近，便于进守。戚继光决定先打掉牛田的倭寇，震慑其余。

为了麻痹倭寇，戚继光使出一计。到了牛田附近，他就传出命令，说："远路进军，人马疲劳，先就地休整再说"。

这些话很快传到倭寇那里。倭寇信以为真，防备也就松懈下来。

就在当天晚上，戚继光下令向牛田倭寇发起攻击。戚家军从锦屏山出发，直奔杞店，杀死哨兵之后，越墙而入，打开寨门，然后四周放火，士兵奋力冲击。倭兵毫无准备，仓促应战，禁不住戚家军猛攻猛冲，纷纷败退。

接着，戚家军回师锦屏山。这时有探子来报，说发现一队倭寇朝锦屏山开来。戚继光断定这是倭寇前来偷营，便将计就计，不动声色地把部队撤出营地，在空营周围埋伏弓箭手、鸟铳手。

果然，到了五更时刻，700多名倭寇前来偷营，他们看到戚家军军营毫无动静，以为得手，迅步往前冲，不想进入了伏击圈。只见埋伏的戚家军号声一响，弓箭、鸟铳齐发。一阵射击之后，伏兵奋起冲击。当倭寇知道中了埋伏时，已被戚家军掩杀过来，700多名倭寇死的死，降的降，全部被消灭。

经过这次战斗，福清境内的倭寇基本肃清，戚继光率部凯旋，福建巡抚游震得亲自带领百姓出城欢迎，沿途锣鼓喧天。

倭寇头目率领残兵逃到兴化，戚家军又连夜跟踪追击。兴化倭寇主要盘踞在林墩。九月中旬，戚继光率部悄悄从小道进入兴化府城。戚继光决定当天晚上就采取行动。夜深人静时，当第一遍铃声响时，士兵们立即整装吃饭，当第二遍铃声响时，士兵已经聚集到武场上。他们轻装衔枚出城，向林墩进发。

没想到，引路的向导是倭寇的奸细，他把队伍引到西洪。由西洪到林墩，溪水纵横，都是些羊肠小道，阵列不好摆开。但是，戚家军已到林墩，没有其他选择，只有用士气和勇敢去战胜敌人。

战斗开始后，倭寇利用熟悉地形绕道到戚军阵后，前后夹击，戚家军被打个措手不及,后队数百人阵势动摇,纷纷退却。

戚继光见状不妙,亲自堵住路口,杀掉退缩的哨长等人。戚家军重返杀场,个个奋力反击,与倭寇展开肉搏战,倭寇招架不住,四散奔逃,一千多人落水淹死。

就这样,戚家军一连攻下了敌人60多个营寨,消灭没有跑掉的敌人。到了天色发白的时候,戚家军开进兴化城,城里的百姓才知道附近的倭寇已经被戚家军消灭。大家兴高采烈,纷纷杀牛带酒,到军营来慰劳。

戚继光回浙后,倭寇又大肆劫掠福建沿海。嘉靖四十一年(1562年)底,攻陷兴化府城,在城中烧杀奸淫掠夺,无恶不作,盘踞两个多月才弃空城退出,经岐头攻陷平海卫(今莆田县平海),以此为巢,四处骚扰。福建再次面临倭患的威胁。

这个时候,俞大猷已经复职。明朝调新任福建总兵俞大猷和先期援闽的广东总兵刘显与戚继光一道抗击闽倭。朝廷派俞大猷为福建总兵,戚继光为副总兵。两位抗倭名将联手指挥,大败倭寇,收复兴化。

公元1563年4月,戚继光抵达福建,立即查看倭巢地形。在攻击平海卫倭寇的战斗中,戚家军为中军,担任正面进攻,俞大猷为右军,刘显为左军,从两翼配合攻击。4月21日,戚家军以胡守仁部为前导,分兵三路,以火器打乱了倭贼前锋骑兵,乘势发动猛攻,俞、刘二部从两翼投入战斗。倭寇三面受敌,狼狈窜回老巢。三路明军乘胜追击,将敌人围困于巢中,并借风火攻,荡平了倭巢。这一仗,只用了四五个小时,歼倭2000多人,解救被掳男女3000多人,明军收复兴化城。这年冬,戚继光升为总兵,镇守福建全省和浙江金华、温州二府兵事。

戚继光任总兵后,得知倭寇2万多人正在围攻仙游,立即统兵往去救援,为防倭寇偷袭省城,又派兵北上配合守福州城。

仙游被围一月多,守城明军挡住了倭寇多次登城攻击。攻城的倭寇在仙游城郊建了4个大营,分驻在东、南、西、北4个城门之外。戚继光做了实地考察之后，决定进攻南巢。

公元1564年1月9日，倭寇正用吕公车攻城。这种战车高出城墙一丈多，每车可容100多人，攻城时用车上特备飞桥搭在城墙上，可以通过飞桥上城。

正当仙游明军吃紧的时候，戚家军从东、南两个方向及时赶到，王如龙所部中左路直冲南巢，中右路配合中左路，一起猛攻。倭寇大败退回大营，戚家军奋勇冲入，放火烧了倭寇的南巢。接着，戚家军又连续攻破另外三巢，仙游之围全解。余倭逃往广东。至此，福建倭患基本平定。

第二年，戚继光与俞大猷配合，歼灭了广东的倭寇。至此，明东南沿海抗倭之战取得了最后胜利。

倭寇的消灭，原因很多，但关键一点，是得益于戚继光具有远见卓识的军事改革。他的卓著战功，不仅仅是靠奇谋，更主要的是得益于他顺应时代潮流，进行全面军事改革，改进兵器军械，更新冷兵器，改进各种火器；创建新兵种，组建合成军，编练全新的"戚家军"；健全防务，改进军事筑城的防御阵地；创造"鸳鸯阵"，善于协同整体作战。戚继光被认为是中国古代一位颇具创见的新型军事家和战将，不但以辉煌的战绩写下光辉的一页，而且更以他大胆的改革精神和军事理论著作彪炳史册。他在自赋的诗中曾感叹"南北驱驰报主情，烟花边草笑平生"。

77."七大恨"

——努尔哈赤攻抚顺

明朝万历年间,国力衰弱,而位于今我国东北长白山一带的建州女真族各部落(满族)却一天天强大起来,造就了一位满族著名的军事家努尔哈赤。

努尔哈赤,姓爱新觉罗,是女真首领猛哥帖木儿的后裔,他的爷爷、父亲都被明朝辽东总兵李成梁所杀。努尔哈赤为洗雪杀祖戕父之仇,反抗明王朝分而治之的民族压迫政策,决定起兵反明,攻打明廷扶植的建州女真苏克素浒部的首领尼堪外兰,斩杀了世仇尼堪外兰,并采取"顺者以德服,逆者以兵临"的策略,完成了建州女真的统一,称王于费阿拉。继而又合并了海西与东海诸部,控制了东临大海(今日本海),西界明朝辽东都司辖区,南到鸭绿江,北至黑龙江以北外兴安岭等广大地区。

努尔哈赤不仅是一位杰出的军事家,也是一位卓越的政治家。在统一女真各部过程中,创建了兼有军事、行政、生产三大职能的八旗军制,他把女真编为八个旗,即黄、白、红、蓝、镶黄、镶白、镶红、镶蓝。旗既是一个行政单位,又是军事组织。每旗下面有许多牛录组织,一个牛录300人,平时耕田打猎,战时打仗,出则为兵,入则为民。女真人分编在八旗中,每旗可出兵7500人,共有兵力6万余人,主要是骑兵。这种制度,使原来各自为政、松散如沙的女真各部,形成严密组织,既推动了生产,又增强了战斗力。努尔哈赤还擅长谋略,认为用兵以智巧谋略和高超的战法为贵,主张以较小的代价换取较大的作战胜利。在努尔哈赤的治理下,女真族只用了短短 30 年时间，就建立起一支与明王朝分庭抗礼的强大力量。

公元 1616 年，努尔哈赤在八旗贵族的拥戴下，在赫图阿拉（今辽宁新宾附近）即位称汗，国号大金，年号天命，以赫图阿拉为都城。为了与过去的金朝区别，历史上把它称为后金。

努尔哈尔建后金之后，又花了两年多时间，精心策划和准备对明廷的战争。他整顿内部，发展生产，扩大兵力，补充马匹和战具，屯田积粮，派遣间谍，收买明将，刺探明军虚实。为了麻痹明廷，努尔哈赤继续向明朝进贡称臣。他还多次到北京，亲自探察明廷的虚实。明廷认为努尔哈赤态度恭顺，封他为龙虎将军。

此时的明廷，身为皇帝的神宗，荒怠、贪婪是开创历史纪录的。自 1592 年起，他不视朝政，不祭郊庙，一群太监文嬉武恬，趁机揽权，穷凶极恶，横征暴敛，杀人莫敢问，天下百姓生灵涂炭。因忙于镇压关内人民起义，明军无力顾及辽东防务；驻守辽东的明军，训练荒废，装备陈旧，缺粮缺饷，虚额 10 余万，实有兵不过数万，守备又极分散，千疮百孔，战斗力极差，对后金的进攻，毫无准备。

公元 1618 年春，努尔哈赤趁明朝内争激烈、防务松弛的时机，将八旗兵锋芒指向明王朝。

4 月 13 日这天，在经过认真准备和精心筹划之后，努尔哈赤誓师反明，他以"七大恨"告天，宣布跟明朝有七件大事结下了冤仇。最大恨就是明朝无故挑衅，杀害了他的祖父和父亲。为了报仇雪恨，决定起兵征伐明朝，并把抚顺作为首选攻击点。

第二天，是抚顺马市开市的日子。努尔哈赤派一部兵力，扮作商人先期来到抚顺关，宣称："明日三千人来为大市"，以麻痹明廷，而他亲自率领 2 万骑兵，兵分两路，进攻抚顺。左四旗兵取东州堡（今辽宁抚顺县东大东州）、马根单堡；努尔哈赤自率右四旗兵及八旗精锐内兵（护军）向抚顺所（今辽宁抚顺城）进发，沿浑河谷直取抚顺所。晚上，突然下起大雨，努尔哈赤令商队前行作掩护，大军随后潜行。

15日清晨，伏兵车中的金兵"商队"抵达抚顺，引诱军民出城贸易。在熙熙攘攘的人流中，后金伏兵突起，进围抚顺城，后续部队也很快赶到，架云梯攻城。

努尔哈赤一方面以大军攻城，另一方面使出软招，写信给抚顺明军守将李永芳，劝他投降。李永芳一看后金军来势凶猛，没有抵抗就投降了，努尔哈赤以孙女许李永芳为妻，并授以总兵之职，笼络明军降众。后金军俘获人口、牲畜30万，论功行赏分配战利品，连分5天还没有分完。明军在抚顺周围的堡寨全被后金军占领。

这时，从广宁（今辽宁北镇）出发的明军总兵张承荫部1万援军赶到，双方展开激战。明军据山险，分立三营，布列火器。后金军进攻后，明军也发火器，风向突变，火器打到自己的阵地上，死伤不少明军。后金军乘势冲入明军营阵，张承荫等诸将战死，士卒死者万人，生还者十无一二。后金军撤回都城。

一个月后，后金军卷土重来，再次越过边墙，攻克明军大小堡寨11个。7月，努尔哈赤率后金军进围清河堡（今辽宁本溪市东北）。明军吸取抚顺的教训，对清河加强了防守。

努尔哈赤的大军从四面攻击清河堡，城上众炮齐轰，滚木雷石俱下。明军拼死抗击，八旗兵冒死冲击，死伤惨重。努尔哈赤不得不撤退。就这样，后金兵八进八退，尸体遍于城下。后金兵用大木板斜靠墙下，从底下挖墙，明军火炮不能轰击。城东北坍塌，后金兵踏着尸体登上城墙，进入城内。守军与后金兵巷战，守将邹储贤战死，清河陷落。

至此，抚顺城以东诸堡，大多为后金军所攻占。努尔哈赤轻取抚顺及其周围寨堡是长期准备，精心策划，以绝对优势的兵力，采取诱袭战法的结果。此战充分显示了努尔哈赤用兵的高超，也反映出明廷及其将领的腐败无能。努尔哈赤首战取胜，使明辽东失去了战略屏障，也更加坚定了他灭明的决心。

78. 清风乍起

——萨尔浒之战

努尔哈赤率军攻陷抚顺、清河,直接威胁了明对辽东的统治,消息传到北京,举朝上下十分震恐。明神宗心想我堂堂大明朝,却被一个小小的女真族打败,真是可耻,立即派兵部侍郎杨镐为辽东经略,主持辽东防务,并决定出兵辽东,大举进攻后金。

明神宗万历皇帝,为政消极怠工,在长达20年时间里,不出席任何礼仪仪式,高级职位出现空缺,也不派人补缺;大臣们写奏章向他抗议,他置之不理;有良心的官员无计可施,提出辞职,他既不挽留,也不准离职,有的官员愤怒之余挂冠而去,他也不追究。整个朝廷都跟着消极敷衍,不景气的趋势愈演愈烈,文臣武将也多无能之辈。

兵部侍郎杨镐本是个文官,从来没有领兵打过仗。但他又是一个眼高手低的人,自以为是个军事天才,这次皇帝派他领兵可真是没有选错人。他根本瞧不起后金军,认为他们不过是一群乌合之众。

杨镐准备以赫图阿拉为进攻目标,采取分进合击、四路会攻的战术,四路分别由山海关总兵杜松、辽东总兵李如柏、开源总兵马林、辽阳总兵刘綎率领。可是由于准备不充分,又缺兵缺饷,坐镇沈阳的杨镐没有立即行动,明神宗又加派饷银200万两,并从川、甘、浙、闽等省抽调兵力,增援辽东,又通知朝鲜、叶赫出兵策应。折腾了半年,援军虽大部从关内到达沈阳地区,但粮饷未备,士卒逃亡,将帅互相掣肘。明神宗唯恐师老财匮,不顾这些情况，一再催促杨镐发兵进攻后金。

公元1619年2月，明援军8.8万余人终于到齐，加上叶赫兵一部、朝鲜军队1.3万人，共约11万，号称47万，虚张声势想吓唬后金。

出征前，杨镐将4位总兵召集在一起，商量如何进兵赫图阿拉。

最后确定进兵方案为：开原总兵马林为北路；山海关总兵杜松为中路左翼；辽东总兵李如柏为中路右翼；辽阳总兵刘铤为南路，目标直指赫图阿拉，杨镐坐镇沈阳指挥。

后金军袭占抚顺、清河后，曾打算进攻沈阳、辽阳，但因兵力不足，翼侧受到叶赫部的威胁，同时探知明王朝已决定增援辽东，便主动撤退，带着大批战利品回到赫图阿拉。第二年正月，经过一段休整的后金兵，在努尔哈赤率领下进攻叶赫部，给予其重大打击和破坏，基本稳定了翼侧，然后倾其全力对付明朝。

如今明军主动找上门来。后金八旗军兵力较少，合起来不过6万多。一些后金将领不免有点害怕，来找努尔哈赤拿主意。努尔哈赤胸有成竹地说："别怕，管他几路来，我就是一路去。"

四路明军还没有出动，作战的企图早被后金侦知，所以努尔哈赤得以从容应付。

努尔哈赤探知明军行动后，分析明军南北二路道路险阻，路途遥远，不能很快增援，就将6万兵力集结于都城附近，迎战明军的中路军。他派遣夫役在铁背山修筑界凡城，并派400骑兵守卫，作为前进基地，以备牧马歇兵之用，同时扼明军西来之路。在明军将要进攻的东路，砍伐树木，设置路障，派兵把守；在西路明军要渡河的要冲上游，堵塞河流，诱敌深入。同时，派出间谍刺探明军行动情报；封锁消息，不准后金擅自出界。

杜松率领的中路左翼是明军的主力。杜松不愧是一员虎将，从抚顺出发的时候，天正下着大雪，为抢头功，不顾气候恶劣，急急忙忙冒雪行军。但此人头脑简单，打仗只会拼杀，不会用计。这一天，杜松率大军先攻占了萨尔浒（今辽宁抚顺东）山口；接着分兵两路，把主力留在萨尔浒扎营，自己带了另一部精兵攻打后金的界凡城（今新宾西北）。

杜松的这些行动，早就被努尔哈赤派出的探子打听得一清二楚。努尔哈赤发现其他几路明军进展迟缓，而杜松军进展快，孤立深入，心里暗暗高兴，当即命令少数部队死守住界凡，自己亲率精锐主力直扑萨尔浒明军大营。

第二天将过中午，天色阴晦，咫尺难辨。后金军围攻萨尔浒的战斗打响了。杜松军点燃火炬照明以便进行炮击，后金军利用杜松军点燃的火炬，由暗击明，集中射击。顿时尘土飞扬，万马齐鸣，黑压压的后金军呐喊着向山上冲去。

山上的明军一下子慌了神。一来根本没有想到后金军这么快就攻了过来；二来主帅不在，军中缺少主心骨。训练有素的后金军英勇善战，100多年没有打过仗的明军根本不是对手。努尔哈赤指挥后金军，乘着大雾，越过堑壕，拔掉栅寨，攻占杜军营垒，截断了明军的后路，一口气攻下萨尔浒明军大营。接着，努尔哈赤立即传令全军，下山追击杜松进攻界凡的部队。

此时，界凡后金军与杜松指挥的明军也在进行激烈的战斗。杜松率军全力攻打，守界凡的后金军队依据有利地势，拼死抵抗，战斗十分激烈，双方都有大量士兵战死，血流成河，尸积如山。

就在这时，杜松忽然听到后面一阵大乱，转身一看，啊！大事不好，又一支后金军队从后面冲杀上来。他连忙上马，传令全军立即突围。可是，杜松哪里知道，他的2万部队已经被后金军包围。努尔哈赤的骑兵万箭齐发，一阵阵箭雨，将明军成批成批地射倒，最后杜松也倒在了血泊之中。明西路军全军覆没。

这么快就消灭了杜松这一路明军主力，努尔哈赤信心倍增，马不停蹄地向北急行，迎击马林。

当天晚上，马林率军进至尚间崖（在萨尔浒北），听说杜松战败，早吓得面如土色，再不敢前进，将部队分驻三处，就地防御。马林为保存实力，环营挖掘三层堑壕,将火器部队列于壕外,骑兵继后。又命部将潘宗颜、龚念遂各率万人,分屯大营数里之外,以成掎角之势,并环列战车以阻挡后金军骑兵驰突。

努尔哈赤指挥他的骑兵大军,火速赶往尚间崖,很快与马林的部队交上了手。三月初三,后金军一部骑兵,在八子皇太极的率领下,横冲龚念遂营阵,接着以步兵正面冲击,攻破明军车阵,击败龚军。

后金主力进攻尚间崖后,马林率军迎战。努尔哈赤以骑兵一部迂回到马军阵后,两面夹攻。这时,马林一看形势不妙,换上了士兵的服装,准备逃跑。明军没有主帅指挥,只得各自为战,自顾自突围逃命去了。后金军没费什么力气,就消灭了这支北路明军。

再说刘𫄷所率的南路军,因山路崎岖,行动困难,未能按期进至赫图阿拉。因不知西路、北路已经失利,刘𫄷仍按原定计划向北开进。

努尔哈赤击败马林军后,立即移兵南下,迎击刘军。他深知刘𫄷治军严整,行止有法,炮车齐备,火器精良,战斗力强。为全歼刘军,努尔哈赤心生一计,采取诱其速进,设伏聚歼的打法,事先以主力在阿布达里岗(赫图阿拉南)布置埋伏,另以少数士兵冒充明军,穿着明军衣甲,打着明军旗号,持着杜松令箭,诈称杜松军已迫近赫图阿拉,要刘𫄷速进。

刘𫄷信以为真,立即下令轻装急进。3月5日,刘𫄷率先头部队走到阿布达里岗,这里是一个大峡谷,道路越来越难走。

忽然,一声炮响,两边山头出现了无数后金士兵,接着前方后方一阵雷鸣似的轰响。原来,峡谷两头都被后金兵投下巨石堵死了。刘𫄷这才如梦方醒,气得眼睛冒火,大叫着传令部队,登山列阵,抗击后金兵。

这时,只见皇太极率右翼兵居高临下攻击,代善率领左翼兵,穿着明军衣甲,打着杜松旗号,自岗西突入明军营阵。刘𫄷见大势已去,一横心自杀殉国。主帅一死,明军纷纷投降。努尔哈赤乘胜击败其后续部队。

四路明军被消灭了三路,只剩李如柏这一路了。李如柏生性谨慎,行军走走停停，根本没有前进多少路程，当部队行进至清河堡东的虎拦岗时，突然接到杨镐从沈阳发来的急令："由于战事失利，命率军速归。"

原来，坐镇沈阳的杨镐，掌握着一支机动兵力，对三路明军未作任何策应。等到杜松、马林两军战败后，才慌忙调李如柏军回师。直到这时，李如柏才知道其他三路明军都吃了败仗，立刻传令部队急速返回，这回速度可是加快了。可是，他的这一行动被后金哨探发现，后金哨探在山上鸣锣发出冲击信号，大声呼噪。李如柏军以为是后金主力发起进攻，惊恐溃逃，自相践踏，死伤千余人。

杨镐坐镇沈阳，远离前线，对战况缺乏了解，他的四路进军计划完全落空，他急急忙忙跑回北京，向万历皇帝请罪。万历皇帝气得全身发抖，但又没有办法，从此再也不敢发兵攻打后金了。

萨尔浒之战，是明朝与后金争夺辽东的关键一战。努尔哈赤率领6万八旗兵，打败了10多万明朝军队，在对明战争中一举由战略防御转为进攻态势。相反，战败的明军完全陷于被动，辽东形势更加危急，对本已摇摇欲坠的明朝政权，又是一次沉重的打击。两年后，努尔哈赤说服女真人部落，将都城从北边的新宾迁到辽阳东京城。安定不到4年，努尔哈赤又说服众人，一天一夜的时间，将整个部落和数十万官兵，迁徙到今天的沈阳，改名盛京。努尔哈赤政权每南迁一步，就离中原近一步。沈阳是他们在长城外的最后一个都城。

79. 不惜我命

——袁崇焕大战宁远

萨尔浒大战以后,明王朝派了一位老将熊廷弼出关经营辽东军事。熊廷弼是个颇有胆识、知兵善守的将领,可是担任广宁(今辽宁省北镇)巡抚的王化贞认为熊廷弼出关镇守影响了他的地位,千方百计阻挠熊廷弼的行动。

公元1622年,努尔哈赤向广宁进攻,明军失败,王化贞带头逃进关内。明廷不分青红皂白,把熊廷弼和王化贞一起逮捕入狱。阉党之主魏忠贤趁机向熊廷弼敲诈勒索4万两银子,才免他死罪。熊廷弼坚决拒绝了,也无钱可送。阉党就诬陷熊廷弼贪污军饷,逼万历皇帝把他处死了。

在危急时刻,明廷指派大学士、兵部尚书孙承宗为经略辽东事务,以兵部主事袁崇焕负责指挥。

袁崇焕祖籍广东东莞县,出生在广西藤县太平乡白马圩,从小勤奋学习,好谈兵事。他生就一副热心肠,喜欢结交朋友,很有抱负,做事有胆量、有智谋。萨尔浒大战爆发那年,袁崇焕进京会试,考中进士,到福建邵武当了知县。努尔哈赤发兵攻克关外明军的时候,袁崇焕正在京城参加例行的官吏考核,成绩优等,受到赏识,38岁被授兵部职方司主事。他对这一远离前线的职务并不满意,一心渴望着立功。上任不久,他没有请示上司,也没有告诉家人,就一个人骑着马出入关内外,察看地理人情,回来向兵部尚书孙承宗报告,并且说:"只要给我人马军饷,我能负责守住辽东。"

明熹宗皇帝也觉得可行，就下旨将袁崇焕晋升为山东按察司佥事，批给他20万饷银，负责督率关外的明军。

此时，关外经过多年战乱，一片荒凉，遍地都是兵士的尸骨，加上冰天雪地，野兽横行，环境十分艰苦。袁崇焕决心进兵宁远（今辽宁兴城县），在那里收容难民，修筑工事。这一想法得到兵部尚书兼内阁大学士孙承宗的支持。

袁崇焕一出关，就烧了三把火，并公开申明："我不惜命"。第一把火，果断斩杀了数名结阵而逃的兵士，震动军营。第二把火，当时明军只驻在榆关，前屯城郭不完整，没有住的房屋，缺衣少食，也没有兵器，不要说打仗，就是生活都很困难。为安置辽东的难民，袁崇焕夜间穿越荆棘虎豹出没的森林，四更入城。他还主动提出领兵镇守前屯卫。第三把火，与阎鸣泰一道，受命出关与蒙古察哈尔部首领歃血结盟。那里的将士对袁崇焕的勇气和胆量，没有一个不钦佩的。

宁远地处辽西走廊中部，是关外通往关内的咽喉，离山海关只有200里，进可攻退可守。背靠首山，面临大海，中扼大路。觉华岛峙立海中，能保证明军之用水，也能当海路运输的中转站。真是天设重关以护神京。守关不可不守宁远，东进不可不进宁远。

为守宁远，袁崇焕决定筑城。他着眼于百年大计，城高三丈二尺，雉高六尺，墙基宽三丈，装备了各种火器、火炮。经营了一年才建成。袁崇焕积极备战，信心十足地说："我在宁远，长安可高枕而卧也"。袁崇焕号令严明，受到军民的爱戴。关外各地的商人听说宁远防守巩固，都从四面八方拥到宁远来。辽东的危急局面很快扭转过来。

这时，孙承宗、袁崇焕却遭到祸国殃民的魏忠贤的忌恨。魏忠贤唆使阉党说了孙承宗不少坏话，让皇帝革了孙承宗的职，派魏忠贤的同党高第指挥辽东军事。

高第是个庸碌无能之辈，贪生怕死。他一到山海关，就召集将领开会，说后金军太厉害，关外没法防守，要各路明军放弃锦州、右屯，全部撤进山海关内。袁崇焕坚决反对撤兵，他说："我们好不容易在关外收复诸城，站稳脚跟，怎么能轻易放弃呢！锦州、右屯一放弃，宁远、前屯等地就会感到震惊，关内也失去了保障。现在，只需择良将守土，一定没有后顾之忧。"

高第不听，硬要袁崇焕放弃宁远。袁崇焕非常愤慨，斩钉截铁地表示："我是宁远、前屯守将，当与宁远共存亡，要死也死在这里，决不后撤。如撤宁远守军入关，我绝不入，独卧孤城以挡后金！"

高第没有办法，只好答应袁崇焕带领一部分明军留在宁远，却下令要关外其他地区的明军限期撤退到关内。由于命令下得十分突然，各地守军毫无准备，匆忙退兵，把储存在关外的十几万担军粮马料丢得精光，军威丧尽。

努尔哈赤看到明军撤退的狼狈相，只剩宁远一座孤城，认为大举攻明的时机已到，于公元1626年亲率八旗精锐13万大军，渡过辽河，杀向辽西，将宁远围了个水泄不通。

这时候，宁远城只剩下一万多兵士，处境十分孤立。可是袁崇焕并不气馁。他用佩剑刺破指头，用鲜血写成誓死抗金血书，给将士们看，悲壮地说："我誓与城共存亡，望将士与本官共存亡。"他向全体将士下拜，感动得将士们一个个热血沸腾，纷纷表示一定跟着袁将军一起死守宁远。

接着，袁崇焕就命令城外百姓全部带了粮食、用具撤进城里，把城外的民房烧掉，使后金军来了没有粮食和掩体。他下令把城里所有库存的白银全部放到城墙上，昭示守城军民：有能打退敌兵，不逃避艰险的，当即赏银锭。如临阵退缩，就立即斩于军前。他还通知前屯、山海关的明军守将，如果发现宁远逃回关内的官兵，要他们就地处斩。这几道命令一下，宁远的人心都安定下来，大家除了一心一意守城杀敌之外，没有别的念头。

袁崇焕见城中有几尊仿西洋新造的"红夷大炮"还没有用过，就命人抬出架上城头。正月二十三日，努尔哈赤带领后金军气势汹汹地越过宁远城5里扎营，截断了通往山海关的大道，准备全歼宁远明军。

一天,袁崇焕与朝鲜使者同坐战楼,谈古论今,颇有诸葛亮的儒将风范。忽听一声炮响,大批后金兵士头顶盾牌,冒着明军的箭石、炮火猛烈攻城,骑兵、步兵、车牌、勾梯一拥而上。八旗兵丁漫山遍野而来,先扑西南城角,再攻南城,城上万箭如雨。

八旗兵把裹着生牛皮的战车推到城根,车中的兵士奋力凿城,竟然打开三四处两丈宽的大洞,城墙差一点被凿倒。袁崇焕亲自挑石堵口,不幸被箭射中。将士们劝他养伤,他大声喝道:"苟且偷生,活着有什么意思!"扯下战袍,包扎好伤口,继续挑石。将士们被主将的行动所感动,个个争先,堵住了缺口。

顽强的后金士兵头上顶着挡箭牌,冒着箭石火器,带着攻城器械,前队倒下,后队又跟了上来,谁也不后退。明军虽然个个奋勇,但是城中炮石火器毕竟有限,又不可能指望高第派兵来援。在这紧急的关头,袁崇焕下令动用早就准备好的大炮,对准后金军密集的地方开炮轰击。炮声响处,烟火腾空而起,后金兵士吓得狂奔不止,被轰得血肉横飞,许多后金兵被活活烧死,成片倒下。鏖战持续到晚上二更天,宁远城下堆满后金兵的尸体。

第二天,努尔哈赤亲自督战,命令将士们个个身披铠甲,头顶盾牌,向明军再一次发起强大攻势。袁崇焕登上城楼瞭望台,监视后金军的行动。后金军的箭矢像飞蝗般越过城墙,大队人马随着跟了上来。明军将领们急不可待,都希望袁崇焕赶快下令发炮还击。袁崇焕却很沉着,向大家轻轻摇了摇手。直到后金兵冲到城墙,他才命令炮手瞄准敌人密集的地方发炮。霎时间炮声震天,只见大批后金军又纷纷倒了下去。侥幸没有被打中的,慌忙回身逃命,你冲我撞,互相践踏,队伍大乱,到了下午敌兵还没有敢接近城池的。正在后面督战的努尔哈赤也受了重伤,下令撤退。

袁崇焕乘胜杀出城去,一直追赶了30里,才得胜回城。

以13万大军,败于只有四五万人的袁崇焕,这对68岁的努尔哈赤是一次致命打击。身负重伤的努尔哈赤回到沈阳,对部下说:"我从25岁以来,战无不胜,攻无不克,没想小小的宁远城攻不下来。"他又气又伤心,加上伤势越来越重,挨了几天,就咽了气,葬于沈阳。他的第八个儿子皇太极接替他做了后金大汗。

宁远之战,明军也是伤亡惨重,后金攻城不下,便踏冰席卷觉华岛,岛上数万军民全部遇难,船只粮草也被烧得一干二净。可是经过这一场恶战之后,宁远城仍岿然屹立,后金"辫子兵"不可战胜的神话终于被打破了。

当宁远刚被包围的时候,明廷君臣认为这座城一定守不住,他们只求能够退保山海关。不料十几天以后却传来了袁崇焕的捷报,满朝文武大臣简直做梦也没有想到,都高兴得发了狂,袁崇焕一举成为名将,并升为辽东巡抚。

努尔哈赤死后,皇太极对宁远一败始终耿耿于怀,暗中准备了一年半,于公元1627年五月初六,倾巢出兵征明,首先围住了锦州,明军守城将士誓死保城。明廷急命袁崇焕发兵援锦。袁崇焕明白,宁远系山海关屏障,很可能就是后金的第二个目标,绝不能倾城东援而舍宁远。他命尤世禄、祖大寿率4000名精兵抄道敌后进攻,命1个旅的水师东出牵制,自己坐守宁远待敌,并奏请朝廷调蓟镇、保定、昌平、宣府、大同各路守军支援山海关。

果不出袁崇焕所料,皇太极见锦州难以攻下,就留下一军围城,自己率主力进攻宁远。这时宁城头的大炮早就严阵以待,总兵满桂列阵在城南,尤世禄、祖大寿率领的援锦部队也回师安营城外,构成掎角。第二天,皇太极率大军逼临城下,正准备挥师交战,三大贝勒劝他不要轻举妄动。皇太极大怒道:"前一次皇父太祖攻宁远没有拿下,这次攻锦又未克,像这样野战之兵都不能胜,还怎么张我国威?"说罢率近卫护军疾驰而去。诸贝勒督大军随后。

明军骑兵没能挡住后金兵的进攻,步兵也败阵来,袁崇焕凭堞大呼,下令连续炮击。城下满桂身中数箭,仍奋勇杀敌,一场恶战,双方死伤都很惨重,但宁远城仍然不动。

两天后，皇太极又回师锦州，数万兵勇齐扑南城，从清早一直战到傍晚，死伤两三千人，仍未破城。时正值暑热，北方人不适应，斗志大减。皇太极下令毁掉大、小凌河二城，班师东去。

一场搏杀于宁远、锦州的苦战，终于以明军的胜利而结束，史称"宁锦大捷"。

袁崇焕这位叱咤于明末辽东战场的民族英雄，后因崇祯帝中了皇太极的反间计，又遭阉党残余分子的陷害，被打入深牢大狱，处以极刑而冤死。可是，数百年来，袁崇焕那种"仗策只因图雪耻，横戈原不为封侯"的爱国精神，教育和激励着无数爱国之士。为纪念这位爱国英雄，后人在北京龙潭湖附近和广东会馆修建了袁督师祠。

80. 冲冠一怒为红颜

——吴三桂借清兵

公元1644年3月,农民起义领袖"闯王"李自成率军进北京后,一面出榜安民,叫大家安居乐业;一面严惩明王朝的皇亲国戚、贪官污吏,追缴一些贪官所搜刮来的赃款赃物,以充军饷。

明军京营提督吴襄,也被抄了家产,并被逮捕追赃。有人告诉李自成说,吴襄的儿子吴三桂是明朝的山海关总兵,手下还有几十万大军。如果招降了吴三桂,便可解除大顺政权的一个严重威胁。

李自成认为这是个好主意,就叫吴襄给他儿子写信,劝他向起义军投降。

吴三桂出身官僚豪门,手下兵将骁悍,原来是明朝山海关总兵官派到关外抗清的,驻扎在宁远一带,被明王朝依为北方屏障。起义军逼近北京的时候,崇祯皇帝接连下旨要吴三桂带兵进关,对付起义军。可是他却想坐山观虎斗,领着队伍走一走,停一停,迟延观望,拥兵自重。北京陷落后,吴三桂就径直退回山海关去了。

吴三桂收到父亲吴襄的劝降信后,反而犹豫起来。向起义军投降吧,当然是他不愿意的;要不投降吧,起义军勇猛善战,兵多势众,自己根本不是对手。再说,自己的财产、爱妾陈圆圆都在北京的家中。既然李自成来招降,不如到北京去看看情况再说。

李自成随后又派遣降将唐通,携带重金财物,前往山海关招降吴三桂。

吴三桂这才痛快答应接受招降。

于是，吴三桂带兵到了永平（今河北卢龙），就遇到一些从北京城逃出来的人。开始，吴三桂听说父亲吴襄被抓，家产被抄，恨得咬牙切齿；随后，又听说陈圆圆也被刘宗敏夺走，更是怒气冲天，立刻率部返回山海关，派兵袭击了唐通所率的守关大顺军，占领了关城，并且要兵士们一律换上白盔白甲，说是要给死去的崇祯帝报仇。

李自成听说吴三桂拒绝投降还袭击了山海关大顺军，决定亲自带20万大军，进攻山海关。吴三桂本来就害怕农民军，听到这一消息，立即写了一封信，派人飞马出关，请求清兵帮助他消灭起义军。

清廷实际上早就在打吴三桂的主意，多次写信劝降，吴三桂犹豫不定。如今多尔衮接到吴三桂的求救信后，喜出望外，觉得机会来了，立刻回信表示同意。接着，他亲自带着十几万清兵，日夜不停地向山海关进兵。

多尔衮擅长骑射，足智多勇，战功显赫，是一位有名的军事统帅，此时作为摄政王，辅佐顺治帝。当时，国内几支互相敌对的势力并存，形势错综复杂，瞬息万变。6岁的顺治帝是不可能驾驭这种局势的。作为摄政王的多尔衮，先以明军为主要对手，派人去联络农民军。后来由于形势急剧变化，他又立即采取谋士范文程的建议，把主要矛头指向李自成的大顺军。当听到农民军攻克北京，吴三桂徘徊不定的消息后，他又放慢步伐，采取游移观望的态度。当吴三桂献山海关投降时，他见机而行，毫不迟疑地与吴三桂结盟，挥师入关。

四月二十日，多尔衮率兵到达连山（今辽宁锦西），吴三桂再次派使者来到清营，不顾什么民族气节，接受多尔衮的条件，甘心做清军的马前卒，一起消灭李自成的大顺军。李自成将吴三桂彻底推向了清朝这边。

李自成得知吴三桂不肯归顺，便亲自率大军从南面开到山海关边，征讨吴三桂。他派唐通等率2万人绕道关外，与主力南北夹击吴三桂。

公元1644年4月21日，李自成与吴三桂部展开激战，不久双方处于胶着状态。

这时，多尔衮派清兵疾驰到山海关外10里的地方，击败了唐通部，解除了吴三桂的后顾之忧。

第二天，多尔衮率清军赶到山海关。吴三桂出关在欢喜岭的威远台会见多尔衮。多尔衮令吴三桂先回，10万清兵随后入关。

这时，20多万起义军，依山靠海，摆开浩浩荡荡的一字阵，一眼望不到边。老奸巨猾的多尔衮从城头望见起义军阵容强大，料想不容易对付，就让吴三桂打先锋，叫清军埋伏起来，自己和几名清将远远躲在后面的山头观战。

李自成与吴三桂约好进行决战。战斗开始了，李自成骑着马登上西山指挥作战。

吴三桂带兵一出城，大顺军的左右两翼合围包抄，以威武的气势，把吴三桂的人马包围了起来，喊杀声震天动地。

吴三桂数次率部突围，都没有成功，眼看支持不住。战至太阳落山的时候，不料海边狂风忽起，飞沙走石，霎时间，天昏地黑，对面看不见人。

多尔衮抓住时机，命令埋伏在左翼的几万清兵一起出动，杀向大顺军。李自成的大顺军毫无防备，也弄不清是哪儿来的敌人，顿时阵势大乱，刘宗敏身负重伤。正立马高岗指挥作战的李自成，突然看见留着辫子的清兵出现，一时慌了阵脚，急忙策马下冈而走。这一下，大顺军像脱缰的野马，顿时溃散。

李自成退到永平附近，杀了吴三桂的父亲吴襄，在吴三桂的穷追不舍下，仓皇逃回北京城里。此战，大顺军死伤惨重，共有15位将领牺牲，并丢弃大量辎重。

李自成回北京后，知道大顺军不是清军的对手，决定放弃北京。4月29日，李自成匆忙举行了称帝典礼，第二天一清早，就率领大顺军，离开北京，向西安撤退而去。

五月初二，多尔衮带领清兵开进北京城，实现了努尔哈赤和皇太极多年的夙愿，占领了北京，并决定立刻迁都北京。十月，多尔衮把顺治帝从沈阳接到北京，把北京作为清朝国都。

多尔衮和吴三桂并没有放过李自成和大顺军。在清军夺取河北、山东大部后，多尔衮指挥部队于十月间，兵分两路进攻陕西。一路由英亲王阿济格和吴三桂、尚可喜率领，会同边外诸蒙古兵；一路由豫亲王多铎和明降将孔有德率领。李自成率领农民军在潼关抗击清军，经过激烈战斗败北，最后被迫放弃西安，向河南方向退移。不久，刘宗敏被杀，牛金星逃跑，宋献等将领投降，大顺军将领所剩无几。过了几个月，大顺军在湖北与江西交界的通山具（今属湖北）九宫山突然遭到当地地主武装的袭击，李自成也不幸牺牲。

山海关之战，对李自成农民军乃至对中原的命运都是关键的一战。目光短浅的李自成进京后，对关外清军虎视眈眈注视中原，并欲取中原的战略企图毫无戒备，也毫无察觉，没有警惕清廷对自己的巨大威胁；对吴三桂的反抗和降清没有足够的估计，而且直接触犯了吴三桂的利益，而当吴三桂击败守关的大顺军时，李自成出师迟缓，半月后才出兵，为时已晚，以致铸成历史大错。经此一战，我国历史上规模最大的李自成农民起义军，一下子从夺得全国政权的地位跌落下来，而崛起东北的清政府却破关南下，一举从农民军手中攫取到全国政权，入主中原并统治中国近300年。

81. 志在必胜

——郑成功收复台湾

郑成功是明末将领郑芝龙的儿子,当时是个才22岁的青年将领,少年英俊,气宇非凡。他眉高眼长,声音响亮,长得神采飘逸,聪慧健美,富有凝重威严的气质。少年时,他读书颖敏,才思过人,关心天下兴亡与民生疾苦,熟读兵书,富有带兵的才能,立志成为一个具有文韬武略的爱国志士,深受明末隆武帝的赏识。

由于郑芝龙(今福建南安人)贪图富贵,抛弃了隆武帝,向清朝投降,所以郑成功与父亲断绝了来往,单独跑到南澳岛,招募了几千人马,坚持抗清。清王朝知道郑成功是个能干的将才,几次三番派人诱降,都被郑成功拒绝。

郑成功兵力渐渐强大起来,在厦门建立了一支水师。他跟抗清将领张煌言联合起来,乘海船率领水军17万人开进长江,分水陆两路进攻南京,一直打到南京城下。但是清军用假投降的手段欺骗他。郑成功中了清军的计,最后打了败仗,又退回厦门。

郑成功回到厦门,清军已经占领福建大部,他们用封锁的办法,要福建、广东沿海百姓后撤14里,断绝对郑军的供应,想困死郑成功。郑成功在那里招兵筹饷,都遇到困难,就决定向台湾发展,然后再东征西讨。所以,郑成功把目标对准了被荷兰殖民者侵占盘踞的台湾省。

正在这个时候,有一个在荷兰军队里当过翻译的何廷斌,从台湾来到厦门求见郑成功,控诉了荷兰殖民者的种种暴行,劝郑成功收复台湾。他说,台湾人民受侵略军欺侮压迫,早就想反抗了。只要大军一到,一定能够把敌人赶走。何廷斌还送给郑成功一张台湾地图,把荷兰侵略军的军事部署都告诉了郑成功。

台湾与福建隔海相望,自古以来就是中国的神圣领土。明朝末年,由于政治腐败,武备废弛,台湾、澎湖的防卫力量逐渐削弱,给外敌窥伺造成可乘之机。

从公元1601年开始,荷兰殖民者以贸易、通商为名,对我国沿海各地进行袭扰。公元1624年在台南附近的台江登陆,侵占了台湾地区。公元1642年,荷军在台湾北部击败西班牙殖民军,霸占了整个台湾。

荷兰侵略军侵占台湾后,实行残酷的殖民统治,强征重税,进行搜刮。殖民者的残暴行径,激起了台湾人民的愤怒和反抗,汉族和高山族人民的反抗和斗争遍及全岛各地,始终没有停止过。同时,荷兰殖民者的侵略行径,已经严重影响到郑成功的海上贸易和粮饷之源,对他的抗清复明斗争构成了严重威胁。

郑成功少年时期就跟随他父亲到过台湾,亲眼看到台湾人民遭受的苦难,早就想收复台湾。为了驱逐荷兰殖民者,建立稳固的抗清基地,郑成功决意收复台湾。公元1659年12月,郑成功召集诸将,研究收复台湾和留兵防守金门、厦门事宜,下令修造船只,收集粮草,准备渡海。

现在,郑成功有了这个可靠的情报,进攻台湾的信心就更足了。他先写信给台湾的荷兰殖民者揆一,义正词严地指出:"台湾乃我中华领土,不容外人长期霸占,如今我限你立即撤出,还我神圣领土!"

公元1661年正月,李定国联明抗清战败,大陆各省基本成了清军的天下。郑成功感到形势紧迫,只有收复台湾,连接金门、厦门,然后进则可战而复中原,退则可守而无内顾之忧。于是做出了进军收复台湾的决策。

为了顺利收复台湾，郑成功进行了充分、周密的准备：不断侦察台湾情况，秘密搜集情报，勘测航路，了解荷军兵力配备、设防等情况。筹备粮饷，扩充军队，使陆师达到72镇，每镇1000人，水师20镇，总兵力10万余人，修造战船，加紧训练。

公元1661年2月，郑成功在基本完成战前准备工作后，命儿子郑经带领一部分军队留守厦门，亲率大军从厦门移师金门。

三月初一，郑成功在金门举行隆重的誓师仪式。二十三日中午，郑成功亲率2.5万名将士，分乘几百艘战船，从金门料罗湾出发向东南挺进，但见帆樯蔽日，旌旗如云，数百舰船，首尾鱼贯，浩浩荡荡。

征台大军分为两个梯队：郑成功亲率第一梯队先期出发，共有战舰数百艘，部队2万人；第二梯队由黄安等指挥，共有战舰20余艘，部队6000人。

台湾本岛地形东高西低，人口会聚西部，以"澎湖为门户，鹿角为咽喉"。郑成功根据敌情、地形，决定首先收复澎湖，作为前进基地，然后乘涨潮之机，通过鹿耳门港，实施登陆，切断台湾城、赤嵌楼两地荷军联系，各个击破，然后收复台湾全岛。

第二天清晨，各船抵达澎湖，因荷军兵力薄弱，很快便占领澎湖。三天后，郑军继续东征，进至柑橘屿海面时，突然遭到台风暴雨袭击，被迫返回。

郑成功船队冒着风浪，越过台湾海峡，在澎湖休整几天，准备直取台湾。这时候，有些将士听说西洋人的大炮厉害，有点害怕。郑成功把自己乘坐的战船排在前面，鼓励将士说："荷兰人的红毛火炮没什么可怕，你们只要跟着我的船前进就是。"

在这风阻乏粮的严峻时刻，为赶上四月初二鹿耳门涨潮之机，航渡鹿耳门，登陆禾寮港，郑成功当机立断，毅然于三月三十日晚传令开船进军。他留下3000兵力驻守澎湖，率领舰队，冒着暴风雨横渡海峡，他对部将们说："冰坚可渡，那是天意。天意如果助我平定台湾，今晚开驾后，自然风恬浪静。不然,官兵哪里能坐困断岛受饿呢?"

一直到当天晚上一更过后,依然波浪未息,非常惊险。可是三更一过,却见云收雨散,天气晴朗,出征舰船乘机顺风驶离澎湖。

郑成功的指挥船竖起帅旗,发炮三声,金鼓震天,几十艘大船鱼贯出发。他们同风浪搏斗了半夜,四月初一拂晓,舰队抵鹿耳门港外。

荷兰侵略军听说郑军要进攻台湾,十分惊慌,以为郑军自天而降,束手无策。他们把军队集中在台湾(在今台湾东平地区)和赤嵌(在今台南地区)两座城堡,还在港口沉了好多破船,想阻挡郑成功的船队登岸。

由鹿耳门外海进港有两条航路:一条是南航道,口宽水深,但有敌舰防守,陆上台湾城又置重炮瞰制航道,不易通过。另一条是北航道即鹿耳门航道,门阔仅里许,水中沙石淤浅,舰船触之立碎,仅一线可容三舟并进,水路长数十里,横渡可至赤嵌楼。由于航道水浅,荷兰侵略者事先又用破船堵塞,因而只有涨潮时才能通过。郑成功决定由北航道突入。

四月初一中午,鹿耳门海潮果然大涨,郑成功密令船队进发,由坐在船头的何廷斌领航,顺着污泥中的港路,大小战舰顺利通过鹿耳门,徐徐驶入内海,将舰船分布在台江之中。郑军大小战舰顺利通过鹿耳门后,立即分兵两路:一路登上北线尾,一路驶入台江,准备在禾寮港登陆。

台湾城上的荷军以为中国船队一定会从正面进攻,所以只在南航道岸上准备了大炮。郑成功偏偏从鹿耳门开进台江,避开了敌人的火力。

郑成功收复台湾的壮举,不仅具有远见卓识和很高的战略意义,而且对解救殖民统治下的台湾人民具有重要意义,因而得到台湾人民的欢迎和支持。

台湾人民见郑成功大军来了,奔走相告,有2万多人前来相助,他们纷纷赶着牛车、货车接引郑军登陆。不到两个小时,郑军几千名大军都安全地登陆。

荷兰守军对郑军这种出乎意料的行动惊慌失措,来不及调整大炮,只好仓促出动夹板船到海面阻击，郑军水师冲过荷军防线，先在赤嵌楼以北的禾寮港登陆，接着在鹿耳门方向登陆成功。

荷兰总督揆一到了天亮后，才知道郑成功的部队登陆。他用望远镜一看，吓得瘫倒在椅子上，只见海上和陆上到处都是中国军队，不禁惊愕地叫了起来："上帝！鹿耳门已淤浅，中国船难道飞过来的？"

他急忙下令，凭借船坚炮利和城堡坚固，从水陆分兵，乘郑军立足未稳，实施反击。海面上，荷兰侵略军以两艘战舰和两艘小艇阻击郑军。

荷兰战船高大坚固，设备先进，但在浅水中却行动笨拙。郑军船只虽小，但是行动灵活敏捷，特别是水兵们英勇顽强。4艘荷兰战船，分别被数十只中国小船团团围住，根本施展不开。郑军水师在镇将陈广及陈冲的指挥下，个个奋勇争先。开战不久，只见荷军那艘最大的战船"轰"地一声被击中爆炸，很快就沉没了。其他3艘战舰上的指挥官见势不妙，立即调转船头，各自逃命去了。

在陆上作战的荷兰指挥官是舰长贝德尔上尉。此人十分狂妄，接到上司的命令，就拍着胸脯吹嘘说："25个中国人合在一起，还抵不上一个荷兰兵。中国人天生受不了火药的气味和毛瑟枪的响声，只要放一阵排枪，打中其中几个人，他们就会吓得四散逃命瓦解。"他命令手下的240名士兵，按12人一排，排好队形，就向郑军挑战了。

郑将陈泽率4000人，以大部兵力正面迎击，以七八百人迂回到敌军侧后包抄，前后夹击，箭矢像雨点般地射向敌人。荷兰兵见中国人如此勇敢，吓得魂飞魄散，还没开火就乱了队形，有的把枪一丢，抱头逃窜。郑军乘胜猛追，击毙贝德尔，荷军被歼180多人，只有少数人逃回台湾城。

另一路由阿尔多普指挥的200名荷兰军，由南路增援赤嵌城，也被郑军打败。

荷兰侵略军海陆三战失败后，仍企图固守赤嵌楼、台湾城这两座孤城。郑成功一面派兵切断荷军水陆交通，一面乘胜进攻赤嵌楼。台湾百姓也纷纷自动武装起来，协助郑军打击荷兰侵略者。

荷兰侵略军遭到惨败，龟缩在两座城里不敢应战，他们一面偷偷派人到巴达维亚（今爪哇）去搬救兵，一面派使者到郑军大营求和，说只要郑军肯退出台湾，他们宁愿献上10万两白银慰劳。

郑成功扬起眉毛，威严地说："台湾本来是我国的领土，我们收回这地方，是理所当然的事。你们如果赖着不走，就把你们赶出去！"

郑成功喝退荷兰使者，派兵猛攻赤嵌。赤嵌的敌军还想顽抗，一时攻不下来。有个当地人给郑成功出主意，说赤嵌城的水都是从城外高地流下来的，只要切断水源，敌人就不战自乱。郑成功照这个办法做了，不出3天，赤嵌的荷兰首领果然乖乖地投降了。

郑成功占领赤嵌楼后，即组织兵力，集中攻击台湾城。

台湾城城高墙厚，守备完善，城四隅向外凸出，置炮20尊；南北各置巨炮10尊。荷军火炮密集，射程远，封锁了周围每条道路，所以无论从哪一方面接近，都会遭到堡上炮火的轰击。郑成功采取正面进攻和翼侧迂回、水陆配合的战法。四月初四，他先派一部兵力从左翼侧逼近台湾城，击败迎击的荷军。台湾人民听到郑军来到，成群结队推着小车，提水端茶，迎接亲人。

躲在城堡里的揆一气急败坏地派了100多个兵士冲来，郑成功一声号令，把敌军紧紧围住，杀了一个敌将，敌兵当即就溃散了。

在准备停当后，郑成功于四月初七，率领将士渡海从南端进攻台湾城。

这时，困守在城内的侵略军只剩下870人，退据堡垒继续顽抗。郑成功一面积极准备攻城，一面写信谕令揆一投降，揆一不理。郑成功即调集28门大炮运入市区，向台湾城猛轰，摧毁台湾城大部胸墙，击伤许多荷军。揆一不顾一切，在城上排开大炮，集中轰击，迫使郑军后撤。

郑成功鉴于台湾城池坚固，强攻一时难以奏效，为减少伤亡，进一步做好准备，决定改取"长围久困、且耕且战"的方针。

这时，郑军第二梯队也抵达台湾，从台湾城南面逼近该城城堡。郑军兵力得到加强，供给得到补充，遂从五月初五开始，在所有通向城堡的街道都筑起防栅，并挖了一条很宽的壕沟，围困荷军。同时准备了攻城器械和炮具。

巴达维亚当局得知荷军在台湾战败的消息，即五月二十八日，调集700名士兵，10艘战舰，赶赴台湾增援，七月初五到达台湾海面。郑成功侦知这一情况，抓紧进行围城和打援部署。闰七月二十三日，双方在海上接战，郑成功亲统战舰在海上迎击，将敌舰包围，经一小时激战，击毁、烧毁荷舰2艘、俘小艇3艘，毙敌100多名。其余荷舰逃往远海，再也不敢靠近台湾。因海上失败，荷军在陆上未敢发起进攻即草草收兵。在围困台湾城8个多月并进行了充分的准备之后，郑军发起总攻。

十二月初六，攻占城外重要据点乌特利支堡，然后居高临下，向台湾城猛烈轰击，揆一见大势已去，于十二月十三日率部投降。公元1662年年初，侵略军头目被迫到郑成功大营，在投降书上签了字后，灰溜溜地离开了台湾。

至此，沦陷38年的台湾又重新回到祖国的怀抱，郑成功驱逐荷兰侵略者的伟大斗争，终于取得了胜利。郑成功收复台湾之战，具有非同寻常的历史意义。它捍卫了祖国的领土完整和统一，不仅向外国侵略者显示了中国人民不屈不挠的大无畏斗争精神，而且充分展现了华夏子孙对宝岛台湾人民深深的骨肉同胞之情，正是这种精神与感情，使台湾与大陆永远成为一体。而郑成功以其非凡的胆略和高超的战争指挥艺术，率部从荷兰侵略者手里收复了我国神圣领土台湾，成为我国历史上被人们永远纪念的民族英雄。

82. 护祐大清

——清平定"三藩"叛乱

南明最后一个政权灭亡的那年，顺治帝已经病死，他的儿子玄烨即位，这就是清圣祖，也叫康熙帝。

康熙帝，爱新觉罗玄烨，清世祖顺治皇帝的第三子。玄烨8岁即皇帝位，至69岁辞世，在位61年，是中国历史上在位时间最长的皇帝，也是我国历史上屈指可数的雄主之一，以其雄才大略、文治武功，在历史上留下了"康乾之治"的美誉。而他最大的建树，当属那赫赫的武功。

康熙帝亲自执政后，大力整顿朝政，奖励生产，惩办贪官，使新建立的清王朝渐渐强盛起来。当时，南明政权虽然已经灭亡，但是南方有三个藩王，却叫康熙帝十分担心。

这三个藩王，本来是投降清朝的明军将领，一个是引清兵进关、镇守云南的平西王吴三桂，一个是镇守福建的靖南王耿精忠（耿仲明之孙），一个是镇守广东的平南王尚可喜。因为清兵入关后，他们竭尽全力进攻明朝，帮助清廷消灭南明，为清廷南征北战，镇压人民的反抗和抗清势力，清廷认为他们有功，在北京建立中央政权之后，封其为藩王。其中，封吴三桂为平西王，驻防云南、贵州；封尚可喜为平南王，驻防广东；封耿仲明为靖南王，驻防福建，合起来叫"三藩"。

这三个人享受高官厚禄，作为清朝控制南方边远地区的藩篱。没想到，他们却利用这一机会，拥兵自重，割据一方，恣意妄为，对下鱼肉百姓，对上与中央政府抗衡。在广东的尚可喜之子尚之信,是一个酗酒杀人的恶魔,以杀人为乐。令其部属私充盐商,恣意盘剥。在福建的耿精忠,也是横征盐课,勒索银米。他们还夺人田庐,掠人子女,莫敢谁何,十分猖狂。而三藩之中,又数吴三桂最强。吴三桂当上藩王之后,就拼命招兵买马,扩充自己的军队,拥有10万众兵,割据云南,当了土皇帝。他在云南、贵州,自派官吏,掌管一切文武官员兵民事务,总督、巡抚均"听王节制",根本不把清朝廷放在眼里。他专横跋扈,用人,吏部不得掣肘;用财,户部不得稽迟。为了达到世守云南、割据一方的目的,他公然将清廷命官指为外人,大量招揽宾客及有才望者,蓄为私人,遍置于水陆要冲,严密控制。甚至还向全国选派官吏,称为"西选",一时出现了"西选之官几满天下"的情况。

吴三桂不但掌握地方兵权,还控制财政,大肆圈占民田,把耕种这些土地的各族农民变为自己的佃户,恢复明末各种繁重的赋役,强迫农民纳租纳税;抢掠人口,放高利贷,广征关市,榷税盐井、金矿、铜山之利。其部属更是无恶不作,杀人夺货,无所畏忌。

吴三桂除同另两藩互通声息外,又每年派人到西藏熬茶,通使达赖喇嘛,奏互市茶马,力争西藏上层分子的支持。耿、尚二人也是尾大不掉,没把皇帝放在眼里。

"三藩"都拥有雄厚兵力。吴三桂有旗兵53佐领,绿旗兵10营,耿、尚各有兵马15佐领和六七千绿旗兵,总共10余万人。巨额的军费开支,全由国库支付,造成天下财赋半耗于"三藩"的局面,清政府财政面临巨大困难。

"三藩"割据势力的膨胀,严重威胁清朝政府的国家统一。康熙帝知道要统一政令,三藩是很大的障碍,一定得找机会削弱他们的势力。他以"三藩"及河务、漕运为大事,对飞扬跋扈的"三藩"割据势力夙夜忧心,决计清除"三藩"。

正好，康熙十二年（公元1673年）三月，尚可喜请求告老，想回辽东老家，给康熙帝上了一道奏章，要求他的儿子尚之信继承爵位，坐镇广东。玄烨抓住这一有利时机，同意尚可喜告老还乡，但是不让他儿子接替平南王爵位，命令其尽撤藩兵回籍。

这道命令，触动了吴三桂的神经。他找来谋士商量说："尚可喜已经提出撤藩，如果我不提，那就不好了，所以我也打算请求撤藩，试探一下。"

众谋士连忙说："最近，皇帝正想削弱您的势力呢，您最好还是别像平南王那样请求撤藩吧！"

吴三桂不屑地说："我经历过上百次战争，而且众兵士十分勇猛、顽强，比平南王可喜强多了。皇帝还是个小娃娃，还年轻，他是不敢碰我的。"

于是，吴三桂也向康熙帝呈了一道奏折，请求撤除藩王爵位。在福建的耿精忠，见吴三桂也写了奏折，他也连忙上了撤藩的折子。

这些奏章送到朝廷，康熙帝召集朝臣商议。大臣们意见不一，大多数人认为，吴三桂他们要求撤藩是假，要挟朝廷是真，如果批准他们的请求，吴三桂一定会造反。只有户部尚书米思翰、兵部尚书明珠、刑部尚书莫洛等少数人主张撤藩。康熙帝说："吴三桂早有野心。藩镇久握重兵，势成尾大，现在撤藩他要反；不撤，他迟早也要反，不如来个先发制人。"他决定将计就计，同意吴三桂和耿精忠所请，毅然下诏撤藩，叫他们各自回家乡养老，并在走之前把地方行政移交给当地的总督、巡抚。

康熙撤藩的诏令一到云南，吴三桂果然暴跳如雷。他自以为是清朝开国老臣，如今年纪轻轻的皇帝居然敢撤他的权，就非反不可了。

十一月间，吴三桂在云南起兵发动叛乱，他脱下清朝王爵的穿戴，换上明朝将军的盔甲，在永历帝的墓前假惺惺地痛哭一番，说是要替明王朝报仇雪恨。随后，吴三桂发出檄文，指斥清廷"窃我先朝神器，变我中国冠裳"，声称要"共举大明之文物，悉还中夏之乾坤"，自称"天下都招讨兵马大元帅"，打起"复明"的旗号，以欺骗人民。

吴三桂在西南一带势力很大，一开始，叛军打得很顺利，一直打到湖南长沙，俘虏了清湖南总官兵崔世禄。尔后又开始进攻湖北。吴三桂还派人跟广东的尚之信和福建的耿精忠联系，约他们一起叛变。这两个藩王，对康熙削藩也是非常不满，如今有吴三桂撑腰，也反了。

三藩联兵，声势浩大，举起反清大旗，深得不少汉民拥护，很快清廷的滇、黔、湘、川、桂、闽6省全部失掉。接着，战乱扩大到赣、陕、甘等11个省。所以数月之间，清朝江南半壁江山失于三藩之手。达赖喇嘛也暗助吴三桂，提出"裂土罢兵"。西北王辅臣、蒙古察哈尔王布尔尼也起兵响应。

南北呼应，清王朝受到严重的威胁。历史上把这件事称作"三藩之乱"。

吴三桂等人的反叛消息传到北京，举朝震动。大学士索额图提出杀掉主张撤藩者的头，取消撤藩令。康熙力排众议，对其他叛乱分子采取招抚拉拢的手法，暂时停撤耿、尚二藩，集中主要力量打击元凶吴三桂。他下诏令先削了吴三桂的王爵，杀了他在北京的儿子吴梦熊。尚之信、耿精忠一看形势对吴三桂不利，就又投降了清廷。

军事上，康熙帝迅速制订了一套作战计划，下令讨伐吴三桂。急命顺承郡王勒尔锦为宁南靖寇大将军，统率八旗劲旅前往荆州，与吴军隔江对峙。又命西安将军瓦尔喀率骑兵赴蜀，大学士莫洛经略陕西；命康王杰书等率师讨伐耿精忠。又命副都统马哈达领兵驻兖州、扩尔坤领兵驻太原，以备调遣。

开战初期，清军仍是连连失利。湖南守将慑于吴军的来势凶猛，丢掉了许多城池。派到武昌、荆州的八旗兵不敢渡江前进。而叛军方面却屡屡得手。吴三桂多年来养精蓄锐，兵强马壮，先声夺人。但与人民为敌的吴三桂并没得到更多人力、物力、财力的支援；叛军内部无法形成整体，不相统属，心志不齐，难以持久。

康熙帝依据时局，运筹帷幄，以湖南为主战场，坚决打击湖南的叛军，辅以陕、甘、川线和江西、浙东东线,三个战场相互配合,把叛军分割开。江西地位重要,水陆皆与闽楚接壤,决计固守。

当耿精忠叛乱时,清军就有效地割断了耿、吴叛军的会合。对西北则采取稳定策略。陕西提督王辅臣,态度暧昧,叛而附,附而又叛,甚至杀害了陕西经略莫洛。康熙帝以极大的耐心争取他,表示"往事一概不究",极力安抚,终于把王辅臣争取过来,保住了陕西,使吴三桂打通西北的阴谋未能得逞,清军得以腾出手来增援南方。

康熙帝将陕西、福建、广东局势稳住后,便命令诸将重点进攻湖南。清军从荆州江北和江西两方面展开进攻。尤其是从江西方面迂回间道破袁州,又自醴陵攻萍乡,乘胜直指长沙,震动了湖南。吴三桂急忙率领松滋等长江湖口前线驻军回援长沙,全力拒守。此时,康熙帝乘吴军全力固守长沙而湖口各路守备空虚之机,命清军自荆州渡江进攻,吴军溃败。

八旗军越战越勇,叛军内部却发生了动摇分化。吴三桂手下的大将林兴珠、韩大任等,看到继续与清军对抗没有什么好处,就都举起了白旗。

而这时的吴三桂已经74岁了,牙齿已经掉了一半多,就连走路也摇摇晃晃要人搀扶,可是仍念念不忘他的皇帝梦,于3月在衡州自称皇帝,国号"大周",改元昭武,改衡州为定天府。他这一招并未起什么作用,叛军终于没能抵抗住清军接连不断的强大攻势,节节败退。吴三桂坐困衡州,一筹莫展。

战争打到第八年,吴三桂知道自己支撑不下去,连悔带恨,生了一场大病死了。清军乘势发动攻击。公元1679年(康熙十八年),清军平岳州、常德、长沙、衡州等地后,恢复了湖南全省,同时收复广西。

吴三桂死后,他的部将马宝、胡国柱草草将他安葬,就赶忙派人前往云南接吴三桂的孙子吴世璠前来奔丧。吴世璠到衡州后,继承了吴三桂的皇位,改元洪化。然后带着他祖父的棺材匆忙逃离湖南,退回到云南昆明。

公元1681年正月,清军收复贵州,分三路进云南昆明。此时,被清军俘获后发给银粮返还原籍的苗族兵将，纷纷帮助清军。十月，昆明城中，粮尽援绝，南门守将开门迎降，吴世璠服毒自杀。

至此，历时八年的"三藩之乱"被平定。康熙帝在叛声四起、形势异常严峻的形势下，从容应对，正确决策，力挽狂澜，转危为安，平息叛乱，不逊于清世祖之灭明，从某种意义上说是再造了大清王朝。通过这场战争，及时消灭了地方割据势力，制止了分裂，维护了国家的统一，完全征服了大明遗民的反清之心，从此清朝政权趋于稳固，为清朝进入一个稳定、繁荣的盛世奠定了基础。

83. 王者归来

——康熙帝亲征噶尔丹

沙俄侵略军在雅克萨失败以后，并不甘心。就在《尼布楚条约》签订的第二年，沙俄又唆使准噶尔部（蒙古族的一支）的首领噶尔丹进攻漠北蒙古。

那时候，我国北方的蒙古族分为漠南蒙古、漠北蒙古和漠西蒙古3个部分。在今内蒙古地区的是漠南蒙古，在原外蒙古一带的是漠北喀尔喀蒙古，游牧于天山以北一带的是漠西厄鲁特蒙古。除了漠南蒙古早已归属清朝外，其他两部也都臣服了清朝。

厄鲁特又称卫拉特，又分为4部，即游牧于今新疆乌鲁木齐地区的和硕特、游牧于今伊犁河流域的准噶尔、游牧于今新疆塔城地区的土尔扈特、游牧于今额尔齐斯河流域杜尔伯特。这4部中，要数准噶尔部势力最强，本来在伊犁一带过着游牧生活，先后兼并了土尔扈特部及和硕特部的牧地，把土尔扈特人赶到额济勒河（今伏尔加河）流域，迫使和硕特人迁居青海。

自从噶尔丹统治准噶尔部以后，他野心勃勃，在吞并了新疆境内的杜尔伯特和原隶属于土尔扈特的辉特部后，进占青海的和硕特部，又攻占了南疆维吾尔族聚居的诸城。

随着准噶尔势力范围的不断扩大，噶尔丹分裂割据的野心也越来越大。此时，正在疯狂向外扩张的沙皇俄国，为达到侵略中国西北边疆的罪恶目的，进一步拉拢利诱噶尔丹。公元1687年（康熙二十六年）底，沙俄参加中俄边界谈判的全权代表戈洛文，在伊尔库茨克专门接见了噶尔丹的代表，阴谋策动噶尔丹叛乱，支持他进攻喀尔喀蒙古。

噶尔丹为了实现割据称雄的野心，与沙俄勾结起来，先兼并了漠西蒙古的其他部落，又向东戟漠北蒙古。贝加尔湖以东的蒙古人民，在喀尔喀土谢图汗率领下，与沙俄军苦战。在这严峻时刻，噶尔丹同沙俄侵略军采取了联合行动，于康熙二十七年（公元1688年）春，夹击喀尔喀蒙古。当时，喀尔喀蒙古在腹背受敌的情况下，败退南移，几十万的漠北蒙古人逃到漠南，请求清朝政府保护。

康熙帝派使者到噶尔丹那里，叫他把侵占的地方还给喀尔喀蒙古。噶尔丹自以为有沙俄撑腰，十分骄横，不但不肯退兵，还以追击喀尔喀蒙古为名，大举进犯漠南。

到了第二年，在沙皇俄国的唆使下，噶尔丹亲率骑兵3万自伊犁东进，越过杭爱山，进攻喀尔喀，占领整个喀尔喀地区，发动了一场旨在分裂国家的武装叛乱。

喀尔喀3部首领仓皇率众数十万分路东奔，逃往漠南乌珠穆沁（今内蒙古乌珠穆沁旗）一带，并派使者急驰京城向清廷告急，请求保护。

康熙一面把他们安置在科尔沁（今内蒙古科尔沁旗）放牧，一面责令噶尔丹罢兵西归。但噶尔丹气焰嚣张，置之不理，率兵乘势南下，深入大清乌珠穆沁境内。

急报传到京城，康熙帝召集大臣宣布，决定亲征噶尔丹。他认为，噶尔丹气势汹汹，野心不小，既然打进来，非反击不可。康熙一面下令就地征集兵马，严行防堵，一面调兵遣将，准备北上迎击。

公元1690年6月，康熙帝的军马集合完毕，准备分兵两路出击噶尔丹：由皇长兄、裕亲王福全为抚远大将军，率左路大军出古北口；由恭亲王常宁为安北大将军，率右路军，出喜峰口。康熙帝亲自带兵在后面指挥。两路从左右两翼迂回北进，准备在乌珠穆沁地区消灭噶尔丹军。同时，诏令盛京将军（治所今辽宁沈阳）、吉林将军（治所今吉林市）各率所部兵力，西出西辽河、洮儿河，与科尔沁蒙古兵会合，协同清军主力作战。

不料，6月下旬，噶尔丹在察克墩望见清军沙津部的前哨，便急忙下令退师。为了稳住噶尔丹，免得他退得太远不好打，康熙帝使出一计，多次派使者进行安抚，告诉他朝廷派兵出塞，并不是为了讨伐他，而是商议和好之事，并让福全给他送去许多牛羊。噶尔丹信以为真，停止了后退，回军南下。

到了7月上旬，噶尔丹得知康熙调集的大军正向他逼近，也决心与清军一比高低，便领兵长驱南进，渡过沙拉木伦河，一路打到距离北京只有700里的乌兰布通。噶尔丹得意扬扬，还派使者向清军要求交出他们的仇人。

这时，康熙帝的大军已完成对噶尔丹军的包围。清左路军在抚远大将军福全的指挥下进至乌兰布通南，右路军在常宁率领下，与左路军会合，合击噶尔丹于乌兰布通。康熙还派兵一部进驻归化城（今内蒙古呼和浩特），切断了噶尔丹退回漠北的归路。

乌兰布通位于克什克腾旗（今内蒙古翁牛特旗西南）之西，是一座褐色的山峦，汉语名为大红山。它的南坡是陡峭的悬崖，无法攀登，山的北面居高临下，利于据险扼守。

噶尔丹背山面水布阵，他把2万骑兵集中在大红山下，后面有树林掩护，前面又有河流阻挡。他把上万只骆驼，缚住四脚躺在地上，驼背上加上木箱，用湿毡毯裹住，摆成一条长长的一个驼城，如同城栅的防线。噶军就在那垛中间射箭放枪，阻止清军进攻。

福全令清军各营掘壕筑垒，戒严防御。

八月初一黎明，福全率大军出击。清军隔河布阵，设鹿角枪炮，列兵徐进。以火器部队在前，步骑兵在后。中午时分，交战开始。

清军首先集中火铳火炮，对准驼城的一段猛烈轰击，炮声隆隆，震天动地。从午后一直打到日落，将驼阵打开一个缺口，然后挥军渡河进攻。清军的步兵从正面发起冲击，又以骑兵从左翼迂回侧击，把叛军杀得七零八落，纷纷丢了营寨逃走。

噶尔丹大败，仓皇率部撤往山上。

清军虽打败了噶尔丹的军队，但损失也不小，康熙帝的舅舅、内大臣佟国纲也在战斗中阵亡。就是在这场大战中，八旗将领贪生怕死，不少临阵退缩，索额图、明珠等人抽取精壮兵丁为护卫。福全也有些怯战，不想打了，命令停止攻击，就地休息。

噶尔丹一看形势不利，赶快派了一个喇嘛到福全的大营求和。福全不知这是噶尔丹为脱身而施放的和平烟幕弹，便相信了，一面向各路领军大臣发出印文，告诉他们不要打了，一面向康熙帝报告。康熙经验丰富，得报后，立即诏命福全："快进军追击！别中了贼人的诡计"。

可是已经晚了，等清军追击的时候，噶尔丹已经带了残兵，连夜渡沙拉木伦河，逃到漠北去了。

噶尔丹自乌兰布通兵败后，表面向清朝政府屈服，"认罪立誓，上书请降"，暗地里却重新招兵买马，以科布多为基地，召集散亡人员，企图重整旗鼓，东山再起。

为了解决噶尔丹叛乱，康熙帝采取了政治与军事双管齐下的策略，孤立和打击噶尔丹。康熙三十年（公元1691年），康熙北亲在蒙古主持了"多伦会盟"，进一步协调了蒙清关系，在外蒙喀尔喀各部也实行与内蒙同例的盟旗制度管理，蒙古除保留汗号外，贵族王公一律改为清朝的亲王、郡王等封爵。

在军事上，为防御噶尔丹再次进攻，康熙对北部边防异常重视，多次调整部署，加强边境守备；亲自巡视漠北诸部，稳定喀尔喀蒙古上层；将逃居漠南的喀尔喀蒙古分为左中右3路，编为37旗；设立驿站和火器营，沟通内地与漠北地区的联络，专门训练使用火铳火炮。

公元1694年，康熙帝约噶尔丹前来会见，订立盟约。噶尔丹不但不来，反而派人到漠南煽动叛乱，遣兵侵入喀尔喀。他扬言已经向沙俄政府借到鸟枪兵6万，将大举进攻。内蒙古各部亲王纷纷向康熙帝告发。

消息传到北京，康熙帝决计引诱噶尔丹南下，一战歼之。为确保作战顺利进行，清军在战前做了充分准备：调集兵马，征调大批熟悉情况的蒙古人为向导，随军携带5个月口粮，按每名士兵配备1名民夫4匹马的标准，组成庞大的运输队，备有运粮大车6000辆，随军运送粮食、器材；筹备大量防寒防雨器具，准备大批木材、树枝，以备在越过沙漠和沼泽地时铺路。

康熙三十四年（公元1695年）九月，噶尔丹果然率3万骑兵，自科布多东进，沿克鲁伦河东下。康熙帝决定再次亲征。第二年早春二月，康熙帝率9万大军，分东中西3路，浩浩荡荡向北进击。由黑龙江将军萨布素率9000人，从东路越兴安岭西进，出克鲁伦河实行牵制性侧击；抚远大将军费扬古率陕西、甘肃大军4.6万人，从西路出兵，分别出归化、宁夏（今宁夏银川），越过沙漠，会师于翁金河（今蒙古德勒格尔盖西）后北上，切断噶尔丹军西逃科布多之路；康熙帝自率中路3.4万人，出独石口（今河北沽源南）北上，直指克鲁伦河上游，与其他两路约期夹攻，准备在克鲁伦河一带歼灭噶尔丹军。

三月三十日，康熙帝亲统中路军，从京师启行出塞。他手绘阵图，指示方略，表现出了高超的指挥才能。

四月初十，大军走到科图（今内蒙古苏尼特左旗北）时，遇到了敌军前锋。这时候，东西两路还没有到达。有人传说沙俄将要出兵帮助噶尔丹。随行的内大臣索额图、大学士伊桑阿就有点害怕起来，奏称噶尔丹已经远去，劝康熙帝班师回京。康熙帝气愤地说："我这次出征，没有见到叛贼就退兵，怎么向天下人交代；再说，我中路一退，叛军全力对付西路，西路不是危险了吗？"他警告诸位大臣："凡是不奋勇前往，犹豫退后，朕必杀了他！"

康熙帝决定继续渡沙漠北进，进兵克鲁伦河，并派使者去见噶尔丹，告诉他康熙帝亲征的消息。

噶尔丹听说康熙亲率精锐前来,慌忙来到山头察看,见到康熙大军,队伍浩浩荡荡,阵前黄旗飘扬,军容整齐,吓得直哆嗦。又听说西路清军已过土剌河,有遭夹击的危险,便连夜拔营撤退西逃。为了逃脱清军的追击,噶尔丹不仅将帐房、釜、甲胄、兵器、衣物等全部丢掉,还下令杀死或抛弃士卒的妻室老小和病人。

康熙帝听说后,一面派兵追击,一面赶快通知西路军大将费扬古,要他们在半路上截击。五月十三日,费扬古率西路军进抵土剌河上游的昭莫多(今蒙古乌兰巴托东南)扎营。噶尔丹的部队狂奔了五天五夜,也到了这一地区,距昭莫多只有约30里路。

昭莫多,蒙语为大森林,位于肯特山之南,土剌河之北,汗山之东,前面有一个开阔地带,历来是漠北的战场。

费扬古听说噶尔丹就在昭莫多附近,高兴坏了,按照康熙帝的部署,在昭莫多设伏,想一举全歼噶尔丹。

鉴于清军长途跋涉,饥疲不堪,费扬古决定采取以逸待劳、设伏截击的方针,以一部依山列阵于东,一部沿土剌河布防于西,将骑兵主力埋伏在树林中;由振武将军孙思克率步兵居中,扼守山顶。

然后,费扬古派先锋400骑兵诱战,边战边退,把叛军引到预先埋伏的地方,诱使噶尔丹军入伏。噶尔丹果然率兵进击,企图攻占清军控制的山头。

清军先下马步战,听到号角起,又一齐上马,冲击敌阵。噶尔丹军向山顶进攻,清军从山顶放箭发枪,双方开展了一场激战。孙思克率兵据险防守,发子母炮俯击敌军。噶尔丹和他的妻子阿奴冒着炮射,率士卒猛攻。双方激战几个时辰,不分胜负。

这时,费扬古发现噶尔丹阵后有大批人马没有参战,断定必是家属辎重,当即调整部署,命令沿河伏骑分兵一部从翼侧横冲敌阵,另一部偷袭其阵后家属辎重。据守山头的孙思克部也呼喊着从山上往下冲杀。

噶尔丹军大乱，夺路北逃，清军乘夜追击30多里，俘歼数千人，收降3000人，击毙噶尔丹之妻阿奴。最后，噶尔丹只带了几十名骑兵脱逃。

经过这两次与清军的大战，噶尔丹叛乱集团土崩瓦解，康熙帝要噶尔丹投降，但是噶尔丹的部队继续顽抗。

为了不给噶尔丹以喘息机会，康熙三十六年（公元1697年），康熙帝又带兵渡过黄河亲征。这个时候，噶尔丹原来的根据地伊犁，已经被他的侄子策妄阿那布坦占领。噶尔丹兵败穷蹙，无所归处，所率残部不过千人，羸弱不堪，内部异常混乱。康熙三十七年（公元1698年）二月，康熙帝鉴于噶尔丹拒不投降，再次下诏亲征。

噶尔丹的左右亲信听说清军来到，也纷纷投降，愿意做清军的向导。噶尔丹众叛亲离，走投无路，便服毒自杀而死。

至此，康熙时期平定噶尔丹叛乱之战始告结束，喀尔喀地区重新统一于清朝。

昭莫多之战，是清军击败噶尔丹军的关键一战。清军在劳师远征的不利形势下，以迅速的进军，巧妙的部署，攻其不备，出奇制胜，战胜噶尔丹军，历时近10年的噶尔丹叛乱终于得以平定，不仅稳固了对内外蒙古的统治，而且为继任者雍正和乾隆经营新疆打下了坚实的基础，促进了多民族国家的统一。

84. 捍卫疆土

——雅克萨康熙帝战沙俄

正当清朝廷庆祝平定叛乱胜利的时候,在我国东北边境,又传来沙皇俄国侵犯边境的坏消息,这使康熙帝不得不把注意力放到北部边防。

黑龙江、乌苏里江流域自古以来就是中国领土。秦汉以后各朝均在此设官统辖。清朝建立之后,继续对这一地区行使管辖权,加强统治。除设盛京将军(驻今辽宁沈阳)、宁古塔将军(驻今黑龙江宁安)和黑龙江将军(驻今黑龙江爱辉)外,还把当地居民编为八旗。与此同时,还加强了吉林、黑龙江将军所辖各镇,在沿江重要地区建立船厂,设置仓屯,陆上开辟台站驿道,发展水陆交通运输,进一步加强了边境地区与内地的政治、经济和文化联系。

俄国直至16世纪时,仍是欧洲一个不大的封建农奴制国家,同中国相隔万里。自从明朝以来,沙皇俄国就开始向我国东北部的黑龙江流域扩张。明崇祯五年(公元1632年),沙俄扩张至西伯利亚东部的勒拿河流域后,建立了亚库次克城,作为南下侵略中国的前进基地。从此以后,沙俄便不断地派遣武装人员入侵中国黑龙江流域。

明朝末年,清朝正忙着进关,沙皇俄国趁机向我国黑龙江地区进犯。俄匪帮侵略我国东北的手段十分残酷和野蛮。他们经常侵入我国境内,掠夺财物,四处抢掠,到处杀人放火、奸淫妇女,甚至灭绝人性地把人抓来烤着吃,被黑龙江地区人民称为"吃人恶魔",遭到我国各族人民的反抗。

清朝进关后，派兵打击沙俄侵略军，收复了被俄国占领的黑龙江北岸的雅克萨。

顺治六年（公元1649年）底，雅库次克长官派哈巴罗夫率兵70名侵入黑龙江，强占我国达斡尔头人拉夫凯的辖区，其中包括达斡尔头人阿尔巴亚的驻地雅克萨城寨（今黑龙江左岸阿尔巴金诺），遭到当地人民的抵抗。哈巴罗夫将同伙交由斯捷潘诺夫率领，自己回雅库次克求援。第二年夏末，哈巴罗夫率领138名亡命之徒，再次侵入黑龙江，强占雅克萨城，不断派人四处袭击达斡尔居民，捕捉人质，掳掠妇女，杀人放火。九月底，哈巴罗夫又率领侵略军200余人，侵入黑龙江下游乌扎拉河口（今宏加里河）我国赫哲人聚居的乌扎拉村，强占城寨，蹂躏当地居民。英勇的赫哲人民奋起抗击，并请求清政府予以支援。经过中国军民的多次打击，侵入我国黑龙江流域的俄国侵略军一度被肃清。

可是，玄烨登基的那一年，辅政大臣鳌拜弄权，政局混乱，沙皇俄国的侵略军乘虚潜入我国境内，占领了雅克萨，把抢来的貂皮献给沙皇，还在雅克萨和尼布楚修城筑堡，向当地居民征收赋税，建立起殖民据点，想永远霸占我国土地。

针对这种情况，康熙采取恩威并施、剿抚兼施的方略，即发兵扼其来往之路，屯兵永戍黑龙江，建立城寨，与之对垒，进而取其田禾，使之自困。同时再辅以严正警告。如果侵略军仍执迷不悟，则坚决予以剿灭。

黑龙江至外兴安岭地区距东北腹地遥隔数千里，同沙俄这样的入侵者斗争，单靠当地人民的部落武装是无法制止其侵略的，必须筹划全边，扼要屯兵戍卫，在适当地点控制一定兵力作机动，才能对付沙俄飘忽不定的反复侵扰。为此，需要建立相当数量的驿站和粮站，开辟水陆交通线和筹集运输工具，从而保障反击作战的胜利，并在反击胜利后建立一条较完整的边界防守线。为此，康熙采取了一系列措施，加强边防建设，准备剿灭沙俄侵略军：侦察地形敌情，派兵割掉侵略军在雅克萨附近种植的庄稼，又令蒙古车臣汗断绝与俄人的贸易，以困惫和封锁侵略者；屯戍要地。

当康熙帝为平定三藩之乱，把大批兵力调到西南去的时候，沙皇俄国又占领了黑龙江的大片土地，到处建立侵略据点，掠夺了大量的财物和矿产资源。同时，又于康熙十五年（公元1676年），派使团来北京讹诈。他们从北京的耶稣教会传教士那里，窃取了大量的情报，回国后，他们建议沙皇派出2000名正规军，进驻贝加尔湖以东的黑龙江流域。沙皇赶快增兵远东，以雅克萨为巢穴，派兵分路窜扰，扩大在黑龙江流域的侵略范围，建立了更多的侵略据点。

康熙帝刚刚平定了三藩之乱，又得知东北边境再次遭到侵犯，不禁龙颜震怒！康熙二十一年（公元1682年），康熙帝东巡，以"三藩平定"、谒告祖陵，兼巡视边疆、远览名胜。康熙帝在盛京拜谒太祖、太宗陵墓后，率领诸王大臣来到吉林，遥拜长白山，泛舟松花江，200多艘游船浩浩荡荡，旌旗朱缨映水，彩帆画觞风轻，连樯接舰，格外壮观。就在这次东巡中，康熙帝为了掌握敌情，亲自检查了边境的情况，然后命令当地官员修造战船，建立城堡，准备征讨敌人。

公元1683年9月，康熙帝派人送信给雅克萨的俄军头目，命令他趁早退出雅克萨。沙俄军不但不肯退出，反而向雅克萨增兵，跟清朝对抗。眼看着和平解决已经不可能了，康熙帝就发布进军的命令。

作为对反击沙俄作战准备的一部分，康熙帝着令设黑龙江将军，授予体力强壮、文武兼通的萨布素。

萨布素受命后，加紧边疆防务，建爱辉城作为北陲屏障；运贮粮食，屯田备兵。

公元1685年正月，萨布素同都统瓦山经过精心谋划，向康熙帝会奏攻取雅克萨的作战方案。收复雅克萨的时机成熟了。

康熙帝正式向沙俄侵略军发出最后通牒，晓之以理。

正月二十三日，康熙下达了进攻雅克萨的军令。为了确保一战制胜，康熙任命都统彭春为统帅，副都统班达尔沙等4位赴爱辉，会同萨布素围攻雅克萨。

四月，清军约3000人，在彭春统率下，携战舰、火炮和刀矛、盾牌等兵器，从爱辉出发，率领陆军水军1.5万人，分水陆两路，浩浩荡荡向雅克萨开进。

五月二十二日，大军抵达雅克萨城下，当即向侵略军头目托尔布津发出通牒。托尔布津有兵450人，炮3门，鸟枪300支，恃巢穴坚固，拒不从命。

沙俄军队经过几年的准备，把城堡修得十分牢固，彭春观察了地形之后，在城南筑起土山，让兵士站在土山上往城里放弩箭。城里的俄军以为清兵要在城南进攻，就把兵力拉到城南。哪儿知道，清军却在城北隐蔽地方放了火炮，乘城北敌人防守空虚，突然轰起炮来。炮弹在城头呼啸着飞向城里，敌人的城楼被炮弹击中了，大火熊熊燃烧起来。侵略军伤亡甚重，势不能支。

天色渐渐发白后，清军又在城下堆起柴草，准备放火烧城。俄军头目这才吓慌了神，在城头上扯起白旗投降。

按照康熙帝事前的嘱咐，彭春把投降的俄军全部释放，勒令他们撤回本土。俄军头目托尔布津哭丧着脸，带着残兵败将撤至尼布楚（今涅尔琴斯克）。

俄军撤走后，彭春命令兵士把雅克萨城堡全部拆毁，让百姓耕种；接着，带着部队回到爱辉城，另派兵在爱辉、墨尔根（今黑龙江嫩江）屯田，加强黑龙江一带防务。

但是，遭到惨败的俄军头目并没有死心，他们打听到清军撤出的消息，就在当年又带兵溜回雅克萨，把城堡修筑得更加坚固。

警报传到北京，康熙帝决定调集力量彻底消灭侵略军。在康熙帝的命令下，第二年七月，黑龙江将军萨布素率2000余人，再一次进军雅克萨。

七月二十三日，清军列阵围城，令侵略军撤离雅克萨。可是，俄指挥官托尔布津不仅不同意，还鸣放枪炮，向清军射击。

萨布素命清军攻城，弓矢齐射，炮火轰鸣，俄兵几次出城反扑，都被清军打了回去。守城头目托尔布津中弹死去，留下一批侵略军不得不躲到地窖里，但是没几天，病的病，死的死，最后只剩下150人。

沙俄政府慌忙派使者赶到北京，要求谈判。

八月二十五日，清军考虑到沙俄侵略者死守雅克萨，必待援军，且考虑隆冬冰合后，舰船行动、马匹粮秣等不便，于是在雅克萨城的南、北、东三面掘壕围困，在城西河上派战舰巡逻，切断守敌外援。侵略军被围困，战死病死很多，粮食和弹药消耗殆尽。清军四面包围，俄军残敌已无路可逃。

雅克萨城旦夕可下，沙皇急忙向清廷请求撤围，遣使议定边界。清廷答应所请，准许侵略军残部撤往尼布楚。

雅克萨反击战，有力地制止了沙俄向黑龙江流域进行侵略的计划，维护了中国的国家主权。战后，中俄缔结了《尼布楚条约》，划定了两国边界，肯定了黑龙江和乌苏里江流域的广大地区都是中国领土，规定以外兴安岭至海格尔沁齐河和额尔古纳河为中俄两国东段边界，黑龙江以北，外兴安岭以南和乌苏里江以东地区均为清朝领土。

85．和战之间

——关天培死守虎门

公元1841年1月7日上午8时，侵华英国舰队满载1500多名英军和数百名临时招募的流氓、游民，分左右两支队，向广州市虎门要塞的第一道沙角、大角炮台，同时发起进攻。广东水师提督关天培率部死命抵抗，一场生死战开始了。

19世纪初，英国已经成为世界上最大的资本主义强国，资本家为了寻找新的商品市场和原料供应地，大肆掠夺海外殖民地，人口众多、地大物博的中国，就成为他们向东方侵略的重要目标。自公元1800年起，英国商人开始向中国大肆输入极具毒害作用的鸦片。

英国向中国输入鸦片，每年都要从中赚走不计其数的银子。这还不算，他们的鸦片给中国人民带来了极为严重的危害。无数老百姓因为抽上了鸦片，而闹得家破人亡。清军里好多士兵自从抽上了鸦片，就再也没有力气打仗了。英国鸦片贩子不顾清政府禁止鸦片入口的禁令，贿赂清朝官吏，勾结中国私贩，利用特制的快艇进行武装走私。许多贪官污吏不但不严厉禁烟，反而趁机与烟贩子勾结起来，大发不义之财，走私的范围遍及整个东南沿海，给中国带来了严重危机，鸦片已成为危及中华民族存亡的一大祸害。

面对英军的军事进攻，广东水师提督李增阶疏于防守，被朝廷革职，清政府任命"年壮技优，通晓营务"的关天培为广东水师提督。

关天培，江苏山阳（今淮安）人，青年时投身行伍，23岁考取武秀才，后任江南提督。这次接到任命后，意识到战事紧急，便把年迈的老母亲和妻子送回家乡，只带几名亲兵赴任。他到广州后，立即来到虎门，考察地形，检查防务。

虎门是由海路进入广州的必经之地，号称"金锁铜关"，其上、下横档一带，是最险要的一道门户，关天培命人在这里创设木排铁链，还在横档山和巩固山之间水浅处的江底钉插暗桩，以阻止外国军舰闯入。

为查禁鸦片，道光皇帝派钦差大臣、湖广总督林则徐，到广东整顿海防，加强战备，严拿鸦片贩子。关天培奉林则徐之命，率水师在零丁洋上截住22艘英国趸船，查缴鸦片2万箱。林则徐下令运到虎门海滩，全部销毁，禁烟运动取得重大胜利。

虎门销烟的壮举，像海水冲刷烟膏那样，洗去了腐败无能的清政府强加给中华民族的耻辱。可是，消息传到英国首都伦敦，英国政府于公元1840年2月，任命懿律和义律为正副全权代表，懿律为侵华英军总司令，发动侵华战争。6月，懿律率领的英国军舰40余艘及士兵4000人到达中国海面，攻占我国南北航道要冲定海。随后，义律率英舰8艘，驶离舟山群岛北上，进泊天津大沽口外，向清政府递交照会，提出赔礼道歉、偿还烟款、割让岛屿等无理要求。

道光帝听信谗言，以为是林则徐、邓廷桢等人办理禁烟的事不善，才引起英军入侵，只要惩办林、邓等人，英国就会退兵，便任命自夸退敌有功的琦善为钦差大臣，赴广东继续办理中英交涉，并同时将林则徐、邓廷桢等革职查办。

琦善到达广州后，为讨好英国侵略者，撤除珠江口防务设施，遣散水勇、乡勇。在谈判过程中，琦善对义律提出的各项侵略条件，一一许诺，只对割让香港一事表示不敢做主，答应向道光帝请示。

义律为逼使琦善彻底投降，乘虚向虎门发动突然进攻。公元1841年1

月初，义律率领 20 多艘炮舰，2000 多名士兵，突然袭击虎门口外的第一道防线虎门沙角、大角炮台。清军英勇抵抗，打死打伤英军 100 余人。但由于清军防守兵力不足，琦善又拒发援兵，加上英军炮火猛烈，兵力也占优势，两个炮台终于失守，副将陈连升父子以下 600 余人阵亡。

琦善屈服于英军的强大压力，于 1 月中旬照会义律，表示愿意代为恳请在尖沙咀或香港地方择一隅供英人寄居。然而，义律不等琦善"代为奏恳"，便在 1 月 20 日单方面抛出《穿鼻草约》，强迫清政府割让香港、赔偿烟价 600 万元。6 天之后，英军强行占领香港。

大角、沙角炮台失守的消息传到北京，道光帝甚为恼怒，当即决定对英宣战。他任命御前大臣奕山为靖逆将军，户部尚书隆文和湖南提督杨芳为参赞大臣，调集各省军队 1.7 万人开赴广东。

中英两国进入战争状态。

义律得知清廷向广东调兵遣将和对英宣战的消息后，便立即命令英军备战，准备进攻虎门和广州，以先发制人。

2 月 19 日，英国大批军舰开始向虎门口集结。2 月 23 日，英军派军舰冲进三门口，直闯太平墟，施放火箭，烧毁民房，并用轮船拔除江中的木排铁链。

关天培派人火速向琦善告急，被革职仍在广州的林则徐等也坚请派兵增援，固守虎门炮台，琦善才不得不派兵援救。

可是已经太晚了。25 日，英军的 18 艘军舰突入虎门，把下横档岛上横档、永安两座炮台的守军团团围住。关天培身边只有 400 名将士，他接连几次向广州告急。琦善手下的驻防部队，光八旗兵、督标兵及抚标兵就不下万人，可是琦善一意乞和，却不肯增援一兵一卒，关天培只好率部孤军奋战。

2 月 26 日清晨，英军 3000 多人向虎门炮台发动猛烈攻击，关天培指挥部队英勇抵抗，多次发炮击退英军的进攻。中午，南风大作，英舰趁涨潮，又蜂拥而上，经过一个多小时的激战，横档、永安两座炮台弹尽粮绝，终于失守。下午3时多，英舰便集中兵力攻击靖远炮台及其两侧的镇远、威远炮台。关天培和麦廷章亲自督率守军发炮迎战。

在援兵无望的绝境中，关天培一面镇静督战，一面激发官兵们誓死保卫炮台。他当众宣誓："人在炮台在，不离炮台半步！"众官兵斗志昂扬，"人在炮台在"的呼喊声震撼山岳。

激战中，清军有8门大炮炮身发红炸裂，守军阵亡牺牲一多半，弹药也快消耗殆尽，关天培本人10多处负伤，血染衣甲，可是他仍然坐镇靖远炮台指挥战斗，还替代牺牲的炮手燃放大炮杀伤敌人，使英军舰船不敢靠岸。就在这时，突然大雨倾盆而下，大炮的火门渗水，一个个全哑了。

眼看敌人即将登岸，在这危急时刻，为了不让官印落入敌手，关天培指派跟随他多年的仆人孙长庆携带印信送回广东省府。

在这生死别离之际，孙长庆哭着请求提督一同撤退突围。可是，关天培说什么也不答应，他拔下腰刀，命令孙长庆立即突围。孙长庆挥泪而去。

当孙长庆飞马突围时，一群英军在炮火的掩护下，端着上了刺刀的步枪，鬼叫狼嚎地攻入炮台。此时，夜幕已经降临，关天培手握寒光逼人的利剑，率领将士们与敌人进行短兵相接的肉搏战。战斗中，关天培的左臂被敌人砍伤，他忍痛连续砍杀了几个敌人，不幸飞来一颗子弹，打中他的胸膛，壮烈牺牲。其他将士也都坚持到流尽最后一滴血。靖远、镇远、威远炮台失陷后，大、小虎山的守军不战而退。在琦善的压制和破坏下，虎门保卫战悲壮地失败了。

号称"金锁铜关"的虎门要塞被英军占领后，侵略军乘胜闯入内河，广州门户洞开。公元1841年，奕山代表清政府与英军订立了屈辱的《广州和约》。在广州待罪的林则徐听说后，悲痛欲绝，挥泪含痛为关天培和另一位牺牲的英雄麦廷章写了挽联："六载固金汤，问何人忽坏长城，孤注空教躬尽瘁；双忠同坎，闻异类亦钦伟节，归魂相送面如生。"

无论是由琦善主持的广州和谈，还是由奕山主持的广州战役，都充分暴露出清政府极端腐败的实质。19世纪40年代初，清王朝早已腐朽没落，如落日黄昏，不仅经济停滞，十分落后，而且整个统治集团内部弥漫着享乐苟安，贪污腐化气息。以道光皇帝为首的清朝最高当权者，长期闭关锁国，对于西方列强的社会状况、经济发展和军事实力茫然不知，不明敌情。和战大事，全然操于皇帝一人之手。清军前线将领或者轻敌如蚁，或者畏敌如虎，战守无策，不能利用英军劳师远征所固有的种种弱点，采用灵活战术制胜敌军。琦善与英军谈判一意妥协，裁兵撤勇，自毁长城，却任侵略者边打边谈，在谈判中始终处于不利地位。战争不能以己之长击敌之短，谈判不能以武备制约对手，所以失败的结局"顺理成章"，难以避免，真可谓自己打开了西方殖民者掠夺中国的大门。

86. 数万官军无此绩

——三元里英勇抗英斗争

清道光二十一年四月上旬（公元1841年5月下旬），奕山与英国侵略者订立屈辱的《广州和约》。广州人民目睹英国的侵略暴行，目睹清朝统治者的腐败和卖国，自发地组织起来抗击侵略，保卫国土。

三元里，位于广州城北5里，贴近泥城、四方炮台，是一个有几百户居民的村落。

这年的5月，义律和陆军司令卧乌古纵容英国侵略军带着武器在这一带行凶作恶。他们到处奸淫掳掠，杀人放火，又抢粮食，又宰猪牛，甚至盗掘坟墓，从棺材里劫取殉葬品。当地人民深受其害。其中泥城、西村、三元里、萧冈一带村落受害最深。于是各乡绅民便利用旧有的社学形式自动组织起来，"集众公盟"，联合保卫自家田园，开展打击英军骚扰的正义斗争。

鸦片战争前，广州附近原有不少"社学"。社学起源于明初，它原是封建士大夫的教育、集合场所，清朝中叶以后逐渐演变为由地主士绅所控制，由当地农民为乡勇的武装机构。它的职能是维护地方封建秩序，对封建政府的军队起着某种辅助作用。但它不是官办的，而是民间的机构。在广州城北一带，就存在着十几个这样的社学，其范围包括了80余乡。

英军的侵略暴行，不但使劳动人民蒙受了深重的灾难，也给地主士绅带来损害，因此，广大人民群众和爱国士绅对英国侵略者同仇敌忾，郁积了强烈义愤。

5月29日，一小股英军又窜到三元里村抢劫财物，奸淫妇女，村民们奋起搏斗，打死英兵数名。为了坚决打击敌人日后的报复骚扰，群众决心联合起来，立即行动。

三元里人民预料侵略者一定会来报复，全村男女立即在村北三元古庙前集会，三元里呼声如雷。整个三元里沸腾起来了，人人摩拳擦掌，要和敌人血战一场。推举菜农韦绍光为领袖，并以黑底白边的三星旗作令旗，庄严起誓："旗进人进，旗退人退，打死无怨"。

三元里人民清楚地知道，要打败英国侵略军，粉碎敌人的骚扰，绝不是一两个村子的力量所能做到，因此，韦绍光派代表到附近各村联络。萧冈乡举人何玉成，即柬传东北南海、番禺、增城，联络诸村社学，各备丁壮出护。

由于广州城北各乡已有了"集众公盟"的基础，所以附近103乡的农民、渔民、手工工人、爱国士绅等闻风而到，迅速集结。城郊东北6个社学的客家群众及打石工人，也在监生王韶光带领下赶来参加战斗，迅速组成浩浩荡荡的抗英武装力量。

当天下午，各乡代表在三元里以北12里的牛栏冈开会，商讨战斗部署。做出四项作战决定：1. 以三星旗为总指挥旗，各乡自成一个作战单位，各大旗一面，举领队一人，指挥作战；2. 鸣锣为号，一乡鸣锣，众乡皆出；3. 15岁以上、50岁以下的男子，一律出动；4. 采用诱敌深入的战术，到丘陵起伏、宜于埋伏的牛栏冈进行伏击战。

5月30日清晨，三元里及各乡群众数千人，手持锄头、铁锹、木棍、刀矛、石锤、鸟枪，向英军营地四方炮台挺进强攻。

正在吃早饭的英军，突然听到杀声震天，伸头一望，只见手里拿着大刀、长矛、盾牌、火绳枪的武装群众，打着鲜艳的旗帜，漫山遍野而来。

英军司令卧乌古，赶快下令吹号集合，出动近2000名侵略军，带着当时最新式的武器,气势汹汹地从高地直扑群众。

在战斗中,英军少校毕霞紧张恐惧过度,加以天气炎热,昏倒在地,当场就死了。敌军乱放枪炮、火箭。

武装群众并不和英国侵略军正面冲突,而是按原计划,摇动着旗帜和盾牌,且战且退,迅速向三元里以北撤退。

骄狂不可一世的卧乌古,以为中国人民软弱可欺,命令英军穷追不舍。路越追越远,稻田间的路径又那么窄,侵略军只能把队伍拉成单行,笨重的武器也不能随军前进。这样,侵略者追得越起劲,形势对他们就越不利。

武装群众牵着英国侵略军的鼻子,一直追到牛栏冈,武装群众忽然整队以待。狡猾的卧乌古知道中计,立即下令后撤,可是,已经晚了。忽然,锣壳、战鼓齐响,惊天动地的杀声在山谷震荡。埋伏四周的七八千武装农民,以排山倒海之势,猛冲英军,将敌人团团围困。

侵略军慌了,急忙开枪射击,但无论如何挡不住灭顶的洪流。大刀,向侵略者头上砍去!长矛,朝侵略者身上猛戳!

旌旗招展,刀矛如林,杀声震天。妇女儿童也上阵助威,为各乡的农民战士送饭,以林福祥为首的水勇500余名也闻声赶来,参加战斗。广州附近佛山、番禺、南海、增城、花县等县400余乡义勇数万人,赶来与三元里人民一起,将四方炮台层层包围。英军急忙开枪射击,但挡不住武装群众的洪流。

卧乌古指挥部下分两路突围,向四方炮台撤退。武装群众当即从两翼包围英军后队,并趁他们趟河和单列行进的有利时机,冲上前去同英军展开肉搏。

下午一时左右,突然电闪雷鸣,下起了倾盆大雨。

三元里附近人民,披蓑衣,戴斗笠,精神抖擞,愈战愈勇,用长矛猛烈刺杀。侵略军因火药受潮而枪炮失灵,士气低落,胆战心惊。这时的田间小路，不是被暴雨冲垮就是被淹没，稻田成了一片汪洋。穿着长筒皮靴的侵略军，在泥地上高一脚低一脚，又滑又重，跌跌撞撞，寸步难行。三元里人民以长矛猛烈刺杀英军，英军妄图以刺刀抵挡。可是在三元里人民的英勇战斗面前，英军的刺刀成了"可怜的防御物"。

这时，原来规定要撤退的妇女老弱，都挥着锄头、铁耙前来助战，连16岁以下的青少年，也来拼杀助威。没有上阵的妇女，自动把饭做好，送上前方。

狼狈不堪的侵略军，有的在锄头、长矛下丧了命，有的跌倒在水田里，跪下举手投降。将近下午4时，卧乌古才带着部下慌忙逃回四方炮台。他这才发现第37团第3连"失踪"了，只得调两连水兵再到战地搜索。

天黑雨大，一直折腾到晚上9时，水兵们才和找到的第3连共同返回四方炮台。原来，第3连在撤退时和来复枪联队失散，被三元里人民截住了。为了逃命，他们一个挨一个结成方阵，一步步向后撤退，以为这样就可以逃脱被歼灭的命运。但是，英勇机智的三元里人民，巧妙地用带钩的长矛，从方阵里将敌人钩出来，然后锄头、铁耙齐下，打得他们粉身碎骨，1名士兵被打死，1名军官和14名士兵受重伤。

正在紧张时刻，8000多名全副武装的清军，偃旗息鼓，从城里撤向《广州和约》规定的金山地区。他们经过四方炮台时，卧乌古又添一番虚惊，是否"意中有诈"？可是，清军却对这里发生的火热斗争熟视无睹。

这一天，义律赶来后也被包围。他们立即派奸细混出重围，带信给广州知府余保纯说，义勇必须立即散开，否则英军将解除和约，继续攻城，烧掉附近每个村镇。

奕山吓坏了，马上派余保纯带领南海、番禺县令，出城为英军解围。

余保纯打躬作揖，央求群众撤围。可是群众恨透了他，骂他"通夷卖国"。余保纯无所施其技，就威胁地主士绅们说，"如果乡民不退，将来万一有事，要由你们负责"。士绅们害怕了，经不起余保纯的一吓一压，有的丢下群众溜走了，有的帮助"劝散"群众。斗争被卖国的清朝官员和动摇的地主士绅破坏了。余保纯在人民的哗笑声中，护着义律和侵略军狼狈撤走了。

三元里一仗，当地民众战果辉煌，打死英国侵略军200多名，打伤更多，还活捉了十几名俘虏，缴获了大量战利品。人们热情赞颂："自从航海屡交锋，数万官军无此绩"。而吃了败仗、接受投降条件的奕山等人，却向清帝撒谎，讳败言胜，清帝受骗，遂下令各地撤防。

三元里人民的抗英斗争，对此后的中国历史具有非同寻常的启迪意义。它是近代中国人民第一次大规模的反侵略斗争。它对英国侵略者的沉重打击，有力地证明了人民群众是反侵略的主力军，它极大地鼓舞了中国人民不畏强暴、敢于同西方资本主义强盗拼搏的斗争勇气。它像一面鲜艳的战旗，激励着英雄的中国人民再接再厉，把反侵略斗争进行到底。

87. 猛虎出山

——陈化成血战吴淞口

鸦片战争爆发后,晚清政府为了加强长江门户的防卫,调年已70岁的老将陈化成任江南提督,驻守吴淞口。

陈化成,行伍出身,历任金门镇总兵、福建水师提督,以勇为名,以身作则,与士兵同甘共苦的作风,爱护部下,因此,官兵和群众十分敬仰他,尊称为"陈老佛"。

自从奕山与英军签订《广州和约》后,清政府的投降派以为战争已经结束,竟下令沿海撤防,致使沿海防备十分松懈,英国兵舰在海上横冲直撞。英军在攻占厦门后,于1841年10月开始进攻浙江定海。定海总兵葛云飞、王锡从和郑国鸿率5000人浴血奋战,全军壮烈战死。定海失陷。

接着,英军进犯镇海。两江总督、抗战派裕谦亲自指挥战斗,官兵们奋勇杀敌。可是,由于扼守镇海海域外制高点的浙江提督余步云贪生怕死,临阵逃跑,英军蜂拥登岸,裕谦力战不支,投水殉职。

消息传到吴淞,陈化成失声恸哭,对部将说:"武臣战死于疆场,这是尽职,我们大家应当共同勉励!"

英军占领浙江海防重镇定海后,转而向长江进犯,大批军舰驶进长江吴淞口。抗英老将陈化成率部英勇反击。

长江下游,是中国最富庶的地区,南京控制着长江、运河两大水道,江南的大量漕米和税银,都要汇集于南京,由镇江经运河水运北京,如果占领镇江、南京，就可扼断漕米和税银的北运。烟波浩荡的吴淞口位于宝山县境黄浦江与长江的汇合处，为长江第一道门户，上海的咽喉。西岸为宝山县城，县城东六七里为杨家嘴，建有炮台一座，称西炮台。在吴淞口东岸，筑有一略呈圆形的炮台，安炮27门，称为东炮台。整个吴淞口，由江南提督陈化成和徐州镇总兵王志元驻守，兵力只有2400多名。

六月的吴淞口外，江涛怒号，战云滚滚。英军派出军舰到吴淞口侦察。英国侵略军中早已流传着陈化成的勇名，他们惊呼，"不畏江南百万兵，唯惧一人陈化成"，把陈化成称为"陈老虎"。英军虽然气焰嚣张，也未敢贸然进攻。

英军指挥官对戒备森严的吴淞口观望了好几天后，决定先进行火力侦察，便派出4艘军舰，其中2舰的舷上布置伪装的木头人，趁江面雾气弥漫时，闯向西炮台。

陈化成亲自防守在西炮台。当敌舰绕过小沙背向西炮台驶来时，富有海战经验的陈化成看穿了敌人的阴谋，他坐镇炮台，不动声色，一炮未发，敌舰毫无所获。

过了几天，陈化成得到江面上浮来的英国侵略军的战书，他对战书扫了一眼后，以一笑置之。

六月十五日，驻宝山的两江总督牛鉴来到吴淞，劝陈化成退避宝山。陈化成力主出击迎战。

在英军没有到吴淞口之前，牛鉴曾向道光皇帝吹牛皮说："我军有数千精锐部队，战事一旦发生，聚歼敌人是不成问题的，何况仰仗皇上的天威，我没有什么忧患。"可是，现在英国军舰真的到了，他却惊慌失措，从宝山来到吴淞，愁眉苦脸地劝告陈化成说："洋人船坚炮利，我看触犯不得，不如开门迎接，然后慢慢设法对付他们。"

见牛鉴吓成这个样子，陈化成一开始还劝他说："老兄不要怕，洋人不过是仗着有洋枪洋炮，我们既然有河南、徐州、江宁的3000多援兵，藤牌兵800，而且我经历海洋50多年，出生入死炮弹之中数十次，如今我们的炮火可以抵挡敌人的进攻，扼险可胜，请你不必过虑。"可是，牛鉴还是不放心，说："洋人来了，我们也不能打。关天培和洋人打得多激烈，虎门还不是一样失守了。"

陈化成见牛鉴是个贪生怕死的家伙，知道再劝他也没有什么用了，便气愤地对牛鉴说："既然总督大人不敢应战，我陈化成只好以死保卫吴淞口了！"

陈化成不仅自信可以一战，而且下了以死报国的决心。当裕谦在镇海为国捐躯后，陈化成对部下勉励说："武臣卫国，死于疆场，幸也。"

六月十六日清晨，滚滚长江掀起恶浪，吴淞口的保卫战开始了。亲自守卫西炮台的陈化成登上瞭望台，向远处一望，只见无数只英国军舰正朝炮台扑来。这时，英军开到吴淞口的军舰横海十多里，大小战船上百艘，水军上万人。

7艘英舰首连着尾，尾接着首，蜂拥而来，大炮对准炮台不停地乱轰。顿时烟焰腾空，民房被毁，瓦砾乱飞。

老将陈化成手执令旗，站在最高点指挥战斗。当英舰靠近时，陈化成大声喊道："马上准备，打跑洋鬼子。"

英国军舰耀武扬威，越驶越近，就连桅杆上的米字旗（英国国旗）都看得一清二楚。只见陈化成不顾敌人密集的炮火，沉着地挥动令旗，大吼一声："放炮！"

"轰轰——"随着一阵阵炮弹的轰鸣，炮弹直射敌舰，前面的几艘英国军舰立刻冒起了烟，船上高挂的米字旗也被打成碎片，在硝烟中飞散。

"轰轰——"又是一阵密集的炮弹，打向江面英舰。前面几艘军舰还没来得及逃跑，就沉进了江里喂鱼去了。

英军遭到"陈老虎"沉重打击后，不敢从正面登陆，狡猾地用小型的舰艇开进西炮台南面的蕴藻洪，强行登陆，妄图经吴淞镇后面包抄西炮台的侧面，却遇到守军的顽强抵抗。

这时候，东炮台的清兵深受鼓舞，也朝洋鬼子猛烈地开起火来。炮弹雨点儿一样地打向敌舰，江面上一具具英军的尸体随波逐流。英军指挥官璞鼎查不得不令英舰迅速后撤。

牛鉴正要准备溜走，听说陈化成打退了洋人的进攻，也顿时来了精神。不过，他想的并不是怎么样彻底地打垮洋鬼子，而是要赶快趁机抢点功劳，好向皇上报功受奖。这个畏敌如虎的愚蠢官员，在炮火纷飞的战场上，居然还坐着四人抬的大轿，大讲排场，摆列总督出门仪仗，前面还有人鸣锣开道，招摇过市，非常可笑。

当他们大摇大摆路经小沙背时，被敌人的侦察兵发现了，英军头目就下令朝仪仗队发炮，一炮弹落在牛鉴身边，这下子把牛鉴吓坏了，他慌里慌张地从轿中爬了出来，丢冠弃靴，混在士兵中逃走了，一直跑到嘉定。

镇守东炮台的清兵看见总督大人只顾自己逃命，便也没有抵抗洋人的劲头了，一个个争先恐后地逃下炮台。西炮台的一些清兵一见这情景也转身想溜。陈化成愤怒地挥刀砍死了其中一个，大声吼道："谁敢逃跑，这就是下场！"

清兵们不敢乱动了，可是这时候炮弹又出了问题。许多炮弹都是臭弹，根本打不响。英国军舰便趁机疯狂地向炮台扑来。同时，一部分英军从没有看守的东炮台上了岸，从背后向陈化成包围过来。

西炮台腹背受敌。部将看到大势已去，请求陈化成离开炮台。陈化成凝视着涛涛的长江水，坚定有力地说："皇上把炮交给我们。如果我们活着，炮台却丢了，我们还有什么脸面见皇上和乡亲父老呢！今天，我就是死，也要死在炮台上。"说着，他拉开了一名牺牲的炮手，瞄准了一艘扑过来的英国军舰，拉燃了大炮。没想到，这颗炮弹没有打出去，却在炮膛里爆炸了。大炮一下子炸裂，陈化成的脸和前胸都被炸伤，就连眉毛和胡子都被血染成了紫红色。

这时候，后面扑来的英军已经冲上了炮台。他们哇哇怪叫着朝陈化成杀来。陈化成不顾自己的伤痛，挥舞着大刀，与敌人拼杀起来。他一连劈死了3个洋鬼子。在他正准备扑向第四个时，一颗炮弹突然在他面前爆炸了。这位老英雄、老将军倒在了血泊里。

"为陈大人报仇——！"清兵们见陈化成死得如此壮烈，群情激昂，义愤填膺，与英军展开肉搏战。最后，将士们全部英勇牺牲，鲜红的血水染红了炮台，也染红了炮台周围的江面。八月，英军陈兵南京江面，摆开阵势，架列大炮，开炮攻城。

攻下吴淞口后，英军继续沿长江向内地侵犯，随即侵占上海。他们踏着中国人民的鲜血，把繁华的江南水乡城镇烧成一片片瓦砾。最后，洋鬼子们一直杀到南京城下。

在北京享乐的道光皇帝，听说洋人打到了南京，吓得差点昏死过去。可是，这个昏庸的皇帝老儿，不但不竭尽全力去与侵略者决战，相反却派耆英等人去和洋人和谈。他在一份抗击英军的奏折上写道："无人，无兵，无船，奈何！"可耻地接受了"城下之盟"，发出了"所求无不准允"的圣旨。

在敌人大炮的威胁下，耆英等人全部答应了洋鬼子的无理要求。更可笑的是，清政府的谈判代表，面对历史上从未有过的奇耻大辱的谈判，竟然毫无伤感，把最后的见面搞成了虚华排场的聚会。

8月20日中午时分，三位中国皇室代表穿着崭新的绣花丝绸的官服，向着侵略者鞠躬致敬以后，迈开穿着同样华丽的满洲靴的脚，穿过英军的仪仗队，一步步缓慢地走上了英国人的旗舰"皋华丽"号。当英国人奉上咖啡、糖果、樱桃、白兰地等食物以后，清廷的代表们立即品尝起来，耆英一边吃，一边不住地称赞"好吃，好吃"，却一句没谈有关条约的问题。

回到宫里，耆英向道光皇帝写了一份奏折，将中英谈判的结果告知皇上，并且详细地描述了英军船坚炮利的情形。几天后，耆英等在静海寺摆开盛大的欢迎仪式，恭候回拜的英国谈判代表璞鼎查等人。璞鼎查等英军高级官员分乘12顶绿呢大轿，带着一支西洋乐队，来到静海寺。耆英、伊里布等清廷大员，在门外迎接，一支中国的欢迎乐队，敲起了大锣大鼓，震天动地，盖过了西洋乐队的声音。大殿之内，摆满了中国的山珍海味，名肴侍馔，似乎要在吃的方面尽展天朝风情，与洋人"一决高低"。

1842年8月29日中午11时，耆英一行再次登上英国"皋华丽"号，在英国谈判代表马礼逊拿出的4份条约文本上，一字不改地一一签了名，加盖了钦差大臣关防，从而签下了令每一个爱国的炎黄子孙深感耻辱与痛恨的中国历史上第一个不平等条约——《南京条约》。马克思尖锐地指出：这个条约"是在炮口的威逼下订立的"。这个条约规定，中国把香港割让给英国，赔偿英国各种损失2100万两白银。同时，英国人正式获得了在中国领土上胡作非为的权力。从此，中国开始沦为洋人的半殖民地。

88. 借天行道

——洪秀全金田起义

《南京条约》签订的第二年,在广东花县(今花都),发生了一件震惊乡里的大事。一个叫洪秀全的秀才,把私塾里供奉的孔子牌位给砸了。当时,孔子是人们心目中最受崇敬的圣人,居然有人敢砸他的牌位,那还得了,洪秀全被赶出了私塾。村里的人都以为洪秀全的精神出了毛病。可是,正是他的这个举动,为中国历史上最为波澜壮阔的农民起义揭开了序幕。

洪秀全,1814年1月1日出生在广东花县福源水村的一个农民家庭。青少年时,受着"学而优则仕"思想的支配,又加上父母亲对他寄予光宗耀祖的期望,因此他一心想通过科举而取得功名。他从16岁起就到广州参加考试,第一次就失败了,但他没有灰心,以后又多次赴广州应试,仍然是名落孙山。

洪秀全虽然没有应策,却接触了许多新鲜事物,开阔了眼界,丰富了社会知识面。清朝的反动统治,地主阶级压迫和外国资本主义的侵略,各地人民的武装起义,这一切在洪秀全的脑子里滋起了强烈的反响。科举功名的幻想破灭了,对现实的不满增强了,黑暗的统治激怒了年轻的洪秀全,用革命的手段打倒清朝的统治,成为洪秀全的一个新的信念。功名心极重的洪秀全,走上了革命的道路。

29岁那年,他最后一次到广州应考失败后,偶然翻阅《劝世良言》。

这是一本不太高明的基督教布道书，突出宣扬上天只有一个绝对权威，那就是"神天上帝"。书中描绘了一幅"天国"的理想图，据说是要在接受了西方来的"善人君子"传的"福音"之后，才能实现。《劝世良言》首先切中洪秀全心事的，是孔夫子并没有保佑他考中秀才。他年年拜文昌、魁星两像，却每次考试名落孙山；而其他泥塑木雕的偶像，也都没有帮助过他解决实际问题。再联系在病中梦幻里见到的人物和事件，他认为自己已经升过天，亲眼见到过上帝。于是，他根据《劝世良言》的说教，以宗教为形式、革命思想为内容，把在病中所见到的那些光怪陆离的幻象，演义出一个上天承命的宗教故事。

那是他在23岁生大病时，梦见自己上天去过一次，在天上见到一位高踞宝座的老人，那就是至高无上的天父上帝；还遇到过一位助他灭妖魔的人，那就是天父的长子救世主耶稣。天父上帝还给了他一柄宝剑和一方大印，命令他回到人间斩除鬼神。并且再三告诫他，宝剑只许断除妖魔鬼怪，不得妄杀兄弟姐妹。这个故事有浓厚的宗教迷信，乍看起来，是荒唐可笑的。但是，透过宗教外衣，就可以很清楚地看出，"手握乾坤系伐仅，斩邪留正解民悬"的革命思想，在这个故事里得到了充分发挥。洪秀全利用基督教教义和仪式，加以附会解说，创立了"拜上帝会"，并开始在乡村传教。他宣称自己是上帝的二儿子，是基督徒救世主、上帝耶和华的儿子、耶稣的弟弟。上帝派他来到人世，是为了斩尽妖魔，解放百姓。洪秀全所说的妖魔，就是指清朝的统治者。

当时，百姓饱受贫苦生活的煎熬，看不到出路和希望，再加上思想落后，所以许多人把希望寄托在拜上帝教和洪秀全身上，响应者如云。

为了扩大拜上帝会的影响，壮大拜上帝会的力量，洪秀全和好友冯云山长期奔走于广东和广西两省，宣传反清，在贫苦农民和烧炭工人中发展了2000多名拜上帝教信徒，其中韦昌辉、杨秀清和萧朝贵等人后来成了太平天国革命的领导者和骨干。

洪秀全看到队伍不断壮大，觉得起义的时机成熟了。1850年夏的一天，各地拜上帝会首领云集广西桂平紫荆山金田村。这是广西浔州府桂平县城北50里的一个小山村，地处大瑶山脉紫荆山区东麓，后负紫荆，前扼浔江，东南20多里便是浔江边上的大湟江口，是一个形势险要的地方。山田起伏，纵横数十里，里面居住着许多世世代代以烧炭为生的农民。

这天，洪秀全召集骨干们开会。他讲着讲着，突然两眼一翻，腿一蹬，就昏倒了过去。周围人都吓呆了，正不知怎么办才好，只见洪秀全"啊"地一声，又醒了过来。他揉了揉眼睛，重新坐起来，好像刚从梦中醒来。其实，这是他故意装出来的。他看了看大家，严肃地说："刚才天父（上帝）把我叫了去，告诉我解救百姓的时候到了。他老人家让咱们马上准备起事。"

在洪秀全的号召下，各地会员马上都赶到金田集中，这叫作"团营"。随后，会员们把变卖家产得来的钱都集中到"圣库"。无论是官还是普通会员，都由圣库统一发给衣食杂物。

在准备起义的过程中，洪秀全回广东处理拜上帝教的事务，由杨秀清、冯云山和萧朝贵整编队伍，进行严格训练。韦昌辉和石达开组织制造武器。

杨秀清，广西桂平人，出身贫寒，父母早亡，一天学没上过，但智慧过人。后结识冯云山，参加了拜上帝会，密谋反清。

石达开，广西贵县人，太平天国军事统帅之一，一位传奇式的农民战争英雄。他少年时就有经略四方的大志，结识不少江湖朋友，喜欢读《孙子兵法》，称得上是文武双全，智勇兼备。洪秀全、冯云山慕名密访，鼓动他加入拜上帝会，石达开欣然同意，并将全部家产捐入圣库。

这时，冯云山在广西桂平县宣传拜上帝教，并率众捣毁庙宇，引起地主豪绅不满。当地一个叫王百万的地主，悄悄告发了官府，以"聚众谋反"的罪名，把冯云山扭送县衙，在拜上帝会中引起了动荡。

因为洪秀全不在广西，许多会员害怕了，拜上帝会一时之间群龙无首。在这种情况下，为不使起义夭折，足智多谋的杨秀清挺身而出，模仿洪秀全的样子，搞了一次"天父附体"，假称天父下凡嘱托传言。他告诉大家，天父命令他们立刻前去解救冯云山。

经过商议，当天晚上由武艺高强的石达开带领几个会武功的会员，把冯云山从监狱里救了出来。

杨秀清以"天父附体"稳定了会众的情绪，团结了会众，并发展了组织，从此取得了代上帝传言的特殊地位。

1850年夏，各地拜上帝会首领会集桂平金田村，洪秀全下令"团营"。后被清当地政府发觉，洪秀全立即转移到鹏化山区，在花洲山村设立总部，指挥"团营"活动，各地会众纷纷响应，会众很快集结到2万余人。

拜上帝会的发展引起了清政府广西地方势力的警觉。1850年12月底，浔州协副将李殿元等率部包围了洪秀全和冯云山的驻地。在金田的杨秀清听说后，立即派人增援，把洪秀全、冯云山等领导人接往金田村。

不几天，浔州总兵周凤歧和副将李殿元、伊克坦布又率兵进剿金田村。洪秀全、杨秀清在离金田五六里的蔡江村附近三路布防，设伏迎敌，大败清军，并阵斩副将伊克坦布。太平军士气大振，洪秀全决定乘势起义。

道光三十年十二月十日（公元1851年1月11日），正是洪秀全的38岁生日，在金田村正式宣布起义，国号"太平天国"，以咸丰元年为太平天国元年。

这一天，在广西桂平金田村的广场上，一队队汉、壮、瑶等民族起义军战士，头包红巾，手持大刀长矛，精神抖擞地排成方阵。洪秀全威武地站在一面杏黄大旗下，杨秀清、萧朝贵、冯云山、韦昌辉和石达开，分别站在两侧。四周无数的妇女儿童，手拿彩旗。

洪秀全望着庞大的起义队伍，举起拳头，庄严地宣布："拜上帝教今天正式起义了！我们的目标，就是推翻腐败的朝廷，斩尽一切害人的妖魔，让天下所有的老百姓过上太平的日子。我们的国号就叫'太平天国'"。

不等洪秀全说完，战士们和周围的妇女儿童，一起欢呼起来。"一定要除尽清妖——"嘹亮的口号声在山谷间回荡着……

举义后的第三天，起义军就占领了大湟江的江口墟，准备向东南平川地带发展。

江口墟位于浔江与大涅江的交汇处，交通便利，在经济上是一个商富云集的地方，在军事上是一个必争之地。太平军占领了江口墟之后，便有天地会的几位首领率领部众前来会合，其中著名的有罗大纲、丘二嫂（亦作丘二娘）、苏三娘（或称苏三妹）。由于各地起义军积极响应，太平军的声势更加浩大。金田起义，从中国一个极不显眼的小山村点燃起中国近代农民革命的熊熊火炬，并很快威胁到清王朝的统治，从此改写了中国清代发展的历史。

89．突破重围

——太平军血战永安

金田起义震动了道光皇帝和广西提督向荣。在北京紫禁城里的道光皇帝，被几年来的内乱外患折腾得精疲力竭。当金田起义的消息传进他的耳朵后，这位昏庸的皇帝急令钦差大臣李星沅、广西巡抚周天爵、广西提督——前湖南提督向荣，准备消灭起义军。

2月16日，太平军的队伍与清军在大湟口江口、东岭、中坪展开厮杀，在打破清军其中两路大军后，太平军兵锋直指向荣。向荣老奸巨猾，命部死守界岭，挡住了太平军北去的道路。洪秀全、杨秀清等率领部队向西撤退，开进小林，然后兵分两路，主力一路向紫荆山挺进，另一路进军东乡，并为太平军断后。

几天后，太平军一路扫荡地主团练的零星抵抗，再次控制了西起东乡，东到新墟，中为紫荆山与金田的狭长地带。以向荣、乌兰泰为首的清将清兵惧怯畏敌，消极避战，一路"送行"，使太平军顺利完成战略转移。后来在新任钦差大臣、大学士赛尚阿的督战下，向荣、乌兰泰才尾随而至，将太平军围困于紫荆山地区。

赛尚阿是清廷派来与太平军交战的第三任钦差大臣。首任林则徐，在福建赴广西途中的潮州去世；第二任李星沅，被周天爵、向荣气不过，饮酒中毒而死。李星沅死后，咸丰派大学士赛尚阿为钦差大臣，并派都统巴清德、副都统达洪阿随同前往。

赛尚阿对能否平定"匪乱",心里也没有底。他听说洪秀全正在转移,就派巴清德、达洪阿率部赶赴紫荆山地区。

向荣驻东乡,企图从后路进犯紫荆山,乌兰泰统兵沿思盘江南岸部署,清方总兵力2万余人,是太平军的2倍。不过,清军两大集团被大山阻隔,联络困难,更不易合围,影响了合围效果。

太平军也分成东西两大战区。东路为前线,西路为后线。东路由杨秀清、萧朝贵、韦昌辉等人统兵。他们将主力分布于思盘江与蔡村江各村间,利用江河天险,抵御正面敌人。兵力约8000人。西路因有双髻峡、猪仔峡为屏障,相对比较安全。洪秀全、冯云山统领的太平军在巴口垒石阻道,挖沟断路,并在山上构筑炮台,以炮火封锁峡谷,同时安设擂石、滚木。

可是因为实力悬殊,太平军虽然顽强抵抗,最后还是招架不住清军的攻势。到8月底,被压缩在以新墟为中心的狭小范围内。

在万分危急的情况下,利用中秋月圆的时候,洪秀全、杨秀清指挥太平军趁着月色,踏着泥泞,迅速突破敌人包围,撤出新墟,向东经鹏化山区突围,占领70多个村庄,并在花洲设下大营。

向荣这边刚刚睡下不久,就有人报告太平军北逃的消息。

"什么,长毛跑了?!"向荣一下从床上跳了起来,迅速穿上衣服,命令道:"立即给我追!"

乌兰泰、向荣率部追到思旺东南的官村,企图拦截太平军南下。他们根本没有想到,太平军在萧朝贵、冯云山指挥下,早已在这里设下了埋伏。

太平军的伏兵乘向荣部还没有扎好营地,突然发起进攻。太平军将士经两天休整,精神饱满,士气振作,一个个如猛虎下山,势不可当,打得向荣措手不及。清兵经两天长途跋涉,疲惫不堪,士气低落。而且正赶上天下大雨,清军的火药全都湿了,无法点放枪炮,太平军的长矛大刀发挥了作用。这样,清军势必处于弱势。

向荣的楚兵也不是不堪一击,战斗进行得异常激烈。从上午10时到下午1时，战斗一刻也没有停止。正当两军打得难解难分之际，只见密密匝匝的松林中窜出一股由洪宜娇、苏三娘率领的女兵，包抄了清军后路，对清军形成两路夹击之势。

在太平军的猛烈冲杀下，清军四处溃逃，眨眼的工夫，就尸陈遍地，阵斩清军千总杨成贵，缴获了大批军用物资。

此战，向荣全军崩溃，只得收拾残兵败将，逃入平南县城，托病月余不出。

官村大捷后，太平军乘胜出击，以罗大纲部为先锋，一举攻下了永安城（今广西蒙山县）。这是太平天国起义后占领的第一座城市。永安城方圆约有六七里，吃的、穿的、用的和玩的应有尽有。

永安城位于南北20余里、东西宽10余里的平坝上，四面崇山峻岭。太平军进占永安后，即分军防守城外各要隘。

这时，杨秀清发现了一个通敌的内奸，他就假托天父下凡，揭发了内奸的阴谋，把他抓了起来。这不仅清除了叛徒，还大大提高了杨秀清在太平天国内部的权威。

在永安，洪秀全对日益壮大的队伍进行了正规整编。洪秀全自称天王，封杨秀清为东王，萧朝贵为西王，冯云山为南王，韦昌辉为北王，石达开为翼王。在各王中，东王杨秀清的权力最大，仅次于天王，并且直接负责军事指挥。洪秀全明确宣布：所封各王均受东王的节制。从此，杨秀清成为太平军起义的统帅。

太平军进了永安城不久，清廷的围剿大军在乌兰泰的率领下不久也到了。

这时候，紫禁城里的道光皇帝口吐鲜血，一命呜呼了。即位的咸丰皇帝，立刻命赛尚阿到永安督战，围攻太平军。清廷在永安外围不断增兵，总数达4万余人。

清军的重重包围，造成了太平军物资供应困难，特别是严重地缺乏粮、盐、药、铅等重要物资。在这种情况之下，坚守这座孤城已经没有什么意义了，洪秀全决定突围。

永安四面环山，南北大道有清军重兵把守，怎么才能突围出去呢？城东十余里之古苏冲，有一小道通昭平，只有千余团勇驻防，是清军包围圈中的薄弱之处。洪秀全决定从这里突围。他要求大家遵守纪律，英勇杀敌，为了方便行军，丢弃包袱，轻装上阵，说等最后胜利了，金银绸缎都会有的。

1852年4月1日，永安城上空乌云翻滚。

"抓住时机，出发！"洪秀全下达了突围令。

雷电交加，大雨倾盆，周围守军大多缩在营房，对东走的太平军毫无察觉。太平军骁将罗大纲率领的2000人先头部队顶着大雨，进至富豪，分兵两路，一路袭击古苏冲口，一路翻越金鸡峻，抄敌侧背，一举踏平清军防守的玉龙关。大队人马于4月5日开进古苏冲，翻越龙寮岭，在昭平六内村设下大营。

乌兰泰、向荣闻讯，督部追赶，截杀太平军后队2000多人。为摆脱追兵，太平军在杨秀清指挥下，选择龙寮岭大峒山谷地埋伏重兵，待机歼敌。

4月8日上午，龙寮岭大雾弥漫，清军进入伏击圈，杨秀清指挥太平军乘大雾，突然从两侧山顶向敌发起攻击。

由于道路狭窄，大雨地滑，清军人马拥挤，难以列阵，枪炮也大都失效。太平军将士们赤脚短刀，前后围裹，与清军展开肉搏，击毙清总兵4人，歼灭清军四五千人。

随后，洪秀全率领太平军取道山间小径，跳出清军的包围圈，突围而去。太平军在杨秀清的指挥下，在永安突围后，一路北上，攻取桂林，进占全州。太平军每到一处，都要开仓放粮。各地的老百姓们都像盼星星、盼月亮一样，欢迎太平天国的起义部队。

90．旌旗映江南

——太平军攻占金陵

太平军一天天壮大起来，号称50万之众，万余艘战船。1852年6月，太平军攻占湖南道州。在这里，太平天国的领导者商讨进军方向。洪秀全主张下广东，石达开要入四川，还有一部分将领主张回广西，杨秀清主张出湖南。杨秀清认为不能再回广西，他说："已骑虎背，哪里还能顾恋？"上策只有舍弃广东，勇往直前，沿长江东下，略城堡，舍要害，专意金陵（现在的江苏南京），据为根本，然后遣将四出，分扰南北，即便不成事，太平军也可占据黄河以南。大家认为杨秀清说得有道理，就决定进军湖南、湖北，然后东取金陵。这就是"道州决策"。

按照这一决策，太平军迅速向长江流域推进。9月11日，西王萧朝贵率领太平军先行部队2000余人，抵达湖南省会长沙南门外石马铺，并迅速突破清军防线，阵斩总兵福诚，兵锋直抵妙高峰一带。

此时，长沙守城兵勇4000余人，比太平军多1倍。太平军炮击强攻长沙，萧朝贵身先士卒，骑马挥刀，猛攻南门，不幸中炮牺牲，太平天国又失去了一位杰出领袖。

洪秀全闻讯悲愤异常，率领全队人马驰援围攻长沙。当10月中旬赶到长沙时，清钦差大臣赛尚阿指挥3万清兵早已占领长沙四周。

太平军土营挖地道攻城，三次轰崩城墙，战斗十分激烈。

围城战延续了两个月，太平军火药、粮食匮乏，洪秀全、杨秀清决定避实就虚,趁清军齐集长沙的机会,突然撤围,绕过长沙,轻取益阳,从容北渡洞庭湖,不战而下岳州。

在益阳、岳州,太平军获得大批船只和枪炮器械,又有许多船户、纤夫参军,立为"水营",大大增强了战斗力。

太平军经过短期休整,从岳州沿江而下。千船健将,两岸雄兵,一派胜利进军的雄伟景象。12月下旬,太平军连克汉阳、汉口。接着,以铁索系船,横江架设浮桥,由汉阳渡长江,进攻湖北省会武昌城。

武昌城邦人民积极提供情报、充当向导。太平军尽知城内虚实,采用声东击西战术,掩护土营挖掘地道。1853年1月12日清晨,太平军用地雷轰塌文昌门城墙,从缺口突破,大队一拥而上,占领了湖北省城武昌。这也是太平军攻下的第一座省城。

面对太平天国迅速的胜利进军,北京城里的咸丰皇帝,连称"悔恨""焦急",感到吃饭睡觉都不安宁,赶紧派两江总督陆建瀛为钦差大臣,督兵防守江苏、安徽,堵截太平军,挽回节节败退的危局。

太平军在洪秀全指挥下,乘胜进攻,分水、陆两路,沿长江东下。天王洪秀全率水师船只1万艘,风帆蔽江,载运粮食、军器顺流东下;东王杨秀清,北王韦昌辉,翼王石达开统率陆路大军,旌旗招展,夹江前进。

由于太平军进兵神速,清政府在长江中下游还来不及建立强有力的防御体系。钦差大臣向荣虽然屯兵尾追,但他也只能疲于奔命,又害怕太平军杀他个"回马枪",所以不敢迫近。

钦差大臣两江总督陆建瀛驻扎九江上游,听说太平军扬帆东下,督总兵恩长率江防军2000人迎战。两军在湖北境内广济县老鼠峡一带的江中相遇,太平军水师大败江防军,清总兵恩长沉江而死,人悉数就歼。陆建瀛从九江一口气逃回南京去了。江西巡抚也撤出九江,清军防线望风瓦解。太平军几乎兵不血刃,就占领了九江。二月下旬,占领安庆,杀安徽巡抚蒋文庆。在粉碎总兵陈胜元的堵截后,三月七日兵临南京城下。

这时，太平军人数已达20多万，而且有了大批船只、粮饷、军火，军需装备更为充实，已经发展壮大成为一支能够攻克坚城，并拥有陆营、土营、水营的强大农民革命武装。

此时，长江下游，清军兵力十分薄弱，太平军以排山倒海之势直攻金陵，吓得清军节节败退。

金陵城垣高厚，周围70里，西北两面濒临长江，东依钟山，附近丘陵环绕，形势险要，向有"龙盘虎踞"之称。此时，清兵江苏全省共有绿营兵3万余名，八旗兵数千人，可是能调动抗击太平军的不到万人。

3月8日，太平军陆路前锋部队在林凤祥、李开芳率领下，抵达金陵南郊善桥一带，占领雨花台、报恩寺。第二天，水师亦赶到，围攻仪凤门。不日，水陆大军陆续赶到，占领江浦、浦口等江北要地，从四面包围了金陵。

金陵城垣南北略长，太平军将攻城的重点选在南北两端，陆师攻南端的聚宝门（今中华门），水师攻北端的仪凤门，充分发挥水陆两军的优势，同时又迫使清军分散兵力。

咸丰帝听说太平军攻打金陵，龙颜震怒，催促向荣、琦善分率清军兼程急进，南北夹击，以解金陵之围。

太平军包围金陵后，准备先以"穴地攻城法"，突破仪凤门。仪凤门外有静海寺，距城约半里地，太平军以此地为掩护，挖掘地道，埋设炸药，准备攻城。同时，聚宝门外的太平军，将炮安置在报恩寺塔上，猛烈轰城，夜间则搬出寺内500罗汉，以为疑兵，诱使清军彻夜打炮而不得休息。守卫其他城门的太平军，则派出小部队进行袭扰，掩护北门挖掘地道。

1853年3月19日拂晓，仪凤门地雷爆炸，轰塌城墙，数百太平军将士冲入城内，分成两支，一路向鼓楼方向进发，一路沿金川门、神策门，经成贤街，直指小营。路上遇到清政府的钦差大臣、两江总督陆建瀛，太平将士一拥而上，将其杀死。

防守南城的清军得知北城被破，总督被杀，也都纷纷逃掉。攻南城的数千太平军，在林凤祥、赖汉英率领下，纷纷攀梯登城，并打开聚宝门、水西门、汉西门，大队人马突入城内，直奔满城，与旗兵、满人激烈拼杀，终于攻破满城，占领金陵城。

这时，天王洪秀全、东王杨秀清等还留在城外，他们正酝酿一个新的战略方针。按照这个方针，将不理会南京，而只分兵留守，大军夺取河南，以为根本。正当他们犹豫不决的时候，一名驾驶东王座船的湖南老水手，发表了他对这个战略行动的看法。他认为河南之弊在于"河水小而无船，敌困不能救解"，江南之利在于有长江之险，而且南京乃帝王之家，城高池深，民富足余。天王和东王等觉得言之有理，便采纳了他的意见。

洪秀全在10万太平军的簇拥下，太平军则披长发，戴红巾，身穿短衣，手持刀矛，25人一队，威风凛凛地开入南京城。洪秀全驻止金陵，改称天京，作了太平天国的首都，建立起与清王朝相对峙的农民革命政权，由东王杨秀清佐理政事。这是太平天国史上的一件大事。

91. 绝命之旅

——太平军北伐

公元1853年3月下旬，洪秀全在天京正式建立了与清政府对峙的政权后，太平天国面临的形势仍很严峻。在太平军占领南京不久，向荣也率军抵达南京城外，在孝陵卫一带扎营，称江南大营，共1.7万人。钦差大臣琦善也于公元1853年4月在扬州附近建立江北大营，总兵力2万余人。这两座大营对新生的天京政权构成重大威胁。可是，太平天国的领袖们被从广西到金陵一路上取得的胜利所陶醉，产生了骄傲轻敌情绪，过分夸大自身的力量，低估了清政府的实力，不是先摧毁近在眼前、日夜威胁天京安全的大营，而是在巩固天京防务后，急着分兵北伐和西征，企图用军事手段打败清朝统治。

北伐的目标是直捣清朝的老巢——北京。

公元1853年5月8日，天官副丞相林凤祥和地官正丞相李开芳，率军自扬州西进。随后，春宫副丞相吉文元、殿左三检点朱锡琨相继从天京出发。两军会合后由浦口北上，向北京进军。

北伐军共有2万余人。按洪秀全的指示，当北伐军进抵天津后，再派兵北上增援，合攻北京。由于清军加强了山东和江苏接合部的防御，林凤祥等便改道安徽、河南北上。

5月13日，林凤祥等率北伐军自浦口出发，在乌衣镇一带击败清军一部后，一路长驱北进，连克安徽滁州（今滁县）、临淮关、凤阳、怀远、蒙城、亳州（今亳州市），河南归德府城（今商丘）。

进占归德之后，林凤祥、李开芳即分头带兵前往附近旧黄河刘家口（归德北）探路，准备横渡黄河，攻打清军防御薄弱的山东。

没想到，山东清军在黄河渡口严密布防，并将大小船只全都集中在北岸。黄河自古号称天险，无船是不能飞渡的。临时造船当然是来不及了，林凤祥、李开芳无计可施，只得沿河西走，连下宁陵、睢州（今睢县）、杞县、陈留，6月19日进逼开封。可是攻了半天也没有拿下，只好撤到中牟县的朱仙镇。

几天后，大军到达汜水、巩县地区。这一带，是洛河归黄河入口处，停有不少运煤的船只，林凤祥就下令征用这些船只，抢渡黄河，攻破河南温县，进围黄河北岸重镇怀庆府（今沁阳）。

怀庆是豫北重镇，物产富饶，而且盛产火药兵器。因此北伐军下了很大的决心，誓夺怀庆。怀庆城内仅有清军300人，连同团勇壮丁，总计不过万人。林凤祥等原以为可以迅速攻克，没想到怀庆清军顽强抗击，北伐军屡攻不下，只好将怀庆城团团围住，在城外建营立寨，一面阻援，一面继续攻城。

太平军北渡黄河，引起清廷上下的极度震惊。咸丰帝立即命协办大学士、直隶总督讷尔经额为钦差大臣，恩华和托明阿帮办军务，调集黄河南北各路清军围攻林凤祥。

8月底，讷尔经额调集的2万兵马已赶到怀庆。清军依靠6万劲旅的优势兵力，对北伐军形成了东、北、南三面包围。这时，围攻怀庆的北伐军，在腹背受敌的不利形势下，包围了两个月，仍未能攻下，9月1日，林凤祥命北伐军主动撤围西进。

北伐军的目标原本是挺进京津地区，结果在怀庆白白滞留了关键的两个月，使清廷得以在黄河以北厚集兵力，加紧布防，给北伐军日后北上带来了意想不到的困难。

讷尔经额拦住了北上的道路，林凤祥的大军只好采取避实就虚、迂回作战的方针，没有直接北上，而是绕道济源，进入山西，从垣曲西入太行山区。他们像一条矫健的黄龙，蜿蜒在太行山上，从垣曲到达洪洞。

由于清军将领胜保在洪洞以北挡住了北伐军的去路，北伐军便自洪洞东走，直到晋豫边境的黎城，再次进入河南，攻破涉县、武安。清廷又急又气，把山西巡抚革职。

9月底，北伐军经河南入直隶。北伐军打着讷尔经额的旗帜，沿途取得清朝州、县政府的供应，大大方方过军事重镇临洺关（今永年）北上了。讷尔经额还以为北伐军在山西境内，他领兵到临洺关的当天，北伐主力部队也已兵临城下。清兵吓得魄落魂飞，不战而溃。讷尔经额带着几十个人，也来不及收拾关防、令箭、累书、器械，只顾逃命去了。

接着，太平军连下直隶沙河、任县、隆平（今隆尧）、柏乡、赵州（今赵县）、栾城、晋州（今晋县）、深州（今深县），逼近北京。这时，北伐军兵力也发展到四五万人，成为一支能征善战的精锐之师。

北伐军的胜利进军，使清廷满朝震动，上上下下惊恐不安，城内的官僚富户纷纷逃离京城。咸丰皇帝像一只惊弓之鸟，惶惶然逃往热河。他急忙调兵遣将，加强北京防卫，企图在滹沱河南合击和消灭太平军，并将讷尔经额革职，以胜保为钦差大臣，又任命惠亲王绵愉为奉命大将军，科尔沁郡王僧格林沁为参赞大臣，屯兵涿州（今河北涿州），护卫京师，并策应胜保军。

北伐军在深州稍事休整后，于10月22日率部东走，连破献县、沧州，29日占领天津西南的静海县城和独流镇，前锋已达杨柳青。

时届暮秋，眼看就是天寒地冻，除了粮食不足之外，4万人的寒衣尚无着落。饥饿和寒冷成为横在北伐军面前的两大难题，如不迅速解决，就会产生严重的后果。而这个困难只有拿下京城，才可望获得解决。但北京城里清军就有15万人，天津北面驻有胜保和僧格林沁的重兵，打下京津面临着实际的困难。北伐军藐视这一切困难,准备向天津大举进攻。

但是,胜保很快率队赶到,并于11月5日进入天津。僧格林沁也移营于天津西北之杨村(今武清),天津防御力量加强,北伐军占领天津的计划落空,便在静海、独流两地驻扎下来,由林凤祥、李开芳分别率部固守。同时派人报告天京洪秀全,要求速派援军。

滞留怀庆两个月的后遗症,在静海、独流显现出来。同时,北伐军也没有消灭任何围追的清军,从而陷入了越来越多的清军包围之中。胜保率2万余清军围攻静海、独流,北伐军依托木城、堑壕顽强抵抗。胜保屡攻不下,僧格林沁又奉命率部与胜保合力围攻。

北伐军在静海、独流,忍受着严寒和饥饿,整整坚持了100天,最后终因被围日久,粮弹均缺,援军又没有消息,不得已于公元1854年2月5日突围南走,第二天到达河间府之束城镇。

胜保、僧格林沁率清军马队紧追不舍,并在束城,将北伐军再次包围起来。不久,大队清军三四万人相继赶到,在束城四周挖掘深壕,设置鹿砦、木栅,防止太平军突围,并不时发起进攻。

束城一带村落稠密,树木丛杂,太平军就地取材,建造土垒木城,凭垒固守。但束城是个小镇,粮弹给养难以补充,因此,北伐军在这里驻守一个月后,于3月7日乘大雾再次突围,进至阜城。

阜城是个小镇,城内积水很多,房屋很少,太平军除据有全城外,还占领城外的一些村庄,并在村外密布鹿角、树栅,准备坚守。

但是,北伐军到达阜城不久,很快又被3万多清军包围。在与清军的战斗中,北伐军统帅之一平胡侯吉文元受伤牺牲,北伐军处境更加严酷。

幸好这时北伐援军已过黄河,胜保带领万余清军赶往山东防堵,阜城压力减轻。

北伐军在听到援军北上的消息后,于公元1854年5月5日由阜城突围东走,占领东光县的连镇。连镇横跨运河,分东西两镇。当天,清军赶到,又将北伐军紧紧包围。北伐军急盼着援军的到来。

早在公元1853年11月,洪秀全在天京就得知北伐军于10月到达天津以南的静海和独流,可是由于天京周围及西征战场战事紧张,没有立即抽调兵力北上增援。一直到公元1854年1月,才组织了7500人的北伐援军,由夏官副丞相曾立昌、冬官副丞相许宗扬等率领,于2月4日从安庆出发,3月上旬渡过黄河,进入山东境内,连下金乡、巨野、郓城、阳谷、莘县、冠县,于3月31日进至距阜城仅100余公里的临清城下,兵力也扩充至三四万人。

4月12日,北伐援军攻克临清城,烧毁了胜保的兵营。胜保吓得逃出城外,几天后重新组织上万清军合围临清,援军屡战不利,于4月23日放弃临清,向南退至李官庄、清水镇一带。当胜保发觉后,纵兵急追。

这时,曾立昌提议乘胜北上,但是许宗扬极力反对,主张南逃。许多新成员留恋乡土,不愿北上,都赞同许宗扬的主张。援军大体沿原来北上的路南返,4月27日,南退冠县。一路上半饥半寒,军心涣散,纪律松弛,不久就开始有人自行离队。5月初,援军从江苏丰县渡黄河,淤泥陷路,除2000多人过了黄河外,曾立昌和其余部分援军全部殉难,陈仕保在安徽境内战死,许宗扬逃回天京被治罪投入大牢。

太平天国接着又派出燕王秦日纲,领兵第二次北援。但秦日纲刚到舒城,折回天京,撒了一个大谎,说北路妖兵甚多,自己兵单力薄。这时,西征太平军正和湘军激战,实在抽不出兵来,北援不得已停下。

援军已经覆灭了,但李开芳并不知道,仍于5月28日率600精兵突出重围,铁骑星驰,从速带兵来接应援军,一天多就到达山东高唐。很快被胜保指挥的清军围困了起来。

北伐军被截断在两地,处境更为困难。

连镇北伐军,被僧格林沁指挥的两三万清军给层层包围了,林凤祥及太平军将士英勇战斗,不断打击进攻之敌。但坚持到年底,粮食弹药都快完了，先是杀掉骡马，后煮皮箱刀鞘、剥榆树皮充饥，再后来发展到将捉来的官兵割肉分吃。清军乘机诱降，北伐军前后有3000多人投降清军。

公元1855年2月中旬，林凤祥针对僧格林沁的诱降政策，派萧凤山、钟月年等90多人诈降清军，以便联络降众为内应，配合守军出击，打破清军的围困。可是，这项计划被僧格林沁识破了，派去的90多名太平军全部被杀。

林凤祥困守不出，与僧格林沁大军相持。僧格林沁指挥清军围了10个月，屡受挫败，不断受到清廷的斥责。僧格林沁没有办法，只好引河水泥灌连镇。

后来，林凤祥指挥部队几次突围都没有成功，粮食又吃光了，只得用黑豆充饥。黑豆也吃光了，饥饿疲惫的北伐军仍然坚守了两个月。

3月7日，清军对林凤祥固守的东连镇发动总攻，全体北伐军将士宁死不屈，林凤祥挥舞大刀，冲开血路，不幸中箭，身负重伤，北伐军大部阵亡，清军攻入连镇。林凤祥受伤后，藏在一个很深的地道内，最后还是被清军搜获，解送北京，英勇就义。

在高唐的李开芳和数百名精兵，也被清军层层包围，不得脱身。高唐城高池深，粮草尚多，利于防守。李开芳率领太平军坚守高唐，多次粉碎清军的进攻。

高唐久攻不下，负责攻打高唐的胜保受到咸丰帝的严词申斥，拔去花翎，革职留任。公元1855年3月连镇被太平军攻陷后，咸丰帝命僧格林沁移师进攻高唐，将胜保解京问罪。

僧格林沁到高唐后，挑选精兵8000，抵达高唐城外，使围城清军增至2万余人。此时，李开芳听说林凤祥部已覆没，决意突围南返。僧格林沁得知这一情报后，故意网开一面，诱使太平军突围。李开芳不知是计，于3月17日突围至茌平县冯官屯。清军尾随跟至，重新包围。僧格林沁强迫大批民工，花了一个月工夫挖了一条120里长的水渠，引运河水至冯官屯，于4

月 20 日开始向屯内放水，屯内粮草、火药尽湿。

5 月 31 日，清军进攻更加激烈，太平军粮弹俱尽，陷入绝境。李开芳率 80 余人突围，被清军俘获，后解送北京。他仰面四顾，毫无惧色，笑容如常，旁若无人，不久被杀害。

至此，太平天国这支由数万精锐组成的北伐军，经过两年多艰苦卓绝的奋战，终于全军覆没，悲壮地失败了，这是太平天国自金田起义以来在军事上遭受的最严重的挫折，是太平天国不可弥补的损失。

92. 血染湘江

——林绍璋兵败湘潭

洪秀全在派林凤祥等北伐的同时，又派胡以晃、赖汉英、曾天养等率太平军2万余人溯江西上西征，目的是夺取长江中、上游各省，扩大太平天国占领地域，夺取安庆、九江、武昌这三大军事据点，以确保天京，并发展在中国南部的势力。

公元1853年6月10日，西征军占领长江北岸重镇安庆。胡以晃随即坐镇安庆，指挥西征战事。赖汉英率检点曾天养、指挥林启容以下万余人，进军江西，6月24日进逼南昌城下，对该城实施围攻。由于清军防守严密，援军源源而来，太平军围攻没有成功，9月24日主动撤围南昌，尔后转攻拿下九江，由林启容率部分兵力驻守。

为加强西征军事的领导，东王杨秀清派出翼王石达开率军西援。石达开于9月抵达安庆，主持西征军务，很快组成一支万余人的大军，由胡以晃、曾天养率领，以安庆为基地，经略皖北。

公元1853年12月，胡以晃的大军围攻皖北重镇庐州（今合肥），与数万清军展开激战。太平军占据城外高地，在护城河上搭架浮桥，接近城根，接连用枪炮频繁轰击，在夜间架设云梯攻城，都没有成功。太平军便发明了双掘地道、分两次引爆火药的新"穴地攻城法"。

公元1854年1月14日深夜，大雾弥漫，庐州西门附近地雷轰发，炸毁城墙五六丈。守军连忙抢堵；不一会儿，下层地雷又炸响，炸毁城墙十多丈，堵口兵差不多都炸伤了。太平军乘势从缺口冲入城内。

与此同时，在其他城门外的太平军也乘云梯爬入城内。战到天亮，太平军占领庐州全城。署庐州知府胡元炜投降，安徽巡抚江忠源投河自杀。

由韦俊、石祥桢率领的另一支西征军，沿九江西上，于公元1853年10月克汉口、汉阳，不久因兵力不足退守黄州。曾天养率部来援，在黄州大败清军，西征军三克汉口、汉阳，并于公元1854年6月再克武昌。

与此同时，进入湖南的太平军，由石贞祥、林绍璋率领，在湘潭、靖港与曾国藩的湘军展开激战。

曾国藩，湖南湘乡人，号涤生，其家至祖父，虽为四代地主，但财产不多，也无秀才一类功名。至道光十八年，曾国藩中进士，曾家面貌开始改变。此后的十几年中，他一直在京为官。因得穆彰阿的赏识保荐，连连提升，历任内阁学士，礼、兵、刑、吏等部侍郎，湘军统帅。太平天国起义爆发后，清政府的建制兵——八旗兵、绿营兵先后被打得溃不成军。公元1852年，咸丰帝让他办团练，他看到清军的绿营兵被太平军打得落花流水，就"别树一帜"，仿效明朝戚继光的"戚家军"，编练了一支以募兵制为特色的新的地主武装——湘军。它以"忠义血性"的中小地主阶级和知识分子为军队的骨干，招募以湖南山乡农民作为军队的基础。到公元1854年初，湘军已发展到陆师15营，水师10营，战船300多只，总兵力达1.7万人。

曾国藩镇压太平军非常凶残，被太平军称为"曾剃头"。此时，他得知太平军南下，便率湘军自衡州启程，到湘潭集结，准备堵击太平军。当参将塔齐布率湘军1300人于4月25日赶到湘潭时，太平军在林绍璋的指挥下，比湘军早一天占领湘潭。塔齐布立即对太平军展开猛攻，双方在湘潭北郊激战数日，太平军先败一局。

曾国藩又派5个水师从长沙火速增援湘潭，在湘江与太平军水营展开激战。湘军水师凭借拥有洋炮的优势，往返冲击。林绍璋不长于水战，军队内部新老不团结,太平军的水营全都是一些民船,虽然作战勇敢,但终难抵挡,打了3天,损失大小船数百只,伤亡1000多人。林绍璋见湘潭城难以守住,率大部向湘江上游转移,不久被湘军水师追上,弃船登岸,再从陆路返回湘潭。不料,湘军已在湘潭城外设下伏兵。5月1日,当守城太平军战士攀梯而下,准备接应城外太平军入城时,湘军伏兵将其砍死,乘势夺梯登城,打开城门,冲入城内。林绍璋见城已失守,只得分道撤退,突围到靖港。

这时,在靖港的太平军已取得了大破湘军的出色胜利。原来曾国藩为解除长沙北面的威胁并将林绍璋孤立起来,便亲带水、陆两军上阵,围困靖港。靖港太平军就用炮火猛烈轰击湘军水师,并乘风放火焚烧湘军舰船10支。坐镇白沙洲的曾国藩,急令湘军陆营向靖港方向进援。湘军陆勇见水勇失利,又见陆路太平军大批出动,便纷纷后退。曾国藩执剑督战,也难以阻止部下竞相逃命,被太平军聚而歼灭。曾国藩又气又恨,两次投水想自杀,幸亏被部下救起,狼狈逃回长沙。

到了7月,曾国藩的湘军在经过两个多月的休整补充后,调集2万之众卷土重来,从长沙大举北上,水陆并进,以水路为主,攻陷太平军曾天养部占领的岳州。曾天养多次组织反击,出战不利。曾国藩指挥湘军水师迎击于城陵矶,双方激战多时,太平军战船被烧掉数百只,死伤上千人。

清军水师总兵陈辉龙,也于8月8日率广东水师400多人前来助战,第二天就带队进击太平军。这天,南风大作,水流湍急,湘粤水师顺流而下,船只笨重,运转不灵,进易退难。曾天养看准湘军的这一弱点,冷笑道:"谁说曾妖懂得兵法!"当即命令大队战船埋伏在游湖港,同时派小舢板诱战。

清军陷入重围,进退不得,陈辉龙座船笨重,激战中搁浅滩头,太平军伏兵齐起,乘风左右夹击,蜂拥而上,当即阵斩陈辉龙。陈辉龙船炮全军覆没,其余各营也损失战船20多只。知府褚汝航、营官夏銮、广东游击沙镇邦等湘军指挥官也被击毙。曾国藩闻报,不禁伤心得失声痛哭,哀叹经营多时的战船一天之内就损失过半。

曾天养稍事休整后，8月11日率领3000名精兵，由城陵矶登岸，准备据险扎营，牵制湘军北上。不料，湘军参将塔齐布率兵突袭太平军，来势凶猛。曾天养单枪匹马冲入敌阵，大声喊道："塔妖，我来取你的命！"说着直奔塔齐布。塔齐布连忙躲闪，只伤到坐马。而曾天养反被湘军射中，落马牺牲，西征军失去了一位优秀的统帅和前敌指挥。

曾天养牺牲后，太平军在韦俊率领下，在城陵矶一带与湘军对峙10多天，打了5仗，败多胜少，最后只好退守武汉。

湘潭兵败，曾天养阵亡，是太平军西征作战的一个严重挫折。从此以后，西征军被迫由进攻转入防御，节节后退，几至不能遏制，最后逃到华中重镇武汉。曾天养的阵亡，则是太平军的一个重大失败，使西征战场前线缺乏合适的军事统将，作战指挥大打折扣。

93．火烧连营

——罗大纲智破曾国藩

太平军退守武汉，曾国藩的湘军立即水陆并进，会合湖北清军反扑武汉，太平军相继失守武昌、汉阳。尔后，湘军和湖广清军三路进攻太平军，目标直指九江。杨秀清即将湖北军事委托给秦日纲统理，并命在湖北田家镇、半壁山一线设防。

半壁山位于田家镇东南，孤峰峻峭，俯瞰大江，是太平军重点守备之地。秦日纲将重兵分防三处：北岸的蕲州、田家镇，南岸的半壁山。在蕲州和田家镇之间，沿岸建筑土木城；在田家镇和半壁山之间，横江系三道木铁索；在半壁山扎大营一座，小营四座。江面上布固一座大木簰，上密架枪炮。这是一种浮筏为营的设施，同时起着保护索道的作用。铁索、大营、木城和土城，将蕲州、田家镇、半壁山三点连成了一个"丁"字形阵，准备阻陷和兜击敌人。

此时，湘军自武汉乘胜猛烈进犯。罗泽南扎营于半壁山，塔齐布扎营于半壁山以东10里的田家镇。十一月下旬，双方在田家镇地区展开了惊天动地的大血战。西征军虽顽强奋战，但大将石镇仑、韦以德战死，半壁山失守。太平军退守北岸田家镇。

紧接着，湘军水师大举来犯，以洪炉、大斧破索蹬，顺流纵火，焚毁太平军水师船只4000多艘。秦日纲、韦俊自焚田家镇营盘，东退黄梅。

太平军苦心经营的湖北田家镇、半壁山江防线，被湘军一举突破，既丧失了全部水师，又失去了长江上游的重镇。湘军的攻势没有停止，战场转移到了九江。

这时，太平军由殿右八指挥林启容率部守九江城，冬官正丞相罗大纲率部由江西饶州渡过九江到北岸，抗击清军的进攻，接战三次，连战失利，最后只好渡江退守南岸的梅家洲。形势对太平军非常不利。

为挫败曾国藩湘军的进攻，天王、东王派杰出的军事天才翼王石达开为统帅，率大军自安庆赶来湖口，主持战事。罗大纲也自饶州赶来湖口协防。18岁的骁将陈玉成，自北岸渡江协助林启容固守九江。北岸燕王秦日纲和韦俊扎大营，与湖广总督杨霈军相对峙。

曾国藩也由田家镇抵九江城外，准备指挥湘军集中力量攻九江，提出要"肃清江南，直捣金陵"。湘军塔齐布、罗泽南和湖北按察使胡林翼已进入九江。湘军水师彭玉麟、李孟群越过九江，赶来参战。到公元1855年1月9日，围攻九江的清军总兵力已达1.5万人。

在九江和湖口地区，将有一场空前激烈的争夺战。

石达开被封为翼王时，刚20岁，成为太平天国领导层中核心成员之一。在从广西到南京的进军中，他一直担任前线指挥，与清军大小百余战，几乎战无不胜，清军称他为"石敢当"。定都天京后，石达开先是协助杨秀清处理天国的军政事务，负责天京城的卫戍工作。如今西征军面临危境，石达开临危受命，开赴西征战场九江。

九江北枕长江，东北有老鹳塘、白水糊，西南有甘棠湖，西有龙开河，湖汊纵横，只有东南多山。太平军在城四周严密设防。石达开到达湖口后，鉴于湘军气势正盛，水师更占优势，便决定扼守要点，伺机退敌。

1月14日，塔齐布、胡林翼率部进攻九江西门，结果三攻三败。1月18日，湘军展开全面进攻，死伤甚重却始终没能攻入城内。曾国藩只好改变策略，留塔齐布继续围攻九江，派胡林翼、罗泽南等率部进驻梅家洲南4公里的盔山（今灰山），企图先取梅家洲，占领九江外围要点。

守卫盔山的罗大纲，建立了两座木城，火炮与城墙一样高，三层炮眼，周围密排；在营外布下十多丈木桩竹签；掘壕数重，内安地雷，上用大木，横斜搭架，并在上面钉上蒺藜。

1月23日，湘军向梅家洲发起进攻，太平军凭借坚固工事，奋勇抗击，毙敌数百人，击退了湘军的进攻。

曾国藩又决定改攻湖口，企图凭借优势水师，先击破鄱阳湖内太平军水营，切断外援，然后再攻九江。湘军水师，是曾国藩手中的一张"王牌"，自突破太平军田家镇、半壁山江防，烧毁太平军数千只战船之后，便在这一带长江水面横冲直撞，猖狂无忌。

早在1月3日，湘军陆师还没有南渡时，李孟群、彭玉麟率领湘军水师即已进抵湖口，分泊鄱阳湖口内外江面。

罗大纲鉴于湘军水师占优势，难以力胜，决定采用疲敌战法。1月8日夜，罗大纲借用三国时火烧连营的战法，二三只或四五只联结在一起，堆积柴草，内装火药，灌满油脂，100多只小船，乘着风顺流急，从上游纵火下放，炮船紧随其后，并在岸上派上千兵士，摇旗呐喊，施放火箭火球，对湘军水师实施火攻，烈焰冲天。

湘军对此早就预有准备，太平军没能取得多大战果。此后，太平军常以类似战法袭扰和疲惫敌人，弄得湘军彻夜戒严，不敢入睡。太平军还在鄱阳湖口江面设置好几座木簰，四周围上木桩，中间建起望楼，木簰上安设炮位，与两岸守军互为犄角，严密封锁湖口，多次击退湘军水师的进犯。

1月23日，湘军水师乘陆师进攻梅家洲之机，袭击破坏了太平军设于鄱阳湖口的木簰。石达开、罗大纲将计就计，令部下用大船载以沙石，凿沉水中，堵塞航道，仅在靠西岸处留一隘口，拦以篾缆。

曾国藩不知是计，于1月29日下令湘军水师营官萧捷三率舢板等轻舟120余只，载兵2000人，冲入湖内，直至大姑塘以上。

一见湘军中了圈套，石达开立即命令埋伏在湖口两岸的太平军迅速封锁湖口。等到湘军水兵回驶湖口时，太平军已用船只搭起两道浮桥，联结垒卡，阻断出路。湘军水师遂被分割为二，100多条轻捷小船陷于鄱阳湖内；运转不灵的笨重船只则阻于江中，湘军水师大小船协同作战的优势全都丧失了。

当晚，天空阴云笼罩，看不见一颗星星。整个湘军大营也是一片死静，只有几盏灯火在黑暗中闪动。这个时候，太平军的几十只小船飞速驶来，围攻停泊在长江内的湘军大船，并派一支小划船队插入湘军水师大营，焚烧敌船。岸上，突然响起战鼓，数千太平军呐喊着，施放火箭喷筒，配合进攻。

湖口内外，炮声隆隆，鄱阳湖上一片火海。湘军的大船因无小船护卫，在太平军的猛烈进攻下，翻船的翻船，着火的着火，结果被毁数十只，其余败退九江附近江面。

同一天，江北秦日纲、韦俊、陈玉成所部太平军自安徽宿松西进，击败清军参将刘富成部，占领黄梅。

2月2日，罗大纲派部进占九江对岸的小池口。曾国藩命令胡林翼、罗泽南由湖口回攻九江，驻于南岸官牌夹。

为了给湘军水师更大打击，罗大纲乘势于2月11日率大队渡江前往小池口。当夜三更，林启容从九江、罗大纲从小池口，以上百只小船，再次袭击泊于江中的湘军水师，用火药喷筒集中施放，焚毁大量敌船。

曾国藩见大势已去，自己的指挥船也陷入太平军的重围之中，慌忙跳上一只小船，在卫兵的护卫下逃走了。曾国藩的坐船被太平军缴获。曾国藩后来逃到罗泽南陆营，愤愧万分："我耗尽心血，苦苦操练，没想到今天竟遭到这样的惨败，还有什么脸面去见皇上。"说完就想跳江自杀，站在旁边的罗泽南等将领连忙把他拉住，劝了半天，曾国藩才安定下来。不久，曾国藩败退至南昌。

太平天国西征军自充守岳州，武汉受挫，到田家镇、半壁山江防被突破，丢失了大片地盘和众多城镇，损兵折将，战船损失大半。但石达开等太平军军事领导人，机智地抓住了清军水师轻舟冒进的有利战机，果断地将它分隔在内湖，然后水陆配合，集中力量攻击泊于长江内之大船，取得了湖口大捷，粉碎了曾国藩夺取九江、直捣金陵的美梦，扭转了西征战场上的被动态势，并乘胜发动全线反攻，重新控制了从九江到武昌的几百里江面。

94. 双龙出击

——三河激战

公元1856年9月，天京内讧，太平天国的革命形势开始急转直下。公元1857年5月，翼王石达开受洪秀全猜忌，离京出走，带走数万精兵良将，更使太平军元气大伤，整个战争形势也随之急剧逆转。清军利用这一有利时机，重整旗鼓，重新建立江南大营，包围天京。江西战场上，曾国藩的湘军由防御转为进攻，于公元1857年10月26日攻陷湖口和梅家洲。

公元1858年5月19日，新任浙江布政使、湘军悍将李续宾，率部攻克军事重镇九江，驻守该地区5年之久的太平军将领林启容以下1.7万名将士全部牺牲。不久，李续宾即率部渡江，回到湖北，准备乘胜东援安徽战场。

在此之前，湖广总督官文、湖北巡抚胡林翼，看到湘军在江西战场上已经取得决定性胜利，便拟订东征计划，准备把李续宾部湘军投入安徽战场。当时，太平军在陈玉成、李秀成等率领下，在皖北战场屡挫清军，于8月23日占领庐州城。于是，官文便命令李续宾迅速进兵，攻克太湖，然后乘势扫清桐城、舒城一路，疾趋庐州，企图收回庐州，并堵住太平军北进之路。

所以，当陈玉成、李秀成部挥师东向，进攻江北大营时，江宁将军都兴阿和李续宾等即率兵勇万余人自湖北东犯安徽，9月22日克太湖，然后分兵两路，都兴阿率副都统多隆阿和总兵鲍超所部进逼安庆，李续宾率部于九十月间，先后攻陷潜山、桐城、舒城，接着指向舒城东面25公里的三河镇，准备进犯庐州。

三河镇位于界河（今丰乐河）南岸，东濒巢湖，是这一带的水陆交通要冲，是庐州西南的重要屏障。三河镇原本无城垣，太平军占领后，新筑了城墙，外添砖垒9座，凭河设险，广屯米粮军火，接济庐州、天京，因而在军事上、经济上都居重要地位。洪秀全派吴定规驻守三河镇。

10月24日，陈玉成率太平军主力在江苏六合接到吴定规"一日五文，前来告急"的报告，得知湘军大举东犯安徽，前锋已到达舒城，当即决定回兵救援，日夜兼程往回赶，并派人向洪秀全报告，要求调派李秀成部同往。

陈玉成，广西藤县人，14岁参加太平军，18岁带兵作战，21岁成为太平天国的柱石。陈玉成自幼父母双亡，艰难的生活使他养成了坚韧不拔、勇敢无畏的性格，所以参加太平军后，作战十分勇敢。有一次，他侦察地形时，被敌人包围，面对危险，他毫无惧色，一边跃马猛冲，一边高喊："谁敢阻拦我！"将阻拦的敌人全部砍倒在地，冲出重围。当时，他只有15岁。太平军西征期间，在攻占武昌的战斗中，陈玉成率500名勇士，冒着敌人的炮火，攀城而上，大呼杀敌，将守军打得闻风溃逃，从而为主力部队开辟了前进道路。太平军攻占武昌后，18岁的陈玉成因功升殿左十三检点，统陆军后10军和水营前4军，转战湖北、安徽等地。他骁勇善战，擅长使用筑垒围攻、抄袭后路以及杀回马枪的战术，清军非常害怕。

李秀成，陈玉成的同乡，也是出身贫苦，读过几年私塾，金田起义参加了拜上帝会。太平军经过他家时，全家都参加了起义军。李秀成因战功卓著，富于谋略，很快由普通一兵成长为独当一面的高级将领，负责天京上游的防务。天京内讧后，太平天国元气大伤，各根据地纷纷丧失。唯独李秀成和陈玉成联合作战，不仅保住了安徽的地盘，而且还有所发展。石达开出走后，洪秀全调陈玉成、李秀成做副手，指定陈玉成为正掌率，李秀成为副掌率，并负责军队的指挥调动。从此,李秀成和陈玉成成了太平天国后期的统帅,又是一对黄金搭档,所以陈玉成向洪秀全要求李秀成一同前往安徽御敌。

11月初,李续宾率精兵5000余众进抵三河镇外围。他观察地形后,决定分兵三路,向镇外9垒发起进攻。11月7日,三路湘军同时向三河镇发动进攻。太平军依托砖垒顽强抵抗,大量杀伤敌人。湘军攻垒越急,太平军伤亡越大,便放弃镇外9垒,退入城内,坚守待援。

当天,陈玉成率大队及时赶到,驻扎在三河镇南金牛镇一带。11月14日,李秀成也率部赶到,驻于白石山。至此,集结在三河镇周围的太平军众达10余万人,和李续宾部湘军相比占绝对优势。

面对太平军援军的强大气势,李续宾的一些部将就有些害怕了,劝说李续宾退守桐城。骄悍的李续宾不听劝说,一意孤行,说:"军事有进无退,只有死战"。他决定采取夜间偷袭的办法攻破三河镇。11月15日深夜,李续宾派7个营的兵力,分左、中、右三路偷袭陈玉成驻防的金牛镇。16日天亮,当偷袭的部队走到离三河镇15里的樊家渡王家祠堂时,遭遇陈玉成的部队。

陈玉成认为清军冒险出击,便以少部兵力迎击,且战且走,吸引敌人,另以主力从湘军左侧抄其后路,布置伏兵,准备包抄、伏击敌人。

第二天清晨,大雾迷漫,咫尺莫辨,鼓角相闻,敌我难分。陈玉成指挥主力,迅速击溃了左路湘军,并乘胜隔断中、右路之后路。湘军发现归路被断,仓皇后撤,在烟筒岗一带被太平军团团包围。

李续宾得知大队被围,急忙亲率4营前往救应,反复冲锋数十次,也没能突入重围。这时,驻扎于白石山的李秀成部,听到金牛镇炮声不绝,立即赶来参战。驻守三河镇的吴定规也率部出镇参战。

李续宾见势不妙,逃回大营,并传令各部坚守待援。这时,守垒的湘军有的已无守志,早已逃散,有的被太平军阻截在外,还没有来得及回大营,有7个营垒被太平军迅速攻破。这一带地势平坦,河港交叉,太平军挖开河堤，断敌去路。

接着，李续宾的大营也被太平军包围。他督军往来冲突，也无济于事，当夜被太平军击毙（一说自杀）。之后，太平军继续围攻负隅顽抗的残敌。到18日，湘军粮、弹皆无，全部被歼。

三河一仗，太平军挫败了湘军东犯的战略企图，沉重打击了清廷和湘军，保卫了皖西根据地，稳定了江北战局，从而得以重整军旅，坚持反清作战，是太平天国革命战争后期一次出色的歼灭战。听到李续宾全军覆没的消息，清廷上下极为震惊，咸丰皇帝都吓哭了，曾国藩痛不欲生，气得三天没有吃饭。

95．攻其必救

——李秀成二破江南大营

当陈玉成、李秀成回师三河镇之际，在天京对岸，留守滁州、全椒的李秀成部将李昭寿，经不住清钦差大臣胜保的招抚，献城降清。公元1859年2月，江浦守将薛之元也投降清军。不久，浦口等地又落入清军之手。这样，皖北与天京之间的通道被隔断了。江南大营的清军把天京围成铁桶一般，天京之围似乎更难以破解。

为了打通皖北与天京之间的联系，陈玉成、李秀成于公元1859年三四月间先后两次率军进攻江浦、浦口，但都没有得手。直到11月间，在击败湖北提督周天培等部清军后，才占领浦口，并围攻江浦，天京的压力稍微减轻，但仍处在江南大营的威胁之下。此后，李秀成率军留守北岸浦口一带，陈玉成则率军重返皖西战场，对付东犯的湘军。

这时，曾国藩与官文、胡林翼等制订了一个所谓"四路图皖"的计划，想再次进攻安徽。为打破天京长期被围的局面，李秀成一再向洪秀全强奏，建议由他率军离开浦口，设法攻打江南大营。这一要求最后被洪秀全接受。

清军的江南大营，初设于公元1853年3月，1856年被太平军击破，清军于1858年初重建，并在沧波、高桥两门之间设下大营。不久，清军又强征数万民夫，用了一年时间，在天京城外挖掘深宽各约一丈多的长壕，绵亘百余里，号称"万里长壕"。

对于如何解天京之围，李秀成与洪秀全的弟弟、总理朝政的洪仁玕，进行过三次面商，最后定下"围魏救赵"之计，即先攻取清军防守空虚又必救的财富要地浙江湖州（今吴兴）、杭州等地，迫使江南大营守敌回救，吸引和分散江南大营的兵力，等他们撤兵走远时，立即放弃杭州，回师围攻江南大营，可以取得成功。

李、洪两人又一起确定了打破江南大营的作战方案：由忠王李秀成、侍王李世贤率部，伪装缨帽号衣，一路潜入杭州、湖州，攻敌之所必救，以吸引和调动江南大营清军；一旦清军被调动，便立即放弃杭州和湖州，由小路回师天京，围攻江南大营。由英王陈玉成执行"虚援安省"的任务，在皖北实施佯动，以掩护江南之作战行动。整个作战由李秀成负责组织实施。

公元1860年1月底，李秀成前往芜湖，召集将领会议，说明天京被围的危急形势，宣布攻杭救京的计划，明确进军路线和各将领的任务。

李秀成刚一离开浦口，江南大营的清军就水陆并进，向天京外围发动攻势，攻陷了浦口沿江一带太平军垒卡20余座，并占领江浦，进一步围困天京。

天京形势更加危急。

2月10日，李秀成率陈坤书、谭绍光、陆顺德等部2万余人到达南陵，经清弋江镇和马头镇，绕过宁国府，于24日攻占广德，留陈坤书、陈炳文率部守城，以备接应，自率谭绍光、陆顺德等部轻装疾进浙江。

为掩护李秀成主力的进军，李世贤率部由南陵经泾县，进占旌德、太平（今太平东），留新任右军主将刘官芳在这一带活动，自率大军东入浙江，29日与李秀成部会师于安吉（今安吉北）。

3月4日，李秀成、李世贤两军大败清军于长兴西南的虹星桥，并进占长兴。然后分军为二：李世贤率部佯攻湖州，以牵制清军；李秀成则率领精兵六七千人，乔装清军，经武康日夜兼程，奔袭清军必救的杭州。

杭州是清政府和江南大营的粮饷供给地。3月11日，李秀成率精兵进抵杭州城外，为了欺骗清军，所有太平军全穿戴湘军的缨帽号衣。

当时杭州守备空虚，除满营外，仅有旗兵2100名、兵勇2800名防守。3月19日，太平军攻占杭州，杀死浙江巡抚罗遵殿等多人。只有杭州将军瑞昌等据守的满城没能攻下。

对太平军的攻浙意图，江南大营统帅和春有所察觉，但不敢派大部队支援，只是派总兵张玉良率兵2000由六合往援。

太平军攻占杭州，咸丰帝慌了手脚，为了保全浙江这个财富之区，连下严旨，催促和春从江南大营调劲旅赴浙，并命和春兼办浙江军务。

和春不敢不从，只得加派援兵，先后共派1.3万人急赴杭州增援，统归张玉良率领。太平军攻陷杭州城4天之后，张玉良才于3月23日赶至杭州城外。

李秀成发现江南大营的清军援兵抵达杭州城下，知道清军中计，便连夜撤兵杭州，率军疾驰北返。撤出之前，李秀成命人在城头上遍插太平天国旗帜，以为疑兵，延缓了清军的进城时间。太平军退出杭州一天一夜之后，清军才敢入城。

直到这时，两江总督何桂清还认为太平军是要攻取湖州，远在北京的咸丰帝也斥责浙江巡抚罗遵殿只知道固守杭州，而忘记苏常、兼顾湖州。

李秀成主动撤出杭州后，沿着天目山小路，一路急驰，不久便来到安徽建平（今郎溪），在这里召开军事会议，商定了解救天京之围的详细计划。尔后，兵分东西两路进援天京。西路由杨辅清、黄文金等率领，从安徽宁国府东面的洪林桥一带出发，先后占江苏高淳、溧水、秣陵关，指向雨花台，由刘官芳、陈坤书率领进逼高桥门。

当李秀成率军回师天京之际，在皖北执行佯动任务的陈玉成、吴如孝等率军于4月底渡江，经江宁镇抵板桥、善桥一带。

为了首战成功，李秀成集中了天京周围可能集中的全部兵力，众达10

余万人，在扫清外围据点后，随即兵分五路，准备总攻江南大营。李世贤部自北门洪山、燕子矶，李秀成部自尧化门，刘官芳、陈坤书部自高桥门，杨辅清部自雨花台，陈玉成部自善桥方向，五路并进。天京城内的太平军则由城内出击，配合援军夹攻清军。

5月2日，太平军向江南大营发起总攻。这一天，白天天气晴朗，可是到了傍晚突降大雨，而且雨一下就是几天，太平军冒雨连续进攻。

5月4日，陈玉成率人在上河镇、毛公渡一带搭造几道浮桥，借着浮桥突破敌军在天京西南所筑长墙。当天，城内太平军抛掷的火罐，落入清军副将雷安邦营内，引起火药爆炸，声震四野，该部随即外逃，一时人声鼎沸，乱作一团。附近清军听见后大惊，也纷纷撤出营外。

太平军乘敌人混乱之机，前后夹攻，半天的工夫，将江南大营西半部的50多座营垒全部攻破，清军总兵黄靖、副将马登富等高级指挥员被打死，伤亡数千人。

张国梁听说西路清军兵败，立即率兵前来救援。可是，等他赶到的时候，发现营盘早已被太平军占领，只得仓皇退回，将上方桥破坏，企图固守小水关以东各营垒。

太平军突破敌西南长壕，内外会师，重围已解，士气更高，便连夜乘胜猛攻。

这时，清军兵卒大部分已逃散，大营势危，手下人劝和春暂退镇江。和春拒绝了。

不多久，太平军攻至孝陵卫街口，钟山南麓营垒也四处火起，江南大营总部所在地小水关大营也被攻破。深更半夜，手下人慌忙把正在熟睡的和春从床上叫醒，在夜幕掩护下，一路狂奔，在石埠桥找了一条小船逃往镇江。江北及九洑洲一带清军也随即逃得无影无踪了。

于是，重建并围困天京两年多的清军江南大营再次被摧毁。太平军缴获了大量枪炮、火药、铅子等兵器装备，以及10余万两白银。

二破江南大营，被史学家誉为太平天国战争史上最成功、最典型、最为得意之笔。太平军的领导人选择杭州作为"攻敌必救"的目标，既可分散江南大营的兵力，又可从内线转入外线作战，反置敌于腹背受敌、两面作战的被动地位。这个计策之巧妙，完全出于清朝统治者的意料之外。

96. 抄袭失败

——太平军安庆保卫战

江南大营被破后,咸丰帝急忙任命正在安徽指挥战事的曾国藩为两江总督、钦差大臣,督办江南军务,指挥大江南北水陆各军,并责令他不顾一切,迅速出击,力争收复失地。

这一次,曾国藩一眼就识破了太平军的意图,认为二次西征的方针,是"抄写前文",简单重复二破江南大营的一套战法。所以,他一直主张湘军先围攻安庆,节节东犯,然后控制上海。他奏上一道折子,提出了对挽回败局的全面战略部署:先定安徽,以上制下。他说,清军的江南江北大营之所以屡进屡挫,不但未能收复金陵,反而连苏常两地也丢失了,不在于兵力单薄,而在于形势未得。自古平定江南,必踞上游之势,建瓴而下,才能成功。欲复苏常,必须先复金陵;欲复金陵,则必须先定安徽。只有这样,才能取得以上制下之势,如果仍然从东路入手,内外主客,形势全失,势必重蹈覆辙。乘太平军二破江南大营和东征苏常之机,曾国藩指挥湘军,分五路大举向东进犯,包围安庆。

安庆是天京上游的重要门户,安庆的得失,对太平天国后期战争的全局影响极大。湘军统帅曾国藩深知攻取安庆的战略意义,他对手下说:"目前关系淮南的全局,将来即为克复金陵之张本,太平军以全力救安庆,就我曾某也以全力争安庆。"因此,曾国藩于公元1860年6月令他的老弟曾国荃,率湘军近万人进扎安庆北面的集贤关,并在城外开挖长壕二道,前壕用以围城，后壕用以拒援。

7月底，曾国藩在咸丰帝一再严令下，率万余人立大营于皖南祁门，摆出一副东进苏常的架势，但实际上注意力仍集中在夺取安庆上。

太平天国领导人为了解救被围的安庆，9月下旬，再次采用"围魏救赵"之计，兵分五路进军湖北，决心迫使湘军回救，使安庆之围不攻自破。每路兵力少者数万，多者10余万。

9月底，陈玉成率军自天京北渡，进入皖北活动。11月26日，陈玉成联合捻军进至桐城西南挂车河一带，扎营40余座，试图直接救援安庆，但不断遭到多隆阿部鄂军和新任安徽按察使李续宜所部湘军的进攻，伤亡很大，不得不北走庐江休整。这样，直接救援安庆的努力失败。

陈玉成便按合取湖北的既定方针，开始向湖北进军。公元1861年3月22日，陈玉成进至黄州。英国参赞巴夏礼威胁陈玉成不要进攻武汉。陈玉成上了当，决定中止向武汉进军。除留赖文光率部驻守黄州外，分兵数路，先后占领湖北蕲州、黄安（今红安）、德安府（今安陆）七八座城。4月下旬，陈玉成鉴于安庆被围日紧，又不见李秀成部如期入鄂，遂决计放弃合取湖北的计划，亲率部东下，再次直接驰援安庆。

南岸的李秀成，公元1860年10月下旬从天京出发，转战于皖南和浙江境内，直到1861年2月中旬才从浙江进入江西，向西挺进，所经途中的义民纷纷投效太平军，李秀成部兵力大增，号称50万。6月上旬大军分三路进入湖北。

此时，湖北省会武昌城内的清军旗、绿兵勇还不到3000人，即使其他各路太平军不参加会攻，仅李秀成部也能将它拿下。无奈，李秀成对"合取湖北"的西征计划本来就不积极，这时他正好听说陈玉成早已回师东援安庆，便于7月上旬率部撤出湖北，折入赣西北地区。这样，太平军又一次失去了夺取武汉的机会，两路合取湖北的计划全部落空。

此时，杨辅清、黄文金部在皖南和江西战场虽经顽强作战，多次受挫，进军赣北、切断江西和祁门大营联系以解安庆之围的计划，也没有实现。

李世贤、刘官芳部在皖南和江西战场，也遇到湘军左宗棠部的顽强抵抗，没能攻克祁门大营，进军赣东的计划也落空。

这样，原定的五路救皖计划因为各路将领未能协调一致而宣告失败。洪秀全当即决定采取直接进攻的办法，以解安庆之围。

陈玉成于4月下旬，由鄂返皖，率军3万进至安庆集贤关，逼近围城的曾国荃湘军。他在城东北的菱湖北岸紧急修建了13座营垒。为便于联络，安庆守将叶芸来在菱湖的南岸修了5座营垒，两人用小艇沟通联系。

曾国荃发现后，想了个办法，派水师提督杨载福将炮船开入菱湖，将陈、叶两岸的水上通道给截断了。这样，陈、叶失去了联络，城内外联系也中断了。为对付曾国荃，陈玉成又在湖东筑垒，抵近湘军水师营盘，威胁出入菱湖的湘军水师船。

曾国荃一面组织水师抵御太平军的进攻，一面加紧抢筑营垒，与太平军对峙。

4月底，洪仁玕、林绍璋天京率兵会合桐城、庐江一带的吴如孝部，共2万大军，进抵安庆北面的新安渡、横山铺、练潭一带，连营30里，准备与陈玉成部会师，共解安庆之危。定南主将黄文金也率部自芜湖西援。

曾国藩也决心投入更大的兵力，与太平军决战安庆。他将大营搬到长江边上的东流，就近指挥；同时，将鲍超部6000人自景德镇调往江北。坐镇太湖的胡林翼也调总兵成大吉部5000人赴援安庆，并提出"南迟北速"的作战方针，即打洪仁玕、林绍璋宜速，打陈玉成宜迟、宜慎重。

于是在安庆城外，太平军与湘军酝酿着一场恶战。

5月1日，陈玉成及叶芸来部，与湘军曾国荃部及杨载福部水师战于菱湖，未分胜负。第二天，多隆阿部近万人，分四路向练潭和横山铺的太平军扑来。驻新安渡的太平军上万人前往救援。多隆阿以三营步兵正面接战，五营步兵从侧翼攻击，以马队绕到后面攻击。太平军前后受敌，伤亡很大，洪仁玕、林绍璋、吴如孝率余部退守桐城。

这时，从芜湖来援的太平军黄文金部七八千人和捻军2万余人赶到，扎营于桐城东南的天林庄一带。

5月6日，黄文金会同洪仁玕、林绍璋等率3万人，兵分两路，反攻新安渡和鄂军挂车河老营，多隆阿马步并击，枪箭齐施，阻击太平军。黄文金等部为多隆阿所阻，无法与陈玉成会合，便撤出天林庄，退至桐城东面的孔城镇。

陈玉成见洪仁玕等所率援军受阻，便于5月19日留部将刘玱琳等据守集贤关内外各垒，自己率马步兵五六千人绕道赴桐城，与洪仁玕、林绍璋商定23日进攻挂车河之敌。多隆阿从俘获的太平军兵勇口中得知了这一作战计划，决定来个先发制人，在太平军进军路线上埋下伏兵。

24日黎明时分，洪仁玕、陈玉成指挥太平军发起进攻，多隆阿亲率马步各营，分兵五队迎击。激战正酣时，清军埋伏的马队突然从后方杀来，放火烧毁太平军的营垒。太平军阵脚大乱，伤亡很大，陈玉成只好退回桐城。

在此以前，鲍超、成大吉两部湘军共万人，于5月20日抵达集贤关外，并立即进攻关外赤冈岭太平军4座营垒，被刘玱琳击退。湘军在赤冈岭附近修筑炮台数十座，从6月2日始，不断对赤冈岭4垒实施轰击。8日，太平军3垒被毁，只有刘玱琳所在的第一垒仍顽强抵抗。9日，刘玱琳向北突围，被鲍超部打败，刘玱琳被俘，遭肢解牺牲。赤冈岭4垒4000人都是太平军精锐，此次全部被歼，使陈玉成部的战斗力大受影响。

7月8日，曾国荃督军对菱湖南北两岸的13座太平军营垒发动进攻，太平军大乱，数千太平军出降，后来全部遭到斩杀。吴定彩率残部退入安庆城内。

安庆被围数年，粮弹将绝，太平军援救又连遭失败，天京当局决定再从皖南调杨辅清部增援。

7月下旬，杨辅清部自宁国府渡江，8月下旬，陈玉成、杨辅清等部约四五万人陆续进抵集贤关,列营40余座。

不久,陈玉成、杨辅清督军向曾国荃部后壕发起猛烈进攻。曾国荃督率各营坚守,待太平军逼近时,枪炮齐发,使太平军伤亡非常大。随后,太平军每夜都对敌营进行袭击。9月3日夜,再次发起猛烈进攻,同时用小船运米入城,被湘军水师全部抢去。

在安庆弹尽粮绝的情况下,陈玉成决心不惜一切代价攻进城去,组织了一次又一次强攻。面对惨重伤亡,他坐在军帐中大呼:"今日无论文臣武将都要前进,安庆要定了!"

9月5日凌晨,湘军于北城轰塌城墙,攻入城内,会同长江水师,南北夹击。守城太平军全军覆没,叶芸来、吴定彩殉难,张朝爵乘船突围,不知所踪。

陈玉成因失败而被革职,坐守庐州,公元1862年5月放弃庐州北走寿州,被地主团练头子苗沛霖诱捕。苗沛霖曾经依附过太平军,后投降了清军。现在,他派侄子苗天庆劝陈玉成投降,陈玉成大怒,说:"你叔叔真是一个无赖小人,墙头一棵草,风吹两边倒,龙胜帮龙,虎胜帮虎,将来连一个贼名也捞不着。本总裁只可杀,不可辱。"

苗沛霖气急败坏,将陈玉成送到清军胜保大营。胜保本来是陈玉成的手下败将,太平军历来称"胜保小孩",因为他带兵为儿戏。在胜保大营,清军要陈玉成下跪,陈玉成大骂胜保:"你这个胜保小孩,在妖朝你是第一个误国庸臣。本总裁则是天朝的开国元勋,三洗湖北,九下江南,你见到我就跑,我怎么要向你下跪?好不自量力的家伙。"

胜保被骂得狗血喷头,摆出好酒好菜,劝他投降。陈玉成大声回答:"大丈夫死就死,啰唆什么!"就这样,年仅26岁的陈玉成在河南延津死在了胜保的屠刀之下。虽然陈玉成将星陨落,但陈玉成那种压倒一切敌人的气概却让后人钦敬不已。人们称赞他"威名震天地,是天朝第一个好脚色"。曾国藩评价他说:"自汉唐以来,未有如此贼之悍者"。

长达一年的安庆保卫战是太平天国战争史上最惨烈的一次战役。安庆失守，使天京西线屏障遂失，也标志着太平军二次西征的最终失败，太平天国的军事形势由此日趋恶化。安庆失守，太平军在取得二破江南大营的胜利后，没有及时调集各路主力对付西线节节东侵的湘军，而是继续东进，进军上海、杭州，从而贻误了发动二次西征的时间。西征本身，没有采取新的战略方针，而是抄袭了二破江南大营"围魏救赵"之策，并且很快被曾国藩一眼识破。作战中，太平军各部之间又缺乏统一的指挥，南北战场不能协同配合，各部将领互不统属，各自为战，以致造成了最后的惨败。

97．惊天大劫

——李秀成保卫天京

陈玉成的牺牲和安庆的失陷，使太平军在皖北的防务瓦解。太平天国只能依靠李秀成等新开辟的苏浙根据地支撑危局。

湘军攻陷安庆后，曾国藩就地设下大营准备攻打天京，彻底消灭太平军。同治元年正月初一，清廷任命曾国藩为协办大学士，仍统辖苏、赣、皖、浙4省军事。

曾国藩立即筹划以东征金陵为主要目标的全盘军事行动，他决定先取远势，即对金陵实行大包围态势，节节夺取金陵外围的战略要地，逐步收缩包围圈，最后夺取金陵。概括地说，就是"欲拔本根，先剪枝叶"。在作战部署上，实行"三攻、一保、一阻"。

三攻就是：一由曾国荃所部湘军，自安庆沿长江北岸直趋金陵；同时调多隆阿部由庐州取浦口、九洲，以便南北对进，对金陵城形成合围之势；彭玉麟等率湘军水师沿江而下，配合两岸陆师行动，并负责粮运。二由左宗棠率所部湘军，由江西入浙江，与太平军李世贤等部争夺浙江。三由李鸿章率新组建的淮军，雇外轮由安庆运抵上海，在英、法侵略军配合下，与太平军李秀成部争夺苏南。

一保：就是由曾国藩亲自指挥鲍超、张运兰等湘军，与太平军争夺宁国（现安徽宣城）、广德、芜湖、巢县、含山、和州、运漕、东坝等要地，确保曾国荃部后路安全和粮运畅通，并策应进攻浙江的湘军。

一阻：就是由李续宜所部湘军和其他清军，扼守皖北，阻击陈玉成余部和捻军，保障侧后的安全，并兼顾战略后方湖北。周围的太平军，尔后西进。

公元1862年3月，曾国荃部离开安庆东下，拉开进攻天京的序幕。

各地太平军在湘军的全面进攻下，节节败退。5月，湘军攻占当涂、芜湖、板桥、秣陵关、大胜关、三汊河。5月30日，彭玉麟率水师进泊金陵护城河口，曾国荃部直逼雨花台。太平天国的心脏天京处在湘军的包围之下。

湘军迅速进抵天京城下，大出洪秀全意料，惊恐万分，他没有想到曾国藩来得这样快，于是一日三诏，催促李秀成从上海前线回援。

李秀成只得停止对上海的进攻，退回苏州，派一部分兵力赶回天京加强防务，自己则仍留苏州，召集将领研讨对策。众将领认为，湘军借长江南下，对其水军十分有利，太平军水路难以抵抗。同时，近一段时间，湘军常胜，气势正锐，如果立即迎战，对太平军不利。于是，李秀成决定暂不起兵回救，等两年湘军懈怠之后，再与其决战。

可是两个月后，天京外围形势更加严重，西南屏障宁国府被敌攻破。杨辅清、洪仁玕从皖南回援天京，夜袭湘军，也被湘军击退。

洪秀全一日三诏，遣使严催李秀成赶快回援，并严厉责问："'三诏追救'京城，为什么始终不启队发行？你想干什么？你身受重任，可知朕的战法？若不遵诏，国法难容！"

李秀成在洪秀全严诏催逼下，于9月由苏州出发，督率十三王，领兵十几万，在东坝会齐，分路进扎方山、板桥一线，回援天京。

10月13日，天京外围的攻守战开始。李秀成率军与天京城内守军配合，对湘军发起猛攻。西路太平军，几千人的兵马冲上江心洲，包抄了湘军的后路，准备截断其运输通道。曾国荃下令连夜构筑十多个营垒，在江心洲与太平军对峙，确保运道畅通。

接着，东路太平军集中洋枪洋炮，开花横炮横飞入营，向湘军营垒展开猛攻。曾国荃令湘军抛掷火球，死命抵抗。一时间，硝烟蔽日，流弹匝地。曾国荃见势危急，亲自督战死拒，被太平军的飞弹击伤左颊。

这时，曾国荃发现太平军西线营阵散漫，抓住机会发动突然袭击，太平军12座营垒被毁，死伤甚重。

11月3日，太平军集中力量攻湘军东路，在曾国荃雨花台营的湘军营墙附近新掘地道，多处轰发，乘势冲杀。湘军早有准备，等尘土落毕，便从营中冲出，拼命抵抗。太平军往返冲杀五六次，始终难以突破。

随后，太平军又挖地道向湘军进攻，湘军以挖对挖，每挖通一处地道，或熏以毒烟，或灌以秽水，或以木桩堵洞口，使太平军的地道连连失效。

半个月后，两营芜湖湘军前来增援，曾国荃又指挥湘军，从西路实施反击。太平军久战不胜，士气低落，不战而溃。曾国荃的部队一直追到板桥、牛首山一带。

李秀成、李世贤围攻雨花台曾国荃军营月余不下，只得于11月26日下令撤围。李世贤率部退秣陵关，李秀成率部入天京。

至此，十三王回援天京的作战完全失败，李秀成被"严责革爵"。不久，洪秀全责令他领兵渡江，西袭湖北，企图调动围攻天京的敌人。

公元1862年12月，李秀成率第一批太平军数万人从天京下关渡江，占含山、巢县、和州。不久，太平军第二批北上部队渡江，并相继占领浦口、江浦。

老谋深算的曾国藩没有轻为所动，倒是李秀成的大军进入六安后，正值青黄不接，粮食奇缺，加之敌人防堵甚严，李秀成遂放弃原定进军计划，撤六安之围，折往寿州，随即东返。

这时，围困天京的湘军已增至3万余人，并占领了聚宝门外各石垒。洪秀全又急令李秀成速回天京。李秀成率部由九洑洲南渡抵京。南渡过程中被湘军炮火打死和因饥饿而死者甚众，渡至南岸进入天京城内的太平军不到1.5万人。

6月25日,湘军又攻陷江浦、浦口,30日攻陷九洑洲,太平军又损失2万余人。

至此,长江北岸完全为清军占领。与此同时,苏浙战场也在淮军、洋枪队、左宗棠部湘军的进攻下趋于瓦解。太平军实力则进一步削弱,天京解围的希望也更加渺茫。

湘军于公元1863年6月底攻破九洑洲,控制了长江北岸后,鲍超部南渡,扎营神策门(今中央门)外沿江一带。9月,曾国荃部攻占天京城东南的上方桥和城西南的江东桥,11月上旬又连续攻占了城东南的上方门、高桥门、双桥门、七桥瓮以及秣陵关、中和桥,太平军在紫金山西南的要点全部失守。

至此,天京城东南百里以内,没有一个太平军。

湘军的攻势更猛。11月25日,曾国荃亲自率军进扎城东孝陵卫。这时,湘军已攻陷天京外围的所有城镇要点,天京城只有太平门、神策门尚与外界相通,外援断绝。李秀成向洪秀全建议,鉴于湘军壕深垒固,围困甚严,天京又内无粮草,外援难至,不如让城别走。由于洪秀全迷信愚昧,刚愎自用,武断地拒绝了李秀成的建议。

公元1864年2月底,湘军攻占了紫金山巅的天保城,进驻太平门、神策门外,完成对天京的合围,对城内进行水陆严密封锁,不让一粒米入城。

天京水陆交通断绝,城内米粮日缺,饥民日增。这个时候,洪秀全却诏令全城臣民都吃"甘露"(一种宫中百草做的团子),并说此物可以养生。

曾国荃部合围金陵之后,曾用云梯攻城,但没有得逞。4月开始,在朝阳、神策、金川门外挖掘地道十余处,准备轰塌城墙,太平军一面组织力量从城内对挖,进行破坏,一面构筑月城,以便城墙轰塌后继续组织对抗。

6月1日,天王洪秀全病逝(一说自杀),终年51岁。此后,天京人心愈加不稳。幼天王洪天贵福即位,一切军政事务统归忠王李秀成执掌。

7月3日，湘军攻占天京城外最后一个据点地保城（即龙脖子），从而能够居高临下，监视城内动静。湘军在龙脖子山麓修筑炮台数十座，对城内日夜轰击，压制太平军的炮火，掩护挖掘地道。同时，在龙脖子山麓与城墙间大量填塞芦苇、蒿草，上覆沙土，高与城齐，为攻城铺平道路。半个月后，湘军攻城准备基本完成。

李秀成见湘军攻城在即，于7月18日深夜，选派千余人伪装湘军，冲出城去，企图破坏太平门附近的地道，结果被湘军识破，只得退回城内。

7月19日，湘军对金陵发起总攻。早晨，湘军担任主攻任务的部队齐集太平门外。中午，湘军用地雷轰塌城墙。湘军蜂拥而入。太平军纷纷以枪炮还击，虽给敌人以重大杀伤，但没能挡住湘军的攻势。与此同时，湘军水师各营会同陆师夺取了水西、旱西两门，傍晚前后，天京全城各门均为湘军夺占。

李秀成于19日晨自太平门败退后，即回到天王府，独带幼天王，由数千文武护送，奔向旱西门，企图由此突围出城，结果为湘军陈湜部所阻，只得转上清凉山。入夜，折回太平门，伪装湘军由山缺口冲出，向孝陵卫方向突围。不久，李秀成与幼天王失散，便分道奔逃。

7月22日，李秀成在方山附近被俘。8月7日，在写完供词后，被曾国藩杀害，年仅40岁。城内守军与入城湘军展开巷战，大部战死，一部自焚，10余万人没有一个投降的。湘军入城后，大肆抢劫之后，将城内建筑物放火烧掉，以消灭太平军的"罪迹"。没能突围出去的太平军，也放火将一些建筑物烧毁，不愿留半片烂布"与妖享用"。于是，金陵全城一片火海，一直烧了三天三夜。

天京的陷落，标志着持续16年的太平天国革命战争的失败。太平天国战争，是中国历史上规模最大、作战水平最高的一次伟大的农民革命战争。以洪秀全为首的太平天国的英雄们，组织了强大的革命武装，建立了农民革命政权，实行了各种革命措施，沉重地打击了清王朝，并英勇地抗击了外国侵略者,成为中国人民反封建反侵略的民主革命的前驱,在中国近代史上写下了极为光辉灿烂的一页。

但是,这场较之历史上任何一次规模更大、纲领更完备的农民革命战争,竟连改朝换代的目标都未能达到,最终被清军镇压,有其历史的必然性。早在16世纪,欧洲已经开始了资产阶级革命,并于18世纪中叶进行了产业革命。可是19世纪中叶的中国,仍是一个闭关自守、腐朽没落的封建帝国。资本主义的因素虽早已萌芽,但发展非常缓慢。到太平天国革命时期,中国既没有资产阶级,也没有无产阶级。太平天国革命运动,本质上依然是一场旧式的农民革命运动。由于农民阶级不是新的生产力和新的生产方式的代表者,不可能提出科学彻底的反封建的政治纲领和经济纲领,也不可能真正解决农民的土地问题。因此,资本主义民主革命范畴内的任务,太平天国革命领袖是不可能解决的。从这个意义上说,太平天国革命的失败是历史的必然。

98．湖湘子弟满天山

——左宗棠收复新疆

公元1870年春天，在刚刚吐绿的西北大地上，一支队伍正浩浩荡荡地向中国西部边疆进发。队伍的中间，一面大旗上写着一个巨大红色的"左"字。一位年过花甲的白发将军，骑马走在旗下。他就是清朝陕甘总督左宗棠。他年纪这么大还要去领兵打仗，目的就是要收复被沙俄侵占的新疆。

新疆地区占中国版图面积的1/6。公元1864年，新疆地区的回族、维吾尔族人民，在陕甘地区回民起义影响下，在天山南北起兵反清。但是，这些打着反清旗号的武装暴动，一开始就被少数反动封建主窃取了领导权，成为他们搞割据分裂的工具。喀什噶尔的封建主金相印为了兼并汉城（今疏勒），向浩罕汗国求援。浩罕汗国派遣阿古柏率大军于公元1865年侵入南疆，大肆攻城略地，不断扩充势力，并以喀什噶尔为中心，成立所谓的"哲德沙尔"伪政权。到公元1870年，阿古柏控制了整个南疆和北疆的部分地区。沙俄趁机施展狡猾的伎俩，以帮助清政府安定边境秩序为借口，强占中国伊犁地区，承认阿古柏为"哲德沙尔汗国君主"，同阿古柏签订通商条约，获得许多侵略权益。英国也于公元1874年同阿古柏签订正式条约，承认阿古柏的统治地位及其窃踞地区为"合法的独立王国"，从而取得了在阿古柏统治区通商、驻使、设领事等特权。这样，阿古柏就成了沙俄和英国分裂中国领土的傀儡。

这事在清政府的大官们中间引起了争论，慈禧太后举棋不定。恰在这时，发生了日军侵台事件，曾国藩和李鸿章认为，中国领土这么大，现在国家又这么乱，干脆把新疆扔掉算了。要是真的动起手来，俄国可不是好惹的。他们借口加强海防，主张放弃新疆。在兰州的陕甘总督左宗棠，听说阿古柏占领了新疆，朝廷对这件事一点儿也不关心，他就气得发起火来，立刻写奏折批驳李鸿章等人。

左宗棠，原为湘军重要将领，曾在闽浙一带镇压太平军，后又参加追剿太平军余部捻军的作战。公元1866年调任陕甘总督后，参与主持洋务运动，先后建立西安和兰州机器局，制造新式武器和弹药，随后又以钦差大臣督办陕甘军务。

对于沙皇俄国侵占我国伊犁的行径，左宗棠极为气愤，他在奏折里写道：对于外国人的侵略势头，我们决不能助长。放弃了新疆，他们就会占领整个西北。放弃了整个西北，他们就会占领整个中国。别人能够容忍阿古柏的侵略，我不能。如果朝廷同意我的意见，我愿意带兵出征，收复整个新疆。

左宗棠的奏折写得很有气势，很有志气，也很有道理，让朝廷中的许多大臣暗暗佩服，纷纷向慈禧保举左宗棠，希望能早日收复新疆。慈禧太后也觉得丢失领土不大光彩，既然有人愿意出征，那就试试吧，于是任命左宗棠为督办关外剿匪事宜的钦差大臣，授以筹兵、筹饷和指挥军队的全权，督办新疆军务，金顺为乌鲁木齐都统，帮办新疆军务。

用兵新疆最大的困难，是后勤保障问题，其中筹粮和运输更是两大难题。左宗棠从战争全局着眼，制定了缓进急战、先北后南的战略方针，并花了近一年时间筹集军饷、采运军粮、整顿军队、改善装备，组成西征军，完成了收复新疆的作战准备。

公元1876年春暖花开的时候，左宗棠率领大军离开兰州，长途跋涉2240里，经过人烟稀少、水草缺乏的河西走廊，来到了肃州（今酒泉）。

左宗棠用兵十分谨慎，不仅对敌情了如指掌，而且对山川、地势、民情也十分了解，对重要的细小问题考虑得也非常周到。为解决从兰州到新疆的运输问题，左宗棠进行了精心筹划。他想，从肃州到哈密2000多里路，用车运要花30多天，一车载粮600多斤，路途遥远，一个车夫两头骡子一天就需粮18斤，运到目的地一车粮食也就吃光了。所以，他用耗粮少的骆驼运输，适用车运的地方才用车运。采取这种因地制宜的办法，很快就将2000多万斤粮食运抵前线。

到达肃州后，左宗棠把老湘军统领、总理行营营务的刘锦棠等将领们召集在一起，制定进军新疆的具体战略。他说："新疆地广人少，中间是天山，把新疆分为南北两部分。北方地势平坦，交通方便。我们就先攻打北疆。站稳脚跟以后，我们再进军南疆，收复全疆领土。"此时新疆的形势是：俄国人占据伊犁，在西部；清政府的势力仅限于从哈密，经巴里坤、古太子到济木萨、塔尔巴哈台一线，在东部和北部；其余部分都在阿古柏政权的控制之下。清政府所保存的地区，虽然只有狭长的一条，但位置很重要。因为甘肃出关到新疆，哈密是第一道大门，巴里坤则是北路的门户，吐鲁番是南路的门户。左宗棠决定采取"先北后南，缓进速战"的战略，首先收复南北疆的交通要冲乌鲁木齐。

乌鲁木齐，位于东西天山接合部的北麓，三面环山，北部与西北部较为开阔，但有古牧地（今米泉）作为屏障，南面有天山作为依托，城南有福寿山耸峙，城东南三里处又有红山屏蔽，形势比较险要，易守难攻。该城雄踞东、西天山的结合部，西控昌吉、呼图壁、玛纳斯，东通哈密。左宗棠认为，收复乌鲁木齐，扫清北疆，不仅可以敲断阿古柏伸入北疆的触角，并且控扼南疆，为进兵南疆创造有利条件。

这一提议得到各位将领的赞同。左宗棠当即下令：刘锦棠和金顺两位将军，率领主力攻打乌鲁木齐，徐占彪和张曜把守哈密。其余部队保卫敦煌、安门和玉门等地，防止敌人入侵内地。他还特别嘱咐众将领：新疆民族很多，都是我们的姐妹兄弟，你们要尊重他们，绝对不允许杀人放火。

此时，清军已有部分兵力占据了哈密、巴里坤、古城、塔尔巴哈台等战略要地，与敌军相持。4月底，左宗棠命刘锦棠率马步25营分批入疆，经哈密前往巴里坤。清军出关总兵力有80余营，约六七万人。

攻城夺池应先从要害入手。古牧地屏蔽乌鲁木齐，进攻乌鲁木齐，必先攻占古牧地，撤掉乌垣、红庙一带的藩篱，才能造成捣穴犁巢之举。

阿古柏得知清军西进的消息，急忙布置防御，令马人得、马明、白彦虎等分守乌鲁木齐、昌吉、呼图壁、玛纳斯、古牧地等地，阻止清军南下；主力部署在吐鲁番和托克逊，阿古柏本人在托克逊督战。其总兵力约4万人。

公元1876年7月，刘锦棠率所部各营到达巴里坤，进驻古城，与金顺部在济木萨会合，谋攻乌鲁木齐的前哨古牧场。

乌鲁木齐守将白彦虎是个中国人，他听说左宗棠带兵杀来了，一面派人给阿古柏送信求援，一面指挥部队死死防守。从阜康到古牧场各有大小道路一条。大道，水源缺乏，无法满足大部队行军。小道水源充足，但白彦虎在那里筑卡树栅，严密防守，想引诱清军沿大道前进，跨越50里戈壁，陷入前阻坚城、人马渴乏的困境，然后乘隙而攻之。

刘锦棠识破了敌人诡谋，将计就计，率军一部沿大道走出10多里，修浚沟渠，就地筑垒，假装要从大道进攻。驻黄田的敌人以为清军中计，疏于防守。刘锦棠和金顺沿小道偷袭黄田。黄田守敌遭到突然袭击，阵势顿时大乱，纷纷逃到古牧场。

刘锦棠的大军很快逼近古牧场。阿古柏的军队拼命抵抗了一整天。其实，刘锦棠只是让部队远远地开枪放炮，大声摇旗呐喊，并不往前冲。天黑以后，清军就收兵了。

到了晚上，白彦虎觉得清军已经打了一天了，可以安心地睡觉了。就在他睡得正香的时候，外面枪声大作。清军突然进攻，使白彦虎的军队来不及准备，就被消灭了。白彦虎拼命逃回乌鲁木齐城里。

刘锦棠在巡视古牧地时，拾得乌鲁木齐首领给古牧场首领的告急求援复信，得知乌鲁木齐守备空虚，当机立断，决定除留两营兵力守古牧场外，主力迅速向乌鲁木齐挺进。

守卫乌鲁木齐的马人得、白彦虎没有料到清军行动如此迅速，一听见炮声，就弃城向达坂方向逃跑。清军很快收复乌鲁木齐、迪化州城及伪王城。盘踞昌吉、呼图壁和玛纳斯北城的敌人如惊弓之鸟，未等清军进攻即弃城而逃，只有玛纳斯南城之敌负隅顽抗。

从9月2日始，清军金顺部会同刘锦棠部，伊犁将军荣全等部猛攻玛纳斯南城，11月6日攻克。至此，北疆地区除伊犁外，所有敌占据点全部克复。

左宗棠收复乌鲁木齐的胜利，大大挫伤了敌人的士气，增强了左军将士收复全疆的信心，使清政府更加坚定地支持左宗棠的进军计划。

此时冬季来临，大雪封山，不便于大规模的军事行动，左宗棠决定暂停进攻，进行休整，待来年春天再向南疆进军。

左宗棠善用好算，善于料敌决胜。他说，我每一发兵，须发为白。收复南疆的部署，左宗棠根据敌方情况，公元1876年11月初就已拟定。阿古柏在达坂、吐鲁番、托克逊三城部署重兵，加强防守，其本人则坐镇喀喇沙尔指挥。左宗棠针对这一情况，提出了三路并进的作战方案：刘锦棠、广东陆路提督张曜、记名提督徐占彪各部克复达坂、吐鲁番、托克逊三城，打开南疆门户，然后乘胜西进，收复所有失地。

经过几个月的充分准备，公元1877年4月14日，刘锦棠主力部队1万余人及开花炮队，由乌鲁木齐南下，开始向南疆进军。当进至达坂外围时，发现靠近城墙的附近地区，一片草湖淤泥，深到马腹。原来，南疆的敌人得知清军来攻的消息，早已成为惊弓之鸟，他们堵塞开都河（通开河），使河水泛滥，喀喇沙尔和库尔勒之间百数十里成为汪洋，企图以此阻止清军前进。刘锦棠命骑兵各部在夜幕掩护下，涉水而进，占领了四周有利地形，趁守敌不备，迅速完成对该城的包围。

第二天，守军发现西征军已锁围达坂，不禁惊慌失色，连放枪炮。刘锦棠冒着守军的炮火，骑马绕城察看地形，突然一颗子弹射来，坐骑被打死，他毫不畏惧，换了一匹坐骑继续察看。随后传令各营，迅速绕达坂城外构筑炮台。为监视敌人动向，刘锦棠让各营乘夜在城的四周都点上火把。

4月19日夜里，清军用开花大炮轰塌城中大炮台、月城和城垛，击中敌弹药库，顿时"轰"的一声，烈焰飞腾，山崩地裂。这时，突然刮起狂风，火势更旺，敌军死伤甚众，企图突围。刘锦棠严令锁围，不许守敌一人一骑漏网，以震慑全疆敌军。最后，达坂守军在清军强大攻势面前只得投降，达坂城遂克复。

与此同时，张曜部和徐占彪部在盐池会师后，连克七格腾木、辟展、胜金台，尔后向吐鲁番挺进。4月26日，刘锦棠部攻克托克逊。随后，张、徐二部在湘军协助下收复吐鲁番。

至此，清军三路并进，不到半月就收复三城，打开了南疆门户。南疆人民也纷纷起义，反对阿古柏的反动统治。阿古柏见大势已去，逃至库尔勒自杀死了。他的儿子伯克·胡里在喀什噶尔自立称王，继续顽抗。

随后，清军乘秋高气爽之际，开始部署收复南疆的八城之战。刘锦棠率马步32营为前锋，张曜率马步16营为后队，共2万余人，向西挺进。敌守军放弃喀喇沙尔和库尔勒西逃往库车。刘锦棠根据敌西逃库车，立足未稳，决定亲率精兵追击。

10月15日，刘锦棠率2000精兵追至布古尔（今轮台），击败敌骑千余。不久追至库车城外，发现大量敌军。待后续部队到达，刘锦棠下令猛攻库车，敌军大败，白彦虎率余部向西逃跑。清军收复库车。

刘锦棠继续西进，到达拜城后，听说白彦虎西逃时刚刚路过此地，想必跑不多远，当即决定穷追不舍，很快赶到上铜厂。

这时，白彦虎和伯克·胡里的部队正在强渡木杂喇特河（今木扎提河）。刘锦棠立即下令发炮轰击，马队出击，斩杀甚多。白彦虎和伯克·胡里指挥队伍在上铜厂列阵，枪炮环轰，连珠不绝。

刘锦棠下令张开两翼，对敌实行包抄。将士们奋勇冲杀，副将夏辛酉跃马单骑突入敌阵，生擒敌右路指挥官。敌军见状，顿时大溃。刘锦棠指挥部队乘胜追击，敌人惊魂不定，只顾狂奔。10月24日，清军收复阿克苏城，几天后再克乌什。不久，刘锦棠收复喀什噶尔、叶尔羌、英吉沙尔、克复和阗。

至此，新疆全境除伊犁地区外，全部收复。清军收复新疆之战取得重大胜利，从而粉碎了英、俄侵略者企图利用阿古伯政权逐步向我新疆内地吞食的阴谋。

左宗棠见俄国人还赖在伊犁不想走，便决定亲自到新疆，指挥清军收复伊犁。临行前，他命人带上一口棺材。手下人不明白这是怎么回事，左宗棠就激动地说："我已经65岁了，为了收复国家的领土，我情愿搭上这条老命。"将士们见统帅这么坚决，都深受感动，也都纷纷表示："不赶走俄国人，我们决不活着回来。"

左宗棠离开隶州，向西走了不远，突然接到慈禧太后的命令。慈禧让他停止进军伊犁。左宗棠非常痛心，望着西北方向一望无际的戈壁滩，连连哀叹。原来，慈禧害怕左宗棠收复伊犁会引起麻烦，就和李鸿章商量，决定派曾国藩的儿子曾纪泽去跟俄国人谈判。后来，曾纪泽和俄国签订了《伊犁条约》。清政府虽然要回了伊犁，却把霍尔果断河以西的大片领土让给了俄国。

左宗棠迅速收复新疆，粉碎了英俄支持阿古柏肢解和侵吞中国西北领土的阴谋，使新疆各族人民摆脱被外奴役的命运，重回祖国怀抱。这是中国近代反侵略战争史上最伟大的胜利，在一定程度上洗雪了两次鸦片战争失败所蒙受的耻辱，使饱受外国侵略者欺侮的中国人民精神为之一振，也使许多西方人对中国人刮目相看。当时的《西国近事汇编》曾载西方评论家的文章说："平时欧洲人轻料中国，谓中国人不能用兵。今观中国之恢复回部，足令吾欧人清醒也。"

99. 孤独英雄

——冯子材激战镇南关

公元1883年12月11日，法国茹费里政府派出的远征军，在总司令孤拔的指挥下，以6000兵力，向驻扎越南的中国清军和黑旗军守地山西发动大规模进攻，挑起了中法战争。1884年8月下旬，侵华法国海军向中国福建海军驻马尾部队发动进攻，由于晚清政府的腐败无能、屈膝求和、战略失误和指挥失当等原因，福建水师在这次马尾海战中全军覆没，打碎了清政府苟且偷安的迷梦。8月26日，道光帝下诏书向法国宣战，命令陆路各军迅速向越南进兵，沿海各地加强戒备，严防法军侵入。

公元1885年2月，法国在与清政府进行秘密谈判的同时，再度增兵越南，并下令向北越大举进攻。2月23日，法军进犯文渊州，守将杨玉科力战牺牲，清军纷纷后撤。

面对法国侵略军的进犯，李鸿章指示广西巡抚潘鼎新："败固不佳，胜变从此多事"。潘鼎新胆小如鼠，不敢抗战，仓皇逃到镇南关以北100多里的龙州。法军乘势长驱直入，侵占了中越边境的重镇谅山，并一度进入广西镇南关（现在的友谊关），逼近西南国门。

占领镇南关后，法军统帅尼格里非常狂妄。他命人炸毁关门，并在关前废墟中插上一块木牌，得意地用汉字写着："广西的门户，已不再存在了"，并下令放火烧了镇南关，然后带领法军返回文渊城去了，准备伺机卷土重来。

当地的军民非常气愤,在法军退走后也在关前插上木桩,写上:"我们将用法国人的头颅,重建我们的门户!"表达了中国人民誓死抗战的坚强决心。然后,他们纷纷来到清军老将冯子材的大营,要求参加战斗,赶走侵略者。

冯子材是著名的爱国将领,性格耿直,在官场中常常受到排挤打击,当过广西提督,后被解甲归田。法军攻入镇南关后,清政府慌了手脚革去了广西巡抚潘鼎新的职务,任命年近七旬的老将冯子材帮办广西军务,担任北越清军指挥官。

行前,冯子材祭别祖先,送家眷回江南祖籍,并嘱咐他们要永做中国民。他身边带了两个儿子,准备自己战死后好料理后事。

冯子材到达前线后,就赶到镇南关被烧毁的关前,气愤地说:"洋鬼子竟敢烧了我们的家门。这个仇一定要报!"他立即召集前敌诸将晓以大义,劝说大家要消除派系成见,以国事为重,同心协力保卫国家。会上,各将领公推冯子材为前敌主帅,统一指挥协调各军的行动。冯子材一面调整清军部署,令部队赶修工事;一面整顿军纪,安定民心,迅速稳定和改善了清军阵地的防御态势。

由于镇南关已经被烧毁,为了防备法军的袭击,冯子材决定移驻内关十里的关前隘(今隘口南)构筑设防。

关前隘在镇南关内约8里处,东西两面高山夹峙,中间为宽约1公里的隘口。这里,两旁高山峻岭,树木葱茏,形势险要,易守难攻。冯子材不辞辛苦,亲自勘察阵地,选定战场,布置防御。他命令部队在关前隘筑起一道土石长墙,墙长1.5公里、高2米多、宽1米多,把东岭和西岭连接起来。长墙的对面,还挖了一条1米多的壕沟,东西岭上修筑堡垒数座,以便居高临下,轰击进犯之敌。

接着,冯子材进行军事部署:把自己所率的"萃军"当中路,扼守长墙和山头要塞;命令王孝祺军驻在山后半里远的地方,为后路;苏元春军驻在隘后五里的格府地方，为西路；王德榜军驻在关以东三十的汕隘地方，为东路。各路军与中路军构成犄角之势，可以互相策应。法军指挥官尼格里探知冯子材已做出精心部署，吓得不敢正面进犯，便施展从侧翼偷袭的诡计。冯子材获得法军偷袭的密报后，为打乱法军的进犯计划，决定先发制人，主动出击，急令苏元春率军狙击，又派出"萃军"的一支部队直刺法军的据点扣波。

3月中旬的一天黎明，天下起了大雾。冯子材得报：尼格里趁着大雾，率领上千法军攻城来了。原来，清军的主动出击，使骄横的法军恼羞成怒。尼格里决定不等援军到齐，就指挥谅山的法军，倾巢出动，兵分三路向镇南关猛攻，两路进攻东岭炮台，一路直扑关前隘长墙。只见法军炮声震谷，枪弹雨集。在开花大炮的掩护下，法军大队主力1000余人，向中路进犯，来势凶猛，偷偷进入镇南关，长墙有几处已被轰塌，清军东岭上赶修起来的5座炮台被攻陷了3座。洋鬼子们一冲进炮台，就把炮口转向长墙开起火来。炮弹像雨点一样落在长墙上，炸得石头砖块乱飞。正面的法军也端着枪，哇哇怪叫着冲了上来。

冯子材在此紧急关头，镇定自若，沉痛、激昂地向将士大呼："兄弟们，为国报效的时候到了。千万不能让法国鬼子过长墙。不然我们还有什么脸面去见两广的父老！"他一面命各部迎战，一面商请驻幕府的苏元春部前来接应，并通知王德榜部从侧后截击敌人。

守卫清军在冯子材的爱国热情激励下，个个奋不顾身地冲出长墙，拼命杀敌，誓与长墙共存亡，终于杀退了侵略军的猖狂进犯。

这个时候，王孝祺率部绕到法军后面发动了猛攻，苏元春率部冒着猛烈的炮火，冲上了东岭参战。两方用大炮展开对攻，东岭上炮声隆隆，喊杀声响成了一片。可是，凶猛的洋鬼子并没有被打退。尼格里扯着嗓子高声叫喊："跟我冲，谁先登上长墙，谁就升官发财！"法国兵在他的鼓动下，像恶狼一样，一边嚎叫，一边往上冲。

就在这关键时刻，法国兵突然乱了起来。原来，王德榜也率兵袭击文渊城法军，往前线送食品弹药的运输队多次被王德榜打了回去，切断了敌人运送军火、粮食的交通线，牵制了法军预备队的增援。

夜里，冯子材进一步调整部署，由苏元春部协助冯子材守长墙，王孝祺部夺西岭，陈嘉部守东岭。冯子材还另调驻扣波的5营冯军前来抄袭法军左翼。

3月24日黎明，尼格里指挥法军分三路再次发起攻击，沿东岭、西岭、中路谷地猛扑关前隘。每路两三千人，还配有上千门大炮，炮火比前一天更加猛烈，山鸣谷应。在开花大炮的掩护下，法军大队主力向中路进犯，侵略军像恶狼一样猛扑过来，有的爬越过清军防守的壕沟，有的已经冲上了长墙……

在长墙上督战的冯子材，当机传令各部统领，无论何军何将，都不准后退，违者皆斩。当敌人逼近长墙时，冯子材手持长矛大呼："弟兄们，杀呀！"然后第一个跳出长墙，只见这位中等身材的老将，头裹帕巾，脚蹬草鞋，朱颜鹤发，手执长矛，健步如飞，一跃跳出长墙。他的两个儿子相荣、相华紧跟其后，挥舞着长矛、大刀，朝洋鬼子冲了过去。

看到70多岁的老将军带头往上冲，全军将士大开棚门，以排山倒海之势，冲向敌阵，与侵略军展开你死我活的肉搏。冯子材挥动丈八长矛，左挑右刺，大显身手。将士们奋勇杀敌。

清军这一出其不意的反击，使法军惊呆了，霎时间阵势混乱，炮声沉寂。洋鬼子在中国人的大刀长矛面前，吓得四散奔逃。尼格里拼命地号叫，可是根本就没有人听，这家伙也只好跟着往后逃跑。

打退长墙前的敌人后，冯子材又指挥士兵向东岭冲去。正在东岭上与敌人进行炮火对击的清军为之振奋，更加英勇顽强地投入战斗。在苏元春的带领下，将士们一个个像老虎似地扑向敌人。法军前后都遭到打击，只好从东岭上逃了下来。

与此同时，陈嘉部、蒋宗汉部在东岭与法军展开了激烈争夺战，傍晚时分，王德榜在击溃敌人增援部队及消灭其运输队后，从关外夹击法军右侧后，配合东岭守军夺回被占堡垒。这时，王孝祺也已击退沿西岭进攻之敌，并由西岭包抄敌后。

尼格里把两路败兵集中到一起，还想进行疯狂的反击。忽然间，山谷四周传来了一片呐喊声，这声音震得尼格里和他的兵们心惊肉跳。他们抬眼一看，只见无数人像潮水一样，从四面八方涌了过来。

原来，周围中越两国的百姓们支援冯子材来了。他们手里拿着各种武器，有刀枪、有棍棒，还有干农活用的锄头和铁耙子。尽管武器落后，他们却没有一个怕死的，都不顾一切朝洋鬼子冲去。

老百姓像汹涌的潮水，把敌人淹没了。冯子材和清兵像海里的蛟龙，打得敌人落花流水。在激战中，尼格里被愤怒的百姓打折了一条腿。

法军三面被围，伤亡甚众，后援断绝，弹药将尽，只得丢下数百具尸体，狼狈逃回文渊城。冯子材不给法军喘气的机会，率领清军穷追猛打，乘胜进攻文渊城和谅山，所向披靡，势如破竹，各营兵士，蚁附而上，劈开城门，兵刃交下，重伤尼格里，取得重大胜利。法军死伤累累，损兵上千。攻下谅山后，清军继续追击残逃法军，法军犹如惊弓之鸟，一口气逃到郎甲、船头一带。

这就是在近代中国人民反侵略斗争史上著名的"镇南关—谅山"大捷。

消息传到法国巴黎，法国茹费里内阁因此倒了台。就在这个时候，奇怪的事情发生了。明明是中国人胜了，被朝廷倚为重臣的李鸿章，害怕法国进攻中国，"兵端开于俄顷"，激起中国军民的愤怒，"兵连祸接，防不胜防"，进而威胁他的地位和大清王朝的江山，所以一味"柔""忍""让"，不论前线胜与败，只是低三下四地向法国人讲和。并且请出英国驻中国海关总税务司赫德这样的侵略者引为心腹，放手让其"代表中国"与法国人谈判，中法两国在天津签订了不平等的《中法新约》，随后强令前敌将领按期停战撤兵，使前线军民用鲜血和生命换来的胜利成果付之东流。李鸿章不仅出卖了中国很多的利益，甚至答应今后修铁路也要跟法国人商量，致使中国作为战胜之国而蒙受战败国的耻辱。以冯子材为代表的前线爱国官兵，喋血沙场，出生入死，想不到清政府会做出如此荒唐的决定。中国政府在战争中暴露出来的软弱无能，大大刺激了各帝国主义列强对于中国的侵略野心，从此，中国四周再无宁日，深深坠入半殖民地半封建的黑暗深渊。

100. 邪恶帝国的灭华阴谋

——日本策划甲午战争

中国清政府在中法战争中的败北和软弱无能，大大刺激了各资本主义列强特别是日本进一步侵略中国的野心。就在中法战争结束后不久，公元1898年7月，中国和日本两国之间，又爆发了一场大规模的战争。按照中国传统的纪年法，这一年是甲午年，所以，历史称这场战争为"中日甲午战争"。

但是，这场在中国和日本之间的战争，却是在第三国朝鲜打起。公元1894年1月，大清的藩属国朝鲜爆发了东学党农民起义，朝鲜国王李熙惊慌不已，急忙差人向大清国驻扎朝鲜总理通商事宜的袁世凯通报，请求清廷派兵帮助镇压。

袁世凯因为李氏王朝对他不薄，对这位朝鲜国王总是有求必应，所以立即电报直隶总督、北洋大臣李鸿章，说朝鲜发生内乱不能自顾了，请派兵赴朝平乱，以保护朝鲜、维护大清上国的体面。他还向李鸿章特别说明，中朝的近邻日本不会对此多事，日本驻朝鲜使馆已派人告之，除调兵百余来保护使馆外，必无他意。

李鸿章接到袁世凯的电报后，即于6月4日命直隶提督叶志超率淮军1500人，乘两艘军舰进驻朝鲜牙山，准备镇压起义。

与此同时，日本政府于6月5日成立大本营，也以"保护"使馆和侨民的名义，强行派兵进入朝鲜，并陆续增兵，占领汉城，其在朝总兵力达到上万人，远在清军之上。

此时，朝鲜的农民起义已经平伏，清政府立即向日本建议，两国军队同时撤出朝鲜。日本政府蛮横地拒绝了清政府的建议，要求由中日两国共同监督朝鲜改革内政。

中日战争有一触即发之势。

日本政府对中国、朝鲜广阔的市场和丰富的资源早已垂涎三尺，日本明治天皇在位时，就制定了"先征服朝鲜和中国台湾，进而征服中国以至世界"的狂妄的"大陆政策"，公开主张以武力"开拓万里波涛，布国威于四方"。

公元1879年，日本公然派兵占领中国的琉球，把它改为日本的一个县——冲绳。清政府无可奈何，使日本人尝到了宰割中国的快感。公元1887年，日本天皇制定了周详的《征讨清国策》，计划以5年为期作为准备，抓住时机发动侵略中国的战争，将中国的辽东、山东半岛、舟山群岛、台湾、澎湖列岛和长江两岸十里之地，全部划归日本版图，其野心之大，令人咂舌。

为了准备大规模侵华战争，日本政府和军方自公元1872年开始向中国派间谍特务，逐年增加活动，搜集中国的军事情报。大特务头子川上换六以考察为名，用了3个多月的时间，对朝鲜和中国进行了实地考察。通过这次考察，使日本对中国的军火生产、军事装备、军事设施以及部队的训练情况有了详尽的了解。尤其对中国的东北、山东半岛等地的情况更是一清二楚。到发动侵华战争前夕，日本对于中国的各方面情况已了如指掌。比如，日本估计当时中国各省防军、练军的步、骑兵为349.7万人，这与清政府公元1898年统计的各省练、防军为360万人相差无几。日本的一张军用地图，上面绘制着包括朝鲜、中国东北、山东半岛、辽东半岛在内的地形环境，将中国的村镇、道路、地形，甚至水井的位置，都标示得十分清晰详细。

这次得知清廷出兵朝鲜，日本内阁首相伊藤博文欣喜地说："这次朝鲜内乱，清国出兵，真是天赐良机。天皇的宏愿正好可以实现了。"

日本大本营制订了消灭清军水师北洋舰队的计划。睦仁天皇为此特别旨示，以好战的桦山资纪中将接任海军军令部部长，同时将日本海军的常备、西海两个舰队统编为联合舰队，以伊东祐亨为司令官。公元1894年7月中旬，日本海军主力舰艇在佐世保军港集结，组成为联合舰队，下分本队和第一、第二游击舰队。

日本发动侵华战争的意图已十分明显，清朝政府内部却在主战、主和问题上争论不休。以慈禧太后为首的一派是坚决主和的。

慈禧太后，叶赫那拉氏，晚清无冕女王，统治中国48年之久。慈禧出身于一个满族家庭。17岁时因选美入宫。她生性机敏、善解人意。刚入宫时只是做些清扫的活，很快便赢得了咸丰皇帝的欢心，并为咸丰生了一个儿子。因咸丰皇帝只有这一个儿子，所以那拉氏被封为"懿贵妃"，仅次于"皇贵妃"。

公元1860年，英法侵略者进犯北京，咸丰皇帝逃到热河，第二年病死。临终前咸丰帝宣布由他6岁的儿子载淳继承皇位，称同治皇帝，并指定由8个亲信大臣帮助治理国家。

慈禧是一个颇有政治野心且有铁腕的女人，自从入宫得宠之日，就向往着权力。她对于"懿贵妃"的封号并不满足，她利用咸丰之死大做文章，她先是拉帮结党，然后以各种罪名将帮助理政的8位大臣革职的革职、处死的处死，并以皇帝年小、不能亲政为由，在她26岁时，以"垂帘听政"为名，窃取了清朝大权，独掌朝政，并授意亲信给自己上了个"慈禧太后"的美称。

为了稳固统治镇压太平天国运动，慈禧对外向侵略者屈膝让步，对内重用曾国藩、李鸿章、左宗棠等悍将，利用3年时间镇压了太平天国运动。

慈禧一向最怕惹怒帝国主义，这一年又是她的60岁生日，一心只想隆重举行"万寿庆典"，以粉饰太平和炫耀自己的权威，所以更为厌战，只求尽快求和，以免耽误她做寿。以光绪皇帝为首的一派势力，想借主战向慈禧太后夺权。

而操纵政府军事、外交大权的直隶总督、北洋大臣李鸿章，却主张避战自保，争取英国、俄国、美国等帝国主义出面"调停"，以解决朝鲜问题。

李鸿章，安徽合肥市人，晚清军政重臣。世代以耕读为业，少时随父居京师，受业于曾国藩门下，深受器重，24岁进中士。太平天国时期，入曾国藩幕府，编练淮军，镇压太平军和捻军，形成淮军军阀。历任江苏巡抚，两江总督，公元1870年任直隶总督，兼北洋大臣，掌握着清朝的政治、外交、经济、军事大权达20余年之久。

李鸿章积极主张学习西方"长技"以求"自强"，筹办中国军工企业和民用工交企业，积极创办轮船招商局和电报、铁路等交通运输、电讯业，大力制造军器，加强海防建设，创办了北洋水师，使清军拥有北洋、南洋、福建和广东4大水师，战舰82艘，总吨位8.5万，在当时的世界海军中列第8位。

但是，由于对帝国主义的掠夺本性认识不清，李鸿章在反侵略战争中消极抗战、积极求和，委曲求全、守株待敌。此时，他深知朝廷国库空虚，财源枯竭，而远征朝鲜同日本作战尤以筹饷为先。尽管他所辖的淮军有存饷800余万两，但李鸿章绝对不愿把这些本钱耗光。

对于清廷内的这些情况，日本政府通过外务省来破译清国驻日公使与清廷通信的密电码，所以了如指掌。

7月20日，日本向朝鲜政府发出通牒，提出撤退中国驻牙山军队，废除中朝通商条约以及与朝鲜独立相抵触的一切中朝条约的无理要求，并限令于20日夜里12时以前答复。否则，日本将自行决意从事。当天夜里，又向朝鲜政府发出照会：中国和朝鲜之间签订的一切条约章程都违背了日本和朝鲜的《江华条约》，必须一律废除。

战争形势每况愈下。朝鲜上空充满了浓浓的火药味，人言籍籍，人心惶惶。李鸿章在清廷再三催促下，不得不发电报给率清军先期进入朝鲜牙山的直隶总督叶志超和太原总兵聂士成，要他们速备战守。

早在6月初，直隶总督叶志超和太原总兵聂士成率清军2000余人入朝，驻扎在忠清道的牙山县。

牙山县的东北方向有山两座，形状看上去很像两颗牙齿，所以人们就将这个地方叫作牙山。县城内有民房100多间，三面靠山，一面临水，是个山青水秀、风光秀丽的地方。

叶志超、聂士成接到电令后，感到牙山是个滨海城市，地势平坦，无城郭可守，而且远离祖国，成了孤悬之师，处境十分不利，因此，聂士成对叶志超说："牙山绝地不可守。公州背山江面，天生形胜，应该立即前往占领。如果取得胜利，叶公可以作为后援；如果打不胜，可绕道撤离。"他建议分兵两处，互为掎角。叶志超只得同意了，率部退守公州。

随后，李鸿章在光绪帝的督促下，从国内派出四支援军，增援牙山清军。

这时，在天津、烟台等地的日本间谍获得中国派兵增援牙山的情报后，立即密告日本大本营。日军决定采取惯用的偷袭手段，对中国不宣而战。

23日凌晨，龙山日军列队开拔，一路无阻地驶入汉城。入城后，遭到了朝鲜守军的堵截。日军指挥官下令开炮轰城。大鸟圭介乘日军大炮向朝鲜守军轰击之际，亲自率日军的一个联队包围了朝鲜王宫。守护王宫的朝鲜士兵奋力抵抗，但寡不敌众，最后王宫还是被日军夺占。日军攻入王宫后，劫持了朝鲜国王李熙，同时，组织了一个以大院君李是应为首的傀儡政权，迫使朝鲜傀儡政权向中国宣战。与此同时，日本大本营下达出动海陆军的作战命令，准备正式发动侵略中国的战争。

同一天，日本联合舰队从佐世保启航。舰队离港时，海军大臣乘船亲自为舰队送行。随后，日本海军第一游击舰队在联合舰队司令伊东祐亨的指挥下，向牙山湾搜索前进。

7月25日，日本海军舰队的"吉野"号、"浪速"号、"秋津洲"号，在黄海东北部的丰岛海面，突然向清军"济远"号、"广乙"号开炮，袭击清政府运兵船，击沉赶来支援的清军北洋舰队的"高升"号，舰上950名清兵,除250余人后来得救外,其余700名官兵壮烈殉国。

与此同时,日军在陆上也展开了对清军的进攻。7月29日,日军5000人进犯牙山、成欢,叶志超胆怯怕死,便弃守牙山,逃奔平壤。聂士成部也因众寡悬殊,败退公州,和叶志超合军撤到平壤。

公元1894年8月1日,日本天皇发布宣战诏书,日本人挑起了中日战争。同一天,清政府迫不得已颁布宣战谕旨,对日宣战,进行自卫还击。

中日甲午战争正式爆发。

101. 畏敌如虎

——叶志超兵败平壤

兵也派出去了，战也宣了，但是慈禧太后掌管的清政府并没有坚决抗击的决心，而是采取消极抵抗的方针。掌握实权的李鸿章命令陆军"可守则守，不可则退"。他命令海军保船制敌，不得出大洋作战。

由于清廷消极应战，增援朝鲜战场的4路清军1.4万多人，直至8月上旬才到达平壤。奉天练军统领左宝贵冒风雨炎热，从奉天以一日百里的速度前进，率3500人于8月6日抵达平壤。几天之内，各路大军云集平壤，共2万余人。

畏敌如虎的叶志超率败军退到平壤，惊魂未定，却谎报战功，被清政府任命为统领平壤作战的"各军总统"。

得知日军准备进军平壤，李鸿章不敢怠慢，急电叶志超及诸将加强防守，组织防御，挑选精锐，间道出奇，给日军以拦头痛击。

平壤是朝鲜旧都，北通义州，南达汉城，东至元山，西南通大同江口，为朝鲜北部水陆交通枢纽，号称朝鲜八道之第一雄关。平壤又是一座易守难攻的军事重镇，北枕崇山，东南临大同江，山环水抱，城墙高大坚固。共有城门6座：南为朱雀门，西南为静海门，西北为七星门，北为玄武门，东为长庆门，东南为大同门。玄武门跨牡丹台山修筑，站在台上可俯瞰全城。由于牡丹台紧靠城墙，因而成了守卫平壤的关键。

叶志超坐镇城内，居中调度。

此时，李鸿章好不容易下了一道命令。可是，执行命令的叶志超懦弱无能，又无心抵抗，对平壤战守漫无布置，整天花天酒地。他又不善谋略，在军中没有统帅的威望，众将不服，军心涣散，以至于调度不一，多次丧失战机。

日本政府为了便于指挥作战，把大本营由东京移到广岛。9月12日，日本第一军司令山县有朋大将到达朝鲜仁川，指挥平壤战役。他对麾下将士训示道："万一战局极端困难，也绝不为敌人所生擒，宁可清白一死，以示日本男儿之气节，保全日本男儿之名誉。"不久，睦仁天皇也到达广岛，亲自指挥对华作战。

9月12日，日军已兵临平壤城下。各路日军很快陆续抵达，1.5万名日军分四路逼近平壤，元山支队进至顺安，切断了清军退往义州的后路。日军朔宁支队到达大同江，准备从麦田店渡江，不料与前来探敌的奉军800人遭遇。奉军在左宝贵的指挥下，列阵抵抗。正激战中，叶志超却以前路吃紧为由，将其调退回平壤城，使日军迅速渡江，并从北面包围了平壤。日军很快完成对平壤的合围，清军退路完全被绝。

14日晨，元山、朔宁两支队一齐发起攻击，攻占城北山顶清军营垒数座。左宝贵亲自督队争夺，没能成功，只得退入内城。

日军逼近内城后，也弹尽粮绝，又逢雷雨交加，士卒饥疲，处境极为困难。而叶志超见城北形势危急，谋划逃跑。他召集众将商议放弃平壤城，往北逃。

左宝贵坚决反对放弃平壤逃跑，他慷慨陈词："日军孤军深入腹地，正应出奇兵给予痛击，才能斩断其侵略的念头。朝廷养兵千日，正是为了今天，如果不战退走，如何对得起朝鲜，又如何报效国家。大丈夫建功立业，在此一举。"

将领们纷纷响应左宝贵，要求坚守平壤。随后，左宝贵派亲军监视叶志超，以防他逃走。这样，叶志超威信扫地，号令不行。

9月15日凌晨，日军对平壤开始了总攻，战役首先由大岛率领的混成旅团在平壤南战场展开。大岛因成欢之战的胜利，颇有些轻敌骄傲，急于建功。他曾许愿说："本旅团将以明日午前8时前后攻陷平壤，共握手于城中，以祝万岁。"

凌晨4时许，当日军前队进至大同江南岸、船桥里的清军桥头堡附近时，担任警卫的清兵马玉昆部鸣枪示警。于是，双方枪炮齐鸣，平壤之战打响了。

日军混成第9旅团，在大岛义昌率领下分三路进攻平壤城东南。扼守大同江东岸的马玉昆部奋力抵抗。

大小炮弹连发如雨，炮声隆隆震天撼地，硝烟如云涌起，遮于面前。在如此激烈的炮击下，原以为日兵会立即溃散。然而，清军前进一步，日军亦前进一步，彼此步步相互接近。

不久，东方渐白。清军统领总兵卫汝贵从大同江北岸瞭望，见日军不占地利，于是亲率清军200人，渡江作战。日军缺乏隐蔽物而强行接近桥头堡，完全暴露在清军枪口下，伤亡惨重。同时，清军不断通过船桥向江南堡垒运送弹药，而日军则弹药殆尽，士气低落。清军在船桥里的反攻战，在马玉昆和卫汝贵的指挥下，一直进行到午后。下午2时半，大岛见弹药用尽，而且部队全天没有吃东西，便下令停止射击，撤离战场，清军也没有追击。

面对强大的日军步步逼近，清军主帅叶志超畏缩退避，副帅聂士成始终在前敌血战。聂士成在平壤看到叶志超整日饮酒设宴，不进行认真布防，非常焦虑，多次不顾丢了乌纱帽，殚精竭虑地分析时局，恳切劝他督军力战，可是叶志超屡谏不听。

这时，北路战斗更加激烈。日军于当天拂晓再次发起进攻，左宝贵亲自登玄武门指挥。

平壤北战场是日军进攻平壤的主攻方向，日军在此集结了总兵力的将近一半，包括两个支队，共77800人。日军素闻左宝贵骁勇，知宝贵不死，平壤不可得，于是弃江自康而专攻奉军。

清晨5时整,日军支队长下令发射进攻平壤城北的第一炮,清军堡垒寂静不应。日军进至堡垒附近低地时,清军的毛瑟十三连发枪突然齐射,飞弹如猛雨骤至。日军支队长正指挥间,忽有一弹飞来,击中前额。因射程太远,弹力已衰,幸免于丧命。日军山炮阵地连放榴霰弹,不断命中清军阵地,清兵死伤众多。日军趁势攻入外重堡垒之东垒,双方展开肉搏,堡垒中50余清兵全部战死阵地。7时半,日军终于占领此垒。

日军以绝对优势的兵力,向奉军其余堡垒不断发起进攻。奉军虽顽强抵抗,但寡不敌众。上午8时,清军的城外堡垒全部丢失。

日军重新部署兵力,分三路攻击牡丹台。牡丹台清军虽然配备有野炮、速射炮和七连发步枪,火力较强,但日军的炮兵集中火力猛轰,摧毁清军速射炮及掩蔽墙,清兵伤亡惨重。日军步兵乘势像蚂蚁一样往台上爬,牡丹台守军终于不支。日军攻上牡丹台,把炮兵移到台上,对玄武门和全城构成了极大威胁。

正在玄武门指挥作战的左宝贵,得知牡丹台失守,知道大势已去,决心以身殉国。他换上皇上赐给的黄马褂,登城巡视指挥,鼓舞将士。他说:"倭寇背叛盟约,恃强进犯,国家安危即在此时,进则受赏;退则加罚,我辈当奋力向前,富贵与共!"

部下营官想保护左宝贵下城避险,被他一掌击开,遂亲自点燃大炮,连发36颗,向敌军阵地轰击,兵士们也都激昂奋战。激战中,清守军炮被击毁,碎铁飞扬,左宝贵肋下负伤,但仍不退,包扎后再战,又被榴霰弹击伤头部,随即被流弹击中左胸,不幸阵亡。

日军中午占领玄武门。在此紧急关头,作为主帅的叶志超不是部署力量加强防守,而是让部将在城头竖起白旗投降,并下令撤军。

当时,东西两路清军已将进攻之敌击溃,正准备乘胜出击,接到撤军命令后只得率部回城。作为清军统帅的叶志超,在此关键时刻却没有看到这些有利因素,他只看到玄武门的失守和奉军统帅左宝贵的战死,因而丧失了抵抗信心。当晚,他召集各统领商议放弃平壤,撤军至鸭绿江设防。诸将中只有马玉昆提出反对,叶志超根本不听。他亲自致书日军表示退兵,还令人在城门悬起白旗。

当天晚上8点,叶志超传令放弃辎重,轻装持械,趁夜而退。此时,大雨倾盆,清兵冒雨蜂拥出城。叶志超率部一路狂奔500里。驻城北山隘的日军,黑暗中听到人马奔腾,以为是清军劫寨,于是拦路截杀。清兵混乱中不分敌我,胡乱放枪开炮,打死打伤2000名清兵。清军退至顺安时,又遭日军拦击,损失惨重。经过整整一夜,清军全部退出平壤,死伤人数大大超过了在战斗中的损失。

等日军进入平壤后,发现城内已没有清军一兵一卒,而被清军丢弃的武器、弹药、粮饷和其他物资无数,尽数为日军所得。

叶志超率军退过鸭绿江,驻扎九连城,又写信欺骗李鸿章。叶志超见到李鸿章后,谎报军情,先是夸大敌人兵力,接着又虚报战功。他向李鸿章煞有介事地说:"当时,日军以三四万的兵力扑向平壤,我军奋勇迎敌,力战了五天五夜,直到最后弹尽粮绝。"接着,他又将逃跑的责任推到别人身上。

李鸿章听信叶志超的谎言,竟奏请光绪帝表彰叶志超,袒护其败绩:"平壤大小百余战,我兵均胜,杀倭兵万余人。不料天降冰雹,不得已,我兵退守,倭兵两出夹攻,我兵伤亡甚众,平壤因此失守。"

光绪帝信以为真,即降旨慰勉。在李鸿章的包庇下,叶志超不仅没受到任何处罚,反而得了个"力疾督战"的美名。后来,御史王鹏运上折揭发叶志超自报的战功纯属捏造。光绪帝见折大怒,即颁令将叶志超下刑部定斩。

平壤之战前后不过两天,清军即竖白旗乞降,撤出平壤,使敌仅以伤亡600余人的代价即占领平壤,并进而占领朝鲜全境。中日首战平壤,清军迅速失败,关键在于前敌统帅任用不当。叶志超刚从成欢败逃至此,因欺骗清廷、谎报战功而被任命为各军总统,难负众望,所以各将领均不受节制。他畏敌如虎,一经接战便再次率先逃跑,遂使军心动摇。

102. 秋风锁铁关

——聂士成大战辽东

日本侵略军占领朝鲜全境后,进一步将战火烧到中国境内。当时集结在鸭绿江沿岸的清军,共有80营,约2万人。这些军队分别由四川提督宋庆和黑龙江将军依克唐阿统率,以九连城为中心,向左右沿鸭绿江布防。

公元1894年10月24日,日军主力开始向中朝边界的清军鸭绿江防线发动进攻。先占领九连城,接着又占领安东(今丹东),清军鸭绿江防线不到两天时间就全线崩溃了。

日本侵略者攻破清军的鸭绿江防线以后,就叫嚷到奉天(今沈阳)去过年,并乘初胜的余威,攻陷凤凰城,准备兵分两路进攻奉天。一路从凤凰城(今凤城)经辽阳(东路),另一路绕道岫岩、海城,出辽阳之西(西路)。

10月26日,聂士成奉命移守摩天岭、连山关。这时聂士成已升直隶提督,所有叶志超的部下都归他统领。

聂士成,淮军首领,曾率部赴台湾参加抗法战争,多次打败法军,最后迫使法军退出基隆。中日甲午战争的序幕一拉开,聂士成就率部战斗在抗战最前线。在朝鲜的成欢和平壤与日军展开激战。

平壤之战失利后,聂士成退回国内,参加虎山、凤凰城之战,尔后率部扼守大高岭(又称摩天岭),从正面阻击日本由东路进攻辽沈的部队。

摩天岭,地处辽宁东部,以其高耸险峻而得名。它是长白山脉南段的一部分,横亘在安东与盛京(今沈阳)之间的交通要道上,是日本侵略军进攻盛京的必经之路。因此,摩天岭保卫战的成败,直接关系着清朝陪都盛京的安危。

聂士成率2000多人驻守摩天岭。由于聂士成谋略多端、运筹帷幄,在扼守摩天岭4个月中,日军始终搞不清清军官兵有多少人。聂士成风餐露宿,卧雪而眠,常常是盔甲不脱,枕戈待旦。

11月12日,日军一个大队开始进攻岭前要隘连山关口,守军奋力抗击。不久,大批日军赶到,守军抵挡不住,退出关隘。日军占领连山关,直奔摩天岭而来。

尽管摩天岭守军兵单力弱,可是聂士成胸有成竹,巧妙地使用疑兵。他用巨炮当其要冲,并利用摩天岭的有利地形,漫山遍野全插上旗帜,令兵士们不停地擂响战鼓,吹响号角,迷惑敌人。同时,又布下伏兵,寻机歼灭敌人。日军初来,弄不清虚实,大队人马出击常常扑空,小队出兵又经常挨打,陷入清军的重围之中。

就这样,聂士成与将士们卧雪餐风,经过十多个昼夜的苦战,终于顶住了日军的进攻,牢牢地守住了摩天岭。

紧接着,聂士成改变战术,组织兵力主动出击。农历十一月二十五日,聂士成率部与依克唐阿、寿山等配合作战,夹击草河口一带日军,击毙日步兵大尉斋藤正起,打伤日军炮兵大尉池田纲平和炮兵中尉关谷豁等,清军大获全胜。

第二天突然下起了大雪。夜幕降临后,盘踞在连山关的日军都放心大胆地睡大觉去了。聂士成密约盛军接应,亲自率数百名骑兵,乘黑夜偷袭连山关日军。日军在睡梦中惊醒,仓皇披挂上马。霎时,清军已喊着冲进关来。日军摸不清清军实力,也不敢恋战,纷纷向分水岭方向溃逃,死的死,伤的伤,逃命的逃命。聂士成率部乘胜追击,击毙日军官兵多人,收复了连山关。这是自甲午战争开战以来,清军第一次收复失地,清政府当即通令嘉奖。

连山关大捷以后，东路战场的形势为之一变。日军转为守势，清军转为攻势。12月5日，聂士成精选将士1000余人进攻分水岭，并乘胜追击到草河口。12月9日，聂士成部联合依克唐阿骑兵，在金家河大破日军，击毙敌人数十名，收复了草河口。

正当聂士成在东线节节胜利，并准备联合依克唐阿部收复凤凰城的时候，清军在海城一线吃紧，清廷急调依克唐阿军西援辽阳，只留聂士成军在东线。

在这种情况下，聂士成仍主动诱敌，以图乘机歼灭日军。公元1895年1月初，聂士成率马步兵1000多人，进逼雪里站，以牵制日军。不久得到报告，日军由凤凰城派大队来攻关，便与寿山部联系，设计夹击敌人。

日军大队至关前，见聂军早有准备，悄悄退走了。几天后，聂士成侦知日军又将派大队来攻雪里站，便在陡岭子、长岭子布置好伏兵，等待日军的到来。过了两天，日军果然派队来犯。聂军伏兵号声、枪声一起响起来，日军不知虚实，顿时大乱，自相践踏，死伤多人，溃逃而去。

1月25日，正是中国农历除夕。头一天，聂士成已在斗岭子、长岭子一带打伏击，击败了日军的一次进犯。他估计，日军可能利用中国过节的机会来偷袭，便命令夏青云率军上千人马埋伏在土门岭等待。

果然不出所料，大年初一天刚亮，500多日军骑兵和步兵前来偷袭，直奔聂士成军驻地。他们却万万没想到正好进了清军伏击阵地。当日军进入伏击圈后，聂士成军伏兵突然杀出，一声号响，枪声大作，打得日军人仰马翻，日军被突然的袭击吓坏了，乱作一团，死伤无数，仓皇逃跑。

从此，日军龟缩在凤凰城内，再也不敢出来活动。

103．战守无策

——北洋水师兵败黄海

公元1894年7月，当黄海上清军战舰被袭时，在北京城里却是一片热闹景象。全城上下，都在为慈禧太后的60岁生日忙碌着。正当她玩得高兴的时候，李鸿章慌慌张张跑来报告，说："北洋海军跟日本人在黄海上打起来了。"

慈禧听这个消息，当场就急了。她倒不是为国家的安危着急，而是着急她的生日又因此过不好了。李鸿章也很着急。他深知自己之所以能在清政府占有举足轻重的地位，主要是因为手中握有淮军和北洋海军这两张王牌。经过10余年的苦心经营，北洋舰队已成为广东、南洋两支舰队都没法比的最大舰队，手中握有陆海两军主力的李鸿章，是任何人也不敢轻视的，就连光绪皇帝和慈禧太后也畏他三分。一旦跟日本海军交起火来，北洋海军受损，他的地位势必受到威胁。所以他确定采取退守战略。多少天来，李鸿章不是不知道日本军队在加紧向朝鲜运兵，只是不敢向上面报告。

李鸿章的退守策略和"避战保船"方针，受到全国舆论的严厉谴责和政府中主战派的强烈反对。8月3日，光绪皇帝严旨责问李鸿章："威海卫僻处东境，并非敌锋所指。究竟（指北洋水师提督丁汝昌）在该处有何措置？抑借此为藏身之故？"

李鸿章以北洋舰队没有快船，力量薄弱，不能冒险出动进行敷衍塞责，一些主战派因为不明底细，都指责迁怒于丁汝昌等人。清政府下令要革丁汝昌的职，李鸿章一方面不同意对丁汝昌的革职处分，另一方面为自己的所谓"保船制敌"方针进行辩解，后来清政府下令"暂免处分"丁汝昌，要他戴罪立功，以观后效。

李鸿章命令北洋海军，绝对不能和日本人开战。可是，事情并不像他想的那么简单，黄海大战终于爆发了。

8月5日，日本大本营命令联合舰队12艘大型军舰，搜索和击破中国舰队。两天后，联合舰队司令伊东祐亨率舰队从隔音岛出发，长途奔袭，直扑在鸭绿江口附近的北洋舰队，企图在黄海聚歼清军舰队，完全夺取制海权。

9月13日，日本海军向朝鲜运送陆军的任务已经完成。日军估计中国北洋舰队有可能为接应平壤的清军停泊在大同江口，故命令伊东祐亨速率舰队向大同江口进发，寻找北洋舰队主力进行决战。第二天，派往威海卫执行侦察任务的"吉野""高千穗"回来报告，北洋舰队主力不在威海卫港内。"秋津洲"从牙山口外蔚岛、海门、仁川巡航回来也报告未发现中国舰队。于是，伊东祐亨亲率第一游击队、本队、第三游击队拔锚向大同江边出发，搜寻北洋舰队。

因为李鸿章不出击的严令，丁汝昌率北洋舰队只防堵在威海卫海军基地内，任凭日军舰队纵横。全国士大夫纷纷上书质问，朝廷也屡令出击，李鸿章被迫命令中军中营副将邓世昌率北洋海军在渤海内外游弋，作猛虎出山之势。

邓世昌，广东番禺（现珠海市）人。他出生的那年，正是鸦片战争爆发后的第十个年头，而广州正是鸦片战争的发生地，邓世昌从小耳闻目睹外国入侵者的罪恶，萌发了忠义爱国之心，曾发誓说：人谁不死，但愿死得其所！18岁入福州船政局学堂，渡过了4年的西式学堂生活，尔后开始在海军中任职，不久调入李鸿章的北洋海军。

甲午战争爆发前，邓世昌已在海军中干了20年，当时任"致远"号管带，也就是现在的舰长。邓世昌对英、法、日等列强侵略中国恨之入骨，力主抗战，要求舰队早日出击，常对官兵说：如有不测，誓与日舰同沉！

在朝野强烈的抗日呼声下，清政府准备增派援兵，为争取时间，决定将驻防大连一带的总兵刘盛休所部铭军4000人，由海道运至中朝边界的大东沟登陆，再辗转前线。李鸿章派陆军出身的北洋水师提督丁汝昌率北洋舰队护航。

9月16日凌晨，丁汝昌率"定远"号、"镇远"号等14艘军舰和"福龙"号等4艘鱼雷艇，从大连出发，护送铭军，当天抵达鸭绿江边的大东沟。晚上，铭军到达目的地，才得知平壤已经失陷，铭军无法起到应援的作用。

得知中国海军将护送陆军赴朝的消息后，伊东祐亨判断北洋舰队有可能在鸭绿江口一带，于是率12艘军舰向黄海北部的海洋岛航进，17日晨抵达该岛附近。

波浪滔天的大东沟海面。北洋舰队的主力舰只在距鸭绿江口12海里处一字排开，舰上的黄龙旗在海风中飘动。官兵忙着做返航旅顺的准备工作，"平远"号、"广丙"号两艘巡洋舰自港口驶来列队，后面跟着"镇中"号、"镇南"号两只小舰和"福龙"号、"左队一号""右队二号""右队三号"4艘鱼雷艇。

这天上午，阳光灿烂。舰桅上的哨兵突然发现，西南方远处海面上出现如柱薄烟，瞭望所见，是悬挂着美国国旗的舰队，正朝着北洋舰队直驶而来。

临近中午各舰刚操练完，准备午餐。这时，哨兵发现悬挂美国国旗的舰队正在靠近，并且忽然都降下美国国旗，全升起日本的太阳旗。

北洋舰队提督丁汝昌虎目圆睁，以不可抗拒的威严神态朗声传令："全舰队立即起锚，迎击倭兵！请弟兄们记住：生当作人杰，死亦为鬼雄！冲上去，与日本鬼子决一雌雄。"

霎时，战斗喇叭长鸣，响彻全舰队！

北洋舰队作战准备十分不足。当他们从刘公岛出发的时候，北洋大臣李鸿章命令只许护送运兵，再三嘱咐不准和日本舰队打仗。清政府向日本宣战以来，北洋舰队曾要求补足弹药，李鸿章一直不给，说什么没有钱买，因此弹药短缺，甚至炮弹和大炮对不上口径。在这种情况下，北洋舰队的爱国官兵的斗志仍然非常坚强，坚决表示船存人存，船亡人亡。

接着，丁汝昌下令舰队起锚迎战，各舰迅速起动，排成双纵队（掎角鱼贯小队阵）前进，"定远"号、"镇远"号两舰居前。头盘发辫、两臂裸露呈浅黑色的壮汉勇士各就各位，一队队站立在甲板大炮侧面，双目炯炯，凝视敌人的舰队，同仇敌忾，勇气百倍。

丁汝昌在旗舰上望见日舰成鱼贯纵阵而来，心想日舰可能要攻击中国舰队的正中，便果断地下令改变阵形，以"镇远"号、"定远"号两铁甲居中，张左右两翼应之，成掎角雁行阵，各舰间隔400米，加快到每小时7里的航速，向日舰迎进。

伊东祐亨发现北洋舰队变了队形，下令第一游击队向左转，进攻弱舰"超勇"号、"扬威"号，赢得士气。

丁汝昌看穿了伊东的意图，旋即命令全队向右移转四度力舰首先与敌队接触。

不久，日本舰队排成单纵队，以第一游击队吉野舰等4艘速率最高的巡洋舰为先锋，伊东祐亨自乘旗舰"松岛"号，率领本队"千代田"号、"松岛"号等6舰跟进，成鱼贯纵阵，"赤城"号、"西京丸"号两艘弱舰列于舰队左侧非战行列，朝北洋舰队当中冲来。

双方舰队距离越来越近，伊东祐亨见北洋舰队阵势严整，怕士兵临战畏惧，特别下令准许随意吸烟，以安定心神。

丁汝昌见日舰来势凶猛，为发挥各舰舰首主炮的威力，下令把阵形改为掎角雁行小队阵。可是由于旗舰"定远"号速度过快，"济远"号、"广甲"号等舰未能及时跟上，阵形成为半月形，类似"后翼梯阵"。丁汝昌乘旗舰"定远"号居中，冲在最前面。

日本海军根据舰速快、舷侧速射炮多的特点，一直视单纵阵为制胜法宝。此时，日舰见到北洋舰队的阵形，决定避开"定远"号和"镇远"号两艘巨舰，以行驶在一字阵前部的第一游击舰队先攻击北洋舰队最薄弱的右翼。于是，第一游击舰队，由8节航速加速至10节，并向右转舵，渐渐地与本队拉开了距离。这样，一字阵就断为前后两截。

12时50分，双方在大鹿岛（大洋河口外）西南3海里处交火。"定远"号首先发主炮攻击，只听"轰"的一声巨响，其巨弹冲开烟雾，飞过日舰头顶，落在最前面的"吉野"号100米处，海水顿时腾高数丈。

"定远"号的第一炮，也是全队发动进攻的信号。10秒后，"镇远"号也发出炮弹。紧接着，北洋舰队各舰一齐发炮轰击。3分钟后，日本旗舰"松岛"号也开始发炮还击。霎时间，双方各舰百炮一齐怒放，炮声隆隆，硝烟弥漫。海面上弹如飞蝗，海水犹如一锅开水在沸腾翻滚。

很快，日本舰队就遭到北洋海军拦腰截击，其殿后的"赤城"号、"比睿"号、"西京丸"三舰，都遭到猛烈攻击，受到重创。

开战不久，北洋舰队的"超勇"号首先被击沉。

当日本第一游击舰队绕攻北洋舰队右翼时，本队也与北洋舰队主力交相攻击。日舰"比睿"号、"赤城"号被北洋舰队截击。"定远"号、"来远"号、"经远"号重创日本的"比睿"号、"赤城"号。"赤城"号舰长坂元八郎太当场毙命。"西京丸"号也受重伤。

但是，日本舰队航速快，便于机动，第一游击舰队和本队互相配合，至14时15分左右，本队已绕至北洋舰队背后，与第一游击舰队形成夹击之势。

北洋舰队腹背受敌，阵形更加混乱，各舰只能各自为战。在这惊涛骇浪的战斗中，"致远"号在管带邓世昌的指挥下，赴汤蹈火，勇往直前。

当时，把伊东祐亨令第一游击舰队救援"吉野"号、"赤城"号、"比睿"号，看到"定远"号挂着帅旗，便驶到"定远"号前方，密集的炮弹一齐朝它打来，企图击沉清军指挥舰。"定远"号的瞭望台和桅杆都被击中，飞桥震塌，帅旗被毁，信号索具被摧毁。

丁汝昌站在舰桥上非常镇定，任凭炮弹从身边飞来飞去，他仍然从容地指挥战斗，下令道："猛攻比睿，将它击沉！""定远"号炮手更加奋力。"轰隆"一炮击中"比睿"号右舷，大火熊熊烧起，下甲板被炸得不成样子，正在下甲板上的数十名官兵应声倒下，海军大尉高岛万太郎、少尉田中行尚、小川水路等死的死，伤的伤。"定远"号上官兵们发出一片欢呼声。

正在这时，突然一颗炮弹飞来，正好落在丁汝昌的身边，"轰"的一声巨响，舰桥被炸断了。丁汝昌一下子跌倒在甲板上，身负重伤，身体的右侧从头部到手臂都被烧伤，右臂也被弹片击中，鲜血直流。随从们上来要求将他扶进舰舱，进行抢救。丁汝昌拒绝随从的要求，强忍着疼痛，坚持坐在甲板上指挥。

"定远"号管带刘步蟾立即爬上摇摇晃晃的舰桥，代替丁汝昌进行指挥。他命令"济远"号和"经远"号两舰向"致远"号靠拢，集中火力进攻日军最厉害的"吉野"号。

邓世昌见状，立即命令开放舰首尾12寸大炮，并发射格林炮，炮弹带着火焰，直奔日舰而去。邓世昌所在"致远"号，是北洋舰队第二队队首，致远舰是队中少数几艘巡洋舰之一，2300吨，拥有23门大炮，此刻勇猛异常。

为保护旗舰，邓世昌指挥"致远"号开足马力，冲到"定远"号前面，准备用冲角撞击"吉野"号，与敌同归于尽。他鼓励将士说："我辈从军卫国，早已置生死度外，今天即便战死，也足以扬军威、报国家。"

而"济远"号管带方伯谦却命令舵手调头逃跑。舰上的官兵坚决反对，方伯谦竟下令说："谁要反对，立刻杀头！"

这时，六七艘日本军舰纷纷向"致远"号包围过来。邓世昌指挥"致远"号灵活穿插，死死咬住"吉野"号不放。不一会儿，"吉野"号终于被"致远"号打得起了火,拼命地逃跑。邓世昌指挥"致远"号在后面不停地开炮。一发发炮弹呼啸着飞向"吉野"号,在它的甲板、船尾上爆炸。眼看"吉野"号快支持不住了,但"致远"号的大炮突然哑巴了。

"怎么回事?"邓世昌急忙问炮手。

炮手失望地说:"剩下的炮弹都打不响。"

邓世昌急得满头大汗,可是实在没有办法。这时候,"吉野"号又趁机调头,向"致远"号猛扑过来。

在这危急时刻,邓世昌看了看船上的官兵,大声问说:"我们炮弹都打光了,现在怎么办?难道也逃跑吗?"

"不,我们宁可死在黄海,也决不做逃兵!"官兵们激动地齐声高喊。不久,因连续遭受敌舰重炮榴霰弹猛轰,"致远"号船体开始倾斜,甲板上浓烟滚滚,眼看要沉没。

邓世昌对大副陈金揆说:"日军舰队专靠'吉野'舰,能击沉'吉野'舰,我军就能取得胜利。"两人决心与"吉野"号同归于尽,便开足马力,迅猛地冲向"吉野"号。甲板上的水兵们面向祖国的方向跪着,他们决心与敌舰"吉野"号同归于尽。

敌舰发现了这一情况,就集中炮火轰击"致远"号。"致远"号甲板上起了火,周围升起了无数的水柱。"致远"号像一条火龙在弹雨中向"吉野"号冲去。敌人被中国军队的这种英勇行动吓呆了,惊恐万分,纷纷跳海逃命。眼见这条火龙越来越近,"吉野"号上的日本司令官手足无措,急忙逃跑躲避,并下令连连向"致远"号发射鱼雷。

就在这时刻,不幸的事情发生了,"致远"号撞上了敌人的鱼雷,锅炉爆炸,顿时成了一片火海,2000多名官兵壮烈牺牲。

邓世昌落入水中,决心实现自己的誓言,与全舰共存亡。随从给他抛来救生圈,他拒绝使用。一艘中国鱼雷艇赶来营救,他拒绝上船。他蓄养的爱犬"太阳"咬住他的发辫,不让他沉没,他却抱着"太阳"一起沉入海底，年仅46岁。

邓世昌的英雄事迹使光绪皇帝感动不已，在沉痛悼念邓世昌的祭奠英烈的追悼会上，光绪皇帝亲赐挽联，写道："此日漫挥天下用，有公足壮海军威"，并追认邓世昌为"壮节"。

负重伤的"经远"舰，在林永升指挥下，打中了日军的"赤城"舰后，全船官兵壮烈牺牲。丁汝昌见连失多艘战舰，顿时双眼发红，指挥旗舰"定远"号、"镇远"号一起向日本联合舰队本队中的旗舰"松岛"号猛攻。

"定远"号和"镇远"号是号称北洋第一舰的巨型铁甲舰，总排水量都有7300吨，比"松岛"舰的吨位高出近一倍。当它们开足马力接近"松岛"舰时，虽已经各中了几百发炮弹，多处起火，可是舰上官兵勇猛无畏，冒死击敌，将舰上装配的3发威力极大的炮弹射向"松岛"号。

"松岛"号霹雳一声，顿时起火，浓烟滚滚，打死打伤炮台日军指挥官海军大尉志摩清直以下100多人，尸体如山，血流满船。

不久，"靖远"号、"来远"号抢修完毕，重新投入战斗。"靖远"号帮带大副刘冠雄见"定远"号旗桅杆断裂，不能升旗指挥，建议管带叶祖硅代悬信旗集队，指挥各舰绕击日舰。

战到傍晚，日旗舰"松岛"号已经瘫痪，"吉野"号也丧失了战斗力，其他日舰也都伤亡惨重，不能再战，又见北洋舰队重新集队，伊东祐亨下令撤出战场。日本联合舰队累累伤痕，护卫着遭重创的"松岛"号旗舰，在暮霭中向东南方向逃遁了。

悲壮的黄海海战结束了。这一战，历时5个多小时，其规模之大，时间之长，为近代世界海战史上所罕见。北洋舰队的损失大于日方，日本基本上掌握了黄海制海权，对后来中日战争的进程产生了重大影响。

104．三百年来伤国步

——山东半岛之战

山东半岛，是中日甲午战争的另一个主要战场。日军1894年10月间，一路从平壤继续北犯，一路从辽东半岛登陆。11月初，大连、旅顺先后失陷。李鸿章经营16年的旅顺军港，前后费银数千万两，船坞、炮台、军储号称"北洋精华"，此时却全然送给了日本强盗。日军在旅顺杀人无度，全市只留36人掩埋同胞尸体，其野蛮暴行，令人发指。

日军在攻占了旅顺口北洋海军基地之后，侵略野心更加膨胀，准备扩大侵略，完成大本营的预定目标——进军山海关，直逼直隶平原，寻求清军主力决战，威胁京、津，迫使清政府完全投降。但是，这一设想被伊藤首相给否了。伊藤担心，日军如果这时在直隶作战成功或占领北京，大清国将是满朝震惊，暴民四起，土崩瓦解而陷入无政府状态，引起中外舆论纷纷，招致各国联合干涉的局势。要是清政权瓦解了，日本想和谈也失去了对手，在政治策略上反而不利。同时，冬季作战实非易事，首先是渤海湾结冰运输困难。所以，伊藤把下一个军事目标选在山东和台湾。

为此，日本大本营制订了一个新的扩大侵略的作战计划——"山东半岛作战计划"，企图进攻山东半岛，占领威海卫，封锁直隶湾，消灭北洋海军。

威海湾，形如月牙，背靠威海卫城，面对大海。海湾南北两帮，伸向大海，犹如两臂，环抱着湾内的刘公岛和黄岛、日岛等小岛。北洋舰队提督丁汝昌的衙门就设在刘公岛上。在两帮和海岛上，设有多座炮台，安置着各种口径的大炮。日军因为威海港从正面难以突破，所以准备绕过成山角，在荣成湾登陆，占领威海，先夺炮台，然后水陆夹击北洋舰队。

公元1894年12月下旬，为了给侵华陆军护航，联合舰队司令伊东祐亨派一艘军舰，到山东半岛荣成湾一带侦察登陆地点。

荣成湾，是山东半岛成山角西南方的一个海湾，西距威海卫67公里，湾口宽阔，能避强烈的西北风；湾为泥底，适于受锚；北岸有长约1000多米的沙地，汽艇可驶到离岸3米处，舢板可直接靠岸；沿岸丘陵起伏，适于掩护陆军上岸。公元1895年1月18日，伊东祐亨派出"吉野""秋津洲""浪速"3艘巡洋舰，到登州游弋，并开炮进行火力侦察，制造日军准备进攻登州的假象，掩护日军在荣成湾登陆。同时，派"高千穗"号舰到威海卫港外，监视北洋舰队行动。

联合舰队主力护送第一批运送船19艘，满载第二师团1.5万人，20日由大连到达荣成湾。几天后，日本指挥官大山岩在荣成设立山东作战军司令部，开始准备向威海卫进犯。

日军在荣成湾登陆，准备进犯威海卫的消息，清政府虽没有获得准确情报，但已有所闻，即电告北洋大臣李鸿章和山东巡抚李秉衡，要求"饬令各军加意严防"。

刚接任山东巡抚不久的李秉衡，积极备防，训练防营，兵力达3万多人。而此时的李鸿章又犯了老毛病，再次采取消极防御政策。经过黄海海战，北洋舰队虽然损失了5艘军舰，但是其主力还在。但李鸿章仍坚持"避战保船"的方针，命令北洋舰队不许出战。李鸿章急电丁汝昌，不许他离开威海一步，并威胁说，如果丁汝昌违令出战，即便打胜了，也要治罪。

在李鸿章的严令下，丁汝昌不敢主动迎敌，但他毫不松懈，仍在积极地准备，等待着最后决战的到来。他下令在刘公岛上储备了大量的粮草，让人把舰队各种机要文件送往烟台，以防万一。

这时，丁汝昌收到了伊东祐亨的劝降信。信中大谈两人的"友谊"，并许以高官厚禄，劝丁汝昌投降。丁汝昌读后非常愤慨，表示决不放弃报国大义，只有以死来尽职。为表明以身许国的不移志向，他让人把劝降书送给李鸿章。

在劝降不成的情况下，伊东祐亨出击了。他命令日军从海上连续两天炮击登州，造成要从登州登陆的假象。而日军主力却在大山岩指挥下，于1月25日从荣成出发，分南北两路向威海卫进犯。

这时，坐镇烟台指挥山东防务的李秉衡，被日军的佯动所迷惑，只派孙万林部等少数军队前往迎战，而把主力留在了威海、宁海、文登一带。

当天晚上，日军先头部队到达距威海卫25公里的白马河东岸。驻守在河西岸的孙万林军趁日军还没有站稳脚跟，指挥部队迅速发起攻击，激战两小时，歼敌100多人，清军只伤亡2人。可是，后来因为阎得胜破坏作战计划，刘树德也找借口率军西去，只剩孙万林孤军作战。不久，日军大部队赶到，孙万林部寡不敌众，不得不撤出阵地退走。

白马河前哨战，是日军入侵山东半岛后遭受的第一次打击。这次战斗虽然只是清军的一次小胜，但它创造了中日甲午战争中以少胜多的战例，表明中国军队只要有正确的指挥，是可以打败日本侵略者的。

白马河战役后，日军长驱直入，继续西犯。1月29日，日军第二师团占领温泉汤，第六师团占领九家疃，开始对威海卫南帮炮台后路形成包围。

1月30日拂晓，日军首先进攻威海卫南岸的制高点摩天岭。守卫在这里的清军只有一个营，在营官周家恩指挥下，官兵奋起抵抗，双方展开了激烈的争夺战。港内北洋舰队的"定远"号、"镇远"号、"来远"号等舰也开到南岸，前来助战。日军也乱放山炮应战。进攻的日军，踩中清军预先埋设的地雷，死伤枕藉。

日军继续猛扑，守军虽顽强抵抗，但因兵力太少，一营人全部壮烈牺牲。日军虽然占领了摩天岭，但也付出了重大伤亡的代价。

日军占领摩天岭炮台后，左翼司令官陆军少将大寺安纯挟持众人蜂拥而上，并让日本记者拍照留念。丁汝昌乘"来远"号舰驶近岸边，一阵排炮轰击，当场击毙大寺等多人。

此后，日军便用炮台的大炮掩护右翼队，向杨枫岭进攻。杨枫岭守军一营，在副将陈万清指挥下，抗击数倍于己的敌人，激战3小时，打退了日军多次冲锋。日军冲不上去，就集中炮火疯狂轰击。炮台周围的树木被击中起火，弹药库也被击中，炮台上烈焰升腾，守军伤亡过半，被迫撤退，杨枫岭炮台落入日军手中。

日军左翼队也向南帮陆路炮台南侧的虎山发起进攻，企图一举攻克虎山，再向北推进，切断南帮炮台清军退路，配合右翼队实行南北夹击。驻守虎山的两营清军奋勇杀敌，炮兵也配合轰击，使日军伤亡惨重。后来，清军指挥官刘树德贪生怕死，弃军逃跑而自行溃散，虎山失陷。

日军向北推进到凤林集，切断了由南帮炮台撤下来的七八百名清军的退路。在这紧急关头，丁汝昌亲自指挥"靖远""镇南"等4艘炮舰，驶到南岸杨家滩附近，用排炮向日军轰击，日军仓皇逃走。被围清军在陈万清率领下突围。

攻下南帮陆路炮台后，日本又立即进攻龙庙嘴炮台，守卫炮台的40名清军奋勇抵抗，终因寡不敌众，全部壮烈牺牲。

日军占领龙庙嘴炮台后，立即利用炮台上的大炮向鹿角嘴炮台轰击，炮台外的长墙被炮火摧毁，日军从缺口蜂拥而上。炮台守军没有近射武器，无法抵抗，炮台被攻占。日军又利用从杨枫岭、龙庙嘴、鹿角嘴等炮台上夺取的清军大炮，轮番猛轰皂埠嘴炮台。

皂埠嘴炮台，是所有炮台中火力最强的，而且炮台就在岸边，一旦丢失，会直接对港内舰队形成威胁。丁汝昌早就考虑到这一点，事先派敢死队埋伏在台下，以备万一。日军真的攻陷了皂埠嘴炮台，就在他们一拥而上的时候，敢死队引爆炸药后迅速撤离。随着一声巨响，炮台坍塌大半，5门大炮炸毁4门。登上炮台的侵略者被炸死多人。

同一天，日军第二师团进攻凤林集，被北洋舰队的排炮轰退。

2月1日，日军慑于北洋舰队的炮火威力，不敢沿海岸线进攻威海卫城，而采取从西路迂回的战术。第二天，日军探知威海卫城内清军已全部撤退，便派兵占领了该城，并分兵进攻北帮炮台。由于守将戴宗骞贪生怕死，6营守军先后解散或溃散，丁汝昌只好下令炸毁药库。日军不战而占领了北帮炮台。

威海卫南北海岸炮台既失，日军从水陆两路，全力进攻刘公岛、日岛炮台和港内的北洋舰队。海上以全部12艘战舰列阵包围，并以鱼雷艇进行偷袭；陆上则利用所夺取的炮台发炮夹击。

面对日军的海陆夹击，北洋舰队和刘公岛、日岛守军，在丁汝昌的率领下，奋勇抵抗。双方炮战异常激烈，巨弹交发，猛响如百雷。双方炮战终日，日舰始终未能靠近港口。

伊东祐亨决定进行鱼雷艇夜袭，击沉北洋舰队的"定远"号、"来远"号、"威远"号等舰，削弱了北洋舰队的实力。

两天后，日舰以单纵阵向刘公岛、日岛发动进攻。岛上守军奋勇还击。这一天，守军苦战终日，虽然打退了日舰的进攻，却被迫放弃了日岛炮台，损失了全部鱼雷艇，形势更加严峻。2月8日夜，日舰偷袭刘公岛东口，用炸药爆炸防材，使东口藩篱尽撤，门户洞开。

这时，山东巡抚李秉衡已远逃莱州，在日军围攻日急，援军绝望，军心不稳的情况下，丁汝昌等先后服药自杀。12日，一群贪生怕死之徒，盗用丁汝昌名义致书向日本乞降。

2月17日上午，日军正式占领威海卫，将北洋舰队仅存的10艘舰艇以及刘公岛炮台和军资器械等全部俘获，插上日本旗。北洋舰队全军覆没，山东半岛之战结束。

山东半岛之战的失败，使京畿完全暴露在日军的刀锋下，直隶平原无险可守。同时，对清军的士气和清朝统治集团的心理影响也是巨大的。两个月后,李鸿章代表清政府,在光绪皇帝授权下,与日本谈判代表,在马关的春帆楼签下了卖国的《马关条约》,日本不仅割占中国富庶的台湾诸岛,更强索银款2亿千余万两,这笔巨款相当于中国3年的收入,日本年财政收入8000万日元的4倍有余。日本靠此不义之财,完成了资本原始积累,成为世界强国。

甲午战争对中国社会的震撼力,远远超过了以往的历次战争。过去,我们总是说武器不如人,所以失败;而中日战争,我们的武器并不比日本差多少,可是却战无不败,失地丧师。从此,中国人开始从人和政治的方面寻找失败的原因。可以说,中国人的近代意识和国民意识,正是在甲午战争以后苏醒和迸发出来的。

105. 撒豆成兵

——罗荣光死保大沽

中日甲午战争后,各帝国主义相继疯狂侵略与瓜分中国,一个个"租借地"在中国沿海兴起,成为帝国主义的"国中之国",欺压中国人民的"乐园"。为反对帝国主义的疯狂侵略和腐败至极的清政府,公元1898年,山东等地的农民以祭神的方式,发起反帝爱国的义和团运动,打出旗号自称扶清灭洋、替天行道,或天兵天将、保清灭洋,表达了扶助清朝,保卫中华,反对帝国主义瓜分中国的爱国情绪,所以深得黎民百姓的拥护,很快席卷华北大地,短短数月,中国北部7省遍地可见团勇,声势颇为浩大,震撼中外。帝国主义惊呼:"从黄河到长城内外的广大地区,将成为一片暴乱的火海"。

消息传到清宫里,慈禧太后坐立不安,与洋人的仗还没有打完,这边又闹起了什么义和团,一时竟不知道如何对付。这时,协办大学士刚毅上奏说:如今义和团活动非常广泛,山东、直隶一带遍地都是。义和团个个武艺高强,如果我们派兵镇压,要花费很大力量,得不偿失。不如我们利用义和团仇恨洋人的心理,去对付洋人。这样,既教训了洋人,又可以消耗掉义和团的力量。

明眼人一看,就知这是一个坐山观虎斗、渔翁得利的主意,是一个阴险的两面策略。刚毅是清廷内阁成员、全国最高行政长官之一。他在巡察各地时,亲眼见到洋人把持的教会任意欺压中国百姓,而且教会也经常不把他这个协办大学士放在眼里。他听说义和团毁烧教堂、杀洋人,勇猛无敌,洋人们都惧怕他们几分。

慈禧听后大喜，当即吩咐刚毅差办此事。刚毅于是向各地发布命令，承认义和团合法，禁止镇压义和团。义和团的武器和给养全由清廷供给，团民们与清军共同防守城门，日巡街，夜查户口。

这样一来，义和团就像雨后春笋一般，迅速发展起来。山东、直隶的各县各村，到处是"神坛""拳厂"。公元1900年春天，义和团开始进入清政府的心脏京津地区。北京、天津城里，义和团到处设坛，张贴告示，上写着："练习义和拳，保护中原，驱逐洋寇，以免生灵涂炭"，"神道相助，刀枪不入"。义和团以"扶清灭洋"的旗号来吸引清兵参加进来。

帝国主义列强面对义和团的反帝怒火，即以出兵"平乱"胁迫清政府，限令清政府"剿除"义和团，不然就派出水陆各军代为"剿平"。

帝国主义列强对中国早已垂涎三尺，他们积极搜集直隶、京津地区的军事情报，并大量调兵来华，他们装备有当时世界上比较精良的步机枪和火炮，积极进行发动侵略战争的准备。现在，他们自以为这是入侵中国的好机会，便采取联合行动，以"保护使馆"的名义，陆续派兵上千余人进入北京，镇压义和团。

洋人派兵进京的消息传到京津铁路沿线，各村庄头扎红布的义和团立即行动起来，拆毁路轨、桥梁，锯掉沿途电线杆，割断电话线，使京津间铁路和电讯完全断绝。

6月9日晚，八国列强拼凑了一支2000多人的联军特种部队，在英国海军中将西摩尔率领下，分乘炮艇和鱼雷驱逐舰而上。10日凌晨，各国军舰云集大沽，侵略军大批登陆上岸，然后抢占火车，开进天津租界，准备向北京进犯。

从天津到北京，坐火车只需几小时。侵略军从天津出发时，气焰十分嚣张，满以为用不了几小时，就可以走完这段路程，顺利地开进北京城，因此只带了三天口粮。但在各地义和团的英勇狙击下，侵略军的火车穷于应战，走了好几天，才爬到廊坊。

6月11日晚，八国联军刚到廊坊，喘息未定，就受到几百名义和团的进攻。义和团员手拿大刀、长矛冲上前去，对侵略军进行猛烈进攻，经过激烈的肉搏战，侵略军伤亡累累，最后龟缩在车站和车厢里，凭借洋枪洋炮进行顽抗。义和团拉来土炮，进行猛烈还击，侵略者死伤数百人。

侵略者前进无路，寸步难移，企图派军返回天津，搬运给养，可是铁轨被义和团拆毁，陷入进退两难的困境。

几天后，义和团在董福祥军的协助下，再次向廊坊车站的联军发动猛烈进攻。董军开枪射击，吸引住敌人的火力，义和团民趁势冲杀，跟敌人展开白刃战。激战两个小时，歼敌50余人。

西摩尔联军真是上天无路，入地无门，只好返回天津。可是，铁路已被义和团拆毁，只能沿北运河退回。在退却途中，八国联军还不断受到义和团的拦阻和袭击。被打得焦头烂额的侵略军，白天不敢走动，深夜偷偷逃命，直到6月26日才败回天津"租界"。

这就是著名的"廊坊大捷"。

英国驻天津领事贾礼士没想到用大炮、机关枪等新式武器装备起来的联军，却被只有大刀、长矛等旧式武器的义和团打得溃不成军，便质问西摩尔："中国人的武器远不如你们，为何一败至此？"

西摩尔心有余悸地说："看来是我低估了中国人的力量。原想只要一小队军队，就可以在整个中国长驱直入，没想到今天我欧洲人在亚洲人面前丢尽脸面，要是义和团使用的都是西式枪炮，那么我所率的联军必全军覆灭。"

帝国列强一见西摩尔战败，慌忙又调集大批侵略军进入天津，驻扎在紫竹林租界，还配备了24艘军舰。列强的海军头目们还密谋夺取大沽炮台，控制津沽通道，并派数百日军登陆。

大沽是天津的门户。为了防敌侵略，清政府在大沽建了4座炮台，安设克虏伯、阿姆斯特朗式和国内仿制的西式火炮170多门。驻守大沽炮台的清军有淮军3000人和1个水雷营，另有北洋海军多艘军舰。

5月底，为了阻止列强北上，大沽守军准备增兵驻守火车站，控制大沽至天津的铁路交通，并在白河口布设水雷，控制外国舰船出入。列国间谍人员窃取了这一情报，立即布兵，纠集了1400余人，10艘舰艇，准备从水陆两路攻取大沽。

6月16日，各国海军头目又开会精心策划，并令已在白河内的各舰驶泊各自的作战位置。当晚8时，各国海军头目联合向大沽炮台守将、天津镇总兵罗荣光发出最后通牒，蛮横地宣称，中国军队守卫大沽炮台，"于我西人代平匪乱一事，实有不便"，要求"暂借"炮台，限定清军在17日深夜两点交出炮台，否则将用武力夺取。为了向清政府施压，驻天津各国领事也将同样内容的通牒递交裕禄。罗荣光义正词严地拒绝了侵略者的无理要求，并立即传令各炮台，准备战斗。

当晚，俄、英、德等国的小分队相继登陆，配合日军小分队完成了占领塘沽车站和包抄、进攻炮台的准备。

6月17日零时50分，离通牒时间还有1个多小时，八国联军10余艘兵舰，便在俄国海军中将基利杰勃兰特指挥下，悍然从海面和炮台后侧同时向大沽南北两岸炮台发起猛攻。罗荣光率领守卫炮台官兵英勇抵抗，开炮还击。鏖战持续了6个小时，清军共击沉击伤敌舰6艘，打死打伤敌军130多人。后因弹药库被敌炮击中，守军弹药不继，又无援军，处境极为不利。

这时，陆上的敌军又乘势猛攻炮台，使守军腹背受敌，伤亡很重。清晨5时，日军猛烈炮击北岸西炮台，攻占第一炮台；一个小时后，联军未遭抵抗便占据了北炮台。随后，陆路联军从北炮台协同军舰，向南炮台猛烈轰击。同时，联军一部由北炮台附近渡过白河，从侧后抄袭南炮台。南炮台守军腹背受敌，弹药库又中弹起火，被迫撤退，各炮台全被敌军攻占，大沽失陷。罗荣光退到天津，后服毒自杀。

清军大沽保卫战，在当时是一场毫无希望获胜的战争，但罗荣光为首的大沽军民，视死如归，浴血奋战，他们所表现的不屈不挠的民族精神将千古流传。

空前野蛮的八国联军侵华战争就这样爆发了！

106. 津门硝烟

——天津保卫战

八国联军攻占大沽后，控制了大沽口和火车站，其后续部队即由此大批登陆，大规模向北京的门户天津进犯。

大沽保卫战刚结束，天津保卫战又打响了。

早在公元1900年6月15日，天津的义和团激于义愤，焚烧马家口和三岔河口望海楼等地的教堂。联军开枪镇压，义和团奋起还击。沙俄侵略军占领了老龙头火车站（今天津站）。联军攻占大沽的消息传到天津，义愤填膺的义和团和聂士成率所属清军向老龙头火车站和紫竹林租界的联军发动袭击，大批义和团也出动英勇还击。

天津附近各县的义和团民闻讯，纷纷赶来增援。原在静海县的义和团首领曹福田也率部杀入天津。在天津的义和团兵力，一下子增加到近3万人。

曹福田本是清军中的一个小兵，后来因不满清军对外投降、对内欺压百姓而离开了部队。公元1900年5月，他来到天津，凭着一身好武艺，开设坛厂，组织了一支六七千人的义和团队伍。

曹福田率大队义和团民一到天津，就径直前往总督衙门去找裕禄。裕禄不但恭恭敬敬地接见他，还答应派官兵配合作战，并给令箭一支，准许曹福田调用军队。

6月17日清晨，天津紫竹林租界枪炮齐鸣，喊杀声震天，义和团围攻租界的战斗打响了。他们高举红灯和火把，手持大刀长矛，从四面八方围拢过去。

紫竹林租界在天津城东南、海河北岸,北岸隔河紧靠老龙头火车站,原本是个景色美丽、环境优雅的好地方。可是,从自第二次鸦片战争以后,就被帝国主义列强强行霸占了,成为法、英、美、德、日等国的租界。他们在那里建教堂、盖洋房,驱逐中国人,还到处挂出"华人与狗不得入内"的牌子,以污辱中国人。当地的百姓恨透了这里的洋人。

义和团将紫竹林租界围了个水泄不通,随即加紧轮番攻打。列国领事馆都已调派了大批军队防守,义和团民凭大刀赤膊怎么打也攻不进去,伤亡越来越大,这时,海河对岸天津武备学堂的学生乘洋人不备,架炮轰击紫竹林租界。飞来的炮弹在紫竹林租界开了花,那些屋顶尖尖的教堂随着炮弹的爆炸声一座座倒塌下来。下午,英、德两国调来军队扑向武备学堂。武备学堂的学生们奋勇反击,他们隐蔽在房子里,从四面八方射击敌人,火力十分猛烈。联军部队始终没能攻入学堂,竟气急败坏地放火烧房,学堂内的军火爆炸,几十名学生壮烈牺牲。

侵略军的罪行,引起义和团和天津军民的极大愤慨。当晚,从大沽登陆的侵略军乘火车开往天津,同守护天津站的清军交火。曹福田闻讯,即率领大队团民前往救援。

守护在车站内的是2000名俄军,他们占据有利地形,构筑了坚固的工事。曹福田一到,就下令包围了车站,向俄军发动猛攻。他亲临前线,组织团民与官兵合力反攻。为配合作战,义和团还在三岔河、黑炮台等地架起大炮,猛轰车站。一时间,枪炮声、喊杀声连成一片,俄军被打得仓皇逃走。一直战斗到深夜,打死打伤敌军500多人,迫使敌军向租界转移。清军夺回了车站以北全部据点。

就在这个时候,发生了一件让义和团意外的"惊喜"之事。原来,慈禧太后得到一份密报,说洋人进京将要勒令太后把军政大权交给光绪帝。慈禧一听,悲愤异常,火冒三丈,一直惧怕被帝国主义抛弃的她,不再查问虚实，决心孤注一掷，为保持顽固派集团的统治权力，决心利用义和团，向洋人宣战，以泄洋人逼迫愤恨。

可是，光绪帝不同意与列强动武。他想到，甲午新败，清军受到重创；咸丰年间，仅英、法两国联军即攻天津，陷北京，京津繁华街市铺全部被洗劫，皇宫圆明园亦遭焚毁。这次又要同在华11国的军队开战，诸国之强，十倍于日本，他们联合起来侵略我国，我们怎么能抵抗住呢？

慈禧见光绪帝力主不与洋人作战，断定光绪帝是想勾结洋人强迫自己归政，夺回主政大权，便召集群臣，哭闹着叫嚷："我为江山社稷，不得已而宣战。如果开战之后，江山社稷还是保不住，诸公今天都在，一定知道我的一片苦心，不要怪我一个人，说是皇太后葬送了祖宗三百年的天下。"

当即，慈禧太后宣旨，着军机大臣荣禄加紧备战；各省督抚派兵星夜驰赴京师，听候调用。接着，清廷发布了宣战上谕，说："讵三十年来（外国）恃我国仁厚，一意附循，乃益肆鸱张，欺凌我国家，侵犯我土地，蹂躏我人民，勒索我财物，朝廷稍加迁就，彼等负其凶横，日甚一日，无所不至，小则欺压平民，大则侮慢神圣，我国赤子，仇怨郁结，人人欲得而甘心，此义勇焚烧教堂，屠杀教民所由来也。"

"朕今涕泣以告先庙，慷慨以誓师徒，与其苟且图存，贻羞万古，孰若大张挞伐，一决雌雄。"

这篇上谕文辞，听起来颇有些慷慨激昂之气，但骨子里发泄的却是慈禧痛恨洋人要其"归政"的私怨。后来考证，所谓"归政"一事，都是端郡王载漪等为激怒慈禧，伪造了一份所谓"各国照会"，其中"太后归政"一条，对慈禧决定宣战起了关键作用。慈禧对这场战争的真实态度，在她日后的自白中暴露出来。她说："依我想起来，还算是有主意的。我本来是执定不同洋人破脸的；中间一段时期，因洋人欺负得太狠了，也不免有些动气。但虽是没阻拦他们，始终总没有叫他们十分尽意地胡闹。火气一过，我也就回转头来，处处都留着余地，我若是真正由他们尽意地闹，难道一个使馆有打不下来的道理。"

宣战后，慈禧太后肉麻地称义和团为"义民"，下令发放米1万石，银10万两给北京的义和团，打着对联军作战的旗号，加紧欺骗和控制义和团。

清廷向八国联军宣战的消息，鼓舞着义和团。静海县独流镇义和团在首领张德成的带领下，于6月底进入天津。这支部队拥有兵马5000，号称"天下第一团"。张德成40岁出头，是直隶新城县赵张村人，本是在海河上靠撑船为生的船夫。后来由于帝国列强在天津附近修建铁路，霸占码头，张德成就没有了生计。他痛恨洋人，为生活就在天津郊区独流镇组织义和团，不久就发展到两万多人，号称"义和神拳天下第一坛"。这次是与曹福田商量好，联合攻打租界的。

7月5日，裕禄邀集曹福田与张德成，以及聂士成、马玉昆一起开会，共同商讨反攻八国联军的计划。这时，参加战斗的清军达2.4万多人，义和团5万多人，各种民众武装1万多人，中方参战兵力达8万之多。

经过商讨，决定由义和团担任天津城防任务，并扼守东门外接近紫竹林租界一带；浙江提督马玉昆部进驻老龙头火车站，以防备敌军偷袭，并控制紫竹林租界的西北要道，切断天津租界与大沽的联系；聂士成部驻扎南门外海光寺一带，以阻止敌人窜扰南门，并威胁紫竹林租界背后。这是一个完整的作战方案，形成了对紫竹林租界三面包抄的态势。

老龙头火车站位于租界西北，地势重要，既是联军由大沽向津、京增兵的枢纽，也是租界与外界联系的要地。如果抢占了老龙头车站，也就切断了租界的兵力、粮食供应的生命线，租界内的洋人就会不战自败了。

可是，马玉昆害怕，不敢前进，将这个战略要地拱手送给了侵略者，有俄军1700人盘踞在这里，其沦于敌手后，成为联军钳制、威胁天津的基地。

为夺下老龙头火车站，曹福田挑选出一支500人的突击队，为避免白天冲杀伤亡过重，决定夜袭火车站。清军水师营副将黄星海亲自携带大炮赶来助战。

7月5日夜深人静的时候，义和团在水师营炮火的掩护下，突袭火车站。团民们奋勇杀敌，毙伤许多敌人。敌军招架不住，便抱头逃回租界。曹福田收复了老龙头火车站，并控制了紫竹林租界的西北交通要道。

当争夺老龙头车站的战斗还在激烈地进行时，由张德成率领的义和团从马家口向紫竹林租界发起进攻。

当天，军事会议一结束，张德成就率领"天下第一团"几千人进驻马家口，直捣租界腹地。夜间，张德成得到情报说，敌军准备偷袭马家口。他决定将计就计，在联军经过的途中埋下伏兵，伏击了偷袭之敌，歼敌大部，首战告捷。

第二天，张德成率部乘胜向租界发动进攻。由于联军使用的都是先进的洋枪、洋炮，而且在租界周围布满了地雷；而义和团团兵大多使用大刀长矛，还有的用镐头铁锹，武器很落后。义和团战士们个个勇猛顽强，高喊着"刀枪不入，杀尽洋人"，一批批地向上冲，但都倒在了联军罪恶的子弹下。义和团接连冲锋了十几次，都没能成功。

这时，红灯照义和团的黄莲圣母，叫人找来50多头凶猛彪悍的公牛，又让义和团战士们在牛角上绑上锋利的匕首，牛尾上挂满一串串的大爆竹。张德成一看，不禁拍手叫绝："大摆公牛阵，这下准叫鬼子吃不消！"说完，立即下令点燃牛尾巴上的爆竹。爆竹一响，50头公牛一下都惊了，拼命地向租界方向冲去。租界周围的地雷，被公牛踩响，大批的联军士兵被牛踩死或被牛角上的尖刀刺死，联军的弹药库也被牛尾巴上的爆竹点燃，爆炸升天。联军一下子乱了阵脚，义和团乘势冲入租界，占领了许多地方，把敌人重重设防、层层布阵的巢穴深处搅了个天翻地覆。

与此同时，曹福田也亲率所部义和团由老龙头火车站向新浮桥发起猛攻，压迫敌人的右侧防线；聂士成部则越过南郊八里台，迂回到小营门附近，向租界背后开炮猛轰；巾帼英雄"红灯照"更是全体出动，日夜奔走在战斗第一线，送水送饭，抢救伤员。保卫天津的战斗，就在义和团的冲杀声中进入了最高潮。

由于清军让武器装备简陋的义和团打头阵，义和团伤亡很大，使天津抗击联军的力量日渐削弱。相反，联军却从大沽源源不断地涌入租界。

7月9日一大早，八国联军6000多人从租界出发，向天津城南发起总攻。日本侵略军司令福岛率领2000名日军担任主攻。敌人兵分两路，直扑聂士成军阵地。

日本骑兵沿卫津河进攻八里台。八国联军的主力直扑小营门、马场道一带。清军抵挡不住，便沿马场道一直退到八里台。八国联军狂追不舍。

八里台，是天津西南的屏障。聂士成得知敌人进攻八里台，连夜从海光寺机械局赶到八里台，重新组织兵力，准备坚守八里台。这时，八国联军的大队人马开始进攻八里台，日本骑兵也迂回到聂士成军背后，对聂军形成包围圈，只见枪炮如雨，阵地上弹片迸飞，浓烟翻滚，爆炸声震耳欲聋。

聂士成率部沉着应战，他身先士卒，冲锋在前。突然间，他两腿被枪弹打伤，血流如注，仍忍痛骑马持刀，指挥战斗。部下见聂士成中弹负伤，劝他退后休息，聂士成一把将他推开，大声对众将士说："这是我战死之地，后退一步非丈夫！"说着，奋臂驱马，挥刀勇劈敌人。这时，一颗炮弹在聂士成身边炸开，聂士成的小腹被炸穿，肠出数寸。聂士成毫不退缩，继续指挥队伍前进。见主帅如此英勇顽强，将士们勇猛冲杀，一排排仇恨的子弹射向敌人，打退了敌人一次又一次的进攻。敌人发疯了，拼命向八里台倾泻炮弹，阵地淹没在浓烟中。突然，"嗒嗒……"一阵弹雨射向聂士成，他身上多处中弹。只见他顽强地挺起身子，举起战刀，忍着剧痛督军苦战。最后，一罪恶的子弹击中聂士成的胸膛，这位抗敌英雄英勇牺牲。聂士成的牺牲使清军失去了指挥。

就在这时，慈禧任命两广总督李鸿章为直隶总督、北洋大臣，畏敌如虎的宋庆为帮办北洋军务大臣，准备向列国投降，媚外求和。

在李鸿章、宋庆的指挥下，防御天津的力量急剧衰退。而八国联军的兵力不断增加。7月12日，八国联军各路援兵1万多人全部到齐。13日晨，八国联军兵分两路向天津城发动总攻。一路由俄、德为主的5000人，进攻东城和东北角三岔河阵地；一路以日、美、英为主的5000人，进攻南门。其余的2000多人驻扎租界和火车站，作为后援。

在即将决战的紧急关头，直隶总督裕禄和守卫天津城的清军提督宋庆、马玉昆等却率部逃跑。仅有装备简陋的练军、水师营和新招募的芦台团练，总数几千人守卫天津。义和团由于连日伤亡及宋庆的屠杀摧残，也只剩下1万人。在这极端危急的情况下，义和团和清军部分爱国官兵怀着保卫祖国的决心，同侵略者进行了英勇的搏斗，特别是在南门一带，义和团坚守城头，英勇机智地射击敌人，使日、美等国侵略军遭到惨重损失。

正在双方鏖战之时，北京耶稣教派往天津递送情报的汉奸郑殿芳，将天津南面一段城墙曾经倒塌过的详情密告日军。14日晨，日军伪装成团民模样混到墙根，炸开那段城墙，侵略军蜂拥而入，攻占了南门，抢先进入天津城。

紧接着，各国联军蜂拥跟进，清军、义和团与之展开了巷战。练军守备宋春华率众舍死相拼，全部战死在城垣上。张德成、曹福田、杨寿臣等义和团团首在与敌格斗中，身负重伤，不久气绝而死。

各国联军也付出了死伤750多人的代价。这时，坚守在东北角一带的义和团和部分爱国官兵，在歼灭沙俄侵略军200多人后，被迫撤离。联军攻陷天津后，即在市中心鼓楼架起大炮，对准拥向北门的逃难市民轰击，肆意屠杀，原有百万人的天津城，三天之内只剩下不到10万人。

107. 破碎山河

——抗击八国联军的北京之战

天津失陷的消息很快传到北京,慈禧太后吓坏了,她又听说所谓洋人要慈禧归政的照会是端王载漪伪造的,更是震怒,大骂他包藏祸心,下令从天津撤离的部队在北仓、杨村一线设防,同时调派部队增援北京。

北京是清王朝统治的心脏,也是帝国主义列强侵华势力的所垂涎的主要目标。义和团的英雄们在这里展开了气壮山河的反帝爱国斗争,许多大街小巷留下了他们的战斗足迹,洒下了他们的泪水和鲜血。

帝国主义列强攻占塘沽、天津后,又纠集新的部队进攻义和团。

8月2日,八国联军拼凑了4万兵力,正式成立了联军司令部,由德国元帅瓦德西担任联军总司令,准备最后夺取北京城。

八国联军攻陷天津,略作休息后,便于8月4日向北京进犯。两万大军分作两路,自天津沿运河两岸浩浩荡荡北上。

听说联军向北京打来,慈禧太后恐慌不已。她把防护京城之事委托给荣禄等军机大臣,自己想借出巡名义避战,同时又电催在上海的两广总督李鸿章,要他尽快北上与列强议和。

5日凌晨,联军到达北仓,聂士成军余部起而抵抗,他们怀着为主将报仇的心情,打得非常顽强。一时间大炮轰鸣,弹如雨下,使联军锋头受挫,不得不稍稍后退。附近的义和团民数千人,也闻讯赶来参战。这一仗,义和团和聂军官兵,共打死打伤联军数百名。

由于驻扎在这里的马玉昆部，枪声刚响便仓皇逃往武清县，聂军势单力薄，弹药用尽，只好撤退。联军终于攻陷北仓防线，并继续向北进犯。

8月6日清晨，侵略者打到杨村，直隶总督裕禄和宋庆率部勉强应战。由于兵将全无斗志，清军大败。裕禄逃到南蔡村后，自杀死了。宋庆率部与马玉昆一起逃往通州方向。杨村被联军攻占。

面对联军大举北进，清军前敌各路将领大多畏敌如虎，告急文书雪片般飞向紫禁城。荣禄急忙与其他军机大臣向慈禧太后请旨，请求各省派兵驰援。

这时，巡阅长江水师大臣李秉衡自告奋勇赴前线杀敌，清政府立即任命他为帮办武卫军务大臣，统率"勤王师"张春华、陈泽霖、万本华、夏辛酉各军1.5万人，抵达河西务，准备迎战八国联军。慈禧太后也把赌注押在李秉衡身上，幻想李秉衡能挽回败局。

开始，八国联军抵达河西务的先头部队毫无准备，措手不及，气势受挫。不久，联军后续部队陆续到达，向李秉衡部发起进攻。

这时，四支勤王军见前方的宋、马军大败而逃，军心已经动摇，都在做各自逃命的准备，根本不听号令，所以无法节制和指挥他们。战斗打响后，张春发部稍战即退南苑，陈泽霖部也大部溃逃。李秉衡率部与联军相持一昼夜。李秉衡军粮食吃光了，弹药打完了，也没有把侵略者打败，不得不突围败走马头，再退至通州的张家湾。李秉衡目睹数万清军不战而溃，又无法阻止，愧愤交加，觉得无颜见江东父老，第二天就吞金自杀死了。

北京城局势万分危急。8月12日清晨，八国联军进逼通州。退守通州的宋庆望风而逃，京城门户洞开。

8天之内，不足两万人的侵略军竟然连续攻占了数万清军防守的北仓、杨村、河西务、通州等战略要地，直接威胁北京。

八国联军西进，一路上竟看不见一个清军的人影，也没有义和团阻挡。

所以两万大军列队而行，于8月13日直抵北京城下，并在城下扎营。

这时，联军约定14日休整一天，15日再会攻北京城。可是，俄军想抢攻陷北京城的"首功"，提前进攻北京东便门。此时，清军七八万人齐集北京，全部城防由军机大臣荣禄负责，与几位大学士共商大事，实际上没有统一的指挥。

攻打东便门的俄军因为途中没有遇到任何抵抗，认为可以轻取城门，遂立即攻城，可是守城清军和城内义和团猛烈抵抗。经过激烈战斗，第二天深夜两点，俄军在日军的协助下，才攻占了东便门。接着，俄军又向建国门进攻，遭到董福祥军的猛烈抵抗，俄军大量伤亡，死伤无数。一直打到傍晚，俄军才攻入内城。

日军司令官山口素臣见俄军已发起进攻，非常眼红，立即调动部队于14日晨进攻齐化门（今朝阳门）。他亲临前线，指挥日军出动敢死队冲到城门下埋炸药。守城的清军奋起抵抗。这一仗从清晨一直打到黄昏，最后守城清军因弹药用尽，不得不撤退，日军才占领了齐化门。与此同时，英、法、美各军也相继进攻北京。英军乘虚攻破广渠门，抄小道进入东交民巷使馆区，抢先攻入北京内城。法、美侵略军于14日晚攻入城区。清军大多溃逃，但仍有部分爱国官兵和义和团坚守不退。他们筑街垒，设障碍，有力地阻击了侵略军，同八国联军展开激烈的巷战达两天之久。

率领武卫军防守内城的荣禄，见联军已攻破东南几处城门，再也无心守城。城中数万清军见城门已破，顿时作鸟兽散，从西、北两门蜂拥逃出城外，荣禄令督战队开枪也阻止不住。而紫禁城里的慈禧老太太一看大事不好，急忙让李鸿章出城求和，并送去西瓜、冰块给联军消暑。但是，联军拒绝了慈禧的乞和请求，向北京发动了更为猛烈的进攻，8月15日晨，八国联军攻入皇城东华门。

慈禧太后闻讯惊骇至极，急忙挟持光绪皇帝、皇后，同载澜、太监李连英、大阿哥等王公大臣，仓皇出西华门和德胜门，转经西直门、颐和园、居庸关，逃出北京。尔后，一路狂奔，经怀来、宣化、大同到太原，最后逃亡到西安。

慈禧太后在逃亡中，一面命令在上海的李鸿章迅速北上，授予他卖国全权，并加派庆亲王奕劻会同商办"议和"事项；一面下令镇压义和团，要求清军官兵对义和团要"严加查办"，公然要用义和团民的头颅作为向帝国主义列强求和的见面礼，完全成了"洋人的朝廷"。防守北京城的清军四倍于敌，就这样在数日之内将清王朝的统治中心拱手让给侵略者。八国联军攻占北京后，特许军队公开抢劫三天三夜。侵略者疯狂地进行烧、杀、抢、掠的罪恶活动，洋人从公使、将军到传教士、士兵无一例外地参加了这一无耻暴行。日军从户部抢走300万两银子后，又放火烧毁了户部；法军将无辜的百姓赶入一个胡同里，用机枪扫射，当场打死几千人。他们不仅抢劫居民，更热衷于抢劫皇宫、官衙和府第。皇宫、颐和园所藏大量珍贵的历史文物、珠宝金银，全被抢劫一空。

几天之间，繁华富庶的北京城被洗劫一空。

清总理衙门大臣袁昶等人在上疏中指出："于千古之奇事，必酿成千古之奇灾。"由于慈禧太后等人的腐败、迷信、愚昧和固执，大沽丢了，天津丢了，北京也丢了。令人意想不到的是，清政府要丢的还有更多。公元1901年9月7日，奕劻和李鸿章代表清政府，同英、俄、美、法、日、德、意、奥、西、比、荷11国代表，在北京签订了空前严重的丧权辱国的《辛丑条约》（共12款，另有19个附件）。除惩罚屠杀支持义和团的官员、撤除国防、镇压义和团等民众武装，扩充使界区、通商、改革外，还要求清政府向各国赔款白银4.5亿两，以关税、盐税和常关税为担保，分39年还清，本利共达9.8亿余两。

在这个条约以后，中国的清政府成为洋人的朝廷，中国只是个形式上"独立完整"的国家了，中国半殖民半封建社会最终形成，帝国主义和清政府完全勾结在一起，共同奴役中国人民。李鸿章在签署《辛丑条约》两个月后，吐血而死。

而清政府为了偿付赔款，强迫各省每年分摊2300万两白银。灾难最终还是落在了中国人民的头上。沙俄外交大臣得意地说："1900年的对华作战，是历史上少有的最够本的战争。"

历时一年多的抗击八国联军侵略战争以失败而告终。但这场战争的历史意义是极其重大而深远的。以义和团为主体的反帝爱国力量，以自己的血肉之躯抵挡着侵略者的洋枪洋炮，为着民族的尊严和国家的独立与敌人浴血奋战，沉重打击了帝国主义侵华势力，粉碎了列强瓜分中国的狂妄野心，向全世界展示了中华民族的浩然正气和无比坚强的民族精神，证明了中国人民有同敌人血战到底的英雄气概。同时也向世界表明，腐朽没落、日薄西山的只是清朝政府和它所代表的封建专制制度，而广大中国人民却含有无限蓬勃的生气和光明的未来。义和团的英勇斗争成为"五十年后中国人民伟大胜利的奠基石之一"（周恩来语）。

108. 世纪绝响

——辛亥武昌首义

二十世纪初的中国，山雨欲来风满楼。北方，袁世凯招兵买马，小站练兵，编制北洋六镇兵力，共7万余精兵，羽翼渐丰，成为清王朝内部的心腹之忧。

南方，孙中山领导的革命党人，立志与"满清"统治为敌，逐渐积聚起一股推翻清王朝的武装力量。

孙中山，出生于广东省香山县东镇翠亨乡，他的家庭原本比较贫困，可他的长兄孙眉早年去檀香山闯荡，不久开始发迹，成为富有的农场主。孙中山13岁那年，随母亲去檀香山，就读于正埠教会学校学习英文。此后，十几年间，他断断续续接受了西方教育，学到了许多科学知识和资产阶级的思想政治学说，这对他资产阶级民主革命思想的形成起到了重要作用。

孙中山的口才极好。他的演讲常常深入浅出，妙趣横生。公元1905年，孙文联合各路反清力量，在东京成立了中国同盟会，确立了"驱逐鞑虏，恢复中华，创立民国，平均地权"十六字纲领。之后不久，他又提出"民族""民权""民生"三大主义。资产阶级民主革命由此开始进入新的阶段。

公元1908年，光绪帝和慈禧太后相继死去，年仅3岁的溥仪即位，改年号为宣统，由其父载沣摄政。载沣掌权后，首先将北洋军阀头子袁世凯开缺回籍，以削减汉族大官僚的权力。

为反抗腐朽的清政府，孙中山领导的同盟会，自公元1908年起，就不断发起武装起义。到公元1911年春，已达十多次。

由于革命屡遭失败，革命党人感到策动新军暴动是一条革命的捷径，比革命党人自己充当敢死队战斗力更强，因为新军士兵毕竟是受过军事训练的战士。所以，许多革命党人不辞艰险，纷纷打入新军，去做军队的宣传和策反工作。到公元1911年7月，湖北革命党人在新军中已经吸收了5000多名成员，形成了一股比较有力的军事力量。

这年9月，面临重重危机的清政府，为了换取帝国主义的支持，宣布实行"铁路干线国有"政策，强行接收广东、四川、湖北、湖南四省商办铁路公司，将人民多年争得的路权重新拍卖给帝国主义。这一倒行逆施，引起了各阶层人民的强烈反对，掀起了声势浩大的保路运动，其中尤以四川最为激烈。四川同盟会和哥老会组成保路同志军，进围成都，众达20万。全省各地群众也纷纷揭竿而起，形成大规模的群众起义。

为扑灭四川的革命火焰，清政府派督办粤汉、川汉铁路大臣端方，率部分湖北新军入川镇压，武汉地区的反革命力量减弱。湖北革命党人乘机在武昌首义，点燃了武装推翻清王朝的革命烈火。

武汉位于长江中游，是当时仅次于上海的全国第二大城市，也是革命和反革命斗争最激烈的地区之一。革命团体"文学社""共进会"在湖北新军中开展了卓有成效的宣传和组织工作，积聚了较雄厚的革命力量，积极准备起义。他们成立了起义指挥机关，公推"文学社"社长蒋翊武为总司令，孙武为参谋长，刘公任总理。

蒋翊武是湖南湾县人，早在上海公学读书时，因受孙中山、黄兴事迹的影响，立志光复中华，投身革命，后一直在武昌新军中联络同志，宣传革命，准备武装起义。

为保险起见，起义指挥机关派人前往上海，邀请黄兴等来武汉主持起义。黄兴对武汉起义计划完全赞成，他立即致电在国外的孙中山，提出了以武昌为中心，湖南、广东为后盾，江苏、安徽、陕西、四川同时响应的起义方针，并请求孙中山迅速筹款接济。

起义指挥部备受鼓舞。革命党在小朝街设立总指挥部,确定10月6日(中秋节)举行起义。不料,消息竟被新闻记者探去,把起义的日期登上报纸,因而"中秋杀鞑子"成了武汉城内街谈巷议的话题。一时间群情波动,清吏心慌意乱。

革命党人的活动引起了湖北统治当局的注意。湖广总督瑞澂在10月3日召开文武官员参加的防务会议,决定严防督署,密巡汉江,实行全城戒严。随后派兵搜查革命机关,收缴士兵子弹,使枪弹分离。鉴于清军已有准备,加上同盟会重要领导人黄兴、宋教仁、谭人凤等人迟迟未到武汉,革命党人决定将起义延期到10月16日。

然而,就在起义时机一天天逼近的时候,又出意外。10月9日,孙武等在汉口俄租界宝善里14号机关部配制炸弹,不慎引起爆炸。孙武头部受伤进了医院,其余人员仓促转移。爆炸声引来了租界的俄国巡捕,搜走了机关部收藏着的革命党人名册、起义文告、旗帜、印信等物,并转交总督署。瑞澂得知革命党人准备起事,立即下令关闭四城,搜捕革命党人。

眼看起义计划已经暴露,拖延时间只会造成更大的损失。在此风云突变之际,蒋翊武、刘复基、彭楚藩、杨宏胜等人在午后召开紧急会议,决定立即发动起义。蒋翊武以临时总司令的名义发出紧急命令,派人送往各标、营革命党人手中,约定当晚12时,以南湖炮队的炮声为号,城内城外同时起义。

但是,瑞澂已事先听到风声,派军警查抄了武昌的各个革命机关,逮捕了刘复基、彭楚藩、杨宏胜等人,蒋翊武因蓄长辫着长衫,状如乡村学究,从楼窗跳下后,乘清兵不注意逃离武汉。

由于武昌戒严,内外交通断绝,起义的命令只传达到一部分起义士兵,多数人不知道,连负责发出起义信号的南湖炮队起义人员也没有得到消息,10月9日晚起义计划落空。

10月9日晚,终于在恐怖气氛中寂然度过了。

10月10日清晨，天气阴沉，暗云低迷，凄风惨淡。湖广总督瑞澂下令把前一天逮捕的革命领袖刘复基、彭楚藩、杨宏胜三人，押往督署门前处以极刑斩决，想以此震慑其他革命党人。临刑之际，三位革命领袖振臂高呼："民国万岁！""孙中山和未死同志万岁！"

彭、刘、杨在武昌起义的准备工作中都起了重要作用。特别是刘复基，他在整个起义准备过程中，一直表现得沉着，果断，头脑清晰，又能顾全大局，不仅对促成"文学社"和"共进会"的合作做出了重要贡献，而且是起义军事总指挥部的实际灵魂。他们的牺牲是湖北革命党人的重大损失，史称"辛亥三烈士"。

三烈士就义的消息，很快传遍武汉三镇。武昌城内城外异常紧张。天亮之后，城里的戒严加强了。街上军警林立，三步一岗，五步一哨。瑞澂还下令紧闭城门，军警戒严，禁止出入，派人拿着从革命党起义机关搜出的花名册，逐个搜捕起义战士。对新军各标，除旗营外，一律采取严密措施，不准出营，不准串联，除值勤的，子弹和枪械也都上交，统一保管。为确保安全，督练公所还派出便衣，坐镇各营监视动静。

一时人心惶惶，武汉城谣言四起。不说革命分子人人自危，就是平时与革命党人有杯酒之交、一面之缘的人，也栗栗不安起来。所有士兵被禁闭在兵营里，不断听说各营长官已接到上头的命令，马上就要下营搜捕革命士兵了。

空气已紧张到几乎使人透不过气来。这个时候，那些参加革命党的士兵除了铤而走险，死里求生外，已没有其他退路了。

这天中午，工程第8营的代表熊秉坤前往第29标、第30标，商定当天发难。工程第8营隶属于湖北陆军第八镇。湖北陆军当时主要由两大块组成：一是陆军第八镇，统制由湖北提督张彪兼任；一是陆军第二十一混成协，协统为黎元洪。

湖北新军最早为张之洞所训练，而工程第8营又是最早编练的部队之一。张之洞任湖广总督时，力倡革新，风气大开。所练新军聘请外籍教官，购买外国武器，并按德式章程进行操练。一时间，有为青年纷至沓来。因此，新军思想一直十分活跃，党人借机暗中发展，遂成气候。而工程营作为最早编练的新军，革命基础尤为雄厚。

上午10时，熊秉坤约集各队代表开会。他说："今早奉总机关命令，责我工程营首先发难，其原因即军械所为我营所有。如各标营响应，亦必先到军械所领取子弹，然后方可从事别方工作。如我不即先动手，别人当然怀疑，绝不敢响应。"

有的代表有些惊惶。熊秉坤又说："我辈平时接受革命，为的是发扬铁血精神，实现孙中山的反清大计。为何时到今日，怕死徒然。我们的名册昨已搜去，按名捕拿，将及我辈。现吾辈今日应以广州三月二十九日为模范，洪山之阳未必不有吾辈之黄花岗也。今一言为汝等决之，与其坐而待其捕杀，不如奋起一击。即所谓反也死，不反也死。我辈要死，死则重于泰山。况死守得以求生，亦未必不能一举而成功，造吾辈平素革命之大愿矣。"

前队代表徐少斌也起立说："革命事业原是牺牲冒险事业，不牺牲不成功，不冒险不成功。时至今日，无论何如，我辈要一干"。

在群龙无首的紧急关头，新军中的革命党人自行联络，计划下午3时下晚操时发难，以枪声为号。可到了下午3时，由于晚操未下，计划只好临时改变，推迟到晚上点头道名和二道名之间进行。

谣言四起，人心动荡。计划一变再变，无疑更增添了不安的情绪。党内同志在暗中准备，焦急等待；而党外的士兵们也在观望、打听。整个军营都处在一种极度的躁动之中，就像一桶放在火上烧烤的汽油，随时都可能一触即发，冲天而起。

当晚7时左右，驻扎武昌城内的新军工程第8营熊秉坤、金兆龙正在商议行动计划，被排长陶启胜发觉，金兆龙高呼："此时仍不动手，待等何时！"

金兆龙当机立断，举枪朝陶启胜扣动了扳机——"砰！"

随着这一声划破夜空的清脆枪响，一场震撼古老神州的狂飙雷霆拉开了序幕。听到枪声和喊声，铆足了劲儿的革命战士都呼啸着冲了出来。武昌起义终于打响了。

熊秉坤、金兆龙大声喊道："集合！革命！"

一时间，全队士兵齐声响应，打死管带阮荣发。

熊秉坤率队冲破营门，直奔楚望台而去。路过29标和30标营区时，他们按照事先约定，朝天"砰！砰！砰！"放了三枪。

他们迅速夺取中和门附近的楚望台军械库。库内储有步枪数万支，炮数十门，子弹数十万发。起义军首先占领该库，对武昌起义的胜利起了重要作用。反动军官或被击毙，或闻风逃逸。

起义得手后，熊秉坤即以总代表名义，宣布起义部队为湖北革命军，并发布了十条命令。

工程第8营占领楚望台后，陆续集合了2000余人。

很快，整个武昌城地动山摇起来。驻城外的第二十一混成协辎重队的革命党人也举火为号，发动起义，炮兵营与工程队立即响应，并齐集楚望台。第29标、第30标的蔡济民、吴兆麟也率领部分士兵冲出营门，赶往楚望台；测绘学堂的近百名学兵也迅速向楚望台集中，其他各标营的革命党人也先后率众起义。

这时，武昌城内除防守督署等机关的旧军仍企图顽抗外，已有近3000人参加起义，吴兆麟、熊秉坤、蔡济民等认为不能单纯防守楚望台，而应立即趁夜向敌人的心脏——总督署及紧靠督署的第八镇司令部发起进攻。由于熊秉坤缺乏指挥经验，推举队官吴兆麟为临时总指挥。

晚上10时30分，在总指挥吴兆麟的率领下，起义军分三路向总督府发起猛烈进攻。第一路经紫阳桥、王府口街进攻督署后院；第二路从水陆街进攻第八镇司令部及督署翼侧；第三路从津水闸经保安门正街进攻督署前门。同时，令已入城之炮8标在中和门及蛇山占领发射阵地，向督署轰炸。

因事先未将敌人的部署侦察清楚，加上兵力有限，南湖炮队尚未完全进入阵地，不能给步兵以有力支援，以致初次进攻受挫。第一路进至紫阳桥附近时，遭敌军猛烈射击，伤亡较大；第三路一部进至津水闸，遭敌顽抗，前进受阻，另一部虽进抵保安门附近，也被敌击退。正在此时，又有一部分起义士兵前来参战，炮队也已进入蛇山阵地，开始射击，于是士气更加高涨。

晚12时，起义军发动第二次进攻，战斗异常激烈。起义军突破敌人防线，进至督署附近，在督署和镇司令部放火，蛇山和中和门的炮队朝火起处猛烈发炮轰击。隆隆的炮声，响彻夜空，震撼着武昌古城。

革命军三路人马在辕门会合后，向督署发起最后的进攻。防守督署的敌教练队残部这时退缩到了大堂内，他们用机枪封锁住大门，作最后的顽抗。喷吐的火舌，击倒了一个又一个革命战士，但这并没有吓倒进攻的队伍，反而激起了战士们的愤怒和血性。熊秉坤等组成敢死队，冒着枪林弹雨，冲向大堂。王世龙、纪鸿钧拎起油桶，不顾一切地冲进督署，然后四下放起火来。敌人的机枪瞄准了他们，王世龙、纪鸿钧先后倒下了，但他们点燃的烈焰却冲天而起，很快吞噬了大堂。在一片火海中，官军们无法立足，或四散奔逃，或缴械投降。象征着湖北最高权力的督署就这样被革命军占领了。第八镇统制张彪逃走。清军失去指挥，一片混乱。

10月11日黎明，武昌城内各官署、城门均为起义军所控制。当天上午，一些处于观望状态的清军士兵也陆续向楚望台集中，听从革命党人指挥。武昌已被起义军完全占领，鲜艳的十八星旗插上武昌城头，宣告了武昌起义的成功。革命党的十八星旗帜飘扬在黄鹤楼上，宣告了武昌首义的胜利。此时，革命军斗志极为旺盛，当天下午又一举拿下汉阳，12日拿下汉口。至此，武汉三镇均处在起义军控制之下。

武昌起义成功的消息，像一声平地而起的春雷，震醒了大地。长期蕴藏在中国人民心中的革命热情，像火山一样爆发出来。大江南北，长城内外，许多地区的革命党人，发动新军和会党起义响应。不到两个月，全国24个省区中，便有14省举起义旗，宣布独立，形成全国范围内的革命高潮，其余10省反清斗争也风起云涌，革命军总兵力发展到6万人。1911年12月1日，革命军攻入南京城，南京光复。1920年1月1日，中华民国临时政府在南京成立，伟大的革命先行者孙中山就任中华民国临时政府大总统。

1912年2月12日，清帝溥仪在全国革命的怒涛声中，被迫下了退位诏书，清王朝终于被推翻，是所谓"不有而有，有而不有"。

伟大的辛亥革命，使统治中国268年的清朝终于被推翻，从秦始皇以来绵延2133年的封建君主制度也结束，民主共和国的观念渐入人心，至高无上的"皇帝"在人民心目中成了非法的东西。这一伟大的历史事件，不但使中国人民从酣睡中清醒，走向光明，而且给亚洲带去解放，使欧洲资产阶级的统治遭到破坏。历史将永远铭记着辛亥革命的巨大贡献。辛亥革命的悲剧意义在于，由于资产阶级革命党人缺乏统一的战略部署和战斗到底的决心，武昌首义成功和克复南京后，武汉革命军和江浙联军都没有继续发动进攻，进一步扩大战果，结果导致军事上和政治上的被动局面，汉口、汉阳失守，在南北和谈中迁就北方，最终让袁世凯篡夺了辛亥革命的胜利果实，从这个意义上说，辛亥革命战争最终是失败的。

109. 世纪曙光

——孙中山护法之战

公元1916年6月6日,窃国大盗袁世凯在策划发动复辟帝制一年多之后,在众叛亲离中结束了生命。此后,北洋军阀政府的实权落入国务总理段祺瑞手中。公元1917年初,在中国是否参加第一次世界大战的问题上,段祺瑞力主参战,并向日本借款。与日本有矛盾的美国则唆使副总统冯国璋反对参战。4月,段祺瑞在京召开督军团会议,胁迫国会和黎元洪,立即宣布对德作战。5月23日,黎元洪下令免去段祺瑞国务总理兼陆军总长的职务。这就是轰动一时的"府院之争"。

段祺瑞被免职后离京赴津,授意皖系、奉系各省督军闹独立。黎元洪于惊慌之中向"辫帅"张勋求援。张勋则借机搞复辟,黎元洪去职,7月1日拥废帝溥仪复辟。

张勋的倒行逆施,激起全国人民的愤怒。段祺瑞借机在天津组织"讨逆军"挺进北京城,讨伐张勋的辫子军,复辟失败。段祺瑞以再造民国的功臣自居,重新掌握实权,黎元洪辞职,冯国璋继任大总统。

段祺瑞重新掌权后,拒绝恢复国会和《临时约法》,准备召集由各省督军指派的"临时参议院"。段祺瑞的专制独裁和武力统一方针,使亲英、美的西南军阀感到威胁。陆荣廷、唐继尧联名谴责北洋政府解散国会、废弃约法的行径,否认段内阁的合法性,宣布暂行自主。孙中山准备借西南军阀的力量与北洋军阀的假共和做斗争,他致电陆荣廷,敦促陆荣廷协力护法，恢复国会，举起了护法旗帜。

孙中山先生的护法主张得到了广泛支持。7月21日，原海军总长程璧光发表拥护约法、恢复国会的宣言，率领第一舰队，由吴淞起航赴粤。150多位原国会议员也陆续到达广州。西南军阀想利用孙中山的威望，借"护法"之名来对抗段祺瑞的武力统一，因而表示愿与孙中山"合作"。

8月，孙中山在广州召开由南下议员组成的非常国会，议决成立军政府。不久，护法军政府选举孙中山为大元帅，陆荣廷、唐继尧为元帅。10月1日，段祺瑞下令"出师剿灭"南方军队。他调集北洋军和湘、粤、闽等省的军队近20万，企图以主力入湘，制服两广，以一部兵力夺取四川，制服滇、黔，进而消灭南方革命势力，实现武力统一全国的计划。

南、北双方箭在弦上，护法战争正式开始。

孙中山为首的军政府所辖军队，主要是陆荣廷、唐继尧、陈炯明、程璧光所统各军，总兵力约15万人。北军可用于前线的兵力10余万人，双方在湘、川、粤、闽等地展开争夺，尤以湖南战场最为激烈。

公元1917年8月，为取得南攻粤桂的前进基地，段祺瑞命其心腹傅良佐代替谭延闿出任湖南省长兼督军。北军势力首先伸入湖南。

傅良佐到任后，立即撤销刘建藩的零陵镇守使、林修梅的第1师第2旅旅长职务。刘、林都是革命党人，在湘军中威望较高。9月18日，刘、林在衡阳宣布湘南自主。傅良佐急令第1师代师长李佑文率该师第1旅前往进攻。9月28日，第1旅大部分官兵起义，加入护法军。李佑文仅带10余人逃回长沙。10月6日，湘省护法军各路将领齐集衡阳，决定组织"湘南护法军总司令部"，程潜为总司令。

傅良佐进攻湘南护法军，表明南北军队在湘决战已不可避免。桂系军阀决定以武力援湘，驱逐傅良佐，收复湖南。北军也积极备战。

10月6日晨，南北两军在湘潭接战。几天之战，北军相继占领护湘关、石桥铺、衡山。护法军在贺家山（位于衡山、衡阳之间）顽强阻击。自10

月 15 日起，南北两军各投入兵力万余人，在贺家山一带连日激战。护法军各部顽强抵抗，挫败了北军的进攻，但由于弹药不继，未能发起新的攻势，双方呈胶着状态。

为打破僵局，程潜等决定留部分兵力守衡山，主力转攻宝庆，时北军在宝庆方向取守势，仅派湘军第 2 师之朱泽黄旅进驻永丰，并控扼永丰宝庆间险要山地界岭（永丰西南 15 里）。10 月 31 日，护法军与朱泽黄旅在洪罗庙激战，朱旅退界岭，旋又退至永丰。

随后，护法军先后光复宝庆、界岭、永丰。北军弃城而逃。11 月 14 日，北军第 8 师师长王汝贤和第 20 师师长范国璋（属直系）因对皖系段祺瑞派其亲信傅良佐督湘不满，在进攻受挫的情况下，不愿再为皖系卖命，乃通电停战议和。通电发出后，王、范二部自行停战，并从衡山撤退。段祺瑞无可奈何，只得加委王汝贤以总司令代行督军职务。护法军乘机进攻，11 月 17 日连克湘潭、株洲，20 日进占长沙。王汝贤、冯国璋率残部逃往岳阳。11 月 22 日，段祺瑞因受到直系停战议和的干涉，无法继续实行武力统一，只得辞职。冯国璋装出准备同南军议和的姿态，这一情况使桂系陆荣廷为之心动。

但是，段祺瑞不甘心对西南用兵的失败，下野后，策动各省皖系军阀一致主战。冯国璋只得于 12 月 15 日任命曹锟为第一路军总司令，张怀芝为第二路军总司令，各率所部南下攻湘。18 日，又任命段祺瑞为参战督办，把军事指挥大权交还段祺瑞。公元 1918 年 1 月 8 日，冯国璋通电北洋各督，同意继续对护法军作战。陆荣廷和护法军将领见求和无望，乃决定乘北军主力抵湘之前，先发制人，收复岳阳。

公元 1918 年 1 月 23 日，由粤、湘、桂联军组成的护法军向岳阳发起进攻。经过数日激战，于 27 日上午占领岳阳，俘敌 1300 余人，缴获飞机两架，火炮 40 余门，以及大批枪支弹药。

攻占岳阳后，桂系军阀以夺取湖南为满足，不想夺占直系王占元的湖北地盘。桂系潭浩明更声称如"北不攻岳"，则"南不攻鄂"，这样，护法军就丧失了乘胜北进之机。

护法军占领长沙岳阳后，护法军内部矛盾日趋激化。先是桂系军阀对军政府故意刁难和破坏，后是夺占湖南地盘，在湖南胡作非为，引起湖南人民和许多湘军官兵的极大反感。在此情况下，北洋军阀发动了第二次攻湘作战。其企图是攻下岳阳、长沙，进而占领全湘。

公元1918年2月5日，冯国璋任命吴佩孚署理陆军第3师师长，令其率部向蒲圻、嘉鱼一带开进。23日，吴部到达蒲圻。

在此之前，张敬尧部已进入通城。28日，北军发起进攻，当日击败守卫新店、滩头的湘军，向纵深推进。3月2日，北军攻占万峰山湘军阵地。护法联军退守羊楼司。羊楼司是由武昌入岳阳的咽喉要道。联军在此构筑了由堑壕、石垒和铁丝网组成的多道防御阵地，准备坚守。3月10日，吴佩孚挥军猛攻羊楼司，联军防线被敌突破，只得向岳阳方向后撤。11日上午，北军占领羊楼司。

此战，北军死伤300余人，南军伤亡更为惨重。

接着，北军攻占通往岳阳的最后一个要地云溪，尔后总攻岳阳。此战，联军内湘桂军之间矛盾重重，互相掣肘，加之兵力分散，消极防堵，装备落后，士气不振，因而一遇吴佩孚精锐之师，便难以招架。吴佩孚则因岳阳之战而名声大振。

与岳阳之战同时，北军张敬尧部对平江也发起了攻击。3月22日占领平江。

岳阳和平江失守，使坐镇长沙的湘桂粤联军总司令谭浩明束手无策，于3月25日率所属桂军慌忙撤离长沙。26日，吴佩孚第3师不费一枪一弹开进长沙，张敬尧部也随后赶到。

这时，段祺瑞已重新出任国务总理。3月27日，段任命皖系军阀张敬尧为湖南督军兼省长，同时电令吴佩孚部立即率部向湘南进军。

公元1918年4月初，段祺瑞决定将在湘北军分三路向南推进。以吴佩孚部为中路，出长沙攻衡阳，以张敬尧为右路，由湘乡、永丰攻宝庆，原第二路军之施从滨师、张宗昌第6混成旅等为左路，经醴陵南下，攻攸县、茶陵。此时，桂军已退到祁阳、宝庆地区，将湘军甩在湘潭、衡山一带。湘军将领决定依靠自己的力量，力保湘南。他们决定以较弱的北军左路为打击对象，对敌实施反攻。

4月20日，湘军以赵恒惕为湘东前线总指挥，在部分粤军协助下，分五路向进入攸县的北军发起突然攻击。4月21日，湘军一部与粤军一道将北军施从滨师包围，经两昼夜激战，歼施师大半。4月23日，湘军攻克攸县，毙敌千余人，俘敌数百名，夺获飞机两架。25日，湘粤军与扼守黄土岭之敌展开激战，据守黄土岭之张宗昌第6旅等部拼死抵抗。赵恒惕亲临督战，指挥湘军从下面连续突击。北军终于不支，弃黄土岭而逃。湘军乘势猛追，连克醴陵、株洲，前锋距长沙仅数十里。

经此一战，北军左路军几乎全军覆没。湘东反击战取得重大胜利。后来，已攻占衡阳的吴佩孚部向湘东卷击，湘军遂放弃株洲、醴陵，吴部连陷安仁、攸县、耒阳。至此，湖南大部又为北军所占，护法联军全部退守湘桂边界地区。

与湖南主战场激烈鏖战的同时，护法军（有的省称靖国军）在四川、广东、福建等地区也同北军进行激战，但越到后来，军阀争夺地盘的色彩愈浓，已脱离了"护法"的轨道。

护法战争的大旗是孙中山先生首先高举起来的，但孙中山先生有"政府"（护法军政府）而无军队，因而战争的领导权实际上操纵在西南军阀陆荣廷、唐继尧等人手中。

这些军阀一面利用孙中山的名望与北洋军阀争地盘，一面排挤打击孙中山。公元1918年4月，唐继尧密电西南各省，逼孙中山去职。

5月20日，西南军阀与反动政客操纵非常国会，改组军政府，废大元帅首领制为总裁合议制，推唐继尧、孙中山、陆荣廷、岑春煊等7人为总裁，后又以岑春煊为主席总裁，而由陆荣廷把持实权。孙中山只得于5月4日向非常国会辞去大元帅职。

5月21日，孙中山孑然一身，愤然离粤转沪，标志着护法战争的失败。此后，护法军政府成了与北洋政府妥协议和的机构。8月，北军主将吴佩孚在湘南前线公开通电，主张"和平"，反对段祺瑞的武力统一政策，护法军政府复电，赞成和平。

护法战争的失败，宣告了资产阶级共和国方案在中国的彻底破产，标志着民族资产阶级领导的旧民主主义革命的彻底失败。此后，中国陷入了连绵不断的军阀混战的惨祸之中。面对严酷的现实，无数先进的中国人为国家和民族积极寻求新的解放道路，这就是以毛泽东为代表的中国共产党人领导的新民主主义革命的崭新道路。

主要参考书目

1. 罗琨、张永山：《中国军事通史·第一卷：夏商周军事史》，军事科学出版社1998年版。

2. 黄朴民：《中国军事通史·第二卷：春秋军事史》，军事科学出版社1998年版。

3. 吴如嵩、黄朴民、任力、柳玲：《中国军事通史·第三卷：战国军事史》，军事科学出版社1998年版。

4. 霍印章：《中国军事通史·第四卷：秦代军事史》，军事科学出版社1998年版。

5. 陈梧桐：《中国军事通史·第五卷：西汉军事史》，军事科学出版社1998年版。

6. 黄今言、邵鸿、卢星、赵明：《中国军事通史·第六卷：东汉军事史》，军事科学出版社1998年版。

7. 余大吉：《中国军事通史·第七卷：三国军事史》，军事科学出版社1998年版。

8. 朱大渭、张文强：《中国军事通史·第八卷：两晋南北朝军事史》，军事科学出版社1998年版。

9. 张文才：《中国军事通史·第九卷：隋代军事史》，军事科学出版社1998年版。

10. 杨希才：《中国军事通史·第十卷：唐代军事史（上、下）》，军事科学出版社1998年版。

11. 方积六：《中国军事通史·第十一卷：五代十国军事史》，军事科学出版社 1998 年版。

12. 冯东礼、毛元佑：《中国军事通史·第十二卷：北宋辽夏军事史》，军事科学出版社 1998 年版。

13. 韩志远：《中国军事通史·第十三卷：南宋金军事史》，军事科学出版社 1998 年版。

14. 史为民：《中国军事通史·第十四卷：元代军事史》，军事科学出版社 1998 年版。

15. 范忠义、张文才：《中国军事通史·第十五卷：明代军事史（上、下）》，军事科学出版社 1998 年版。

16. 邱心田、孙德骐：《中国军事通史·第十六卷：清代前期军事史》，军事科学出版社 1998 年版。

17. 施渡桥、王楚良：《中国军事通史·第十七卷：清代后期军事史（上、下）》，军事科学出版社 1998 年版。

18. 林汉达、曹余章：《上下五千年》，少年儿童出版社 1998 年版。

19. 吴兆基：《中华上下五千年》，京华出版社 2001 年版。

20. 陈梧桐、苏双碧：《中国历代名将》（上、下），河南人民出版社 1998 年版。

21. 于汝波：《中华名将》，金盾出版社 1995 年版。

22. 余秋雨主编：《藏着的中国》，百花文艺出版社 2002 年版。

23. 吴春秋主编：《中国战争通鉴》（上、下），国际文化出版公司 1995 年版。

24. 高锐主编：《中国军事史略》（上、中、下），军事科学出版社 1992 年版。

25. 袁伟、盖生福主编：《中国军事史图集》（上、下），湖南人民出版社、湖南教育出版社 1998 年版。

26. 王智敏主编：《影响中国历史 100 名人》，民族出版社。

27. 《中国军事百科全书·军事历史（1—3）》，军事科学出版社 1998 年版。

28. 李际均著：《军事战略思维》，军事科学出版社 1998 年版。

后 记

受林汉达、曹余章先生所著《上下五千年》一书的启发，在学习研读中国古代军事历史过程中，多年来一直试着用故事的形式，描绘出皇皇五千年中华军事文明演进的轮廓。由于时间的久远，史料的浩瀚，特别是自己的能力与视野所限，有难以驾驭之感，肯定有不足之处，请读者指正。在撰写过程中，参阅了李际均、高锐、罗琨、张永山、黄朴民、吴如嵩、任力、柳玲、霍印章、陈梧桐、黄今言、邵鸿、卢星、赵明、余大吉、朱大渭、张文强、张文才、杨希才、方积六、冯东礼、毛元佑、韩志远、史为民、范忠义、邱心田、孙德骐、施渡桥、王楚良、苏双碧、吴春秋、袁伟、盖生福、吴兆基、林汉达、曹余章、余秋雨、李国城等诸先生的研究成果，团结出版社张阳编审为此书的出版付出了大量心血，在此一并深表谢忱。

李焕荣、喻江等参与了资料搜集和初稿撰写工作。

作者
于北京西山